華人文化主體性
研究叢書

莊子悟學

朱志學—著

國家圖書館出版品預行編目(CIP)資料

莊子物學Zhuangzi's theory of things / 朱志學著. -- 初
版. -- 臺北市：國立政治大學政大出版社, 國立政治大
學華人主體性文化研究中心出版：國立政治大學發行,
2022.07
　　面；　公分. -- （華人文化主體性研究叢書）
　ISBN　978-626-95670-6-5（平裝）

　1.CST: (周)莊周 2.CST: 學術思想 3.CST: 宗教文化

121.33　　　　　　　　　　　　　　　　111011981

華人文化主體性研究叢書

莊子物學

作　　者｜朱志學

發 行 人　郭明政
發 行 所　國立政治大學
出 版 者　國立政治大學政大出版社
合作出版　國立政治大學華人主體性文化研究中心
執行編輯　林淑禎
地　　址　11605臺北市文山區指南路二段64號
電　　話　886-2-82378669
傳　　真　886-2-82375663
網　　址　http://nccupress.nccu.edu.tw

經　　銷　元照出版公司
地　　址　10047臺北市中正區館前路28號7樓
網　　址　http://www.angle.com.tw
電　　話　886-2-23756688
傳　　真　886-2-23318496
郵撥帳號　19246890
戶　　名　元照出版有限公司

法律顧問　黃旭田律師
電　　話　886-2-23913808

初版一刷　2022年7月
定　　價　500元
I S B N　9786269567065
G P N　1011101184

政府出版品展售處
• 國家書店松江門市：104臺北市松江路209號1樓
　電話：886-2-25180207
• 五南文化廣場臺中總店：400臺中市中山路6號
　電話：886-4-22260330

目 次

序一
序朱志學《莊子物學》

楊儒賓（國立清華大學哲學研究所講座教授）

　　經典是坎伯所說的千面英雄，人有男女老少，士農工商，經典也就有男女老少版，士農工商版。柏拉圖如此，《易經》如此，莊子也如此。志學是《世說新語》世界中的人，極稀罕的類型，他也有志學版的《莊子》。

　　《世說新語》記載一則故事，庾子嵩看《莊子》，開卷一尺多，便嘆道：「了不異人意」。用現在的語言講，也就是翻了幾頁，即將它丟到一旁，覺得沒多大的意外之喜。庾子嵩不知是智慧絕頂，能從《莊子》這部瀰漫神話象徵的詭譎語言森林中殺出一條路來？還是他乃名士欺人之語，話頭漂亮？但名士欺人比英雄欺人真誠，因為真正的魏晉名士縱然率性使氣，多有被政教體系壓抑不住的本心，也有被權力欲望勾引不走的天機，這些人物吐詞撰句，天外飛來，自然落落不凡。曾任法國文化部長的安德烈・馬爾羅（André Malraux）曾寫書論周恩來，他說及此公，有言：「周恩來無時無刻不在撒謊，但他撒謊撒得頗有味道」。國務總理撒謊再怎麼有味道，尤其在東方的紅太陽照耀下，總會走味。魏晉名士沒有權力，也掌握不了權力，脫離現實利害糾纏的話語自然會有味道。庾子嵩的「了不異人意」之語，讀者讀了，總覺得話中有話，有言外之意。

　　庾子嵩自稱是「老莊之徒」，他的「了不異人意」不是平凡化莊子，而是禮讚莊子，看出莊子在「人意」上立基。志學《莊子物學》此書也不是了不出人意，而是截然大出乎人意，但同樣立基於人意，有真正魏晉名士的愴恍與真摯。此書以蔣年豐的臨終啟悟、余德慧的人文臨床、楊儒賓的漢語物學，串起一部《南華真經》。據司馬遷的說法，《南華真經》十餘萬言，據目前的《莊子》三十三篇版本統計，此書共得七萬餘字，《莊子》原書有些篇章散佚了。志學此書如夏夜長空的銀河，文字已近五十萬字，浩瀚無涯。但

此書造語星燦，流光四射，亦如河漢經天之瑰瑋，亮點層出不窮。

　　志學此書有三個環節，第三環節的「物學」是個象徵，也是個團體詞彙。它指向島嶼在二十與二十一世紀之交，一群學者共同挖掘出來的一位古老而又全新的莊子，這位莊子在明清之際的王船山、方以智身上，已可找到他的 DNA，此所以為古老。但這位莊子卻又是在跨文化語境下出現的，他說法語，也說德語，他與兩千三百年前那位居住於宋國商丘名為莊周的哲人，既熟悉而又陌生，因為島嶼的哲人已是位可以和歐陸哲學與當代處境對話的二十一世紀莊子。

　　這位二十一世紀的莊子被詮釋為一位具備現代人文精神的莊子，但他的人文精神參與到宇宙神祕之點的環中。這個環中的神祕之點以相反相成、一而非一的創造力，參與了宇宙的大化流行。環中之力顯相於物，成為物之理，也成為主體對它的認識活動之前的天理。主體對它的體認要透過主體的自我轉化，化官知為神氣，物的結構也要由表象之理昇華為在其自體的物理。經由雙方面的轉化，物我兩者才可在無知之知的相會中，主客相融，乾坤撞破共一家，這是宇宙的大和解。物學正是因為消化了物理學，而不是淪落為表象意識下的物理學，所以才可在轉化的境界中，蝶舞魚樂，四時同春，這是莊子自然哲學的真諦。

　　「物學」不受輝煌而理智的理科帝國的管轄，它屬於荒唐之言，無端崖之辭的國度。它見於恣縱而不儻的形氣神之主體，游走於漫衍共振的氣化自然。它是對莊子的致意，也是從莊子之家的出走。王船山釋莊，有言：「凡莊生之說，皆可因以通君子之道，類如此。故不問莊生之能及此與否？而可以成其 一說」，物學的提法也是如此，莊周未必首肯。它居於莊與非莊之間，就像莊子自處在才與不才之間。

　　志學此書同樣是在莊與非莊、才與不才之間遊蕩，但他的遊蕩更蕩，離家更遠。蔣年豐與余德慧都是四九之後臺灣出身的學界怪傑，他們沒有專業的莊子研究專書，卻都已跨出專業的藩籬，思想的觸角碰觸到莊子靈魂的基底。他們以出走回應莊子的呼喚，以生命押注在真理做莊的輪盤上，他們都是畸於人而侔於天的英豪。蔣年豐臨終前以《地藏王手記》叩響存在之門，他的推敲叩款之聲仍迴盪於幽明之際。余德慧從安穩的校園走到大山大海的後山，化心靈的技術之學為由技進道的技藝之學。他進入存在的旋轉門

之前，現維摩示疾之身。蔣、余二君的平生力作雖然不是《莊子》的語言詮釋，卻曲徑旁通，大演〈天下〉篇與〈齊物論〉之天音。

志學才子也，人患才少，他患才多。人患思蹇，他患思溢。本書作者如果沒有滿腹的不合時宜，不會上游南華，下俯塵世，不會寫出這部瑰麗絢爛之作。但「博學而詳說之，將以反說約也」，著作如是，人生更是如此。莊子的外化總有一條看不見的內不化的精神軸線貫穿其間，他一生尋找緊繫陶胚輪轉的軸心。「迴旋復迴旋，於愈益擴大的漩渦／獵鷹聽不見放鷹的人，一切都崩落／再無核心可以掌握。」葉慈期待宇宙旋轉之舞中，獵鷹能聽見回家的哨聲，世界不至於外旋散落。一切由此歸墟流，一切還歸此歸墟，人總要有內斂於己的精神軸心。

藥地和尚炮莊，炮製出「大傷心人」的莊子，本書炮製《南華》一經，再度炮製出傷心情懷的作者。但大傷心人的傷心，一傷世人渾身塵欲，不得本真；再傷世人不能安於所遭之命，不敢硬頸承當。莊子終是大丈夫，他翱翔於九萬里的蒼空，不受限於一己之恩怨爾汝，所以能大開大闔，與萬有感通。志學的傷心仍須進入大情之本懷，割斷諸情之纏繞。過度緊密的枝葉不疏剪，豐碩的果實難以收成。語多，情多，易致相生以相殺。黃蘗佛法無多子。傷心之途走平了，才可通往一切如如的人間。

序二
《莊子》的物學代序

賴錫三（國立中山大學中文系特聘教授兼文學院院長）

　　志學與我同輩，我倆之間，從年輕世代以來，一直有著共同好友，學生年代，我就曾從銘心相交的友朋口中，聽聞志學博學善思，雖然我和他無緣相交，卻輾轉從信任的友朋口中，彼此神交久矣。人生因緣奇妙，第一次見到志學竟是在他博論口試，第一次讀他文章則是口試前的博論審查。《莊子》是我一生最愛書，也是我此生樂此不疲的寫作動力。沒想到，志學博論也寫《莊子》，而且大規模回應了臺灣數十年來的莊學核心思想。由於志學在花蓮半隱居半民宿的自由泛讀中，未被學界專技化所規訓太深，因此其文字跳出學界書寫窠臼，加上學思自由而才情浪漫，落筆灑脫，也就有了更強的主體風格。這是我和其人其文的首次相遇，此時我倆，都早已走過四十不惑而邁向五十天命矣。遙想當年我輩共同相知相惜的年輕友朋，如今散落四方，隱沒人群，如夢如幻矣，豈能無感慨。

　　志學的這本「《莊子》物學」，是本具高度寫作風格的學術論文，可謂同時兼備高密度學術內涵與獨特寫作風采的主體之作。就學術內涵言，這本博論串連了臺灣在「後牟宗三時代」，極具原創性的三位學者（蔣年豐、余德慧、楊儒賓），而作者除了把握三位學者極為複雜的學術核心主軸外，亦善於挖掘他們學術觀點背後的主體情調，穿梭於三位學人的生命學問之間，嘗試交織出一幅具有療癒性格的人文圖像。例如從蔣年豐的「身體哲學之臨終啟悟之宗教轉向」，途經余德慧的「心理治療之人文臨床視野」，再會入楊儒賓的「漢語物學之學術系譜」，作者既展現吸收三大家學術內核之能耐，也呈現串連編織三大家學思圖像的不凡眼力。就我個人的目前觀察，臺灣學界並未有人同時將上述三學人並置而觀，並交織闡述出「後牟宗三時代」，以「物學」平衡「心學」的理路之作。上述三學人對臺灣人文學界各有精采貢

獻與重要影響，近年來分別研究者陸續有之，但能夠扣緊三家學術話語與生命性情，融會一爐而攻治者，這本論文應是目前未見之舉。作者從蔣年豐與余德慧的實存感受與體知經歷來切入，將牟宗三那種「超越無限心」的抽象孤高論述，拉回身體乃至病體的危脆殘象，來重探身體與物性的宗教性、超越性向度，具有一種對治康德式「超越區分」之抽象，回歸現象學式的「即物而道」之實感。

再者，作者另有一項獨到學術眼光，當他將蔣年豐與余德慧的學問性格與學術圖像，接榫到楊儒賓的學術進路時，除了高度意識楊先生長年以氣論與身體觀調節心學偏向的新論述新潛能，更關注到楊先生晚近對物學的相關研究，甚至由此架接楊儒賓和台灣跨文化莊子學人對物學的最新探索。可以說，作者以其巧妙的學術眼光，以楊儒賓為中心，向前連接了蔣年豐與余德慧，向後接連了台灣跨文化莊子學最新研究，據此而嘗試描述：由「心學」到「身學」再到「物學」的理論轉進過程，這在在都顯示出作者能在重要的研究觀點之間，洞察學術發展系譜與潛力的獨到眼光，這也是這本論文的學術價值所在。讀者雖未必都要同意志學這本論文對上述多位學人、多重觀點的細部見解，但也無法輕忽他所編織出來，重新詮釋「物學」的宗教性、超越性的學術線索與思想潛力。志學在博論的寫作的過程中，刻意對相關諸多研究標記出未來性的學術資料與線索，這對來日從事「心學／身學／物學」以及「台灣莊子學」之後續研究，無疑提供了許多便利。

另外，值得再三提及的是，這本博論寫的十分引人入勝。除了高密度的學術觀點交織並現之外，它的文哲一體的書寫風格相當突出。一般習慣於抽象概念的思維者，或許一時不習慣作者自由穿梭文學與哲學的寫風，但若能把握作者的學術觀點與綿延理路（從心學到身體再到物學），必可發現除了這是一本學術力作之外，作者還是一位善於玩味文字力量的寫作者。我想，除了作者個人的才情，這或許與志學受學余先生、仰慕蔣先生有關係吧。

志學出入中西眾多理論，博采諸家學養精華，一鑪治之，這種論學風格，或在當前愈來愈專技化的呆滯學風下，多少會被挑出若干論述瑕疵，然而瑕不應掩瑜，這本論著不僅在學術內涵或寫作風格，都有它值得認真對待的質感在。因此，我對志學這本論文的出版給予高度祝福。

序三
我在志學遇到志學

吳冠宏（國立東華大學中文系教授兼人文社會科學學院院長）

　　東華大學一百學年度最後一次行政會議，楊維邦副校長於臨時動議之際，透過校園地圖的確認，提醒大家「以後書寫東華大學的地址，當簡化為花蓮縣壽豐鄉大學路二段一號，不必再標上『志學村』了，以免家長都以為我們位處窮鄉僻壤，不讓孩子到東華大學就讀」。我面對校方這「去掉志學村名」的行銷策略，腦裡不時翻轉出從孔子志學到在地記哈的記憶，那講起孔子志學（吾十又五而志於學）時的雄心壯志，那娓娓道來記哈客的萬種鄉情（「志學」從在地阿美族語轉音而來，乃指稱一種在地盛產的植物「志哈克樹」），頓時竟錯愕到無言以對，畢竟將「志學（中華文化）與記哈（在地文化）」的對話意義抹去，心中著實有道不盡的失落感。

　　所幸2015年底，出現一位姓朱名為「志學」的學子，提出以「蔣年豐《地藏王手記》」為研究對象的計畫，他犀利的眼光、敏銳的觸角、奔放的筆調，可謂震攝全場，最後以極優的甄試成績考入東華中文系的博士班就讀。志學是我教研二十多年來難得一見的大才，與他談學論藝，每令我有「得天下英才而教育之」的大樂，我在志學遇到志學，正是這一段共學時光，撫慰始終置身於邊陲的我，即使面對無可逃避的客觀現實，依然能保有從隱祕的角落發現靈光的一線希望。

　　其實早在1997年開始任教東華中文系幾年之後，我們即曾在學校外緣某處偶然相識會遇，並共享著午後淡陽的閒情、自在，當時一身傲氣的志學就曾考慮以紅樓夢的研究計劃報考東華博士班，只是沒想到這一晃竟是十多年的光景了。話說志學初始乃由中央大學的理科轉入中文系，繼而考上淡江中文研究所，以研究天臺宗的碩士論文畢業後，曾任教於精鍾商專（後來更名為臺灣觀光學院），卻遭逢私校董事會爆發弊端，這一位卓爾不群的憤

青，當時走向抗議董事會的隊伍可想；辭教職之後志學在東部峻嶺側經營特色民宿，守候自己心愛的貝森朵夫鋼琴外，他並沒有辜負這一段移居洄瀾的風華歲月，早先深受後山逆世獨行之生活者與生命永遠的探問者——孟東籬的影響，整日過著彈琴、讀書的時光，孤獨自賞，守護著生命的純粹；其後又伴隨獨樹一格的文化心理學家——余德慧，不斷在各種原創知識領域上輾轉吸納，是以他雖自外於學術體制多年，看似延宕晚成，實則對於真理仍始終保持一股探索的熱情，故得以孕育積累出可觀的創造能量。

志學的博士論文——《莊子物學的宗教維度》，連結蔣年豐與余德慧這兩位當代人文巨擘，注入臨終啟悟與臨床視野，使楊儒賓所開啟的當代跨文化莊子學，在身學向物學轉進的徑路上，得以張開邊緣的眼睛，納入病理現象學的活水，進而從脆弱轉出臨界的救贖力量，重綻悲智雙運的慧光，面對如今早已汗牛充棟的莊子研究，志學依然能以過人的膽識，融舊開新，於氣化身體之外，另闢飽蘊人文靈光的「虛廓空間」，可以說他縮結蔣、余、楊三者進而輾轉勾勒出莊子物學的宗教維度，搭配其才氣縱橫的文采與沛然莫之能禦的學術想像，在當代跨文化莊子學的研究版圖上，已樹立別具風格的新風貌。

我於志學博論書寫的過程中，除了盡快提供他當代相關的研究成果資訊，並建議其論文在結構安排、章節名目……等形式細節問題，或提醒他有必要以恕道及整體的掌握來判讀前輩的意見之外，其實更多的時候，我是反師為徒，每透過他自由揮灑的創意及源源不絕的書寫興味中，撞見自己過於拘慎的框限，從而更折服歎賞他不羈的野性。是以作為他的指導教授之一，我所能發揮的最大助力，當在為他邀請到最合適的口考老師，使志學精彩卓絕的突破成果，不會被外在的形勢所湮滅，從而在學界獲得真正的知音，並提供他爾後得以展翅精進的機緣。

諾瓦利斯：「哲學本是鄉愁，處處為家的欲求」，正是靈慧過人的志學把我從地域的鄉愁與困境中解放出來，重新看到哲學論述仍可以從平凡泥壤裡激越出另類的奇山異水，從而催促著我繼續在教研的路上昂首闊步，期待在歲月靜好中仍有隱隱閃現的驚喜，尤樂見志學以張筆緩收的方式完成這一本奇書，我更由衷深盼，對於志學，對於學界，這不惟是莊學研究跨域的新頁，更是可以繼續延燒的火苗！

序四
一意孤行，居然可成：
朱志學博士《莊子物學》代序

林安梧（元亨書院山長、國立東華大學榮譽講座教授）

　　志學博士畢業了，寫的是莊子，而且還得了「四賢獎」的首獎。《莊子物學的宗教維度》這本博士論文，是後現代莊學跨領域文化的精銳著作。志學博士畢業口試時，我在口試答辯場中祝賀他時，心底湧現了兩句話「一意孤行，居然可成」。

　　志學對於「學者」這詞，心情是比較複雜的。他對於很多事，心情都有著異於常人的見地，當然有時不免是偏見，雖偏而有所見，往往就在偏見中有了深睿的洞見。志學稱許「學者」，但卻也厭惡「學者」。學者有真有俗，俗有高有低，志學對於那些世俗學者，他真的不喜歡，但還不會太藐視；但對於那些俗世人咸以為高尚的世俗學者，功成名就的偽學者，他打從心底是厭棄的。他要的是真學者，然而一旦成為學者就很難「真」。現在的人文學術體制，很難使得學者不俗。現代的體制要求的是，學者要能俗，要俗的有力量，這樣才能被信以為真，就在這被信以為真的狀況下果然成真了。

　　當然我所說的主要是就人文學來說，因為人文學的「真」與自然科學的「真」，雖然都叫做「真」，但這「真」果真是不同的。自然科學的真，說的是外在經驗的驗證，並且可以操作，經由操作而得利建功。人文科學的真，說的是內在性情的體證，強調的是修為與實踐，經由修為與實踐而讓人的性情得以生長。顯然地，事物驗察之真與性情體證之真是不同的。不過，當前自然科學當道，我們整個學術體制，是以自然科學的模型來處置的，一切攝質歸量，從外在量化的效益來看待，並且滑轉異化成為一種簡單卻又宰制性的建構。這時候的人文學者成了製作合乎這體制的工具，學者成為量化的論文製作，成為語言文字、餖飣考據的作手，沒有了生命，沒有了性情。這樣的體制下的人文是令人惆悵而乏力的，成為體制中的共犯者，只能以自欺欺

人的方式，用迫壓的方式讓自己取得尊嚴，取得功成名就，而忘了人文原先的使命。人文的使命為的是人參贊於天地間的性情，「觀乎天文以察時變，觀乎人文以化成天下」的人文情懷，渺然難現矣！哀哉！

　　志學對於這樣的人文之異化是深有感受的，他遠離了學界，來到了花蓮，離開了教職，做了民宿，過著半隱居的生活，享受著真正的人文與自然的合匯。他批評了學術，但他仍鍾愛著學術。就這樣我與志學相遇了，那是二十一世紀之初，我這個不願意只成為當前人文學術體制的共犯者，又不願意斷然捨離學術，在拉扯張力中，我應好友顏崑陽兄之邀，來東華大學講「現代人文學方法論」。我這課的講法與時下是不相同的，因為我講的是我所理解的人文學方法論，是做了詮釋學的存在溯源。顯然地，我正根據著數十年來的人文學之修學實踐心得，構作了一套理論。這套論述，二零零零年暑假首講於臺灣師範大學國文學系，緊接著就在東華大學講了第二次，志學就是這年秋天來參與這課程的。課程中的討論，我直覺得他銳利而深睿，常有出於一般範圍的高曠之思，極為難得。後來，我得知他是來旁聽這門課，並不是博士班的學生。要他來讀學位，他好像不在乎，他對於考試這事似乎是介意的。我還是想著，說著，要他來唸！就這樣唸了好多年，他終於來讀了，在最短的時間，完成了龐大的鉅著，真令人刮目相看。他註冊正式修習的時間雖短，但若攏攏總總的將他隱居以求其志，每日力學用功，這博士算來超過十年。這是一個既長且久的超馬拉松自我競賽。志學不喜歡與人競爭，但卻與自己鬥爭，日日鬥爭著，學思奮進。這樣的一意孤行，居然可成。

　　他在博論《莊子物學的宗教維度》的後記裡寫到了他為學的進路與求學的歷程，我與他近二十年來的交遊，夜雨深談，咖啡高粱，上天下地，生死幽明。說真的，我來花蓮講學，往來最多，深契談論者，其為志學也。在碧雲莊的民宿，在貝森朵夫的莊園裡，觀山觀雲、斗菸靜思，霧嵐冉冉，忽現彩虹。貓叫狗吠，蛙鳴蟲唧，雲遮雨月，孤星閃爍。回到這場域、這天地，吟誦著「歸去來兮，田園將蕪胡不歸」，「縱浪大化中，不喜亦不懼」，真乃「此中有真意，欲辯已忘言」。我說志學的「一意孤行」，便自明白；「居然可成」，不在話下。這是果真的，這裡有著天地的奧秘，有著自然的恩慈，且釋之如下：

一者，絕待義、根源義。

意者，初幾義、指向義。

孤者，殊特義、超拔義。

行者，活動義、歷程義。

居者，停駐義、契入義。

然者，如實義、本然義。

可者，許諾義、趨進義。

成者，生成義、未了義。

志學莊子，莊子志學，志學者，立志向學也。不只是「為學日益」，進一步「為道日損」，真能「損之又損，以至於無，無為而無不為」，這樣的學，才能真切的是「覺」。這「覺」不再是「主體」的自覺，也不是「主體際」的覺醒；而是解消了主體，撤離了主體際，回到境識俱泯、迹冥皆絕，這是孤行無待的覺。這是隨物而化，無滯無礙的覺，黃山谷有詩云「桃李春風一杯酒，江湖夜雨十年燈」。一杯酒原乃孤行無待，十年燈卻是道心覺照。惟孤行無待，此道心覺照也。

「龍有潛也，有見也，有亢也。孔子知不可而為，聖人之亢也；伊呂之興，大人之見也；包之終隱，君子之潛也。潛者，非必他日之見也，道在潛，終身潛焉可矣。」這是船山在《讀通鑑論》卷七的一段話。莊子者，君子之潛也。雖說「潛者，非必他日之見也，道在潛，終身潛焉可矣。」但我卻深自認定這本博論真發潛德之幽光，中而得見，進而得飛也。飛之而亢，亢者，如日月星辰，幽明生死，各得其照也。主體消解了、視域遙廓了，悠游無待了；北溟之鯤，化而為鵬，由小而大，由大而化，展翅以飛，必將徙於南溟也。是所至禱！是為序焉！

序五
論辯證思維與畸人敘事之詭譎相即：
朱志學《莊子物學》序

曾昭旭（淡江大學中文系榮譽教授）

一、引言

　　2018 年 7 月，志學弟以《莊子物學的宗教維度》為題，通過東華大學中文所的博士論文口試，獲得全體口試委員滿分的評價，其後更榮獲四賢博士論文獎的首獎肯定，可說是學界多年來難得一見的盛事。而至今四年，才以《莊子物學》為書名，正式出版面世，則因其間更經歷不斷的修補改寫，亦可見志學的慎重將事。將可預見其書出版之後，對莊學的撞擊與貢獻也。

　　對本書我的閱讀經驗，首先是命意與行文都新鮮活潑，令人深受吸引，讀之忘倦。尤其用語傳神，足以即時打開一扇窗戶以引人窺探悠遊。如詩性凝視、虛廓空間、畸人敘事、裂隙經驗等等，真可謂花爛映發，妙語紛呈，美不勝收。深獲各方賞識，堪稱實至名歸。

　　不過，從洞見而言，志學的詩性突圍固然令人讚嘆；從學術方法的設計與執行而言，則實仍有極大疏漏。於此顏崑陽兄已在口試有原則性批評，但真正的疏漏何在？吾則願借此序試抒所見，以供志學參考。其中要點有二，即「跨文化作為一種學術方法如何才能成立」與「畸人敘事作為一種實踐進路如何才算完成」是也。

二、論跨文化作為一種學術方法

　　跨文化可說是志學自覺地提出的方法學創見。這固然源自多次參與莊學的跨文化（漢語語境與德法語境）、跨領域（跨文化台灣莊子學與人文臨床與療癒系列論壇）對話所產生的思想刺激，更重要的仍是志學基於自己特殊

的生命存在處境對此刺激所起的思想回應。由此引動到一種方法學的思維，可說是可貴的直覺感觸與靈光洞見；志學也的確在論文寫作中嘗試予以實踐了。不過要真正在學術方法上有所建立，讓使用者有所遵循，乃至有效操作，是需要有最起碼的理論說明的。當然，生命哲學的方法學理論大不同於科學，但仍然需要屬於它自己的理論說明（例如古人所謂工夫次第、《大學》所謂三綱八目）。而志學在博論中不免疏漏乃至闕如，吾即願於此試作補苴。

首先，此方法應屬一種辯證思維而非僅分析思維。此於王船山，謂之兩端一致（即《易》之乾坤並建或以貞一之理定相乘之機），吾則謂之「存在分析」（即於道德經驗中分析出道來，以證其果為道德經驗）。上溯於孔子，即所謂「吾道一以貫之」（有道貫注於所有行事言說之中以成其為道德的言行也）；於孟子，即所謂「居仁由義，大人之事備矣。」（基於價值之源的仁心，以創造性地實踐出富有意義之行誼也。）於是所謂兩端一致之兩端可知，基本上即無限性與有限性也（道與物、道與器、道與言、心與物、心與身…）。引申之亦包含較複雜之人與我、理與事、天與人等等，或涉及言說與理論操作之體與用、本與末、始與終、分析與非分析等等。

其次，作為學術方法的操作，請問所謂辯證思維是如何操作的呢？亦即：這互不統屬的兩端是如何達成一致的呢？於此先須肯認辯證思維必包含充分的分析思維。蓋道物兩端，各有其掌握了解之方，於道是靠非分析之體驗，於物則是靠分析性之認知也。而此區分本身亦是另一種分析（超越分析）。然則道物兩端之辯證相即為一豈能不以分析思維為基礎乎！原來就在此分析性的對揚之中，兩端之性相才能得以穩立（道靠實踐體驗，物靠分析認知），以為進一步相通為一之基礎。

於是辯證思維之操作，即不妨以包含兩步驟之一語來表示，即：先分析然後取消分析也。亦即：先分後合也。合者兩端相即合一義，其要旨即在如何將語言結構之外、不可分析不可說之道，適時巧妙地導入語言結構之中；既不因此造成語言邏輯之干擾，亦不因進入有限結構之中而造成道之束縛。此之謂詭譎相即而合一也。而操作之關鍵點，即在判斷此適當之時點何在？而當幾停止分析活動，庶幾在連續綿密之分析性結構中，露出一幾微之裂隙，讓隱於結構中之道得以閃現也。（故《中庸》云：「莫見乎隱，莫顯乎微，故君子慎其獨也。」）在如此巧妙涵道於其中之特殊言說形態，其屬分

析性可認知部分可稱為「實項」，其適時閃現之不可說部分可稱為「虛項」。
實以涵虛，謂之烘托；虛借實顯，謂之指點；總名曰虛實相生，亦即兩端通
過詭譎相即而成其一致也。此種辯證之言說形態，古人固慣用之。只是其言
說多偏於敘事（歷史性即事說理）與指點（藝術性留白），今則不妨更偏重
哲學性之分析，以更顯分析與非分析之對揚，而圓成道物兩端之平等互動，
相即一體。於是言與道、分析與非分析，便不止是簡單之對揚，更有相參互
證之功，而終歸於充實飽滿之一體實存。在此，分析性部分便不止是為烘托
道，而直是實存之道的本身。於是道固是道，物亦是道，道與物一體不二。
故船山才說形而上之道與形而下之器皆滙聚於形之一體實存也。同樣，非分
析固是非分析，分析亦是非分析、分析與非分析不二。於是吾人便不必對分
析之知心懷忌諱（如老子），而大可放心去分析求知，甚至因此遠離道之本
源；吾人當有信心即使走得再遠，都必可重反於道。於是充量之分析反而可
以是道之實存的充量證明。這才是創造性的道德實踐義。就跨文化跨領域而
言，這才是最大的跨越，實即孟子通過養氣知言之擴充良心義也。

　　於是所謂先分析再取消分析之辯證歷程，遂可演化為即於分析之時已
同時取消分析。亦即：當吾人從事分析性活動之時，同時亦即是在作道德實
踐。此時認知心與道德心是同行且一體的，當然也各有分際（胡五峯、王船
山謂之「同體異用，同行異情」）。認知心之嚴謹分析是一規劃細密之有效
行動，道德心之安居其位則是一種廓然大公之態度。此態度貫注於所有行
動中，即謂之「一以貫之」，或「無終食之間違仁，造次必於是，顛沛必於
是。」亦即無任何一步之分析對道有所遮蔽有所減損也。此即道與器、道與
言、心與身乃至心與物通過辯證思維而詭譎相即之極致也。

　　當然以上所說，並非可依步驟確實操作之科學方法，而是聊供參考，仍
待真心良知之創造實踐然後充分成立之工夫次第，然亦不妨即姑名為生命哲
學之方法學說明也。

三、論畸人敘事作為實踐之進路

　　前文提到兩端一致之兩端，乃指無限性與有限性。此就存有之體而言，
即形上之道與形下之器與言（所謂兩重存有論），而當會歸於一體實存之形

亦即實存之道（有別於形上之道）者也。此兩端各有其掌握之道，就無限性或形上之道是通過非分析之體驗，就有限性或形下之器與言是通過分析性之認知；而兩者相即，亦即通過辯證思維，然後能實踐地掌握即器即道、即言即道之實存，而這實踐地達成兩端一者才是真正實存之道也。

換言之，道與器（言）兩端俱非實存，而是人為地從實存中抽離出來的概念（器屬形而下之實概念，道屬形而上之虛概念）；必須將此兩端消解，重新滙歸於生活，才是兩端相即，一體實存之道也。

關於分析地認知語言世界（器世界即語言世界），有西方全盤的科學方法在（思想律、邏輯、數學）。但關於非分析地體驗形上之道，則連中華文化區都慧命斬絕已久，而有待重新闡明。

首先，體驗此無限、絕對、自由、圓滿之道，必從有限面切入。亦即：必先體驗到存在之有限、不自由，並由此感受到自我缺憾不滿、人際對立不安之痛苦惶惑，然後才有一存在之立足點，以憑之由有限面翻轉超越到無限面以真切體驗到自由無限永恆不朽。故孟子才說：「人恆過然後能改。」又云：「人之有德慧術知，恆存乎疢疾。」此化有限為無限、由形而下翻轉到形而上之努力，孔子即謂之「下學上達」。而達致之存在狀態，乃當下即有限即無限之一體實存；此即《中庸》所謂：「君子素其位而行，不願乎其外：素富貴行乎富貴，素貧賤行乎貧賤，素患難行乎患難，素夷狄行乎夷狄。故君子無入而不自得也。」於此，位即有限面之處境也，素即化此現實之有限為意義之無限也，而此轉化之體驗即謂之自得（純由一己之創造而得，故不願求其外）。

換言之，當人尚未能自我轉化之前，人之存在感受概屬有限。而有限之人，即畸人也；於此言之，世上孰非畸人？即孔子亦不例外，故孔子才自言：「丘，天之戮民也。」於是由畸人自我翻轉到無限而得稱為全人，遂成為人無可旁貸之當身責任與永恆事業。從事此事業即謂之道德實踐，此終身以之的生活即謂之道德生活，即孔子所謂「為之不厭，誨人不倦」也。

於是，此當下實存的生活世界，即是一綜括有限無限、形下形上、可破裂可統一、可缺憾可圓滿、可痛苦可悅樂之世界，此之謂兩可不定，詭譎相即。地獄在此，天堂亦在此；當下可是神，亦可是魔。端看人當下一心之所向而已，而此即道德實踐之工夫所在也。而實踐工夫之起點，既必是從有

限面與存在的痛苦體驗切入，則就全盤之道德生活言，負面之生活經驗與體驗亦道德生活之一環，於是自由即涵不自由，圓滿即涵不圓滿，無限亦涵有限、全人即是畸人，即所謂畸於人而侔於天也。故孟子亦有憂樂相生之言，即所謂「憂以天下，樂以天下」。則亦可謂辯證思維之極致矣！

由此而言，畸人敘事實屬道德實踐的永恆切入點，可無疑也。只是所謂畸人敘事就工夫修養之角度而言當如何有效展開？則須有更周全之說明。首先，生命之創傷、痛苦之體驗，常可以是發憤上達之刺激與動力或迫力；且創傷屈辱愈大，迫力亦愈大，所謂大傷心人，太史公其著例乎！其次，負面之存在體驗亦常可自然對照出正面之超越境界，而啟發人之妙悟，遂可立時放下而乘物遊心，心涵宇宙，根器清者常如此，莊子象山其著例乎！但上述二者，皆不顯工夫相，而只顯事實相（司馬遷以作史記實證其翻轉上達）與指點相（莊子以旋說旋掃之靈活語用學隨機指點道境界以實證其果然知道），故後人皆無從追蹤效法。然則當如何才能展開一有效之工夫論，遂當於敘事儒學、指點儒學之外，更發展出一種分析儒學，以有效構成分析與非分析兩端之對等互動、辯證相即，以圓成兩端之一致，一體之實存而後可。

但請問當此際之分析是分析什麼？則當然不是如西方科學單純分析現象界諸事物之結構以圖有效掌控利用之，而是要在道德經驗中將道分析出來。此即前一節談到的即分析即非分析之辯證思維，要在分析活動中適時中止分析，好在綿密結構之裂隙中讓道乍然閃現；亦即吾所謂存在的分析也。而在存在分析進行之時，是有認知心與道德心同時在作用的：認知心在執行分析，道德心則在全程觀照，且負責決定孰為適當時點，於此中止分析以讓道呈現。

但再請問：道德心是根據什麼來判定這適當時點的呢？當然是因在道德生活中實踐有得，亦即於道有所體驗，亦即有限面之限制實有某種翻轉以上企於道，亦即某種程度地自畸人蛻變為全人（《莊子》逍遙遊謂之至人無己，神人無功，聖人無名）；然後才能以全人的觀點縱觀其生活全程，而徹知其道德生活之升沈辯證，始末因緣也（《莊子》即謂之「以道觀物」）。於此當然便有一人文療癒的歷程。這一方面是自我療癒，即藉分析自家的道德生活以找尋揣摩道何所在而終豁然有悟（如朱子所謂格物，「格之既久，一旦豁然而貫通之」，遂致「物之表裏精粗無不到，吾心之全體大用無不

明」)。一方面是療癒他人，即以見道者、過來人之身分，為傷病者（畸人）試作觀察分析，釐清其致病之由，點出其根源之善，以重建其根本自信，更疏通其由地獄復升往天堂之道，由此步步帶領，時時陪伴，庶其傷病終獲療癒。於此依己立立人、己達達人之為仁之方，亦可謂己癒癒人也。而在此仁者愛人之工夫中，更有三要點須作補充：

其一即所謂療癒、所謂翻轉，皆預設原來之生命存在狀況為傷病、為有限。然則所謂有限所謂傷病果何所指？在本節之初，已略有提示，今當更為詳說。原來性屬有限之器世界或語言世界，並非實存之生活世界，而是人為有效認知、掌控、利用此生活世界中之人事物（可總稱為物），而人為地將之納入一知識、語言世界中，使散殊之諸物獲得一系統性的相關位置，而方便人之有效操作。於是獨立、特殊、完整之物（物自身），遂化為可為人利用之器，而各被賦予性屬有限之定義，而成為片面非完整之存在（從不同之角度觀之，可有不同之定義），人納入此系統運作，亦因此由完整的人身分約化為片面、有限之角色身分。當人生活於體制運作之中，因習焉不察之故，誤認此有限而暫時假借之角色身分為我，即必然造成與人心之無限性本質矛盾，遂造成人之執著與存有之失落。此即人因受限而受傷生病之根源也。於是人之自我療癒，要義無非在徹知此自我之錯置（亦即道之錯置），當幾放下此執著而還原回人性自由獨立整全之無限本質而已。於是物還原為物（而非有限之器），人還原為人（而非有限之角色），於是心物一如，物可化而心可遊，同復歸於一體實存之道也。

其二即所謂愛人，要義無非在消極地助人放下誤執、療癒傷病，積極地助人實現其無限性、理想性或本性本願而已。所謂愛之以德，所謂仁者愛人，這不止是仁者之本分責任，更是其是否果為仁者之實踐性證明。（吾故曰：愛是自我存在更充分的證明，亦是自我存在更嚴厲的考驗。）即必須通過嚴格之存在考驗，始足以證明其仁人君子、聖人全人之人格，非止偶然妙悟之虛境界，而為一步一腳印之實修與成長也。而愛人無疑即是諸般考驗與證明中與道最相應之極致。蓋必須愛人如己，亦即必以人道待人為一主體，然後平等互動，庶幾達致一主體際性之人我合一，同幾於道，亦即同歸於一體之實存，然後為愛之以德之真愛也。此於君子間之相友（以文會友，以友輔仁；和而不同，群而不黨），已屬不易；要去愛一受傷生命，更屬艱難凶

險，而洵為君子仁人之嚴厲考驗與充分證明也。

　　其三，承上一段所言，吾人之助人療癒其傷病，遂當誠意正心，戒慎恐懼，適可而止。適何所可？即依自己之自我療癒到何地步，亦即於道之悟解與實踐到何地步，吾人之助人亦只能到此地步，庶幾可免於立理限事，逞強誤導。此之謂誠，或所謂忠信（忠於己信於人），或所謂「知之為知之，不知為不知」。於此亦可另顯一教學相長之意，即於分析他人之道德經驗以助其釐清駁雜之時，亦是有益於自我成長之學習也。此本質上亦是一種同體共命，所謂眾生病，救度眾生之菩薩亦焉得不病也！而洵非以一自居優位之強者，去主導弱者之人生；名為愛人，實不免於秉傲慢之心予對方以卑視乃至歧視也。於是菩薩亦即是眾生，菩提亦即是煩惱，全人亦即是畸人，當下一步亦即是圓滿，所謂聖凡不二，分析與非分析相即，這才是辯證思維之實踐性的充分展開，亦畸人敘事之全盤義 之精華所在也。

四、結語：畸人敘事與辯證思維之和諧相即一體實存

　　依上所述，思維與實踐當然是一體相即，生活世界中所有實存之人之思維與實踐亦俱一體相即（如華嚴宗所謂理事圓融與事事圓融），而構成一縱貫萬世橫遍十方之總互動相即、分工合作。此可謂「吾心即宇宙」、「仁者以天地萬物為一體」之總體圓融義（而非僅理想義、境界義）。蓋就現象面而言，人既皆屬有限而俱為畸人，則只能是所有有限合作以成無限，所有畸人相通以成全人。吾人若心存此義，當下實踐，是真可如孔子所云「一日克己復禮，天下歸仁」的。於是所有畸人，俱當下轉為仁人全人了！於是所有道德事業，立德立功立言，都可以是「究天人之際，通古今之變，成一家之言」之一體實存。即以志學此著《莊子物學》而言，亦可以上追孔孟老莊之道，中涉太史公之事、程朱陸王與方以智王船山之理，下依於蔣年豐、余德慧之實存感應（當然只能舉犖犖大者，其餘之無限助緣姑從略），然後始成此作。若以整體之道觀點視之，實上述全體畸人共成之事業也。於此就每一人言之，俱屬道之有限一體，尤其大畸人或大傷心人，更重在以其一生之畸零病苦對眾生作出震慴靈魂之棒喝提撕，而竟成受提撕者成人成德成學之最大助力，則更屬弔詭不可思議。蔣、余二師之於志學，其如是乎！蔣以殘

生為豐年，余以病苦為德慧（或可加上傅以挺立死亡尊嚴為偉勳），則朱焉能不繼踵前賢，以勉敍此等等大畸人之事，更為作精詳之分析論說，以明此辯證相即，一體實存之道為志學乎！然則本書之著作出版，亦可云莊嚴厚重矣！

　　最後，吾為作此長序，實亦可謂讀其書而深有感觸，遂使久存心中之體驗與義理，亦因機湧現，和盤托出。是否有益於志學將來之為學，或是否可算亦參與了此一整體實存之事業，固未可知，但僅就吾一己之觸發而言，已屬難得可感之機遇矣！是為序。

〈附記〉

　　蒙曾師賜序，銘感之餘，未免暗道僥倖；如是意義深遠的精神饋贈，即今看來，卻幾乎是我當面錯過的大事因緣。此中曲折，頗堪玩味；因別敍原委，以誌念一段冥冥中有天意感發而瞬時貫連師徒二人的詩興躍動。

　　話說 2019 年，獲儒賓老師舉薦而遠赴清華國學研究院發表論文。沒想就在這飽濡思古幽情的校園裡，忽接獲曾師傳訊。原來老師正客居北京講學，更巧合的是，我們竟連返航台灣都預訂了同一班機。北京機場一別，不覺又九百多個日子過去。有一事，卻始終懸擱心裡：博士論文寫就迄今，我始終未曾讓老師過目。倒不是心虛寫得不好，畢竟此文曾歷經三審而於臺灣中文學會的年度博論大獎一舉掄元；對老師隱而不發，毋寧是意識到自己通過跨文化研究而別闢蹊徑的「莊子物學」，恐已逾越師教，甚而對傳統莊學典範形成嚴屬的挑戰；若為此惹得老師不快，那可罪過大了。誰承想，這潛在近四年的糾結，卻一夕間恚然崩解如庖丁刀鋒所過的牛體。揆其始末，就緣於我送別友人而留下的一篇隨感記事。此文幾經流轉，誰期，竟是透過永和兄（茶人兼當代攝影名家）的公開分享，而意外引出了老師的留言與茶敍邀約。永和兄與我自是分外驚喜，然而我驚喜之餘卻悄然透著些許情怯之感。恰逢博論出版事宜進入最後校訂階段，我嘗試性地上傳幾段博論摘錄在臉書版上，心下不無期待之意。令我鼓舞的是，每有上傳，老師隨即按讚響應；我索性又摘錄一段更具總結性的長篇，這次，老師不獨按讚，還全文轉載自己版上，並留下了字字沁心的回文：「讀吾弟之文，感發甚多，印證亦

甚多，有功莊學，殊足感謝也」。受寵若驚之餘，我立時回文：「不瞞老師，我自知此文冷僻，難逢解人。發文之初，內心預設的閱讀對象，別無二人，我其實獨為您一人而發。無它，除了顏崑陽、林安梧、楊儒賓、賴錫三、吳冠宏、鍾振宇等極少數率先審查我學位論文的學界前輩，我點滴在心——您，是我最後的關卡。然而，這事沒想像中來得如此理所當然，因我自知，論文核心論點，自表層觀之，於師門之教，多有不盡相侔者；您會如何看待我與您互為歧出卻又秘響旁通的『莊子物學』取徑？內心深處，實不無忐忑。畢竟，在我轉益多師的問學歷程中，您始終是我至為感念的啟蒙恩師，然而，我卻宛若赫塞《流浪者之歌》筆下的 Siddhartha，為體證獨屬自己的真理而不惜辭別師尊以尋索自己的道路。此文，我視為直切身世之感的悲願之作，老師所寓目者，雖只是四十餘萬字學位論文的一鱗半爪，吉光片羽亦自薈萃了我曲折多年的學思感悟。如今，得師一言，一種此生不負之感，霎時灌流全身。無它，恩師所言，顯非藉溫婉寬容之語以故示門庭寬廣，而是真切看見舊日弟子獨屬自身的真理尋索軌跡並恰如其分地致予由衷嘆賞之意。我以此感念，就在見到老師回語的一刻，或是我此生曾與您最靠近的『共在』瞬間。於是，我終而可以放下棲遲三年餘的懸念，並欣然確知：您全然善解，我何以立意『從根基處開始全面理解傳統並開啟以新的姿態棲居於這一傳統的可能性』；也全然默會，這世間自有一種不落俗情知見的師生之情——『以背叛表現至高的忠誠，以否定表達堅執的肯定。』（案：引文化用自新近猝逝的北京學者胡繼華教授）」頃刻間，老師第二篇回文又翩然映入眼簾：「就我倆的師生關係而言，你其實並未『背叛師門』，子之所論，亦實在吾之思路中有一隱然之相應，只是吾未有（或永難有）充分之機緣觸發引論耳！今吾子因機抉發，吾讀之實處處有相應之感，而不勝讚嘆也！他日有緣相見，當更與子深論之。」霎時，心頭一股難言的滋味，百感縈迴：難不成，這麼多年來，竟錯解了老師的根本立論？自是，盡釋懸念而接連發文。連綿數日，師徒二人，就在反覆釋疑而機鋒處處的論學過程；激盪出多篇意蘊悠長的論學記事。此如，老師細閱我關於海德格解讀「梵谷農鞋」的物學敘事而留下如是點評：「海德格能通過畫中舊農鞋的許多細節所透露的生命訊息而感知農鞋主人的生命存在情狀，工夫手法，確足嘆為觀止。原來生命不存在於現象的粗略框架，而存在於不起眼的細節，此則唯有心知道者

能窺見。碑文之風霜、陶壺之手澤、詩箋之淚痕，乃至遺香賸履、舊日煙雲，都有無限的生命存在意趣，掩映於若有若無之間。通過詩意凝視，以超越知性空間、線性時間，進入詩性時空，如通過蟲洞以遨遊宇宙，祕道其在斯乎！」如是印心之語，誠所謂「萬人叢中一人曉」；知悉自己最深致的用心，果真被老師完整地看見，快慰之情，實有難可已於言者。

　　總之，如是文字因緣，純屬應機而發，殊非始料所及。事後回顧，但覺涓滴在心而溫潤可感。我以此深自感念這有如層層漣漪盪漾開來的美麗偶然，於我沁潤之深，感發之鉅，誠生平問學因緣所未有。此所以數日而後得親臨府上拜見老師，對我而言，意義是格外重大的。無它，只因自知，近年性僻幽獨而益趨深居簡出的我，若非機緣湊泊有如此者，要見上老師一面，還真不知得蹉跎到何年何月。然而，當晚回程途中，雖一路沉睡回淡水，倦極而笑，卻滿溢著難言的充實之感。不單是為了老師慨然允諾為我新書作序，更為了那迴盪雖深卻無以為言的摯切感動，在茶湯入喉的綿遠餘韻中，終得會心於言笑之外，而迎來全然釋解的一刻！

志學補誌

自序
以有虛境故，一切法得成

朱志學（國立東華大學中文博士）

　　晚清民初佛教學者歐陽竟無，曾自敘平生成學動力有云：「悲而後有學，憤而後有學，無可奈何而後有學，救亡圖存而後有學。」悲憤而後有學，神聖而殘酷的臨界張力下所成就的學問，遂燦如危崖之巔的盛放，是功夫、是性情，更見悲願之所寄。筆者此書，亦發憤之所為作也！動筆之初，即立意忠於自己的孤獨，初無意趨附學界成規而斂抑自身磅礴待發的詼詭思路。這思路，一言而決，即緣於「物情」而成就於「虛境」的「救贖」進路。即此而言，本書命名雖以「莊子物學」四字總其綱，貫穿全書之詮釋軸線，則緊扣「物情─虛境─救贖」所勾連出之「受苦轉化歷程」以自彰切己之向度；具體入手處，則聚焦當代「跨文化台灣《莊子》學」最具理論開拓潛勢的核心主題──「物學」的轉向，並立意藉此論題融貫「蔣年豐─余德慧─楊儒賓」晚期學思精華，以重構「人文療癒」義下的《莊子》物學。如果說，楊儒賓於《莊子》迷夢萬千、各顯偏至的多方詮釋理路中，獨窺其「創化之源」；筆者所著眼者，則毋寧是受苦中的「轉化之機」。若說，前者開出的是「人文創化的莊子」；後者開出的則是「人文療癒的莊子」，亦即，正視「此身」作為血肉形軀之「脆弱性」，而藉由「力量」與「脆弱」之弔詭性所牽動的視域翻轉，顛覆「主體中心」語式的表述手法，並轉從「共在感」出發以重探「非主體進路」的「莊學」詮釋可能。至於，所云「救贖」，乃化用業師余德慧之「宗教療癒」概念而有以轉化之；這意義下的「宗教」，固無涉「教門性」之宗教，而剋就眾生匐伏危行之「受苦現場」以直叩始源性宗教（巫宗教）的蘊生場域；那是人類的知識建構所無以抵達的「非知之域」，裡頭汨汨流淌著常規世界所無以整飭收編的「異質性」。這作為「陌異空間」的非現實「虛境」，恰關涉筆者未全然形諸此書的

判教立場：同樣通過當代莊學語境之「物學轉向」以暢發《莊子》人文精神，楊儒賓教授所盛論「人文創化的莊子」，是朝向儒家人文精神靠攏而更見「人間性」的莊子；筆者通過「大傷心人」形象所揭櫫「人文療癒的莊子」，則意在凸顯莊子之所以為莊子的「獨異性」所在，此獨異性恰是莊子所獨步於先秦諸子而無法盡為儒門義理所通約的「虛廓空間」；後者指向卮言曼衍的「非現實虛境」，方以智於《藥地炮莊》借「藥樹息蔭（之所）」為喻，而在「人間世」之外，別立「天間之世」以名之。這意味，「儒門內的莊子」這隱然已將莊子劃歸儒學陣營的學術定位，筆者實另有所見——莊子畢竟就是莊子，化用了的孔、老的核心洞見而自有樹立；惟其「別有天地非『人間』」的立腳處，非深於域外虛境之「宗教維度」，固無足以觀其妙。此所以自有莊書以來，解莊進路雖多，看似精義紛呈，各有所見，卻未必真能直指莊子所獨立於孔、老而外的根本凝視點。如是揀別，以成此判教，倒非意指「儒家」與「莊子」互為對峙而無可調和。無如說，儒賓老師就「人文精神」以見其同，我則就「虛廓空間」以窺其異；二者於「人文精神」互為補足而各有側重。以此觀之，濫觴於周易而作為廣義道德的人文精神原非專屬儒家，也並非只限縮於朝向「人間世」的用世志意；依莊子，人文精神同樣能運行於「天間之世」而以「無用之用」具現為「非現實」裡展開的「人文紋跡」。是以，若欲剋就「受苦現場的身心轉化歷程」以暢發「物」的超越性向度，則緣於「物情」而成就於「虛境」的「救贖」力量，恰恰凸顯了「以天下為己任」而「用世志意」熾烈的儒者行止所難以通約的「宗教向度」。綜此以觀，「人文創化的莊子」與「人文療癒的莊子」只是同此人文大方向下的不同曲折，與其視二者為不可調和的對峙關係，毋寧視「人文療癒的莊子」為「人文創化的莊子」朝向「虛境」的深化，而今日以心鬥甚而淪於刀兵慘殺的「人間世」，與作為「藥樹息蔭」之所而可堪「別路藏身」的「天間之世」，得以在「虛實互濟」的全新連結中，走向更富圓教格局、也更趨於廣大悉備的「人文精神」。依筆者，正是這貫通了「虛境（道家）—實事（儒家）」的人文精神，足以越度死生幽明之天塹，而令天下大傷心人之感與痛，悉皆匯流於天地神人所疊影共在的靈泊之所（內化為「胸中海嶽」的「虛境」）。如是，乃能即此「五濁惡水」上晃漾的「浮光掠影之跡」而具見「病中自有乾坤在」。依此詮釋徑路，莊子內篇〈養生主〉命意所在，惟

養吾「胸中海嶽」（生之主）以成此「病裡乾坤」是也。不論是「胸中海嶽」
或「病裡乾坤」，皆跳脫傳統「主體中心」語境，而依「人之所『遊』」以側
顯「人之所『是』」；更細緻地說，莊子是通過「人之所遊」以曲盡那為人所
涵具而足堪作為其本質存在的「人文空間」。此所以，對莊子而言——以有
虛境故，一切法得成。「實事」的成就，原是通過「虛境」的調適方有以成
其「應物而無傷」之優雅風度。這內化為「胸中海嶽」的虛境，船山論詩，
頗有妙會；其《詩廣傳》（卷一〈論葛覃〉）從「餘情」悟入而有云：「古之
知道者，涵天下而餘於己，乃以樂天下而不匱於道」；「天下」云爾，化用方
以智之語，正乃「千聖之心與千世下之心鼓舞而相見」的「人文空間」。這
作為「非現實虛境」的「人文空間」，論理境，或為儒門義理所潛具而必至
者；揆諸實際，卻獨為莊子所盛發（依巵言曼衍之莊語以點染出層出不窮的
虛境原是莊子所高視闊步於先秦諸子者）。後者工夫深致處，甚而具現為通
極死生幽明而與鬼神合其吉凶的「共在感」，此非物化功深而相忘乎域外虛
境者，又何克臻此？以此思之，儒者若能在現世關懷而外，猶能上遂「虛
境」以圓成虛實互濟之人文精神，是乃莊子所挹注於儒家之幽光狂慧而不可
盡為儒門所通約者。

　　說及天地神人所疊影共在而內化為胸中海嶽的虛廓空間，不由思及司馬
遷於〈報任少卿書〉所披露的幽隱心事：「所以隱忍苟活，幽於糞土之中而
不辭者，恨私心有所不盡，鄙陋沒世，而文采不表於後也。……草創未就，
會遭此禍，惜其不成，是以就極刑而無慍色。」多少年來，筆者曾為此磅礡
悲願深自震動而難窺其奧，直至悟透了「非現實虛境」所連結於「受苦現
場」的救贖奧義，始得叩寂寞以求音而曲探其高致所在。即此而言，我是借
徑《莊子》方有以深窺：一位動觸時忌、高才見棄的大傷心人，如何自不可
見的虛境獲得力量的挹注而浩蕩展開對慘酷命運的逆襲。一個顯而易見的
對比是：尋常人沉緬於高度格序化的常規世界而渾然不察其墮陷之深；他們
的魂命深處不存在「涵天下而餘於己」的「虛廓空間」，甚而視此不可見的
「非現實空間」為對其僵固世界的巨大擾動而必欲詆毀而後快；此所以司馬
遷不能不慨嘆：「僕誠以著此書，藏之名山，傳之其人，通邑大都，則僕償
前辱之責，雖萬被戮，豈有悔哉？然此可為智者道，難為俗人言也！」我以
此而對司馬遷沿著身心臨界經驗所抵達的精神生產寄意獨深：是什麼樣悖離

世間的異質因素，讓他在極盡屈辱的苦難裏，卻好似多了對常人眼睛所看不見的翅膀而得以翱翔於人間煉獄所碰觸不到的存在高度？來到魏晉之交，同樣的磅礴大氣，也具現於「臨刑東市，神氣不變，顧視日影，索琴而彈之」的嵇康。我們驚見，兩位偶儻非常之人，都能通過不可思議的優雅而超越了五濁惡世所給予的折辱與毀傷。他們都以受刑之身展現了遠比世界更強大的存在──一種凌越於所有世間苦難之上的優雅風度。是的，優雅，在一切能通過「非現實虛境」的精神生產以創造自我救贖可能的「大傷心人」而言，毋寧是對悲傷的凱旋；而悲劇所可能帶來的淨化力量，也只有放在這脈絡才能獲得妥貼而深致的理解。我以此而對「優雅」二字有了更勝往昔的體會，它不只是某種修辭、風格或美學的範疇，而是作為「虛境」的「人文空間」所賦予生命的「餘情」；所云「優雅」，無非就是由此「人文空間」獲得立命基礎（涵天下而餘於己）而自然散發出來的沉厚底氣與雍容大度（乃以樂天下而不匱於道）。筆者以此有悟：這包覆著身體，又不為身體所限的「人文空間」，恰是一種熨貼於血肉形軀而宛然與肉身如影相隨的「身外之身」（道身）；而所云救贖（受苦中的身心轉化之機），則剋就內化為虛境（胸中海嶽／病裏乾坤）之道身而為言，固無涉形骸之事。司馬遷或嵇康所凜然猶生而無以摧折者，正在其擁有通過非現實之「虛境」而創造此「身外之身」的幻化生成能力；恰是在這等偶儻風流人物的身上，我們驚見：苦難不再只是苦難，而是血色鮮麗的容顏所盛放於「絕望之巔」的「危崖之花」。

　　偶從朱天文序作驚見一句禪機深遠的話頭：「勝者自勝，敗者的一方卻開啟了故事。」故事二字，無涉勝者，卻繫屬於敗者；這似非而是的弔詭性，寧非正連貫於我對莊學的根本悟入處？是什麼樣的失敗，如此飽濡故事性而迴盪綿遠如層層蕩漾開來的漣漪？就某個隱微的意義而言，貫穿本書的主軸思路，正聚焦於莊子筆下的畸人敘事所傳達之獨屬「失敗者」的尊嚴。相對於「勝者自勝」，躊躇滿志的背後每難掩「拔劍四顧心茫然」的蒼涼；天地間最教人血氣動蕩的故事卻多為抗顏不屈的失敗者所啟動。依筆者，莊子筆下高密度出現的畸人敘事，最足以彰顯這類「形虧而德全」之邊緣流離者在看似天地難容的命限碾壓下所含藏的遒勁底氣。正是這股上俟於天而伏流綿遠的強韌底氣，忍死撐持了一種「未濟終焉心飄渺」的人格美學；它讓我們對歷史中一切看似「未完成」卻迴腸蕩氣足以動人心魄之「意義非凡的

失敗」，有了迥異習見的審視角度而對千古大傷心人在無涯悲願中所成就的人文紋跡生出了由衷的溫情與敬意。是的，「未濟終焉」所暗寓「人間無可倖免的破局與缺憾」，終將在託命悠遠的「悲願相續」中，因著接通「無限遠卻親密相連」的沁潤力量而獲得某種彌縫的可能。也正是在「悲願相續」的意義下，筆者依人文療癒視角所建構的詮釋取徑，每側重「千世上之心」與「千世下之心」在深度「物化」脈絡下的交相引觸感發以支撐一種築基於深厚歷史感的當代凝視。這意義下的「當代」，不屬線性時間裡的斷片式存在，也無法自遠古的歷史切割開來；相反地，恰是通過這不落線性時間的當代性，我們得以從中窺見一種川流於古典與現代間的隱秘親和力。依筆者，那給予療癒與救贖而足可轉化受苦處境的人文空間，就孕生於「參萬歲而一成純」的深度物化中所迎納的「隱秘親和力」；正是通過凌越線性時間而思接千載的隱秘親和力（侔於天），一位彳亍危行於死蔭幽谷的地獄獨行者（畸於人者），將得以堅守他對自身時代的凝視。再難有人如阿甘本（Giorgio Agamben）一般，將馳心千古又匯流當下的詩性凝視，做出了如此激動人心的表述：「當代的人是一個堅守他對自身時代之凝視的人，他堅守這種凝視不是為了察覺時代的光明，而是為了察覺時代的黑暗。對那些經歷當代性的人而言，所有的時代都是晦暗的。當代的人就是一個知道如何目睹這種晦暗（obscurity），並能夠把筆端放在現時的晦暗中進行書寫的人。……要在現時的黑暗中覺察這種努力駛向我們但又無法抵達我們的光明——這意味著成為當代的人。因此，當代的人是稀少的。出於這個原因，做一個當代的人，首要的就是一個勇氣的問題，因為它不僅意味著能夠堅守對時代之黑暗的凝視，也意味著能夠在這種黑暗中覺察一種距離我們無限之遠、一直駛向我們的光明。」大哉斯言！筆者從中窺見：阿甘本所描繪的「當代人」意象，恰兼具了「大傷心人」的兩重精神向度——首先，堅守對自身時代之黑暗的凝視而深察「人間世」宛若煉獄的幢幢鬼影；其次，在現時的黑暗中同時覺察那在無限遠的凝視而外，始終駛向我們卻無法抵達我們的光明。這從「晦暗中隱然有光」而援以託命的精神向度，毋寧正呼應方中通總結乃父（方以智）心跡而寫下的千古證詞：「以此報前之大傷心人，復以此望之天下後世之大傷心人。」不論是痛哭古人，抑或寄語來者，「大傷心人」四字，固非望文生義者所能善會；以其非純然沉湎於自身的時代悲情，而是能在看似無

可解的歷史共業中，直透從「人間世」蟬蛻而生的「虛境」（天間之世），並從中窺得受苦轉化之機。這意味，傷心與快意，原是顯隱互具而存念於一轉之間：一念覺，大傷心人即是大快心人；一念迷，大快心人即是大傷心人。大傷心人與大快心人，底氣相通，原無二致；但能自見其性，則當體如是而解心無染。此所以，「虛境」之立，正乃「人間世」之纏綿病氣得以瞬時翻轉而自致救贖的關隘所在。筆者化用《中論》佛偈而有云：「以有虛境故，一切法得成」；其寄意綿遠若此。知我罪我，惟俟諸來者。

本雅明（Walter Benjamin）墓碑上銘刻著兩句話：「紀念無名者比紀念名人更困難。歷史的建構是獻給對無名者的記憶。」此語幽微，頗觸動筆者因莊子畸人敘事所勾起的深沉隱慟。是的，莊子筆下的畸人，若索其「形骸之外」，多屬隱沒時代邊緣的「無名者」；可若就「形骸之內」而觀之，卻每令見者驚猶鬼神而有難可已於言者；無它，通過莊子驚人的筆觸，我們不能不喟嘆：竟是在傷殘見棄而無用於世的「多餘者」身上，多有「託命不可見域」而一任缺憾還諸天地之「偉大的失敗者」。此所以，本文作為莊子畸人敘事之當代演繹，其最深的寫作意義，毋寧在能直叩千古畸人的隱秘激情而成此「以哭笑寄萬世」之作。此書批閱增刪，綿歷四載，作為「獻給無名者的致敬之作」，筆者惟願此書對「極一生無可如何之遇」猶不墜其志的千古大傷心人，能就其精神動向所涵蓋的多重轉折之跡，做出深沉的勾勒並賦予可堪匹配的哲學內涵。這意義下的工作，自是孤獨而少有人解的。如今，付梓在即，我份外感念此書寫作過程所牽動的多方文字因緣；尤其是通過「四賢博士論文獎」的拔擢與鼓舞，以及因此獎項所輾轉結識的兩岸師友，我對夙因深遠的共在感中所成就的道路，有了遠勝往昔的深致體會。此如〈博論後記〉所慨乎言者：「就某個隱微的意義，我其實是一筆一字寫出了不可思議的命運——命運裡，匯流了多位師長的見證、感會與助力；原本孤行踽踽的存在，竟似瞬間獲得了遠超乎我個人力量的澆灌與加持而益發堅定了我未來的道路。」或許，正因忠於自己的孤獨，一場從邊緣出發以更深地走向邊緣的思想拓跡工程，反讓我被同屬「邊緣的眼睛」給深刻看見了！江湖寥落，一鴻縹緲，這分直抵魂命深淵的諦視，卻對尋路者形成了強大的支撐力量。此所以孤光自照者，未必寂寞。世上自有魂命交感的同路人，即令天涯遙隔，那蟄伏千噚以下的孤心所交凝而成的靈泊空間，卻一如巴舍拉

（Gaston Bachelard）筆下的鳥巢，在孤聳天際的樹梢，給予了最溫暖的包覆
力量。

Chapter 1

第一章
緒論

第一節　研究動機：以莊子「物學」融貫當代臺灣學界兩大跨領域合作典範

　　本文研究動機，乃剋就臺灣當代莊學發展之最新動態而發。它直接指向臺灣當代漢語論壇最具活力的跨領域合作典範之一：綰合海峽兩岸學界兼及德、法語系漢學社群所共構的當代臺灣「跨文化莊學」語境。所云「跨文化」者，除了相關參與要角具有跨越國界、地域、語系、文化的出身背景，更兼賅專業領域的合縱連橫。此依「跨文化臺灣《莊子》學」名目而聚合的學術社群中，來自兩岸與德國、法國、瑞士[1]之漢學專業者佔了大宗[2]；以學門而論，則聚焦中文界與哲學界的指標性人物；一時風起雲湧，遂匯流為「臺灣莊學語境」自1949年以來最值注目的盛大人文景觀之一；說其最值注目，是因為這學術社群的出現，深具「典範轉移」的學術史意義，所以未可輕忽。此亦無它，這一「跨領域社群」在學術風向上的最大特色，就建構在三十年前就已伏流深遠的「身體轉向」；所云「身體轉向」乃剋就漢語學術擁有淵遠流長學統的「心學莊子」而發。

1　跨領域觸角至今還在不斷延伸當中，包括美國漢學家與哲學家任博克教授（Brook A. Ziporyn）也陸續參與對話。

2　背後穿針引線，促成此「跨文化臺灣莊子學」風潮的幕後策劃者，則當首推臺灣中研院文哲所的德國駐臺學人何乏筆（Fabian Heubel）。此如賴錫三所評論：「法國莊子學目前所以受到臺灣學界注目，主要是由何教授的眼光和推動所促成，其對臺灣學界的漢語國際化有重要意義。」參閱賴錫三，《道家型知識份子論：《莊子》的權力批判與文化更新》（臺北：臺大出版中心，2013），頁171。

於是，以「身體觀」為理論基點而浩蕩展開的「跨文化臺灣《莊子》學」，就在幾位筆力遒勁、著述精勤的海內外中、青代學者的競相投入下，遂讓原本佔有絕對話語權優勢的「『心學』莊子」，逐漸被「『身學』莊子」的強勁學術活力給衝撞出一道巨大的缺口；加以法國漢學家畢來德（Jean Francois Billeter）著意彰顯「身體視角」的法語版《莊子四講》[3] 與後來因「來臺論學」而陸續增寫的〈莊子九札〉[4]，也被留學法國的大陸學人宋剛給適時譯介進來；在高度重疊的身體凝視點下，兩相湊泊，火花四射[5]；終而以更多具體的邀訪行動，開展為日後一系列影響深遠的跨文化莊學論壇。這影響具體而微地落實為「臺灣當代『莊學』學術史」的「身體轉向」；「心學的莊子」自此無法持續其「一系獨大」的話語霸權，「身學的莊子」卻乘著跨領域「莊學論壇」所交互激揚出的多篇重量級論文而儼然成了臺灣當代莊學研究的新顯學。然而，這新形勢是否就意味莊學研究已由此定調，而不復有從「身學視域」延伸出「典範轉移」的可能性？據筆者所見，至少，楊儒賓教授藉著〈遊之主體〉一文對「物學」二字的正式提出，已悄然埋下了一道嶄新的學術伏流──簡言之，他通過自身浸潤深厚的漢語學術史視野，從中耙剔發微，並為「身學的莊子」已蔚為主流論述的臺灣當代莊學語境，又開闢了一個新論域，那就是「物學的莊子」。

截至目前，這別開生面的「物學論域」，除楊儒賓教授鍥而不捨的持續關注，並將物學視角擴及儒學與佛教而外；真能並轡齊驅、相續投入的學者，據筆者查閱，除賴錫三、鍾振宇寥寥幾篇直叩「莊子物學」寫就的單篇

3　畢來德著，宋剛譯，《莊子四講》（臺北：聯經出版社，2011）。

4　〈莊子九札〉，畢來德著，宋剛譯，收入何乏筆編，《跨文化漩渦中的莊子》（臺北：臺大出版中心，2017），頁5-60；另見《中國文哲研究通訊》，第22卷第3期《畢來德與跨文化視野中的莊子研究專輯》（上）。〈莊子九札〉是畢來德在「若莊子說法語：畢來德莊子研究工作坊」後，先以法文小書發表對工作坊參與者提問之回應。參閱賴錫三，《道家型知識份子論》，頁177。

5　這意味，跨文化論學，不必然是一拍即合、交光互映式的「溫雅」論學；更多的是「陌異視域」的交相激盪，所以，亦不免火花四射，而催迫出各自視域重置的更深可能。畢來德在「氣化」觀點獨持異見，負隅不讓，就是「跨文化莊學」論學張力的典型例子。

論文而外[6]，相對延燒十年、已然波瀾壯闊的「莊子身學」論述，尚屬未及深耕的領域。莊子物學思想，於是在漢語學術史的延展上顯出兩重無可忽視的「重要性」：首先，「物學的莊子」是繼「心學的莊子」與「身學的莊子」而後，在學術理路上所必然內蘊的理論潛勢，這就兼具了理論本身與學術史意義的雙重「重要性」；其次，「物學轉向」後的莊子學，在身體思潮猶蔚為臺灣當代顯學的主流語境中，目前仍位處「邊緣」，乏人關注；學界前輩所未及深耕而尚屬「前沿性」論題的「莊子物學論域」，以此勾起筆者強大的研究動機，以期能對這塊仍飽孕拓跡可能性的「新論域」有所貢獻。

　　猶不僅此，筆者順此研究動機推擴的學術企圖，更在藉《莊子》「物學」的「超越性向度」以縮結當代臺灣學術社群兩大跨領域合作案例：除了前述跨海峽兩岸學界兼及德、法語系漢學社群所共構的「跨文化臺灣《莊子》學」；另有跨心理諮商、精神分析、中西哲學、文學、藝術、宗教、人類學、生死學、護理學等不同學門所匯流而成之「人文臨床與療癒」系列論壇。兩大學術社群，窮數年之功，聚眾賢之力，皆積累厚實，碩果堪驚。更引發筆者高度興味的是：兩大學術語境，看似各具動向，卻在深度理路上潛藏著深沉「對話」的可能性。正是在這深度交錯的基礎上，本文嘗試在兩大語境間建立某種「連結」的可能。惟可茲會通的議題，博涉多方，不一而足；本文但求取精用弘，聚焦當代莊學語境繼「身學思路」後最具「前沿性」之「物學轉向」議題以作為「會通點」；更周密地說——是通過「宗教維度」所深化的「物學思路」來貫通兩大語境。然則，為何是通過「宗教維度」以連結「物學」的莊子？這就關涉一切深於內在性的「宗教」（以「人文療癒」為底蘊的宗教）所試圖解決的「受苦經驗」。事實上，《莊子》筆下的「畸人」意象就以形態各異的肉身殘疾涵蘊了飽富轉化動能的「受苦經驗」，而「莊子物學的宗教維度」，則是筆者從中耙剔發微而提煉出的解決線索。它最終歸趨於一種建立在悖論之上的力量與逍遙：力量是含藏於脆弱中

6　舉凡賴錫三的〈論先秦道家的自然觀——重建老莊為一門具體、活力、差異的物化美學〉、〈《莊子》即物而道的身體現象學解讀〉、〈《莊子》身體技藝中的天理與物性〉，以至鍾振宇的〈道家的器具存有論——與海德格器具理論之跨文化對話〉，雖未必以「物學」為名，依筆者之見，卻無妨其作為《莊子》「物學論域」的開新之作。

的力量;逍遙是不離畸人受苦處境的逍遙。

即此而言,本文論題的設計,可就兩層面而略敘其義:首先,自表層論之,鎖定《莊子》為題,這「意向」並無出奇之處;事實上,莊學詮釋史達兩千年的厚實積累,相關文獻,早已汗牛充棟,後人於此學術場域再有任何著述,若非真有過人識見,亦只如石沉大海,頃刻間消亡得無聲無息。所以,莊學論域,若仍有足夠理由吸引有志之士競相投入,甚而引為畢生志業,決定性的考量所在,固不在於已被耙剔考索達兩千餘年的「文本」,而在乎切入此「文本」的「根本凝視點」,這就關涉詮釋者所介入於「文本」的「視域」。這意味著,重點不單在於「文本」,更在乎與此「文本」形成綿密締結的「理解進路」,以至由此「理解進路」所聚焦的「根本凝視點」;這「根本凝視點」的形成,自非憑空倖至;其根柢所在,定然深刻關連於詮釋者的「存在處境」與依此迫生的「終極關懷」[7]。「凝視點」既隱身「文本的詮釋行動」背後,以此而論,本文論題之決定,固非「望文生義」者所能善會;何則?論題之深致用心所在,固無涉語言所能捕獲的表層意蘊,卻關乎全文論述架構得以被全面撐持起來的「視域框架」。然則,主導本文的「終極關懷」到底何在?依此「終極關懷」而形成的「視域框架」又綜攝了哪些靈感來源?簡言之:本文的「終極關懷」指向「受苦現場」的療癒可能;而療癒線索多端,本文嘗試予以深掘的療癒線索,固無關西方醫學意義下以「肉身」之「生理性場域」作為醫療施作的平臺,而是指向一種廣泛人文學科皆可涉足參與並發揮具體貢獻的「人文療癒」場域。

受苦現場,指向「深淵經驗」的遽然「臨在」;究其實,是緣於「氣化之域」在「心知轄域」裂隙的裸露與現身。本文於此,以蔣年豐臨終遺作《地藏王手記》所深度勾畫的「宗教轉向蹤跡」作為第一重靈感起源,而《莊子》筆下面貌豐饒的「畸人—兀者—形骸異變—容顏駭天下」的殘疾者[8],正可從中獲得重新詮釋的線索。

7　所云「終極關懷」,無涉制約我們「生存條件」的「存有物」(beings),也無涉那在「同一性思路」下終歸流於「意識形態」的精神產物,而是人這種受縛萬般名相的「存有者」被「存有本身」(Being in itself)所攫住時的存在狀態。

8　廣義言之,「殘疾」固不限於身理條件,更涉及心理層面的種種幽微面向,即此而言,當代畸人,無所不在。

　　貼近「受苦現場」而展開「人文療癒」，則是余德慧教授以自身「病體」為「田野現場」並結合「跨領域人文學界社群」綿密深耕二十年而迂迴成就的「本土心理學」典範。特別是余德慧「中、晚期學思」總結「跨領域論壇成果」與「研究生田野筆記」而聚焦「身體空間─宗教療癒」兩大論域撐起的「人文臨床」論述，則是本文「視域框架」所綜攝的第二重靈感起源。

　　至於，以「物學」角度切入《莊子》文本的第三重靈感來源，有兩個深層理由：其一，「物學」視角，屬臺灣當代莊學跨文化學術社群的「前沿」議題，是通過「心學」、「身學」而後，由此論壇參與要角楊儒賓就學術史之延展脈絡所開闢的「新論域」；相對蓄積二十年已蔚為大觀的「身體語境」，目前，踵步楊儒賓而於此「物學轉向」有深切關注並形諸具體著述者，尚屬冷然稀音。這明顯未及深耕的當代莊學「前沿」議題，深深吸引了筆者的關注，並從中窺見了前輩方家所未及開抉的「凝滯處」與「突破口」──如何讓「受苦現場」中的傷殘、疾厄、畸零者，得以在「身」與「物」的深密締結中，獲得「人─物」之間的「雙向療癒」[9]？這就關涉第二個深層理由：如何將余德慧領軍之「臺灣當代『人文臨床』跨領域論壇」所貢獻的核心洞見，引入「臺灣當代跨文化莊學社群」的「身學─物學」論域，而予以「人文臨床」面向的充實與補足。

第二節　研究主題：從「身體哲學」叩問莊子「物學」的超越性向度

　　本文通過文獻考察以察知當代莊學最具「前沿性」的學術動態而將「研究主題」聚焦於「跨文化臺灣莊子學」的核心主題之一：物學轉向。這新近動態，雖尚屬開榛闢莽的拓跡階段，可依筆者之見，卻絕對不容小覷，以其實內涵著具有高度學術史意義的典範轉移軌跡；更精確地說，是自楊儒賓標

9　人所「贊化」之物，又回過頭對人形成「拯救」；這意味：人在自己所深刻「參贊」而令其有以「調適而上遂於道」之「物」中，遭逢了「生命轉化」的契機。這裡頭涉及「人」與「物」的雙向拯救，也是本文據以重構《莊子》文本的核心理路。

舉出「人文精神向度」的莊子風貌而後，已必然涵具的理論潛勢；何則？人文精神之高揚，絕非孤調而掛空式的「高揚」，必得「及物」方有以「落實」的可能，也必得「及『物』而『興』」方有以成就「即物而道」的豐饒人文世界。這意味，「人文莊子」與「物學莊子」在理論根柢上，實乃「一根而發」，原非「各自歧路」；此所以「人文莊子」形象的確立，已必然在理論延展上走向「物學莊子」的暢發。

　　即此而言，本文所設定的「研究主題」乃內箍於「跨文化臺灣莊子學」的學術史脈絡。它不只是將凝視點朝向兩千四百年前文本的一個學術實踐，更是緊扣仍處於「現在進行式」中的當代學術動態（立足當代）而展開的一個「博採中西古今學術資源」以匯流於「當代關懷」的學術實踐；其非漫天玄想、隨興所之的靈感攀緣，自不待論。於是，如何在「身學的莊子」已相沿成風的主流語境中，自覺地讓開一步，而選擇投向奠基於「身學的莊子」卻在學術理境上更扣合「人文莊子」風貌、也更具理論前沿性之「物學的莊子」，以期為臺灣當代莊學史上仍屬新興論域的莊子「物學」維度，開拓更豐饒的理解可能，遂成本文的核心主題所在。然而，僅止於確認「物學的莊子」作為研究主題，仍只屬大方向的把握，不足以更細膩地落實為論述的主線。所以，我們有必要將研究主題進而限定在一條論述軸線；這條論述軸線宛若一首樂曲的主旋律，以各種變奏形式蜿蜒流轉於各段樂章之間；各樂章雖風貌殊異，然揆其底蘊，固皆由此主旋律轉化而來。惟可作為本文據以切入「莊子物學思想」的思路主線，固有若構成樂曲主旋律的靈感拓線，本質上就具現為穿梭論文結構中的「主線思路」而構成綜攝整體章節部署的研究主軸。

第三節　研究主軸：奠基於「畸人」的「苦弱之力」而轉出「逍遙之境」的「人文療癒」線索

　　若說，本文的研究主題，建立在對「臺灣當代跨文化莊學語境」的學術史延續；亦即，承「心學的莊子─身學的莊子」而後，對「物學的莊子」的進一步闡發；那麼，本文的研究主軸則在「莊子物學論域」的前提下，給出進一步的限制條件──在包羅多方的可能視角中，選擇以「宗教維度」作為

切入「莊子物學」的凝視點。「宗教」二字於此，無涉「教門」意識，卻指向「外於心知」而不受「語言—符碼」整飭的「內在性」；宗教維度以此呈顯為一種「心知轄域」外的「內在性空間」；「內在性空間」則是「身—物」締結深於「物化」後所形成的「關係場域」；所以，相對於「心知」所決定的「對象域」或「現實空間」，「內在性空間」則是「外於心知」之「『非對象性』關係」所成的「非現實空間」。「非現實空間」正是本文所意指的「宗教維度」。以此觀之，本文所著意要闡明的關鍵思路，無非就聚焦於一個基本要點：這奠基於「身」與「物」之深度會遇所成的「非現實空間」，正是「深藏於物」的「深層世界」；這「深層世界」宛若巴舍拉（Gaston Bachelard）筆下窩巢[10]之庇護雛鳥般，對「受苦現場」的殘疾畸零者具現為「可託命性」的「庇佑空間」，而以「看不見的支撐」對「受苦者」形成一種「無限遠卻親密相連」的「人文性」療癒力量。這意義下的療癒力量，來自「域外」而深於「不可見」，我們因定位為一種生成於「非現實空間」的「宗教」經驗：一種深於「內在性」而以「人文療癒」為底蘊的宗教經驗。

　　為何會想到這麼一條「以關係為空間」的靈感線索以切入「莊子物學思想」，並作為重構莊學詮釋體系的「論述軸線」呢？首先，是從《莊子》文本關於「畸人—兀者—形骸異變—容顏駭天下者」的傷殘意象所連結的「受苦現場」獲得啟發。原來，莊子筆下的「大宗師」並非生來就入於「至人」極境；文本中，另也有一系困厄於殘疾傷病之身，卻終能通過苦難的淬煉而入於「逍遙之境」的人物典型。這淬煉於「受苦現場」終獲得「生命轉化」之獨屬「畸人」的逍遙，深深吸引了筆者的關注，以為這就是切入文本以重構莊學詮釋體系的突破口。這意味，通過「畸人」象徵而展開之「即『有限之身』[11]以走向『超越』」的「具身性」實踐進路，恰為「莊子物學的宗教維度」拉開了前所未見的視野；如何從《莊子》文本中，勾勒出這條奠基於「畸人」的「苦弱之力」（the power in weakness）而轉出「逍遙之境」的「人文療癒」線索，則構成了本文的「研究主軸」。

10　參閱巴舍拉著，龔卓軍譯，《空間詩學》第四章〈窩巢〉（臺北：張老師文化，2003），頁173-184。

11　有限之身，正可對應蔣年豐《地藏王手記》所謂的「行屍走肉之身」。

第四節　研究方法：奠基「跨領域視域匯流」的文本詮釋

　　承前文，通過文獻考察以察知學術最新動態，決定了本文的「研究主題」，也決定了本文依學術史脈絡所提煉的「問題意識」：「畸人的逍遙」如何而可能？這問題的根本內涵又聚焦於底下線索──如何通過《莊子》「畸人」敘事作為文本切入點，以證成那存在於「苦弱之力」（the power in weakness）與「逍遙之境」間的深密連結？或者說，「畸人的逍遙」如何經由「脆弱的力量」轉化而出？這建立在「悖論」上的「力量」與「逍遙」，又如何而可能？這一系列相關問題，讓本文的研究取徑隨而呼之欲出：一道通過「『人』與『物』的雙向拯救」以重探《莊子》物學內涵的另類莊學詮釋進路。然而，這條作為貫穿全文的「主線索」，又是怎麼產生的？為何在千萬種可能的詮釋進路中，本文會選擇以「畸人」作為另類詮釋的突破點，以為《莊子》「物學論域」創造全新的理解可能？此固非偶然，這是通過「跨領域的視域匯流」作為文本解讀基礎而得出的可能線索；而奠基「跨領域視域匯流」的文本詮釋，正是本文所試圖提出的「解莊」方法。這方法的提出，隱然呼應著胡塞爾（Edmund Husserl）一項深具洞見的觀察：

> Thus every perception has, "for consciousness," a horizon belonging to its object (i.e., whatever is meant in the perception).[12]

　　這洞見，對筆者底下嘗試提出的方法學思考大有啟發，原來，任何對象（object），不論是一個物件、一椿事件、一段含蘊豐饒的文本、一部傳承千載的經典，只要連結於人的「知覺」（perception），就必然有一個特定「視域」如影相隨於這個「對象」。這意味，對象與連結於此對象的「視域」，不論是在什麼「感知維度」下所形成的「視域框架」，一旦進入理解活動，就必然是相依相生、須臾不離的連動關係。所以，在任何理解活動中，不論是通過如何千差萬別的感知條件所決定的理解活動，原不存在一個孤離於特定「視域框架」外的對象。對「物」的理解如此，對「事件」的理解如此，顯

12　Edmund Husserl, *The Crisis of European Sciences and Transcendental Phenomenology* (Evanston: Northwestern University Press, 1970), p. 158.

然，任何文本詮釋或經典詮釋，也無法自外於此。於是，我們由此得出一個
方法學的理論前提：不論自覺與否，一切「文本」的解讀行動背後，總是連
結著一個潛在的「視域框架」，悄然主導著詮釋者介入文本的「意義動向」。
比如，由「體知」進路所開顯的莊學詮釋體系，和毫無「體知」概念者所闡
發的莊學奧蘊，就必然存在極大差距——即令他們閱讀著相同的文本。

　　以此觀之，不同的「感知條件」，決定了不同的「視域框架」；不同的
「視域框架」又決定了「詮釋者」介入文本的「意義動向」，乃至發展出相應
的「詮釋策略」以昭顯此「意義動向」。舉例言之，楊儒賓遠紹晚明王夫之
的「天均之學」與方以智的「易莊同源論」而以「人文精神」向度重解《莊
子》，不正是極富代表性的詮釋案例？這極具典範挑戰強度的例子，甚而沿
此「人文莊子」向度，重探了學術史上早被主流習見給高度邊緣化的「莊子
儒門說」。於是，我們不免要問：兩千年來曾出現的三大莊學詮釋典範：從
「解構型莊子」到「冥契型莊子」以迄於「人文型莊子」，相去懸遠的理解進
路之間，到底誰更近於《莊子》原典本義？然而，筆者卻在根本上質疑這種
以追究本義為最高蘄向的詮釋行動。依筆者，重點不在原典「本義」的「再
現」（represent），而在乎原典「潛在意蘊」的「拓跡」。前者聚焦於「疆界」
的「界定」（它是什麼）；後者則注目於「理解可能性」的「開拓」（它可以
是什麼）。前者以「符應—再現」為真理；後者以「開顯—拓跡」為真理。
前者相信我們能通過詮釋行動為知識建立一個可靠的基礎；後者則深刻洞察
將文本豐沛意蘊給「通約」於特定結構的「不可能性」，而將「我們不能為
知識建立一個可靠的基礎的事實」，視為「一種值得慶幸的結果和解放」，而
非「一種失敗或損失」，因為，當知識不存在可靠的基礎，意味著「我們被
給予了發明、創造和實驗的機會」以「接受生命轉變（transform life）帶來
的挑戰。」[13]

　　綜此以觀，詮釋之可貴，乃在於「文本」與「連結於文本的視域」究竟
能激盪出什麼樣的深刻解讀，並不以趨近「原典本義」為可貴。此亦無它，
原典的意蘊，本非作者所可獨攬，而是出於作者與詮釋者的共同創造。換言

13　引文內容參閱克萊爾・柯勒布魯克（Claire Colebrook），《導讀德勒茲》（重慶：重
　　慶大學出版社，2014），頁2。

之，詮釋的行動，即已是一種「創造性的介入」之行動，它絕非是被動地聆聽、吸收、理解，而是在高度「創造性」的「視域匯流」中展開的聆聽、吸收與理解。所以，詮釋的深刻性，在其能不把文本給視作意蘊僵固的「認知對象」，而是宛若「庖丁解牛」在「與牛共舞」（合於桑林之舞）的「詩興浩蕩」中，求其（牛）從「對象域」解脫，以對詮釋者「釋解」出作為「對象」之文本所無法給出的豐沛意蘊。

即此而言，若觀者猶迷執僵固劃界所成就的「原典本義」，他就不需要來自「多維度視域」的映照與刺激；相對地，若觀者重視作為「非對象」之文本在褪盡「心知轄域」的箝制後所釋放出的豐饒層蘊，他就無法不歡迎來自「域外」[14] 的強大擾動。無它，正是來自域外的強大擾動，促成了多音複調、異質交錯的對位思考；這顯然有利於突破舊典範的視域框架，而在詮釋學的具體實踐上，召喚出更入於邃密深致的拓跡可能。

準此以觀，本文的研究方法，可就兩個面向而談：其一，關涉方法學層面的反思，屬於具體詮釋活動所服膺的「宗旨」或「心法」；其二，則涉及具體的方法操作策略，這部分，本文就歸諸於「研究進路」。

壹、方法學的反思：通過「被現在的存在所充滿的思想的構造」搏合「當代跨文化境遇下」的多方激盪

一、文本闡釋的「當代性」：歷史，作為被現在的存在所充滿的時間

關於方法學層面的反思，本文首要的立場是：「跨領域」本身，就是一種方法；而且，是激盪「新思路」以走出舊典範的必要方法。特別是積累達兩千年之龐大文獻與注疏傳統的莊學論域，若不透過「跨領域」所激盪出的「多維度視域」，欲跳脫相沿成習的思路禁錮，又談何容易？以莊學傳統為例，不論是「心學的莊子」、「身學的莊子」或「物學的莊子」，皆各自代表不同的詮釋進路；這意味，研究主體與研究對象之間，並不是一種直接的「締結」，而是通過特定的「視域」才可能發生的「締結」；所以，一切研

14　域外，乃相對「語言—心知」所決定的「心知轄域」而言；是通過對「心知轄域」的「解域」而自放於「心知之外」。

究行動背後，不論出於「高度反思」或流於「習焉不察」，所有研究對象的背後，都連結著一方據以把握此對象的「視域框架」。比如，心學、身學、物學都各自代表一種切入《莊子》文本的「視域框架」，同一「視域框架」中，又可派生出各種不同路數的詮釋體系或理解線索。若研究者期待自己的眼界果真能「獨出眾流」而給出顛覆習見的創造性詮釋；那麼，掙脫「舊典範」的籠罩以「釋解」出靈動不羈的詮釋拓線，乃是必要的方法前提。「跨領域」作為一種方法進路的必要性，就在於它能藉助不同詮釋典範、不同視域框架間的交相映照而催化出「多維度視角」的觀看可能；如是，自不易耽溺於一家一派之見。借錢鍾書與友人論學心得以喻之：

> 吾輩窮盡氣力，欲使小說、詩歌、戲劇與哲學、歷史、社會學等為一家。……弟之方法並非「比較文學」，"in the usual sense of the term"，而是求打通。以中國文學與外國文學打通，以中國詩文詞曲與小說打通，詞章中寫心行之往而返，皆「打通」而拈出新意[15]。

錢鍾書此語，正切合筆者立意奉行的方法進路；更精確地說，以跨領域視域匯流為基礎的文本詮釋，即是力圖超越「舊典範」的必要方法。此亦無它，「跨領域」所拓展而出的「多維度視域」遠比「單一視角」更有條件在「異質交錯」的觀點爭鋒中求「打通」，並以「打通」而拈出「新意」；這是蘊生「獨到之見」所必要的「眼界」，也是欲激揚新意、顛覆舊說所無可迴避的宏觀視野條件。惟如是方法取徑，固相應於〈齊物論〉層疊綻放而不拘一格的真理性，卻遠離於「同一性」[16]思路所力圖趨近的「再現性」真理。所以，重點本就不在於自命可為「原典本義」建立一可靠的知識基礎，而在能將「經典」搏揉到「現在的時間」以與「當代處境」產生宛若「共時性」的對話。這意味：在「心知轄域」所不可及的「域外」，「現在的時間」與「歷史的時間」跳脫了「線性時間維度」的「對峙」與「割裂」而形成「疊影

---

15 鄭朝宗，〈《管錐編》作者的自白〉，《人民日報》1987 年 3 月 16 日；另收入鄭朝宗，《海濱感舊集》（廈門：廈門大學出版社，1988），頁 124-125。

16 「同一性」一詞，在本文語境中，乃承繼列維納斯（Emmanuel Levinas）於「他者倫理學」的用語脈絡。意指：將「他者」的差異性消弭、還原為「同一」，其實是出於「主體中心」宰控、收攝「他者」的暴力。於此註明，不另贅述。

宛然」的「共在」關係。此則張旭東於其〈書房與革命——作為「歷史學家」的「收藏家」本雅明〉一文評論本雅明（Walter Benjamin）所云：「作為『收藏家』的本雅明在他的書房裡通過擺弄那些收藏品而把歷史的『同質的、空洞的時間』變成了一個為現在的存在所充滿的思想的構造。」[17] 此言深富洞見，依筆者，正是這「為現在的存在所充滿的思想的構造」，最有機會搏合「當代跨文化境遇下」的多方思維激盪而具足了「顛覆傳統」與「挑戰典範」的詮釋轉向能量；而這「為現在的存在所充滿的思想的構造」，正是立足於「現在的時間」而雙向展開的「批判性繼承」與「創造性詮釋」。這裡邊磅礴待發的「詮釋轉向」能量自是驚人的，因為主導「經典詮釋者」眼界的「時間維度」，已悄然發生了「乾坤大挪移」——在「詩性時間維度」展開的「詩性凝視」[18] 中，「歷史」不再被「線性時間維度」縮減為只是「同質的、空洞的時間」；卻是作為「被現在的存在所充滿的『時間』」。[19] 這意義下的時間，飽富「詩意綻放」的潛力，而在更為決定性的意義上，它無非就是「疊影宛然」之「共在感」所對應的「詩性時間」；截然不同於「心知轄域」所對應的「線性因果時間」。

　　這建立在「詩性時間維度」的詮釋實踐，筆者以為，本雅明的「詮釋星座圖」，特能曲盡其義。本雅明在《德意志悲苦劇的起源》序言〈認識論批判〉中，極具創發力地以「星座」（constellation）隱喻來顛覆「線性時間維度」的歷史觀。他提出：「理念之於對象正如星座之於繁星。」[20] 云何有此如

17　參閱張旭東，《幻想的秩序》（上海：上海人民出版社，2020），頁130。原刊於《讀書》，1988年12期（北京：生活・讀書・新知・三聯書店）。文云：「在更為決定性的意義上，作為『收藏家』的本雅明在他的書房裡通過擺弄那些收藏品而把歷史的『同質的、空洞的時間』變成了一個為現在的存在所充滿的思想的構造。歷史唯物主義就是通過這個『構造』顛覆了傳統，並在這種『現在的時間』中為歷史辯證的一躍作好了準備。」

18　相對「線性時間維度」裡的「意識」活動，「詩性時間維度」裡的「詩性凝視」，乃深於「可見」而入於「不可見」的「非意識」或「冥識」活動。在裡頭，時間不是線性的、因果的，而是迴旋的、疊影的，因此，在「似非而是」的悖論中，滿佈著「異質交錯」的人文紋跡。於此先略示眉目，第四章第五節將有進一步詳論。

19　參閱張旭東，《幻想的秩序》，頁128。

20　另有李雙志、蘇偉譯本作：「理念與物的關係就如同星叢與群星的關係」。參閱本

詩的洞見？原來，依「線性時間維度」的歷史觀，文本詮釋者的任務便是依可靠資料如實回溯到過去，以「還原」或「再現」等待解碼的「歷史真相」；然而，本雅明以「詩意之眼」凌越了「線性時間維度」的拘限。他望向杳遠的夜空，並從中領會了飽蘊隱喻之美又極富穿透力的啟示。原來，依科普常識：我們看到的星光都是「當下」的視覺感受，雖然實際上是千萬光年遠的星系在不同時間的遠方發出的；其次，星座間「星與星的連繫」不是它們「本有」的，而是觀察者所「賦予」的，所以也只對「觀察者」有意義。這意味，對觀察者而言，所有的詮釋行動，必然也只能是收攝於「當下」的詮釋行動。觀察者把現象「星座化」便是把歷史「共時化」[21] 到「觀察者此點」上，使之與「現在的時間」統一起來。即令是兩千年前的遠古經典或歷史文本，依本雅明的「星座觀」：「只有把它們放在被『現時』所觀察的地位方能贖回其意義。因此，星座化的歷史便是歷史事實元素被結構化了的理念星座，它抹去了具體時間，成為處於共時語境中可被理解的形式。」[22] 以此觀之，「抹去了具體時間，成為處於共時語境中可被理解的形式」，所關涉的不是歷史的「還原」與「再現」，卻是聚焦於「為現在的存在所充滿的思想的構造」。後者，正是從「現時」出發、從「當代」出發，並連結於詮釋者的特定「視域」（the horizon of interpreter）所給出的詮釋可能性。這就呼應了尼采一鎚定音的論斷：

Against that positivism which stops before phenomena, saying "there are only facts," I should say: no, it is precisely facts that do not exist, only interpretations.[23]

依尼采，結語所云「不存在事實，只有詮釋」是指「人對所有事物的理

雅明，《德意志悲苦劇的起源》（北京：北京師範大學出版社，2013），頁11。
21 此指歷史作為被當下存在所充滿的時間，「共時化」三字，則喻此古今疊影為一的「詩性時間」。
22 轉引自「李建緯的胡言胡語」學術網誌2010年4月20日發文，〈班雅明的世紀末預言：機械複製時代下的藝術作品〉。文章來源：http://chianweilee.blogspot.tw/2010/04/blog-post_2295.html。（查閱日期：2018.6.18）
23 Friedrich Nietzsche (Author), Walter Kaufmann (Editor, Translator), *The Portable Nietzsche* (1954) (London, Penguin Books, 1954), p. 458.

解都與人的各種驅力及其歷史生存條件掛鉤。」[24]所云歷史生存條件，固不離「被拋者」所陷落其中的「當代處境」；詮釋活動，無法脫離「當代處境」而進行純然「還原歷史時空」的理解，固不待論。行文至此，本文在方法學反省上所傾向的立場，已呼之欲出。筆者所試圖達到的，不是以「線性時間維度」為感知條件的「再現」與「還原」，而毋寧是現象學意義下，不受「線性時間維度」轄制而深於「域外」的「拓跡」。所以，重點是「多維度視域」的層疊綻放；是返身「當代處境」以開啟「重新觀看」（seeing with new eyes）的可能性；是不畏跨域對話而敞然迎向「深度會遇」的雍容大度。為凸出此立場在詮解歷史文本的優位性與必要性，我們不妨借重汪暉「重釋」魯迅《破惡聲論》的講座所提出的理解架構，以進一步釐清「文本─詮釋」的錯綜辯證關係：

> 對於一個文本，我們大致有兩種不同的讀法。一種讀法是把文本看作歷史文獻，通過考證和研究，追蹤文本形成的線索，以及它在歷史的脈絡裡面的意義，進而瞭解整個歷史變遷的情況。在這種情況下，文本基本上是瞭解歷史的線索和材料。這種讀法在歷史研究中最為常見，人們已經發展出閱讀歷史文獻的各種理論和方法。另一種讀法與此有所不同，更注重文本本身的理論內含，以及文本提出的概念、範疇、命題等等對當代的意義。也就是說，第二種讀法有一種超越歷史和時間的味道在裡面。
> 在我們閱讀經典文本的時候，這兩種方式常常是相互交叉，但也各有側重。經典之被認為是經典，就是因為它包含了產生經典的時空的意義和再解讀的可能性。如果沒有各種解讀的過程，經典不大可能成為經典。
> 在《文史通義》中，章學誠把傳、注看作是經典得以產生的前提，也就是說，經典與傳、注的關係並不是一種時間性的關係，像通常人們說的那樣，先有經典，後有傳注，而是恰恰相反，古典文本是

24　參閱香港「無睡意哲學」學術網站文章，筆銳，〈沒有事實，只有解釋〉2016年10月28日。文章來源：https://philosophy.hk01.com/channel/報導/51153。（查閱日期：2018.6.18）

通過後人的傳、注才成為經典的，否則，《春秋》就只是「斷爛朝報」，《詩經》無非民間歌曲之匯集，《易經》也不過是占卜之書，《尚書》至多只能提供後人瞭解歷史的線索而已。因此，不是經典產生傳、注，而是傳、注創造經典。這是一種經典文本的系譜學觀點。

文本的復活是通過闡釋活動完成的。文本存在著超越時空的潛力，但並不能自發地超越它的時空，因此，文本成為經典，即成為一個活的文本，不但是闡釋活動的結果，而且也一定會成為一個事件。在文本得以產生的事件與文本成為當代經典的事件之間並沒有必然的連續性，它依賴於我們自身的創造性活動。文本與事件的關係因此包含了兩重意義：

一方面，事件的發生常常是偶然的，如果沒有文本對於事件的闡釋，事件就是偶發的事情，它無法構成一個改變時空關係和意義系統的事件。比如，如果沒有有關革命的討論和建立民國的種種設想，武昌起義不過是無數兵變中的一次；如果沒有列寧和他的同志們對於社會主義、民族自決和帝國主義時代的闡釋，十月革命也同樣只是一次有限的武裝嘩變和叛亂；在這個意義上，文本也不只是事件的產物，而是事件成為事件的關鍵要素。

另一方面，重新激活文本的行動，或文本被重新激活的現象，勢必產生於一種獨特的歷史情境之中；一旦一個文本被創造成為經典，即對我們的生存產生意義的文本，這個行動及其後果也就會產生出新的意義和新的行動。在這個意義上，就經典的產生也是意義的產生而言，它本身構成了事件[25]。

　　文本，是需要被「激活」的；而文本的「復活」是通過「闡釋活動」而完成的；是屹立「當代處境」而展開的「文本闡釋」活動，讓文本所內蘊之「超越時空的潛力」得以因為「詮釋者」的「參贊」而超越它的時空。這

25　參閱汪暉，〈聲之善惡：什麼是啟蒙？重讀魯迅的《破惡聲論》〉，收錄於「人文與社會」學術網站（2010 年 10 月 30 日），文章來源 http://wen.org.cn/modules/article/view.article.php/2150。（查閱日期：2018.6.18）

顯示了一件耐人尋味的事實：原來，文本的誕生，不止一次；也不止決定
於創作它的「作者」；因為，文本的生命是作者與詮釋者共同賦予的。這意
味，文本可以有無數次的誕生；事實上，也只有經歷無數次誕生的文本，可
以凝蓄「豐厚」的歷史積澱而蛻形為給予無盡啟示並不斷對當代人產生意義
的「經典」。即此而言，文本，是因著詮釋者的「參贊」，才攝取了成為經典
的能量；更精確地說，是因著一代又一代不限時空、不拘方位、無分語境又
能立足當代之詮釋者所交光互射其上之「異質交錯」的眼光，而讓文本經歷
了一次又一次的「誕生」。於是，同一個文本，將依不同年代、不同地域、
不同語境、不同文化、不同歷史機遇、不同生存脈絡，甚而不同權力形勢所
決定的視域，而形成不同的詮釋。以本文為例，「受苦處境」所引發的「人
文療癒」視域，就是為了減輕人間的殘酷境遇而通過《莊子》筆下「畸人一
兀者一形骸異變一容顏駭天下者」所著意開顯的詮釋脈絡。這詮釋脈絡是
否一定就符合兩千年前漆園蒙叟所親歷的「受苦現場」？未可知，卻絕對有
意義——未可知，是因為文本所隱喻的「本義」，本就是隱晦待顯的「謎」；
有意義，則是剋就觀察者的「當代處境」而有意義。這意味：通過「當代處
境」而賦予一種「重新觀看」之「可能性」的「非科學性」揭露，在詮釋學
實踐的切要性，遠過堅持更顯「認識論障礙」（epistemological obstacles）[26] 的

26　案：巴舍拉認為「前科學」與「科學」之間的「認識論障礙」阻礙了「科學精神」
　　的形成，但又將「斷裂」處的「前科學經驗」視為詩學想像的發源地。參閱王時
　　中，〈科學與詩之間：巴舍拉的「認識論斷裂」說〉：巴舍拉在 1938 年出版的《科
　　學精神的形成》中勾畫了導致「前科學」與「科學」之間「斷裂」的種種「認識
　　論的障礙」。他所謂的「障礙」是指認識行為出現的緩慢和紊亂。他具體區分了
　　「障礙」的多種表現形式，比如簡單而粗糙的歸納法、言詞的障礙、單一的和實
　　用的認識論、力比多（libido；欲力）的神話、唯靈論，等等。在回顧科學自身
　　的歷史時，巴舍拉認為，在精神生活中人們要考察從「前科學精神」到「科學精
　　神」的「跳躍」過程……與巴特菲爾德、庫恩不同，巴舍拉不是將認識論斷裂之
　　後的視角轉移到社會、心理或者文化領域，而是轉向了一個詩學的想像空間，從
　　另一視角積極評價從「前科學」到「科學」之間的種種消極障礙。換言之，巴舍
　　拉基於「認識論的斷裂」發現了兩種截然相反的生活：充滿理性的科學哲學生活
　　與富於感性的詩意生活。在《火的精神分析》中，巴舍拉重點區分了科學的客觀
　　性與詩的想像兩種不同的精神活動。科學的客觀性要求人們首先同眼前的客體決
　　裂，但是，客觀態度從沒有得到實現，反而，「遐想代替了思考，詩歌掩蓋了定
　　理」。在巴舍拉晚年的著作中，他還在不斷地擴大兩者的距離，深化他那既充滿詩

真理預設。如是，還可能有絕對客觀的真理可言嗎？確然不存在絕對客觀的真理，只有依繫不同「感知條件」而從不同「視域維度」所對應的真理。然則，這意義下的真理，既不具客觀絕對性，是否就喪失其意義？不然，正因為有千千萬萬「異質交錯」的詮釋觀點，文本的生命因得被設置於多維度視域交融所形成的開顯場域而精義迭出、綿延不盡。於是，我們無法確認：是「文本先在於詮釋」抑或「詮釋先在於文本」？唯一可以確認的是：文本只能依詮釋而存在、依詮釋而煥發自己的靈光，也依詮釋而贖回自身的意義。

二、在跨文化的激盪下尋求詮釋轉向：以「跨文化臺灣莊子學」的方法論解放為考察線索

　　2016 年 2 月，楊儒賓教授醞藉十載的莊學論稿終以《儒門內的莊子》結集問世。隔年 3 月 1 日，《中國文哲研究通訊》第 27 卷第 1 期為這部飽富爭議卻創造性十足的「學術大作」推出了《儒門內的莊子》評論專輯[27]，所云「學術大作」者，不在其毫無爭議，而在其帶來的典範挑戰強度。這意味楊儒賓此書一出，傳統漢語視域的道家版圖與儒學版圖，都被迫在更形深化的問題意識觀照下，進行了各自的學術板塊重整。然而，本文嘗試聚焦於另一

情畫意而又極富理性的雙重物質論的內在矛盾性。巴舍拉以「認識論斷裂」為名實現的「華麗轉身」所造成的後果是震撼性的。他完成了另一場「哥白尼式的革命」。一般認為，想像是人本性所具有的能力，同時，想像是詩歌的重要特徵。在以理性為主導的西方思想界，詩歌的多舛命運折射出了人類思維的歷史。……與柏拉圖、維柯與康德相比，巴舍拉在「認識論斷裂」之後展開的科學與詩的雙重意蘊之間，既不存在「你死我活」般的緊張，也不存在「藕斷絲連」的曖昧，而是一種「兩可」態度。正是這種態度，使得「認識論斷裂」之後展開的「複調」成為 20 世紀法國哲學演進中的一個重要節點。文章來源 http://www.qstheory.cn/freely/2014-08/11/c_1112018039.htm 。（查閱日期：2018.6.18）

27 《中國文哲研究通訊》，第 27 卷第 1 期，邀稿作者群包括：
賴錫三，《儒門內的莊子》與「跨文化臺灣《莊子》學」，頁 3 - 30
林遠澤，從《儒門內的莊子》淺議「莊子化的儒學」是否可行？，頁 31 - 44
林明照，儒門新氣象與人文之源：評楊儒賓《儒門內的莊子》，頁 45 - 54
鍾振宇，莊子的形氣主體與無用的共通體——由楊儒賓的思考出發，頁 55 -70
徐聖心，儒內儒外？莊子何歸？——《儒門內的莊子》述評，頁 71 - 80
吳冠宏，點化儒、莊成為同源並濟的魔法師——談楊儒賓《儒門內的莊子》，頁 81-90

個觀察角度，以凸顯此書作為標準學術大作所必然內具的典範挑戰強度而外，另有一件重大的「附帶」意義未可輕忽看過，那就是此書在序言和結論以飽濡學術史眼光的「史筆」所勾勒出的「第三波莊學」。這以會通歐美當代思潮為莊學闡釋底蘊的「跨文化臺灣莊子學」，在楊儒賓淵源浩博的「史識」中，可不只是轉眼風流雲散的一時風潮，卻是在自身「無役不與」的近身觀察中，賦予高度期許的「第三波莊學修正運動」。楊儒賓史識深銳地洞見：這場延燒已逾十年的跨文化莊學風潮，不是轉眼成空的曇花一現，卻是自魏晉以來即已啟動之「莊學修正運動」的第三波展現；換言之，它不是植根浮淺的一時風潮，卻內具著幽隱曲折達一千八百年的精神動向，所以，是一場別具來歷並涵蘊著高度學術史意義的長遠文化運動。此如楊儒賓所云：

> 如果說第一波是儒道交涉在《莊子》注疏上的歷史效應；第二波的
> 修正潮是面對長期三教交涉下的心學主軸之反動；第三波的修正潮
> 之歷史背景則是在西潮衝擊下的回應。此波的《莊子》詮釋發生於
> 「現代世界中的中國」，「現代世界中的中國」之複雜遠非「天下中
> 國」的任何時期所能比擬[28]。

原來，依楊儒賓史觀，莊學詮釋風潮就歷時性眼光可區分為三個「向儒家（人文精神）靠攏」的修正波段，第一波段以魏晉向、郭《莊子注》為代表；第二波段以明末方以智、王夫之的「易莊同源」說為代表；第三波段，則是以會通歐美現代思潮為莊學闡釋底蘊的「跨文化境遇的臺灣《莊子》學」為代表。

「跨文化境遇的臺灣《莊子》學」乃出於賴錫三所命名，他對這段濫觴於臺灣並以跨文化格局敞開自身以呼應當代歷史境遇的「莊學詮釋運動」特質，有極盡深致的把握：

> 對照於第一波魏晉的儒、道思想文化交涉，第二波明末的儒、釋、
> 道思想文化交涉，第三波臺灣《莊子》學的當代詮釋，除了身處

28　楊儒賓，〈結論——莊子之後的《莊子》〉，《儒門內的莊子》（臺北：聯經出版社，2016），頁456。

「臺灣－中華文化連續性」的儒、釋、道交涉之莊學詮釋史境遇，更是自覺當代漢語哲學身處東西跨文化的語言混雜與生成處境。可以說，臺灣當代莊學研究者高度自覺其詮釋視域，乃同時處於「通古今之變」與「通東西之變」的雙重現代性之交織境遇。一方面必須將古典《莊子》放在歷史性的儒、釋、道交涉詮釋之縱貫軸，另一方面也無所逃於詮釋者位於臺灣當今十字敞開的東西跨文化之橫向軸。這也是臺灣若干嘗試從事莊學思想開發者，其跨文化境界比明末莊學更為複雜的挑戰與契機[29]。

下文，賴錫三筆鋒一轉，將此飽富歷史縱深性的洞察，移向港臺新儒家也曾遭逢的相似處境：

同情理解，港臺當代新儒家也是處於這種跨文化混雜處境，其對儒學系統的當代規範性重構，也位處古典儒、釋、道與中西現代性遭遇的縱橫交叉界域。牟宗三一系列當代儒學重構之跨文化思想實驗（最具代表性者，莫過於兩層存有論、道德主體性、良知自我坎陷以開出民主科學等觀點），亦可看成是面對內外、縱橫的兩重現代性之危機挑戰與創造轉化。其實這種現象反映出，東西文化在現代境遇的交手過程中，不管自覺或不自覺，文化經由語言的翻譯、理解之互文過程中，幾乎都無所逃於混血的跨文化現象，這種現象在整個東亞文化圈的現代化過程，乃是極為普遍而顯著的兩重現代性處境[30]。

關於當代新儒家的跨文化處境與回應，何乏筆考察當代新儒家與中國現代性的複雜關係時，雖指出當代新儒家具有文化本質主義等限制，但卻也肯定其哲學語境走出跨文化盲目，如：經由牟宗三將儒家和康德哲學加以混血後，當代新儒學已進入跨文化的語境中，提

29　賴錫三，〈《儒門內的莊子》與「跨文化臺灣《莊子》學」〉，收錄於《中國文哲研究通訊》，第27卷第1期，「儒門內的莊子」評論專輯（2017年3月），頁15-16。
30　同上註，頁16。

供當代人思考另類現代性的可能[31]。

受何乏筆影響的林永強，亦強調牟宗三和西田幾多郎的倫理學，充滿跨文化的語言痕跡[32]。

德國學者施益堅（Stephan Schmidt）也強調京都學派和當代新儒家，具有跨文化倫理學的貢獻[33]。

　　牟宗三經由將儒家與康德哲學「混血」而進入跨文化語境，並即此而推使「新儒家哲學」如「京都學派」一般具有「跨文化倫理學」的貢獻。撇開新儒家在理論本身的局限性不論，僅此「跨文化」義下的「混血」嘗試，已為「提供當代人思考另類現代性的可能」，作出了可觀的學術貢獻。然而，「後牟宗三時代」呢？牟宗三而後，是否曾出現足以開創一代變局的典範重構風潮？據筆者所見，剋就牟宗三「兩層存有論」以尋求「理論突破」者則有之；林安梧的「存有三態論」即是典型一例[34]。若說，林安梧代表來自「新儒家」內部的反思力量；那麼，楊儒賓針對「王學到牟宗三先生」之心性主體流於「絕對真常心傾向」[35]而依「身體進路」提出針砭之論，則代表來自

31　參閱何乏筆，〈跨文化批判與中國現代性之哲學反思〉，《文化研究》，第 8 期（2009 年 6 月），頁 125-147。

32　參閱林永強，〈西田幾多郎與牟宗三：跨文化倫理學說的可能性〉，收錄於《臺灣東亞文明研究學刊》，第 9 卷第 2 期（2012 年 12 月），頁 73-100。

33　參閱施益堅，〈當代東亞倫理學的兩種主體概念——論和辻哲郎、唐君毅和牟宗三對哲學倫理學的進路〉，收錄於《臺灣東亞文明研究學刊》，第 6 卷第 1 期（2009 年 6 月），頁 145-160。

34　林安梧嘗試打通王船山、熊十力之相承理路，而以「存有三態論」之建構轉化「兩層存有論」的二元對立相。

35　此中關竅，賴錫三有切中肯綮的評述，以其史識精微，茲全文轉引，以觀古今學術變遷大勢——當宋明新儒家在歷經佛老「心性／工夫／本體」三論合一的超越性挑戰及浴火重生的創造性回應後，雖在心性、本體的超越性向度開出潔淨精微的極致化發展，卻也產生了心性主體的絕對真常心傾向，並在形上與形下、超越與人文之間，多少偏向了「以形上統形下」、「以超越統人文」的心性極緻化與本體超絕化。於是先秦原儒那種不離禮文修身、不離人文世間、不離器物載體的人文精神，及歷史實踐、社會關懷，便逐漸被轉向為：先行「向上一機」的內聖本體之證悟，再擴充於人文歷史、社會人倫之發用。換言之，心體、性體、道體的本體證求，必須成為相偶論儒學的形上根柢。如此認定有體才有力，宋明儒者於是創造性地轉化了先秦儒者的本體淡泊，改換成「體用不二而有別」的另類實踐

「新儒家」外部的反思力量：

> 本書的觀點主要是呼應十七世紀的天均哲學，設想中的主要對話對
> 象則是新儒家，包含宋明新儒家與民國新儒家。從王學到牟宗三先
> 生，他們竭力張揚道德主體的作用，「中國哲學落於主體性」成了
> 具有定向作用的無諍法。天均哲學則認為形氣主體才是真正的宇宙
> 軸[36]。

　　然而，楊儒賓奠基「身體進路」的「形氣主體」與新儒家主流詮釋系統
的巨大差異，是否真為當代新儒家社群所正視？答案只怕並不樂觀。因為，
真能深銳洞察此儒學修正路線所帶來的典範挑戰強度而有所積極回應者，大
抵來自莊學團體，而非來自儒學團體。這不意外！賴錫三觀察到的幾層線
索，無形中已回答了這個問題：

> 專研儒家的學者們，或許知道楊儒賓的氣論身體觀是一種對新儒家
> 論述的補充新論，卻未必深知這項補充帶來的典範挑戰之強度。就
> 算注意其挑戰典範、轉移典範的心意，也極少發現楊先生以形氣主
> 體挑戰甚至轉化當代新儒的心性主體，其核心思想乃源自《莊
> 子》[37]。

模型（而有細微的兩重道論傾向），並以此來抗衡佛老、超克佛老。亦即宋明理學
家（包括當代新儒家）所理解的孔子形象，高度彰顯本體、本性、本心等等超越
領域之開發；這明顯是一種重新創造性詮釋的塑造與建構，其主要原由正在於吸
收佛老的內學擅長，更從而走向合內（內聖學）、外（外王學）之道，以期能超克
佛老內學之偏離人文。從此，宋明儒者乃能在「內聖體證」之向上一路同臻「無
執存有」，而位列三教一等；又在外王的人文發用之推擴路上「承體起用」、「無而
能有」地獨領三教風騷。由此批判佛老，偏至而不圓、不中也不正，而唯有儒學
才能擔當大中至正的體用格局。若從大體處觀之，楊先生其實仍然不脫宋明儒學
的體用論傳統，只是他所理解的內聖之體與外王之用中，關於道體和心性之體的
內涵，已和牟宗三有著細微差別；因此其「新體用論」脈絡下的「新內聖主體」
所展開的「新外王學」，與牟宗三也就有了細微的差異變化。參閱賴錫三，〈《儒門
內的莊子》與「跨文化臺灣《莊子》學」〉，收錄於《中國文哲研究通訊》，第27
卷第1期「儒門內的莊子」評論專輯（2017年3月），頁5-6。

36　楊儒賓，《儒門內的莊子》，頁9。

37　參閱賴錫三，〈《儒門內的莊子》與「跨文化臺灣《莊子》學」〉，頁6。當今儒學

　　為何楊儒賓針對新儒家提出的儒學反思，未能在新儒家學術社群內部引起巨大反響；其承自晚明「天均哲學」的身體思路，卻反而對日後蔚為漢語學界大觀的「第三波莊學風潮」有推波助瀾之功。這極具弔詭性的事實本身，就內蘊了耐人尋味的「問題意識」：是什麼樣的「知識位置」讓來自典範外的知識變革動力被阻絕門外？又是什麼樣的「知識位置」讓來自典範外的挑戰被視作學術社群的內部轉化動力？在筆者看來，這相互對峙的事實本身所透出的深微消息，正指向一場以跨文化路線展開的方法學變革；而此方法學變革的先聲，正是《儒門內的莊子》以深閎史識所勾勒出的「第三波莊學修正運動」：

> 最近十年來，莊子研究有越來越熱的勢頭，兩岸三地，皆有名家。尤其中央研究院中國文哲研究所近年來持續推動國內莊子學者與歐美學者的對話，對話是實實在在的對話，甚至是火辣辣的對話，莊子被放在一個和以往迥不相同的思想冶煉爐裡伏煉，精彩四射。其後座力的震撼效果也是很可觀的，轟隆巨響之聲至今猶然在耳[38]。筆者多次參與文哲所主辦的工作坊，也參與額外加碼的民宿讀書會，受益極多，這些學界畏友提供了筆者一種越來越活潑的莊子形象，一種更帶有現代價值體系：注重差異、語言風格、心物平等的莊子逐漸明晰起來。筆者非常感謝這些年來與我共學、論辯的這些

國內、外友人。筆者玩索莊子多年，早年也有《莊子》的專書行於世，但較為完整的莊子思想圖像可以說是十年來受到國內與域外同行學者的刺激而逐漸成形的[39]。

即此而言，楊儒賓十年來近乎爆發性的莊學研究成果，與其多年來「無役不與」並在蘊思過程視為潛在對話對象的「第三波莊子學」，實有密不可分的關係。誠如楊儒賓的觀察：「近代之前的《莊子》詮釋史源遠流長，每個歷史階段提供的莊子圖像不一樣，大致說來，筆者認為我們現在對莊子的理解受到早期莊學詮釋傳統的影響最大，司馬遷、向郭（向秀與郭象）與成玄英這三位莊學早期的詮釋者奠定了後世莊學的圖像。」[40]試問：為何兩漢魏晉期間即已規模粗具的莊學詮釋傳統，其遒勁綿遠的典範籠罩力量，竟可以度越兩千年的時空而「奠定了後世莊學的圖像」？惟此籠罩兩千年有餘的「後世莊學圖像」，卻被楊儒賓給突破了！事實上，《儒門內的莊子》可貴之處，不正在作者能「借徑」晚明方以智、王夫之沉暗逾三百五十年的莊學洞見，而徹底衝決「司馬遷─向、郭─成玄英」等莊學早期詮釋者所奠定的「後世莊學圖像」？筆者因於此深思，是什麼樣深於典範變革性的思維創新力量，讓楊儒賓得以顛覆「早期莊學詮釋傳統」的舊有框架而開啟思維突破的另類詮釋可能？或許，楊儒賓自云其「較為完整的莊子思想圖像可以說是十年來受到國內與域外同行學者的刺激而逐漸成形的」，正是關竅所在。於是，我們不得不高看臺灣漢語學界數十年來僅見的「跨文化莊學風潮」對楊儒賓所產生的巨大思維衝擊。依楊儒賓，這一波「跨文化莊學風潮」，可不只是「第三波莊學修正運動」的前聲，卻是風潮的「初始擘畫者」基於對兩岸文化情境的深銳觀察而著意推使「臺灣」走向「世界」的跨文化壯舉。在此，我們不能不鄭重引介一段文字，作者正是居中牽線而促成此「跨文化─跨國界─跨語境─跨學門─跨地域」之「臺灣跨文化莊學風潮」的幕後策劃者何乏筆：

當代法語漢學拓寬了別開生面的《莊子》研究視野。由此出發，

39　楊儒賓，《儒門內的莊子》，頁5。
40　同上註，頁4。

中央研究院中國文哲研究所於2007年及2009年分別舉辦了兩場有關《莊子》的工作坊。這使《莊子》研究在當代漢語與歐洲（尤其是法語）哲學的碰撞、交錯、溝通之間，孕育了跨文化研究（transcultural studies）的突破可能，以及通古今東西之變的另類脈動。

這樣的角度在臺灣會引起許多研究者的興趣絕非偶然。眾所周知，在當今的臺灣，中國古典文獻的研究處於艱難的文化情境。一方面，去中國化的傾向加深了對中國哲學的漠視和冷感；另一方面，中國大陸對古典文教的復興運動也讓人感到不安，因為復興古典的思潮與具有民族中心傾向的和國家主義色彩的文化民族主義容易交雜在一起。在此兩難的研究情境下，重新調整古典中國哲學研究的大方向，便顯得特別急迫。尤其無法逃避的難題在於：關於古典中國哲學的研究，能否成就一種具有批判精神的跨文化轉向（transcultural turn），並且開闢回應和診斷時代處境的獨特能力和魄力？在此背景下，畢來德的批判性角度提供了重要的啟發，促進了跨文化莊子研究在臺灣的興起。但是，一旦跨文化視野被打開，而且開始展現自發的動力，研究趨勢便從法語《莊子》的研究，轉向臺灣的跨文化處境，藉此思考《莊子》的當代意義，並試圖正視兩岸關係的糾結在思想上所面臨的難題。於是，2009年「若莊子說法語：畢來德莊子研究工作坊」以降的研究方向，便特別著重《莊子》的批判精神，尤其從《莊子》式的主體典範（身體主體、氣化主體、形氣主體、遊之主體等）開始檢驗當代新儒家所謂「心性主體」。在此背景下，尤其明末清初的王夫之及清末民初的章太炎對《莊子》的解釋引起了學者的關注。可以說，《莊子》研究的跨文化轉向已逐漸形成，其解讀方式不再以郭象注為主要參照，而在王夫之和章太炎的著作中，彷彿找到了連接《莊子》與現當代處境的思想資源。由此觀之，《莊子》讓當代漢語哲學陷入前所未有的跨文化漩渦裡，此中似乎可見潛力無窮、深不可測的思想創新和文化變革之可

能。當代漢語哲學所累積的跨文化潛力，正在尋獲一種通古今東西之變的哲學表達，此一表達充滿了掙扎，也充滿了自由。或許，世界哲學的某種另類形象將從中浮現，能藉由中國古典文本的跨文化探索，來批判和面對混雜現代化所引發的諸種弔詭經驗[41]。

何乏筆不愧為此波臺灣莊學風潮的靈魂人物[42]，筆者深自訝異：一位賴錫三口中「亦臺亦德」的長期駐臺學人，除了高度精準的中文表述能力外，對兩岸漢語學界的歷史處境更展現出「一言而決」的獨到把握。姑不論大陸如何因應自身的文化危機；在學術思想上，顛躓困頓、沉喑久矣的臺灣漢語學界，又該如何穿越古典文獻與「歷史─政治」的糾葛纏繞，而能在全然不同對岸的「文化情境」中，奮力爭出一線思想創新的可能？於此，我們驚見何乏筆的歷史眼光與對治之道。他真能洞見：走出困局的關鍵就在於「能否成就一種具有批判精神的跨文化轉向（transcultural turn），並且開闢回應和診斷時代處境的獨特能力和魄力？」一言以蔽之，「跨文化」便是他為臺灣漢語學界所擬訂的行動策略。這裡面寄託深遠的期待便是——如何通過「雙重現代性之交織境遇」所搭架的「跨文化」平臺以激盪出全新的觀看可能與思維格局？這意味，「跨文化」本身就內蘊著單向度思維不易開啟的「轉向」動力。即此而言，經由「跨文化」以逼顯足以廓清歷史迷霧的多維度視域，漢語古典或得以「時出新義」而從傳統詮釋框套釋解出「診斷時代處境」的回應能力。於是，自2007年始，我們看見臺灣漢語學界蔚為空前的跨文化人文景觀：

2007年「身體、動物性與自我技術：法語說莊子」（中研院文哲所主辦）；2009年「若莊子說法語：畢來德莊子研究工作坊」（中研院文哲所主辦）；2010年「莊子研究與跨文化批判工作坊」（中研院文哲所主辦）；

---

41 以上引文均引自何乏筆主編，《若莊子說法語》、《跨文化漩渦中的莊子》（臺北：臺大出版中心，2017）兩書的〈編者序〉，皆為頁3-6。

42 參閱賴錫三，〈身體、氣化、政治批判——畢來德《莊子四講》與〈莊子九札〉的身體觀與主體論〉，收錄於《道家型知識分子論：《莊子》的權力批判與文化更新》第四章，頁171：「筆者曾參與『若莊子說法語：畢來德莊子研究工作坊』……要特別感謝何乏筆教授，法國莊子學目前所以受到臺灣學界注目，主要是由何教授的眼光和推動所促成，其對臺灣學界的漢語國際化有重要意義。」

2011 年「莊子研究與當代西方思潮研討會」（北京外國語大學主辦）；2012
年「莊子講莊子工作坊」（中正大學哲學系主辦）；2012 年「正言若反與庖
丁解牛：跨文化哲學視域下的道家研究工作坊」（中研院文哲所主辦）；2012
年「莊子的當代詮釋國際學術研討會」（中研院文哲所、北京外國語大學
主辦）；2013 年「莊子與氣的哲學工作坊」（中研院文哲所主辦）；2013 年
「莊子哲學工作坊：音樂、語言與心靈」（陽明大學主辦）；2013 年「間與
勢：朱利安對中國思想的詮釋工作坊」（中研院文哲所主辦）；2014 年「力
量的美學與美學的力量——孟柯美學理論工作坊」（中研院文哲所主辦）；
2014 年「跨文化理論學術研討會」（中研院文哲所主辦）；2015 年「莊子
與阿多諾（Theodor W. Adorno）能否溝通？跨文化視野中的批判理論研讀
會」（中研院文哲所主辦）；2015 年「莊子哲學的當代意義國際學術研討
會 」（International Conference on the Contemporary Significance of Zhuangzi's
Philosophy: Funding Application）（陽明大學主辦）；2016 年「社會自由與民
主的理念——跨文化視野中的霍耐特（Axel Honneth）社會哲學工作坊」（中
研院文哲所主辦）；2016 年「同一與差異——莊子與萊維納斯相遇於倫理之
地工作坊」（中山大學哲學研究所主辦）；2017 年「莊子與他者倫理」工作
坊（臺灣大學哲學系主辦）；2017 年「〈逍遙遊〉的文本、結構與思想——
首屆兩岸《莊子》哲學工作坊」（上海華東師範大學哲學系主辦）；2017 年
「關于《莊子》的一場跨文化之旅：從任博克的 Wild card 出發」（中山大
學中文博士班研究課：當代莊子學討論。與談人：賴錫三、何乏筆、任博
克）；2018 年「莊子與天臺的弔詭性思維：延續 Wild Card 的跨文化對話」
（中山大學中文博士班研究課：當代莊子學討論。與談人：賴錫三、任博
克、何乏筆）；2018 年「老莊與批判——災難、自然、倫理、弔詭工作坊」
（中研院文哲所主辦）；2019 年「其名為弔詭——《莊子・齊物論》工作坊」
（中研院文哲所主辦）；2019 年「《齊物論》學術研討會暨第二屆兩岸《莊
子》哲學工作坊」（華東師範大學哲學系、臺灣中山大學中文系、華東師範
大學中國古典思想研究跨學科創新團隊主辦）；2021「《莊子・養生主》英譯
及解讀工作坊」（臺灣大學哲學系主辦）43 ……。

---

43 另外，據賴錫三自述，這群《莊子》同好會，於檯面上的「會議之外」，檯面下，

　　這不是零星的幾場學術會議，而是有心人在高度歷史意識的驅迫下持續推動十餘年且迄今猶屬「現在進行式」的「第三波莊學修正運動」。據賴錫三事後追述：「其間，《莊子》歷經一系列的跨文化對話與當代詮釋，如：與法國漢學家畢來德（Jean François Billeter），法國漢學哲學家朱利安（François Jullien），德國法蘭克福學派阿多諾（Theodor W. Adorno）、孟柯（Christoph Menke）、霍耐特（Axel Honneth）等學者，或進行直接面對面的對話交流，或與其重要的經典著作進行思想交織。而陸續參與這一波波連續的跨文化解《莊》運動的學者們，主要橫跨了臺灣中文與哲學兩界（包含了中國哲學、歐陸哲學、英美分析哲學、法國哲學，各類跨領域人才的相繼投入）。」[44] 以其參與者多對自身之「知識位置」與「學術行動」帶著高度的歷史自覺，連續十來年在跨文化場域的激盪下所噴薄而出的學術創發動能，亦煞是驚人[45]。

　　以臺灣漢語學界現況而論，相對絕大多數只傾向在「同溫層」裡溫雅論學而謝絕任何「跨域對話」可能的舊派人文學者；敢毫無顧忌地殺入「跨文化」之巨大張力場域以重煉自身學問者，絕不多見。依筆者觀察，這種奠基於「跨文化」之多向度越界可能以連動於個人學術寫作的「治學型態」，不論其「跨域論學」是「進行直接面對面的對話交流，或與其重要的經典著作

　　還舉辦了近乎十餘次的自費民宿讀書會——「每次都或多或少針對《莊子》的最新研究，進行短兵相接的密集討論，以求在學術體制之外，進行以文會友的相互轉化運動。」參閱賴錫三〈《儒門內的莊子》與「跨文化臺灣《莊子》學」〉，收錄於《中國文哲研究通訊》，第27卷第1期「儒門內的莊子」評論專輯（2017年3月），頁17，註29。

44　同上註，頁17。

45　其中，創作質量最可觀者，當首推楊儒賓與賴錫三兩位出自「中文學門」的學者。中文學系出身的學者，卻能在高度跨文化的場域中，當仁不讓，迎難而上，終而以自身積累厚實的著述成果，贏得他門學者的由衷讚嘆。中文學者，而以驚人的「跨域對話」能力成為「跨文化」論學場域的要角，這耐人尋思的學術場景，已成兩岸漢語學界深值參究的「經典案例」；從中透出的消息，又豈僅限於個人豐沛學力的展現？依筆者之見，它更代表了全新道路的啟動。即此而言，此學術案例可供參照的價值性，又豈限於「漢語莊學」？以漢語學術領域而言，儒學、道家、佛教，以至一切深於儒、道、佛思想底蘊而妙跡蔓衍的文學、藝術、文化；試問：哪一門漢語學術不能通過「跨文化」的深度會遇以汲取蛻變自身的養分？

進行思想交織」[46]，「跨文化」三字，實內具了三重義涵：首先，「跨文化」作為一種「境遇」；其次，「跨文化」作為一種「方法」；其三，「跨文化」作為一種「存在姿態」。此三重意蘊，不是各自獨立，卻是綿密相依地疊影為各種連結可能——或是通過「跨文化」的境遇以創造一種多維度視域的可能；或是通過多維度視域以敞開「涵納乾坤」的胸懷；或依此「胸懷」所成就的存在姿態，從容有度地納受一切「跨文化」的挑戰。「跨文化」肌理交疊之深層意趣，由是可見一斑。底下，茲援引賴錫三幾則相關洞察以暢發其義：

> 這一系列的莊學重構都有跨文化交流的高度實驗性。可以說臺灣近年來的《莊子》研究之風潮，不但要積極追求《莊子》古典新義的當代回應精神，更將《莊子》放在「跨文化」境遇中，讓《莊子》和法國莊子學家畢來德、德國的身體現象學、法蘭克福學派的批判理論等，進行創造性的互文對話。期許《莊子》的中文境遇能與法文、德文境遇，產生語文背後的思想增益與意義演化[47]。
> 甚至強調跨文化語言流動的生產性，能再度印證《莊子》卮言觀的文化生成邏輯。由此超出文化本質的單語主義，承認思想的多音複調、人文的演化活力，通常透過與他異性的語言交換的過程，才更能轉動自我重複的同一性，以走向氣化流行的道行、差異變化的卮言、人文更新的化成[48]。

　　這是借助「跨文化」的境遇，創造一種「互文對話—思想增益—意義演化—多音複調」的多維度視野，以轉動日趨「自我重複」的「同一性驅力」；而「自我重複的同一性」，正是一切「主體中心」（比如，文化本質的單語主義、國族主義、地域主義、文化本位情結）的變態展現。「跨文化」的境遇，則是對治之道；因為，通過「跨文化的境遇」，正可鬆動所有來自「主體中心」的固化驅力，而令「氣化流行—差異變化—人文更新」等人文演化活力得以全面釋解而出。

46　參閱賴錫三，〈《儒門內的莊子》與「跨文化臺灣《莊子》學」〉，頁17。
47　同上註，頁19。
48　同上註，頁22。

　　舉人類學為例，人類學者最代表性的田野方法就是通過將自身「拋擲」到一個全然「異文化」的陌生境遇，以與自己的「原生文化」形成一種「並置」性的「觀照」；正是藉由將自身從「原生文化」抽離而創造出的「對比性視野」，綜攝雙重視域的對比者，因得比「單一視域」者更能免於固化驅力的支配。若說「人類學田野經驗實受惠於陌生他者之處境，而非熟習該地而取得的默會」[49]，那麼，跨文化的境遇，又何嘗不能在學術意義上成就另一種方法學的想像？筆者意指：通過「互為他者」的「並置性」觀照以鬆解既有「知識位置」，並藉此走出「自我重複的同一性」；這意義下的「互為他者」，就某個尚待彰顯的隱微意義而言，正是奠基於「異質交錯－闇相與化」的方法論解放。具體言之，研究者可以通過高度自覺的「跨文化」行動，以為自己創造一種「並置」性的雙向視野，甚而，進一步從中拓展出「多維度的視域」以逼顯出一切受制「單一視域」者所無以窺見的「裂隙」；而所謂的「創造性詮釋」，無非是通過對此「裂隙」的深掘以促成「舊有視域」的崩解。顯然，這裡頭關涉的未必是外語能力，卻更指向一種心態上的全然敞開。

　　毫不意外地，「第三波莊學風潮」幾位筆力遒勁的要角，都展現了強韌的「跨文化」心態。這意味，「跨文化」三字，對他們而言，甚至已不只是被動遭逢的境遇，也不只是刻意持守的一種方法學意識，而已然內化為一種「存在的姿態」——亦即，在多維度視域所敞開的雍容大度中，銷融一切「主體中心」的偏滯情結，以「迎納」所有不可知的「境遇」（與陌異他者的遭逢）。通過這「消融一切主體中心」的「雍容大度」，我們乃能相應理解「跨文化境遇的臺灣《莊子》學」所嘗試鬆解的「固化」現象：

　　　這個跨文化境遇的臺灣《莊子》學，由於鬆解了東西二元對立的異
　　　同比較研究，將《莊子》放在當代的跨文化交織脈絡，柔軟了經典
　　　與文化本質與國族主義過於固化的單向度鏈結。一方面，重新思考
　　　臺灣多元文化、民主實驗與《莊子》所提供的新主體模式之可能性

49　余德慧、余安邦、李維倫，〈人文臨床學的探究〉，《哲學與文化》，第37卷第1期（2010年1月），頁69。

對話。另一方面，也嘗試將帶有文化風土的《莊子》開發成當今人類共享的跨文化資產，因而不斷走向與當今活力思潮進行跨文化混雜接枝的生成實驗[50]。

　　既云「鬆解」，「東西二元對立的異同比較」、「文化本質與國族主義」，都是過於固化而有待鬆解的「單向度鏈結」；也唯有經此「鬆解」，「將帶有文化風土的《莊子》開發成當今人類共享的跨文化資產」，以至「不斷走向與當今活力思潮進行跨文化混雜接枝的生成實驗」方得以成為可能。準此而言，何乏筆的遠見確有過人之處，他通過一系列跨文化莊學論壇的擘劃，果真驗證了「一種具有批判精神的跨文化轉向（transcultural turn）」[51]與賴錫三所言「臺灣當代漢語哲學這種混雜生成的創造性潛力」[52]。

　　「跨文化」作為一種「雍容大度」的存在態度。除了表現在鬆解「固化驅力」的各種變貌；它更表現在對自身「知識位置」的全然納受。對每一位當代漢語莊學的研究者，他首先必須認清並如實迎納的「知識位置」便是「莊子的第三波修正運動不能不落在混合的中西語境下重構，這是無法逃避的語境，現代的漢語、現代的知識體系、現代的世界早已是中西互滲互透的構造，回不去了」[53]。弔詭的是，正是通過「知其不可奈何而安之若命」的「如實迎納」；人，遂不復流連於港、臺新儒家所特有的歷史悲愴感，也不復有遭時喪亂、無枝可依的「花果飄零」之感；而是如實地正視：「莊子在現代就只能是現代的莊子」[54]、「莊子第三波修正運動的對話對象和以往大不相同，它如果要有成的話，不可能不浴身在當代的思潮中，彼此混合之，彼此轉化之」[55]。這意義下的「跨文化境遇」，不再需要標榜一種「孤懸天壤之間」的「文化主體性」，並輒以「東西二元對立的異同比較研究」[56]來凸顯某種「孤臣孽子」式的遺民心志；取而代之的，卻是「定立己身，並勇於確認

50　參閱賴錫三，〈《儒門內的莊子》與「跨文化臺灣《莊子》學」〉，頁21。
51　語出何乏筆主編，《若莊子說法語》、《跨文化漩渦中的莊子》兩書的〈編者序〉。
52　參閱賴錫三，〈《儒門內的莊子》與「跨文化臺灣《莊子》學」〉，頁21。
53　楊儒賓，〈結論——莊子之後的《莊子》〉，《儒門內的莊子》，頁457-460。
54　同上註。
55　同上註。
56　參閱賴錫三，〈《儒門內的莊子》與「跨文化臺灣《莊子》學」〉，頁21。

『回不去』的跨文化處境。但這種『回不去』的心境，已淡泊了花果飄零的文化悲情，反而積極肯認跨文化交流、跨語境交換的創造生機」[57]。

以此觀之，「第三波受莊學」雖與唐、牟一代新儒家有近似的「知識位置」，雖皆處於「跨文化混雜處境，其對儒學系統的當代規範性重構，也位處古典儒、釋、道與中西現代性遭遇的縱橫交叉界域」[58]，然而，「第三波莊學」卻嗅不到唐、牟一代新儒家終身未解的文化悲情。這裡頭自然牽涉歷史時空的差異性；然而，徹底鬆解「文化本質主義」以面對「跨文化境遇」，才真在方法學上構成兩大學術社群風格互為別異的關竅所在。綜上所述，兩大學術社群各自不同的歷史道路，早決定於「方法學」的差異。賴錫三有云：

> 可以說，由於第三波莊學深刻體會真理、語言、文化的去實體化、非本質化，因此大方納受《莊子》在各種跨文化語境中的思想挑戰與回應潛力……這種放開同一性偏執，肯認「回不去」原旨單義，並勇於走向莊學思想的差異化增生，可謂第三波莊學思潮的方法論解放，因此帶有高度創造性詮釋動能……它並不退回封閉性的文化本質主義來排拒跨文化的生長機遇；即不只停留在中西對抗的老調重彈，而是堅持更新傳統來消化甚至回饋西方的現代性危機。藉由跨文化機遇來更新轉化傳統，從而產生內外語境交織的混雜現代性，以促使古典文本的「創造性重複」，而非「同一性重複」[59]。

所謂「大方納受《莊子》在各種跨文化語境中的思想挑戰與回應潛力」，「大方納受」四字，正顯示「朝向他者無限敞開自己」的「雍容大度」。這是「放開同一性偏執」後，不受任何「主體中心」所框限的視野。「放開同一性偏執，肯認『回不去』原旨單義」，則意味從「同一性」的中心徹底解放，以為「莊學思想的差異化增生」留下餘地。說其為「第三波莊學思潮的方法論解放，因此帶有高度創造性詮釋動能」，則意味，「跨文化

---

57 參閱賴錫三，〈《儒門內的莊子》與「跨文化臺灣《莊子》學」〉，頁22。
58 同上註，頁16。
59 同上註，頁23。

方法」兼賅兩重向度：其一、建立在「越界－跨域－去主體－去中心」，也就是「放開同一性偏執」或走出「自我重複的同一性」；其二、建立在「混融－交感－共在－締結」，也就是「走向我所不知的他者」。以此觀之，「放開同一性偏執」與「走向我所不知的他者」，兩重向度合而為一，就構成了「跨文化」方法的兩層重要面向。

至於，「它並不退回封閉性的文化本質主義來排拒跨文化的生長機遇；即不只停留在中西對抗的老調重彈，而是堅持更新傳統來消化甚至回饋西方的現代性危機。」中西對抗的老調重彈，所顯示的正是文化本質主義的封閉性；堅持更新傳統來消化甚至回饋西方的現代性危機，則呼應著跨文化的生長機遇。不退回封閉性的文化本質主義與不只停留在中西對抗的老調重彈，皆意指避免陷落「自我重複的同一性」；而避免「封閉性的文化本質主義」與堅持「更新傳統來消化甚至回饋西方的現代性危機」，實同屬一事；如此方能不受「主體中心」框限，而真正為「跨文化的生長機遇」留下餘地。

「藉由跨文化機遇來更新轉化傳統」，這是通過「跨文化」作為一種方法，以對古典文本進行一種創造性詮釋，看似重複，實則帶著高度的創造性；是古今中西融通為一後的「差異性重複」，而非在「同一性偏執」下，受制舊有視域所進行的「同一性重複」。「從而產生內外語境交織的混雜現代性」，則意指通過「莊學思潮的方法論解放」，而在互文性的語境交織後，以「高度創造性詮釋動能」走向「莊學思想的差異化增生」。

當「跨文化」從作為「被給定」的「境遇」，到作為一種「方法學」的自覺，到最後通過方法論解放以開啟一種永遠朝向他者敞開的「存在姿態」；我們對奠基「跨文化」基礎而展開的漢語學術研究，不論是「當代漢語莊學」，抑或是「莊學」而外的「總體漢語學術」，都有了全新的想像。這意味，通過「第三波莊學思潮的『方法論解放』」而釋放的「高度創造性詮釋動能」，所創造的將不遠止於「莊學思想的差異化增生」，而是可以將「跨文化」視作中、西語境重構下之總體漢語學術的「共法」。

論者或有疑：如此沿用，不會有脈絡錯置之嫌嗎？其實不會。理由有二。首先，跨文化在此，不是作為一套可供操作的具體方法，而毋寧視之為一種「方法意識」；換言之，它無法通約為一套有步驟可循的操作程序；然而，運用靈妙與否，全決定於自己的悟境；即此而言，「跨文化」純然是一

種「心法」。其次,「跨文化的混雜處境」以至「古今中西現代性遭遇的縱橫交叉界域」,並非「當代漢語莊學」獨自遭逢的歷史處境,而是當代總體漢語學術所共同遭逢的歷史處境。所以,當「跨文化」作為一種方法學的自覺,無論就發生條件或本質條件而論,都毫無理由只能專屬「漢語莊學」。特別是當「跨文化」進入第三階段──「永遠朝向他者敞開自己」、「永遠嘗試將自己拋向陌生的界域」、「永遠試著成為自己所不知的」……這等「跨文化」進路,就某個隱微的意義而言,成了不斷通過「界線的僭越」以成就不受任何「主體中心」框限的多維度視野;正是這全然放開「同一性偏執」所成就的多維度視野,全面撐起了一種「永遠朝向他者敞開自己」的「雍容大度」。這意義下的「跨文化」進路,讓我們避開了習焉不察的「固化驅力」,不致淪於「自我重複的同一性」而不自知;更有進者,我們也因為成功避開了「自我重複的同一性」而不致錯失與他者深度會遇的可能性。即此而言,這等「跨文化」進路早已超乎所有可操作性方法的層次。視之為「心法」或「活法」,誰曰不宜?

貳、研究進路:以「畸人的逍遙」為詮釋主軸

本文研究進路,一言以蔽之:以「畸人的逍遙」作為切入《莊子》文本的「詮釋主軸」,並即此以深化當代「跨文化臺灣《莊子》學」的「物學」議題。然則,此「詮釋主軸」,緣何而生?這就牽涉從「蔣─余─楊」三人學思精華所提煉的靈感線索。

須知,《莊子》的物學議題(物學的莊子)乃緣於臺灣當代莊學語境自「心學的莊子─身學的莊子」而後所延展出的「新論域」;作為本文「切入視角」的「宗教維度」,則是依「臺灣當代『人文臨床學』之跨領域語境」與「蔣年豐奠基『身體進路』與『臨終啟悟』之宗教轉向」所共構的「視域框架」。若說,前者隱伏了本文的「問題意識」;後者則是筆者為回應此問題意識而著意援引的「跨領域」學術資源。筆者尤為矚目的是:余德慧跨領域學術社群所代表的「人文臨床」進路,與蔣年豐奠基殘病交侵的「受苦現場」而自成一格的晚期學思路線,雖在各自的脈絡裡都涵具了深刻的「問題意識」與「方法意識」,然而,一旦將其分別代表的學思路線,匯流於「莊

子物學論域」的「問題意識」，遂讓風貌殊異的學術取徑，得以在「跨領域」的格局下交織為深富啟發性的靈感線索，以作為重構莊學詮釋體系的視域基礎。依本文，這靈感線索就是呼應「畸人－兀者－形骸異變－容顏駭天下者」之傷殘意象與受苦現場而展開之「生命轉化」過程。這線索，無非是通過「脆弱的力量」所轉出之「畸人的逍遙」；其「力量」與「逍遙」，則具見於「苦弱之力」所形成的悖論（the paradox of power and weakness）[60] 中。將「逍遙」之境放在「畸人」——即「有限」而走向「超越」——的「內在轉化」脈絡中以凸顯之，遂成本文依「苦弱之力」的弔詭性所展開的莊學重構過程。

　　惟議題所涉，既涵蓋臺灣當代兩大跨領域學術社群，兼及蔣年豐鬱勃沉雄的晚期學思轉向；所貶論域，博涉多方，固非單篇論文所可窮究；所以，本文的探索，宜「定位」為以《莊子》文本會通「臺灣『人文臨床』跨領域視野」與「臺灣『當代莊學』跨文化語境」之系列寫作的「初步嘗試」。簡言之，將凝視點聚焦於「蔣－余－楊」三位學界前輩所給予的靈感線索，並嘗試從中融鑄、激盪出全新的思路，以形成本文所據以切入並重構《莊子》詮釋體系的「先在視域」。這作為貫穿全文理路之「先在視域」，在詮釋實踐上，自是舉足輕重的。它為本文所嘗試勾畫的「人文莊子」風貌，開啟了全新的「觀看」可能。

　　綜上所述，本文研究進路，實自三大靈感線索轉化而來：其一，蔣年豐奠基「臨終啟悟」的宗教轉向；其二，余德慧「人文臨床」視野下的方法學變革；其三，楊儒賓漢語「物學」之學術系譜。三大線索，交相搏揉，互為攻錯，遂成本文據以重探莊子「物學」論域的視野縱深所在。此如，將蔣年豐晚期學思的「宗教轉向」與余德慧奠基「身體人文空間」的「受苦轉化」線索，接榫〈人間世〉、〈德充符〉與〈大宗師〉文本的「畸人敘事」；將楊儒賓依「人文精神」標舉的「物學轉向」，對顯莊子「虛而待物」的詩性凝視所生成的「物情空間」。三大線索，既已粗陳梗概，底下，請略示大要，

60　借喬治・昆斯（George Kunz）書名以寄意：（1998）. *The paradox of power and weakness:Levinas and an Alternative Paradigm for psychology*. New York: State University of New York Press.

以為正文立論之先聲。

一、蔣年豐奠基「臨終啟悟」的宗教轉向

　　蔣年豐臨終遺作給予筆者最大的靈感啟發，端在其通過自身之「病苦經驗」而從「身體角度」對漢文化垂兩千餘年「心學傳統」興起的巨大疑團。這疑團，倒並非否定「心體」實存可感的躍動本身，而是質疑這實存可感的躍動是否可以通過「意識哲學」的模式而予以安立？或者，應該走出「意識哲學」的「唯心」框架而被重新置放在一個通極身心整體動盪而更貼近存在現場的底蘊脈絡？此如，《莊子》筆下借「庖丁解牛」寓言所展現之通貫「牛－刀－技－身－神」為一「氣」的整體脈絡。「心」之躍動，若能夠邃密入「神」，依莊子，那是因為心體躍動被安置在更具本源性之「道的脈絡」；這意味，一旦離了「物－器－技－身」的底蘊脈絡，孤調自恃的空頭心體，一如離水之魚、囚籠之鳶，再無「鳶飛魚躍」以全幅展現自身的可能。所以，在意識哲學裡，被視作各種本體論基礎的超驗心體，一旦與道疏離，這意義下的「離『道』之『心』」，沒了厚實的根柢，只會進退滯澀，根本「神」不起來的。此所以在莊子語境中，「心」之用法，每屬負面字眼；無它，孤離於道的「心」，即令被用以命名「絕對」、「無限」、「超驗」、「神聖」、「主體」、「良知」、「靈性」、「真常心」或「智的直覺」，以其終不脫「語言－符碼」所形構的感知框架，依莊子，都不免已「對象化」為抽離實存的概念而與「道」乖違。然而，感知框架所帶來的視域拘限，正是生命根本困厄之所在；此所以側重「唯心」視角的「意識哲學」框架，注定與遍見「身－物」敘事的《莊子》文本扞格不入。何則？莊子筆下人物所「遊」之域，實逃逸於「語言」之捕捉，也不是徇耳目「外通」的「心知」可以觸摸得到的。即此而言，這「神」不起來的「心」，在與道疏離的脈絡錯置下，已自喪其「所以為『神』」的根本基礎。

　　依蔣年豐，這沉闇幽隱於五濁惡水中浮盪晃漾、音容宛在的「神」，其實是需要通過「人」來拯救的。這話看似顛倒，卻似「非」而「是」，大有玄機。依蔣年豐，不是「人」通過「神」（作為本體論預設的超驗心體）獲得拯救，而是「神」有賴「人」的拯救。這眼界正看出蔣年豐晚期學思的深刻之處，其深刻性又離不開他正待於學問大展宏圖的壯歲風華之際，竟不期

然因著肉身邊臨崩毀而迫使黑洞般吞噬一切的「存有深淵」瞬間掩脅而至；正是「存有深淵」自「未知域」的裸露所帶來的動盪與撕毀，讓他即此「破裂」而真切體會到：當代西方思潮蔚為顯學的「身體」哲學，非真有痛切實感者又豈能言之深透？

　　蔣年豐終非尋常人物，他對得起他所承受的苦難，他沒辜負最幽暗的肉身深淵所給予的豐沃養分與精神淬煉，他甚而拼著最後一口氣發為憤世之作，在肉身殞落前寫下了體大思精的《地藏王手記》。雖然，這本小書，在筆者眼中，留下的疑團遠深刻於提出的解決線索或鬱勃待發的理論建構宏圖；然而，作者若果真問出一個有價值的「問題」，難道，不比具體的理論建構成果在學術史上更富於啟發性嗎？我以此而益發珍重蔣年豐的「臨終遺作」，無它，就為他剋就中國哲學（特別是儒學傳統）「不隨軀殼起念」的傳統，提出了力透紙背、擲地有聲的質疑。可惜，蔣年豐辭世二十餘年來，正也是臺灣漢語學界大力開拓身體論述的新典範形成年代；就中，引述梅洛龐蒂（Maurice Merleau-Ponty）者可謂蔚為大宗；以「新現象學」標榜的赫爾曼・施密茨（Hermann Schmitz），雖知音寥寥也不乏有識者關注；從社會身體、文化身體或符碼身體角度切入者，更所在多有；卻罕見有人真以蔣年豐作為一位可與西方哲人平起平坐的思想家而正視其生涯末期自出機杼又發人深省的「身體論述」。筆者個人，卻格外看重──蔣年豐對「舊典範」[61]顛覆力道十足的「大哉問」[62]，實大有理論延展空間。這理論延展空間，就具體而微地輻輳於他臨終學思標舉的宗教轉向，也是蔣年豐於《地藏王手記》所初步勾畫卻未及暢發的理論方向。這意味，蔣年豐的「問題意識」很清朗，剋就宗教轉向而開展的「工夫進路」卻稍嫌單薄而有待進一步充實。

　　本文的做法是：自覺地承繼其「問題意識」，卻嘗試讓蔣年豐身心俱苦之際未必能從容發展的「工夫進路」給連結到一個更厚實的基礎。依筆者，這基礎在道家思想（特別是《莊子》）就得到相當深致而圓熟的表現；然

61　尤指以牟宗三先生為代表的新儒家學統。

62　此指從「身體進路」──特別是從瀕臨崩毀之際的「沉重肉身」展開現象學式的敘事與反思──對「唯心」傾向十足的意識哲學所提出勁道磅礡而切中要害的詰問。

而，《地藏王手記》於道家卻著墨最少；即此而言，道家——尤其是本文引為主軸論題的《莊子》，就某個意義而言，成了《地藏王手記》的「理論缺口」。弔詭的是：正因這兒留下了蔣年豐未及展開充分論述的「缺口」，這「缺口」在筆者眼裡反而形成更強大的「不在之在」，而逼使筆者無法不去正視蔣年豐臨終思路與內蘊強大療癒力之莊學思想間的互為映照性。簡言之，蔣年豐於百死千難的肉身磨難中所迫發的問題意識，可以對莊子思想形成極具顛覆性的觀看方式：涵具「生－衰－殘－老－病－死」於一身的血肉形軀，如何可能作為一種「生命轉化」的介面以成就朝向奧祕他界的修行？不再是從超驗心體所展開的實踐，而是從「有限身」朝向「不可知的他界」所展開的超越進路。依筆者，這線索就含藏在經由「宗教維度」所深化的莊子「物學」思想裡；而蔣年豐環繞「受苦現場」展開的邃密反思，將形成對應莊子文本的全新觀看位置——比如，從「畸人」視角重構莊子詮釋體系的根本凝視點。這線索，在本文稱之為「畸人的逍遙」；「畸人的逍遙」則與「脆弱的力量」相蘊而生。事實上，這奠基「悖論」之上的力量與逍遙，也正是形構本文詮釋體系的「主心骨」所在。

　　總之，連結蔣年豐的臨終啟悟以作為本文切入《莊子》的潛在視域，亦是本文的重要靈感線索之一。惟所云「宗教維度」者何？是什麼意義下之「宗教修行」能讓「物性存有」從「對象域」的工具列裡解脫並反過來引人「優入聖域」而在浩瀚的神聖感中獲得深度的「療癒」？此則余德慧以「人文臨床」理念集結的跨領域學術社群所做出的突出貢獻。

二、余德慧「人文臨床」視野下的方法學變革

　　人文臨床，這概念對本文至關切要。它相當程度啟發了筆者「重新理解」《莊子》文本的方法進路；甚而，依筆者之見，蔣年豐在臨終遺作《地藏王手記》所懸而未決的疑團[63]，亦可通過余德慧領軍的學術社群所揭櫫的「人文臨床與療癒」進路而獲得切中肯綮的響應；即連臺灣當代「跨文化」莊學社群，在由「心學」而「身學」、由「身學」而「物學」的理論拓跡歷

63　此指蔣年豐以自身晚歲遽遭殘疾摧敗而逼出的痛切反思：儒學過度「唯心」傾向的道德形上學所留下的「身體理論」缺口。

程，都與「人文臨床」進路有頗多可互為借鏡之處。事實上，這也是本文在擬定論述策略時，自覺欲通過「議題設定」與「章節部署」而勾畫出之某種「潛在」卻終未成為眼見現實的「歷史伏流」。說其為潛在的歷史伏流，只因兩大學術社群，即令各自代表了當代臺灣學界最具創造力的典範案例，但現實的歷史中，卻未見深刻交遇並擦撞出令人期待的學術火花。難道，當代臺灣，這兩系各自涵帶強大學術能量的跨領域典範，果真理路懸隔而了無對話的意義與必要？

不可諱言，年來「去中國化」狂潮，儼然是「本土心理學」道路下「可遇而不可求」的「在地」實踐場景。以「西學」為專業者，若沒能深切體悟余德慧以「人文臨床學」轉化楊國樞「本土心理學」的苦心孤詣，不預可知的後果將是：以「大地」善解本土者少；以「在地」情結「窄化」本土者多。具體的後果，就是我們再看不見余德慧為「人文臨床」理念所開拓的深閎格局，也契接不上余德慧所託命悠遠的「廣袤意識」，更看不見余德慧對古典漢語學術的溫情與敬意[64]。然而，豈不見余德慧以規模宏遠的「人文臨

---

64 據筆者近身觀察，余德慧所不可及者，正在其不為任何既定概念給範限的強大「拓跡」能力。任何概念在他手上，總能翻出新意，而且，總是翻出舊有詮釋典範所難以框限的開闊度。即此圓通無滯的開闊視域而在學問與人格上所成就的「雍容大度」，才是余德慧所留予後學最可貴的精神遺產與學行風範。筆者所以有此感嘆者無它，我以來自中文學界的旁聽生身分，側列余師門庭三年；這份進身親炙的關係，讓我有足夠線索充分印證余德慧教授對古典漢語文本的親切與倚重。課堂上，主軸理論雖以西學為重，可實際示例，卻見他不論對中醫、氣功、穴脈、太極、茶道、禪宗、佛法、晚明性靈小品、川端康成、三島由紀夫，都毫不隔陌；《莊子》的「心齋」、「坐忘」、「庖丁解牛」，以至瑞士漢學家畢來德的《莊子四講》，更是隨堂講義曾援引的具體教材。課堂上，只見他莞爾談笑間，就從容有致地將胡賽爾、海德格、巴塔耶、巴舍垃、列維納斯、布朗肖、德勒茲、傅柯、馬賽爾、梅洛龐蒂、施密茨、葛吉夫，以至老莊、佛法、儒學，皆鎔冶於一爐且毫無違和之感。只因任課者有此「雍容大度」，所有來自不同背景的學生，不論各自來歷有多少的歧異性，在余德慧身邊，卻獲得全然的迎納與包容。由此俱見：經余德慧「妙手」轉化後的「本土心理學」路線是開闊的。他通過「人文臨床」的遼闊視野所「臨在」的受苦現場，固無分古今、無分兩岸、無分中西、無分階級、無分人畜、無分族類，甚而無分遠近親疏，但有登門叩教者，他總是引譬多方地指引一條「植基於存有大地」的深沉療癒之路；這條路，或示現以「域內」的裂際、缺口，或以來自「域外」的深秘甬道現身；如此課堂氣象自是驚人的，只見余德慧教授當堂一坐就宛若創造了一個十界互具、神魔同化的人文空

床」理路所擘劃的本土心理學圖景，分明是奠基於「雍容大度」的精神生產，固未自縛於「心知轄域」的名相糾葛。

　　正因余德慧教授的「本土」意識，能不受限「地域」意識制約而歸結於象徵存有母體的「大地」；甚而於存有大地之上構築「非現實空間」以為「悠晃－神遊－棲居－託命」之所。這通過「優入聖域」以獲得「深沉療癒」的「人文臨床」線索，早已遠遠凌越1988年由楊國樞所呼召的「本土心理學」道路。這是余德慧教授對其業師楊國樞院士的特殊禮敬方式——於學術道路的拓跡上，蹊徑別闢，當仁不讓；卻又惜情念舊，不易「本土」旗幟，

間。聽課者各以其情入之，卻都能領首感念，拜謝而去。此則王心運依親歷見聞而於《宗教療癒與身體人文空間》（臺北：心靈工坊，2014），頁13，序言〈以本心見自己，以眾生相面眾生〉所寄慨深微者：「《碧巖錄》第三十五則公案云，無著遊五臺山，見著了文殊，問道：『此間如何住持？』殊云：『凡聖同居龍蛇雜混。』著云：『多少眾？』殊云：『前三三，後三三。』這段公案文字就像是描述余老師團隊不拘一格的豪傑氣概。師父與弟子們不論凡聖無拘龍蛇，此前盤踞著幾位，後頭又風塵僕僕趕來了幾位。本書就是當時師生情誼的忠實紀錄，也是余老師留給世人的珍貴禮物。」我於是記起，余德慧教授在某堂課談及中國學問所留下的深沉浩歎。他說道：「我平日閱讀古典中國文獻，對中文系學者，每有歆羨之意，因為他們手中擁有了何其豐富的典籍文獻等著開發出各種深度的詮釋；只要方法能有所調整，就大有可為。」然而，我永遠忘不掉，老師話鋒一轉，竟直視我說道：「可惜中文學者，大多辜負了手中寶貴的素材；說到底，是受制方法上的侷限。如此珍貴的材料，卻少有中文學者作出該有的深度來。」如今，我更能夠體會，余德慧教授口中的「方法」，就內屬於「人文臨床」的脈絡。因為，「人文臨床」本就是作為一種「方法學」的變革而提出的跨域性理念。關鍵還不在可據以操作的「方法」自身，而在「方法」背後的「現場深度」；以「人文臨床」的脈絡而言，則指向一種「受苦現場」的「人文深度」。總之，當年課堂上醍醐灌頂的一席話，直接導致了筆者個人後來的學思轉向：首先，它埋下了我2016年重返學界的遠因。筆者本未以學術生涯為念，甚而對學界充滿難以克服的厭憎感與排拒感。立意重返學界，其實潛在我對余德慧老師的深沉憶念。是他具體而微的身教，消融了我對學界長年排斥的不適感，並自此煥然改觀，對一位學者可以在課堂展現的驚人教化力懷有嚮往。其次，身為中文人，筆者期許自身能在既有中文學統的語境中，掙得一線走向開闊堂廡的可能性；並以具體的學術實踐證明：中文人對「身體人文空間」（humanistic space of the body）的深微感悟，讓他們大有機會通過「跨領域」的「知識位置」而在「人文臨床」的召喚中走出其他學門受限古文障隔而難以開拓的「人文深度」。事實上，本文的寫作，正是身為一位中文學者嘗試於「人文臨床」論域有所貢獻的具體實踐。就某個隱微的意義而言——是剋就余德慧教授所深自期許於中文學門者而給出的具體回應。

以示對業師用心的根本肯定。我以此確認，余德慧教授在學術道路上，果真是深於「廣袤意識」的巨人；卻不免浩嘆，其保留「本土」二字的深致用心，果真能為後學所善解？

三、楊儒賓「漢語物學」之學術系譜

　　當代臺灣莊學論域，在綿歷十餘年的「身體」議題後，悄然出現了讓人耳目一新的「物學」議題。實則，此深具典範變革意義之學術潛勢，早自余舜德策劃的跨領域學術論壇已初啟其端，具體成果並收錄於 2008 年出版的《體物入微：物與身體感的研究》[65]。然而，書名雖「身—物」雙彰，「物學」議題的擴散效應，在當代漢語學界所獲得的迴響，似乎遠不及「身體」議題來得遒勁而綿長。唯獨有一位「例外者」，對此「物學」議題，展現了非比尋常的關注；雖未側列《體物入微：物與身體感的研究》之作者群[66]，相關論域，卻能鍥而不捨地長期耕耘而迭有新作面世；這位「例外者」，就是楊儒賓教授。他不但援引「物學」視角以重探《莊子》文本的全新觀看可能，尤為難得的是——淵遠流長的莊學詮釋史，看似別出心裁的「物學」視角，楊儒賓總能將它安置到歷史縱深達兩千餘年幅度的漢語學術史脈絡，尋流溯源，察其延異，以建構一種格局遼闊的「歷時性」視域。視域所及，猶不限於莊學；楊儒賓甚而將「物學」視角也延展到先秦儒學、北宋理學、漢魏六朝隋唐佛教以進行一種視野恢弘的學術史曠觀；這就讓即令從當代西洋哲學觀之都顯得甚具「前沿性」的「物學」議題，在漢語學術史的長遠脈絡，卻可厚殖深遠、上溯先秦而在不同「物學典範」的對勘下，取得足可通貫漢語物學系譜的宏觀視野。

　　筆者以此研判，「物學的莊子」實代表了「臺灣當代跨文化莊學語境」繼「身學的莊子」而後，最富創造性詮釋潛力的「新論域」；惟相關論域，能踵步楊儒賓而以「物學」取徑之具體論述與其祕響旁通者，絕不多見；可

65　余舜德主編，《體物入微：物與身體感的研究》（新竹：清華大學出版中心，2008）。

66　案：楊儒賓教授是時為「清華人文社會叢書」總編輯，《體物入微：物與身體感的研究》則歸屬此叢書之【身體與自然系列】，未見以「物學」二字名之。「物學」意識，在「身學」語境的強大籠罩下，仍位處邊緣之勢，固無待論矣！

卻也是這從「心學的莊子」、「身學的莊子」終而歸結於「物學的莊子」之語境過渡所留下的「論述缺口」，悄然吸引了筆者的沉烈關注，並視此為突破歷來莊學舊說的絕佳切入點。

第五節 文獻探討：從學術史視角察知典範移轉軌跡以掘發最新研究動態

1998 年，距今約二十年的場景，臺北紫藤廬茶館一系列環繞身體議題展開的座談會[67]，於今看來，可謂是臺灣人文學術語境的關鍵轉折點。無它，這一系列緊扣「身體議題」展開的密集討論，與日後臺灣跨文化莊學語境蔚為大觀的「身體論述」，在問題意識上可謂一脈相承；更不消說座談會中兩位漢語學界要角——楊儒賓與何乏筆，正是日後臺灣跨文化莊學風潮（2007 迄今）的重要見證者與推動者。持續兩年的座談會現場紀錄（1998-1999），後來被完整收入楊儒賓、何乏筆主編的《身體與社會》一書[68]。開篇序言〈從身體體現社會〉一文，就對「身體議題」在漢語學術史的長期沉隱與復甦跡象，留下了格外發人深省的觀察：

> 在一切事物當中，「身體」是最貼近我們生命的概念，但就像俗語所說的：最近身的東西往往最看不清楚。我們很早就忘了身體是支撐我們一切思想活動的母胎，是所有感知活動的輻射源，是作為「此世存有」的人與世界的輻輳地，是縮結了形體之上（所謂形而上）與之下（所謂形而下）的所有人文活動的體現者。它距離我們如是之近，但因為它的近不是海德格所謂「手前性」的對象，而是構成人的行動的構成者，所以在相當長的一段時間，雖然我們探討過很多重要的思想議題：心靈、存在、想像、正義、倫理等等，但千探萬探，我們就是忘了這些偉大的主題都是繞著身體主體這個母胎發展出來的。

---

67 紫藤廬文化系列座談——身體與社會（1998-1999）。

68 楊儒賓、何乏筆，〈從身體體現社會〉，收錄於《身體與社會》（臺北：唐山出版社，2004）。

最近幾年的情況當然已經改變了，學者的理性之眼已逐漸迴向意義生成源頭的身體。造成這種轉向的因素是多源的，有來自於當令的現代思潮，也有來自於古老中國與印度的傳統。舉其犖犖大者，我們很直接就會聯想到：生物醫學帶來嚴重的倫理衝突、女性主義論述對身體與陰性書寫的偏好、另類醫學與各種靈修思潮的興起、傳統的宗教想藉身心訓練的資源重新切入當代的消費社會等等，我們很難說哪一條線索才是主軸，但我們知道身體論述在臺灣是多源也多元的，它相當程度的跨越了階級與東西的界限。當北部的知識精英正在學術殿堂暢論梅洛龐蒂或傅柯時，雲嘉海濱廟埕口的拳頭師已經以他的身體體現了從形氣神到精氣神的拳腳轉化。這些來源不同的語彙，慢慢的都匯向「身體」一詞上來，他們彼此間的關係目前仍是藕斷絲連，似通非通，有交無集，懵懵懂懂。但我們也可看出環繞著「身體」一詞的語族成員正在奮起，他們四處出草，尋求同盟，以求形成更有說服力的體系，他們有可能正處在創造突破之前的曖昧渾沌[69]。

依筆者之見，這篇頗具學術史意義的歷史文獻，高度呼應了臺灣莊學語境的典範移轉。簡言之，在此篇文獻之前，臺灣莊學的學術典範基本上屬於「心學的莊子」所決定的論域。就中最具代表性的人物，自屬牟宗三與徐復觀兩位新儒家要角所留下的論述。兩位先生都能深銳洞見：道家之「道」，固非「思辨」之事，關隘所在，惟在能「體道」。這一捻提，本身已足代表從「思辯形上學」走向「實踐形上學」的回歸；然而，這意義下的「回歸」，仍留下諸多未盡之蘊；其受圍時代視域之侷限，殆不可掩。所以，只宜視為「思辨」朝向「實踐」的第一重回歸，而有待更入深致的第二重回歸。後者，無非是從「心知」朝向「體知」的實踐轉向。對此深具「典範轉移」意義的學術開展，賴錫三底下的回顧與反思，自是深入臺灣當代莊學語境的理路延展所不可忽略的學術史線索：

將道家的形上之道落實為美學、藝術體驗，這已是道家詮釋的主流

69　楊儒賓、何乏筆，〈從身體體現社會〉，收錄於《身體與社會》，頁1-2。

途徑之一。如果說牟先生只是約略以「藝術」發明《老子》斯道，徐復觀顯然透過《莊子》而將道家藝術精神給十字打開了。對徐先生而言，道家之道絕非思辨所能窮盡，真正核心在於「體道」，而由工夫實踐得來的體道經驗，更可進一步將其落實為藝術人生。雖然詳略不一，但兩位當代大儒的道家見解都認為思辨形上學非道家本色，牟先生所謂實踐、境界形上學的經驗內涵，更被徐先生結晶在以《莊子》為典範的所謂藝術人生，而為最高的藝術精神。徐先生透過《莊子》體道境界而來的道之人生觀，並由此企圖為中國藝術精神的主體內容給予徹底建立，可謂見地深宏而有重大貢獻，而他那由藝解莊的代表作，亦成為重要經典文本，代表著道家藝術詮釋進路的一座里程碑。後來若干採取美學藝術進路理解道家體驗的學者，儘管未必完全認同徐先生的觀點，但幾乎都在他所建立的基礎上，繼續吸收消化並嘗試增刪損益；例如顏崑陽、何乏筆、龔卓軍等等；至於其他採取美學詮釋進路的學者還有葉維廉、陳榮灼等等[70]。筆者亦曾有論文涉及道家美學藝術內涵的探討，但不同於徐先生的進路，筆者認為道家美學的詮釋只有將「身體的參與」考慮進去，才會是一個完整而真正具體的藝道體驗[71]。

---

70 參閱賴錫三，〈身體、氣化、政治批判──畢來德《莊子四講》與〈莊子九札〉的身體觀與主體論〉隨文附註──顏崑陽，《莊子藝術精神析論》（臺北：華正書局，2005）；何乏筆，〈（不）可能的平淡：試論徐復觀《中國藝術精神》的當代性〉，「徐復觀學術思想中的傳統與當代國際學術研討會」論文（國立臺灣大學人文社會高等研究院2009年12月6日舉辦）；葉維廉主要是將道家美學詮釋和中國山水詩畫傳統結合起來，另外也透過和海德格的對話，企圖將道家的美學和存有連結起來。參閱氏著，《道家美學與西方文化》（北京：北京大學出版社，2002）；〈語言與真實世界〉，《比較詩學》（臺北：東大圖書公司，1988）；〈言無言：道家知識論〉，《歷史、傳釋與美學》（臺北：東大圖書公司，2002）；〈道家美學‧山水詩‧海德格〉，《現象學與文學批評》（臺北：東大圖書公司，1991）；陳榮灼也將晚期海德格的詩歌存有美學和道家對話。參閱 Wing-cheuk Chan, *Heidegger and Chinese Philosophy*（臺北：雙葉出版社，1986）。

71 參閱賴錫三，〈身體、氣化、政治批判──畢來德《莊子四講》與〈莊子九札〉的身體觀與主體論〉，《道家型知識分子論：《莊子》的權力批判與文化更新》，第四章，頁174-175。

假如說，以上環繞「心學的莊子」而展開的學術史脈絡，代表著「從思辯到體驗的實踐形上學」的第一重回歸運動；賴錫三即此而進一步指出後來果蔚然成型於近二十年間的「身體轉向」，也就是環繞「身學的莊子」而展開的又一重學術史軌跡，賴錫三定位之為「從思辯到體驗的實踐形上學」的第二重回歸運動：

> 臺灣近年來的中國思想研究興起一股回歸身體、落實身體的轉向或轉進的學術運動[72]。這個運動可視為承續從思辯到體驗的實踐形上學回歸運動後，第二次的再回歸運動，而回歸的旨要便在：從純粹心靈到身心一如的具體性落實。例如杜維明曾提出生命實踐的學問都必然具有「體知」的性格：「體知概念籠罩下的『身體』涵著『以身體知』的意思。凡是真有實感的內在經驗，都與體知有關：體驗、體會、體察、體究和體證，都是體知的面向。美感經驗、道德實踐和宗教見證，無非體知的體現。」[73]而日本學者湯淺泰雄也主張東方形上哲學背後涉及身心變化的修行實踐：「東方身心觀著重探討下述問題，如『（通過修行）身與心之間的關係將變得怎樣？』，或者『身心關係將成為什麼？』等。而在西方哲學中，傳統的問題是『身心之間的關係是什麼？』換言之，在東方經驗上就假定一個人通過身心修行可使身心關係產生變化。只有肯定這一假定，才能提問身心之間的關係是什麼這一問題。也就是說，身心問題不是一個簡單的理論推測，而是一個實踐的、生存體驗的、涉及整個身心的問題。身心理論僅僅是對這種生存體驗的一種反映而已。因此，我們必須認為，身心理論須以實踐經驗為前提。這一理論研究的基本內容並不僅僅由理性推測而獲得，它須包括經驗的證

72　參閱賴錫三，〈身體、氣化、政治批判——畢來德《莊子四講》與〈莊子九札〉的身體觀與主體論〉隨文附註——臺灣近年來在中國思想範疇的研究領域中，最為重要的學術突破和影響，恐怕非身體議題莫屬，對這個議題的復活和推擴的重要貢獻者，要首推楊儒賓先生。參閱楊儒賓，《儒家身體觀》（臺北：中央研究院中國文哲研究所籌備處，1996）；另外，亦請參考黃俊傑，〈中國思想史中「身體觀」研究的新視野〉，《中國文哲研究集刊》，第20期（2002年3月）。

73　杜維明，〈身體與體知〉，《當代》，第35期，頁52。

明。」[74] 杜維明、湯淺泰雄這種強調，既反應當代東方生命實踐／
體驗的純粹心靈詮釋的瓶頸，另一方面也是東方體驗性格的身體落
實和回歸。不過，杜維明對體知的洞察主要放在儒家的道德實踐來
考察，而湯淺泰雄主要是從佛教解脫實踐來考察，雖然兩者皆觸及
若干生活技藝和美感經驗的身體基礎，但並未涉及道家體道經驗、
藝術體驗和身體的關係，而本文重點則循著道家的身體與美學的整
合之路來考察。尤其以近來法國《莊子》學的傑出研究者畢來德為
例，考察並評論他的美學詮釋和牟、徐兩先生的重要核心差異，在
於重新將體道經驗轉化為技藝面向的身體經驗來理解，因此將牟、
徐心靈式的美學之道，完全落實為身心一如的藝道經驗[75]。

　　循此以觀，我們就毫不意外：何以區區一本遠自歐洲漢學界譯介來臺
的小書《莊子四講》[76]，卻在臺灣激起了諾大的反響。此亦無它，畢來德對反
「意識哲學」而揭櫫的身體進路，以引入時機而論，正契合臺灣當代「莊子
學」在多方歷史緣會下正自醞釀成熟的典範轉移條件；於是，來自瑞士的漢
學家與臺灣莊學社群的中青代主力，兩相激盪下，遂噴薄迸發為臺灣數十年
來罕見的人文學術景觀。具體例示，就見諸賴錫三在〈身體、氣化、政治批
判──畢來德《莊子四講》與〈莊子九札〉的身體觀與主體論〉一文註腳所
銘記的學術場景：

　　　筆者曾參與「若莊子說法語：畢來德莊子研究工作坊」，要特別對
　　　畢來德帶給筆者的一種人格情調表示敬意，他高度專注力和生生不
　　　息的好學、論學、講學之全力以赴，確實讓人印象深刻。亦要特別
　　　感謝何乏筆教授，法國莊子學目前所以受到臺灣學界注目，主要是
　　　由何教授的眼光和推動所促成，其對臺灣學界的漢語國際化有重要

74　湯淺泰雄著，馬超等編譯，《靈肉探微：神秘的東方身心觀》（北京：中國友誼出
　　版公司，1990），頁2。
75　參閱賴錫三，〈身體、氣化、政治批判──畢來德《莊子四講》與〈莊子九札〉的
　　身體觀與主體論〉，《道家型知識分子論：《莊子》的權力批判與文化更新》，第四
　　章，頁175-177。
76　畢來德著，宋剛譯，《莊子四講》（臺北：聯經出版社，2011）。

意義。另外，筆者在 2011 年 11 月底邀畢來德在臺灣埔里民宿密集兩天討論〈莊子九札〉的回應稿，其中參與者，還包括楊儒賓、黃冠閔、宋灝、劉滄龍、龔卓軍、鍾振宇、林素娟等教授，亦一併致謝[77]。

　　事實上，賴錫三自言此文便是應埔里民宿聚會寫成的評論新稿。以此觀之，不論幕前幕後，這環繞「若莊子說法語：畢來德莊子研究工作坊」而展開的一幕幕論學場景，就某個深微的意義而言，正是臺灣莊學語境由閉門造車的「自說自話」，轉向「跨文化—跨國界—跨學門—跨語境」對話的歷史起點。以其適巧對應臺灣當代莊學刻正遭逢的典範變革，這次跨域對話，自有不容忽視的學術史意義。

　　所云典範變革，無非指向「身學莊子」的鬱勃待發；這同時也意味著牟、徐二先生所代表舊典範（心學莊子）的漸趨式微。依牟宗三的「實踐形上學」或「主觀境界形上學」進路——「真人『沖虛玄德』所體證的『道』乃被理解為純粹『心靈』經驗，幾乎完全不涉及『身體』的參與」[78]；徐復觀所詮釋的莊子體道進路，則「紮紮實實地將形上體驗落實為藝術體驗，不過他所詮釋的《莊子》仍強烈帶有觀念論式、現象學式的純粹意識[79]、靜態主體的心靈哲學傾向，身體在這種美學經驗中仍然近乎被遺忘狀態。」[80] 牟、徐兩先生的道家論述，因著過度高張的「心學」視域而橫遭遺忘的「身體」，卻在瑞士漢學家畢來德的《莊子四講》中獲得了一新耳目的詮釋，這對臺灣

77　參閱賴錫三，〈身體、氣化、政治批判——畢來德《莊子四講》與〈莊子九札〉的身體觀與主體論〉，《道家型知識分子論：《莊子》的權力批判與文化更新》，第四章，頁 171。

78　同上註。

79　此如賴錫三，〈身體、氣化、政治批判——畢來德《莊子四講》與〈莊子九札〉的身體觀與主體論〉所附註：龔卓軍從法國《莊子》學研究者葛浩南的對話反省中出發，特別檢視了徐復觀的觀念論式、現象學式的特質，並指出其忽略身體向度的限制。參閱龔卓軍，〈庖丁手藝與生命政治：評介葛浩南《莊子的哲學虛構》〉，《中國文哲研究通訊》，第 18 卷第 4 期（2008 年 12 月），頁 80-86。

80　參閱賴錫三，〈身體、氣化、政治批判——畢來德《莊子四講》與〈莊子九札〉的身體觀與主體論〉，《道家型知識分子論：《莊子》的權力批判與文化更新》，第四章，頁 174。

本土原就傾心從「身學論述」重構《莊子》詮釋體系的中青代學者，自有著難以言喻的契合感。此則賴錫三評論畢來德有云：

> 據筆者目前觀察，將道家體道經驗視為藝術美感體驗，卻又與徐復觀心靈美感式的詮釋形成對比，畢來德《莊子四講》可為代表。此書放在目前臺灣漢語學界的莊學研究中有其新意，最突出者在於身體向度的徹底顯題化。畢來德解釋《莊子》技藝之道的關鍵在身體而不是心靈，而他這種主客相忘、物我一如的身體場所，不會是希臘解剖學或笛卡兒身心二元論的身體客體：「而是說一切支撐著我們的活動，為我們察知或覺察不到的能力、潛能與力量的總和——這樣定義下的身體，才是我們真正的宗師。」「要進入莊子的思想，必須先把身體構想為我們所有的已知和未知的官能與潛力共同組成的集合，也就是說，把它看作是一種沒有確鑿可辨的邊界的世界，而意識在其中時而消失，時而依據不同的活動機制，在不同的程度上解脫開來。」這種作為發生總體經驗的身體場所，乃是主客未分、身心一如的具體活動之當下潛能整體。畢來德解釋這種狀態的核心不在意向性的精神或意識，反而在於身體之自發。就此而言，畢氏顯然和牟、徐很不一樣，雖然彼此都認為道家的體道經驗可以從藝術美感向度來加以詮釋，但一者將重點全放在心靈，一者認為身體才是歸依[81]。

然而，問題來了！畢來德雖極富洞見地將莊子語境下的「身體」給視為一種「場域」——所謂「要進入莊子的思想，必須先把身體構想為我們所有的已知和未知的官能與潛力共同組成的集合，也就是說，把它看作是一種沒有確鑿可辨的邊界的世界，而意識在其中時而消失，時而依據不同的活動機制，在不同的程度上解脫開來。」可是，這示現為「沒有確鑿可辨的邊界」之「身體場域」，對畢來德而言，卻容不下「氣化之身」的可能性。此如賴

---

81 參閱賴錫三，〈身體、氣化、政治批判——畢來德《莊子四講》與〈莊子九札〉的身體觀與主體論〉，《道家型知識分子論：《莊子》的權力批判與文化更新》，第四章，頁182-183。

錫三所評述：「他強烈排拒使用氣論解莊，認為這是一條錯解《莊子》之路，而研討會上許多朋友（如楊儒賓、何乏筆、宋灝和筆者）對他的身體詮釋進路的認同，正是從這裡產生不易調合的分叉路口。」[82] 然則，畢來德與臺灣本土莊學社群的根本歧異到底何在？據畢來德自述：

> 在歐洲讀者心目中，corps 的原有理解阻礙了他們對新的定義的理解。相反地，這種新的定義，中國讀者卻很容易就接受了。他們把它看成是中國傳統思想一種無所不在的觀念，一種至今仍然為人熟知的概念。但這種自發的認同卻是一種誤會。我在研討會之前，閱讀部分與會學者的發言稿時便已經意識到這一點，尤其注意到賴錫三先生的文稿。他採納我所提出的身體概念，並做出細緻明晰的闡述，之後再論證這一概念完全符合中國傳統「氣論」。在他看來，我的這一想法也都屬於「氣論」。與會其他幾位學者也都採取這種詮釋，比如楊儒賓先生。在研討會之前，我閱讀過他所發表的一篇論文，他在其中以與我非常接近的用語討論莊子的身體觀和行動觀，並且像其他與會者一樣，也認為這是屬於「氣論」。會上他也認為，我只是以我自己的方式重新發掘莊子當中的氣論思想。這種理解方式，顯然對他和其他人來講都是極其自然的。而我恰恰反對這樣的劃歸做法[83]。

如是截絕將「氣」給排除《莊子》詮釋體系外的尖銳立論，果真足以說服本土莊學社群？情勢顯非如此。依賴錫三：

> 其實，畢來德這個身體向度的詮釋進路，是可以透過「氣」來加以釐清說明的。只可惜《莊子四講》很少深入這一核心概念，而筆者以為對氣論脈絡的忽略，將可能造成文獻詮釋上的片面和化約。例

82　參閱賴錫三，〈身體、氣化、政治批判——畢來德《莊子四講》與〈莊子九札〉的身體觀與主體論〉，《道家型知識分子論：《莊子》的權力批判與文化更新》，第四章，頁197。

83　畢來德著，宋剛譯，〈莊子九札〉，收錄於何乏筆編，《跨文化漩渦中的莊子》，頁16-17。

如他極少討論到氣的文獻，而當他提到諸如「聽之以氣」的例子時，畢氏的理解重點還是在於「用他的身體聆聽」，而非在於浸泡身體、穿透身體的「氣」，如此一來，畢來德的詮釋，便可能淺化了「聽之以氣」的底蘊[84]。

然而，畢來德排拒「氣論」的根本理由何在？此事涉「氣論」所導入的「同一形上學」魔咒，原來他認為：

> 像傳統觀念那樣，把創造性的源頭放到宇宙當中，也就是讓個人面臨這樣一個選擇：要麼把自己看成是一個在本質上就被來自本源的宇宙秩序所規定的存在，因此是完全受制於這一秩序的；要麼把自己看成是一個能夠在自己身上捕捉到來自本源的創造性能量的存在。在第二種情況下，捕捉能量的過程，就只能被構想為一種後退，必須回溯到萬事萬物不可捉摸的源頭。這是一種工夫（ascèse），要求個人變得透明、順從，也就是以另一種方式去否定自我。而在兩種情況下，他都不能把自己構想為一種動因，一種新事物出現的場域。帝國時代的中國思想史應證了這一論點[85]。

換言之，大一統國家體制的中國皇權統治，原來，正是這「同一形上學」魔咒的具體顯影；而「同一形上學」的魔咒，又奠基於「去主體狀態」的冥契經驗；罷黜「氣論」，遂成畢來德悍然無可退守的底線。於是，畢來德身體論述所潛藏宛若礁岩般的暗角，在來臺參與「若莊子說法語：畢來德莊子研究工作坊」後，逐漸漫漶為一道不可掩藏的裂縫：他高抬「身體」作為「沒有確鑿可辨的邊界的世界」，卻無法接受臺灣本土學者在「身學的莊子」論域再尋常不過的「氣學」論述。這意味，他肯定的「身體」，無法包含那「外於心知」而非語言符碼所可收編、整飭的「氣化之身」；理由則

---

84 參閱賴錫三，〈身體、氣化、政治批判——畢來德《莊子四講》與〈莊子九札〉的身體觀與主體論〉，《道家型知識分子論：《莊子》的權力批判與文化更新》，第四章，頁195。

85 畢來德著，宋剛譯，〈莊子九札〉，收錄於何乏筆編，《跨文化漩渦中的莊子》，頁27。

是，這「氣化之身」所涵括的「多維度身體」有陷落「同一形上學」魔咒的可能而導致「空虛化的去主體狀態」，並因此強化了「大一統國家體制的中國皇權統治」。然而，也正是在這跨文化對話所帶來的學術張力中，臺灣當代莊學語境的身學論述更因之而大叩大鳴，為此激盪出更繁複細緻的回應性論述，而讓「身學的莊子」論域在十餘年間（2007 年迄今）陸續吸引海內外（兼及兩岸）學者競相為文、參與論辯，結集的成果便是：2017 年出版的《跨文化漩渦中的莊子》[86] 與《若莊子說法語》[87] 兩部卷帙浩繁的莊學論文集。「身學莊子」積累豐厚的論述，於茲燦然大備，漪歟盛哉，允為臺灣莊學史未有之盛況。

　　然而，當代「跨文化臺灣莊子學」的理論拓展潛力，就這麼窮盡了嗎？承前文，「心學的莊子」、「身學的莊子」相續登場而後，更有「物學的莊子」嗣響於後，蓄勢待發。雖說語境初闢，相關論文數量猶顯寥落，惟筆者卻深為此新論域所涵具的強大論述潛力所吸引而立意於此有所掘發。此所以本文的研究動機，乃是緊扣學術史之「關鍵轉折」而發展的動機。以其熨貼臺灣當代莊學的典範移轉過程所生出的問題意識，落實於本文，則聚焦在當代「跨文化臺灣莊子學」的「物學轉向」。相對心學、身學已然積累豐厚的龐大莊學詮釋系統，莊子的「物學」思想，猶透著股榛莽初闢的清新感。就中，代表性的學術成果，以楊儒賓與賴錫三最有可觀之處。

　　依筆者所見，不論是「漢語物學論域」之開拓，抑或取徑「物學」視角以顛覆莊學舊說的方法學創舉；楊儒賓通過「漢語物學系譜」以重構中國思想史的學術宏圖，對當代漢語學術，實深具典範變革之意義。意義的輻輳點，一言以蔽之，就指向「人文精神」的重建[88]。這意味：「物學轉向」之深義所在，固不在於作為附庸「身學」語境的另類詮釋進路，而在能凸顯「人文精神」必得通過的理論關隘。此亦無它，空言心性，固不足以成就人文；一切人文創化，還須得「及物」；不「及物」，人文紋跡將無所依託。既言

86　何乏筆，《跨文化漩渦中的莊子》。

87　何乏筆，《若莊子說法語》。

88　由於本文已另立專章詳論楊儒賓漢語物學之人文內涵，於此僅點到為止，不另贅敘。

「及物」，又何能不「及身」？此所以「身─物」雙彰，乃是成就「人文精神」的必然前提。

除楊儒賓對「物學的莊子」有開闢論域之功，並蠻相隨而至的賴錫三，於相關論域，亦迭有佳作，不論是〈論先秦道家的自然觀：重建一門具體、活力、差異的物化美學〉[89]、〈《莊子》「即物而道」的身體現象學解讀〉[90] 或〈《莊子》身體技藝中的天理與物性〉[91]，皆頗能暢發「莊子物學」之高致，而促使當代莊學論域猶萌芽待發的「物學轉向」得以被推往另一座極峰。底下，請聚焦賴錫三之「物學論述」，以略窺當代「跨文化臺灣莊子學」於「物學轉向」議題的理論創穫。賴錫三的物學論述，筆者以為〈《莊子》「即物而道」的身體現象學解讀〉一文，特值留意。何則？先就表述方法而論，這篇論文本身就是建立在「跨領域」方法的對位考察。不只在學門上跨越了哲學與繪畫兩大領域，時空上亦達兩千年的跨度；作為對比線索的文本，更是連結了《莊子》與當代法國現象學家梅洛龐蒂的臨終遺作《眼與心》[92]。此如作者所自云：

> 眾所周知，《莊子》對中國的藝術傳統影響深遠，尤其《莊子》之「道」被視為中國最高的藝術精神，或者說是中國藝術精神主體之最高呈現（如徐復觀主張）。而透過魏晉時代的藝文脈絡，玄學時代的道家哲理（尤其《莊子》）又具體化為山水詩與山水畫的藝文世界（如岡村繁、楊儒賓、顧彬、蕭馳所主張）。由於《莊子》與中國山水詩畫、詩論、畫論的親緣關係，研究者眾而共識者多，因此本文不擬重複《莊子》（或透過郭象的《莊子注》）與山水詩畫這些共識觀點，而打算改採跨文化的詮釋方式，將《莊子》置放在：身體現象學對當代繪畫的身體主體的解讀視域中，尤其透過梅洛龐

---

89 賴錫三，〈論先秦道家的自然觀：重建一門具體、活力、差異的物化美學〉，《文與哲》，第 16 期（2010 年 6 月），頁 1-44。

90 賴錫三，〈《莊子》「即物而道」的身體現象學解讀〉，《中正漢學研究》，第 22 期（2013 年 12 月），頁 91-135。

91 賴錫三，〈《莊子》身體技藝中的天理與物性〉，《諸子學刊》，第 17 輯，頁 10。

92 參閱梅洛龐蒂著，龔卓軍譯，《身體現象學大師梅洛龐蒂的最後書寫：眼與心》（臺北：典藏藝術家庭，2007）。

蒂對塞尚等西方當代繪畫的詮解來互文對話。其實若干學者亦多少
注意到中國山水畫和西方當代繪畫的可對話性（如史作檉），也有
學者透過海德格、梅洛龐蒂的在世存有、身體觀來溝通二者（如宋
灝）[93]。本文嘗試透過《莊子》與《眼與心》的互文性對話，看看是
否可讓繪畫中的身體經驗之沉默存有，可以得到「技進於道」的一
點開顯[94]。

　　跨文化的互文性對話而外，作者進一步指出：「老莊之道非屬西方形上
學那種超越萬物之上的超絕本體。老莊之道必體現為『即物而道』。」[95]亦
即，「從物的角度來談論道的開顯。」[96]又云：

老莊所謂「即物而道」的「物」，並非西方認識論模式的主體所對
之「對象物」，而是契近晚期海德格（Martin Heidegger, 1889-1976）
所謂「天地神人」四重整體棲居其中的「物化之物」（Ding 敞開
物、流動物），它實為「Ereignis（造化自然）」無根無由的湧現。
而「即物而道」之「道」，也非西方形上學透過理性推論而設定的
「本體物」、「實體物」，而是契近海德格所謂「存有必然呈現為存有

93　引文中旁涉七位學者觀點，茲註明出處，以便檢索：徐復觀，《中國藝術精神》
　　（臺灣：學生書局，1988）。岡村繁，〈東晉畫論中的老莊思想〉，《漢魏六朝的思想
　　與文學．第參卷》（上海：上海古籍出版社，2009）。楊儒賓，〈「山水」是怎麼發
　　現的──「玄化山水」析論〉，《臺灣大學中文學報》，第 30 期（2009 年 6 月），
　　頁 209-254。顧彬（Wolfgang Kubin），〈萬物──關於中西自然之漫想〉，收入蔡
　　瑜編，《迴向自然的詩學》（臺北：臺大出版中心，2012），頁 299-311。蕭馳，〈郭
　　象玄學與山水詩之發生〉，收入《玄智與詩興：中國思想與抒情傳統第一卷》（臺
　　北：聯經出版社，2011），頁 225-270。史作檉，《水墨十講──哲學觀畫》（臺
　　北：典藏藝術家庭，2008）。宋灝，〈生活世界、肉身與藝術──梅洛龐蒂、華
　　登菲與當代現象學〉，《臺灣大學文史哲學報》，第 63 期（2005 年 11 月），頁 225-
　　250；宋灝，〈跨文化美學視域下的中國畫論〉，《揭諦》，第 14 期（2008 年 2 月），
　　頁 37-78；宋灝，〈論述畫境──以現象學之觀點談中國山水畫與相關之理論〉，
　　《中外文學》，第 32 卷第 7 期（2003 年 12 月），頁 101-115。
94　參閱賴錫三，〈《莊子》「即物而道」的身體現象學解讀〉，《中正漢學研究》，第 22
　　期（2013 年 12 月），頁 99。
95　同上註，頁 96。
96　同上註。

者之存有」的「（大寫）存有」。對海德格而言，並沒有任何先在於、外在於小寫存有者（差異之多）的一個無限獨存之大寫存有（超絕之一）；而是千差萬別的「物」之「物化」的敞開和交融，構成存有開顯為物化世界的圓環映射之遊戲[97]。

這就連結了海德格對「物」的關鍵思路：「如果我們讓物化中的物從世界化的世界而來成其本質，那麼，我們便思及物之為物了。」[98] 依筆者之見，這一思路轉折是關鍵的。其重要意義在：海德格的觀點，顯露了一種「通過『物化』所成的『世界』以回頭把握『物之為物』」的思路；這思路顯然迥異於以「主體中心」將「物性存有」給「同一化」到自身「認知框架」的「對象化」思路。於是，通過「物化」概念，我們對「物性存有」有了全然不同的觀照：物性存有可以通過「主體中心」的「同一性」思路而被整飭、編碼為扁平的「工具性」或「功能性」對象；亦可不受「同一性」思路的箝制而對「物化之眼」呈現為「山川以形媚道」、「萬物質有趣靈」的幽微互滲關係——關係之所在，即「天—地—神—人」四重整體棲居安住之所在；這「可供棲居之『所在』」，就透出了一種「空間」的意象，也由此銜接上筆者通過海德格詮解梵高畫作（農婦的鞋）所領悟到的「物學思路」[99]：原來，物，是深藏著的；一切「物性存有」，並非只是落在「對象域」裡被「語言—符碼—心知—範疇」給編碼而成的「知識對象」；就它更深的可能性而言，它還以一方隱蔽幽微的「深層世界」斂抑待發地蟄伏於可見「物相」的底層。只因是一個奠基於深度「物化」關係所形構的世界，依海德格晚期的詩意進路，它甚而具現為一方「天—地—神—人」皆可棲居其中的「詩意

97　參閱賴錫三，〈《莊子》「即物而道」的身體現象學解讀〉，《中正漢學研究》，第22期（2013年12月），頁96-97。另參海德格所言：「世界化的世界的映射遊戲，作為圓環之環化，迫使統一的四方進入本己的順從之中，進入它們的本質的圓環之中。從圓環之環化的映射遊戲，物之物化得以發生。物居留四重整體。物物化世界。每一個物都居留四重整體，使之入於世界之純一性的某個向來逗留之物中。如果我們讓物化中的物從世界化的世界而來成其本質，那麼，我們就思及物之為物了。」（德）海德格爾著，孫周興譯，〈物〉，孫周興選編，《海德格爾選集》（下）（上海：上海三聯書店，1996），頁1181-1182。

98　海德格爾著，孫周興譯，《海德格爾選集》（下），頁1181-1182。

99　本文第六章第四節論及海德格段落，將有更完整之闡釋。

空間」。這意味，唯有抵達這深藏於物的幽祕「世界」，才是「物之為物」或「存有物的存有」之豐盈的開顯[100]。賴錫三則如是呼應之：「『任其自然』便是『人』（Dasein）以『Galesenheint』（泰然任之）的方式，傾聽『天地神人』在萬物的棲居逗留，以參贊世界之世界化的圓舞遊戲。」[101] 他進而循此理路，以銜接上梅洛龐蒂的「身體現象學」：

> 道家認為不可見的力量之道若要具體實現，必得通過可見性的物質和肉身，那麼眼前具體化、可見性的任一物，便可是具體而微的道之朗現。換言之，人可以透過「身體」的「感官知覺（之轉化）」而迎向「物化之道」。只是其中所謂的身體、知覺、空間、萬物、世界，都必須跳出西方近代以來的笛卡兒知識論、科學技術觀點，重新轉從海德格的「在世存有」角度來重探，而梅洛龐蒂的身體現象學，正是從海德格出發而又落實為身體感知的具體向度來重講。從海德格的基本存有論到梅洛龐蒂的身體現象學，其看似「大同小異」的論述，其中的「差異」也值得加以借鏡。尤其突出世界和身體的貫通性主張，將促使筆者強調的具體存有論可連結到身體現象學，使得老莊得以成為一門既是「無限深淵」的存有開顯之學，同時也是「當下切近」的身體現象之學。本文選擇梅洛龐蒂最晚年最成熟精練的《眼與心》來對話（1961 年出版，梅氏於 1962 年春，死於心臟病），尤其透過他對塞尚繪畫藝術實踐的精采洞察，做為解讀《莊子》的一扇跨文化視窗，以打開從身體、知覺、空間、自然等更具體的角度，讓《莊子》的具體存有論得到更感官式、身體論式的詮釋[102]。

首先，關於「不可見的力量之道若要具體實現，必得通過可見性的物質和肉身」，這提點，格外切要。所謂「高空不生蓮華」；道的體現，亦不離

---

100 依海德格之語，則是「物之物化」所成就的「世界之世界化」。參閱海德格爾著，孫周興譯，《海德格爾選集》（下），頁1181-1182。
101 參閱賴錫三，〈《莊子》「即物而道」的身體現象學解讀〉，《中正漢學研究》，第22期（2013 年12 月），頁98。
102 同上註，頁98-99。

「物質」和「肉身」。這就徹底跳脫「真常唯心論」的視域框架，不復輕看「物質」或「肉身」，也不復視之為「無限心體」進行道德實踐的「載體」。賴錫三詮解下的《莊子》，「物質」與「肉身」的地位則大為提高；「眼前具體化、可見性的任一物」，不復是承載特定「意義動向」或「價值理序」的工具性載體，而是「具體而微的道之朗現。」

　　其次，「物化之道」的啟動關鍵，在「身」，而不在「心」；惟此「身」，是「感官知覺」轉化過後的「身體」──是《莊子・人間世》所云：「徇耳目內通而『外於心知』」的「氣化身體」，固非受縛於「心知轄域」而進退遲滯的「符碼身體」[103]；所以，「必須跳出西方近代以來的笛卡兒知識論、科學技術觀點，重新轉從海德格的『在世存有』角度來重探」；而梅洛龐蒂的「身體現象學」正是切合這「轉向」的身體進路。當「物性存有」不復是承載特定「意義動向」或「價值理序」的工具性載體，而是「具體而微的道之朗現」；可見物相所內蘊不可見之「力量動勢」，遂化身為隱蔽物相底層而只對「深於『物化』」的「凝視之眼」現身的「深度世界」（「力量動勢」所匯流而成的「關係場域」）。這意義下的「物」，不復是囚禁於「對象域」的工具物，而是在「深度物化」中以「非對象」現身的「物化之物」（那遠離知識框套而靈光氤氳的「奧祕之物」）；而賴錫三所謂「即物而道」或「具體而微的道之朗現」，正是通過海德格所謂「天─地─神─人」四重整體（四方域）棲居其中的「物化之物」而成為可能的。這充滿「可棲居性」之空間意象而通過涵具「四方域」之敞開物、流動物（物化之物）以暢發「物性存有之『高致』」的「海氏現象學」思路，依筆者，恰可據以發展個人之莊學詮釋取徑，並以奠基「身物雙彰」的「物學轉向」作為一掃「心學莊子」偏滯的全新理論起點。惟同樣認可「即物而道」的「具體存有論」，筆者所歧出於賴錫三者，在於高度自覺地懸置了「審美」與「倫理」的角度，而改以「宗教」[104]角度契接那深藏於物而作為其本質存在的「物情空間」。正是這物

---

103 「符碼身體」與「氣化身體」皆沿用自賴錫三之概念。參閱其論文〈《莊子》身體觀的三維辯證：符號解構、技藝融入、氣化交換〉，《清華學報》，新42卷第1期（2012年3月），頁1-43。

104 此指以回應「受苦現場」為終極關懷所在的「內在性宗教」，亦即以「人文療癒」為底蘊的宗教。

情氤氳、盈盈不盡的「物情空間」，讓凡深於「心齋」而入於「物化」者，得能「傾聽天地神人在萬物的棲居逗留」而默會「物中更有乾坤在」。借海德格爾「四方域」以言之，這一方可以神遇、可以藏身、可以棲居託命的「物情空間」，即是「天一地一神一人」疊影共在的靈泊之所；而筆者嘗試通過「物學」之超越向度以昭顯的「人文療癒」進路，無非正依此物情盈溢的「靈泊之所」而成為可能。那深藏於物而作為其本質存在的「深度世界」，自此通過「宗教維度」而對人在受苦經驗中的生命轉化之道有了更趨細緻的把握與呈現；無它，正是那隱蔽幽微的「深度世界」，確保了通「天一地一神一人」於一氣的「物情空間」所挹注於「受苦經驗」的療癒效力。這意味：取消了深度世界而不免在「精神氣韻」上流於浮淺扁平的對象物，既淪喪了使其進入「充實」的本質存在，已毫無療癒效力可言；相形之下，遠離知識框套而靈光氤氳的「奧祕之物」，卻擁有一個「真體內充」的完整世界，遂讓遽逢搖落的「被拋擲者」得以託庇其中而如實體證一種「內有淵源，舉重若輕」的雍容大度。這就讓生死無盡的受苦現場（人間世）得以被引渡到一個不可見卻內蘊豐沛療癒能量的「物情空間」（天間之世），以迎納天地神人疊影共在的「私密浩瀚感」所臨在於己的深祕沁潤。沿著肉身殘敗線匍伏而行的受難者，遂得以此而超越了命運的巨石[105]。

　　如是解讀《莊子》，不可諱言，已然將海德格據以暢發「藝術作品本源」的「審美」視角，消融於蔣年豐、余德慧深植受苦現場的病體經驗而開展出的「宗教」轉向。這恰好支持筆者通過蔣、余二氏之「病體現象學」視角以接榫莊子的「畸人敘事」。不言可喻，這綰合蔣、余晚期學思所凸出的「療癒型莊子」風貌，特能彰顯莊子「悲心深沉」的面相；即令依楊儒賓「莊學三系說」[106]之「判教」，奠基「身物雙彰」的「療癒型莊子」，無疑可歸諸「人文型莊子」的範疇；然而，相對楊儒賓遙承晚明方以智、王夫之而重予立說

---

105 所云「命運的巨石」乃借卡謬筆下薛西弗斯（Sisyphus）推動巨石上山的永恆身影以為喻。

106 楊儒賓於〈莊子與人文之源〉對歷來《莊子》詮釋史有「三系說」的判立：「在現行的《莊子》文本內，我們發現一組邪惡的三胞胎，創化的莊子與同一性的莊子及解構的莊子同時存在，表面上看來，亦即人文、超人文、反人文三者連袂而至。」參閱楊儒賓，《儒門內的莊子》，頁444-445。

的「創化型莊子」或「跨文化臺灣莊子學研究」借徑不斷的跨文化交織所開拓的多重莊子風貌（「人文／批判／冥契」兼具），筆者詮釋進路，又別有樹立。這就為歷來莊學舊說構成一種典範挑戰的強度，也讓當代臺灣兩大跨領域學術社群能夠以楊儒賓為接榫點而完成一場跨越死生幽明之「不可能的對話」。

　　本文研究主題，經此學術史回顧而益發自覺地定位於「物學的莊子」。以其標誌了「跨文化臺灣莊子學」自「心學的莊子—身學的莊子」而後最富理論開拓潛勢的莊學論域；也代表了當代漢語莊學特富前瞻性的學術議題走向。至於通過「宗教維度」以重探莊子物學，則是筆者為自彰切己向度而立意與前輩詮釋取徑拉開的差異化距離。更值矚目的是，相對已然積累豐碩的「身學」語境；從物學視角出發以回看莊子身學的理論成果，反而將讓「物學的莊子」與「身學的莊子」有機會在更形完備的總體視域下達至一體開顯的可能[107]；千巖競秀的當代漢語莊學，或將因此而迎來更波瀾壯闊的詮釋景觀亦未可知。

---

107 不論「身學的莊子」或「物學的莊子」，欲入於深致，就不能被視作獨立的學術論域而被各自強調；而只宜在「身—物」互動的整體脈絡中重新思考「物性存有」與「身體」在深度會遇中所引發而生的轉化過程。這轉化過程，自非獨屬於「物」，也非獨屬於「身」，而是「身」與「物」一起進入的「內在轉化」過程。

Chapter 2

第二章
蔣年豐奠基「臨終啟悟」的宗教轉向

第一節　主體中心論視域下被遺忘的身體：從一位負傷學人（wounded scholar）的臨終書寫談起

　　蔣年豐1996年5月25日結束肉身生命前，強撐暈眩經年的病體，奮最後餘力留下了《地藏王手記》與〈丙子札記〉[1]兩篇臨終書寫。文末題記：「一位眩暈者的臨終證道詞」。瀕臨生死之際，勉力完成的兩篇疾病書寫，看似整合了蔣年豐探索經年的哲學洞見，卻難掩凝重哲思背後如蛆附骨似的虛無意識；此亦無它，這意義下的書寫，是踩踏在死亡深淵之上的書寫，文字於此不復是承載哲思的載體，死亡掩脅下噴薄而出的書寫，每一個字都敲開了一座看不見的深淵，也敲碎了一切猶自陶醉於「佛性」、「良知」等「無限

1　參閱蔣年豐學生張展源於〈蔣年豐地藏信仰的省思〉一文所加註於「註一」的說明：〈地藏王手記〉目前刊行於兩個地方：一是《東海哲學研究集刊》，第3輯（1996），頁5-55；另一是刊於《地藏王手記──蔣年豐紀念集》（楊儒賓、林安梧編，南華管理學院（現南華大學）哲學研究所出版，1997），頁3-86。這兩個版本的差異是：東海大學的版本把蔣年豐親手劃掉的一節刊載出來（第13節），南華大學的則是未將此節刊出。本文係依南華大學《地藏王手記──蔣年豐紀念集》版本標註頁碼。另外，東海的版本脫漏了許多字，主要都是蔣年豐用第二人稱的「你」來稱呼地藏王菩薩，但是他使用的字是「示」字旁的「你」，可能電腦中無有此字，故全篇中的這個字都空著（本篇論文也面臨相同的情況，故也有字詞上的更動），南華的版本則是完整無誤的；另外，東海的版本出現了兩個「14節」，我們可能要用「之一」、「之二」加以區別。對於東海版的把第13節刊出，筆者認為也沒關係，因為這節的思想觀點在〈手記〉的最後幾節也都有出現（如67、72節）。參閱張展源，〈蔣年豐地藏信仰的省思〉，《東海哲學研究集刊》，第9輯（2004年5月），頁175-190。

心」概念所給予的美好想像而以此高抬「絕對精神」之體系建構者的根本迷夢；此如齊澤克（Slavoj Žižek）藉《易碎的絕對》（*The Fragile Absolute*）一書所指出的根本幻見——那被宣稱為絕對真理的東西，到頭來都可以歸類為意識型態的東西[2]。顯然，長年以重振儒學自誓的蔣年豐，通過自己的「病體」親證了「絕對精神」作為形上學概念的「裂隙」。強大到不堪隱忍的肉身眩暈，連根搖撼了他原自恃醞思精熟的哲學體系建構。一時，絕大的疑團，橫梗在他籌思經年的體系建構之前。人生至此，更能何為？一位對自己的哲學使命與歷史位置深具抱負的學人，難道就此束手無策，而只能任隨荒謬的命運給吞噬？蔣年豐格外教人感佩的正是——他終究沒有辜負自己的肉身受難經驗；儼若同死神競走一般，他通過極盡精煉卻涵蘊深微的千鈞筆力，以極度耗盡姿態，磅礡為文，並趕在心力耗竭之前，完成了最後的書寫。此或相應波德里亞（Jean Baudrillard）論及巴塔耶（Georges Bataille）作品中的「死亡」所云：「生命只存在於死亡的闖入中，存在於與死亡的交換中。」[3] 蔣年豐的臨終書寫，非真不惜身命；而是以血心流注的書寫作為踐行悲願的形式；此則以「生命」作為一種「贈禮」，原非俗情知見所能善解。

　　即此而言，讓蔣年豐如墜深淵的巨大眩暈，將他推向了有別往昔的哲學道路，支撐他哲學體系建構的根本凝視點已悄然移轉；在全新的哲學起點上，他通過「肉身的暈眩」進入更具思想家深度的「哲學的暈眩」；而依德勒茲（Gilles Deleuze），「內在性」恰就是「哲學的暈眩」（Immanence is the very vertigo of philosophy）[4]。我們或許可以這麼理解，肉身的暈眩已通過蔣年

2　參閱蔣桂琴、胡大平譯齊澤克（Slavoj Žižek），《易碎的絕對：基督教遺產為何直得奮鬥？》（江蘇：江蘇人民出版社，2004）。余德慧於〈修行療癒的迷思及其進路〉亦有相關評述：「那愈是被思維為『絕對』的真理，可能從未曾實現過，無論涅槃、成佛、羽化成仙或天堂至樂等觀念的存在，恐怕是思維不斷強加給思維自身，沉沒於思維自身，終至如幽靈般地附身。」收錄《宗教療癒與身體人文空間》，頁407-408。

3　波德里亞著，車槿山譯，〈巴塔耶作品中的死亡〉，《象徵交換與死亡》（南京：譯林出版社，2006），頁241。

4　參閱蕭立君，〈研磨自己的鏡片看世界：與賴俊雄談理論〉，《中外文學》，第46卷第2期（2017），頁197-220。「德勒茲去世前曾與瓜達希出過一本《何謂哲學》（*What Is Philosophy?*），探討哲學最根本的問題。他將『內在性』定義為『內在性即是哲學的暈眩』（Immanence is the very vertigo of philosophy）。對德勒茲而言，

豐的病體，轉化出另一種植根於「身體性」的「精神生產」，一種與「肉身的暈眩」相與為化之「哲學的暈眩」。這貫通身心而流溢瀰散於肉身邊際的「身體空間」[5]，成了蔣年豐最後的託命之所。近乎聖域的「身體空間」不只將蔣年豐推入「內在性」的深淵經驗，那縈繞著「肉身」處境漫漶而生、又與「肉身」有別的「身體空間」，本身就以一種「方法學」的啟悟，衝擊了思想家原本「唯心」色彩十足的舊有視域框架——那奠基於「無限心」與「有限身」的超越區分[6]。於是，當沉重的肉身，以絕對壓倒性的優勢，逼使蔣年豐不得不正視「有限身」無以彌合的「破口」；以凌霄之姿自期的「無限心」，遂如羽翼摧折的飛鳥，只能沿著肉身的殘敗線，蹭蹬垂翮，顧翅懊喪。這無法逕予抹去的肉身苦難，讓這位「負傷的學人」（wounded scholar），徹底「重估」了困厄衰殘之軀而無以自贖的「病體」經驗。這全新的身體經驗，不是審美性的、也不是道德性的，卻近乎一種「臨終啟悟」的宗教經驗——「成為自己的不是」（becoming whom I am not）[7]、「我成為我所不知的」[8]、「他者在我痛苦之中的慈悲湧現」[9]。於是，通過對「身體」的重新發現，蔣年豐

內在性平原（面）佈置著無盡異質的特異力量，它們交錯縱橫，相互牽引、拉扯與撞擊——內在性的可能永遠是一種彷彿連鎖炸藥般，可以隨時引爆平原潛藏內涵的多樣可能的變動炸彈。」

5　「身體空間」是本文重構「莊學」詮釋體系的核心概念之一，這是建立於「物化」前提而形成的概念。簡言之，它不是作為「對象」之「身體」；而是「外於心知」的「身體感」——依莊子，是「徇耳目內通」所抵達之隱蔽「身體」背後的「深度世界」：那是「身」與「物」在深度會遇時所進入的「關係匯流場域」。所云「身體空間」，正是通過「技藝—卮言—體知」等身體進路，在「身」與「物」形成深密締結時所進入的「關係匯流場域」。具體的隱喻：就是唐君毅先生所說的「病裡乾坤」是也。這表示符碼化的「身體」而外，另有「身外之身」作為「道身」；此則與身體綿密相依於「不可見處」之「人文空間」。後文進入莊子文本，自當另有詳釋，於此，只先預留伏筆。

6　後文將逐步鋪陳：筆者所重構之莊學系統裡，完全逆轉了此等超越區分。探尋的結果卻顯示：「心」未必無限；「身」也未必有限。重點無關乎作為「抽象概念」的「身」與「心」，而在「具體關係」的締結所決定的「存在維度」。

7　余德慧，〈從真實道德看見「終極關懷」〉，參閱凱博文（Arthur Kleinman），《道德的重量：不安年代的希望與救贖》（臺北：心靈工坊，2007），頁26。

8　參閱蔡怡佳，〈聆聽余德慧〉，收入余德慧，《宗教療癒與身體人文空間》（臺北：心靈工坊，2014），頁10。

9　同上註。

對「無限心」的「虛幻性」以及在「不隨軀殼起念」[10]的主流儒學語境下被抽離的身體經驗，有了全然不同往昔論述的觀照角度——他從「無限心」作為浮漾「五濁惡水」上的「浮光掠影」而窺見其「音容宛在」的「虛幻性」。絕對的真理，盡褪其絕對相，而從高不可攀的「理境」，被重新打落回「存在」的平面，並通過——而且只能謙卑地通過——涵具生、衰、殘、老、病、死於一身的「血肉形軀」來體現。這迸發於病體之受苦經驗才終得結晶於臨終書寫的全新思路，確實從根柢處翻轉了蔣年豐舊日哲思的視域框架，並通過《地藏王手記》留下了深具「典範」突破意義的「問題意識」。於是，原本在儒家語境中以「一心是主」[11]之「無限心」概念所控馭的「身體經驗」，反過來對「無限心」的「主體中心」姿態，形成強大的解構力量。過去，人們習常以為，是思想「主導」身體，身體則「聽命」於思想；殊不知，那只因為「身體」尚未逼臨它自己的深淵經驗，才可能馴順地接受思想的規訓；一旦身體的受苦經驗來到斷裂的極限，那漫漶日久終而噴薄迸發的「身體情緒」，必然衝破「心知轄域」的硬殼而絕對如實地反映在思想的轉向上。這意味，瀕臨危亡的孱弱身體，將逼使思想現出千瘡百孔的原形；肉身的脆弱性，弔詭地讓它開始取得反轉的優勢，這一刻，正因身體虛弱至極，氣若游絲的待死之身，反能徹底照見「超驗主體」的虛幻性，並逼使立意「不隨軀殼起念」的「無限心」也被迫打回原形。於是，被狠狠推落肉身破局的「絕對精神」，在難以承受的虛無感中，終而催逼出了的最沉烈的絕望；然而，這因著身心之極度裂解而逆轉身心「主從關係」的一刻，卻在「問題意識」上給予了我們極為深刻的啟示：那在「主體中心」語境中被遺忘多時的「身體感」，終而在纏綿病氣的催迫下，向束手無策的「超驗性主體」示現了自己無可忽視的存在。

10　參閱王陽明，《傳習錄・卷上》（臺北：金楓出版社，1987），頁60：「此等看善惡，皆從軀殼起念，便會錯。」

11　語出蔣年豐，〈丙子札記・我主卷2〉，與基督教的「一心向主」恰為映照。參閱楊儒賓、林安梧編，《地藏王手記——蔣年豐紀念集》（嘉義：南華大學哲學所，1997），頁89。

第二節　從「詮釋實踐者」到「倫理實踐者」

　　蔣年豐晚期學思的轉化線索，固然事涉多端，有一道決定性的條件，卻是無待考索其知識養成歷程，也可直指轉化的「關竅」所在；一言以蔽之，就是身體遭逢「深淵」所帶來「知識位置」的轉變。正是前後「知識位置」的改變，讓淪落人間破局的「畸人」，得以瞬間「照見」從來不曾真正窺見的生命暗角與存在裂隙。這意味，身體破局所帶來的顫慄、驚怖與倉皇失措，與其說是以一種漸進式的轉化歷程，點點滴滴沁透了蔣年豐的學思轉向軌跡，筆者從《地藏王手記》所看見的，毋寧是一種近乎摧枯拉朽的動蕩與撕毀所瞬間推迫而至的「凝視點轉移」。此亦無它，錐心至極的病體傷殘經驗，為蔣年豐創造了過往任何知識養成背景所無法給予的全新「視野」。這「視野」的形成，一如「火中取栗」，只能以死亡來交換，只能通過「絕望中的凝視」而成就；它原不是靠讀書得來的。即此而言，若假設蔣年豐「頓悟前的漸修工夫及長年的知識準備」與「晚期學思的悲願與智慧」之間，或許存在一種「水到渠成」式的必然連結，只怕仍是出於「理智」的「誤識」；畢竟，「絕望中的凝視」所帶來的是一種「爆破式的瞬間靈光」，它靠的是「頓悟之機」；「頓悟之機」則包藏於「知識位置」的「轉換瞬刻」所帶來的「異域並置」經驗。人，作為終有一死者，總是靠著從「常規世界」拉開一段「異域並置」的「差異性距離」，才瞬間喚醒那深於「不可見」的凝視能力而徹底跳脫原有的「感知條件」所決定的「存在維度」；而這段「差異性距離」，就產生於「知識位置」的移轉。還是讓我們以蔣年豐為例。

　　蔣年豐《地藏王手記》之身體論述，所以有別其前期「身體觀」論述，不單在於他站在理論詮釋者之角度以對勘中西哲學；更在於殘病交侵的「受苦現場」所迫發「身體」意識之甦醒，讓他作為「詮釋實踐者」的位置有所移轉，而成了被打落存在平面的「倫理實踐者」；這位置所帶來的殘病經驗，讓他「重新發現」了他不曾真正認識的「身體」。這發現，當然不是「理智層面上的發現」，而是落在「存在層面上的發現」。這意味，當「詮釋實踐者」轉向為「倫理實踐者」[12]，決定其根本凝視點的「感知框架」也將隨

---

[12]　「詮釋實踐者」與「倫理實踐者」的概念區分，啟發自中研院文哲所研究員林維

之移轉。前者或熟習各種最前沿的身體理論，卻未免陷落「語言—心知」進路的理解模態，而無以相應把握那在本質上流動不居的身心交感狀態；後者則引領他真正洞見：作為「對象」之身體，不同謎一般作為隱喻或奧祕而難以「定相」加以把握的身體。這意味，所有概念性語言的使用，若未能在語言運用策略上有所突破，註定將面臨一個尷尬的詮釋困境：那就是將「斷裂於身體感的概念性理解」給框在「無法定型的身心狀態」。這正是，作為「詮釋實踐者」在「身體理論」的把握上所遇到的困境。

深淵失墜的身體，不同於思慮縝密的身體論述。在筆者的閱讀感受裡，早在身體崩毀前，就於身體議題多所著墨的蔣年豐，直到《地藏王手記》才真寫出一種蒼涼萬狀的深沉況味；無它，這一刻，他不是踩在「詮釋者」的位置評論前哲的理論；因為，他真遇上了「不期而至」的臨界經驗——當「思想與不可預期之物真實相遇」[13]的瞬刻，他一跤跌入那始終保持在外頭「被言說」卻又無法抵達的「經驗自身」；曾經有過的身體論述，終而在不堪負荷的殘病侵襲下，質變為一種存在的哀迫——他不再停留在自命「感同身受」的「想像」；這一刻，他被徹底打落回「存在」，並驚怵於那彷若在身體裡溺水的窒息感，正如何一時時地吞噬自己。這才猛然有省，之前自以為斷無可疑的理解，大抵是出於理智上的誤識——倒不是在「理智的層面」他說得不對，而是「理智的層面」本就不同於「存在的層面」。若剋就「存在的層面」而言，對比《地藏王手記》所達到的身體論述強度，蔣年豐前期身體論述，固然精義絡繹，妙悟迭出，卻缺乏進入第一手的實存經驗所必要的觀看位置或知識位置，這就讓之前所有的身體論述相對於最後的臨終書寫，少了一種只有從「詮釋實踐」轉移到「倫理實踐」的位置才可能具足的感知條件。

───────

杰先生於國立東華大學中文系發表的一場學術演講：〈宋明理學的經典詮釋分系〉（2016.5.12）。不敢掠美，特此致謝。

13 Ronna Burger 編寫的《古典詩學之路——相遇與反思：與伯納德特聚談》，反映了 Seth Benardete 關於哲學的觀點，甚具啟發意義：「伯納德特……更為具體地闡明了他自己對哲學的理解——思想與不可預期之物的真實相遇。」參閱《古典詩學之路——相遇與反思：與伯納德特聚談》（北京：華夏出版社，2016），封底由 Ronna Burger 寫下的介紹文字。

　　事實顯示，經年累月在學術上的踽厲奮發、焚膏繼晷，未必能替代在切身的崩毀感中跨出的「一步」。這一步，形同「十字架的苦杯」，從來不是出於自己的主動意願，卻只能在萬感哀迫的命限感悟中，一飲而盡。百般無奈中，蔣年豐跨出了這一步；這決定性的一步，在他個人學術生涯卻留下了驚天動地的一頁。他徘徊於哲學與宗教邊際的孤涼身影，終而不惜站上「六經注我」的「倫理實踐」位置，氣魄萬千地寫出了唐、牟二先生都未必能盡致呈現的「病裡乾坤」。這意義下的著作，其內蘊深沉的磅礴力道，才力與學問只是起碼的前提，重點是：作者得是被苦難揀選的人，這就是代價；寫這種書，必須以自己的生命為獻祭，它只能孕生於「生命與死亡的交換中」[14]。

　　筆者以此衷心感佩，蔣年豐終非尋常人物，殘病交侵的凌遲耗磨中，他果然沒辜負他的受苦經驗[15]；臨終前強忍巨大暈眩，猶能提撕最後一口氣，以數月之力留下《地藏王手記》，作為一位眩暈者的臨終證道詞；此則悲願者發憤之所為作也——是行將消殞他界的身影，以驚人意志忍死以待，終而在絕望之巔盛放的危崖之花。

第三節　牟宗三路線或海德格路線？

　　蔣年豐在〈牟宗三與海德格的康德研究〉一文，對存在於牟宗三與海德格間的康德詮釋路線爭議所顯露的曖昧態度，實頗堪尋味：到底，他是認同牟宗三對海德格的批判？還是隨順當代思潮而朝向海德格路線傾斜？這表態對我們理解蔣年豐何以採取一種「新人文主義」的立場來超克牟宗三與海德格的路線爭議，有決定性的幫助：

> 牟先生認為……海德格對道德的真我無甚瞭解，這個不瞭解乃導因
> 於海德格根本不正視康德所留下的物自身、自由意志、靈魂不滅、
> 上帝存在這一層的存有論，與康德的哲學意向剛好南轅北轍[16]。

14　波德里亞著，東槿山譯，〈巴塔耶作品中的死亡〉，《象徵交換與死亡》，頁241。
15　此則杜斯妥也夫斯基所云：「我只害怕一件事：我怕我配不上自己所受的苦。」
16　蔣年豐，〈牟宗三與海德格的康德研究〉，《與西洋哲學對話》（臺北：桂冠圖書，2005），頁60。

以上論述了牟先生對海德格的康德研究的批判。這些批判在我看來都是相當得體的。我認為牟先生所掌握的比較能相應康德的本意[17]。

以此觀之，蔣年豐當是站在牟宗三立場，肯定「無限心」作為道德實踐所以可能之超驗理據，而遠離海德格對「有限存在」的正視。然而，若果作此理解，顯然就低估了蔣年豐在二者間所持的曖昧態度；因為，他對牟宗三過度標榜「無限心」的立場，也隱然存在著某種程度的不安，即使，此篇論文發表時日，距他遭逢惡疾、瀕臨死境之日，尚有五年之遙；而來日適苦欲死的身心交迫經驗，有充分理由推使他在原先持定的立場開始有所偏斜而朝向海德格立場轉移。此如趙之振為蔣年豐《與西洋哲學對話》寫就的導論所註解：「……這並不表示年豐對牟先生之學說是全盤接受的，舉例言之，在〈牟宗三與海德格的康德研究〉一文中，他一方面贊同牟宗三對海德格的康德研究之批判，推許他以中國哲學消化康德哲學，從而拓寬了中國哲學的規模；另一方面，卻隱隱顯示出對牟先生提出的「無限心」有所不安，而另尋脈絡，用以消化海德格的哲學。」[18] 趙之振的觀察顯示：蔣年豐並未因為認肯牟宗三對海德格思路的批判，而失去對牟宗三思路侷限的不安，或於海德格思路的豐饒內涵有所疏略。事實上，至少比〈牟宗三與海德格的康德研究〉晚五年出版的《地藏王手記》，我們看見蔣年豐對兩人思路都未全盤接納，而是通過所謂「新人文主義」的辯證視野，將二者加以交錯、融通而形成蔣年豐主體重構、理性重構，以至形上學重構的基本立場[19]。蔣年豐的「新人文主義」思路，就聚焦在通過自身親歷的殘疾經驗，所帶入的「身體性」思考，以「轉化」牟宗三依「一心開二門」[20] 模式建立的「兩層存有論」思

17　蔣年豐，〈牟宗三與海德格的康德研究〉，《與西洋哲學對話》，頁60。
18　參閱蔣年豐《與西洋哲學對話》，趙之振〈導論〉，註8，頁3-4。
19　不言而喻，這奠基「心未死，主體可立；人未死，理性可立；神未死，形上學可立」的「新人文主義」立場，支撐了蔣年豐學思晚期最令人嘆為觀止的宗教轉向。
20　按照牟宗三解康德的思路，中西思想之會通的關鍵在於理解中國傳統思想和康德哲學中的「一心開二門」──西方注重現象界的知識，即著力於康德的「經驗的實在論」，而中國古代則重視「先驗的觀念論」，注重本體的知識，即關於意志、自由和道德方面的體悟。

路。

　　簡言之，相對牟宗三對海德格思路的輕蔑與不耐，蔣年豐卻真能「正視」——海德格思路所以顛覆傳統形上學的重大意義，就在於海德格充分正視了「有限存在」；反觀，牟宗三對海德格的「蓋棺論定」卻未免失之輕率。他對海德格的發言脈絡，明顯缺乏細膩體察，而過度膨脹了自己視域的絕對性：

> 今海德格爾捨棄他（康德）的自由意志與物自身等不講，割截了這個領域，而把存有論置於時間所籠罩的範圍內，這就叫做形而上學的誤置[21]。
>
> （《存在與時間》）固時有妙論，亦大都是戲論。若瞭解其立言之層面與向度，則他的那些曲折多點少點並無多大關係。我亦不欲尾隨其後，疲於奔命，故亦實無興趣讀完他這部書。但我仔細讀了他的講康德的書，我自信以上的論斷為不謬[22]。
>
> 海德格爾的路是思之未透，停留在半途中，而不著兩邊，即掛搭不上現象學，又掛搭不上理想主義的大路[23]。

　　殊不知，牟宗三所斷論海德格「思之未透」之處，未必真出於海德格的不足，而是海德格的悟入處本就另有脈絡，與牟宗三可謂視域懸隔；偏偏牟宗三卻未能就合宜的脈絡以審視之，結果徒然「暴露出牟宗三並沒有理解現代西方哲學所發生的轉向，而他本人則局限於傳統形而上學的立場。」[24]以此觀之，牟宗三看似與海德格曾發生過歷史的交會，實則是「交」而不「會」，徒然擦身錯過，兩人間頂多是點到為止，並未形成真正的對話，也平白錯過藉助海德格思路以突破傳統形上學框架的歷史契機；至於蔣年豐所謂

21　牟宗三通過「偶讀」海德格爾的《康德和形而上學》和《形而上學導論》而做出這樣的判斷。參閱牟宗三，《智的直覺與中國哲學》，收入《牟宗三先生全集》20（臺北：聯經出版社，2003），頁7。

22　同上註，頁472。

23　同上註。

24　趙衛國〈牟宗三對海德格爾基礎存在論的誤置〉內容提要。文章來源：https://site.douban.com/285527/widget/notes/192569712/note/598352082。（查閱日期：2018.6.18）

中國思想之宗教化的工程，更完全不在牟宗三的視域之內。但，依牟宗三所踩踏的知識位置，與這知識位置所必然挾帶的民族情結與歷史悲情，「為天地立心，為生命立命，為往聖繼絕學」原就是宿命式的召喚，半點違抗不得。期待他跳脫時局的限制，而善體與他完全不同思考路數的海德格，這原不是件容易的事。相對而言，蔣年豐所處的知識位置，在歷史條件上，命定比牟宗三更具優勢；在全面洞察現代西方哲學的轉向上，他下的功夫之深鉅與涉獵當代西學視野之全面，讓他命定比唐、牟一代學人擁有更好的歷史條件與知識位置以承接「儒學重構」的召喚。這意義下的儒學，與唐、牟一代的儒學，顯然另有歷史的使命：

其一，它不能再安於唐、牟年代所完成的舊典範而侷限於傳統形而上學的立場。

其二，它也不能無視現代西方哲學所發生的重大轉向，而無以回應後現代思潮漫漶無盡的衰頹精神內涵。

其三，它更不能一味趨附已然蔚為時代大觀的後現代思潮，卻徹底遺忘那只有與當代保持一段「不合時宜」的距離才足以勘透「當代」，而開拓既徹底「回應當代處境」又「不失傳統本色」的眼界[25]。

綜上以觀，蔣年豐在筆者眼中，絕對是一位在歷史定位上被嚴重低估的當代思想工作者。姑不論他的學術作品，留下了多少潛在爭議，至少，單憑他在《地藏王手記》所顯示的磅礴立學氣魄，我以為是兼具前述三大條件的。這不是對自身所踩踏之歷史位置有非比尋常之自覺者，幾乎是不可想像的。

析論至此，我們乃可解釋：為何蔣年豐對牟宗三與海德格的康德學爭議，看似站在牟宗三這邊，卻又在實際理論建構傾向上依違二者之際。最後轉出的理論成果，既挑戰了牟宗三，也不純然倒向海德格，而是在二者之間，折衷於「新人文主義」而走出了自己的道路。

25　就這點而言，不斷地通過古典以回望當代，一如書家之臨帖工夫，始終是不能偏廢的「本事修行」。

第四節　「新人文主義」下的儒學重構

　　新人文主義，蔣年豐標舉為「地藏學派」的旗幟。其內容是：「心未死，主體可立。人未死，理性可立。神未死，形上學可立。」[26] 主體、理性、形上學等概念，連袂出現。依筆者，這三道脈絡，具體烘托出蔣年豐的人文主義情懷；而「人文精神」則是一切以「儒學」為皈命者最根本的懷抱所在。正因於「儒懷」一往而深，不可自解；凡有違「人文主義」的思潮，不論是出於「前現代」、「現代」或「後現代」，都難以入得蔣年豐「法眼」。這恰好說明一件微妙的事實——以蔣年豐涉略當代哲學範圍之浩博，他不可能不洞見牟宗三所代表的傳統形上學思路，與當代哲學的根本轉向，隔陌之深，已至難以對話的地步；然而，蔣年豐明知如此，卻不可能在學術路向上劃清界線，逕行遠去；而是通過精心建構的詮釋理路，嘗試承繼而有以轉化之。此亦無它，這關係到蔣年豐不可解於心的「儒懷」，他必得悉心護持以「人文精神」為底蘊的儒學立場。所以，他不可能贊同「反人文」或「非人文」的思想路數，只可能消化其優點，而納入重構後的「人文主義」。事實上，蔣年豐據以重構儒學的「新人文主義」正乃通過對當代西學的徹底面對而轉出的理論成果。所以，即令「後現代思潮」以去主體中心、反理性宰制或反形上學相尚，蔣年豐仍要明確表態：「尼采與馬克斯為了凸顯人的藝術個體性，不惜廢棄人的主體性。這卻是不必要的犧牲。而且如此作法，不見得能夠保得住人的藝術個體性。人之所以能成為一個藝術個體，是要在社會體制中以具有主體性的身分來完成。主體性是有所隸屬的主體性，恆在一個客觀脈絡下完成自己。」[27] 所以，他宣告：

> 地藏學派的基本立場是「從行屍走肉的系譜學到新人文主義的誕生」[28]。
> 地藏學派便是要在行屍走肉的世界中建構新人文主義。我們不滿意於尼采、海德格、傅柯之反人文主義。我們要在行屍走肉之間找到

26　楊儒賓、林安梧編，《地藏王手記——蔣年豐紀念集》，頁18。
27　同上註，頁19。
28　同上註，頁23。

心光紋跡，作為新的人文精神[29]。

這套新人文主義是經得起德希達之解構的。他說人文只是浮光掠影，我們不會反對，會添說這是根源於天心的浮光掠影。所以新人文主義是基於「天心紋跡，浮光掠影」而建立的[30]。

精神如何死灰復燃？行屍走肉之中如何捕捉心光紋跡，作為人文精神？就是地藏王的事業。地藏王，祢的悲願是在浮光掠影與音容宛在之中重建人文精神[31]。

地藏王的人文悲願：一、神明重安；二、形上重定；三、主體重立；四、理性重構[32]。

地藏王！黑格爾之後的哲學真是一部屍骸披露史。我們看到叔本華披露的、齊克果披露的、馬克思披露的、尼采披露的、佛洛伊德披露的、海德格披露的、柯傑夫披露的、拉康披露的、沙特披露的、傅柯披露的、德勒茲披露的、德希達披露的屍骸。黑格爾精神的光芒再也遮掩不住當代人只是行屍走肉的事實。如何重新肯定黑格爾的人文精神？如何接上唐君毅人文精神之重建？只能讓浮光掠影之心，其中音容宛在的祢光照滋潤我們這些行屍走肉。祢必須是新的理性之光的光源[33]。

　　綜上所述，蔣年豐的根本立場始終是「人文精神」，但卻是徹底正視「後現代思潮」之屍骸披露史而從「行屍走肉」的世界建構起來的「新人文主義」。這意義下的「新人文主義」，在內涵上已有別於「前現代」或「現代」的「人文主義」，也絕未趨附於「後現代」的「反人文主義」——此如蔣年豐所刻劃：「精神的死病與主體的潰爛是當代哲學的基本情調，涵括了齊克果、尼采、海德格、沙特、佛洛伊德、拉康、白代野（巴塔耶）、傅

29　楊儒賓、林安梧編，《地藏王手記——蔣年豐紀念集》（嘉義：南華大學哲學所，1997），頁25。

30　同上註，頁25-26。

31　同上註，頁39。

32　同上註，頁39-40。

33　同上註，頁49-50。

柯、德希達和德勒茲等等（杜斯妥也夫斯基、卡夫卡、卡謬的文學作品也
是充滿這種基調）。」[34] 即此而言，「前現代—現代—後現代」在蔣年豐眼中
不是斷裂的，而是前後相續、互為滲透、交光輝映的整體。此所以蔣年豐有
謂：

> 後現代的論述者宣稱神之死亡、人之終結、以及歷史之終結。對
> 之，地藏學派以音容宛在之神、浮光掠影之心以及行屍走肉之身來
> 回應。但地藏學派的高明在於它轉出悲願四方之心、清淡溫潤之
> 身、齋莊中正之行三大原則。這三大原則是前現代的，但卻可用之
> 於現代與後現代[35]。
>
> 事實上前現代、現代、後現代的關係不正是樹的根、莖、葉的關係
> 嗎？沒有前現代的思想做根本，現代化的民主、科學、倫理規範如
> 何建立呢？沒有現代化的社會體制，後現代的精神哪有表現的空
> 間？哈伯瑪斯之維護現代性是令人激賞的。但他不知前現代尚有源
> 頭活水在[36]。

　　結語所謂「前現代」尚有源頭活水在，這意味蔣年豐調適過後的「新人
文主義」之「新」，不在於它趨附於「後現代」的衰頹精神，恰在於它能對
「後現代」的「反人文主義」風潮有所「抵抗」，而不至於完全被同時代的思
潮所「同化」而喪失自家面目。然而，抵抗的支撐力何在？對蔣年豐而言，
就在「前現代」。此亦無它，前現代的原則，可用之於現代與後現代。這不
合時宜的抵拒姿態，既對抗了被當代主流給同化，也對抗了被傳統給框限。
這毋寧正呼應當代義大利思想家阿甘本（Giorgio Agamben）在〈什麼是當代
人〉中拋出的深銳洞察：

> 一個明智的人可以鄙夷他的時代，儘管他知道自己不可迴避地屬於
> 這個時代，他無法逃離自身的時代。

34　楊儒賓、林安梧編，《地藏王手記——蔣年豐紀念集》（嘉義：南華大學哲學所，
　　1997），頁40。

35　同上註，頁67。

36　同上註。

那些真正的當代的人，那些真正地屬於時代的人，是那些既不合時
代要求也不適應時代要求的人。所以，在這個意義上，他們是不合
時宜的。但恰恰是因為這種條件，恰恰是通過這種斷裂和時代錯
誤，他們能夠比其他人更好地感知和理解自身的時代。

當代性就是一個人與自身時代的一種獨特關係，它既依附於時代，
同時又與時代保持距離。更確切地說，它是一種通過分離和時代錯
誤來依附於時代的關係。那些與時代太過於一致的人，那些在每一
個方面都完美地附著於時代的人，不是當代的人；這恰恰是因為他
們無法目睹時代；他們無法堅守自身對時代的凝視。

當代的人是一個堅守他對自身時代之凝視的人，他堅守這種凝視不
是為了察覺時代的光明，而是為了察覺時代的黑暗。對那些經歷當
代性的人而言，所有的時代都是晦暗的。當代的人就是一個知道如
何目睹這種晦暗（obscurity），並能夠把筆端放在現時的晦暗中進
行書寫的人。

古代和現代之間有一種隱祕的親和力；倒不是因為古代的形式對現
時施展了一種特殊的魅力，而是因為現代的答案就隱藏在無法追憶
的史前史當中[37]。

原來，真正的「當代人」，不但不是那些熱切追逐時流的弄潮兒，反而
是那些通過「邊緣的眼睛」──冷眼睇視、不與時人彈同調的別路藏身[38]

---

[37] 阿甘本，〈什麼是當代人〉，Lightwhite 譯，譯文選自 Giorgio Agamben: *Nudities, trans. David Kishik and Stefan Pedatella*（California: Stanford University Press, 2010），pp. 10-19. 本文是作者在威尼斯 IUAV 大學藝術與設計學院 2006-2007 年理論哲學課程中正式講座的一個文本。文章來源：https://www.douban.com/note/153131392。（查閱日期：2018.6.18）

[38] 藥地學人興月〈炮莊發凡〉有「藏身別路，化歸中和，誰信及此」之語，今借之以廣其意。參閱蔡振豐、魏千鈞、李忠達校注，《藥地炮莊校注》（臺北：臺大出版中心，2017），頁25。另方中通追述乃父方以智一生志節有云：「獨是生於憂患，別路藏身，甘人所不能堪之苦，忍人所不能忍之行。……異類中行，原非獲已；行者固難，知者亦不易。……集大成而不厭不倦，其天之所以救世乎？惜辭世太迫，世鮮知者。」語出方中通《陪詩》卷四〈惶恐集‧哀述〉序言暨自注。收錄於汪世清《方中通「陪詩」選抄》；另見余英時《方以智晚節考》（臺北：允

者。以此思之，這不正是蔣年豐奠基於「新人文主義」（神明重安—形上重定—主體重立—理性重構）的「儒學重構」，所恪守的批判精神與創造詮釋？所以，它不陷落「跟班」式的曲學阿世，也徹底跳脫「原教旨主義」的故步自封，它對當代所達成的深睿洞視，遂遠遠凌越只以當代為全部世界，而無力通過遠古和史前視域以叩啟現代之門的「偽當代人」。綜此以觀，與屍骸漫漶的當代保持著「不合時宜」的距離感，正是蔣年豐所據以參與當代、理解當代而有以超克當代的批判基礎。

第五節　從「新人文主義」看《地藏王手記》的道家缺口

《地藏王手記》全書的立論主軸，無非是奠基於「新人文主義」的「儒學重構」；具體內涵十字打開即「神明重安—形上重定—主體重立—理性重構」四重向度；進而言之，蔣年豐就是在這四重向度的基礎上，完成他晚期學思的宗教轉向。這意義下的轉向，除徹底面對當代西方思想系譜屍骸漫漶的衰頹動向，更得充分借鏡「前現代」的理論資源，方足以徹盡全蘊。以「前現代」資源而論，依蔣年豐理論規模，是以「佛心道身而儒行」來規劃的。許佛以「悲願四方之心」，許道以「清淨溫潤之身」，許儒以「齋莊中正之行」。所云宗教轉向，就落實在這可具體奉行的三個修行向度：

> 我們常說信佛是皈依三寶。我們在此也可說，這三大原則（悲願四方之心—清淨溫潤之身—齋莊中正之行）便是「地藏三寶」，他們有很深邃的意涵[39]。
>
> 地藏三寶似乎將海德格思想道德化了、宗教化了。沒錯。海德格的「四方」只有藝術性，如果說有宗教性，那只是一種山林氣的宗教性。真正的宗教要有修行的向度，這方面海德格可與儒釋道結合。「悲願四方」的「四方」不是美感氛圍下的恍惚情境。它們是佛心仁德以慈悲願力所保守的生命世界。在這個世界中，天地神人獲得

晨文化，1986），附錄「重要參考資料選輯」，方中通《陪詩》選抄，頁328-330。
39　楊儒賓、林安梧編，《地藏王手記——蔣年豐紀念集》，頁67-68。

安立，獲得舒展[40]。

如此看來，地藏學派不只是哲學上的學派，而且是一般人生活上即可奉行的宗教。是的，地藏三寶便是後現代的宗教信仰[41]。

地藏學派從「音容宛在之神—浮光掠影之心—行屍走肉之身」這人間三相出發……但又走向地藏三寶——在此，地藏學派也轉成日常修行的宗教信仰，不再是從事理智遊戲的理論架構。也可以說，地藏學派是儒釋道三家因應後現代需要所特別開立出來的一種學理論述或宗教修行[42]。

那麼地藏學派的思想便是從「人間三相」轉至「地藏三寶」……地藏學派是新學派，但不是新宗教。它只是用新的學理撐住儒釋道三教。這三教能撐住，則其他宗教，諸如藏密、回教、基督教的基本教義也都可一併撐住[43]。

透過近代幾個儒學大師的努力，儒家思想的哲學化工程已完成了，目前的工作反而是儒家思想的宗教化。哲學化是在與西方哲學的摩盪中完成的，宗教化則有待於吸收西藏密宗的修行法門[44]。

綜上以觀，地藏學派的宗教向度，無非是以「新人文主義」的學理來撐住儒釋道三教；其「理論規模」就所涉「前現代」理論資源而論，定然綜攝儒釋道三教慧命，亦不在話下。既然在蔣年豐擘劃的藍圖裡——服膺「地藏學派」理論的「地藏使徒」，應「持悲願四方之心、保清淡溫潤之身、盡齋莊中正之行，簡言之，佛心道身而儒行。」[45]這總括式的結論，許佛以「心」、許道以「身」，而許儒以「行」。相應蔣年豐自己瀕於崩毀的病體，許道以身，箇中切己的存在感，不言可喻。這哲學論斷，既看出蔣年豐對道家哲學的理論定位，亦隱然預見以「身道」為強項的道家哲學在理論資源上

40　楊儒賓、林安梧編，《地藏王手記——蔣年豐紀念集》，頁68。

41　同上註。

42　同上註。

43　同上註，頁68-69。

44　同上註，頁83。

45　同上註，頁57。

可能給予的豐富啟發。可矛盾的是,「身體意識」在強大眩暈症侵襲下被迫
全然醒覺的哲學家,雖在理論擘劃上「許『道』以『身』」,可實則在《地藏
王手記》中,對道家的「身道」著墨甚少;甚而,在具體的身體修行上,遠
比道家更見強調的卻是對佛教密宗修行法門的倚重,依蔣年豐,密宗修行是
要轉化我們所有身心的「脈氣」,它正視「在人的脈氣上修行」,[46] 這一點卻
是中原佛教所無。可依筆者所見,對道家「身道」的正視不足,卻也構成了
《地藏王手記》在理論擘劃上的明顯「缺口」[47]。筆者於此,頗生疑竇,惟懸
念多年,始終不得其解——是因為蔣年豐自視前此發表的道家論文,已足代
表他的晚歲定論,無待贅述於臨終遺作?抑或時間緊迫,已無餘力補此理論
缺口?這兩項理由,對筆者都缺乏說服力。作為蔣年豐晚期學思的集大成之
作,理論的完整性是唯一的標準。可如何解釋——以「地藏學派」在理論建
構企圖上之宏大氣魄,何以落實到《地藏王手記》文本,相對「儒佛會通」
在整體論述裡所占有的壓倒性比例,關涉「道家」的論述,在質量上卻稀薄
得近乎懸缺?縱略有涉及,也大抵不得要領。此如《地藏王手記》言及:

> 地藏學派強調性命雙修。修命部分,取之於道家與密宗者尤多[48]。
> 道家在養生論上其實勝過密宗,但密宗在鬼神方面的造詣比道家精
> 純[49]。
> 不執著便是空,不造作便是無。儒家只能如此接受佛道兩家的見
> 解,不能將空與無當作宇宙最後的原則。……不執著便是空,不造
> 作便是無。如此釋迦與老莊在孔子兩旁側立[50]。

46　楊儒賓、林安梧編,《地藏王手記——蔣年豐紀念集》,頁82。
47　此如趙之振於蔣年豐《與西洋哲學對話》導論所言:「年豐後來受佛教影響而所試
　　圖建立的地藏學派,依然是具有強烈的儒家精神」、「雖然地藏使徒是『佛心道身
　　而儒行』,但地藏學派基本上是要融貫儒佛,道家精神所佔的份量,似乎不如儒
　　佛之重。」收錄於蔣年豐,《與西洋哲學對話》,趙之振〈導論〉,註6;李宗定於
　　〈蔣年豐「地藏學派」之「佛心道身而儒行」與道教〉(《揭諦》,第17期,2009年
　　7月),頁1-24,文中,亦指出蔣年豐「地藏學派」之「佛心道身而儒行」概念,
　　留下了理論缺口未能補足,也頗具參照意義。
48　楊儒賓、林安梧編,《地藏王手記——蔣年豐紀念集》,頁63。
49　同上註。
50　楊儒賓、林安梧編,《地藏王手記——蔣年豐紀念集》,頁81。

如是判教，於道家思想是否諦當，不無可商榷之處。直到筆者對蔣年豐「新人文主義」的領會，有了遠勝昔時之悟境，一則往昔讀過卻沒能看出深意的線索，如今卻煥發著全然不同的意義。筆者自恃，只要將此線索放在蔣年豐「新人文主義」之論述背景中以進行解讀，自可對《地藏王手記》何以於道家思想多所疏略，提出一個合理解釋。據蔣年豐過從甚密的學生張展源於〈蔣年豐教授對後現代思潮的吸收與批判〉一文，在評論及「地藏三寶」時引述蔣年豐《地藏王手記》一段文字：

> 儒佛生命與地藏三寶是互相涵納的。能守地藏三寶，即具有儒佛生命；能表現儒佛生命的，即暗含地藏三寶在內。只不過，「儒佛生命」是動態地說，而「地藏三寶」是靜態地說[51]。

這段引文，在筆者看來，於蔣年豐看待道家的基本態度特耐人尋思。何則？因為作者於此只以「儒佛生命」與「地藏三寶」對舉，道家於此論述脈絡，已不見蹤跡，逕予取消。地藏三寶，既云「三寶」，理應涵賅儒釋道三教，於此懸置不論，到底反映了甚麼樣的潛在心態？筆者於此多年不得其解，直至看見張展源於此段引文下所帶出的評論，尤其是結語所引證的佐證文獻，才恍然有悟；蔣年豐最後的臨終手記，未能於道家精義多所暢發，甚而頗見疏略，固其來有自，未足為怪。其言曰：

> 雖然前面提到，蔣年豐說「地藏三寶」可以撐住三教，但在別處，蔣年豐只用「儒佛生命」來述說「地藏三寶」，而放下了道家或道教。其實，道家或道教在蔣年豐的思想中並不具有關鍵的地位，他甚至曾嚴厲地駁斥過莊子[52]。
> 在〈蔣年豐教授遺稿四則〉中（刊於《東海哲學研究集刊》第六輯（1999），頁297-373）我們可以看到他對《莊子》做了如下的批評：「《莊子》、《韓非》、《金瓶梅》，三大廢棄之書（頹廢與喪棄）」

51　同上註，頁84。

52　張展源，〈蔣年豐教授對後現代思潮的吸收與批判〉，第四節〈蔣教授對儒釋道三教的調和〉，臺灣大學人文社會高等研究院官網，文章來源：http://www.ihs.ntu.edu.tw/zh_tw/pub/IHSNews/?wiki=95573193。（查閱日期：2018.6.18）

（頁316）；「《莊子》、《韓非》、《金瓶梅》之頹廢與喪棄之下，而又逢 Nietzsche, Adorno, Foucault 之所難，則有『行屍走肉』之身。」（頁315）[53]

蔣年豐這段關於《莊子》、《韓非》、《金瓶梅》的評論，並未收入《地藏王手記》，然而，對理解蔣年豐對道家所賦予的價值定位，卻是舉足輕重的文獻紀錄。依筆者，這段文獻至少帶出了五道決定性的線索：

其一、將《莊子》與《韓非》、《金瓶梅》同列以頹廢與喪棄為精神內涵的三大「廢棄之書」，《莊子》在蔣年豐這種以「儒懷」為生命底蘊的儒者眼中看來，其地位不言可喻。

其二、《莊子》在蔣年豐眼中顯然被推向「人文主義」的對立面，而不論是「反人文」或「非人文」，對以「人文主義」為立命準則而畢生皈命儒學的蔣年豐，《莊子》自無法入其法眼。

其三、蔣年豐壯歲身殞，未及見到——就在他辭世二十年後，視《莊子》為「反人文」、「非人文」的莊學詮釋典範，已受到強力挑戰。挑戰者中的代表人物，正是年來以「人文的莊子」為號召而對舊有莊學典範構成強力挑戰的楊儒賓先生。時間的相對寬裕，讓對此議題琢磨經年、沉潛日深的「多年故交」，對《莊子》所持立場，竟戲劇性地發展出與「昔日畏友」全然對峙的看法。其言曰：

> 我相信莊子對人文精神的貢獻，不遜於孟、荀。孟子的道德意識、荀子的文史意識、莊子的遊化意識，都是很根源的人文精神之基礎。學界對孟子的研究較透徹，莊子和荀子還大有重讀的空間[54]。具體的講，筆者是隨著處理莊子的身體觀、技藝觀、語言觀之後，眼界始寬，視座自然而然的由解構哲學的莊子往創化哲學的莊子轉移[55]。

53 張展源，〈蔣年豐教授對後現代思潮的吸收與批判〉，第四節，〈蔣教授對儒釋道三教的調和〉，註釋8，臺灣大學人文社會高等研究院官網，文章來源：http://www.ihs.ntu.edu.tw/zh_tw/pub/IHSNews/?wiki=95573193。（查閱日期：2018.6.18）
54 楊儒賓，《儒門內的莊子》（臺北：聯經出版社，2016），頁6。
55 同上註，頁59。

不管現行的《莊子》文本裡刊載了多少「非湯武而薄周孔」的文字，我們依然有充分的理由肯定：孔子以下，莊子對人文精神的貢獻絕不遜於任何一位儒家思想家。他的思想早就超越了沒有文化創造力的氣論哲學（不管是向郭的或是漢儒的），也早就超越了意識在其自體的復性論傳統（不管是老子的、內丹的、佛教的或王學的）。莊子打下了人文活動得以成立的基礎，語言、氣化、器物的原初肯定使得世界的衍化與文明的日新得以成立，人文精神的關鍵就在形氣主體本身[56]。

其四、蔣年豐看重佛學，卻無視佛教在「緣起性空」的法義制約下，已注定其「反人文」或「非人文」的價值取向。按蔣年豐的人文主義標準，理應難入法眼；偏偏，蔣年豐猝不及防的罹病因緣，讓他一頭栽入《地藏經》而深受地藏王悲願的沁潤與感發；自此對佛法淡薄人文的理論定位，遂幡然改觀。可惜的是，蔣年豐未及領悟：何獨地藏王悲願無涯？莊子涵納天下大傷心人的感與痛而「以哭笑寄萬世」[57]，其悲願之淵深浩瀚，固與地藏王千載相望，不惶多讓。欲言悲願，又何獨取於地藏王？單是《莊子》內七篇高密度出現的「畸人」敘事，就有極為豐沛的文本線索可資引證。舉如「畸於人而侔於天」、「形虧而德全」之論，皆乃蔣年豐學思晚期之宗教轉向所可充分借鏡者。惜蔣年豐辭世太迫，終未及親見筆者為補其《地藏王手記》之「道家缺口」所做的翻案文章。

其五、《莊子》在蔣年豐依「新人文主義」建構的學術版圖中，明顯不得其位。僅據「不執著便是空，不造作便是無」[58]以分判佛道，遂讓釋迦與老莊在孔子兩旁側立，這對莊子自是委屈；將全書內涵歸結為「頹廢與喪棄」，而與《韓非子》、《金瓶梅》並列為三大「廢棄之書」，非惟不稱其理，更是對莊子思想的嚴重簡化。蔣年豐「新人文主義」思想之為雙面刃，由此

---

56 楊儒賓，《儒門內的莊子》，頁62。

57 方以智，〈人間世總炮〉有云：「子休之以哭笑寄萬世也，怒激乎？遣悶乎？忍不得乎？」參閱蔡振豐、魏千鈞、李忠達校注，《藥地炮莊校注》總論下〈人間世總炮〉（臺北：臺大出版中心，2017），頁227。

58 楊儒賓、林安梧編，《地藏王手記——蔣年豐紀念集》，頁81。

可見。作為封刀之作的《地藏王手記》，其「精彩」以此，其「侷限」亦以此。

第六節　「地藏王風格」的儒學作為一種「後現代」宗教

何謂「地藏王風格的儒學」？若只停留在望文生義的理解，不免有疑，「地藏王」三字屬佛門名相，卻如何掛搭於儒學？殊不知，恰是通過將兩個看似界域畛然的異質概念給錯綜為一，蔣年豐學思晚期最耐人尋味的宗教轉向，遂得蘊藉其中。所云「宗教轉向」者，可由幾條線索分頭勾勒之：

首先，《地藏王手記》開篇首句就一語道破：「地藏王啟示的是甚麼呢？一言以蔽之，祂是後現代的神祇。」[59] 以地藏王為「後現代的神祇」，神祇二字，已帶出某種冥然可感卻猶難以言喻的宗教氣息；這意義下的宗教，則不難想見必是深於「後現代」精神內涵而嘗試有所回應的「後現代宗教」。然而，後現代的精神內涵，在《地藏王手記》文本中又是如何呈現的？為了更深地領略蔣年豐扣緊「後現代」精神內涵而轉出的宗教向度，我們顯然需要進一步的線索：

> 祂讓我們面對了現實世界的真相：地獄、惡鬼、畜生。在《地藏經》上所描述的各種地獄相，其實並非死後的世界，而就是我們所處的五濁惡世。地獄充斥著各種威嚇人的權勢，人的存在必然落在權勢的網絡之中。所以人之存在注定涵具著地獄相。在現實社會中，握有權勢的人往往以壓迫或折磨他人為樂，這便是地獄相。權勢其實是相對的。管人的恆被人管。甲的權勢壓迫對己來說是個地獄，反之，乙的權勢壓迫對丙來說也是個地獄。既是地獄，人何以要存處其間呢？因為人永遠是社會性的存在，唯有在社會網絡之中，人方能滿足他的利與欲。人是逐利與遂欲而過活的，沒有利與欲的驅迫，一切社會活動都將減緩。人之逐利常常表現為惡鬼相，人之遂欲則常常表現為畜生相。如此說來，任何存在社會的人都涵

59　楊儒賓、林安梧編，《地藏王手記──蔣年豐紀念集》，頁3。

具著地獄相、惡鬼相，以及畜生相。這便是地藏王所揭示的五濁惡世中的眾生相[60]。

熟悉海德格《存在與時間》思路者，自不難看出，這番現象學分析顯然是吸納了海德格對「有限存在」的正視而借《地藏經》的主軸概念「地獄—惡鬼—畜生」對「此身（Dasein）」所做出的存在分析；從中，我們窺見一切被拋擲於世的「終有一死者」無不感同身受、頷首默許的在世處境。蔣年豐遂即此地藏王眼中的「眾生相」而順勢指出：「所謂後現代，衰頹是其精神內涵。」[61]只要對當代哲學稍有涉略，都不難體察，「衰頹」二字，確實高度總括了尼采宣稱「上帝已死」以來儼然「屍骸」遍布的西方思想系譜；此則《地藏王手記》第十八節所做出的概要回顧：

> 我們要先考索思想史上「行屍走肉」出現的背景。……在哲學家那邊，是叔本華首先在《意志與表象之世界》讓屍骸大量出現，指出盲目的意志主宰著存有界。所以反省近代思想史，是 Lyell 與叔本華讓屍骸進入學術思維。他們之後的達爾文或尼采，更是將屍骸的概念推至另一地位。達爾文由屍骸更加確定進化的事實。尼采則將屍骸轉化成「行屍走肉」，這可見之於他在《權力意志》一書的「衰頹」（decadence）。在他眼中，衰頹遍及西方文化的各個領域。至於人，在尼采眼中都是「苟活殘存者」（last man）。行屍走肉在西方馬克思主義中也受到論述，不是全人（total man）的「單向度的人」即是。傅柯的《知識的考古學》也由近代知識型的變遷看出人的終結。依傅柯，越是近代，各種知識對人之論析越是深入，但人的內涵也越是被窮盡。由其語言向度、心理向度、勞動向度所構造出來的知識綱維窮盡了人的內涵。人只是在語言結構、心理機制、生產關係中活動的行屍走肉而已[62]。

傅柯洞察到近代以來知識的權力相。近代的西方人是在啟蒙理性的

60　楊儒賓、林安梧編，《地藏王手記——蔣年豐紀念集》，頁3-4。

61　同上註，頁4。

62　楊儒賓、林安梧編，《地藏王手記——蔣年豐紀念集》，頁24。

權勢宰制下被形塑出來的。……擠壓的結果，每個文明人都是殘缺零碎的存在，只是行屍走肉地活著[63]。

傅柯欣賞德勒茲，因為後者看到人的畜生相，乃以行屍走肉之身，以精神分裂的樣態，在欲海中流蕩，寄生於社會。比較之下，德勒茲所刻畫的行屍走肉更具後現代的意味：一種消耗殆盡的、零散分離的、吸毒之後恍惚狀態的行屍走肉[64]。

綜上所述，在「一切堅固的事物都趨於消散」（All That Is Solid Melts Into Air）[65] 的「後現代景觀」中，載浮載沉、飄零無根的「畸人」，盈天下而皆是。作為「有限存在」的「此身」，在衰頹之兆萬症齊發的「後現代景觀」中，遂一發不可收拾地裂解為殘片似的支離性存在。無怪乎蔣年豐會從飽富「屍骸」意象的「行屍走肉」取得靈感，並逕以「行屍走肉之身」取代海德格的「此身」以捕捉「後現代」無所不在的衰頹（decadence）意象，並據以總結西方思想系譜漫漶當代的精神內涵：「從尼采的 “last man”（苟活殘存者），海德格的 “das Mann”，到傅柯的 “the end of man”，人的行屍走肉之相越來越清晰了。」[66]

然而，衰頹之兆，猶不僅限於畸零者所寓居其中的「地獄之勢—惡鬼之利—畜生之欲」所共構的「衰頹之世」；《地藏王手記》最教人怵目驚心的敘事，恐怕是剋就「此身」所根著其中的「傷殘病體」而展開的存在分析；事實上，殘病交侵所帶來的巨大毀傷，何嘗不是「在世處境」的一部分？蔣年豐雖未於《地藏王手記》明指：他稱理而談的「疾病敘事」，皆出於身歷其境的實證體會，然而，當我們確知這篇手記就是蔣年豐最後遺稿；甚而，完

---

63 同上註，頁 26-27。

64 同上註，頁 27。

65 語出馬克思（Karl Marx）〈共產黨宣言〉（*The Communist Manifesto*）：「一切堅固的事物都煙消雲散了，一切神聖的事物都被褻瀆了，人們終於不得不冷靜地面對他們生活的真實狀況和他們的相互關係。」

66 楊儒賓、林安梧編，《地藏王手記——蔣年豐紀念集》，頁 27。

稿之日，[67]大抵就是蔣年豐辭世之日，[68]我們乃可確證：《地藏王手記》就其成書於瀕死之際，書中凡涉及殘病敘事，多有苦語難銷者，殆皆切乎身世實感的「自寓」之詞，洵非虛言戲論以供談資。筆者因對其晚期學術取徑有「從臨終啟悟到儒學重構」的定位；何則？所云「儒學重構」，乃蔣年豐為回應當代哲學屍骸遍布之思想系譜而轉由宗教向度予以重建之「地藏王風格」的儒學；而此意義下的儒學，則奠基於作者的「臨終啟悟」。正是通過殘敗肉身所迫發的「臨終啟悟」，促成了「衰颯之世」朝向「衰颯之身」的凝視點轉移；所云「衰颯之身」者，借蔣年豐自創概念，正是從屍骸遍布的後現代意象提煉出的「行屍走肉之身」。此所以「行屍走肉之身」六字，萬不可輕易看過。無它，此六字，正乃扣緊當代思潮之主軸動向而來，絕非只是文學意義上的修辭。依筆者之見，這六字，充分標舉出蔣年豐晚期學思的轉向關隘；這意味，蔣年豐的宗教轉向，乃為回應「後現代思想系譜」的衰颯精神而發；然而，此回應的具體實踐，卻是通過看似最不堪、最卑下也最脆弱無力的「行屍走肉之身」而啟動的——而非同傳統儒家之在超越界確認一個「無限心」以作為實踐所以可能的「超驗理據」。以牟宗三與海德格在康德詮解上的歷史爭議為例：牟宗三據以批駁海德格《康德論》思路的關鍵概念——「智的直覺」，正代表傳統儒學在面對西方哲學挑戰時所據以恪守自身知識位置的典型思路；蔣年豐依據「行屍走肉之身」展開的思路，卻對此固守「無限心」而漸形固化的傳統儒學典範，形成了強力的挑戰——甚麼意義下的挑戰？簡言之，以儒學的「宗教轉向」成就一種「新人文主義」下的「神明重安—形上重定—主體重立—理性重構」。[69]此則其地藏學派所標舉的「新人文主義」大旗：「心未死，主體可立；人未死，理性可立；神未死，形上學可立。」[70]惟此中寓意深微，非一言可盡；底下，請逐層細論。

67　案：《地藏王手記》首頁題署「蔣年豐最後遺稿一九九六‧五‧二八」。參閱楊儒賓、林安梧編，《地藏王手記——蔣年豐紀念集》，頁3。

68　同上註，頁180，林安梧先生，〈死亡‧重生‧修行‧菩薩——悼蔣年豐先生〉追憶敘事有云：「五月二十九晚蔣大嫂電話來舍找尋年豐兄，謂年豐於二十八日下午二時許外出，日夜未回，恐其生變，頗憂之。」

69　楊儒賓、林安梧編，《地藏王手記——蔣年豐紀念集》，頁39-40。

70　楊儒賓、林安梧編，《地藏王手記——蔣年豐紀念集》，頁18。

第七節　從「有限身」到「無限身」：
蔣年豐宗教轉向的深度演繹

　　是否，所有的力量非得來自一個強大的主體性？有沒有可能存在一種力量，就根源於一切「有限存在」所必涵的脆弱性？蔣年豐臨終遺作《地藏王手記》的殊勝處，就在於他的思路為我們指出了這種可能性——力量與脆弱，不必然是對立的；甚而，捨離脆弱，別無力量。以「行屍走肉之身」曲折展開的實踐進路，就奠基於此——一種只能通過弔詭性思路才有以開顯之「脆弱的力量」（the power in weakness）。以此觀之，《地藏王手記》的通篇結構實立基於作者「自身親歷之殘病經驗」所催逼出的「身體思路」。作者從人的存在乃涵具著傷殘老病之可能性於一身而點出人是個「行屍走肉之身」。以「行屍走肉之身」而困阨於「衰頹之世」，這就將原屬隱蔽的「受苦現場」給顯題化；凸顯「受苦現場」，則意在對「有限存在」賦予全然的正視，而非在高揚「無限心」作為超驗理據的同時，卻迴避了隱伏「脆弱性」裡的「轉化之機」。這思路，顯然乞靈於海德格而與牟宗三「一心開二門」的思路產生歧異。在牟宗三的思路裡，雖也承認「有限性」的存在，但其「有限性」是對應於「認知維度」的「有限心」，而非涵具「血肉形軀」的「有限存在」。這意味，在牟宗三的「兩層存有論」裡，「身體」其實是毫無地位可言的。作為當代新儒學的典範人物，他視同晚歲定論而暢發於《現象與物自身》的「道德形上學」，精諦所在，惟在「立體」；亦即，在「超越界」置定一個道德實踐所據以展開的「超驗理據」；相形之下，海德格的「基本存有論」不在「超越界」展開，卻落在「現象界」進行存在分析；海德格思路在牟宗三眼中遂成「無本之學」而束之高閣，不復措意[71]。然而，《地藏王手記》的出現，卻以絕高的顛覆性，挑戰了牟宗三的「道德形上學」典範；關鍵就在蔣年豐以「地藏學派」之名所提出的「主體重立」[72]，重新注

---

[71] 此如牟宗三對海德格的判定：「（《存在與時間》）固時有妙論，亦大都是戲論。若瞭解其立言之層面與向度，則他的那些曲折多少點並無多大關係。我亦不欲尾隨其後，疲於奔命，故亦實無興趣讀完他這部書。但我仔細讀了他的講康德的書，我自信以上的論斷為不謬。」參閱牟宗三，《智的直覺與中國哲學》，頁472。

[72] 楊儒賓、林安梧編，《地藏王手記——蔣年豐紀念集》，頁39-40。

入了身體因素。重立後的主體,不復是夐然孤絕而不受病氣縈擾的唯心主
體,卻是必得正視身體之「有限性」而涵具生衰殘老病死於一身的主體。這
意義下的主體命定是駁雜的、混沌的、隱晦的;依蔣年豐所喻:「地藏仁心
是在五濁惡水上浮泛」[73]、「地藏仁心不過是浮光掠影罷了」[74]。這意味:地藏
仁心並非理所當然地始終保持「一陽當空」的純粹性;祂是有可能淪於鬼
窟,甚而幽陰既久,遂翻為鬼種的[75]。這種可能性,在《地藏王手記》裡,
正與身體的衰殘老病直接相關。病氣的侵入,形成存在的破口;可存在的破
口,卻也是療癒之光得以透入的裂隙。我們於此看到另一種倫理實踐的可能
──不是從無限心體「由上而下」的縱貫創生模式,而是從存有深淵「由下
而上」的生命轉化過程。這意義下的倫理,與其說是傾向於道德,無如說
更近於「內在性」的宗教──一種以「受苦現場之撫慰」為底蘊的療癒性
宗教。道德,依牟宗三,總是由超越界下貫的一種創生過程;宗教,在蔣
年豐,卻是由實存的受苦現場逐步上遂於療癒之源[76]的轉化過程。底下節自
《地藏王手記》的引文,在筆者讀來,無一語不浸透了蔣年豐的「宗教轉向」
心跡:

> 海德格說人是「此在」(Dasein),指的正是中文裡的「此身」。海
> 德格強調此身之趨向死亡。但死亡其實不是人生最大的痛苦。最大
> 的痛苦是殘老病纏身,再加上貧困無助、孤獨無依。當人處此情境
> 時,仁義道德也形同浮光掠影。人會覺得他最實在的需要是形體上
> 與物質上的健全。想想看,當人在病榻上纏綿輾轉,求生不得、求
> 死不能之時,他所懷持的仁義道德早已虛耗得剩下浮光掠影,對病
> 情沒有實質的幫助[77]。
>
> 從人的存在乃涵具著殘老病而言,人是個行屍走肉之身。不管是多

---

73 同上註,頁5。
74 同上註,頁6。
75 羅近溪「幽陰既久,不為鬼者亦無幾;噫!豈知此一念炯炯翻為鬼種,其中藏乃
   鬼窟耶。」同上註,頁6。
76 依蔣年豐所選擇的隱喻,就是「地藏王」所象徵的「音容宛在之神」。
77 楊儒賓、林安梧編,《地藏王手記──蔣年豐紀念集》,頁7-8。

年輕強壯的小伙子，他的肉身涵帶著殘老病的可能與傾向。有些人正是血氣方剛，強梁不畏死，橫衝直撞的結果，惹來一身的傷殘。有些人是在工作之中受傷，成為殘廢者。但他們都還得為生活而工作下去。拖著一具殘敗衰朽的身體苦撐下去，正是人生的寫照。這樣的寫照在四十歲之前確實較不顯著，但四十歲之後，大多數的人都踏上這條路[78]。

地藏王面對癃殘瘖啞、聾癡無目者起悲情，在祂眼中，眾生的行屍走肉之相是昭昭然。但祭拜地藏王菩薩就能解除傷殘與病痛嗎？顯然無補於事。地藏王是音容宛在之神，祂存在於浮光掠影之心之中。他不會直接降臨，治療人們的傷殘與病痛。的確，與人的行屍走肉相比，神佛的音容宛在與人心的浮光掠影的虛幻性就更加徹底了。人的行屍走肉的確是個頑強的事實，不是任何玄思妙想能轉化的。傷殘與病痛是太實在了，就根著於我們的形體啊[79]！

存在本身就是負擔，就是痛苦。死亡是解脫。可悲的是，我們即使傷殘或病痛，卻不能任意自殺，只能煎熬拖下去……想到這麼痛苦難熬的存在，有時會覺得在意外中猝死的人並非不幸，走得很俐落。反之，在意外中蒙受重大傷殘才是可悲；從此得拖命下去，不管以後的日子多難熬[80]。

在巨大的痛苦壓力下，殘病者又會受到悔恨的啃囓，在心中後悔著，當初不這樣那樣，就好了，但這時後悔是無補於事的。現實的殘病持續著。當下就是痛苦，日後的將來還是痛苦[81]。

的確，存在是殘病的，除非人像海星一樣，可以再生神經與器官。跟海星相比，更不談靠分裂生殖的細菌，人並非高等動物。人的存在太容易受到殘病的侵害，又常常無法復原。在痛苦難熬之中，人叫喚著神，這是最高等動物的特殊精神向度，但叫喚的同時，又不

78　同上註，頁8。
79　同上註，頁8-9。
80　同上註，頁9。
81　同上註，頁10。

禁疑惑其空無虛幻，不切實際。為何神之來臨不像神經與器官之再
生呢？人只能以精神力量去承擔肉體上實實在在的痛苦。對於病
人，神已經不存在了。神只在海星受傷後的再生裡，在細菌的分裂
生殖裡[82]。

存在是負擔，極沉重的負擔。生活是負擔，死亡也是負擔，疾病是
最大的負擔。……存在有何意義呢？如果沒有悲願，那麼就是一場
荒謬，徹底的荒謬。所以，一念地藏，悲願四方，由此掌握存有的
意義[83]。

以上引文俱切要。不論是「此身」作為「行屍走肉之身」的「殘病敘
事」，抑或「行屍走肉之身」與「浮光掠影之心—音容宛在之神」的隱密連
結，皆可從中窺其旨要。依筆者之見，蔣年豐的殘病敘事所帶出的決定性洞
見，便是對牟宗三「無限心」思路的強力挑戰。何出此言？關鍵就在蔣年豐
通過自身「適苦欲死」之「殘病經驗」所帶入的「身體性」思考；而「身體
性」卻是牟宗三思路所懸缺的。這懸缺所造成的根本盲點，就是蔣年豐所
指出的——「可不可能有人內心純然仁義道德、毫無功利念頭而過活呢？如
果道德是截然與功利分離的話，則這樣的人是不存在的。只有神靈才可能
如此，這是因為神靈沒有肉身，而人是有肉身的存在。」[84] 牟宗三的「無限
心」思路，卻形同將人與神靈畫上等號；他雖也有「人雖有限而可無限」的
說法，然而其所為「有限」是指「有限心」，而非包含血肉形軀在內的「有
限存在」。這意味，在牟宗三的思路裡，固無視「人是有肉身的存在。人會
生病、有傷殘之虞、終會衰老。」[85] 這就低估了「殘病經驗」可能稀釋「無
限心」的純粹性，而令所謂內心純然仁義道德的美好想像淪為幻影。當蔣年
豐寫作〈牟宗三與海德格的康德研究〉時，或許還依違二者之際——「一方
面贊同牟宗三對海德格的康德研究之批判，推許他以中國哲學消化康德哲
學，從而拓寬了中國哲學的規模；另一方面，卻隱隱顯示出對牟先生提出的

82　楊儒賓、林安梧編，《地藏王手記——蔣年豐紀念集》，頁10。
83　同上註，頁52。
84　同上註，頁7。
85　同上註。

『無限心』有所不安，而另尋脈絡，用以消化海德格的哲學。」[86] 可是，五年後，身罹殘疾，遽逢搖落，「無限心體」曾給予的美好憧憬，幻若水月！這一刻，能不痛切悔悟，重做估量？就作者個人而言，留下椎心刺骨的殘病敘事而外，他個人無可避免的必須多承受另一重心事的煎熬：那就是，當悔憾鑄成，一切努力都無補於事的「回首」瞬刻，他如何能不浩歎：「身體之健康是如此重要與可貴，但人們的心思卻不能也無法時時念茲在茲。人註定是受欲勢利之驅迫而過活的。那麼世人是以行屍走肉之身來追求欲勢利。一直到命終才停止。」[87] 依筆者，卻也是這被推向極致絕望的一刻，當所有的努力都再也無法挽回舊日時光的「回首」剎那，那給予自贖、給予拯救的宗教療癒經驗，卻弔詭地自此啟動。這意味，宗教經驗作為一種回應具體「受苦現場」的「生命轉化」經驗，轉化之「機」，就在於絕望中的「回首」所催逼出的「凝視點轉向」。即此而言，苦難，不必然導向全然的虛無，卻可能藉此促成「舊有視域的崩毀」與「全新視域的開啟」。關隘所在，就在如何善處米蘭・昆德拉（Milan Kundera）筆下已然淪為「陷阱」的臨界處境——「在外部的決定性已經變得如此不可抗拒，而內部的推動力再也無濟於事時，人在這樣一個世界中還剩下什麼可能性？」[88] 這可能性，依《地藏王手記》，就隱蔽於通過「行屍走肉之身」所開啟的療癒之路；更深致地說，就是沿著肉身的殘敗線，而重新找回「行屍走肉之身」與「音容宛在之神」間已然失落的親密連結；至於「浮光掠影之心」無非是那匿跡於不可見域而若隱若現、若存若亡地連結這「兩極」間的橋梁。

蔣年豐藉助「行屍走肉之身」六字，極富意象性地勾勒出人作為苟延殘老病死中的「拖命者」所扛負的沉重肉身，並以傷殘與病痛的「頑強實在」來對顯仁心神佛的虛幻性。當他自問：「地藏王面對癱殘瘖啞、聾癡無目者

86　參閱蔣年豐，《與西洋哲學對話》，趙之振〈導論〉，註8，頁3-4。
87　楊儒賓、林安梧編，《地藏王手記——蔣年豐紀念集》，頁9。
88　語出米蘭・昆德拉，〈關於小說藝術的對話〉訪談稿，收錄於艾曉明編譯，《小說的智慧》（臺北：智慧大學出版有限公司，1994），頁36-37。「生活是一個陷阱，我們並沒有要求出生就被生下來，被囚禁在我們從未選擇的肉體裡，並注定要死亡。……結果，我們就越來越為外部條件，為無人能夠倖免和使我們彼此越來越相像的境況所決定。……在外部的決定性已經變得如此不可抗拒，而內部的推動力再也無濟於事時，人在這樣一個世界中還剩下什麼可能性？」

起悲情⋯⋯但祭拜地藏王菩薩就能解除傷殘與病痛嗎？」顯然無補於事。地
藏王是「音容宛在之神」，祂存在於「浮光掠影之心」之中；祂不會直接降
臨，治療人們的傷殘與病痛。這是以「行屍走肉之身」所逼出的臨界經驗。
顯然，天心仁德也好，神佛菩薩也好，都無法跨越界線而讓「療癒」直接發
生在傷殘與病痛所剝蝕、啃嚙的血肉形軀。那麼？療癒發生在哪裡？療癒又
為誰而存在？若殘病不只是殘病，而是如維摩詰居士向前來問疾的文殊菩薩
所示現的「病裡乾坤」，那麼，殘病的強大現實，就不是沒有轉化的契機，
只不過這轉化不是落在「肉身」的介面，而是另有介面——以蔣年豐的「宗
教性」經驗為例，轉化的介面就落在他「在世最後時光」與心心念念、須臾
不離的地藏王間所形成的「深密締結」；而那給予託庇的「身體空間」，就孵
化於這「深密締結」所交織而成的「親暱關係」。這裡面就觸及了深刻的宗
教性——一種借助「身體空間」的介面來調適受苦經驗的宗教療癒。於是，
我們即此而銜接上余德慧「人文臨床」脈絡同樣貼緊「受苦現場」所形成的
身體論述：身體不只是「現實」上可摸、可觸、可視、可感的血肉形軀；身
體而外，另有空間；這空間並非有形地落在時空的格局之中，而是以超時空
的姿態存在於「逃逸語言」捕獲的「身心接壤區塊」所交感而生的「非現實
空間」。相對於生死流轉、殘病相續的可見世界，這不可見卻讓殘病者寂然
有感、若有所遇的「非現實空間」，正是療癒所以可能發生的「他界」——
那逃逸於概念、名相、知識的「同一性」轄制，而無法在手術臺上透過醫
學、生理學、生物學或電腦螢幕上的病理檢測數據加以「界定」的「域外世
界」。

　　筆者以此而暗自驚嘆蔣年豐曲折中透著絕妙勝義的獨特思路所內具的強
大理論潛力。他充分透見：作為「行屍走肉之身」的「有限身」並非「『定
然』的有限」；當肉身殘敗至極，他卻目光如炬地洞察到，就在這瀕死的肉
身裡，實隱涵著強韌的精神生產能力[89]。那甚而是一種只有經由肉身能量的
極至耗盡才可能被誘發出的力量——the power in weakness。這通過瀕死而
趨於上揚的生命，近乎波德里亞評論巴塔耶作品的斷言：「只要死亡脫離生

89　蔣年豐臨終遺作《地藏王手記》正是這精神生產能力的具體示現，此固悲願者發
　　憤之所為作也。

命，生命就有缺陷，生命只存在於死亡的闖入中，存在於與死亡的交換中，否則生命必定是價值的斷裂，因此也就是絕對的虧損。」[90] 且看蔣年豐如何展示其曲折的心跡：

首先，他叩問：「要如何救神，使免於死亡呢？」[91] 並視此「拯救神的任務」[92] 為「後現代」最大的工程。

其次，他強調：不應忽視「屍能行—肉能走」[93] 之中仍涵具著頑強的生活相，並舉具體數例以印證：「承擔他人者即有神性。眾生之偉大，在於不惜以行屍走肉之身來承擔他人，眾生是抱著殘廢與病痛之隨時發生來承擔他人的。」[94] 這兩段文字，備極精要。它至少顯示了幾重意涵：

其一、神是需要被拯救的，這顯示「神性存在」的弔詭性——祂自然是一種力量，卻也需要被拯救，因為，祂的力量是「脆弱的力量」，是涵具生衰殘老病死於一身的力量。祂不孤離肉身性的脆弱而存在，卻通過「肉身性的脆弱」而現身。隱喻地說：這「脆弱的力量」，一如灑落黑暗密林而悄然穿透葉隙的月光；抵達黑暗密林環繞空地的月光，顯然已不同高懸天際的月光，而只剩殘片似的稀微光影。這隨風搖曳而若隱若現的光影，正是筆者嘗試藉此意象傳達的力量。祂不同於皓月當空的飽滿光芒，卻擁有另一種靜謐的幽玄之美。拯救的道路，就內藏於靜謐微光裡的幽玄力量。

其二、脆弱不是一切，脆弱中涵具著柔韌頑強的轉化力量。此則「屍能行—肉能走」之中，何以仍涵具著頑強的生活相。

其三、「承擔他人者即有神性」；此具見神性不是夐高絕俗的無限存在；祂只存在於「承擔他人」的關係締結中；祂是殘破者在互補遺缺的相互承擔中所具現的「共在感」；正是通過對「共在感」的當下認取，我們因得確證：「神就流佈於人間」。

其四、「眾生之偉大，在於不惜以行屍走肉之身來承擔他人，眾生是抱著殘廢與病痛之隨時發生來承擔他人的。」這意義下的「眾生」，一方面是

90　波德里亞，〈巴塔耶作品中的死亡〉，《象徵交換與死亡》，頁241。

91　楊儒賓、林安梧編，《地藏王手記——蔣年豐紀念集》，頁13。

92　同上註。

93　同上註。

94　同上註，頁14。

流浪生死、隨時殞滅的微塵眾生，一方面又是「地藏王」形象的具體示現。
這意義下眾生的容顏，就是地藏王的容顏。當蔣年豐在〈丙子札記：地藏學
派卷〉寫道：「地藏，住持我的心氣身命」[95]、「三十九歲之後，依祢的形象而
活……以祢的形象彰顯天地神人」[96]；涵具「殘廢相」與「病痛相」之「有限
肉身」自此有了轉化成「無限身」的可能。此所以〈丙子札記〉特別標立出
〈無限身卷〉[97]。依筆者之見，這是蔣年豐晚期學思最具指標性的轉向：「無
限身」的思路，已漸形取代了「無限心—有限身」的思路。然則，從「有
限身」到「無限身」，這中間的轉化過程如何而可能？這就關涉「地藏，住
持我的心氣身命」所形成的「身體空間」。即此而言，神性，與其描繪為一
種「主體中心」，無如說，祂更近於一種「空間性」的宇宙，那是與「肉身
受苦現場」如影隨形卻又不受其纏縛的「身體空間」。直截地說，是「身體
空間」對「心氣身命」的「住持」，讓「有限身」朝向「無限身」（身外之
身）的轉化得以成為可能——因為，「地藏王的世界」以一種不可見卻冥然
可感的「身體空間」，支持了蔣年豐、坂田趙林[98]、一切依地藏王完美形象而
活之微塵眾生等陷身於肉身磨難的脆弱存在；但「有限身」的脆弱不是一
切；「一念地藏王，便是此心向天地神人四方打開」[99]，讓「有限身」因得與
「不可見域」的「身外之身」接軌，而延展為形勢厚實的「無限身」，也就
是——作為「身體空間」的「身外之身」。這以「身體空間」的遼闊格局撐
開的「無限身」，是熨貼於「血肉形軀」卻又不為其「脆弱性」所限的「精
神性生產」；蔣年豐筆下的 Dasein with Sickness [100]（丙子札記：無限身卷），
於是得以飽溢著精神力量的流動。葛亮《北鳶》有一句話說得動人，正可

95　楊儒賓、林安梧編，《地藏王手記——蔣年豐紀念集》，頁95。
96　同上註，頁94。
97　同上註，頁100。
98　依蔣年豐於〈丙子札記：無限身卷〉自述：「此心：地藏仁心；此命：野草爬藤
　　啊——年年豐盛！兩者俱無限；此身：坂田趙林；此生：蔣年豐」，同上註，頁
　　100；又於〈丙子札記：地藏學派卷〉有云：「坂田（榮男）應對銳利；趙（治勳）
　　心術柔韌；林（海峰）形勢厚實。」同上註，頁93。
99　同上註，頁92。
100　同上註，頁101。

作為 Dasein with Sickness 的註腳：「再謙卑的骨頭裡，也流淌著江河」[101]。此所以，肉身的脆弱，不是一切。肉身背後，更有世界；一如脆弱之中，更有力量；也一如《莊子》文本中一切傷於畸零而匍伏存有底線的邊緣者，在「畸於人」的背後，更有「侔於天」的厚實底蘊做支撐，遂成其「形虧而德全」[102]的自我救贖。依蔣年豐〈丙子札記〉之語，正是因著「地藏，住持我的心氣身命」，讓再卑微的骨頭裡，也滿溢著江河浩蕩的人文空間。勾勒至此，從「有限身」朝向「無限身」展開的「超越進路」，於焉而得以在理論上圓滿證成。別人是否如是看待，我不得而知；然而，在筆者寄託深致的詮釋理路中，「此心向天地神人四方打開」而從「域外」接引的「非現實空間」，正具見蔣年豐學思晚期石破天驚的「宗教轉向」[103]。

所云「宗教轉向」者，特剋就肉身之「受苦現場」而觀其調適上遂之道。依蔣年豐，這由瀕死而趨於上揚的超越動力，不由作為形上學超驗理據的「無限心」而發，卻是即此千瘡百孔、頑死強活的「有限身」而發。此命定趨於敗毀的「行屍走肉之身」雖屬「殘破敗毀之身」，可縱令是「殘破敗毀之身」亦可能「忍死撐持—拖命以待」，只為「惦念」著世間還有比自己更脆弱而猶待自己庇護的生命。神，就託身於這「悲願四方」的「惦念」所交凝而成的「深密締結」；此則呼應地藏王迴蕩綿遠的亙古誓言：「地獄不空，誓不成佛」。即此而言，「神」是離不開「他者」而獨立存在的；祂必然只能駐守在與「他者」之深密締結所疊影而成的「身體空間」。即此而言，「神」完全不是想像中「純淨圓滿—毫髮無傷—遠離破碎」的絕對精神或無限心體；祂是超乎殘片式畸零個體的「共在感」；是真能直視「他者的容顏」而「面對癱殘瘖啞、聾癡無目者起悲情」的「悲願四方之心」。所以，

---

101 語出葛亮，《北鳶》（北京：人民文學出版社，2018），封面題詞。

102 此則袁中道所點評：「全其形者德虧，則虧其形者德全。德全不可見，而形虧可見。故大仙借形虧以驗德全，而相形虧者為德全之符驗也。故通篇皆因形虧之人，如兀者、支離之流是也。若便作兀者、支離會，是癡人前說夢矣，烏乎可！」參閱袁中道，《珂雪齋集》（上海：上海古籍出版社，1989），卷二十二《導莊・德充符》。

103 案：此中理趣深邃，大有抉發餘地；惟蔣年豐辭世迄今二十二年矣！學界迄今，感懷者多，於其學思晚期之「宗教轉向」，尚未見有言及者；筆者因不揣淺陋，於本文三致意焉，以期其幽光狂慧，不復沉暗如昔。

於「五濁惡世」中體證此悲願四方的「共在感」，就是親證「『神』就流佈於人間」。

　　以此觀之，蔣年豐所謂「拯救神的工程」，無非是找回失落的「共在感」並以此為終極的「皈命處」；也藉著「此心向天地神人四方打開」而從「域外」接引「非現實空間」以彌合「現實空間」的無涯缺憾。於是，我們看見：「行屍走肉之身」，因著「共在感」的厚實支撐，也因著「非現實空間」挹注的沁潤力量，而儼然在肉身之上，盈盈流溢著一層人文光影──這層人文光影，就是「脆弱的力量」（the power in weakness），就是「畸人的逍遙」得以成就的轉化動力。這動力，正是「面對癱殘瘖啞、聾癡無目者起悲情」的悲願者特有的「神性之力量」。換言之，神性的力量，是涵帶著「脆弱性」而成其為力量。這是神性的力量所獨具的弔詭性。在凡人眼中，脆弱就是脆弱，力量就是力量；而「脆弱」在俗情知見中，更是被鄙視而力求遠避的「恥辱」或「失能」處境。可是，內具「神性之力量」的地藏王，卻「面對癱殘瘖啞、聾癡無目者起悲情」，只因在「深密共在感」中俯視紅塵的地藏王眼裡，一切「癱殘瘖啞─聾癡無目」者，都如同發生在祂自己身上的「癱殘瘖啞─聾癡無目」；於是，祂無法不是脆弱的，因為眾生的脆弱，就是祂自己的脆弱；眾生的傷口，就是祂自己的傷口。此所以，地藏王永無解脫成佛之日，因為沉淪地獄受苦的眾生，永遠是自己的一部分而始終渡之不盡，可地藏王卻立誓「地獄不空，誓不成佛」；這儼然是在「力量與脆弱」的悖論中所凝結而成的「同命共在感」。從中，我們深刻領悟到一種難以言說的莊嚴──不是因為自命悟得一夐高絕俗的超驗心體，卻為著所有點滴轉化出的力量都來自最幽闇晦暗的土壤所賜予的豐沃養分。此所以最感蕩人心的力量，必來自「脆弱」；捨離「脆弱性」的質素，所有的「道德」都毫無迴盪感可言。這就深刻呼應了蔣年豐所點出的核心線索：「行屍走肉之身」固然涵具了「殘廢與病痛之隨時發生」的可能；但是，「眾生之偉大，在於不惜以行屍走肉之身來承擔他人，眾生是抱著殘廢與病痛之隨時發生來承擔他人的。」這正是力量所以動人之所在，因為，祂是從最脆弱的肉身轉化而來。或者，讓我們換另一個角度描述：就在殘病者伸出手來承擔「他者」的瞬間，「神性」發生了！「神性」就發生在這雙承擔「他者」的手所連結而成的「共在關係」；而伸出這雙手的肉身，卻可能下一刻就被吞噬於深淵的洪

流。

　　行文至此，我們終而逐步朗現：原來，作為蔣年豐《地藏王手記》核心概念的「行屍走肉之身」，竟可以有如是的莊嚴光彩；這才知道：行屍走肉之身，並非只隸屬於凡夫之身，祂也是「地藏王」之身。這正是地藏王驚人的美，何以深深吸引了蔣年豐的關注。他一意認定：不論是否偽書，「佛不成、經無文、天人已衰的景況，一切盡是地獄之勢、惡鬼之利、畜生之欲」[104]的《地藏經》，就是「諸經之王」[105]。為著《地藏經》曾抱注於蔣年豐受病脈絡的深祕澆灌，筆者個人也以此對蔣年豐寄意閎深的「行屍走肉之身」，有了迥然不同往昔的觀照。原來，肉身儘可以是殘破的；但再殘破的肉身，也無法阻止「關係的圓滿」。神性，正意味那遍潤於殘破肉身之「關係的圓滿」；意味著通過「行屍走肉之身」所發展出之「深度的共在」；意味著馬丁・布伯（Martin Buber）義下「我與你」的深密締結（I-Thou relationship）；意味著悲願者在「為他者忍痛而又不忍他者之痛」[106]的柔韌荷擔中所成就之「深淵中的守護」；也意味著斯蒂芬・茨威格（Stefan Zweig）與約瑟夫・羅特（Joseph Roth）在流亡途中的友誼見證──「當世界無法駛向光明，我會陪你走在黑暗裡。」[107]於是，肉身儘管殘破而瀕臨崩毀，但就是這「殘破的肉身」卻因著與「深淵守護者」的「深度相遇」而品嚐了「神」的滋味。即此而言，圓滿的關係，不在於沒有缺陷、沒有傷害、沒有

---

104 楊儒賓、林安梧編，《地藏王手記──蔣年豐紀念集》，頁5。

105 蔣年豐東海大學舊日門生張展源於〈蔣年豐的文章：內容與故事〉有底下回憶敘事：「《地藏王手記》，這是他的最後遺稿。開始寫此手記時，我們的哲學家生病了，是難治的怪病。他唸書太勤了，也太急了，腦神經和氣一直繃緊。加上無人指導自行打坐並搖晃身體，使得他覺得天旋地轉，經常暈眩，並非常怕聲音。這是從今年舊曆年前約一個多月開始的。在西醫都說沒病後，他相當沮喪，並也促使他更深一層思考存在的問題。但他不是生病後才看《地藏經》的。兩年前他自行請託一位博士班學生到寺院時幫他拿一本《地藏經》送他，因為他有一次前往授課途中。腦海裡浮現出地藏菩薩的名號。他看了以後非常歡喜，有一次他說：『不管別人怎麼說，我覺得《地藏經》是諸經之王。』」同上註，頁119。

106 借伍曉明之語以寄意，參閱伍曉明，《文本之「間」──從孔子到魯迅》（北京：北京大學出版社，2012），頁197-201。

107 福爾克爾・魏德曼（Volker Weidermann），《奧斯坦德1936》（北京：中信出版社，2017），封面題辭。

病痛、沒有磨難；而在能從「互補遺缺—彼此澆灌」的深密連結中，形成一種「深淵中的守護」。神，於是無涉與肉身脆弱性相疏遠的無限心、真常心，也不是作為形上學理據的超驗主體性或人格神，祂就是「帶著缺陷的畸人」在「以人合天」的「圓滿關係」中所找到的「託庇之域」、「皈命之鄉」或「詩意棲居之所」。究其底蘊，無非就是與「殘破肉身」形影相弔的「身體空間」。這意義下的神，其力量不來自一個神聖的權威、也不來自一個自命無限的心體，卻是來自「脆弱與力量」的悖論中所締結而成的「深密共在感」。

　　以此觀之，人，是通過對神的拯救而救了自己；而奠基於深密締結的「雙向拯救」，就是唯一可能的救贖、恩寵與奇蹟。這裡面隱含的深刻啟示是：神與人都是殘缺的，但神與人卻在「互補遺缺」中拯救了彼此。這就是深埋於「原初倫理」的強韌迴盪力量；這力量無法來自作為本體論預設的「超驗性主體」，卻弔詭地醞藉於「行屍走肉之身」[108]。此亦無它，超驗性根本就遠離了「真實界」；它自始就不存在於「互補遺缺」的關係裡；所以，再如何自命無限與絕對，說到底，也不過是「語言—心知」欺哄自身的謊言。

　　準此以觀，通過「行屍走肉之身」展開的超越進路，是託命於「不可見域」的「身體空間」而獲致的安頓；亦即，先通過「人，作為必然要為他者忍痛而又不忍他者之痛者」的「共在感」而親證「神就流佈於人間」，並即此而拯救了「浮光掠影之心」中那依稀「音容宛在之神」。此所以，當蔣年豐叩問：「要如何救神，使免於死亡呢？」[109] 其命意所在，或就寄藏於底下文字：

　　　神存在於人之仁心的悲願承擔「他人」之中。這種具體存在並非有
　　　形地落在時空的格局之中，而是以超時空的姿態存在於人心感發之

---

108 這論點與天臺宗「性惡論」，寧非有異曲同工之妙？魔外無佛，意在茲乎？煩惱即菩提、生死即涅槃，合該由「行屍走肉之身」的轉化以求其善解。即此而言，作為本文根本思路的「人文療癒」，就某個隱微的意義而言，亦是以「性惡論」為「解脫道」的某種變形展演。
109 楊儒賓、林安梧編，《地藏王手記——蔣年豐紀念集》，頁13。

中。神的姿態必然是地藏王的。人皆有惻隱之心，當我們看到別人
痛苦或危難時，此心自然興起。這個仁心興起是具體實在的，只是
它不落在時空的格局之中，也就是說，在身體內部，我們標不出一
個確定點，說它是仁心興起之處。仁心興起即是地藏悲願立基之
處。所以人之興起善心即有神靈。此神靈因為不是具體地落在時空
格局之中，其呈現在音容上有宛然性，即是說，良知的聲音與神靈
的容貌都很模糊。這意味著癡迷於神祇偶像是捕風捉影的。110

　　神的存在，在於「悲願承擔『他人』」之中所具現的深密締結。深密締
結之所在，即「可託命性」之「空間」所在。這一「空間」貼緊身體、包
覆身體而以不可見的「非現實」作為身體之「身外之身」，也就是本文再三
致意的「身體空間」──一種與身體相互浸透的「場所性」或「世界性」。
可這意義下的「空間」卻又不落在具體時空格局，而無法指出其確切位置，
所以只能是一種「其呈現在音容上有宛然性」的「非現實空間」，如風如
影、若存若亡地隱匿於幽闇不可見地，此其所以為「外於心知」的「域外存
有」或「不在之在」。不在場的在場──不可見卻冥然有感、若有所遇──
就是祂的現身方式。蔣年豐這番臨終啟悟，充分顯示，他生涯晚期「邃密入
『神』」的學思，已全然僭越「心知」的藩籬，而轉向飄搖域外的「非現實
空間」來尋求安頓。什麼意義下的安頓呢？一言以蔽之：以「不在之在」為
「身外之身」；而「其呈現在音容上有宛然性」的神靈或地藏王，與其說是落
在特定界域而可命名指實的超越心體，毋如說是一種建立在與「不在之在─
身外之身」之「深度會遇」所形成的「關係性存有」。這意義下的存有，其
存在前提，不在於一個「心知」所推演投射之本體論或形上學的超驗性預
設，而在於「悲願承擔『他者』」的「自我耗盡」中所抵達的「深密締結」。
這意義下的「神靈」，無非就是馬丁・布伯義下 "I-Thou relationship" 的「深
祕會遇」本身；祂在本質上就是一種「共在」；一種入於邃密的「關係」；一
種奠基於此「關係」所交凝匯流而成的「非現實空間」；一種「以『不在之
在』為『身外之身』」的「身體空間」，而不是一種可通過「語言─符碼」界

---

110 楊儒賓、林安梧編，《地藏王手記──蔣年豐紀念集》，頁10-11。

定的「主體中心」如上帝、梵我、良知、智的直覺、真常心、無限心等。

　　這結論自是驚人的：神，不是在「殘破之『我』」外的一個「圓滿本體」；祂跟我一樣背負殘破之身，跟我一樣正困厄人間受苦現場而陷入無止境地墜落；然而，正是這樣一位跟我同樣沿著肉身之殘敗線而無止境地朝向地獄墜落的「神」，因著與「殘破之『我』」的「深度會遇」，而形成了「完滿的締結」。是的，肉身儘可以是殘破而瀕臨敗毀的，卻完全無損於「關係」的完滿；而奠基於「雙向拯救」的「完滿關係」，才是我與神的本來形象。此則《莊子・大宗師》所云「畸於人而侔於天」[111]者。「畸於人」，指向身毀無用與相伴而生的受苦經驗；「侔於天」，卻指向對此「受苦經驗」有所調適的「完滿關係」。即此而言，「天」、「神」、「地藏王」、「上帝」、「佛性」、「良知」、「無限心」等隱喻神聖性的字眼所試圖描摹的「圓滿性」，其實無有「主體中心相」；卻是隱匿於人間「受苦現場」背後的「圓滿關係」，而且，是異質交錯而涵具「力量與脆弱」於一身的弔詭性關係──這是給予身陷「破局」中的「受苦經驗」以調適上遂之道的「轉圜餘地」或「迴旋空間」，而非任何輕言「超越」、「絕對」、「無限」，卻遠離受苦現場、無與於人間疾苦的「超驗性主體中心」。殊不知，在「悲願四方」的深度締結裡，我與他者，相浹俱化；這裡面只有迴環不盡的雙向沁潤與雙向拯救，固無有任何「主體中心」可以攀附並以之為標榜。仁心的感發、地藏的悲願、他者的面容，不都只能在這「無人稱」（impersonal）的「深度會遇」裡被把握嗎？

　　即此而言，蔣年豐奠基「雙向拯救」而終得「邃密入『神』」的神聖體驗，隱然指向了一條「通往他者之路」；云何為「他者」？借《莊子》「心齋」以言之，那是「徇耳目內通而外於心知」的域外經驗；是臨在於意識之邊界而頓然遭逢「語言─符碼」所無以界定的「非『對象』」。當那如梗在喉、頑強到不肯被馴化於習常認知框架的存在可能性，以一種不可預期的「面容」猝然臨在，以至打亂甚而摧毀了日常生活軌道的一刻；人所遭逢的正是那平日蟄伏深微而始終對昏睡的意識保持隱匿的「他者經驗」。這意味，通往他者，與穿越被自設框架窄化的世界以更深地抵達自身內蘊的神

111 語見《莊子・大宗師》，參閱郭慶藩，《莊子集釋》（臺北：天工書局，1989），頁273。

聖性，原是一事。就在「他者的容顏」中，凝望者或頓而驚覺，原來：最低的，隱藏著至高的；最親近的，也是最遙遠的；最孤獨的，卻也隱然通向不可見的深祕連結。新約福音書裡「弟兄中一個最微不足道的人」[112]，遂成為某種仍對深陷世界幻象者保持隱蔽的「存在密碼」——當我們終而能夠從「疲癃殘疾、惸獨鰥寡之顛連而無告者」身上窺見上帝的容顏，人生遂可以不再是一個不斷在強化自我框架的追尋過程中漸行遠離柔軟與謙卑的「自囚」過程。這就讓日趨狹仄的人生，在他者面容的強光下，獲得了「解『心』釋『神』」的可能！依蔣年豐理路，「神」釋與「心」解，構成了雙向的拯救；亦即，「音容宛在之『神』」因人而獲得拯救的瞬刻，「拯救神的人」[113] 也因此浸沐於「圓滿關係」為鬼窟幽陰的人間煉獄所帶來的「恩寵之光」。在這亮光的照拂下，人不覺變得全然柔軟而轉化為「深淵裡的守護者」——守護深淵中與己同命共在的「他者」，並無限地回應來自「他者」的召喚。這裡面隱藏的弔詭性就在於：那看似輕盈而甜美的「幸福」，每導向不自覺的「自囚」處境；而看似沉重而不堪負荷的「責任」，卻內蘊著走出「自囚」的無限可能。即此而言，受難不是一切，受難的經驗締結了不期而至的「深淵守護者」，而讓「殘破的存在」有了在「圓滿的關係中」獲得「療『遇』」的可能。此則卡爾維諾一則極富洞察力的文字藉「生靈的地獄」所傳達的深遠奧義：

> 生靈的地獄，不是一個即將來臨的地方；如果真有一個地獄，它已經在這兒存在了，那是我們每天生活其間的地獄，是我們聚在一起而形成的地獄。有兩種方法可以逃離，不再受苦痛折騰。對大多數人而言，第一種方法比較容易：接受地獄，成為它的一部分，直到你再也看不到它。第二種方法比較危險，而且需要時時戒慎憂慮：在地獄裡頭，尋找並學習辨認什麼人以及什麼東西不是地獄，然

---

112 《新約聖經》馬太福音25：34：「王要回答說：我實在告訴你們，這些事你們既做在我這弟兄中一個最小的身上，就是做在我身上了。」

113 借卡山札基（Nikos Kazantzakis）《拯救神的人》之書名以寄意；參閱卡山札基著，白仲青、郭顯煒譯，《拯救神的人》（臺北：究竟出版社，2001）。

後，讓它們繼續存活，給它們空間[114]。

行文至此，我們乃能善體蔣年豐臨終學思之「宗教轉向」所含藏深微的綿遠情思與遒勁力道。說其為綿遠遒勁，只因他能深刻透見：「屍能行一肉能走」[115]之中仍涵具著頑強的生活相，以至「承擔他人者即有神性。眾生之偉大，在於不惜以行屍走肉之身來承擔他人，眾生是抱著殘廢與病痛之隨時發生來承擔他人的。」[116]這份深刻的觀照與覺悟，讓人終得平懷以對那已然遭逢或必然臨在的「畸人」處境。於是，命運再慘酷，終歸被「地藏王」的無涯悲願所消納而得到平撫。蔣年豐以此而在宗教實踐上歸結為：秉此恆常「向善—明理—安命」的「天心」——「持悲願四方之心、保清淡溫潤之身、盡齋莊中正之行」[117]。如是，「行屍走肉之身」遂轉化為「天心性命之身」；即令肉身之殘廢相與病痛相仍在，然而，通過「持悲願四方之心、保清淡溫潤之身、盡齋莊中正之行」的篤實踐履，「天心性命之身」就是比「行屍走肉之身」多披覆了一層不可思議的靈光；這層靈光就是「道成於肉身」的紋跡，是「神猶流布於人間」的具體見證。見證——即令是「瀕臨敗毀的肉身」，卻仍可涵具著「無限涵量的天心」。或者，我們可以說：正是這「神聖性」的精神生產，讓「天心性命之身」就是比「行屍走肉之身」多披覆了一層看不見的人文性「身體空間」，與此身顯隱互具，虛實相生。即此而言，若「行屍走肉之身」是纏縛於符碼枷鎖的「肉身」，「天心性命之身」就是蟬蛻於「心知轄域」的「道身」。在「道身」的層次，也就是「身體空間」的層次，沉重、殘破、瀕臨敗毀的肉身，遂因其調適而獲得了緩解的餘地。這，就是療癒——此身，經由與「身體空間」的深密締結而接通了厚實的支撐力量。

若借余德慧發展出之「身體人文空間」（就是「人文性」的「身體空

---

114 卡爾維諾（Italo Calvino）在《看不見的城市》（*Le citta invisibili*）以此語作結。參閱伊塔羅・卡爾維諾著，王志弘譯，《看不見的城市》（臺北：時報出版公司，1993），頁201。

115 楊儒賓、林安梧編，《地藏王手記——蔣年豐紀念集》，頁13。

116 同上註，頁14。

117 同上註，頁57。

間」）概念，進行一種心理學界與漢語學界間的跨界對話，「身體人文空間」正是就「道成於肉身」後的「道身」而說的。這意味，正是從「有限身」延展出的「身體人文空間」，讓卑微、孱弱、邊緣、屈辱，甚而不免殘病侵襲的「行屍走肉之身」多了一方迴盪縣遠的「深度世界」如影相隨，並挹注以綿綿不絕的支撐力量。悟之、行之而真切印證之者，自然分曉：「行屍走肉之身」因殘病侵襲而瀕臨敗毀之際，卻可能有那麼一個神奇的片刻，瞬間臨在。這奇蹟似的片刻，殘病者倏然感應到來自天、地、神、人「四方」的呼召而有所興發。原來，依蔣年豐病後思路：「仁心詩興」的浩氣泉湧，從來不是源於空頭心體的「天命下貫」；卻是通過「行屍走肉之身」（有限身：肉身、偽身）以走向「音容宛在之神」（無限身：道身）的生命轉化（宗教療癒）過程。

　　思路轉折至此，蔣年豐通過正視「有限存在」而寄託深微的「宗教轉向」，亦隨之豁然開朗。依筆者之見，他是要通過切乎自身受病脈絡的「身體進路」以重探「後牟宗三時代」的「儒學重構」可能；具體理論成果，則是開出──由「行屍走肉之身」展開以上遂於「音容宛在之神」的「具身性」進路；這飽富「人文療癒」氣息的實踐進路，則具現為以「儒家思想之宗教化工程」[118] 為名的「宗教轉向」，而與港臺新儒學大師所接力完成之「儒家思想的哲學化工程」[119]，分別代表了近代漢語學術史上兩條涇渭分明的學術走向。

　　蔣年豐飽浸「身體感」的進路，明顯淡化了牟宗三思路鮮明的「唯心」色彩。於是，強調「不隨軀殼起念」[120]、「使耳目不順刺激以外用」[121] 而「竭喪於外」[122] 的「主體中心」語境，因此受到強大的擾動而不復被視為理所當然；原本輕看身體地位的「主體性」所據以立基的「無限心─有限身」架構，也至此有了意義深遠的翻轉：所云「無限心」者，不復是「平日袖手談心性」時，多少流於「自我陶醉」、「自我欺哄」之「概念化」的「無限心」（此如

---

118 參閱楊儒賓、林安梧編，《地藏王手記──蔣年豐紀念集》，頁83。
119 同上註。
120 參閱王陽明，《傳習錄・卷上》，頁60：「此等看善惡，皆從軀殼起念，便會錯。」
121 參閱牟宗三，《才性與玄理》（臺北：學生書局，1985），頁212。
122 同上註。

羅近溪所說的「沉滯胸襟」、「留戀景光」），而是百死千難中，槃實地通過「行屍走肉之身」的臨界試煉，方從「鬼窟幽陰」中親證的天心躍動；所云「有限身」者，亦不復只是作為貫徹「無限心」之「意義動向」的工具，而是促使與「身體」相疏遠的「語言—心知」進路，得以沿著肉身的殘敗線被徹底「打落回實存面」而重拾遺落久遠的本來面目。自此，作為「對象」的身體，有了調適上遂的可能而得以蟬蛻為「非對象」的「域外之身」——亦即，外於「心知」而入於「非知之域」的「身外之身」。後者，才得以從「語言—心知」的框架掙脫出來而轉化為響應「天—地—神—人」召喚的「身體空間」。

　　蔣年豐從「行屍走肉之身」連結上的「悲願四方之心」，就收攝於此「身體空間」。「屍能行—肉能走」的「行屍走肉之身」，以此而不復自拘於「殘破敗毀」之相，卻能循著「浮光掠影之心」以飯命「音容宛在之神」（靈泊深處透出的一線靈光）。即此而言，「音容宛在之神」，是以不落時空格局的「身體空間」而示現的[123]。是的，不具「主體中心相」，卻具有「心知轄域」所無以界定的「浮動輪廓」。後者隨「關係之互動」而蜿蜒婉轉成靈動無羈的紋跡與光影；是「語言—心知」所無以「摹本化」的「妙有」。

　　妙有，不是現成的有，而是潛在的有；不是疆固的有，而是綿延的有。「現成—疆固」的「有」，是「對象」或「摹本」；「潛在—綿延」的「有」，是「非對象」的「妙有」。祂不是現成而有，而是通過百死千難的「轉化關隘」才得破繭而出的「精神生產」。身體空間、病裡乾坤、胸中海嶽，都是

123　余德慧，《宗教療癒與身體人文空間》，第四講〈夢療癒的幻象空間〉，頁102-103，有一段論及「佛性」的談話，與蔣年豐《地藏王手記》的「音容宛在之『神』」，甚可一并參看。余德慧利落直指——「佛性」指的就是與「身體」形影相隨的「人文空間」：「當下是否可能就是明心見性？是的，但脫離彼時彼刻，進入不同的場景時，可能就沒有這樣的體悟了。或許會讓人很失落，但常人認為，修行是要達到永恆的明心見性，我認為是一種幻想，這樣的境界根本不存在，或根本不知處於何處？許多人會被『佛性』一詞所迷惑，認為要修行成佛，或是需要發現個人的佛性，但這並不會讓人經驗到『佛性』。但明惠禪師當下的明心見性，我認為就是佛性，因為他當下實現了。明心見性是不可能永久的，渴望永恆是人的貪念。但明心見性就是能當下、看見自然，明白人性的自然。『佛性』就是指這個人文空間，裡面是不可思議的，因為它暫時停止了我們平時的心思，讓我們湧現『異質』的感受。」

這意義下的「精神生產」。重點是，這等「人文空間」的生成，從來不是輕易的！「妙有」的蘊生，離不開受苦現場的淬煉。借莊語以言之——沒有懸置「受苦現場」的逍遙；只有「畸於人而侔於天」的逍遙。如是洞見，非「有大傷心不得已者」[124] 不能言；可「傷心」不是一切，重點是——傷心人別有「懷抱」[125]。「傷心」，對應一種存在處境，乃剋就「畸人」之「受苦現場」而為言；可「受苦現場」而外，另有緩解「受苦經驗」的「餘地」；這「餘地」，是「畸於人」者得以「侔於『天』」之所在、是「傷心人」別有「懷抱」之所在、是悲願者得以棲居託命的「身體空間」之所在、是「道」的開顯場域之所在，也是「生命轉化」得以運行的介面之所在；而「生命之『轉化』」，則一切深於「內在性」而託跡域外之「宗教感悟」所共契之微旨。即此而言，親炙聖域之深祕宗教經驗所獲得的「療癒」，固不是「醫學—生理學—病理學」意義上之「治療」，卻是「殘破敗毀之身」通過「人文性」的精神生產（那給予緩解「餘地」的「身體空間」），而更能對受苦現場平懷以對的一種「人文療癒」。蔣年豐於下文點出了此中要義：

> 神與科學都不是萬能的，無法彌補人間的殘缺。人間的殘缺還是靠人來彌補，人心畢竟不死啊！是的，是不死的人心領受神祇，提升科學；不管在天上，或在地上，都是人心紋跡在潤化行屍走肉之身[126]。

結語所云：「都是人心紋跡在潤化行屍走肉之身」。可謂蔣年豐「人文療癒」思想的精要總結。是的，人心紋跡，就是人文性的精神生產所幻化生成的「身體空間」，就是受苦者瀕臨「身心危苦」甚而「適苦欲死」之際，而從託跡域外的「非現實空間」獲得了力量的挹注。這正是作為「棲居皈命」之所的「身體空間」所給予「行屍走肉之身」的潤澤與調適，而令其在殘病

---

124 借語方以智〈炮莊小引〉，以成「互文性」的映照：「讀書論世，至不可以莊語而卮之、寓之、支離連犿，有大傷心不得已者。」參閱蔡振豐、魏千鈞、李忠達校注，《藥地炮莊校注》（臺北：臺大出版中心，2017），頁21。
125 借梁啟超點評辛棄疾《青玉案・元夕》語以寄意。原句是：「自憐幽獨，傷心人別有懷抱」。
126 楊儒賓、林安梧編，《地藏王手記——蔣年豐紀念集》，頁79。

交侵的肉身樊籠中，得以自闢裂隙，而接通來自「病裡乾坤」的一線靈光。
於是「可讓行屍走肉之身活得舒適順暢些，讓輪迴之苦減輕一些。」[127]

依筆者之見，蔣年豐的「主體重構意圖」，正是通過對「有限存在—殘
破之身—受苦現場」的正視，而從牟宗三架構於「智的直覺」的「無限心」
思路，轉向那渾涵「身心整體動盪」於一身的「身體空間」。這意味，精神
生產的動能，不復奠基於超絕姿態的「無限心」，卻源自下身落命、匍伏於
人間受苦現場的「有限身」。但，「有限身」不必是「定然的有限」，通過轉
化，亦自能鼓蕩其朝向「無限身」過渡的精神生產動能；「無限心」也不盡
然真是無限，看似從夐然絕頂處傲睨人間，終不掩心知造作之嫌。

這在漢語學術史上深具典範轉移意義的學思轉向[128]，為服膺「主體中心」
的主流語境，打開了全然不同的理解景觀。它啟發我們：如何通過「身體進
路」開啟的「宗教轉向」，將輕言超越、自命無限的超驗心體，從夐然孤絕
的高處給打落回存在的平面；如是，才得掃蕩意識形態之「虛相」，並藉由
可摸、可觸、可視、可感之血肉形軀以契接「人心紋跡」對「行屍走肉之
身」的「潤化」。

以此觀之，道，不孤寄於抽象的心體；道，就以靈動無方的「人心紋
跡」運行於「受苦現場」（病）與「身體空間」（病裡乾坤）。這意義下的
「道」，依「病裡乾坤」而示現。惟其以宛轉「妙跡」疊影於「可見與不可
見」、「現實與非現實」，與自恃超絕、如如不動之「無限心」，實了不相涉；
反而，一切靈光掩映的人文藝術，卻更見道跡流衍。即此而言——道，就在
千利休切腹辭世前執壺事茶、靜定如昔的身影；就在嵇康臨刑在即，猶能顧
視日影，手揮五弦，優雅謝世的身影；甚而，就在蔣年豐掩卷擱筆，如釋重
負，終而在「一念地藏、悲願四方」的佛號誦念中飄然遠逝的身影……

在筆者看來，這幾位非常人物，都是真能通過具體之身體感而默契道境
的證道者。死生無變於己，在他們不是流於戲論的文字，不是出於與身體
疏遠的誤識與想象，卻是上揚至瀕死的瞬間而通過身體所流布的妙跡。試

---

127 楊儒賓、林安梧編，《地藏王手記——蔣年豐紀念集》，頁65。
128 案：此指將港臺新儒學大師所完成之「儒家思想的哲學化工程」，轉向「儒家思想
　　的宗教化」。同上註，頁83。

問：這「以身體道」卻終得邃密入「神」的「身體進路」，豈非比牟宗三不掩「身心斷裂」的「主體中心」視域，更飽富與「後現代語境」展開對話的潛力？

第八節　牟宗三錯失的歷史契機

　　蔣年豐《地藏王手記》的身體論述中，最突出的亮點就在於——他通過對殘病經驗的現象學描述，重新正視了海德格所盛大闡發、卻在牟宗三「唯心」色彩過強的詮釋語境中給嚴重忽略的「有限存在」。我們甚而可以毫不誇張地說：相對缺乏「身學」自覺的牟宗三，在病苦侵尋下邁臨學思生涯終點的蔣年豐，儼然是在海德格與牟宗三對康德的詮釋裂隙中，確立了自己的哲學道路。只嘆，這條獨屬蔣年豐並在當代漢語學術史上深富獨異性與創發力的哲學道路，卻充滿了磨難與掙扎的軌跡；彷若火中取栗般，它是借力於一場猝然襲來的殘病侵襲方有以成就；具體成果，則是他抱已死之心、奮數月之力而直從煉獄般的肉體深淵所淬煉出的絕筆之作——那成就於「病體的暈眩」而被某些學人視為「譫妄之作」的《地藏王手記》與〈丙子札記〉。筆者卻於此獨持異見，視「病體的暈眩」為推使蔣年豐上遂於「哲學的暈眩」（the vertigo of philosophy）的歷史起點；正是在「哲學的暈眩」（心知轄域的破口與氣化之域的裸露）中，他與「非現實」中與佈滿異質力量的「內在性」有了首度遭逢的契機；而一切深於內在性的宗教，原就是粉碎理性框架以迎向「域外他者」的運動；這意義下的宗教，原只發生在「他界」（the otherwise），不屬理性規訓下的產物。以此觀之，蔣年豐的宗教轉向，與其晚期學思對「內在性」的摯切體悟，實息息相關。在《地藏王手記》接近尾聲之際，他寄託遙深地寫下：「透過近代幾個儒學大師的努力，儒家思想的哲學化工程已完成了。目前的工作反而是儒家思想的宗教化」[129]。這話，隱然夫子自道；因為浸透整部《地藏王手記》的終極關懷，正指向蔣年豐的「儒學重構」企圖；而「儒學重構」在蔣年豐手中，正是通過「儒家思想的宗教化」而體現的。這進路，在其早期學思猶只是蟄伏未發；卻是到了生死臨

129　參閱楊儒賓、林安梧編，《地藏王手記——蔣年豐紀念集》，頁83。

界，才如銀瓶乍破似地眘然迸發。

依筆者之見，蔣年豐蘊生於「受病脈絡」與「臨終啟悟」的「儒學重構」思路，可謂「後牟宗三時代」的典範重構之作中，特富原創力的學術取徑之一。只惜，人走茶涼，學界給予的回應卻是格外地冷硬蕭索，甚而視《地藏王手記》為受病情所累的譫妄之作，在學術分量上，完全無法與前期作品相提並論。這等評斷，顯然嚴重輕估了蔣年豐晚期作品的深度所在，也未能充分正視蔣年豐以「儒學思想的宗教化」自我定位並據此以區隔牟宗三所代表「儒學思想的哲學化」之深微用心。筆者因擬踵繼蔣年豐晚期學思的宗教轉向，並由「儒家思想的宗教化」擴及為「中國思想的宗教化」，以重探總體漢語學術的全新理解可能。附帶所及，也藉此深植「身學思路」的宗教轉向以凸顯——牟宗三通過與康德哲學摩盪而完成的「新儒學」典範，如何因為輕看海德格正視「有限存在」的哲學道路[130]，而錯失在他手中完成「儒家思想之宗教化工程」的歷史契機；這歷史契機，到頭來卻是在蔣年豐手中獲得把握。關鍵就在兩人對「人作為『有限存在』」的面向所持存的不同態度。

同樣是言及人之「有限而可無限」，牟宗三之「有限」，乃剋就「有限心」而說；蔣年豐卻落實到「有限身」來說，並即此而發展出「從『有限身』到『無限身』」的身體進路，這在牟宗三的學術視野裡，卻幾乎是不可思議的，因為就其思路而言，「有限身」頂多只是「順官覺經驗而牽引」[131]

---

130 相對蔣年豐真能正視海德格爾思路所以顛覆傳統形上學的重大意義，就在於海德格爾充分正視了人作為「有限存在」的「此身」；牟宗三對海德格失之輕率的「蓋棺論定」卻不免過度高看了自己視域的絕對性：「今海德格爾捨棄他（康德）的自由意志與物自身等不講，割截了這個領域，而把存有論置於時間所籠罩的範圍內，這就叫做形而上學的誤置。」參閱牟宗三，《智的直覺與中國哲學》，頁7。「（《存在與時間》）固時有妙論，亦大都是戲論。若瞭解其立言之層面與向度，則他的那些曲折多點少點並無多大關係。我亦不欲尾隨其後，疲於奔命，故亦實無興趣讀完他這部書。但我仔細讀了他的講康德的書，我自信以上的論斷為不謬。……海德格爾的路是思之未透，停留在半途中，而不著兩邊，即掛搭不上現象學，又掛搭不上理想主義的大路。」參閱牟宗三，《智的直覺與中國哲學》，頁472。

131 參閱牟宗三，《才性與玄理》，頁211。

所導致「生命之紛馳」[132]；欲有所對治，能做的也就是「使耳目不順刺激以外用」[133] 而「竭喪於外」[134]。這意味，對牟宗三而言，關鍵還在「有限心」竭喪於外的紛馳，「有限身」並不存在獨立的地位。於是，他雖也談及人之「『有限』而可『無限』」，然其所謂「有限」乃聚焦於「有限心」而非「有限身」；身體，在其整體語境中仍是被忽視的，遑論通過身體而開展之「身體空間」或「物情空間」？那就更是渺不可聞。可見，「有限身」在牟宗三語境中被簡化為只是隨順「有限心」竭喪於外的「官覺經驗」。這就嚴重輕估了「身體」的豐饒層次，而把「兼涵多重維度的身體」給簡化並貶抑成只是作為「對象」之身體。依此感知模式，面對「身體」，自然只能返歸「致虛守靜」的心體，令其不隨順軀殼起念。可是，如是消極的「身體」立場，何以暢發庖丁解牛「奏刀騞然，莫不中音，合於桑林之舞，乃中經首之會」的「身道合一」之美？這就關涉牟宗三對中國哲學之理解，明顯偏溺「意識哲學」的思路，致陷落「主體中心」的偏執而不自見。蔣年豐則不然，以其熟習當代西方的身體前沿理論，本就讓他對「身體」有過於常人的覺察；更決定性的經驗是：壯歲風華，卻邊逢身體崩毀的實存經驗徹底震醒了他──殘病的經驗太頑強也太真實了！人在病苦煎熬之中，「神」是不存在的[135]。即令是道德形上學高自標榜可徹見「物自身」之「智的直覺」，這一刻，也只如浮光掠影。這麼說，不是要論辯「道德主體」到底是有或沒有的問題，而是，身體對意識的主導力量太強大了！在殘病剝蝕肉身的慢性凌遲中，「無限心」即令存在，也只如五濁惡水上溓漾的光影；這意義下的「神」，只能是音容宛在、若存若亡之神。

可即令身心危苦，蔣年豐仍視「拯救神」為「後現代最大的工程」[136]。這

---

132 參閱牟宗三，《才性與玄理》，頁 206-207。

133 同上註，頁 212。

134 同上註。另參閱郭象，《郭象注莊・上》（臺北：金楓出版社，1987），頁 109：「故心神奔馳於內，耳目竭喪於外，處身不適而與物不冥矣。」

135 人在病苦煎熬當中，神是不存在的；然而，卻也是通過病苦煎熬而在絕望中產生的「凝視點」，蔣年豐終而找到並重新贖回他的「音容宛在之神」──那住持於他心氣身命的「地藏王」。參閱楊儒賓、林安梧編，《地藏王手記──蔣年豐紀念集》，頁 95。

136 同上註，頁 13：「要如何救神，使之免於死亡呢？這個工程是後現代最大的工

工程，依蔣年豐卻只能落在宗教維度上。他視唐、牟等近代儒學大師所完成的努力是「儒家思想的哲學化工程」，而進入「後現代」的漢語學術語境所亟需完成的則是「儒家思想的宗教化」。不言可喻，在這先知式的呼召中，蔣年豐所寄望殷切之「儒家思想的宗教化」，支撐此工作的關鍵著力點，就是正視「有限存在」而重拾「被遺忘的身體」。何則？身體，特別是語言箝制介入前作為「非對象」之「身體」，才是「入道的津梁」。即此而言，牟宗三只見「對象化的身體」作為隨順「有限心」竭喪於外的「官覺經驗」，遂在理論動向走上「使耳目不順刺激以外用」的消極防堵路線；卻不見「使耳目不順刺激以外用」只是心體「雖有限而可無限」的一個意義動向；可心體還有另一個動向，那就是莊子在〈人間世〉論及「心齋」之工夫所言：「聞以有翼飛者矣，未聞以無翼飛者也；聞以有知知者矣，未聞以無知知者也。……夫徇耳目內通而外於心知，鬼神將來舍，而況人乎！」[137] 誰說耳目感官定然只能順刺激以「外用」（徇耳目外通而竭喪於外）？莊子明確點出：人亦可選擇讓耳目「內通」而「外於心知」。這意味：不但心體不是「定然的有限」或「定然的無限」，就連身體也不是「定然的有限」或「定然的無限」。視其為「定然」，只是認知上的誤識；事實上，只要免於「心知」的作繭自縛，「對象域」中的身體，亦得蟬蛻語言名相的網羅之外，而成為「以『身』體『道』」的津梁。即此而言，「無限心」與「有限身」的斷裂，只是出於心知概念的造作所成。打破「身心斷裂」的感知模式，關鍵在能把握那在本質上流動不居的身心交感狀態。

　　綜上以觀，牟宗三對「身體作為道體的現身」，顯然缺乏親切體會；故難以徹見：從「對象域」解脫的「身體」，其實飽蘊著強大的轉化動力。這作為「非對象」的身體，甚而深藏了涵蓋多維度視域的深度世界，也就是人文性的「身體空間」，所以內具著強大的精神生產力；這精神生產力則讓身體突破了「定然的有限」而讓「身體作為道體的現身」得以成為可能。此則所謂「道成（於）肉身」是也。這意義下的「道身」，雖不離「肉身」而孤懸，卻又不是與「道」睽隔的「血肉形軀」；事實上，祂，只能是通過「身

程。」
137 參閱郭慶藩，《莊子集釋》，頁150。

體修行」或「身體技術」而開啟的人文性「身體空間」；此如茶道、琴道、書道、畫道、武道、花道、舞蹈、中醫、太極……都是具體而微地通過「身體修行」所開啟的「人文空間」。此所以千利休執壺的身手、嵇康撫琴的身手、王羲之墨氣淋漓的身手、庖丁解牛合於桑林之舞的身手……都充分具見：經過修煉的身體，跟未經修煉的身體，其身體感是完全不同的。前者是「道成於肉身」的「道身」；後者則只是尋常的「肉身」，甚而是受符碼轄制而進退遲滯的「偽身」。可見，「身體空間」不是有或沒有、存在或不存在的問題，而是有修煉或沒修煉的問題。修煉到家，而且工夫綿密，造詣入神，自能寂然有感，若有所遇；修煉不到家，自不免效斥鷃之徒，矜伐於內，譏嘲於外，而不自見工夫之空疏。

第九節　蔣年豐開啟的歷史先聲

《地藏王手記》一書，無論就其文本內容對當代思想系譜著墨之全面，或就其所涉問題意識對當代學術爭議回應之深鉅，筆者深信，只要作者賦予此書之精義被無誤地理解，勢必無法輕忽此書對當代漢語學術史的殊勝意義。況乎，此書之蘊生背景，除作者罕有其匹之宏大學術視野而外，猶不可輕忽的創作背景是——此書，乃踩踏在死亡深淵之上的書寫，是作者強忍巨大眩暈的動盪與撕毀所完成的「赴死」之作。即令摧剝難忍，適苦欲死，蔣年豐的烈性，畢竟沒讓他選擇束手就縛，而是如海德格於《存在與時間》所云：「只有這樣一種存在者，它就其存在來說本質上是將來的，因而能夠自由地面對死而讓自己以撞碎在死上的方式反拋回其實際的此之上」[138]；為了「承擔起本己的被拋狀態並在眼下為『它的時代』存在」[139]，蔣年豐奮數月之力，而成此磅礡之作，此則有大傷心不得已者「以哭笑寄萬世之作」[140] 也。蔣年豐終非尋常人物，他沒辜負最幽暗的肉身深淵所給予的豐沃養分與精神

---

138 參閱海德格爾著，陳嘉映、王慶節合譯，《存在與時間》，中譯修訂本，頁435-436。

139 同上註。

140 方以智〈人間世總炮〉有云：「子休之以哭笑寄萬世也，怒激乎？遣悶乎？忍不得乎？」，參閱蔡振豐、魏千鈞、李忠達校注，《藥地炮莊校注》，頁227。

淬煉。殘病交侵的肉身磨難，反而成就了他奠基「病體經驗」的宗教轉向；
而此宗教轉向在當代漢語學術史的意義是巨大的──牟宗三因輕估海德格而
無以完成中國思想之「宗教化」工程，卻意外在蔣年豐手中開啟了歷史的先
聲。其核心內涵所在，一言以蔽之：對「身體」脆弱性的全然正視。它甚而
肯定：最沉烈深邃的「人文生成動力」，非但不是來自一個宛若無懈可擊的
完滿主體，卻是來自蔣年豐藉由「後現代思潮」屍骸遍佈的衰頹意象所提舉
的「行屍走肉之身」。這意味，蔣年豐《地藏王手記》義下遍染衰頹意象的
「行屍走肉之身」，在人文療癒的詮釋理路下，確可通過「脆弱與力量」的弔
詭性（the paradox of power and weakness）而激揚出最沉烈磅礴的人文生成
動力。這奠基於「新人文主義」的「儒學重構」進路，可就「臨終啟悟」與
「宗教轉向」兩個向度加以分說：

　　其一、蔣年豐經由「臨終啟悟」所親歷的視域轉化過程。事實上，作為
蔣年豐臨終遺作的《地藏王手記》，並未「指實」地點破──文本中悽愴可
感的殘疾敘事，皆出於作者親歷，無一語非從百死千難的肉身摧剝現場提煉
而來；然而，當蔣年豐掩卷擱筆，旋即不知所蹤，不出兩日，以壯歲身殞之
姿，驚動學界視聽。這一刻，已確認為生前最後遺作的《地藏王手記》，文
本與生前的受苦現場，已形成不可割裂的整體脈絡。這意味，在解讀進路
上，我們不可能懸置文本背後血氣猶存的受苦現場來理解文義；相反地，將
文本視為作者為深度回應自己親歷的受難經驗所留下的臨終啟悟線索，才可
能相應作者悲摧切割的寄意所在。

　　其二、調和牟宗三與海德格關於康德學的爭議，而以奠基「新人文主
義」的「宗教轉向」所代表的「儒學重構」進路，作為蔣年豐回應兩家思想
困局的根本解決方案。其中，牟宗三的「道德形上學」代表「現代」與「前
現代」的傳統形上學思路；海德格的「基本存有論」則下開「後現代」以衰
頹為精神內涵卻又波瀾壯闊、綿延深遠的思想系譜。雙方立場的思想張力，
揆其底蘊，就聚焦於面對「有限存在」所採取的根本立場；而「有限存在」
最具體的指標，無非就指向「此身」的有限性。「身體觀」的歧異，於是成
了蔣年豐亟待回應並有以調適上遂的理論困局。

　　事實上，漢語學界環繞「身體觀」以重新詮解儒道經典文獻的論述，已
自成語境豐沛的詮釋典範；惟前輩方家所建構的詮釋系統，若非借重西方既

成之身體理論以作為切入中國古典文獻之論述理據，便是逕從中國古典文獻把剔梳理出關涉「身體」論題的理論線索；然而，漢語學界涉及身體論述的諸多學界人物中，筆者獨於蔣年豐身上看出全然不同的路數。這路數得分兩個階段而論：蔣年豐進學猛銳，於當代西方思潮幾無所不窺，反映在其學術前期的身體論述，亦不脫上述第一條進路，亦即，借重西方最前沿之「身體理論」以對勘中國古典文獻，其中，梅洛龐蒂之身體理論，就是蔣年豐多所倚重的身體現象學名家[141]。然而，一場不期而至的怪病，讓蔣年豐的「身體論述」發生了難以言喻的「質變」；倒不是說，這場病痛讓蔣年豐的思考徹底轉向，毋寧說這場再無法痊癒的病痛，讓蔣年豐本就橫梗在心的哲學疑點更形擴張終而暴漲為巨大的疑團，這疑團直指海德格與牟宗三之間的路線爭議。依筆者之見，這就是蔣年豐「前期身體論述」過渡到「後期身體論述」的關鍵線索──從牟宗三為安立「智的直覺」卻留下讓人不安的「主體中心」殘象，到海德格對「有限存在」的徹底正視並以對「有限存在」的現象學分析作為叩問存有的起點。無可諱言，「海德格路線」相對於「缺乏身體意識」又對「有限存在」無法給予充分正視、甚而視「不能挺立無限心」為海德格哲學死穴的「牟宗三路線」，前者絕對更相應蔣年豐壯歲罹病至於適苦欲死的臨終心境──即令，《地藏王手記》對「海德格路線」的不足處仍是多所針砭，然而，剋就「此身」在「實存面」作為「涵帶血肉形軀」的「有限存在」，蔣年豐明顯是偏向海德格爾的「現象學思路」而遠離牟宗三的「超驗性思路」。然而，以重振「儒學」自誓的蔣年豐，「人文精神」或「人文主義」的立場，乃是抵死無法放棄的根本立場，這立場又近於牟宗三而遠離缺乏道德意識的海德格。這正是蔣年豐依違二者之際所面對的根本思想張力。於是，超克此思想張力而提出之「以『宗教轉向』為內涵的『新人文主義』」，遂成蔣年豐據以完成「儒學重構」使命並調和兩家思想爭議的解決方案。具體的表現，就輻輳於他通過「浮光掠影之心」、「音容宛在之神」、「行

---

141 比如，蔣年豐〈懷德海與梅露龐蒂──笛卡兒主義的兩種批判〉、〈體現與物化──從梅露龐蒂的形體哲學看羅近溪與莊子的存有論〉、〈再論莊子與梅露龐蒂〉、〈由梅露龐蒂的深度感來看中國建築的哲學意涵〉，以上論文俱收入蔣年豐《與西洋哲學對話》。

屍走肉之身」幾項核心概念對「無限心」的徹底顛覆；這顛覆不是為了自根柢處取消「無限心」的存在，而是要去其「主體中心相」以令其復歸實存面「異質交錯」的不二實相。這通過「異質交錯」的不二實相以「解構」流於「絕對化」、甚而「意識形態化」的「主體中心」論述範式，正是蔣年豐「融『臨終啟悟』於『病後』身體論述」所激盪出之最詭詭、也最動人的靈光所在。

Chapter 3

第三章
余德慧「人文臨床」視野下的方法學變革

第一節　承「本土心理學」另闢蹊徑的實踐方向：從文化的、本土的心理學道路「殺進文化存有的根底裡去」

　　余德慧教授所領軍的「人文臨床與療癒」學術社群，是臺灣當代跨文化莊學語境外，又一極富跨領域學術活力與高度實踐力的經典案例。依筆者側身現場的具體觀察，這學術社群有一項極鮮明的特色：不可諱言，學術社群裡有一位學術衝創力十足的靈魂人物作為學術方向的擘劃者，這人雖年過六十就遽然殞落，卻能秉其飽濡詩情的哲思文字，儼若流星劃破幽闇夜空似地留下震爍人心的精神遺產。他正是濫觴於楊國樞院士的「本土心理學運動」中，真能以驚人的「拓跡」能力，披荊斬棘、開榛闢莽，更憑著主流心理學界所無可漠視的強大學術耕耘成果，為「本土臨床心理學」在「知識合法性」與「發展方向性」[1]都奠下堅實基礎的「域外開拓者」：余德慧教授。這事沒想像中容易；無它，所云「本土」，太容易被「在地」二字潛在之「政治性」給染指而流於「知識權力」的爭奪或「地域情結」的故步自封，卻遺忘了它在學術路線的開創上，是否果真確立了一條可大可久的坦途。對此，李維倫在〈余德慧的詮釋現象學之道與本土臨床心理學的起點〉[2]文中，給出了洞見深銳的評述：

1　參閱李維倫，〈余德慧的詮釋現象學之道與本土臨床心理學的起點〉，收錄於余安邦主編，《人文臨床與倫理療癒》（臺北：五南圖書，2017），頁111。

2　本文修改自李維倫，〈到根裡去，取活水來：余德慧教授的本土心理學詮釋現象學之道〉，發表於「余德慧教授紀念學術研討會」（臺北：國立臺灣大學心理學系，2012）。

……他從未放棄但卻一直被遺忘的，臨床心理學家的身分。事實上，在余老師的論著中早已經為臺灣本土臨床心理學奠定了起點，並且親身示範其可能的議題與發展。《本土心理學研究》於1993年創刊，楊國樞先生在創刊號的焦點文章上提到1988年他自美回臺後即下定決心推動心理學的本土化。心理學本土化並非只是一個知識權力的運動，更是一個學術路線的開創。其中最重要的工作，我認為，是在知識論與方法論上抵擋跟著西方心理學而來的實證主義方法論之普遍真理觀，但又不要流於封閉的文化相對主義陷阱。簡單來說，強調社會文化差異的本土心理學在普遍真理觀的眼光下沒有知識上的地位，而主張文化脈絡支配心理與行為意義的文化相對論又可能讓本土心理學步入「敝帚自珍」的困境。

然而這並非易事！因為實證主義方法一直都是（二十年前更是）臺灣心理學家的根。本土心理學的道路因此呈現出了一個難題：為了返回本土生活的根，心理學家卻要檢視並質疑自己學術上的根！可以想見這樣的論辯在整個臺灣心理學發展中必然是人煙稀少的路。但也因為如此，臺灣心理學發展開始出現具知識論與方法論深度的反省。

在如此的脈絡下，余德慧老師1996年出版的〈文化心理學的詮釋之道〉，藉思考文化的本質，更是站到存有論底部，提出本土心理學的知識論與方法論道路，同時也宣示了他自己的詮釋現象學之路。事實上，眾所皆知，余老師於1987至1989年間赴美進修後，即鮮明地標舉了以詮釋現象學為指引的心理學反思道路。1990年他以詮釋學取向指導的第一位碩士生呂俐安完成論文〈母親對子女的敘說──從敘說資料探討母親的心理結構〉……從此之後，他在學術論述上即明白地轉向了詮釋現象學的道路，也讓臺灣心理學的眼界得以越過美國，與歐陸的人文思考接軌。

余德慧老師的詮釋現象學思考也體現在1998年出版的《詮釋現象心理學》一書中。該書的序言提到，寫成這本書是他給楊國樞先生

於1992年評論他的文章〈文化心理學的詮釋之道〉（1996）[3] 所提出
之建議的回應。當時楊先生建議余老師「寫一本書把這篇文章的
來龍去脈說清楚」（余德慧，2001b: 10）。也就是說，余老師正是
以詮釋現象學的論述來回應楊國樞先生所推動的心理學本土化發
展。……相似於楊國樞先生1988年的決心經驗，余老師在1990年
後也明白宣示了他的詮釋現象學思路，而且，就我看來，之後從來
沒有離開過本土心理學的志業道路。從1990到1995年（1995年余
德慧移居花蓮任教於東華大學），這段余老師在臺灣大學心理學系
所展開的詮釋現象學風景，相信許多師友學生仍是歷歷在目[4]。
即使離開臺灣大學心理系到東華大學，余德慧老師也一直持續思索
著臺灣臨床心理學發展的出路，1998年發表的《生活受苦經驗的
心理病理：本土文化的探索》（余德慧，1998）明白奠定本土臨床
心理學的起點思考。……到一系列的臨終照顧現象研究……，直至
最後提出來的柔適照顧（anima care），余德慧老師更是已在臨床心
理療癒領域裡打造出一本土化的道路。……他一方面認同他的老師
楊國樞先生帶領的文化的、本土的心理學道路，另一方面也決志另
闢蹊徑，殺進文化存有的根底裡去，來為臺灣的心理學取得源頭活

3　李維倫於此補註：「論文應是於1994年宣讀於中央研究院民族學研究所主辦『社
　　會科學研究法檢討與前瞻』第二次際際研討會，並於1996年刊登於《本土心理學
　　研究》期刊。然而是否1992年余老師即寫就該文並得到楊先生的評論，我就不得
　　而知了。」參閱李維倫，〈余德慧的詮釋現象學之道與本土臨床心理學的起點〉，
　　收錄於余安邦主編，《人文臨床與倫理療癒》，頁112。
4　彭榮邦，〈文化主體策略？後殖民角度的反思〉一文，對李維倫文中所云「從1990
　　到1995年，這段余老師在臺灣大學心理學系所展開的詮釋現象學風景」留下了
　　親炙現場的歷史見證：「《本土心理學研究》創刊之際，我還是臺灣大學心理學系
　　的學生，當時系上最激烈的討論，常常出現在週三的專題報告時間。筆者清楚記
　　得，當時余德慧教授在報告他的研究成果時，系上不少老師及研究生對於他偏離
　　科學心理學的研究取向，有相當直接的挑戰，甚至質疑他的研究充滿了太多的
　　「哲學語彙」，實在稱不上是『心理學研究』。不過，由於參與心理學本土化運動
　　的前輩學者們的努力，在二十幾年後的今天，如果對『本體論』、『知識論』、『方
　　法論』、『實證主義』、『後實證主義』等以往被認為是『哲學語彙』的概念，沒有
　　一定程度的掌握和瞭解，已經很難參與到本土心理學論述中最具思辨性的討論之
　　中。」參閱《本土心理學研究》，第47期（2017年6月），頁99-100。

水[5]。

　　綜上所述，楊國樞開風氣之先而帶領的「文化的、本土的心理學道
路」，在余德慧手中完成了驚人的變貌。余德慧秉其根器卓絕的哲思性格，
非但沒讓自己所承繼於「本土心理學」道路的「本土」內涵給限縮於狹仄
之「在地」意識，而是如李維倫所精闢點出：是──「殺進文化存有的根底
裡去」。換言之，余德慧領會的「本土」，不是陷於文化相對主義或話語權爭
奪的「在地」或「地方」意識，而是根植「域外」的「存有大地」。前者，
猶拘限於「可見」之地域；後者，則凌越「可見」而深於「不可見」，直
入「外於心知」的「非知之域」。殊不知，「非知之域」所流溢的奧祕經驗，
本深於人性幽玄者所共具，原不受特定文化時空或歷史條件所拘礙。此所
以〈人文臨床學的探究〉一文，對「本土心理學」之舊典範有如下含蓄的批
評：

> 臺灣心理學界發展「本土心理學」迄今，從來沒有跨越美國殖民文
> 化心理學的範疇，例如即使研究華人的自我或集體心理，主要的研
> 究場域依舊是概念式的，如華人的自我，但卻殊少直接跨進華人的
> 歷史現場[6]。

　　以此觀之，李維倫眼中的臺灣臨床心理學家余德慧是「一方面認同他的
老師楊國樞先生帶領的文化的、本土的心理學道路，另一方面也決志另闢
蹊徑，殺進文化存有的根底裡去，來為臺灣的心理學取得源頭活水」；真確
有所見。一言以蔽之，是余德慧的中年學思轉向，為楊國樞領軍的「本土
心理學」典範，擘開了更恢宏的視野──不再只是停留在文化表層進行概念
式的操作（方法上卻未脫「美國殖民文化心理學」的籠罩），而是回返生命
現場以直探文化的根柢。這正是為何余德慧的「本土臨床心理學」道路，必
然歸結於茫昧幽緲的「域外之思」，而從仍依待「語言」紋跡的「詮釋現象

5　參閱李維倫，〈余德慧的詮釋現象學之道與本土臨床心理學的起點〉，收錄於余安
　　邦主編，《人文臨床與倫理療癒》，頁111-113。
6　參閱余德慧、余安邦、李維倫，〈人文臨床學的探究〉，《哲學與文化》，第37卷第
　　1期（2010年1月），頁73。

學」思路,一轉而上遂於「言語道斷─心行路絕」的「宗教療癒維度」。這顯示,余德慧的「本土意識」,並未自限一時一地之「地域意識」,而是外於「語言─心知」而無法為特定「地域意識」所涵賅的「廣袤意識」。[7] 若姑予懸置「臺灣臨床心理學家」一詞所標註的「專業身分」而通過余德慧所棲居皈命的「世界」以回頭把握其獨出眾流的「獨異性」,《紅樓夢》最終回借〈離塵歌〉所渲染的「詩意空間」,庶幾近之:「我所居兮,青埂之峰;我所遊兮,鴻蒙太空。誰與我逝兮,吾誰與從?渺渺茫茫兮,歸彼大荒!」即此而言,余德慧可謂深於「廣袤意識」之巨人;他的「本土」,是宇宙、是大地、是朝向不可知的他者、是常規語言無以捕獲的私密浩瀚感、是通極「域外」而對「可見視線」保持隱蔽的「非現實空間」、是「天─地─神─人」所疊影共在的靈泊之所;此則相應余德慧於多方論述中反覆致意的核

7　所云「廣袤意識」者,無非不受「凡夫意識」所拘限之「另類意識」,此義深微,若能參閱余德慧一段借恆河母師傳法門以寄託自己悟見的文字,當更能印證其皈命之所在──恆河母的老師帕帕吉教導的「存有的平和」非常接近法國哲學家列維納斯在他的存有哲學裡所談的「被動性」(passivity)。一般認識世界的方式是以凡夫意識的觀點建立的,所以全然以人的主動性為生命存在的依歸,其目的在於成就人類的世界。但是帕帕吉的修行是將世界轉向存有。……存有的生命是在取消世界意識之後的被動性。被動性是存有的大地,它的力量是支撐生命的底下磐石,而不是往外伸出去的出擊力。……對修道人來說,把人沈潛到意識背後的被動大地,並非只要無所作為,或簡單的無事,而是要克服「意識優先」的心態。在修道人眼裡,意識是建築在被動大地的違章建築,一方面意識的格局窄,處處受制於現實環境;一方面意識所興的念頭隨著世界變化,宛若浮波,人的生命若受制於意識,只能在苦難裡度日。……人的身體不作標註會使人產生一種非常深刻的寂靜。……那是在現實意識之外的另類意識(altered state of consciousness,簡稱 ASC),這種另類意識在早期人類就發現了,他們被稱為「巫者」。現代的催眠也證實這另類意識是存在的。但是長久以來,人們並不知道這另類意識有何功能,修道人也很早就發現這個區域,有人稱之為「自由空間」,有人稱之為「太虛」,有人命名為「涅槃」、「三摩地」等。這另類意識的感覺與現實意識有著根本的差異,它是流動的,而不似現實意識的「釘住」。如果你以意識捕捉意義,你會發現你是將意義一一釘牢,然後將之排列成一串意義。這是因為意義本身就是被標註的東西,但是另類意識缺乏這標註,所以有感覺卻無法被固定,以致於感覺如流水般。然而對修道人來說,進入另類意識並非如催眠或行巫那麼短暫,他們的進路並非依靠鼓聲、薰香或指示語,而是赤裸裸地面對存在的深淵──參閱余德慧,〈恆河母的明心見性之道〉,收入《生命詩情》(臺北:心靈工坊,2013),頁 193-195。

心洞見：「將現實空間擴延到虛擬空間提供迴旋的力道，產生群體或超個體的氛圍，讓個體的問題意識擴大到超越性的觀照。」[8] 準此以觀，來自「殖民母國」的「實證主義方法」與「普遍真理觀」，以今視昔，固無足論也；即令「強調社會文化差異」而主張「文化脈絡支配心理與行為意義的文化相對論」，亦與余德慧的「廣袤意識」相去遠矣！筆者以為，辨明這點，是把握余德慧學問路數的關竅所在；否則，無以理解余德慧不拘一家一派的「廓然胸懷」到底緣何而來？也將輕易看過余德慧自柏克萊大學（University of California, Berkeley）返臺後連著幾次意蘊深遠的生涯轉身所開拓出的學術規模。這點，余氏門生蔡怡佳有極富意味的觀察：

> 余德慧老師曾經任教於幾個屬性迥異的學術機構（臺灣大學心理學系、東華大學族群關係與文化研究所以及臨床與諮商心理學系、慈濟大學宗教與人文研究所）；在學門界線涇渭分明的學術場域中，這幾乎是獨一無二的。余德慧老師的學術工作早已跨越了學門的分界[9]。

蔡怡佳捻提的觀察點自是耐人尋思的！她從乃師幾次學術跑道的轉換，透見背後積蘊厚實的強大跨界能力。若以為這「於學無所不窺」的博雅學養與跨界能力，純屬過人天賦或特定學風的展現，那就錯過了根本要點。依筆者之見，其堂廡開闊的論學格局正來自「廣袤意識」所滋養的眼界[10]；這眼界又支撐了余德慧長達二十年綿延遒勁且不拘一格的跨學門努力──不單在自己的學術道路上筆耕不輟、妙解時出而順勢延展出個人學術生涯最具靈光爆破強度的「晚期風格」[11]；更能在擘劃一次又一次的跨學門合作案例中，展

8　余德慧、余安邦、李維倫，〈人文臨床學的探究〉，《哲學與文化》，第 37 卷第 1 期（2010 年 1 月），頁 75。

9　蔡怡佳，〈在非現實母體中悠晃：余德慧教授的本土宗教療癒之道〉，收入《人文臨床與倫理療癒》，頁 213，註 1。

10　依筆者近身觀察，那是余德慧老師浸淫現象學多年的深透悟見所煉就之「邊緣的眼睛」或「後拉岡」心理分析學者齊澤克（Slavoj Žižek）所揭櫫的「傾斜觀看」能力。

11　此乃借薩依德（Edward Wadie Said）義下的「晚期風格」概念以相喻。衡諸余德慧晚期學思之靈光爆破，薩依德承自法蘭克福學派阿多諾（Theodor W. Adorno）

現大開大闔的氣度以感召學界師友共襄盛舉；而「人文臨床與療癒」這兼賅
論述與實踐為一的學術軸線，正是余德慧自楊國樞「本土心理學路線」所
承繼並予以拓寬的全新道路；這道路在格局的開闊度上，早迥非1988年的
「本土心理學路向」所能想像。此亦無它，余德慧秉其驚人的詩意敘事魅力
與強大的學術跨界能力而連結於廣義的「受苦現場」，遂讓「臨床」的意涵
給提昇到足以解構人文學科的「故步自封性」，並令一切從「受苦現場」萃
取轉化能量的人文學科，得以反過來深化「受苦現場」的「人文深度」。這
門庭寬廣、器識宏闊的學術實踐進路，一言以蔽之，正是通過「余德慧─余
安邦─李維倫」在〈人文臨床學的探究〉一文中所揭示的「人文臨床」理念
所展開。它不但反映了「本土臨床心理學」解構「實證科學」霸權後進一步
朝向「人文臨床與療癒」的前沿性開展；更以強大的邊緣戰鬥力[12]，集結為一
次又一次陣容壯盛、機鋒競出的學術論壇。事後回顧，一幕幕都是回首堪驚
的學術史場景。它不但成功點燃了讓無數學界後輩緬懷不已的學術烈焰，也
為跨領域學術社群在當代臺灣學界可能發揮的強大影響力作出了不可抹滅的
歷史貢獻。底下請嘗試闡明──這已然在當代臺灣學界蔚為經典合作案例的
跨領域社群所響應的核心理念：人文臨床。

第二節　「人文臨床」作為一種方法學的變革

　　何謂「人文臨床」？余德慧在〈人文參與受苦處境──一種人文臨床
的實踐經驗〉給出了的精要的綜述：

> 臨床的意義是指「到受苦難之處」，人文臨床指的是將諸種人文社
> 會科學廣泛地成為受苦之處的中介，亦即，無論是藝術、哲學、文
> 學、歷史學、人類學、心理學、語言學、宗教學等看似與正規臨床
> 無關的領域，都有其對受苦生命產生一些悟性的啟發。
> 在臺灣，無論是助人專業或醫療專業，都逐漸走向目標取向、求實

的「晚期風格」概念，益發啟迪深遠，耐人尋味。

12　筆者在課堂現場親聞余德慧老師看似玩笑卻又寓意深遠的學術行動部署：面對學
　　界強固的疆域意識，他坦言自己的策略就是「拉幫結派打群架」。

證速解的「專業」發展。今日社會所謂的「專業」，已經變成一種「窄化的行業」，相較於傳統交互關聯的網絡，彷彿是「頭痛醫頭、腳痛醫腳」的「鋸箭療法」，缺乏人性深度；人文社會科學也面臨孤立的危險，兩者的結合將可能成為本世紀知識發展的一條出路。我希望臺灣能夠全面發展臨床人文教學整合課程，引導學生從事知識到生命的整體學習，教學將強調實作的體驗。應用人文素養（來自宗教學、人類學、人文心理學等社會科學，甚至文學、藝術與哲學）於受苦者的現場，緩解各種受苦的折磨，增進療遇的可能性。此處有兩個關鍵詞：（一）受苦（suffering）的範圍：從人文學領域來界定「受苦」，不僅在於生理疼痛，各種精神、心靈的困厄亦屬之，乃至於社會性的受苦（social suffering），如被歧視、文化弱勢、遭遇坎坷、橫遭劫難皆是；（二）療遇（encountering healing）：我們認為，人們相遇就有可能觸發關懷，療傷止痛的過程就會發生，故曰：「遇而療之」[13]。

　　余德慧此文，可謂絜靜精微，用語至簡。欲明其旨要，此文足矣；然而，若真欲透入「人文臨床」層蘊多方之內涵，此文固有所不足。我們需要更具哲學深度的文獻以強化對「人文臨床」的理解。為相應本文的行文策略，從「方法學」角度以把握「人文臨床」的奧蘊，更屬切要。即此而言，余德慧、余安邦、李維倫三人聯名發表的〈人文臨床學的探究〉，可謂決定性的一篇歷史性文獻。「人文臨床」肌理交疊、迴環相扣的核心概念，都在這篇正式論文裡做了詳盡的鋪陳。尤其，文章的開篇與結語，對「人文臨床」旨趣的勾畫，正好首尾呼應、遙相印證：

醫療病房可說是「人文貧乏」的場所。就病房的目標來說，治癒可說是百分之百的目的，但從安寧療護的出現之後，醫療的目的性已經退居二線，除了支持性的醫療外，身心靈的全人照顧已被視為主要的照顧模式。然而，缺乏人文深度的照顧模式，所謂身心靈的全

13　本文為余德慧為 靈鷲山佛教教團總策劃《感受臺灣心希望：2004～2006心靈白皮書紀錄》一書寫就之推薦序文（臺北：張老師文化出版社，2007）。

人照顧只是一種口號。以安寧療護來說,所謂的「人文深度」包括日用人倫的行事、宗教感的縈繞、生命情事的救亡(如憾事、憾情的補救)、離情的心理動力等等。這些「人文」所需的深度迥異於日常生活,而是關係到當事者集體進入存在的底線[14]。

人文社會學科並非自外於人類苦痛的抒解之外。在現代專業分工的領域化之下,人文社會學科被醫療體系排除在邊緣,而使接受醫療的病人只能在毫無人文氛圍的病房躺著,許多精神苦痛被約化為精神疾病。這種過度醫療化、病理化的現象令人憂心忡忡。具體而言,我們將人文社會學科帶入心靈與文化療癒的領域,乃期待在各大學不同學門領域的教學者之間,各自不斷突破自身領域的慣性思維和界域,發展傳統領域外的知識旨趣,進而真誠對話、相互攀引,使得原本在受苦的領域富有精神撫慰的人文社會學科突圍而出,現身在學院之外、在災難現場中、在醫療病房內等種種受苦處境,進而使得人文社會學科領域真正成為「全人照顧」的最後統合者。我們認為,人文社會學科必須以積極介入人類受苦處境,並從介入過程獲得臨床人文療癒的知識。現代醫療雖然不斷喊出「全人」照顧,但若沒有更多的人文學者,甚至社會學科者積極參與,恐怕只能淪為口號[15]。

從以「治癒」為唯一標準的醫療行動到「身心靈全人照顧」的安寧療護,可說是醫療典範的突破;但問題卻隱蔽於「安寧療護」的表象之外,何則?病房「如何可能」給出一個有「人文深度」的照護「場域」,才是關隘所在。此亦無它──「缺乏人文深度的照顧模式,所謂身心靈的全人照顧只是一種口號。」於是,立意雖佳的安寧療護,終不免流於「制式操作」而讓病房成為「人文貧乏」的場所。[16] 依此問題意識,「人文臨床」三大理路已呼

---

14 余德慧、余安邦、李維倫,〈人文臨床學的探究〉,《哲學與文化》,第37卷第1期(2010年1月),頁64。

15 同上註,頁76-77。

16 〈人文臨床學的探究〉文中,收錄了一個好例子:「幾年前,一位接受安寧照顧的病人忽然出院,那時她的生命尚未到盡頭,我們追蹤到她與丈夫移到一家寺廟做

之欲出：

　　首先，「醫療」在其流於常規而乏人質疑的典範中，終於有了巨大的翻轉可能：不以「治癒」為目的「身心靈全人照顧」，終於從舊日醫療生態的常規「裂隙」掙出了一線生機。「病人」，不再被「化約」為只是有待「處理」的「病兆」、「病症」、「病理」或「病史」[17]，而重新被視作「整全之人」來加以看待。前者是典型的「對象化」操作，後者則重新看見被「對象化」操作給隱蔽的「受苦現場」；人的身體——終而不復被視為傅柯筆下「文明啟蒙者和殖民主義者臨床醫學凝視（clinical gaze）之下低賤而不潔的疾病根源」[18]，而在黏稠幽闇的診療場域[19]，首度迎來一線人文的曙光。

————

　　照顧。姑且不論寺廟的宗教意識為何，我們發現病人在寺廟的生活起居，與病房可說截然不同。在寺廟的照顧有非常深厚的宗教人文，其中為病人鋪陳一個豐富的生活網絡；一早禮佛；疼痛而無法禮佛的早晨則剝花生，剝一顆念一次佛號；病人如果還能走動，就到附近去放生。表面上病人好像放棄醫療照顧，事實上她的癌症是屬於不太需要緊急照護的情況，也不需使用額外設備。所以當病人在寺廟居住月餘而後往生，其家屬事後大多表示相當滿意這種安排。我們無意比較前述兩種安寧照顧何者為優，何者為劣，重點應該在於不同的照顧模式面對『送死』這件事，所呈顯的人文深度問題。」參閱余德慧、余安邦、李維倫，〈人文臨床學的探究〉，《哲學與文化》，第37卷第1期（2010年1月），頁64。

17　參閱奧立佛‧薩克斯（Oliver Sacks），《錯把太太當帽子的人》（臺北：天下文化，2008）自序：希波克拉底提出了病史的觀念，認為疾病從發病到症狀最厲害或最危險的階段，以至於恢復健康或不幸致命，這中間乃是一個過程。他因此引進了病歷，也就是對於疾病自然發展過程的描述或呈現。病理（譯注：字源有途徑、過程的涵義）一字當初的意義，恰如其分地表達了這個觀念。病史也是自然歷史的一種形式，但它告訴我們的不是一個人和他的歷史；病史毫不涉及患者本身，從中我們看不到這個人面對疾病的奮鬥、求生經驗。在狹隘的病歷中，並無「主體」；現代的病史，提到患病的主體時，只是一筆帶過，例如，「第二十一對染色體白化症女性」。但簡單一句話，可以用在人身上，也可以拿來形容老鼠。要恢復以人做為中心主體——承受痛苦、折磨、與疾病抗爭的那個人——我們必須加深病歷的深度，使其成為一篇敘事或故事；只有這樣，我們才能看到「病人」又看到「病症」，看到一個真實的人、一名病患與疾病的關係，以及與肉體的關係。

18　參閱吳易叡（香港大學李嘉誠醫學院醫學倫理及人文學部副主任／助理教授）2018.3.23發表於「歷史學的柑仔店：從臺灣思考歷史的書寫」的〈醫學人文修練記〉，文章來源：http://kam-a-tiam.typepad.com/blog/2018/03/醫學人文修練記.html。（查閱日期：2018.6.18）

19　此喻指「實證科學—目的理性—功效主義—科層體制」的強勢殖民文化所盤據久

其次，「臨床」二字，在此取「廣義」詮解；它不再被範限於「病房」裡的特定空間，而是泛指一切「受苦現場」；所以，「臨床」的概念，遂得以掙脫狹隘的「病房」而全幅打開其「無遠弗屆」的臨在性與場域性。哪兒有受苦處境，哪兒就是臨床的現場；這就使原本侷限「醫療照護場域」的特定概念，在經過「解疆域化」後，得以鬆動其專業邊界，而朝向更大的「人文場域」尋求「拓跡」的更深可能性。這也意味：受苦現場，將不再是專屬醫療專業人員的「場域」；所有受蔽「專業視域」[20] 而陷於「人文貧乏」的受苦現場，都有「深於『人文療癒』者」貢獻自己的地方。

其三，通過「受苦現場」，作為一種「方法意識」而被提出的「人文臨床」進路，遂得擺脫「實證科學」的糾纏與窄化，而朝向對「語言—心知」呈顯為「不可能性」的「奧祕之域」展開與「他者」[21] 共舞的浪遊拓線。即此而言，「人文臨床」沒有「疆域」，只有不斷朝向奧祕他界拓跡的浮動「輪廓」，這「輪廓」無法以「語言—符碼」加以「疆固」而「實體化」，所以，是一種「虛廓」。這意味，作為方法學概念的「人文臨床」掙脫了所有「意識」操作可及的領域，而轉入一種對意識保持隱蔽的「非現實空間」（非知之域）；這就為本文所重構的《莊子》詮釋進路留下了關鍵的線索。這線索就指向「語言—心知」所追摹無及的「非現實空間」，以其輪廓是浮動的、不受限「常人時空」之感知維度，所以是由「『虛』而待物」之虛構線所「拓跡」而成的「無圍空間」（無疆界空間），本文特名之為「虛廓空間」。

第三節　在「受苦現場」重煉人文學問

臨床，就其初始意義，是廣義性地指向「到受苦難之處」；然而，作為醫療場域或精神分析場域的專業用詞，這直扣生命現場的初始意義，已然漸行模糊，而被窄化為一種只見「病史」卻無視病情背後之「人文深度」的工具性作為。這正是為什麼「人文臨床」理念的提出，對已趨固化而傲慢自持

遠的醫療現場。
20　奠基「實證主義科學」與「科層管理體制」的「西醫體系」，便是典型例示。
21　此指那不可「符碼化」為「語言—心知」之對象的奧秘他者或神聖他者。

的專業障蔽，能有振聾發聵之效。此亦無它，「人文臨床」所聚焦於「人倫
情事」與「病情世界」的新視角，以一種強大的解域力，重新召喚並釋解出
那被「現代專業醫療體系」所懸置不論卻與「受苦現場」交相浸透、淪浹日
深的「生活世界」：

> 現代專業醫療被稱為是「取消『生活世界』的工具性的作為」。醫
> 療專業者將人的「苦痛」抽離出來，成為「症狀」，因而將「生病」
> 的情態予以排除，而使得生病的本質被取消。因為生病本來就是一
> 件情的事，而情感的生成乃在於人所經營的人文深度。就如龔卓
> 軍（2003）所言，「生病是經驗而非知識，接近生病經驗必須暫時
> 停止直接取用字面的語言或概念，以防止視域的窄化，保持對病人
> 生活世界的潛在文本的敏銳態度，去探詢病人的意向結構」。龔卓
> 軍引用 S. Kay Toombs 的話，更在切問：「在針對最重要的倫理問
> 題中，進行開放而貼心的對話，個人會將其注意力由世間糾葛難解
> 的直接行動，轉向內在最深的情感，因而體會到什麼才對他具有終
> 極的意義」[22]。

　　被現代專業醫療之「目的性發展」和「工具性作為」所取消的「生活世
界」，無非是伏流「受苦現場」底層卻備受「醫療專業體系」所漠視的
「另一個世界」；這位處邊緣的「幽黯世界」，卻關乎病人存在意義之所繫。
相對於「生理性的受苦」，這關涉病人「意義感之淪落與碎裂」而勾連出
的「整體性」受苦經驗，卻明顯被「醫療體系」給簡化了。這意味，「受苦
現場」連結著兩個世界。以醫療場域為例，一端是現代醫療專業依「目的
理性—工具理性—實證科學」所建構的「專業體系」；一端則是隱蔽「受苦
現場」背後的「人倫情事」所構成的「生活世界」。我們看見：從病人就醫
開始，就已不自覺地被納入由一個龐大的「醫療生態」所擺佈的「世界」，
這「世界」顧慮的無關「人倫情事」，而是關於病體的各種檢測數據；「病

22　余德慧、余安邦、李維倫，〈人文臨床學的探究〉，《哲學與文化》，第 37 卷第 1 期
　　（2010 年 1 月），頁 64-65。另參閱龔卓軍，〈生病詮釋現象學〉，《生死學研究》，創
　　刊號（2003），頁 57-75。

人」於此「世界」中，被抽離掉「人倫情事」所依託的「生活世界」，而只剩下診療儀器上冰冷的「醫療檢測數據」與依此數據標注的「病狀」。這近乎懷德海（Alfred North Whitehead）所云：一種根於「具體性的誤置」所生的錯謬（ fallacy of misplaced concreteness）；筆者藉此喻指：以儀器數據所呈顯的「抽象事實」置換了「具體的終極真實」。以病房的「受苦現場」來說，這「具體的終極真實」，正是隱蔽於「受苦現場」背後的救亡、離情、怖慄、牽掛、生理疼痛、憾事糾葛、生死煎熬、道德抉擇、宗教皈依等「人倫情事」所共構的「生活世界」；但這個隱蔽幽深卻涓滴可感的「具體世界」卻被取消掉了！於是，病人在醫療專業者眼中，只見其「病」，而不見其「人」。此則余德慧教授所深刻評述：「醫療專業者將人的『苦痛』抽離出來，成為『症狀』，因而將『生病』的情態予以排除，而使得生病的本質被取消。」並即此而順勢呼召「人文深度」的必要性：「因為生病本來就是一件情感的事，而情感的生成乃在於人所經營的人文深度。」然而，當如何把握此「人文深度」？龔卓軍的提醒是切要的：「生病是經驗而非知識」；這意味「生病」是不可對象化的經驗，自也不宜被整飭為數據、病兆、病徵等從「具體的終極事實」中抽象而得的「符碼」。所以——「接近生病經驗必須暫時停止直接取用字面的語言或概念，以防止視域的窄化，保持對病人生活世界的潛在文本的敏銳態度，去探詢病人的意向結構。」以「生活世界」為有待解讀的「潛在文本」，將探索的觸角從「語言—符碼—數據—病徵」的「心知—意識」層面，拉回「受苦現場」背後的「生活世界」；這，正是典型的「現象學」進路——回到受苦經驗自身。即此而言，從余德慧到龔卓軍，都以「現象學」的探索進路確保了一個作為「潛在文本」的「深度世界」。這就為「臨床」的「人文性」留下餘地——精確地說，這從醫療場域根深柢固的話語權中闢出的「裂隙」或「缺口」，就是作為成規的「臨床」概念得以「解域」自身而為「人文深度」之進駐預留的「餘地」。於是，哲學，可以連結於受苦現場；文學，可以連結於受苦現場；藝術，可以連結於受苦現場；宗教，可以連結於受苦現場；以至社會學、人類學、護理、社工、中醫、茶道、頌缽、靈氣、太極、禪修、音樂、按摩、芳香療法、精神分析、諮商輔導……皆可在廣義的「臨床」理念下連結於「受苦現場」而豐富「人

文臨床」作為跨學門「方法學」以整合多方人文養分的厚實底蘊[23]。文中引述 Toombs 與凱博文兩人的工作,就是極好的例子:

> Toombs 本人是罹患罕見重症的哲學家,他以切身之痛來談生病（illness）,而非疾病（disease）。因而哲學在醫療論述裡逐漸占據一個位置,哲學家在人間世界看到倫理的重量,反過來,身為精神醫學界資深學者如凱博文,進一步提出專業者的反思而寫就《道德的重量》,他試圖將專業的精神醫療加以解構,而歸返變動不安之人間現場的道德生活（moral life）。這些趨勢說明了現代專業醫療之目的性發展,非但無法包山包海,反而露出一個個有待修補的漏洞[24]。

「舊典範」破口之所在,卻也是「新語境」進駐之所在。此則「人文臨床」理念以「醫療場域」之反省為始;其擴延之方法學效應,卻可不限於「生理疼痛」而深化於所有的「受苦場域」。於是,余德慧教授團隊有了全新的靈感;就這一念靈感,以「人文臨床學論壇」為主軸整合的跨領域學術社群,於焉成型:

23　茲以余德慧、余安邦、李維倫,〈人文臨床學的探究〉,《哲學與文化》,第 37 卷第 1 期（2010 年 1 月）,頁 76,所舉「文學臨床」為例:「因遭逢病痛、親人死亡與災難,而使臺灣文學家寫下他們的親身經歷,這些作品並不因為各種臨床專業（醫療、心理治療等）的擅專而失去價值,相反的,文學作品給予人文生命感一個相當深刻的位置,使我們反省到現代的助人專業對人文生命感的忽視。例如,蘇偉貞在她的丈夫過世之前,陪著度過最後在醫院的時日。在《時光隊伍》裡,許多生命歷史裡的陪行相伴,在「你不在」的處境反而拉出「你」的存在。蘇偉貞的一本書甚至抵過在安寧照顧的醫護、志工十餘年的感受,生命感忽然被感受到醫療的人文貧乏,也補了過度抽象的哲學—時間的底盤。鄧美玲的《遠離悲傷》,則是在他的丈夫於俄羅斯墜機身亡之後的悲傷與療癒過程,其人文深度也補足了一般心理諮商師的醫療取向思維。這件作品有人類學的現場,也有心理療癒的復原過程,也涉及個人的生命轉化。」參閱蘇偉貞,《時光隊伍:流浪者張德模》（臺北:印刻出版社,2006）;鄧美玲,《遠離悲傷》（臺北:心靈工坊,2010）。
24　余德慧、余安邦、李維倫,〈人文臨床學的探究〉,《哲學與文化》,第 37 卷第 1 期（2010 年 1 月）,頁 65。

於是，我們遂產生一個構想，是不是能將人文學科帶進人們受苦
之處，在那兒，人文學科能否捨棄它的書齋傳統，直視受苦現場
（即廣義之臨床），並由此孕育人文學科的新思維，從而可以反過
來投入受苦現場，成為現場的相關知識。我們將此構想向教育部申
請專案獲准，並於 2009 年夏季開始啟動運作「人文臨床與療癒研
究室」，其主要任務在於結合臺灣相關的人文領域學者，包括：藝
術、哲學、漢學、文學、宗教，以及其他人文社會學科（例如精
神分析、文化心理、諮商輔導、臨床心理、醫療人類學、醫療社
會學、護理、社工等），探索人文臨床與療癒的開放性、未定性內
涵，並以種種活動形式，例如工作坊，探討各種人文領域新課程的
構想，以及人文臨床整合計畫的可能性等[25]。

這段回顧性文字，最值得注意的是發想初始所寄望於人文學科的「厚
望」──一種透過單刀直入之「批判」所提出的「厚望」：「是不是能將人文
學科帶進人們受苦之處，在那兒，人文學科能否捨棄它的書齋傳統，直視受
苦現場，並由此孕育人文學科的新思維，從而可以反過來投入受苦現場，成
為現場的相關知識。」何以「厚望」之背後，卻不掩批判？這是余德慧「異
質交錯」思路的典型呈現。不單表現在將原本互不相干的「人文」與「臨
床」概念給整合為一；更要藉此整合，疏通兩「異質概念」（質化／量化、
實證／非實證、科學／詮釋現象學）間顯隱互具、異質折衝的辯證性，以達
致更高層次的融合。顯然，就余德慧眼中看來，人文學科就其目前受制舊有
學術典範所釋放的潛力，是讓人極不滿意的；這關涉「知識政治」的宰制所
直接導致「人文意識」的萎縮，人文意識對人類處境賦予「精神的再生產」
之「虛構的力量」，遂就此蹭蹬垂羽；殊不知，這獨屬人文意識的精神生產
與虛構能力，恰是轉化人類受苦處境的「樞紐」所在；無它，那為「受苦現
場」帶來強大轉化動能的「身體人文空間」，正是通過「虛構的力量」[26] 幻化

25　余德慧、余安邦、李維倫，〈人文臨床學的探究〉，《哲學與文化》，第 37 卷第 1 期
　　（2010 年 1 月），頁 65。

26　視「虛構」為「人文精神」所以蘊生之道，可參閱余德慧、余安邦、李維倫，〈人
　　文臨床學的探究〉，《哲學與文化》，第 37 卷第 1 期（2010 年 1 月），頁 68 所云：

而生；這意味，身體人文空間，究其底蘊，無非是人文意識秉其「虛構的力量」而對人類處境賦予「精神之再生產」所成的「虛廓之境」；人因能在受苦現場（現實空間）與虛廓之境（非現實空間）的虛實交織中，遂行了「詩性突圍」的可能。余德慧以此有云：

> 就知識的現實面來說，人文意識幾乎將其自身置身於知識政治裡頭，它不得不接受知識分科的領域區分，使其自身被區隔為領域性的知識，這個不幸日漸惡化，使得人文意識難以越過知識政治的規範，人文學不敢與現場的處境會遇，對生命的痛苦經驗才用一種遠距的旁觀，以為自身對撫慰生命苦痛或創傷的精神生產只能在反思領域，這種自限原本是人文意識的萎縮，但久而久之，卻成了行規默契。實則，人文意識最珍貴的資產恰好是對人類處境賦予精神的再生產，也就是虛構的力量。正如前所述，精神生產與虛構之間的交織正是人文學科的本業，倘若在知識政治的宰制之下繼續其區域化、領域化，對人類將是個悲劇，而補救之道乃在於人文學科應改變其領域化的固化作用，反而以諸種細分子滲透方式進入世界，但既非庸俗化，亦非普羅化，而是臨床化，這是另一條逃離知識政治的逃走線，也是本身「去領域化」的法門[27]。

這並非針對「人文」本身的價值提出質疑，畢竟人文學在歷史上曾有過的輝煌，殆不可掩；應該說，余德慧所寄意殷切卻終不掩失望者，實剋就「人文學問」在「人文學者」手中被操作的方式而言之。批判線索，容或多端；文中則直切核心地指出：「人文學科能否捨棄它的書齋傳統？」人文學者聞之或有不平：為何要捨棄「書齋傳統」？以中文學者為例，埋首故紙堆，在厚積千載的經傳注疏傳統裡「坐集千古之智，折中其間」[28]，已自深於

「人文意識的真理性可以允許在虛構裡自我生產。而其求取真理性的方法其實在於拓展研究者的識知能力，而非去試探外在世界的變動。人文學的精神生產就從虛構裡產生，從而獲得人文學存在的價值。」

27　參閱余德慧、余安邦、李維倫，〈人文臨床學的探究〉，《哲學與文化》，第37卷第1期（2010年1月），頁71。

28　語出方以智，《通雅・考古通說》，參閱侯外廬主編，《方以智全書》（上海：上海

學問之況味；若偶得靈機勃發，在前人注疏基礎上再添幾筆獨發之見，在學術貢獻上也可堪告慰平生了！況乎，皓首窮經，高尚其志，正顯學行之清高，有何捨棄之理？然而，余德慧「人文臨床」之旨趣，自有其難以辯駁的強大說服力；關竅所在，正在呼籲「捨棄書齋傳統」後的按語——「直視受苦現場，並由此孕育人文學科的新思維，從而可以反過來投入受苦現場，成為現場的相關知識。」此語深微，有必要配合其它語脈以烘托之：

> 大體而言，「現代」的人文學科本身在自己的「專業」化底下，固守疆界，不敏於後現代處境的變化。明顯地，後現代的人文學科社群正面臨界限模糊的跨領域網絡，或者所謂「流動疆界」的思潮。幾乎所有的人文學科都有涉足他界領域的現象，但也依然保持其本業的內核。跨領域的現象發生於學科之間，也發生在學科本業的界限朝向自身的邊界，在邊界的極限之處會遇到它的他者世界。當學科本業在邊界之處發生不可理解的他者，挑戰它的智能邊界，令它暈眩，使之失敗，卻因為這樣的失敗而修煉成正果。我們認為，人文學科的「臨床」的旨趣是：使得自身被拋擲於不可期待的現場，以及無法從自身去推衍他者的真實處境，（從而）獲得自身的揭露[29]。

> 因此，本文所稱的「人文臨床」（動詞）就是試圖將人文學科的自我遞迴打破，賦予人文學科一種手足無措的失神狀態，從而在人類的臨床現場，例如疾苦、厄難、失控等受苦處境裡獲得人文的發展，並結成人文現場支持的網絡。在這臨床的現場，一方面讓人文學科突破自身的慣性，開始去傾聽受苦的聲音，獲得自身全新的反省。另一方面透過新的反省，人文學科進而自我轉化，滲透進入受苦處境，凝練出更深刻的人文知識[30]。

> 在這意義底下的「人文臨床」（名詞，蛻變後的人文學科）參與了

古籍出版社，1988），第一冊，頁2。

29　余德慧、余安邦、李維倫，〈人文臨床學的探究〉，《哲學與文化》，第37卷第1期（2010年1月），頁66。

30　同上註。

人類受苦處境的調節，它有著別於傳統緩解受苦的專業部分，而有其自身特殊的律動；從迥異於傳統專業的基調與層次，顯現出它自身與本科本業多所差異的基調──它宣告它自身的行動本體、自身的方法論，乃至知識的生產方式，甚而它打破人文學科本業現存的狀態，隨著臨床行動的進行，某些未曾被本科預料的現象感知會呈顯出來，而這些新的現象感知因而將激發人文學科本業的反思，而使該學科自行出現缺口，透過缺口動力學的作用，人文學科遂自行改寫其本身，因而改造了該學科原本之習性[31]。

最具體的例子是宗教學者蔡怡佳的疑問。記得當年蔡怡佳攻讀心理學研究所時，主攻臨床心理學碩士學程，可是兩年下來，她失望地提出一個問題：「為何心理治療是個沒有神的協助的工作？」當時她的老師、同學沒有人能回答這個問題。一直到她拿了宗教學學位之後，結合其臨床心理與宗教的理解，她才發現「宗教療癒」這浩瀚的領域。此處所指的「浩瀚」，意味著既超越傳統宗教教門的療癒，也超越臨床心理的俗世化框架，而是在這兩者之間未曾被探索的浩瀚領域之處[32]。

這個地帶被人文學者稱為「神聖領域」，其實那就是巴塔耶所稱的「無可預期者自身的揭露」[33]。

沿襲傳統臨床的實徵求是主義（evidence-based empiricism）框架，並在傳統宗教訓諭的視域限制下，蔡怡佳所謂的「神的協助」，展現的正是奧祕他者所賜的自我顯露[34]。

我們認為，人文臨床最富啟發之處即在「神聖的恢復」。神聖，乃生活中不知不明、奧祕不測的部分。例如災難即不測、即奧祕，有

31　余德慧、余安邦、李維倫，〈人文臨床學的探究〉，《哲學與文化》，第37卷第1期（2010年1月），頁66。

32　同上註。

33　巴塔耶，〈我對主權的理解〉，嚴澤勝譯，汪民安編，《色情、耗費與普遍經濟：喬治‧巴塔耶文選》（吉林：吉林人民出版社，2003），頁226。

34　余德慧、余安邦、李維倫，〈人文臨床學的探究〉，《哲學與文化》，第37卷第1期（2010年1月），頁67。

其神聖的一面。又如原住民生活中有神聖性，人與環境之間存在著真摯的關係。可惜過往多數人從專業本位謀思控制，欲除真摯關係而後快，而非將不測還諸不測。例如不平衡、超越預期本身，即有不測的意義，而以現象學方式及身體感進入，即有感受的想像；真摯關係的解蔽往往發生於生發之情事當中，而非符號的演繹推衍。目前，在專業被過度保護狀態下，如何能有面對不測的經驗？這實是臨床工作者的一大挑戰與嚴肅課題[35]。

　　整段引文，雄辯滔滔，卻毫無疑問佔據了更高的視野。因為，不是從專業學門的立場立言，而是還原到一切學問背後的「生命現場」立言；而最鮮烈嚴厲、最無可假借並令一切裝模作樣的論述都被打回原形的「生命現場」，捨生死交關的「受苦現場」無以過之。何則？只有通過「受苦現場」無可諍辯、也無可討價還價的強大臨在，沉溺學科慣性而習焉不察的專業本位者，才被迫輾碎了長年自我遞迴的「迴圈」，而在身心全體動盪的深祕「暈眩」中，親炙了「神聖」的蹤跡。事實上，也直到這一刻，一位人文學者，才終而在全然的「謙卑」中升起一股由衷而發的「敬畏」之情。謙卑，來自對「缺口」的深刻照見而不復以「全知姿態」為自己設想一個「俯視人文知識的制高點」[36]；敬畏，則因為在苦難的深淵中觸及了「神聖」的力量而瞬間臨在於一種「私密的浩瀚感」[37]。即此而言，逃避「受苦現場」，就意

35　余德慧、余安邦、李維倫，〈人文臨床學的探究〉，《哲學與文化》，第37卷第1期（2010年1月），頁67。

36　同上註，頁68，〈人文臨床學的探究——第三節：「人文臨床」做為人文學科介入現場的途徑〉：「人文學擁有豐富的歷史傳承與遺產，也富有詮釋的再生產，然而，人文學界往往為自己設想一個俯視人文知識的制高點，試圖以人文語言的全知姿態，立足於後現代動態的世界，但此種態度恐使其命運變得相當艱難。」

37　參閱巴舍拉著，龔卓軍譯，《空間詩學》第八章〈私秘的浩瀚感〉，頁279-305。依巴舍拉，「浩瀚感（immensité）是個屬於白日夢的哲學範疇。……白日夢將夢者送到切近的世界之外，將之置於一個烙印著無限（infini）的世界之前。……它逃離左近的物件，並立刻遠逝於他方，處於他方（ailleurs）空間中。」（頁279）、「他方的與從前的比此時此刻來得有力。此在（être-la）受他方之存有（être de l'ailleurs）所支撐。」（頁305）、「當夢者真正體驗到『浩瀚』這個詞，他就會看見自己從所憂慮的、思索的，甚至從自己所夢到的一切之中解脫。他不再禁錮在自己的重擔當中，不再作為自身存有的囚徒。」（頁291）、「此時，不同的感官印

味捨棄了那只能經由「深淵經驗」或「陌異他者」而示現的「奧祕」；而悠晃於「非現實母體」之上的靈光，正是「受苦現場」之「深度」所在，也是「生命轉化」所以可能展開的起點。此所以作者有如是發人深省的論斷：「人文臨床最富啟發之處即在『神聖的恢復』。神聖，乃生活中不知不明、奧祕不測的部分。例如災難即不測、即奧祕，有其神聖的一面。」這意味：抵拒「受苦現場」，形同自絕於「深度」──一種只有臨在於「生活中不知不明、奧祕不測的部分」才可能開啟的深度。準此以觀，「人文」一詞，就當前高教體系之建置而論，其涵蓋之人文、社會等專業學門者多矣！難道只憑體系建置所賦予的專業地位，「人文」就獲得了「深度」的保證？以余德慧教授主持的學術團隊觀之，問題當然沒那麼簡單：

> 以安寧療護來說，所謂的「人文深度」包括日用人倫的行事、宗教感的縈繞、生命情事的救亡（如憾事、憾情的補救）、離情的心理動力等等。這些「人文」所需的深度迥異於日常生活，而是關係到當事者集體進入存在的底線[38]。

結語所云：「這些『人文』所需的深度迥異於日常生活，而是關係到當事者集體進入存在的底線。」此語特是關鍵！何則？棲遲於常規矩矱而遠離奧祕的日常生活，固無涉於「深度」；徘徊日常生活上打轉的「人文」活動，以詩詞歌賦而論，多屬風花雪月、無病呻吟之作，這意義下的人文，並未能紮根於「存在的底線」，自也無與於深度。然則，以「受苦現場」的強大臨在性，其徹底搖撼存在根基的崩毀感，豈是不知「深淵經驗」為何物的浮淺人文可以接應得了？此所以「人文臨床」的「人文」，必得歷經受苦現場的嚴厲淬鍊過程，方足以成其為「深度之人文」；「花拳繡腿」的人文，其

象透過混合的力量進入了彼此感通的境界……浩瀚感就在我們自身體內。它與一種存有的擴張狀態緊密關聯，這種狀態總被生活所箝制，被謹小慎微所局限，但是當我們孤獨一人時，它又再度復甦。一旦我們靜止不動，我們就身在他方，並且在一個浩瀚無垠的世界裡做著好夢。浩瀚感是靜止不動之人的運動；浩瀚感是靜謐白日夢所具有的動態特質之一。」（頁280）

38　余德慧、余安邦、李維倫，〈人文臨床學的探究〉，《哲學與文化》，第37卷第1期（2010年1月），頁64。

不足以面對「真槍實刀」的受苦處境，固無待論矣。以此觀之，侷促「符碼操弄」之戲論而流於浮淺之「人文」者多矣；而真能抵達深度的人文悸動，卻必然觸及一種凌駕「心知轄域」之上的超越性；這超越性不由理性推溯的「超驗本體」[39]而來，卻是從血淚斑剝的生命困頓中一步步蹣跚匍伏而來。是以，「人文臨床」的「人文」，必得是經過苦難「淬煉」過的「深度人文」，才可能將人文學科所潛蘊之巨大療癒能量給徹底釋放而貢獻自己於「鮮烈嚴屬」的受苦現場。這意味，「人文臨床」的人文深度只能是由切身的「生命困境」所發展出的「生命風格」；「舒適圈」裡流於安逸卻自陷昏沉慣性的人文活動，則難以「打破」人文學科的「自我遞迴」而不免流於「行禮如儀」卻「去道日遠」的「制式化」摹本。即以「道德」為例，有摹本化的道德教條，有根於存有底蘊的道德躍動。試問：「道德」的「人文深度」，從何得見？余德慧藉著為凱博文《道德的重量：不安年代中的希望與救贖》一書作序，而留下了精闢的體察線索：

> 所謂「真實道德」完全迥異於傳統教條式的道德，「真實道德」深植於生活的根源之處，搖擺於人的不定遭逢裡頭，無法事先被訂出規範，也無法提綱挈領地以明確的道德準繩來衡量，相反的，每個真實道德主體都只能從自身的處境裡逐步地發展自身的主觀過程，自行發現自己與真理的關係，人生裡不斷發生的事故、機緣、變化與外在的衝擊，都無法以原則性的概念加以通約，裡頭也沒有首尾一貫的邏輯，所有的變故都意味著轉化的力量，所有的轉化都朝向個體化的風格塑形，而在這過程裡，有些「真正事關緊要的東西」就會發生，而到底何者是生命最緊要的？這個問題沒有普遍的答案，只能循著個體的生命獨特機緣、命運去發現。……所有的憂鬱、驚悸、創傷都是真實道德引出的處境倫理。這個觀點與目前主流的精神醫學相違背，卻含有深刻的真知灼見[40]。

---

39 一切作為形上學或本體論理據的「超驗本體」，無非也只是「自己設想一個俯視人文知識的制高點」；其空頭自恃的「超越性」，何嘗非出於理智的誤識而不免流於意識形態的投射。

40 余德慧，〈從真實道德看見「終極關懷」〉，參閱凱博文，《道德的重量：不安年代

……尤其涉及人在世界沈浮多年之後，在真實道德的折磨，而發現俗世心理學的改善技術於事無補，就如末期病人也承認藥石罔效之後，產生的必要行動。這無涉領域的偏見，也無關乎對俗世的批判，而僅僅是人類的智慧傳統對自己生命的終極解脫的緊要性。然而，病理化畢竟把過去曾經浮濫的泛道德化縮小範圍，但也連帶把真實道德的困境也加以埋葬，使得一般人無法看見自殺、自責、完善主義背後的罪惡感的生活源頭，反而透過經精神醫學病理化論述的掩蓋，真實處境消失了，所有的問題「都是精神醫療的問題」[41]。

從「憂鬱、驚悸、創傷」的生命困境，引發植根「受苦現場」的「處境倫理」；這是真能觸及浩瀚之精神力量源頭的「人文臨床者」所以有別於無此深祕連結者的「底蘊處境」。即此而言，是深於「受苦現場」之「底蘊處境」，讓缺乏厚實根基的「人文」多了來自域外力量的澆灌，而得以走出「專業者」的迷障並貢獻自己於「人文臨床」的道路。余德慧為之作序的凱博文教授便是典型的例子：

凱博文教授，在他的一生志業很自然地關注著社會受苦經驗，精神醫學只是他對這受苦經驗的探測器，他與佛瑞斯一樣，曾經轉變為人類學者，而終至為人文的關懷者，在凱博文教授身旁的同事或學生，多少都熏聞著凱教授對社會受苦經驗的深度關切，唯其關切之切，他才能夠「花數十年的時間才讓自己擺脫專業解釋的自我保護」，真正聆聽病人真實的生存反應。對現代所謂「專業者」來說，專業知識一方面是理性知識的洞識，另一方面也是生活智慧的閉塞來源，專業者的成長，一方面強化專業知識，另一方面也要消解專業的閉塞，就如新陳代謝，有進有出，有吸收也有消解，既建構也解構，但是，智者多少知道曾經有個源頭，那是尚未成為知識的真實處境，裡頭有各種無法被理性整頓的混亂與無法被語言所調

的希望與救贖》，頁24-25。

41 余德慧，〈從真實道德看見「終極關懷」〉，參閱凱博文，《道德的重量：不安年代的希望與救贖》，頁26。

製的秩序，那是非知識之地，卻是知識的源頭。各種知識不過是被裁剪的成品，而那源頭，如人類的受苦處境，卻不斷地如紅塵滾滾的塵埃，總是漫天漫地構成人類永存的背景，跟隨著任何時代的人類。這不僅是醫療人類學等專業範疇的源頭，也是終極關懷的主題[42]。

是以，深度的「人文」自覺，終歸得回到那「尚未成為知識的真實處境」，也就是「非知識之地」或「知識的源頭」。「人文臨床」所立意回返之「人類的受苦處境」，正是意蘊豐饒的「源頭」之一。如引文結語：「這不僅是醫療人類學等專業範疇的源頭，也是終極關懷的主題。」事實上，這才是余德慧不拘學科背景的「廣袤意識」所立足的「本土」──那以「存有大地」為棲居之所而無有疆域的究極「本土」。在這雍容大度的心量與格局下，原本互為懸隔的專業學門，都可能在「互為他者」的方法論解放下，從「異質交錯」走向「闇相與化」，終而帶來各自的專業突破；只因，所懸隔者，乃發生於表面的專業疆域；超然疆域而外，卻自有「符碼─意識」所無以整飭的「奧祕經驗」作為連結的基礎。所以，「人文臨床」的根本動向，就在能坦然迎向那泫漾於「受苦現場」之上的「奧祕經驗」。一切療癒，就在能「恢復與此『奧祕經驗』的連結」。走筆至此，我們已越來越逼近余德慧借「人文臨床」所衍生出來的「療癒」概念：

> 療癒與俗世的的治療完全是兩回事，療癒自古以來就涉及超越界，無論宗教、倫理、道德、哲學或所謂的「明道」，都屬於療癒領域的超越行動，但是直至今日，最不瞭解療癒的大概就是精神醫學，在精神醫學的脈絡裡，這行業的人無法瞭解療癒者的他者人格、療癒的超越行動（信仰）對療癒者多麼重要，甚至將之與治療混為一談，依舊以「功能論」來論斷療癒。療癒的超越就在「成為自己的不是」（becoming whom I am not），這與非超越的俗世心理學的自我追求背道而馳，療癒超越的行動拒絕自我認同（ego-

---

42　余德慧，〈從真實道德看見「終極關懷」〉，參閱凱博文，《道德的重量：不安年代的希望與救贖》，頁29。

identification），甚至發展各種「消解認同」的修練技術，也就是發展無為、無我的修道領域[43]。

即此而言，從符合「俗世心理學」之「自我認同（ego-identification）」所期待的「治療」，到背離「俗世心理學」而以「成為自己的不是（becoming whom I am not）」所展開的「療癒」，後者所代表的精神動向，顯然已跳脫「功能論」的視域框架。根本來說，就是從「日常生活」朝向「域外他者」的轉化：從「功能取向」到「非功能取向」；從「知」到「非知」；從「意識」到「意識之非」；從「現實」到「非現實」；從「俗世」到「聖域」；從「自我認同」到「成為自己的不是」……。這盡棄情偽（懸崖撒手）而任之自然（泰然任之）的「背立轉向」[44]，恰具現為朝向「他者」的蹤跡，此則「人文臨床」的精神動向所在。然而，深受列維納斯（Emmanuel Lévinas）啟發的「人文臨床」語境裡，「他者」這概念，又是如何被把握的？我們有必要透過底下文脈以尋出線索。

第四節　「人文臨床」的精神動向：朝向他者

行文至此，我們乃可順勢將「受苦現場」與「人文深度」進行更深的締結；締結的線索則建立在一道「似非而是」悖論上。簡言之，「受苦現場」在「人文臨床」上的深邃意義，就在於它透過「截斷」人文而予人文以更高的「成全」。更細緻地說：「人文」作為一種符碼活動，將因著「受苦現場」的臨在所帶來的強大擾動，瞬間截斷其「自我遞迴」的慣性迴圈，而讓原本被排除「域外」的「他者世界」[45]，得以「殘餘」[46]之身，從「不可見」現身為「可見」。不言可喻，「人文臨床」的深度，就直指此「不可見」之「域外存

43　余德慧，〈從真實道德看見「終極關懷」〉，參閱凱博文，《道德的重量：不安年代的希望與救贖》，頁26。
44　所云「背立轉向」，即人這種存有者（being）被「存有－本身」（Being in itself）所攫住時的存在狀態。在這狀態中，作為社會我而無以自決的存有者，瞬間掙脫了社會化的鎖鏈；往昔所懸念難釋者，至此竟渺若煙雲，恍如隔世。
45　此指未經符碼整飭、收編的未定域。
46　此指符碼化過程所排除的「殘餘」——也就是一種「知識的殘片」。

有」的揭露；「人文臨床」的意義，於是也由此被推向一道決定性的轉折關隘——「將人文意識從現場暈眩的狀態回神過來的過程。」[47]。底下，我們仍透過〈人文臨床學的探究〉一文以勾勒箇中理路：

> 人文意識所領會的真理性建基於符號化之後的智識；⋯⋯符號化過程必然排除非符碼所及的成分，並使人文智識無法辨識出這種排除。不過，人文意識仍必須在虛構中與不可見之精神力量的浩瀚泉源取得聯繫，才能構成其精神生產的力量。例如，我們會在神話或傳統儀式裡與祖先精神取得聯繫，或在歷史論述裡感受到自身返祖的力量，或在虛構的小說裡取得真實的感動，或在藝術對現實的扭曲而取得昇華的力量。這些都一再顯示人文本業不可思議的精神力量，讓我們在那裡獲得另一世界的情態，如悲歡、離合、殘酷、仁慈等等。這些明顯的現象使我們無法忽略與精神力量之浩瀚泉源接壤的必要與各種可能。
>
> 與精神力量的聯繫並非來自純然的想像所創造，很大的可能性來自那我們無法洞悉的他者。任何人文學科如果細審其創造的來源，與他者的會遇是個非常根本的經驗質地，例如，人類學田野經驗實受惠於陌生他者之處境，而非熟習該地而取得的默會。多少人文新論述受惠於未曾被細究的新處境、越軌、例外，以及預想不到的新事證，文學的基本驚奇性即是此會遇的靈感。
>
> 精神力量的浩瀚泉源無法在物質的可見性上獲得聯繫。直言之，在彼意識的他處存在著不可見的冥契關聯，亦即在意識不到的地方，他者事物自然有其關係的組合。這些組合可以隨著變化，或強固連結或離散或折疊或對立或契合。如以史賓諾沙的語言，這些不可見的力量組合關係可稱為『共同概念』（事物之所共通），它不同於利用人文想像所建構的抽象概念卻不見得可以通曉他者之網絡。
>
> 這樣的精神力量有時被人文的虛構在某種視角瞬間瞥見，或陰錯陽

47　余德慧、余安邦、李維倫，〈人文臨床學的探究〉，《哲學與文化》，第37卷第1期（2010年1月），頁70。

差地、被非意向性的虛構所撞及。這就是偉大的人文作品傑出之
處[48]。

受苦現場給出的知識的條件、行動的充分性，幾乎將人文學的真實
力量場匯集在一起，而且這力量場所發動的，不再是過早被符碼化
的抽象概念，既非「模型」亦非「因果關係」，而是現場諸力量的
變化生成[49]。

人文臨床涉及基本的知識生產可能性，其生產型態迥異於人文學本
業的知識狀態。在通常的狀態，本業的知識生產是在其自身的界限
底下開展，而人文臨床卻必須將本業知識推進到界限的邊緣，推至
該本業知識開始無法理解的部分或模糊以對的部分，在那個部分出
現與無知接壤的區域，並讓這塊接壤地帶開放給未知的現場流變
（實踐場域）[50]。

　　依「不可見的力量組合關係」以描摹那不可作為對象的「他者」，這思
路甚值鄭重看待。這意味，「『心知』所未及」的「他者」，是一種力量的流
溢，而且，具現為「不可見的力量組合關係」。顯然，這思路受到列維納斯
（Emmanuel Lévinas）現象學的絕大啟發。而且，這揣測有其合理而具體的
線索。據曾幫余德慧暫管藏書的舊日門生彭榮邦寫下的回憶記事：「Levinas
的《Time and the Other》借給學生了，只好借余老師的版本來看。老師的
《Time and the Other》，書邊都翻毛了，裡頭的劃記密密麻麻，想必是一本用
力讀過、深深納入思想底蘊的書。書上有一句話，明白標誌著余德慧老師對
心理學的想法，而對我來說，這就是人文臨床的起點：不是走向全知，而是
迎向他者。」[51] 可見，余德慧融「他者」於「本土心理學」並由此轉向「人文
臨床」的思路，固然取徑多方，惟受到列維納斯觀點的影響，殆無可疑。

48　余德慧、余安邦、李維倫，〈人文臨床學的探究〉，《哲學與文化》，第37卷第1期
　　（2010年1月），頁68-69。
49　同上註，頁69。
50　同上註，頁69-70。
51　參閱彭榮邦facebook個人平臺發文（2017年5月29日）。文章來源：https://www.
　　facebook.com/rongbang/posts/10155372811054320?locale=zh_TW 。（查閱日期：
　　2018.6.18）

「他者」二字，在「人文臨床」的語境中，於是無關「對象」的稱謂，卻指向『『謂詞』之前』的「未定域」。這「未定域」乃隱蔽知識底層的伏流，是知識建構介入前的「非知之域」，是尚未被「語言」所標註、未由「符碼」所收編、也未經「範疇」所整飭而納入知識之網的「奧祕」。這飄搖域外的奧祕力量（不可見的力量組合關係），就是「外於心知」的「他者」，也是「人文臨床」繞過「語言—符碼」的迷障所試圖抵達並有以揭露的「深度」所在。為何「人文臨床」之學，如此看重這塊「無法對之建立知識」而懸絕「認知維度」之外的「未定域」？此亦無它，「精神力量之浩瀚泉源」從來就不「建基於符號化之後的智識」，卻始終深藏於符碼化過程所排除的「殘餘」（知識的殘片）；「殘餘」的浮出，逼顯出體系精嚴的知識建構所無法逕予抹除的「他者面孔」；那拒絕被整飭、收編、標注、界定的「非知之域」，才是靈光掩映之所在，也是「人文臨床」所必欲連結的「靈泊之所」。所以，朝向他者，遂成「人文臨床」之學必然的精神歸趨；無它，「人文意識仍必須在虛構中與不可見之精神力量的浩瀚泉源取得聯繫，才能構成其精神生產的力量。」這也是為何「人文臨床學」特看重以「新處境—越軌—例外—驚奇—預想不到的新事證」現身的「他者」；因為，正是通過「某種視角瞬間瞥見」或「陰錯陽差地、被非意向性的虛構所撞及」的「他者經驗」，逼現了人文意識的邊界；並由此而驚覺：眼前的「現場」[52]，還存在超乎我「視域」所能消納的「他者」；還存在著無法對之建立知識的「空缺」；這種顛覆舊有人文知識疆域的「晃動」與「驚擾」，提供的剛好是「人文意識的闕如」——那瞬間讓人文意識墜入暈眩的空白。可這是好事！因為正是那無法被舊有知識框架撫平的「他者」經驗，逼使人文意識從這挾帶強大解體能量的「空白維度」獲得轉化的動力：

52　依余德慧：「現場」情境有著人文意識無法抵達的「多餘」（或殘餘），而且這種「多餘」與既存文本的晦義不同，也與文本間際的關係的隱密意義無甚關聯，更非道古說今的類比可尋其蹤跡。但是這種外部性的「多餘」卻有大用，它從外部帶來人文意識的結構與重構，重整人文意識的秩序。這種自外部力量衝擊正統，可謂是由臨床現場的「力比多」動態所引起，而「多餘」之所以能越出人文意識的捕捉，即在於它就是衝動，一種未經反思的狀態，一種尚未能言明的現身情態，甚至是擾亂思維秩序的亂流。參閱余德慧、余安邦、李維倫，〈人文臨床學的探究〉，《哲學與文化》，第37卷第1期（2010年1月），頁70-71。

人文意識必須在事過境遷的暈眩意識回醒過來，亦即，人文意識必須站在回溯的位置，重新反思現場。在這層面，人文意識又恢復它的覺醒，重新獲得它的活力。人文臨床的意義就在這「將人文意識從現場暈眩的狀態回神過來」的過程[53]。

即此而言，「人文臨床學」的內蘊，正是一種援引域外「精神力量之浩瀚泉源」以回頭對「受苦現場」形成「療癒」並構成隱祕支撐的「缺口動力學」；這也是為何「受苦現場」在「人文臨床」裡具有關鍵地位：越是難以輕易抹平並讓「專業者」都為之束手無策的身心創傷、人倫破局、道德困境，越對活在硬繭中的「終有一死者」示現為一種強大的「他者經驗」。

「他者經驗」卻未必一無是處，它對「日常生活」秩序帶來了強大的「擾動」，卻也藉此顛覆了受制思維硬繭的生活情態；這就為生命的「轉化」留下餘地。這意味：朝向「他者」的蹤跡，就是朝向「淨化一切思維渣滓」的重生之路；終有一死者，於是得以「從（受苦）現場暈眩的狀態回神過來」而獲得深層的「療癒」；這意義下的療癒，不是指向苦難原因的排除，而是指在面對苦難時，有了不同的「眼界」。這「眼界」自非一夕可至；它只能是百死千難中淬煉出來的雍容大度。事實上，這正是「缺口動力學」有無相成、虛實相生的妙義所在──缺口，挫敗了人文意識；人文意識卻也因為「缺口」逼出自身之「邊界」而走出無限遞迴的慣性「迴圈」，並從中獲取了「轉化」的動能；而「轉化」之所以可能，乃因與「精神力量之浩瀚泉源」相接壤而獲得源源不絕的人文挹注。這「精神力量之浩瀚泉源」從來不是醫療體系可以給得出的，它的豐沛能量始終只來自人文──當然，是被「受苦現場」的深祕「他者經驗」給激揚、轉化，終而調適以上遂的「深度人文」；也只有這意義下的「深度人文」能反過來給予「受苦現場」以厚實的支撐力量。此則「人文學科」欲蛻化自身所無以迴避的弔詭性：

在飽受情境處境的干擾而停止自身、盤繞自身的循環運動的現象，並非人文學科的失敗，反而賦予人文學科出現邊界的裂隙，人文意

53　余德慧、余安邦、李維倫，〈人文臨床學的探究〉，《哲學與文化》，第 37 卷第 1 期（2010 年 1 月），頁 70。

識必須領悟到這裂隙所帶來的挫敗，恰似生產分娩的疼痛，沒有這失敗，人文學只能在自我循環裡逐漸惡化[54]。

　　這豈非是一切人文學科為突破慣性迴圈所必經的頓挫與曲折？這就觸及人文性真理所必涵的「弔詭性」。不經此弔詭，就不可能有任何深刻的人文性真理。「人文臨床」作為「將人文意識從（受苦）現場暈眩的狀態回神過來的過程」，自此獲得理論與實踐的雙重安立。

54　余德慧、余安邦、李維倫，〈人文臨床學的探究〉，《哲學與文化》，第37卷第1期（2010年1月），頁70。

第四章
楊儒賓「漢語物學」的學術系譜

第一節　從「心學的莊子」到「物學的莊子」

　　本文靈感所由，可溯及三大線索；惟以「物學轉向」作為決定性的靈感起源，卻是來自楊儒賓一篇談及莊子「物學」的論文[1]。筆者不確知楊儒賓在浩如煙海的莊學論述裡，所以得別具手眼而以「物」作為切入《莊子》文本的凝視點，是否從海德格爾對「物」的相關書寫得到啟發；然而，初見楊儒賓鴻文，電光石火間，一時興感多方，一篇醞藉我視域多時的海德格大作——〈藝術作品的本源〉，倏忽騰躍腦海，與楊儒賓的凝視點形成頗耐尋思的對位思考。我因循此兩條互為纏繞的線索，嘗試進一步深掘下去，並連結諸多看似各自獨立的議題，以勾勒出隱蔽深微的連貫性。於是，何謂畸人？何謂物？何謂世界？何謂身體？何謂宗教？何謂詩？何謂異質空間？何謂時間？何謂當代？何謂歷史？何謂受苦？何謂療癒？在本文中，都成了潛在的謎題，等待從中掘發出一條決定性的理路予以貫串並解碼。靈感起源，既從閱讀楊儒賓而起，底下，謹從楊儒賓的洞見淵源與論述理路展開本文的思考。

　　熟習楊儒賓寫作風格者，想必不會有異議：他凡有所論，背後都潛存著一個學術史的巨大視野；這淵源浩博的知識基礎，置諸當代漢語學界的思想工作者中，是極為特出的。這不但表現在他凡有所論，總能在漢語學術淵遠流長的脈絡裡找出具體文獻的來歷；更表現在他所提出看似背離學界主流語境的創闢性觀點，經他耙剔發微後，才恍然後世學者看似新穎、甚或誤以為

1　案：此指〈遊之主體〉，收入何乏筆編，《跨文化漩渦中的莊子》，頁61-116。

得自西學啟發的論點，其實放在漢語學術史的脈絡，不但早有淵源，而且可清晰得見其思想脈絡是如何一步步演變而來，又如何在時代的洪流中沉隱下去。莊子儒門論是如此、身體觀是如此、作為本文主軸的莊子「物學」亦是如此。這般治學門徑，在西方思路主導話語權的漢語思想學界，顯得如此特異而獨出，迥然不同當代漢語學界普遍仰賴從西哲汲取靈感以返觀中國思想的論述模式。倒不是說，楊儒賓只謹守漢學矩矱，不敢逾越門庭一步。不！西方思想的紋跡，亦遍見楊儒賓的論文，所不同者，在於楊儒賓所提取的西學種籽，明顯多了一道「回環」的工夫——或者說，多了一道將來自西方的問題意識給置放在中國學術史脈絡中「炮製」[2] 的工夫；所以，不是直接將漢學素材內置於西學的視域框架，而是讓西學種籽先厚植於漢學的土壤，待醞釀有日，或能在以千年視野為運思基礎的「古今交觀」下，終而根深葉茂，並衍為創造性的轉化與詮釋。可見，同樣運用西學，楊儒賓因為有渾厚的中學底子，他的視域，總能縱深性十足地通過學術史的對位考察以綿延出底蘊紮實的突破性觀點，甚而從中推迫舊日學術板塊的巨大轉移。以此觀之，當代中文學人治思想者，能獨出眾流而贏得哲學專業者的敬重，楊儒賓先生在中文人裡，絕對是標竿性的人物。舉凡三十年前吹皺一池春水的「身體觀」論述[3]，早已在諸多後繼者相續投入下，蔚為當代漢語學界之大觀；2007年，臺灣「跨文化」莊學風潮興起，延燒迄今，終以大火燎原之勢衍為遙契魏晉（向、郭）、近承晚明（方以智、王夫之）的「第三波莊學修正風潮」，楊儒賓作為風潮中的核心參與者與見證者，更是中文人走出「書齋傳統」而投向「跨文化對話」的代表人物之一。循此以觀，本文承自楊儒賓新闢論域而引為主軸論述的莊子「物學」，來日或將衍為另次典範變革的先聲亦未可知。總之，本文的撰就，可謂承繼楊儒賓「莊子物學」理路[4] 所延伸出之不

2　借方以智《藥地炮莊》書名以寄意。醫家製藥，常對藥材加熱烘炒，以便去除毒性、增強功效。仿此義而施諸《莊子》一書，就成了所謂的「炮莊」。

3　以 1989 年，楊儒賓於東海大學文學院發表〈從「以體合心」到「遊乎一氣」——論莊子真人境界的形體基礎〉（刊於《第一屆中國思想史研討會——先秦儒法道思想之交融及其影響》，頁 185-214）一文為起算點。

4　揆其大要，端在扣緊「人文精神」與「物」的連結；一言以蔽之，人文精神必「及物」而發；與物無涉，則不成人文。

同向度的開展；更準確地說，是承繼楊儒賓新闢之「物學論域」，卻嘗試從中開展出不同的詮釋取徑。所以，不是「照著說」的理論複述（同一性重複），而是在「接著說」的脈絡下依循同一主旋律所漫衍的創造性變奏（差異性重複）。這意味，在相同問題意識的基礎上，筆者有不盡然同於楊儒賓的獨立思考，因期另闢論域以自成一家之言。底下謹先簡要勾勒楊儒賓關於莊子「物學」的蘊思線索，以作為本文重構莊學詮釋體系的論述背景。

首先要追問的是：莊子「物學」是如何在楊儒賓的論文中被鋪陳出來的？關鍵在「心學」詮釋進路留下了缺口，不足以涵蓋《莊子》文本顯見的「物學」脈絡：

> 莊子的「主體」通常指向「心靈」的意涵，對此種主體的解釋各有不同，常見的一種解釋是採取「心學」的立場，筆者此處所說的「心學」採廣義但也是特定的用法，意指其思想建立在一種超越的本體的基礎上之知識體系，此本體被視為和主體在深層構造上如不是同一至少也是合一的，而且，學者透過工夫的實踐可以體現之。……唐宋以後的《莊子》詮釋史……從成玄英、褚伯秀到焦竑、憨山、陸西星，我們看到一位深入世界實相的悟道者之莊子，這位悟道者對於如何轉化現實的意識狀態以進入一種更深層的真實──這種深層的真實被認為綰合了存在與意識的連結──立下了很好的修行的典範。這些《莊》學史上的著名注者的詮釋非常深刻，既有文本的依據，也有理據，「心學的莊子」是《莊子》詮釋史上一支強而有力的論述[5]。

通過以上引文，楊儒賓清晰點出在莊學詮釋系統裡一向居於大宗的「心學」理解進路。然而，這蔚為詮釋主流的莊學理解典範，果真能順適而周浹地通解《莊子》文本的每個段落？楊儒賓即此而提出異議；他目光如炬地窺見──「心學的莊子」在論述上實隱含無可忽視的理論缺口；筆鋒一轉，乃指出一項深富學術史意義的洞察：

5　參閱楊儒賓，〈遊之主體〉，收錄於何乏筆編，《跨文化漩渦中的莊子》，頁62-63。

然而，同樣在《莊子》這本書中，我們卻看到莊子明顯地不是沉耽於深層意識之樂的哲人，他的生命是在這個世界，也就是物的世界展開的。莊子的心之理念前有所承，「莊學為心學」之說可找到不少文獻的佐證。但他對以往道家鉅子的所作所為不全認同，他批判老子「以本為精，以物為粗」，亦即莊子認為老子太耽溺於本心的氣氛裏了。《莊子》一書是有心學的成分，而且很典型，但筆者認為此書的核心義恰好不落在超越的主體之上6。

不落在超越的主體之上，又落在何處？為保住行文結構的緊湊，本文不擬詳細轉述楊儒賓的思路鋪衍過程，但求明快地聚焦於其核心論點：簡言之，楊儒賓顛覆了以本體作為超驗理據之「心學思路」，他在「心學的莊子」、「氣學的莊子」、「身學的莊子」所形成的既有莊學語境而外，又別具手眼地開展出全然不同的莊學圖像──「物學的莊子」。

這洞見，乍看突兀，但只要真能深入楊儒賓之理路，就不得不承認，依「物學進路」開顯的莊學圖像，絕對是別有洞天；甚而對心學、氣學、身學的莊子，都能通過「物學」的凝視點，而有更透徹的把握與修正。依筆者之見，這通過「物學視域」開啟的全新理解，實啟發臺灣當代莊學研究再度來到了一個「詮釋轉向」的契機。這意味，二十多年來，臺灣當代莊學奠基於跨文化研究的「身學進路」，或將因此更形深化而在挑戰「心學進路」的典範轉移過程，獲得驚人的能量挹注。事實上，本文寫作的意義，亦是建立在這「詮釋轉向」上的某種延伸性開展。更準確地說，本文的企圖心，猶不只是承接楊儒賓詮解莊子的「物學思路」，卻更要將此「物學思路」予以創造性的轉化以連結上《莊子》文本原就內蘊幽微的「宗教維度」。是的！將「物學進路」進一步導向以「回應受苦經驗」為主軸的「宗教維度」，並反過來更深地消化「氣學─身學」的莊子而予「心學莊子」的「誤識」以摧枯拉朽的一擊，才是本文的寫作企圖所在。

如是寫作企圖，奠基於底下的學術判斷：《莊子》的物學進路，不是「身學進路」的對反；它毋寧是「身學進路」的深化必然涵帶的理論延展。

6　參閱楊儒賓，〈遊之主體〉，收錄於何乏筆編，《跨文化漩渦中的莊子》，頁63-64。

是以，綰結「身學進路」與「物學進路」，而後，通過「身—物」關係的多維度視角以解構「心學進路」所高揚的「超驗主體」，正乃區區微意所在。惟這延伸性的理論開展企圖，未必合於楊儒賓的本意，卻是筆者受楊儒賓問題意識激盪而「開枝散葉」的理論後果。這互為歧出卻又祕響旁通的思路，是乃筆者為文的寄意所在；惟其義蘊豐饒，非一言可盡，請容筆者綜理其要，並次第開展。

第二節　「漢語物學」三大典範

本文以「物學轉向」作為貫穿全文的論述軸線。惟在深入莊子「物學」之前，若能將此單一論題放在更具「歷史縱深格局」的學術史脈絡，並藉不同歷史條件下所形成的「物學語境」作為參照典範以凸顯莊子所暢發之「物學」妙義，或更能把握其在漢語學術史的特殊地位。

眼下，楊儒賓將「物學」視角移向「六朝隋唐佛學」與「北宋理學」的一篇論文〈喚醒物學——北宋理學的另一面〉[7]，對儒佛二家在「物學」論域形成對峙的歷史緣會就別富洞見。這篇論文最顯功力之處，就在作者分別依先秦儒道、六朝隋唐佛教與北宋理學的不同歷史條件而勾畫出三道深富學術史意義的線索，並就其思路轉折的關竅所在，給出視野深闊的「理解框架」。在筆者看來，楊儒賓依學術史發展脈絡為漢語物學思想流變所擘劃出的論述架構，恰為《莊子》物學的「獨具理趣」給出了再適切不過的「對照體系」。底下，謹借鑑楊儒賓從漢語學術史抉隱發微的「物學」流衍線索，以作為後文鋪展《莊子》「物學」思想的視域基礎。

為免橫生枝節，旁騖過多，本文於漢語物學之回顧，將限縮在儒、道、佛三家特具代表性的物學觀點，並依「佛教物學－儒家物學－道家物學」的順序，分別凸顯漢語物學史上最富典範性的根本洞見。其中，佛教物學以「緣起性空」義所決定的物學典範為主線索；儒家物學以北宋理學「天道流行」義所開啟的物學典範為主線索；道家物學則以本文欲待暢發的《莊子》

7　楊儒賓，〈喚醒物學——北宋理學的另一面〉，收錄於《漢學研究》，第35卷第2期（2017年6月），頁57-94。

物學典範為主線索。「莊子物學」部署在後,並佔有絕大比重的篇幅,固無關三家思想產生的年代順序,卻關乎筆者的「識見」。

　　簡言之,筆者在選擇本文論題時,已有先在判讀:在「人文精神」的盛發與對「物性存有」的全面肯定上[8],幾千年漢語學術史,固無有過於「莊子」者[9];因以各家物學典範所反映的「人文精神」強度為判準,置《莊子》「物學」思想於後,以利於被另兩大物學典範所襯托[10]。此舉,既顯示《莊子》「物學」理論相較於北宋理學與六朝隋唐佛教的圓熟度,也藉此釐清三大物學典範的殊異理路,以為本文主力論述對象的盛大登場預作鋪排。

第三節　六朝隋唐佛教依「緣起性空」義決定的「物學」典範

　　先秦依「太初存有論」開啟的物學典範[11],為何終無以維繫而不免走向弱化的歷史背景?楊儒賓從學術史角度指出,六朝隋唐佛教以新典範之姿全面征服了中國,絕對是不可忽視的線索:

> 在先秦時期,「物」的重要意義在於它是聖顯的作用,一件自然物可以因聖之所鍾,脫胎換骨,甚至進入祭祀之聖所,成為宗教價值的載體。這種物的神聖意義之解消,至少從主流的歷史舞臺淡化,甚至被遺忘,原因固然多端,筆者認為關鍵的因素在於佛教進入中國,並大幅地影響了中國文化發展的方向所致。在佛教的基本教義

8　「人文精神」與對物性存有的「肯定」態度,乃是互相對應之關係。於「物」而無所肯定,「人文精神」隨之無所憑藉,頓失依託。

9　事實上,也正因莊子在人文精神向度對漢語學術的貢獻,不下於任何儒門人物,楊儒賓因以「人文精神」為判教線索,上承晚明方以智、王夫之餘緒以暢發沉隱三百五十年的「莊子儒門論」。

10　如此鋪排,只因以對物的肯定態度而論,依筆者,佛教不如北宋理學;北宋理學又不如《莊子》。

11　依楊儒賓〈喚醒物學──北宋理學的另一面〉,涵括先秦儒道的物學、六朝隋唐佛教的物學,以至於北宋理學的物學。本文擷取後兩者,「代表佛家的『六朝隋唐佛教物學』──代表儒學的『北宋理學物學』以與「代表道家的『莊子物學』」鼎足而三。至於「先秦儒道」建立在「太初存有論」的物學,筆者未及深究。為免誤讀可能,茲存而不論。

中,「諸行無常,諸法無我」是被視作「法印」的,用以判斷任何敘述是否為佛法的準則。萬物皆因緣而合,當體即空,此義乃顯密共許,大小乘同證。在佛教的世界觀中,「本體」、「本質」之類的概念很難找到生存的空間。太初存有論主張的聖顯、聖之辯證發展等理論,在高僧大德眼中,會成為不相干的戲論。

先秦儒者善言《詩》、《書》,注重內容之引譬連類以引發人格之感興,因此,任何儒者原則上都當會重視精神表達的物之想像。即使孟子很注重精神的直接表達性,他論仁、義、禮、智的德目時,仍然使用了大量的物之意象。這種注重物之意象的中介性價值的工夫論路線乃中國本土固有的思維方式,是原始儒家的原始智慧。它的表現或許不夠精緻,堂廡卻甚大。此路線因佛教進入中國,一種透徹存有基礎的唯心體系大興,太初存有論的物學遂大幅萎縮,這種「心」、「物」價值位階的調整乃因教義的基本方向的定位不同所致,是非得失固難言也。然而,我們論及「物」在整體中國思想史上的流動變遷,佛教不能不是主要的影響係數。物論在近世中國的命運,也不能不放在儒佛兩套世界觀的拔河拉鋸的過程而得其定位。

五行說在先秦時期如果能維繫「物」的神聖意義,象徵意義後來才弱化的話,這種弱化的原因應當還有中國思想史獨特的脈絡。筆者認為佛教東來,引致一種可以貫穿人生與世界實相的心學興起,應當是很關鍵性的因素。六朝隋唐是佛教的天下,佛教在工夫論、心性論上,戛戛獨造,其細密非傳統中國哲學所能做到。佛教的工夫論的解脫性格一方面大大地刺激了中國固有的儒道學派,促成後者形成了更完整的無限心的論述。但在此世的價值之判斷上,佛教卻又和中國文化的性格,尤其和儒學的價值定位相去甚遠。倫理價值的差異是其中一個,另一個主要的差異在於對世界的理解,對世界的理解再縮緊範圍來看,也就是對「物」的理解。在佛教緣起性空的法印規定下,諸行無常,諸法無我,「物」的無自性,性空唯名,乃是「物」的本質性規定。教義決定了看待事物的知覺功能,當佛教征服中國時,「物」的去本質化,也就是「物」的虛化應當

是無可避免的命運。

誠如陳寅恪所說的，在中國文化與異文化的交流史上，影響最深遠的一次事件即是佛教的東來。佛教東來帶來的衝擊是全面性的，其中也包含對整體世界，包括對物的理解之衝擊。

從佛教的觀點來看，儒典所說的「天之五行」、「鄉之六物」之真實，乃是世人妄執事物的真實所引致的心靈上的迷惘。因為依據佛教緣起性空的基本規定，諸法無我，亦即諸法皆由因緣組合而成，緣起法乃是佛教之所以為佛教的根本。佛教的緣起性空觀原本是針對著流傳於印度的萬物神造說、無因說等諸種論述之破解，傳到中國來，它也對中國「誠」的天道觀、物的真實觀產生了極大的撞擊。

性空唯名的物論是典型的佛教文明的思考，中國不與焉。不但不與焉，而且是方向恰好相反。一旦有反思力道強勁的儒家思想興起，對佛教世界觀有效的反彈之聲是可以預期的。理學上接先秦儒學，理學各系都以先秦孔孟為宗，對世界「誠明」的信任，也就是信任「物」的本質之價值。天道流行，物與無妄，乃是理學家普遍信守的承諾。理學對物的定位原則上就不能不和佛教對反，理學是佛教東傳席捲天下後，華夏世界出現過的最有意義的重新安頓「物」之思潮。但到無限心系統形成後，尤其復性說成了安身立命的學問宗旨後，心學的影響即是壓倒性的，「物」的思考難免相形見絀。理學諸系中，陸王對「物」的思考頗不足，基本上是存而不論。程朱或者加上筆者所說的第三系理學，則都有物學可言。只是其學理闇而不明，鬱而不發久矣，其內涵顯然都需要重新詮釋，力道才能彰顯。

理解「心—物」關係在儒家思想史上的興衰起伏，我們對「物」的價值 可以作更合理的判斷。……藉著先秦以「五行」為核心的「物」之主張以及宋代儒學的物論之內涵，相互對勘，我們可看到一種與心學相關甚深，但卻分途發展的「物」之理念[12]。

12　楊儒賓，〈喚醒物學——北宋理學的另一面〉，《漢學研究》，第35卷第2期，頁60-62。

綜上所述，中國文化慧命進入六朝隋唐後是一大轉折；楊儒賓從「物學視角」切入，這就開顯了歷來從「心學視角」立論得未曾有之新視野。這匠心獨具的新視野，一來特能凸顯異質文化交錯融通過程不掩扞格的關隘所在；二來則藉此歷史緣會之「機」而將漢語「物學」典範的轉移軌跡與立論根柢給逼顯出來。須知，各家物學，不論是從屬於先秦太初存有論思想、六朝隋唐佛教，以至於反彈佛教而興起的北宋理學，其思想固非只限於表面所見層次，欲窺其玄奧，還得透入其立論底蘊，將形成如此思想風貌的「視域框架」給耙剔出來。即此而言，楊儒賓藉佛教東傳的歷史機運，一舉而將中國學術史上關涉此千載緣會的三大物學典範盡皆囊括其中，並將各自的立論底線給逼顯出來，其手法之簡潔高明有足可稱歎者。惟在佛教「緣起性空」的法印規定下，性空唯名，物無自性，楊儒賓視為佛教對「物」所做出的「本質性規定」而據此斷論：「教義決定了看待事物的知覺功能，當佛教征服中國時，『物』的去本質化，也就是『物』的虛化應當是無可避免的命運。」這立論，就凸出了佛教「觀物方式」之獨特性；依此「視域框架」，「物」乃是緣起而現、宛然似有，實則了無「獨立實在性」（自性）的「幻有」或「假有」之物。以之對比「北宋理學」視「物」為「道化之物」所展現的「充實感」，佛教「緣起性空」觀點下，物的「虛化」走向，就更顯出與中國文化性格的背離。此則引文中楊儒賓所謂：「在此世的價值之判斷上，佛教卻又和中國文化的性格，尤其和儒學的價值定位相去甚遠。」猶不僅此，筆者所嘗試發前人所未曾言者，更在於指出以下幾點線索，以為呼應：

首先，形同佛教法印所在的「緣起性空」義，從「物學」角度最能逼顯其理論效力的界線與局限。

其次，從「物學」角度以進窺形同佛教法印的「緣起性空」義，就意味：一切「物性存有」，都是依因待緣而生，也依因待緣而滅；所以，不具自足性而說其為性空；所云空者，不是一無所有，而是宛然似有卻無有自性。然而問題來了！當我們能夠說一「物性存有」是依因待緣而起現，便同時預設了一個「視域」前提：這「視域」下的「物」，顯然不被視作「整體性」的存在，而是有疆域或界線的存在，疆域是理智介入的結果，所以這意義下的「物」，乃通過理智對存有的劃界而成。既是劃界所成的「物相」，物遂從「整體」割裂而出；其無以「自足於內」而不免「有

待於外」，也就理有固然，勢所必至；於是，觀「空」者，乃得於「不自足」的「物相」之外另尋來源、編派因果；如是，物相而外，更有推溯不盡的物相；一切物相，乃得在因果鏈的環環相扣中，獲得了自身存在的解釋，也鬆緩了「自性見」的迷執。然而，斷此「自性見」的迷執，卻是建立在「以相破相」的操作；也就是將原本處於「共在」中的「物性存有」從「整全的存在」解離為「被解釋的物相」和「作為支撐條件的物相」；「解離」本身，就是劃界、就是無明、就是領域習性的殘留，這分明是以「自性見」來瓦解「自性見」、以「分解」來破除「分解」；於是，即令黏附於特定物相的「自性見」因之淡化了，那使之淡化的推理基礎卻不離「自性見」。這意味，觀「空」者，終未脫「自性見」的「視域框架」；這形同「抽刀斷水水更流」，未能從因果是非之根一刀斬斷，而一超直入如來地。以此觀之：作為佛教核心法義的「緣起性空」，仍屬「權法」，它包含著一個無可解的內在矛盾——為了解消「物相」，佛教奠基「緣起性空」義的「物學」，竟連在莊子眼中與物相蘊而生的「深度世界」，一併給取消掉了！以莊子「物化之眼」觀之，這何止是「以物為粗」？根本是「以物為妄」；曚然不察「物性存有」的「充實性」原在乎隱蔽物相背後的「深度世界」。準此而言，佛教的「物學」實缺乏「現象學的深度感」[13]；如借鏡海德格通過〈藝術作品的本源〉所示現的現象學思路[14]，佛

13　關於「現象學的深度感」，可參閱楊儒賓、林安梧編，《地藏王手記——蔣年豐紀念集》，頁57-59：「整個現象學運動中，意義的深度被拓深了。從胡塞爾經海德格至梅洛龐蒂，意義在各種論域中被深度化了。我們可說，在現象學中，意義通至存有」（頁59）、「現象學以意義性與深度感見長，但至梅洛龐蒂達其巔峰」（頁59）、「深度感往往意味著：暗度優於明度、寂靜優於聲響、曲折優於直線、生命優於無機、空白優於實物、共覺優於視覺、情感優於理智。中國傳統繪畫與建築最富深度感」（頁58）、「海德格的現象學比起胡塞爾的現象學，更能凸顯時間、存在、知覺的深度感。在海德格處，時間是『流轉』，存有學的第一要素：存在則是憂患（或煩憂）；知覺不再是純認知義，恆有存在感受伴隨」（頁58）、「海德格的『解釋學循環』也加深了人之理解的深度感」（頁58）、「相對於現象學，康德哲學中的意識不重意義性，現象不重深度感」（頁59）、「一如史賓格勒在《西方的沒落》所說，康德的世界是缺乏深度感的」（頁57）。

14　海德格通過〈藝術作品的本源〉而展演的現象學思路，本文於第六章第四節將另有詳論。

教「以物為妄」的觀物方式，固無足以「回到事物自身」[15]。

其三，「緣起性空」義作為佛教法義的根本基礎，承前文所析，實不無破綻。楊儒賓所論：「天道流行，物與無妄，乃是理學家普遍信守的承諾；理學對物的定位原則上就不能不和佛教對反」，僅能看出佛教「以物為妄」的物學定位恰與理學適成對反之勢，卻未足以深掘：佛教的物學「定位」，其實預設了一個受限特定視域維度的「真理觀」；所以，即連形同佛教法印的「緣起性空」義，就更高的視域維度看來，也只是「權說」的方便法門；既是「權法」，就仍可予以解構而不具究竟義。這也意味，一旦觀者超越此特定視域維度，而不復以之為理所當然的感知條件，「緣起性空」看似斷然無可質疑的解釋效力，也就隨之煥然崩解。借《莊子‧養生主》庖丁解牛為喻：一切權說的方便法門，皆只是待解的牛體；皆無非是依繫特定視域框架的「相對真理」而不具「絕對性」；所以，也就難逃庖丁寒光熠熠的「解構之刀」。此義森嚴，即連整座佛教理論體系所奠基其上的「緣起性空」法義，都不例外。只要它是拘限特定感知條件下的「真理觀」，就必然有破綻，必然有「解構之刀」可遊刃其間，所以，也必然可將之置放在更寬廣的視域基礎上而予以銷解。

其四、佛教以一種自恃「透徹存有基礎」的「物學」來成就其「唯心」體系。這走的仍是「心學」路數。「物學」只不過是作為其「心學」的支援體系。換言之，佛教，是以「心學」收攝「物學」；不同《莊子》之綜攝「身學－物學」進路以破解「唯心體系」淪於「主體中心」的迷妄。對莊子而言，迷妄之根柢，在「心」而不在「物」；以「物」為「妄」，只會錯失深隱「物相」底蘊的浩瀚「世界」，與由此「世界」而挹注「此身」的「拯救」力量。

其五、「佛教物學」之理論侷限，非藉「莊子物學」難以對顯；相對而言，「莊子物學」之高妙處，非藉「佛教物學」之襯托亦難予盛發。就某個隱微的意義而言，以「儒門物學」對勘「佛教物學」，固能透見兩家世界觀之互為背離，卻未必真能打中「佛教物學」的要害。要洞窺「佛教物學」的

15　現象學思潮，名家輩出，見地亦互有歧出，然從創始人胡塞爾（Edmund Husserl）即已確立的「回到事物自身」，卻是共法；這形同是現象學的「法印」所在。

根本侷限，還得拉高到《莊子》徹底解放的多維度視域，才真能徹見──
「佛教物學」通過「緣起性空義」所取消之「物的『深度世界』」，恰是莊子
依其高度的「人文精神」所悉心護持、善自珍攝的「物情空間」。惟此義精
深，非蹈襲舊說者所能盡了；此處先點到為止，詳盡的理論展示，且留待後
文。

第四節　北宋理學依「天道流行」義彰顯的「物學」典範

　　佛教東來，這根底上迥異中土文明的陌異「他者」，卻在中國留下了時
空跨度極為遼遠的文化衝擊。衝擊面向，所涉多端，惟聚焦「物學」向度的
衝擊，卻特能彰顯兩大文明在面對「人文精神」的根本態度上所衍成的巨大
歧異。北宋理學依「天道流行」義所表現「對物的理解」，與六朝隋唐佛教
依「緣起性空」義所決定「對物的理解」，在漢語物學系譜上，就是極富意
味的對照。承前文，北宋理學興起乃為回應佛教「緣起性空」之世界觀而
發；對歷經漢魏、六朝、隋唐而長期盤據中土的佛教，更有極嚴厲的批判，
張載底下這段話就頗具代表性：

> 釋氏語實際，乃知道者所謂誠也，天德也。其語到實際，則以人生
> 為幻妄，〔以〕有為為疣贅，以世界為蔭濁，遂厭而不有，遺而弗
> 存。就使得之，乃誠而惡明者也。儒者則因明致誠，因誠致明，故
> 天人合一，致學而可以成聖，得天而未始遺人，易所謂不遺、不
> 流、不過者也[16]。

　　誠如張載所批判：佛教以人生為幻妄，於世界「遺而弗存」；儒者「天
人合一」，故「得天而未始遺人」[17]。若扣緊「物學」觀點立論，假若佛教以物

16　（宋）張載，《正蒙》〈乾稱篇第十七〉，收入張錫琛點校，《張載集》（北京：中華
　　書局，1978），頁 65。
17　楊儒賓對張載此論評述，甚值借鑒：「張載是借《中庸》之誠道以反襯佛法之幻
　　化世界。……他判斷佛教以世界為『幻妄』、『蔭濁』，意即對世界整體，包含意識
　　界、人倫界、自然界的本性之詮釋都與儒家的定位迥然不同。在心性論上，理學
　　的道德主體與佛學的解脫主體；在文化領域上，理學的人文化成之主張與佛學的

為空幻不實，北宋理學家則「從道體論的角度，賦予萬物生生不息的無妄的性格」，認為「物物承道而生」[18]。佛教以「緣起觀」展現物之「空性」，北宋理學家則藉著「以物觀物」的法門，「淨化知覺功能，顯現物在其自體的形貌。」[19]。然則，北宋理學既然在「物學」思想上獨樹一幟，一方面能與佛教「緣起性空」的「物論」分庭抗禮，又能在先秦儒家「太初存有論」的物學而後另闢新局；那麼，這段時期的儒學風貌為何沒能形成有力的「物學」傳承，甚而在當代的理學研究或中國哲學史的建構中淪於被遺忘的處境？楊儒賓於此有極具說服力的洞察：

> 宋儒興起，儒家復興的聲響那麼響亮，新的主體典範，一種帶有先驗的善的屬性之人性論被確定了起來；新的倫理及文化價值的重新定位，亦即一種帶有本體論意義的文化內涵也被豎立了起來。具有先驗的道德屬性的無限人性論以及在主體作工夫以達成復性效果的工夫論，成為理學的主流論述，儒家版的心學模式至此有較為清晰的面貌。
>
> 相對之下，一種可以和「心學」對稱的「物學」雖然也被述及了，而且也不是不重要，但無疑地，物學在理學的傳承中並沒有形成有力的傳統。民國以前，「物學」的標誌已不夠明確。在當代的理學研究或中國哲學史的建構中，理學的「物」論基本上更是被遺忘了。
>
> 理學的超越性心學是那麼地顯著，它被視為一代思潮的主角，這種

涉世應跡之論點，彼此的差異都很明顯。但自然觀上有沒有差別呢？如果我們同意：《中庸》、《易經》是儒門的聖經，如果我們也接受《中庸》以『誠』界定天道，《易經》以乾元創造作為自然的實相，兩者都是如理的解釋，那麼，理學對於自然整體與個體之物即不可能沒有明確的主張，與佛教世界觀的對立也就不可免。」參閱楊儒賓，〈喚醒物學——北宋理學的另一面〉，《漢學研究》，第35卷第2期，頁71-72。

18 參閱楊儒賓，〈喚醒物學——北宋理學的另一面〉，《漢學研究》，第35卷第2期，頁89。依楊儒賓觀點：「北宋理學家的物學可以說是『遙契』先秦儒家的太初存有論的物學而發，只是他們是從道體論（也可以說是道論）的角度，賦予萬物生生不息的無妄的性格，物物承道而生。」

19 同上註。

判斷是合理的。然而，物的思考呢[20]？

依楊儒賓，理學裡的「物學」傳統，被允為一代思潮主流的「心學」給邊緣化了；更細緻地說，理學裡更能順勢開出「物學」思想的「道學」傳統，被過度標榜「超越性主體」而不利於彰顯「物學」思想的「心學」傳統給削弱了影響力；而前者，卻蘊藉了北宋理學最精微的「物學」思想。然則，以「天道觀」著眼的「道學」傳統，在「物學」思想上又展現了怎樣的核心內涵呢？周敦頤、張載、程顥、邵雍等北宋儒者「觀個體物之氤氳流動所透顯之天道」[21]正是北宋理學「物學」思想的關竅所在。此則楊儒賓借下文所暢發者：

> 周敦頤、張載、程顥這些北宋儒者的觀物，雖說是在本體宇宙論的模式下，對物的價值之肯定，但其肯定並不是內在於物自體內的認識之理的辨識，也不是物的美的形象之直觀，而是物湧現的形上性質，由物通向道。觀物之眼同樣也不是認識之眼，不是美感之眼，而是一種因主體轉換過後所呈現的靜觀之眼。「萬物靜中自有樂趣」，靜觀之眼朗照下的萬物既可說回到自身的「自得」狀態，但此自得狀態是非認知性的，此時的物毋寧是以個體自身的質性透顯了氤氳化生的道之流行[22]。
>
> 在北宋理學，如何使物從現實的糾結中脫身而出，回到本來的狀態，主要是透過一種「觀物」的工夫論。觀物的工夫論在主觀的狀態上要求觀者處在靜的狀態下，讓物自顯。靜狀態下的觀察事物之模式可謂「靜觀」，靜的主體所觀之物乃是要觀萬物之生意。「觀萬物之生意」更確切地表達，乃是要將生意的發動者帶進來，此即天道，所以觀萬物之生意實即觀天地生物氣象[23]。
>
> 我們觀北宋理學的發展，合程顥、周敦頤、張載、邵雍甚至當時的

20　楊儒賓，〈喚醒物學——北宋理學的另一面〉，《漢學研究》，第35卷第2期，頁70。

21　同上註，頁85。

22　同上註。

23　同上註，頁87。

整體儒學而觀，一種較能平觀心物，而且其物帶有本體論的高度的物學出現了。相較於先秦的物學乃是物的性質與聖的宗教情感的連結，北宋的物學則是本體宇宙論的道體論述下的一種論述。以「本體」代換「聖顯」，也就是以新興的體用之學的格局代換「太初本體論」的模式，理學家完成了保障「物」的價值之功能[24]。

綜上所述，北宋理學家眼中之物，不復是「『認識』之眼」基於範疇分析所決定的「知識對象」，也不是「『美感』之眼」基於形象直觀所對應的「審美對象」，而是「『靜觀』之眼」在「非對象性」、「非認知性」的朗照中所映現的「天道流行」；云何為「天道流行」？無非就是「天地生物氣象」。即此而言，「天道」透顯於「個體之物」；北宋儒者之「觀物」，無非是「觀萬物之生意」，並以此而確立一種「即物體道」的工夫進路；亦即，通過那絪縕流動於個體物上的「生意」以體證作為「生意發動者」的「天道」。借杜甫〈春夜喜雨〉一詩為喻：天道固不在玄遠處，它就在「隨風潛入夜，潤物細無聲」的生機流溢中具現為一種可以親切感知的「天地生物氣象」；當下體得此「生物氣象」，便當下見得「天道流行」。這意義下的「物」，顯然已從「對象域」中解放出來，它不復是依繫佛教「緣起性空」視角所窺見的「幻妄之物」，也不只是先秦儒家「太初存有論」下作為「聖顯」之載體，而是有「天道」澆灌流注其中遂特顯酣暢生機的「充實」之物。在此物學思想下，就完全可以理解，北宋理學家眼中的「真體內充」之物，何以能支撐一種「致學而可以成聖，得天而未始遺人」[25]的世界觀，以對決佛教「以人生為幻妄，〔以〕有為為疣贅，以世界為蔭濁，遂厭而不有，遺而弗存」[26]的世界觀；並以此劃下儒佛之辨的根本分際。可見，同一存有物，其內涵為何？並非全然交由此存有物決定，卻是決定於連結此存有物的「視域」。不同的視域，側顯出不同的理解面向；不同的視域，背後又各自預設了不同的凝視點。「天道流行」與「緣起性空」正各自代表了北宋儒學與佛教的根本凝視

24　楊儒賓，〈喚醒物學——北宋理學的另一面〉，《漢學研究》，第35卷第2期，頁87。
25　（宋）張載，《正蒙》〈乾稱篇第十七〉，收入張錫琛點校，《張載集》，頁65。
26　同上註。

點，依循各自凝視點而展開的物學思想，將對應全然不同的主體典範、倫理
動向與工夫進路，也就不言而喻。

第五節　《莊子》依「物化」義開拓的「物學」典範

壹、人文莊子視域的確立

　　底下，正式進入本文的核心論題。一種在根本凝視點上迴然有別前述典
範的物學思路──非以物為「聖顯」的「載體」、非以物為天道的示現、非
以物為妄、非以物為粗[27]，卻另有一番深致的理趣，非一言可盡。總之，莊
子的物學思路，是一種以深於「負性空間」（「非意識－非現實」的冥視空
間）之身體進路為基礎所開展的物學典範；其對物所給予的全然肯定，以至
於由此肯定而燦然盛發的「人文創造」或「人文轉化」動能，縱然是以人文
精神相標榜的儒門人物，都無以過之。此所以莊學詮釋史中，始終有一道若
隱若現、若存若亡的伏流，試圖重建莊子的人文形象[28]。這道學術暗流，發
展到了晚明方以智、王夫之，已達到高度圓熟的極致。可惜，中斷三百五十
年後，高蹤絕唱，嗣響乏人；直到晚近，方由楊儒賓遙承兩儒佛龍象之遺
志，另以符應當代學術規格的論述形態而重予暢發之。這分自晚明算起至少
綿延三百五十年的心力，適巧遭逢當代「臺灣跨文化《莊子》學」連綿十餘
年的強力激盪而匯流為楊儒賓所謂「第三波的莊學修正運動」。

　　面對這第三波來自西學的強力挑戰[29]，楊儒賓個人回應的力道亦是深鉅
的。十年的成果，彙集成書，就是這本對當代漢語莊學在典範重構上帶來深

27　語出《莊子‧天下》：「以本為精，以物為粗，以有積為不足，淡然獨與神明居。
　　古之道術有在於是者，關尹、老聃聞其風而說之，建之以常無有，主之以太一，
　　以濡弱謙下為表，以空虛不毀萬物為實。」參閱郭慶藩，《莊子集釋》，頁1093。
28　就中犖犖大者如覺浪道盛與方以智師徒者，甚而以莊子為「孔門托孤」而將莊子
　　拉攏進儒學陣營。
29　依楊儒賓，「如果說第一波是儒道交涉在《莊子》注疏上的歷史效應；第二波的修
　　正潮是面對長期三教交涉下的心學主軸之反動；第三波的修正潮之歷史背景則是
　　在西潮衝擊下的回應。」參閱楊儒賓，〈結論──莊子之後的《莊子》〉，《儒門內
　　的莊子》，頁456。

烈撼動的磅礡巨著──《儒門內的莊子》。此書之力量，所以遒勁而綿遠，除楊儒賓所自述得益於十年來「無役不與」的「跨文化臺灣莊學語境」所給予的思路衝擊，依筆者之見，另一重不可忽視的原因，正是楊儒賓在「不可見的跨時空會遇中」所自覺承繼於方以智、王夫之而綿貫久遠達三百五十年的深心鉅力。「『跨文化』的深度會遇」加上「『跨時空』的深度會遇」，遂共同匯流為楊儒賓成此磅礡絕學的「共在感」。此則此書橫空出世所不可不知的歷史背景與成書條件。若無此多方匯流的「共在感」作為「人文創發動力」的基礎，《儒門內的莊子》所獨出眾流的問題意識就不可想像。這就是為什麼書中的問題意識，不可能由來自瑞士的漢學家畢來德（Jean François Billeter）或來自法國的朱利安（François Jullien）所提出，卻必得是渾涵「史識、文心、儒懷」[30]於一身所成就的總體視域背景如楊儒賓者，方有以致之。正因此書擁有如許獨出的創作條件，《儒門內的莊子》命定是筆者無可迴避的學術巨峰，而不得不以之為本節書寫過程的「潛在對話對象」。是以，此書作者楊儒賓，乃至前文已論列過的蔣年豐、余德慧，都將在筆者視為全文主力論述的「本節內容」中交錯出現，以成就一種「互文性」的書寫。這是筆者撰就此論文以前，即已立意營造的書寫情境──讓生前未及圓成的三人對話，得以藉由本節書寫而追摹某種填補遺缺的可能性；也藉此對話情境所交鋒激盪而成的「共在感」，內化為筆者自彰切己向度的原創動力。這裡面，有筆者深致的遺憾，也參雜了筆者為彌補此遺憾而醞藉沉烈的創作動機。「互文性」的書寫，於此，乃成論述策略上的必然。既確立綜攝三人觀點以完成本節內容的書寫策略，本文需要一個共通的「平臺」，以拉結三人觀點在此形成「對話」。平臺是現成的，它就是《儒門內的莊子》一書所全幅開張的學術視野。對話者除身為「當然作者」的筆者而外，則是「臺灣六十歲一代最具人文創造力之學人──蔣年豐（身體哲學之臨終啟悟之宗教轉向）、余德慧（心理治療之人文臨床視野）、楊儒賓（漢語物學之學術系譜）」[31]；所有不可見的交鋒，都通過此「對話平臺」而求其展現。

───────

30　此三項條件，語出賴錫三，〈《儒門內的莊子》與跨文化臺灣莊子學〉，《中國文哲研究通訊》，第 27 卷第 1 期《儒門內的莊子》評論專輯，頁 3。

31　語出賴錫三教授於博論初審對筆者全文要旨之總括：「作者亦具學術宏圖，企圖

　　底下，請先從楊儒賓一路綿延深耕近三十載[32] 方通過《儒門內的莊子》一書所成就的「莊學總體視野」說起。僅憑書名，其實已足可略窺作者迥異時流的奇崛思路[33]。即以其挑戰《莊子》之學派歸屬問題而論，筆者雖另有悟入處；然察其閎識，考其微旨，亦不能不稽首稱歎：作者承晚明方以智、王夫之莊學餘緒而依當代學術語境重構的「人文莊子說」[34]，確足可與歷代莊學綿歷久遠的「解構／支離」型莊子、「同一／冥契」型莊子鼎足而三。前者依「天均型主體」開啟的「人文莊子」視野，更為來歷久遠的「第三波莊學修正運動」與當代「跨文化臺灣莊子學」的高度重疊影像，給出了極具學術史意義的深刻判讀。惟筆者想特別指出的是：對《儒門內的莊子》領會益深，益覺此書「命名」，或純屬作者精心部署的策略，而非關作者弘旨。何則？作者於導論〈道家之前的莊子〉早有聲明：

> 本書本來無意介入學派的定位，也不希望被當作解讀歷史文獻的著
> 作。本書所呈顯的莊子圖像與定型化的道家人物形象誠然不同，但
> 也不見得符合定型化的儒家型人物。道家或儒家這種學派的歸類不
> 是本書的重點，也不是作者的主要關懷。筆者起初反而擔心學派的

接連臺灣六十歲一代最具人文創造力之學人——蔣年豐（身體哲學之臨終啟悟之宗教轉向）、余德慧（心理治療之人文臨床視野）、楊儒賓（漢語物學之學術系譜）三人之學思精華，最後以《莊子》文本中的『物學』之宗教維度來繫連融貫諸學。作者的眼光確實獨到，能洞察當今臺灣跨文化莊學核心主題之一，正在於『物學』的轉向，以及重新詮解『物學』的超越性向度。」

32 以1989年，楊儒賓於東海大學文學院發表〈從「以體合心」到「遊乎一氣」——論莊子真人境界的形體基礎〉（刊於《第一屆中國思想史研討會——先秦儒法道思想之交融及其影響》，頁185-214）一文為起算點。

33 賴錫三《〈儒門內的莊子〉與「跨文化臺灣《莊子》學」》、吳冠宏〈點化儒、莊成為同源並濟的魔法師——談楊儒賓《儒門內的莊子》〉，兩篇評論，對楊氏此作，皆以「奇書」許之；林明照〈儒門新氣象與人文之源：評楊儒賓《儒門內的莊子》〉亦全然肯認此書——「無論是在人文之源論題上的開新與掘深，還是莊子與儒門縫合處的精要梳理與證成，皆已讓莊學研究走向一個嶄新的方向。」作者大破大立的眼界與氣魄，殆不可掩。

34 楊儒賓高標特立的「人文莊子說」，以至奠基此說而在當代漢語學界獨樹一幟的「莊學儒門論」，非但涉及學術史上的「判教」議題，在純屬哲思層次的理論建構意圖上，更難掩「莊學（儒學）責我開生面」的強大企圖心。可見，若迷執文獻學途徑而妄想在學派歸屬問題上與作者較勁，那反是緣木求魚了！

意識太介入，會模糊掉本書的焦點[35]。

此說在情在理，畢竟，誠如作者自云：

> 本書的「儒門」固然指向了歷史的現象，但歷史上的儒家有各種的
> 分類，《論語》中的儒者即有子夏氏之儒、子張氏之儒；荀子也喜
> 歡分類各種儒，有雅儒，有大儒；《韓非子》也說孔子之後，儒分
> 為八，儒家從來不是只長成一種面貌。何況我們看哲學史上的記
> 載，確實有不少名家認為以《易經》、《中庸》為代表的學問才是儒
> 門之學，這樣的儒學和莊子的基本性格恰可相互呼應。所以筆者使
> 用「儒門」一詞是否妥當，端看論者心中的「儒門」意象為何，但
> 此詞語並沒有誤用的問題[36]。

可見，所云「儒門莊子說」成立與否，關鍵固在乎「儒門」二字，堂廡
多寬？若只要肯定人文精神者，都可歸屬「儒家」，那麼，「惟儒與道，相去
幾何？」[37]此說不為無理；相對地，若「儒門」二字，門庭狹仄，被窄化到
只限於「依中國老傳統來定義」[38]，那麼，「惟儒與道，畛域儼然」，因為「我
們不能說莊子是位典型的人文主義者，他對道德意識不夠注重，所以他的主
體缺少偉大宗教家身上帶有的那股同體大悲的深沉情懷；他也無法充分肯定
禮樂制度與人格成長的關係，所以他的主體也缺少偉大政治家身上具有的
那股深邃悠遠的歷史文化意識。」筆者因以此合理推測，此書命名，或出於
策略性考量：微意所在，毋寧是藉著聳動「書名」以驚動學界視聽──一
來，對相沿成習的莊學舊說形成巨大的「擾動」；二來，逼使漢語學界不得
不正視此「刺目」書名所引發之「哲學的暈眩」。於是，群說聚訟之際，作
者伏流深遠的用心，或將隨此「爭議性」著作的強大聚焦效應而被深刻「看
見」。謂吾不信？請看作者如何自抒其志：

35　楊儒賓，《儒門內的莊子》，頁59。
36　同上註，頁60。
37　同上註，頁59-60。
38　同上註，頁61-62。

本書不管在意圖上被視為是援莊入儒或是會通孔莊或是恢復莊子原貌，關係都不大，誠如王叔岷先生說：莊子乃「無家可歸」[39]。此言雖然近譸，就史料論史料，確實足以成說[40]。

筆者唯一想確定的是：本書的基本立場是莊子的主體觀蘊含了豐饒的人文精神之源[41]。

兩千多年了，莊子的學術性格是該重新確認了。重新認識莊子不是為了一家一派之爭，而是為了這位了不起的哲人提供了我們一種基源的人文價值的哲學，他讓我們看到跨越歷史上儒道分流之上或之前的一種新穎活潑的世界圖像[42]。

總之，不管學術史的「真相」如何，筆者希望的是透過一種新解讀，或是再解讀三百五十年前的舊解讀，重新挖掘中國傳統另有一支偉大的人文精神傳統[43]。

……本書的立基點如下：莊子之於孔、老，就是他會通了孔、老。他在絕對意識與文化世界中，找到了聯繫的管道。莊子對人文化成的依據有極好的證成[44]。

綜上以觀，「人文莊子論」是實說，「莊子儒門論」則只是權說。作者並未自陷一家一派之爭而必欲抓緊門派歸屬問題執實而談，此所以當作者業已確認——「本書的基本立場是莊子的主體觀蘊含了豐饒的人文精神之源」，他隨之鬆動「莊子儒門論」看似疆界判然的門戶之見：

退一步想，如果讀者覺得本書的立場太儒家了，偏離了中國詮釋傳統中莊子的形象。那麼，讀者不妨採取知識論上的唯名論的立場，將本書所說的「儒家」內涵看淡。甚至不妨把書中出現的「儒家」

39　王叔岷，《先秦道法思想論稿》（上京：中華書局，2007），頁89。
40　楊儒賓，《儒門內的莊子》，頁61。
41　同上註
42　同上註。
43　同上註，頁60。
44　同上註，頁61。

或「人文精神」一詞拿掉，代之以新道家、創化精神或文化表現精神等等，均無不可。筆者相信如果仔細釐清這些術語，透過文本的細讀，結果不會改變[45]。

顯然，作者所再三致意者，惟在《莊子》內蘊深微卻少有解人的「人文精神」，此則《莊子》於「解構－冥契」向度外的「向上一機」。也正是在這關竅，作者徹底展現了目光如炬的判讀──「人文的莊子」在《莊子》全書涵蘊上，相較於「冥契的莊子」或「解構的莊子」，會是更具決定性的精神向度；此所以作者有底下評論：

> 莊子對後世的影響之所以常見於反抗者對體制的批判，或對體制的逃逸，其來有自，因為莊子的形氣主體哲學的本質本來就容易與任何結構化的事物對反，否定哲學是莊子哲學的一個重要面向。但否定哲學不是莊子哲學唯一的面向，也不應該是主要的面向，莊子的批判性建立在形氣主體和世界本來即有種根源性的繫連上面，這種繫連是原初的肯定。形氣主體的氣化感通、與物宛轉、卮言日出乃是前於詮釋的事實，是基源本體論的內涵，他的否定源於原初的肯定得不到滿足。不管現行的《莊子》文本裡刊載了多少「非湯武而薄周孔」的文字，我們依然有充分的理由肯定：孔子以下，莊子對人文精神的貢獻絕不遜於任何一位儒家思想家。他的思想早就超越了沒有文化創造力的氣論哲學（不管是向郭的或是漢儒的），也早就超越了意識在其自體的復性論傳統（不管是老子的、內丹的、佛教的或王學的）。莊子打下了人文活動得以成立的基礎，語言、氣化、器物的原初肯定使得世界的衍化與文明的日新得以成立，人文精神的關鍵就在形氣主體本身[46]。

以上這段論述甚是關鍵，它相當精要地總結了楊儒賓總括《莊子》思想的視域框架。首先，「否定哲學是莊子哲學的一個重要面向。但否定哲學不

45　楊儒賓，《儒門內的莊子》，頁61。
46　同上註，頁62。

是莊子哲學唯一的面向,也不應該是主要的面向」;然則,主要的面向意指
什麼?那正是楊儒賓視為基源本體論內涵的「形氣主體」;亦是「否定」或
「逃逸」精神背後大無畏的「肯定」基礎。這意味,看似批判的否定精神背
後,實出乎更巨大的肯定基礎,此如楊儒賓所言:「否定源於原初的肯定得
不到滿足」;所以,懵懂者,只見莊子批判、解構、支離、否定、逃逸的面
貌,卻未能深解:成就這一切否定精神的背後,實隱藏著浩瀚無垠的肯定精
神。那就是作者再三致意之作為「人文之源」的「形氣主體」。依楊儒賓,
「氣化感通-與物宛轉-卮言日出」都是「形氣主體」所盛放的人文紋跡;
這意義下的人文紋跡,建立在「解域」後的「創化」,所以,已全然掙脫
「傳統道家反語言、反技藝、反知識之解構哲學的進路」[47],而成迴轉於「結
構」與「非結構」間的存有漩流。這一切源於「形氣主體」之淋漓揮灑而隨
物賦形的存有紋跡,都是「心知」介入前之「前於詮釋的事實」,都是「建
立在形氣主體和世界本來即有種根源性的繫連上面」;所以,「形氣主體」對
森然萬象之「物性存有」的正視是全然的;其全然就表現在一切「物性存
有」通過「形氣主體和世界的根源性繫連」都不復以作為工具性用途之「對
象物」顯相,卻是以「非對象物」作為身體之延伸而與身體在「與物為化」
的深密締結中消融為一大共在。這份對「物」的正視和肯定,正是直叩生成
與創化的人文精神[48];此所以作者愷切言之:「不管現行的《莊子》文本裡刊
載了多少『非湯武而薄周孔』的文字,我們依然有充分的理由肯定:孔子
以下,莊子對人文精神的貢獻絕不遜於任何一位儒家思想家。」此亦無它,
作者從「建立在形氣主體和世界本來即有種根源性的繫連上面」,窺見莊、
孔之間「祕響旁通」的基源線索,並以此而對漢語學術史淵遠流長的「莊子

47　參閱吳冠宏,〈點化儒、莊成為同源並濟的魔法師──談楊儒賓《儒門內的莊
　　子》〉,《中國文哲研究通訊》,第 27 卷第 1 期:《儒門內的莊子》評論專輯,頁 82。
48　此如吳冠宏,〈點化儒、莊成為同源並濟的魔法師──談楊儒賓《儒門內的莊子》〉
　　所給出的中肯評論:「新的主體典範──『與物為春』之『遊的主體』……於是不
　　再走傳統道家反語言、反技藝、反知識之解構哲學的進路,而依積極正面的表述
　　方式從『卮言』、『技藝』、『體知』逐一開展《莊子》創生物化的思想面向,最後
　　統攝為《莊子》蘊含豐饒的人文精神之源,並對『人文莊子說』加以探源察流,
　　從而揭示儒、莊共享人文精神之源頭的意義。」收錄於《中國文哲研究通訊》,第
　　27 卷第 1 期:《儒門內的莊子》評論專輯,頁 82。

儒門論」別有感發；莊子浩瀚流衍之人文意態，於是躍然紙上而凌駕乎千年莊學注疏傳統所服膺的「解構支離論」與「同一冥契論」，此如作者點評：「他的思想早就超越了沒有文化創造力的氣論哲學（不管是向郭的或是漢儒的），也早就超越了意識在其自體的復性論傳統（不管是老子的、內丹的、佛教的或王學的）。」以此觀之，是形氣主體讓莊子寒光熠熠的解構之刀背後，猶牽動著朝向人文精神的「向上一機」；所以，否定不是一切；所有的否定，只為了成就更大的肯定；所有的裂解，只為了導向更深的連結；而所有的批判性無非是「建立在形氣主體和世界本來即有種根源性的繫連上面，這種繫連是原初的肯定。」

正是這奠基於「身－物」根源性繫連之「原初的肯定」，支撐了楊儒賓對《莊子》思想的總體把握；這意義下的把握，貫穿了莊子「物學」與「人文精神」的深祕繫連，也藉此總結了楊儒賓深耕三十年有餘的「身體哲學」，而依「形－氣－神」十字打開的主體格局將「心學的莊子－身學的莊子－物學的莊子」集大成於《儒門內的莊子》一書。就中，「心學的莊子」代表疏遠身體的感知進路，也是有待「開決」[49] 而令其「下身落命」以復歸血氣之平實的「真常唯心」典範。它高揚夐高孤絕的無限心，這無限心卻不免概念化為「意識形態」而難逃德希達（Jacques Derrida）的解構之刀。「身學的莊子」則扭轉了身體與思想的主從關係，不再是思想規訓身體，而是身體牽動思想；它通過「身體進路」避開「語言」對「物性存有」的架空，而得「徇耳目內通而外於心知」[50]。即此而言，作為一種方法學的啟悟，「身學的莊子」可謂與現象學「回到事物自身」的根本精神千載相望、祕響旁通；也為「物學的莊子」即「物」而「道」之超越性向度，留下了「餘地」[51]。

「物學的莊子」全然奠基於「身學的莊子」；是「身學的莊子」在理論上

---

49 借天臺判教之「開權顯實」義以喻：一切建立在「真常心」的本體論或形上學，終無涉究竟圓實，而是有待「開決」的權法。

50 語出《莊子・人間世》。參閱郭慶藩，《莊子集釋》，頁150。

51 依筆者後文詮釋路向，在深度「物化」中朝向超越性向度開顯之物（即道之物），讓終有一死者，因之獲得了可供迴旋甚而依以託命的「餘地」，而免於被拋的命運。這是來自「人文療癒」的拯救。「人文療癒的莊子」因得在「人文創化的莊子」而外，別有樹立，自成典範。

的必然延展。此亦無它，依〈齊物論〉，道未始有封、言未始有常、物未始有畛[52]。這意味：在「即物而道」的深度物化中，「徇『語言』[53] 外執而『蔽於心知』的「唯心進路」，一轉而為「徇耳目內通而外於心知」[54] 的「身體進路」。正是這立基於「解心釋神」[55] 的「身體進路」所創造的全新感知條件，讓「形氣主體的氣化感通、與物宛轉、卮言日出」與「物的世界」得以建立某種「根源性的繫連」。此如楊儒賓所言：這「根源性的繫連」，是「前於詮釋的事實」，也是「原初的肯定」。於是，那連結於「物的世界」之「大肯定」，不論出以「卮言－技藝－氣化－興感」，都不失為「人文精神」的具體彰顯；而一切飽濡「人文情韻」的「即道之物」，固離不開「身－物」關係在深沉交感下所湧現的「體知」；此則莊子「物學」思想的「身體（形氣）基礎」所在。楊儒賓以「形氣主體」四字所涵蘊的高度創化力，許以「人文之源」的定位，並視「人文型莊子」為凌駕「解構型莊子」與「冥契型莊子」之上的「第一義」。至於楊儒賓自言承自晚明方以智、王夫之而以現代學術規格續以暢發的「莊子儒門論」，無非是由此「第一義」而進行「差異性重複」的「變奏」。揆其底蘊，皆無非是為了「以儒家的原始精神重新看待莊子，也以莊子的原始精神重新看待儒家」[56]、「打破學派壁壘，會通莊、孔，讓一種更根源性的人文精神得以全幅敞現」[57]，並藉此凸顯《莊子》歷兩千四百年而後，仍尚有「重讀」的必要。

52　〈齊物論〉有云：「夫道未始有封，言未始有常，為是而有畛也，請言其畛：有左，有右，有倫，有義，有分，有辯，有競，有爭，此之謂八德。」參閱郭慶藩，《莊子集釋》，頁83。

53　此指線性因果邏輯箝制下的語言操作，而非在感知條件的翻轉下入於「詩化」的「卮言」。

54　語出《莊子・人間世》，參閱郭慶藩，《莊子集釋》，頁150。

55　語出《莊子・在宥》：「處無為，而物自化，墮爾形體，黜爾聰明，倫與物忘，大同乎涬冥。解心釋神，莫然無魂。萬物云云，各復其根。」同上註，頁390。

56　楊儒賓《儒門內的莊子》，頁406。

57　同上註。

貳、人文莊子的詮釋轉向：從「人文創化」到「人文療癒」

　　相對蔚為莊學詮釋主流的「解構型莊子」與「冥契型莊子」，「人文型莊子」對舊有莊學典範飽富顛覆力的詮釋動向，不論觀者能以相應角度恰當理解與否，「人文莊子說」以至奠基此說而別樹一幟的「莊子儒門論」，已成當代漢語莊學無可迴避的理論關隘。若以其違背歷來舊說而逕行繞過楊儒賓的解《莊》進路，無視它所代表的理論門檻；依筆者，這形同自斷漢語學術史綿亙一千八百年的「人文莊子」線索；期許如是根基單薄又缺乏歷史縱深性的莊學研究，可以抵達一種周浹深透的理解，則斷乎不可能之事。這意味，即令不贊同「莊子儒門論」，也當虛懷以對楊儒賓所給予的理論挑戰，並嘗試從中汲取足夠的學術養分；如是，才可能避免在名家輩出的當代莊學論域有流於浮淺論述的可能。筆者個人在莊子的儒道歸屬上，雖未能盡同楊儒賓所論[58]，對其「人文莊子說」亦別有悟入處[59]；然而，對楊儒賓取徑晚明方以

58　莊子人文精神的格局之大，固多有無涉「內聖—外王」等人間關懷者，以此觀之，側重在倫理、道德、政治、教化、歷史向度展現「用世志意」的儒學門庭，只怕未足以從容涵納莊子不盡為道德意識所限的人文向度。相對地，莊子要乘載儒學而作為儒學得以調適上遂的基礎，卻綽綽有餘。賴錫三即此一語道破：「楊先生雖認為三波莊修路線都具有『向儒家靠攏』的傾向；但就筆者而言，卻也認為楊先生這種說法，隱含了乾坤大挪移的雙向轉化之張力效果。如果我們接受王夫之解《莊》的物論、氣學所涵攝的形氣主體路線（即《莊子》的新主體化模型），更能還原儒人文化成之實踐結構有力也最有利的主體性模型給彰顯出來。那麼所謂《莊子》『向儒家靠攏』的莊修運動之判斷，是否也可以看成是儒家學習『向莊子靠攏』的儒修運動？」參閱賴錫三，〈《儒門內的莊子》與「跨文化臺灣《莊子》學」，《中國文哲研究通訊》，第27卷第1期（2017年3月），頁14-15。

59　倒不是筆者從根本上否定楊儒賓的「判教」，而是大體贊同卻無法盡予贊同；此則「大同」中有「小異」是也；然此「小異」，卻事涉重大；以其關係《莊子》「物學」在中國學術史的特殊定位。簡言之，筆者不認為「人文精神」全歸屬「儒家」，人文精神也不宜全由儒門所壟斷，更不必然須將人文精神一律導向於「此世」以貫徹儒者「用世」之志意。其實，用世，只是人文精神的某個向度。任何思想，只要對「物性存有」能有所肯定而入其深致，必然觸及物的超越性向度，而煥發為靈光熠熠的人文精神。即此而言，人文精神，乃是儒道共法（前提當然是臻於圓熟之儒家與道家）。儒家可以有人文精神，道家也自有其開顯人文的理路。依筆者，儒者所別異於道家者，固不在人文精神，而在其將人文精神灌注於「此世」（人間世）的強大「用世」傾向；道家的人文精神卻每朝向於妙想連翩、

智、王夫之而視「人文精神」為《莊子》祕義的結穴所在，則稽首拜服，略無疑義；所別異者，惟在依此根本洞見所展開的敘述模式——是在「形上學模式」裡依線性因果思路推溯出那使一切「人文創化活動」成其為可能的「人文之源」呢？抑或，徹底屏棄形上學將宇宙森羅萬象收攝於特定「主體中心」的論述模式而探求更貼近有底線的全新表達可能？這設問，標誌了筆者在莊學詮釋進路上自彰切己向度的起點：總括言之，在肯定楊儒賓「人文莊子論」的前提上，筆者將自此轉向，依「畸人－物化－逍遙」的線索以開啟另一型態的「人文莊子」進路。這轉折，一言以敝之——由「人文『創化』的莊子」，轉向「人文『療癒』的莊子」。前者代表來自一個圓熟渾全之「形氣主體」的「創化」；後者代表沿著肉身的殘敗線一步步走向超越的「轉化」。前者，更近於「道藝合一」的「藝術」；後者，更趨於懸置教門意識而皈命「內在性」維度的「宗教」[60]。此所以本文以「莊子物學的『宗教』維度」為通貫全篇的論題主軸。

筆者不揣淺陋，嘗試在楊儒賓以「人文莊子說」連結「莊子物學」的論域下，另尋「理論突圍」的可能，以避免本文的努力只淪於覆述既成的典範。所以，本文立論，除在學術史的視野縱深上承繼自魏晉以來三波歷時達一千八百年的「莊學修正運動」，更力求扣緊當代存在處境的迫切需求以提出「底氣相近」卻「取徑有別」的「人文莊子新說」。所云「底氣相近」者，建立在對「身體進路」的共同肯定，而且，都是通過身體進路而肯定一個「以人文精神為詮釋基調」的莊子形象；取徑有別，則意指在「人文莊子」的共同基礎上，將「形氣主體」的「創化」進路調整成「去主體化」的「轉化」進路。前者，是依憑一個作為「人文之源」的「本體論理據」而展

詩興盎然並充滿多維度想像力的「他界」（天問之世）。後者，余德慧名之為「負性空間」（非現實空間），以對顯「此世」所代表的「正向空間」（現實空間）。莊子所「遊」，乃為私密的浩瀚感所充盈的「負性空間」；與私密的浩瀚感相疏遠的儒者，不識「此世」而外，更有「他界」，卻輒迷執「正向空間」為唯一的世界。夏蟲不足以語冰，此之謂手？

60　內在性宗教者，無關組織、教義、教門意識，卻直接關乎受苦現場的生命轉化。此則余德慧於〈巫者意義的生成〉所揭示在「冥識」（昏暗意識）狀態中所臨在的「非現實」。本節後文當另有詳論。參閱余德慧，《臺灣巫宗教的心靈療癒》序言（臺北：心靈工坊，2006），頁10。

開人文創造活動；後者，則連追溯「人文之源」的「線性因果邏輯」都予以解構，以徹底消解「主體中心」的變相呈現。至於，為何要去主體中心？請借〈齊物論〉「人籟—地籟—天籟」以言之：

> 南郭子綦隱几而坐，仰天而噓，嗒焉似喪其耦。顏成子游立侍乎前，曰：「何居乎？形固可使如槁木，而心固可使如死灰乎？今之隱几者，非昔之隱几者也。」子綦曰：「偃，不亦善乎而問之也！今者吾喪我，汝知之乎？女聞人籟而未聞地籟，女聞地籟而未聞天籟夫！」子游曰：「敢問其方。」子綦曰：「夫大塊噫氣，其名為風。是唯无作，作則萬竅怒呺。而獨不聞之翏翏乎？山林之畏佳，大木百圍之竅穴，似鼻，似口，似耳，似枅，似圈，似臼，似洼者，似汙者；激者，謞者，叱者，吸者，叫者，譹者，宎者，咬者，前者唱于而隨者唱喁。泠風則小和，飄風則大和，厲風濟則眾竅為虛。而獨不見之調調、之刁刁乎？」子游曰：「地籟則眾竅是已，人籟則比竹是已。敢問天籟。」子綦曰：「夫吹萬不同，而使其自己也，咸其自取，怒者其誰邪！」[61]

整段文字，依筆者之見，畫龍點睛之筆，就落在尾句。一句直指關竅的反問：「怒者其誰邪！」話音輔落，宛若禪機迸發，天籟之謎，霎時清清朗朗，如萬里長空。且從精於推理卻睽隔大道的「未悟者」顏成子游說起：他能憑著精嚴的「心知」運作與「語言」界定而循著線性因果邏輯推論——人籟之音源於絲竹樂器，屬人力介入的吹奏行為；地籟之音則源於風吹眾竅，自然成聲。然則，天籟呢？謎也似的天籟顯然困住了子游的「理智」。他受制線性因果邏輯的「心知」找不到天籟的源頭；他受制語法常規、概念標註的語言也無法捕捉「外於心知」的天籟而給予明確的界定。事實上，他受制特定感知模式下的「視域」，本就感知不到天籟的存在。是天籟不存在？抑或，純屬幻覺？不！是尋索源頭的眼睛，本就看不見天籟的存在；尋索源頭的耳朵，本就聽不見天籟的存在；以至執迷線性因果邏輯的心知，本就感知不到天籟的存在。即此而言，問題根本不在天籟存在與否？問題在於聆聽

61　語出《莊子·齊物論》，參閱郭慶藩，《莊子集釋》，頁43-50。

者、觀看者或推理者，能否蟬蛻自身於備受拘礙的視域維度之外，而開拓不受限特定感知條件的「多維度視域」。明乎此，南郭子綦「夫吹萬不同，而使其自已也，咸其自取，怒者其誰邪！」即顯現了一種「哥白尼革命」式的視域逆轉：原來，並非在地籟之外，別有天籟；因為天籟並不像地籟般，在自身之外，另有源頭；天籟也不作為地籟的源頭，不作為地籟的緣起條件；事實上，天籟與地籟本就不是建立在因果關係的連結；卻是在因果關係被徹底懸置後，不再尋求源頭，不再追問緣起，不再依憑線性因果邏輯的狹仄視框以進行理解活動，霎時，森羅萬象全在不受限特定感知條件的「多維度視域」中，呈現為一大「共在」。於是，一切物性存有，都不再是可施予範疇分析並予以明確規定的對象物，而是不落任何分析框架，也不受概念界定的「非對象」。正是在這「非對象」的基礎上，一切物性存有，不復呈現為可對之建立知識的「物相」；而是「徇耳目內通而外於心知」的「域外之在」。「域外之在」，皆是現成具在、自生自成、不落因果而失去可定義的「個體性」疆界；於是，疆界儼然的「主體中心」，在從特定感知條件解脫後的「多維度視域」下，宛如神庖刀下恚然崩解的牛體，復歸於無有中心、無有邊緣、無有緣起、無有源頭、無有輪廓、無有疆界的「流形」（無圍之在）；而物性存有由畛域判然的「對象物」朝向畛域消融的「非對象」轉化的過程，正是「物化」的過程。試問：當作為「非對象的」流形與流形之間，再無畛域儼然的劃界、釐析與分割，物相何在？主體中心何在？唯一存在的只是深度「物化」下的「生命共通體」[62]。在「生命共通體」中，只有「共在」，沒有「主體」，也沒有「源頭」；這意味，作為「本體論」或「形上學」理據的「源頭」，無非只是受限特定感知條件下的思想建構；而真正貼緊存有底線的「真實」，卻只有深度「物化」中相淶俱化的「流形」。即此而言，所云「形氣主體」、「氣化主體」、「遊之主體」或「遊化主體」，一旦沾染「主體」之名，已有睽隔「物化」而自縛名相之嫌。

62　「生命共通體」概念，借自鍾振宇，〈莊子的形氣主體與無用的共通體──由楊儒賓的思考出發〉，《中國文哲研究通訊》，第 27 卷第 1 期，頁 60-61。文中援引了當代法國哲學家南希（Jean-Luc Nancy）的「共通體」概念；與筆者思路，頗有可相互借鑒之處。

　　所以，不單「超絕化」傾向過強的「真常心」有「主體中心」之敝，即連「心氣同流」之「形氣主體」，何嘗就能免於「主體中心」的陷阱？這不是改變主體「內涵」而轉「唯心」為「唯氣」、「唯身」、「唯神」或「唯物」的問題，而是將對宇宙萬法何所從來的說明給收歸一「存有之源」、「人文之源」、「價值之源」的「形上學思路」問題。偏偏，形上學思路，並不足以相應於莊子的「物化」思維。何則？形上學思路需要推溯出一個本體或主體以作為萬法的本源；物化，則是經由「深度會遇」進入的「共在」，「共在」中「關係」先於「主體」；「我與你」的深密締結（I-Thou relationship）也先於作為主體的「我」或「你」。我們由此看出形上學的根本迷局：它通過本體或主體來思考；而非通過「共在」來思考。於是，一代又一代的哲人，前仆後繼地嘗試在宇宙間確立一個「萬法歸一」的本體，並由此本體建構一套縝密精嚴的形上學體系。然而，再如何縝密精嚴，檢證形上學史，可曾有哪一套形上學，一經確立，就從此歷萬劫而不稍衰，再無人可提出挑戰或逕予推翻？從來沒有。反而我們見到的，卻相應海南大學張志揚教授的犀利洞察：「自柏拉圖以來，凡提供的為奠基普世性的『一』或『本體』，沒有不被後來者砍下『頭顱』的，以至呈現出『形而上學是堆滿頭蓋骨的戰場』之黑格爾式驚歎。」[63] 這話，說來怵目驚心；筆者看了，卻別有感發。可不是？為了重構「萬法歸一」的基礎，新一代的形上學家，命定必須在「白骨如山鳥驚飛」的形上學屍骸中，踩踏過早被遺忘於歷史荒煙中之「堆滿頭蓋骨的戰場」；而後，再度安放上一尊等待被後繼者割取的「頭顱」。

　　然而，我們不禁要問：難道，離開形上學「萬法歸『一』」的思路，對莊子人文精神的闡發，就寸步難行了嗎？是否存在一種可能，不透過任何標榜「本體」或「主體」的詞彙，也足以曲盡《莊子》的人文底蘊？筆者的答案是肯定的。關鍵惟在「以『主體』觀之」或「以『道』觀之」。道，即是在「物化」中所進入的「共在感」；「物化」則無非是通過「虛而待物」[64] 的

63　參閱張志揚〈羅馬史的讀法〉，文章來源：http://www.aisixiang.com/data/9310-2.html。（查閱日期 2018.6.18）

64　依筆者詮釋理路，莊子〈人間世〉所云「虛而待物」。虛者，徹底懸置那阻隔人與物間之語言、概念、符碼、範疇而恢復人與物的「直接」關係。人與物，一旦重返「非知之域」而進入「外於心知」的「直接」關係，「物化」歷程，於焉啟動。

工夫而將「可見物」與「不可見物」匯流為「一氣之流行」。即此而言，從「以『主體』觀之」到「以『道』觀之」，就某個尚屬沉隱的意蘊而言，遲早將代表著莊學詮釋史的「哥白尼式革命」。後者，在更接近現象學的洞見上，從「物化－共在」的角度出發，而更「存在性」地貼近了「主體」角度所無法窺探的「物性」深度，也從而避免了「主體性的殘留」[65]。

　　事實上，本文之寫作本身，就在挑戰以「共在角度」轉化「主體角度」的一種表達可能。換言之，本文嘗試——不從「主體」出發，而是從比主體更大的「共在」基礎出發，以展開所有的論述與思考。這更大的「共在」基礎，就是「物化」：一種從「主體角度」解脫後的「多維度視域」所成就的深密連結可能。具體做法，則是通過「關係」的締結型態入手。不同的締結型態，決定了不同的「空間」；不同的「空間」又決定了不同的「存在狀態」。而「空間」是可居、可遊、可託命、可依止的「場域」。通過「空間」的變異，以把握「存在狀態」的轉化，已足使我們在這微妙的轉化過程中捕捉到人文精神的紋跡，甚而比「主體視角」要把握得更深刻也更細膩。

　　再者，所云「主體」，說實了，也不過就是當人們在「共在感的興發」中感知到此人文精神的運行紋跡，隨即在「形上學」思路的強大制約下，即此「紋跡」的波光流動而推求其背後的「人文之源」；於是，作為形上學理據的「主體」隨之被「模塑」成形。這裡面顯然有一環節不能不予正視，那就是：為何見了人文紋跡，就忍不住要推求一個可以滿足「線性因果邏輯」的「源頭」以作為一切人文活動的理據？這近乎本能性的形上衝動，有否

如是，遂避免將「物」給套入人為強加的視域框架，也藉此保住那未經「同一性思路」通約、整飭、收編前之「物的『獨異性』（singularity）」。這意義下的「獨異性」，總是在「同一性的暴力」下給抹殺而不免喑啞失語。

[65] 此近於南希希望由共在（共存有）的角度重新理解存有。依鍾振宇：「南希認為要徹底化海德格對於『共在』之『共』的思考，也就是說，『共』的存有論意義至今還未被深入思索。南希認為應該由『共在』的角度出發，而不是由此在的屬我性（Jemeinigkeit）出發（屬我性不免有主體性的殘留），來重寫《存在與時間》；他甚至認為，我們需要有一個哥白尼式的革命，不再由主體去思考存有，而是由『社會存有』去思索人的存有的基本形態。」參閱鍾振宇，〈莊子的形氣主體與無用的共通體——由楊儒賓的思考出發〉收錄於《中國文哲研究通訊》，第27卷第1期，頁61-62。

可能只是另一種「心知」活動的「偽型」？我們不能不審慎地考量：通過被「線性因果邏輯」給「推求」出來的「理據」，以至依此「理據」所展開的形上學體系建構，即令其對一切人文活動有所解說，然而，這解說畢竟受制於特定感知條件，焉知一旦離開此感知條件的框限而打開全然不同維度的視域，既往所服膺的「真理」，還能保有其絕對的真理性嗎？抑或，舊日自恃顛仆不破的「真理」，在更接近全知觀點的「多維度視域」看來，終不免被證實只是「隸屬」於特定維度下的「真理」？

只需細察〈齊物論〉，即可發現：通篇〈齊物論〉幾乎就是聚焦於「視域維度之解蔽」而展開的透徹省察。通過〈齊物論〉所呈現的詭譎思路，筆者完全不認為《莊子》精義可相應於「形上學」的思路。事實上，「形上學」的思路，自〈齊物論〉看來，都不免墮入「將存有的豐饒層次與細膩肌理給通約到一個『一以貫之』的理據」之陷阱；〈齊物論〉正是為了破此陷阱而寫就；而「物化」則是莊子為了破斥「主體中心」而轉出的精妙實踐進路。

當我們將「主體視角」翻轉為從主體「破殼而出」的「物化視角」，那麼，在全然不同的「視域維度」下，即令有所謂「人文之源」，這源頭，不會是在形上學的思路框架下走向超絕化的「唯心主體」，甚至也不會是自命可免於超絕化的「唯氣主體」或「心氣同流」的「形氣主體」，而是經由「物化」在深密締結的「共在感」中所形成的「生命共通體」。

然則，「生命共通體」如何化身為人文動力？只要「物化」的基礎越大，「共在」的形勢越厚實，「締結」的型態越趨深密，不難想見，「生命共通體」在血氣動盪的身心交感中通過卮言、技藝鼓蕩而發的人文動力也就越趨昂揚而奮烈。如果有一個字眼，可以深切傳達那一切在「深度物化」中鼓蕩而生的「人文」動力，筆者挑選的字眼，將是在漢語詩學傳統裡有數千年悠長歷史的「興」字。

惟須先聲明在先的是：筆者使用這字眼，不再是放在「主體」的脈絡，而是放在「物化」所成的「共在」脈絡。這意味，不是透過安置一個形而上的「主體」作為「人文之源」以說明種種可見與不可見的人文紋跡；而是讓這股私密浩瀚的人文動能給深植於「物化」的綿遠迴盪中。以「庖丁解牛」為例，當牛體、刀具、技藝、身體、血氣、神識，都在渾然物化中進入一種「深密締結」的「共在感」——「手之所觸，肩之所倚，足之所履，

膝之所踦，砉然嚮然，奏刀騞然，莫不中音。合於《桑林》之舞，乃中《經首》之會。」[66] 正是由此「共在感」浩然泉湧的「興」之動力；讓作為觀者的文惠君，在解牛現場，也不免為神庖出神入化之絕技，看得心魂搖蕩，頻呼善哉！這意味，不單是神庖自己在解牛現場進入了「人－牛－刀－技」融然交感的共在經驗，即連作為旁觀者的文惠君也不由自主地被捲入現場的強大迴盪感而嗒焉若喪；甚而相隔百代而後的讀者，即令只沿著想像的界域，亦足以被解牛現場驚猶鬼神的匠人技藝給強力震攝而跨時空地消融為整體「物化」迴圈的一部分。這不受時空拘限而交相感發的迴盪經驗，正是「興」的力量：一種蘊生於「深度物化」的人文激情。這迸發於「親密共在感」的人文激情，巴舍拉《空間詩學》藉「私密的浩瀚感」[67] 一語傳達了意蘊相近的深祕經驗。即此而言，興，不必是源於一個作為本體論理據的主體；興，也不必依托於一個形上學架構；依筆者嘗試建構之「興的現象學」理路——興，以「物化」為基礎；物化，則意味著在「非知之域」所形成的深密締結；「物化」涵蓋的格局越大，「物化」裡多方締結的「關係」越入於邃密，由此「親密共在感」激起的人文創發動力也就越深烈。借王國維評李後主詞以喻之，此則「眼界始大，感慨遂深」[68] 是也！眼界始大，乃得興感多方，並入於深致邃密之境；唯「眼界始大」的先決條件，在於通過「深度物化」而全面打開的「親密共在感」。人文動力的「起興」，一如神庖「合於桑林之舞」的曼妙身影，正是由「親密共在感」迸發而生。這意義下的「迸發」，正宜對照「庖丁解牛」文脈裡的「官知止而神欲行」[69] 來把握：官知止，是物化啟動的起點；指向與「對象物」（由符碼所形構而成的「物相」）的「裂解」，這屬於「物化」的初步階段——展現了莊子由「解構支離」的批判面朝向「冥契經驗」的過渡；然則，這還未走完「物化」的全程；「官知止」，繼以「神欲行」，若「欲」字作名詞解，則「神欲」當指向一種經過「轉化－淬

66　語出《莊子‧養生主》，參閱郭慶藩，《莊子集釋》，頁 117-118。

67　參閱巴舍拉著，龔卓軍譯，《空間詩學》第八章〈私祕的浩瀚感〉，頁 279-305。

68　語出王國維《人間詞話》。原文：「詞至李後主而眼界始大，感慨遂深，遂變伶工之詞而為士大夫之詞。」參閱王國維，《人間詞話》（臺北：金楓出版社，1987），頁 10。

69　語出〈養生主〉，參閱郭慶藩，《莊子集釋》，頁 119。

煉」後的「詩性衝動」[70]；這「詩性」的衝動，不同於沾黏於「人間世」的俗情攀附，而是以「冥契經驗」為基礎的詩意「綻放」；正是通過這詩意瞬間的「綻放」，一方經由「冥契經驗」開啟又不自限於「冥契場域」的「深邃世界」，遂從莽莽蒼蒼的虛無深淵中被召喚出來；這代表了深度「物化」在深祕締結中所「『興』發」的「深邃世界」。不同於「物化」的初階階段所顯示的解構向度，卻以無遠弗屆的「連結」力量開顯出一方瑰麗奇崛的「非現實空間」（負性空間）；說其為「非現實空間」，非但不代表它無關人文，恰恰相反，經由「冥契場域」轉出的「非現實空間」，匯聚了最豐饒的人文創造力所催生的人文景觀；它代表物化歷程之更趨深致。我們以此見證了「氣化」歷程的更深可能性[71]。這可能性，顯示了一道生命轉化過程中的重大關隘——奠基於「深密共在感」而以高度詩意的「卮言—技藝」朝向「非現實空間」盛放為幽光狂慧的人文景觀，全然迥異由「冥契場域」迴向「人間世」的道德、政制、禮樂、教化所建構的人文景觀。後者，更貼近儒者的現世關懷與用世志意；莊子「朝向『他者』的蹤跡」，卻走得更遠，他凌空蹈虛的步伐，並未從「澹然獨與神明居」[72]的「深根寧極」[73]之域，輕易折返市儈當道、偽士橫行、日以心鬥、莫之能止的「人間世」；而是「從被拋擲的存有深淵中繼續拋擲自身、縱身深躍，把自己拋向更深的『非世界』，由不可思、不可觸、無所抵達的『無限遠』承負自身。『立命』之所在不是意識的建造與鞏固，而是自我破碎之處奧祕的臨在、恩典的湧現。」[74]這意味，「深淵」之後，更有「世界」；只不過這「世界」不是出於「意識的建造與鞏固」，而是指向「深密共在感」中氤氳流淌之「奧祕的臨在—恩典的湧現」。後者，正是根於「深度物化」而興發泉湧的「非世界」（負性空間／異

---

[70] 「詩性衝動」四字，乃借余德慧「夢幻衝動」概念而予以轉化。筆者借此喻指：在「非現實之域」展開的人文創化衝動。非現實之域，乃背離常規世界的「負性空間」，此所以在此界域裡迸發的人文紋跡，在俗情知見者眼中，總近於一種「幽光狂慧」，而有違儒者的正大氣象。

[71] 簡言之，一種由「自然」朝向「人文」的過渡，兩個場域皆以「虛而待物」的「氣化」為基礎，而共構為「物化歷程」兩重超越性維度：氣化之域與虛廓空間。

[72] 語出《莊子・天下》，參閱郭慶藩，《莊子集釋》，頁1093。

[73] 同上註，頁555。

[74] 參閱蔡怡佳，〈聆聽余德慧〉，收入余德慧，《宗教療癒與身體人文空間》，頁10。

質空間／異托邦）。說其為「非世界」，以其指向「非符碼的真實」，那是個人無法以「意識」抵達的「他界」，是「心知」無以對之建立知識的「非知之域」。人而至於此境，遭逢的正是「成為自己的不是」（becoming whom I am not）[75] 的神聖體驗；此則〈齊物論〉南郭子綦在「吾喪我」中所觸及的深祕內在經驗；正是在這深祕的內在經驗裡，開啟了「天機自動」（興）的人文生成動力。即此而言，相對於「深根寧極」所對應的冥契維度，「天機自動」所朝向的超越性維度，則是奠基於「深根寧極」之上的燦爛盛放。整個從「意識的裂解」到「澹然獨與神明居」的冥契體驗（解疆域化），再到「共在感」漸入邃密後必然如詩 發泉湧的「天機自動」維度（再疆域化），正是「物化」漸趨深致的「生命轉化」過程。轉化過程裡頭，固無待推溯於一個「主體」作為根源性的本體論理據，亦可通過逐步深化的「共在感」而獲得充分的說明。

綜上所述，只想表達一項根本的事實：「共在感」相較於「主體」是更具本源性的基礎；一如馬丁・布伯（Martin Buber）所揭露的「我與你」關係（I-Thou relationship），既先於「你」，也先於「我」。這意味，沒有「共在」，就沒有「主體」；而所云「主體」，究其底蘊，也不過是某種「超越體」的一部分；這「超越體」就是相蘊以道而通極一氣的「共在感」──那超然「主─客」、締結「你─我」而使主體成其為主體的「整全性」（Wholeness）脈絡。

行文至此，已充分勾勒出筆者嘗試通過「『共在』先於『主體』」的全新理路線索以重構「人文型莊子」的另類詮釋進路；並依此與楊儒賓通過「形氣主體」展開之「人文創化」進路，互為參照。相對於楊儒賓的「莊子人文創化論」，筆者的詮釋理路，則深受蔣年豐、余德慧啟發而嘗試將「人文莊子」的內涵給重新安放在「物化－共在－詩興－『創化』」的詮釋迴圈中來加以把握。「創化」放在最後頭，只因這理路架構原就是要為楊儒賓以「人文創化論」為主脈的「莊學詮釋體系」所遺漏的「先序基礎」[76] 做出某種

75　余德慧，〈從真實道德看見「終極關懷」〉，參閱凱博文，《道德的重量：不安年代的希望與救贖》，頁26。
76　此指比「形氣主體」更接近「存有本源」的「共在感」。

「補足性」的努力。直言之，筆者嘗試揭示的是一條「由下而上」、「自卑而高」、「從有限而無限」、「由『行屍走肉之身』而『音容宛在之神』」的「轉化」進路；先有朝向「他界」的「轉化」，才可能蓄積厚實的底蘊以支撐重返「此世」的「創化」。「轉化」奠基於對「身體性」的正視；依本文詮釋理路，尤為側重對「身體之『脆弱性』」的正視。這「脆弱性」的身體向度，正是蔣年豐臨終叩問的核心主題，亦是余德慧病氣纏縛逾二十年的沉重肉身所日夜瀕臨的受苦現場。就某個深微的意義而言，這受苦現場成了余德慧晚期學思所「委身」的人類學「田野」[77]。他壯歲罹病，最後二十年的學問，幾乎就是在此飽富磨難的「身體田野」上煉成的。豪無疑問，他的「人文臨床」思路，就是奠基於「身體田野」的啟悟——將「人文學問」擺置在「受苦現場」以重探其未發之蘊。筆者承其餘緒，欲待借《莊子》物學以暢發二人之高致。對比楊儒賓自覺承繼晚明「王夫之－方以智」遺志而開顯為《莊子》的「人文創化論」；筆者則自覺地承繼「蔣年豐－余德慧」晚期學思而開顯為《莊子》的「人文轉化論」或「人文療癒論」。

承前文，「轉化」是「創化」的「先序基礎」，「創化」則是「轉化」水到渠成、順勢而至的天機迸發。缺乏「轉化」的關注向度，而直接就神人般的高峰之境以盛發「創化」之義；在莊學詮釋上所面臨的理論缺口將是：如何解釋「畸人」的身心轉化問題？更精確地說：何以正視從「畸人」到「大宗師」（至人－真人－神人）的「存在場域轉化」所具現之穿行於「脆弱與力量」間的「弔詭性」？這弔詭性展現在：「脆弱」與「力量」不是定然無可移易的A與～A之間的「差異性」，而是「A」可以在「特定情境」（例如，瀕臨死亡、肉身崩毀、倫理破局、時代動亂）所促發的「視域轉化」條件下朝向～A「轉化」的「延異性」。後者，具現為一種與「情境－視域」形成深密連動之「存在狀態」或「存在場域」的轉化過程。依筆者觀察，楊儒賓的「人文莊子說」對這「過程性」基本上是略而不問的。他關注的主線索在於：「心氣同構」的「氣化主體」是如何在「氣化流動當中不斷躍

---

77 以病體、病房、手術臺、臨終陪伴、安寧療護等具體而微的「受苦現場」，所共構之人類學義下的「field study」。

出」[78] 而通過卮言、技藝開顯為種種「技進乎道」的人文活動；並試著為這些人文活動找到一個無懈可擊、面面俱到的「天均型主體」作為形上學的理據。然而，問題就出在這些現身《莊子》文本中的「神人級」巨匠，在「人文創化」的視角下，其主軸關注問題大抵在於「常人」所追躡無蹤的「神技」，到底如何而可能？這問題，對氣血強旺、雄心千古的哲思者，確有強探力索以窮其幽奧的身體條件；但對於被經年累月之纏綿病氣給耗磨到無力收拾殘破身心的「拖命者」，這問題卻是殘酷而奢侈的；因為，對於已然沒有「明天」、隨時都可能是「生命最後一刻」的「病骨支離者」，唯一直抵魂命深淵的迫切問題，就是如何正視「身體的脆弱性」。這麼說，並不意指《莊子》文本中一切在技藝上已達出神入化之境的「至人－真人－神人」無需度越修行關隘上的「過程性」，就可直接登臨工夫的極詣；剛好相反，筆者只是試圖指出：從「人文創化論」出發的角度，不足以充分正視「過程性」的存在，並深刻描摹「氣化流動中不斷躍出」的人文紋跡背後「難而後獲」的艱困性。依筆者之見，盡褪形上學框架的「共在感」，遠比將一切人文紋跡推溯到一個無所不包、無所不覆的「人文之源」，更能去掉「主體中心相」的殘餘外殼而更細膩周浹地說明：「創化」之前的「轉化」過程，無非是一個「物化」的格局不斷延展、擴張以至於「無往而不可即之以物化」的過程。這綿密穿行於「脆弱與力量」間的辯證轉化過程，不但支撐並鼓蕩了「人文動力」的興發，也必然遭逢無可倖免的遲滯、困頓與阻澀。賴錫三對此「遲滯阻澀」、「見其難為」的「力量張力」有極盡深致的刻畫；其所云：「不斷互相調整的力量辯證交往過程」[79]，依筆者判讀，正出於對「前『創化』之『轉化』過程」必然遭逢之遲滯阻澀的正視。筆者因思忖：這分正視「遲滯阻澀」而「見其難為」的「力量張力」，與由此迫發的「不斷互相調整的力量辯證交往過程」，若移之於「畸人－兀者－形骸異變－容顏駭天下者」的文本脈絡，當可另闢「人文莊子說」的全新詮釋向度——朝向「人文療癒」路線的《莊子學》。這意義下的莊子形象，宛若佛教裡的藥師佛、地藏王，特能彰顯一種「悲心深沉」的救贖力量。這對深淵失墜而被迫

78　參閱楊儒賓，〈遊之主體〉，《儒門內的莊子》，頁189。

79　參閱賴錫三，〈莊子身體技藝中的天理與物性〉，《諸子學刊》，第17輯，頁10。

匍伏人間破局，以至於流落無歸、無枝可依的「畸零者」，儼若幽闇長夜，瞬間劃破劫外的一道寒光。這道寒光，隱然召喚出對受苦經驗的全新理解可能：不是只有健康的身體，才夠格成為「道成肉身」的載體；所謂「一枝草，一點露」，即令是病氣纏縛的沉重肉身，也能憑藉「脆弱的力量」所連結上的「病裡乾坤」而轉出「畸人之逍遙」的可能。

叁、人文莊子的宗教向度：在受苦中走向「他界」

相對於特顯「藝術性」之「人文創化」向度，死亡陰影如蛆附骨的受苦現場，對沿著肉身的殘敗線匍伏寸進、顛簸迂行的畸零者，則特顯「宗教性」的「人文療癒」向度。所云「宗教性」者，無涉教門意識，依筆者論述脈絡，特置之於「外於心知」的「內在性」維度；這意義下的「宗教性」，非但未因肉身的殘敗而走向耗弱，反而在肉身衰殘趨於極致的片刻，更充分彰顯全然悖逆常人意識的「內在性」經驗——「一個人只有在瓦解時才成為自己」[80]。此亦無它，來自受苦經驗的灼燒越熾烈，緣於意識的建造與鞏固就越趨於瓦解；而所云「內在性」或「宗教性」者，正是「自我破碎之處奧祕的臨在、恩典的湧現。」[81] 此中微義，則余德慧〈巫者意義的生成〉所洞燭幽隱者：

> 宗教本身是苦難人類的相伴相生的東西，其源頭正是來自「冥識」，也就是在昏暗意識、不明所以的狀態，而冥識的出身地正好是「非現實」的區域，在那裡，身體的千頭萬緒依舊以無序的方式亂竄，連意象都呈現混亂的流動。這個源頭在一些高制度化的宗教已然被遺忘，但是對巫宗教卻依然還是一個重要的初始狀態。非現實一直是宗教最核心的質素，所有的虔信、順服與大愛皆在非現實裡實現，因此非現實有時被誤解為「新存有」（new reality），實則不然，非現實一直是原初的，靈知的神話正是在非現實展開的語

80　尚—克洛德・卡里耶爾（Jean-Claude Carrière），《與脆弱同行》（臺北：漫遊者文化，2017），頁279。

81　蔡怡佳，〈聆聽余德慧〉，參閱余德慧，《宗教療癒與身體人文空間》，頁10。

言，若過度被引伸到現實裡，非現實即遭取消[82]。

母體空間只能以裂隙透光的方式，顯露出母體的殘餘斷片……[83]

巫者是母體殘片的追索者，暗示的消息來自陰影與曖昧，來自某種
隱晦的歧義……[84]

庶民世界的倫理道德，必須記得那絕對只是表象，在這表象的底
層，有著自由的如夢空間，在那裡，人的記憶如深井的迴音，不斷
去搖撼震動表象的符號，使得剛生成的符號無法站穩它所代理的意
義[85]。

余德慧最突出的核心洞見是：「非現實一直是宗教最核心的質素。」這
背後連動著幾項深具意義的啟示──首先，「現實」與「非現實」的對舉，
顯示「意識」而外，別有「冥識」。意識，依《莊子》用語，屬「心知」範
域；冥識，則屬「外於心知」的「域外」或「他界」。然則，「冥識」所對應
的「非現實」空間，如何可能進得去？靠「語言─心知」所共構的理智進路
嗎？顯然不是。關竅所在，莊子借〈人間世〉點出關鍵線索──「徇『耳
目』內通」而「外於心知」，莊子所揭露的寧非「徇『耳目』內通」的「身
體」進路？此則對應余德慧所謂「在那裡，身體的千頭萬緒依舊以無序的方
式亂竄，連意象都呈現混亂的流動。」這「無序─亂竄─意象混亂」的「內
在景觀」，不盡然是「澹然獨與神明居」[86]的一片深根寧極、安詳和諧；它甚
而可能是一種巨大的騷動、混亂與不和諧的竄動。余德慧的學術原創力，向
來出自真切實感的印證；這番「內景」的體證，當代法國哲人巴塔耶、列維
納斯、布朗肖的著作裡亦不陌生。此所以筆者寧可以「氣化之域」四字替換
「冥契場域」，無它，正為了兼函兩種可能性。可是，「氣化之域」就窮盡了
「非現實空間」的所有可能性嗎？不！當余德慧寫道：「表象的底層，有著自
由的如夢空間，在那裡，人的記憶如深井的迴音，不斷去搖撼震動表象的符

82　余德慧，〈巫者的意義生成〉，《臺灣巫宗教的心靈療癒》頁10。

83　同上註，頁11。

84　同上註，頁12。

85　同上註。

86　語出《莊子・天下》，參閱郭慶藩，《莊子集釋》，頁1093。

號，使得剛生成的符號無法站穩它所代理的意義」；這「內在景觀」裡所渾涵吞吐的豐饒可能性，固有非「氣化之域」所能窮盡者。

楊儒賓在此也顯示了類似的洞見：「此位莊子透過筆者所說的形氣主體，由人存在的深淵，創造出意義形式，人身就是創化之源頭」[87]、「莊子穿越了在其自體的無之意識，進入意義形式興起的『卮言－物化－遊心』主體，這種主體是人文之源的主體，莊子的立場結穴於此。」[88] 深淵、無之意識，都指向「心知」所未及的「氣化之域」，然則，「氣化之域」就是莊子立場的結穴處嗎？顯然不是，奠基於「氣化之域」而進一步「創造出意義形式」才是莊子人文精神之所繫。由於此「意義形式」是在「深淵－無之意識－氣化之域－非知之域－他界」的基礎上所創造的，是「非現實」中所開展的詩興文跡；這意味，「由人存在的深淵，創造出意義形式」，乃以存有深淵為基礎的人文綻放。筆者以此斷言：莊子的人文精神，是落在「非現實空間」的「創造」。

作為余德慧後期心力所寄的核心概念——「身體人文空間」，正指向這飽蘊人文創生動力的「非現實空間」。以其「有著自由的如夢空間」、「人的記憶如深井的迴音」，筆者有充分的理由視此「如夢空間－記憶深井」乃依憑「氣化之域」而 生的「人文空間」；非現實，卻又渲染著人文的創生動力；這飽染虛構性的人文空間，象徵著「物化歷程」朝向人文性的更深拓展。或者，我們無妨換個角度表達相同的事實：「物化」乃依「人為－自然－人文」而次第展開的生命轉化過程；這過程，具現為「朝向他界（The Otherwise）的蹤跡」；而所謂「人文療癒」，無非就通過「朝向『非現實』的虛構性力量」（卮言／詩興）而成為可能。它仍是一種人文性的精神生產，只不過，不是指向「人間世」的禮樂教化、倫理規範、政治事功等反映「現世關懷」的社會建制；而毋寧是指向可以作為「藥樹息蔭」之所的「天間之世」[89] 而更近於審美或宗教蘄向的「終極關懷」（Ultimate Concern）。前者，

87　語出楊儒賓，〈結論——莊子之後的《莊子》〉，《儒門內的莊子》，頁454。

88　同上註序言，頁6-7。

89　語出方以智，〈人間世總炮〉：「藥樹息蔭，呼六極之風來，垂兩褒袖以為翼，何天之衢，是亦天間之世乎？」；參閱蔡振豐、魏千鈞、李忠達校注，《藥地炮莊校注》，卷之二，頁228。

大用外悱，回返於「現實空間」（正向空間）；後者，虛佇靈素，神遊於「非現實空間」（負性空間）。此所以，依筆者判教；莊子與儒學在究極精神動向上，風格歷然，終有所別——雖然，在人文精神的向度，他們擁有相同的根柢，所以，總能在《莊子》的寓言敘事裡作「越世」之高談。

綜上以觀，筆者對楊儒賓所建構的人文莊子圖像，稽首感佩之餘，卻也看出同此「人文動向」下的不同「曲折」。這意味，筆者在學術主張上，一方面，深心默許楊儒賓通過「人文精神」視角所確立的莊子風貌；也充分肯定他通過「物學」視角所窺見的莊子，恰不落在「解構 / 批判型」的莊子，也不落在「同一 / 冥契型」的莊子，而是結穴於對「身－物」都予以高度肯定的「人文型」的莊子；惟對於是否需推溯一個作為「人文之源」的「主體」，以確保此「人文型莊子」的理論高度，筆者通過蔣年豐、余德慧依自身受病經驗所開啟的「宗教－療癒」視域，遂衍生了不盡相同的莊學詮釋取徑；而詮釋互為歧出的關鍵點，就在筆者徹底揚棄了「形上學框架」所決定的「主體」進路，而代之以奠基「身（病）體現象學」所開啟的「非主體」進路。

肆、人文療癒視角下的「形氣主體」評述

行文至此，本文據以重構《莊子》詮釋體系的「人文療癒」視角，已呼之欲出。筆者以此視角而返觀楊儒賓的「形氣主體」論述，對此概念之殊勝與局限，別有體察。首先，就其殊勝處而言，形氣主體乃「形－氣－神」三元構造之主體[90]。以其通貫「形－氣－神」而言主體，此主體在精神意態上確

90　為求行文簡潔，「形氣主體」內涵，不另贅述於正文，謹於附註摘抄楊儒賓相關內文以便讀者參照：莊子的主體不是明鏡模式的本心型，而是以形軀為運動軸，以心氣作用為動力因的身體主體，筆者稱之為「形氣主體」。（頁9）形氣主體的核心在形氣與主體的關係，更落實地說，也可說是意識主體與非意識主體的關係，莊子用心與氣表之，「心」是意識層，「氣」是更深層的作用。「心」因是可意識到的，所以用「人」稱呼之；「氣」是非意識所及的，所以又稱作「天」。非意識主體的氣是綜合整體身心動作的作用者，它不屬於任何感官，但又穿透一切感官機能；它是一切功能的總合，但又在整體的功能之外多出了作用的盈餘。（頁9）形氣主體呈現了「形—氣—神」的三元構造，這種三元構造中的任一元和其他二元

已跳脫「真常心」之論述框架而粗具「物化」的基本格局；至少，這概念的
設計，誠如作者所自云：「『氣』一詞提供了一種包含主體與物同屬共在的可
能性。」[91]、「氣因逸出個體範圍外，所以莊子的主體之邊界原則上是無邊界
的。」[92] 可見，「氣」字在「形氣主體」的概念設計中，其實已頗能涵納「物
化」之潛具線索而將「物化」的基本精神收攝於「形氣主體」。依筆者前文
剖析，這自屬其殊勝所在。惟楊儒賓的做法恰與筆者形成一種反向操作：楊
儒賓連結「形氣主體」與「物化精神」的方式，是將「物化精神」收疊於
「形氣主體」以強化「形氣主體」心氣通流（意識與非意識交錯混融）的格
局；筆者則基於更深的理由，寧可將「形氣主體」消納於「物化」的流漩以
解構其仍顯頑強的形上學框架。如此作法，自然關涉「形氣主體」無法迴避
的局限性。「形氣主體」的局限性何在？依楊儒賓，「莊子的主體是意識主體

因素都是同紐交織在一起的。（頁11）形氣主體既然預設了「形—氣—神」的互
箝相紐，因此，此種主體的存在性格就是超個體的，因為「形—氣」的構造意味
著人的主體總是在氣化流動中不斷躍出，「出竅」（ecstasy，或譯為綻出、離體、
出神）是主體的基本屬性，主體即流動，因此，即是不斷地脫主體。（頁12）雖
然「形」的框架乃是一切活動與一切論述的前提，風箏不斷線，「形」是一切活
動所繫的那條線。但「形」不是無窗戶的單子，它毋寧是具有無數外通孔竅的通
道，形氣主體不只在主體內有形氣之互紐，在主體與世界之間也因心氣之流通，
因而與世界也是互紐的。（頁12）在非意識主體的領域內，此主體與物的關係並非
是認識論的主客關係，也不是唯心論精神修煉傳統下的攝映關係，也不是一種內
在型冥契論的一體難分之無之境界，它有種無名的主體與物的本質的互滲互紐。
（頁11）莊子的形氣主體確實不能不預設作用於身心之間的身體圖式，但它的墨
暈效果畢竟是軀體難以限制的。（依鍾振宇解讀：主體具有墨暈效果，可以擴散到
軀體之外，與物相滲）（頁11）「形—氣—神」主體是種擴散的主體，神帶著氣擴
充到空間的每個角落，就像空氣中聲波的迴盪，就像水中波紋的擴散一樣。（頁
25）形氣主體推論至極，無可避免地要踏入極隱微深奧的境地，主體範圍之說有
其限制。因為就像梅露龐帝（Maurice Merleau-Ponty, 1908-1961）的身體主體推
到極點，其主體的意向性功能都會變得很稀薄，它毋寧呈現的是種極隱微的感的
功能。而且，也像梅露龐帝論身體意向性時，最後不能不推到人與世界的迴逆關
係，莊子的氣的活動也是迴逆的。更確切地說，莊子的心氣活動都是牽涉到整體
的世界的，其活動都是非對象性的，也都是跨越主客的。嚴格說來，一個沒有主
客意識可呈現的主體之功能自然不必再設想它是一般意義下的主體的。（頁14）參
閱楊儒賓，〈遊之主體〉，《中國文哲研究集刊》，第45期（2014年9月），頁1-39。
91 同上註，頁11。
92 同上註。

與非意識主體的連續體」又強調「心氣同流」而在「形氣主體」概念的設計上平視心氣以別異於「唯心主體」；然而，筆者正是在此關鍵處與楊儒賓岔開了思路。依筆者，那未能由「形上學框架」所涵賅的「共在感」，實比作為「形上學本源理據」的「主體」更具先在性。一如在猶太哲人馬丁・布伯的《我與你》中，「我與你」的「關係」先在於「我」，也先在於「你」。這意味，「主體」的義涵，是由其在關係脈絡中的位置所決定的；更直截了當地說，「『我』與你」的「我」和「『我』與它」的「我」，其實是不同意涵的「我」；其間的「差異性」只能通過「關係」的締結型態而獲得把握，此所以「關係」先在於「主體」[93]。相對於渾涵「主體」的「關係」，「主體」在理序上實乃後出，並未比作為其底蘊脈絡的「關係」更「本源」。既然，「主體」的內涵並非獨立自足，而只能依「關係」的締結型態以獲得把握；這意味，離開了關係的脈絡、離開了締結的型態、離開了關係發生的現場情境，主體的內涵將隨之失其底蘊基礎而無法被輕於確認。此所以當代法哲南希（Jean-Luc Nancy）會發展出「生命共通體」的概念以修正海德格《存有與時間》（*Sein und Zeit*）的不足；不足何在？據鍾振宇〈莊子的形氣主體與無用的共通體──由楊儒賓的思考出發〉一文透出的線索：

> 南希思考共通體的可能性，其出發點是反省海德格（Martin Heidegger）的此在存有論（Ontologie des Daseins）之不足。南希想重寫海德格的《存在與時間》（*Sein und Zeit*），他認為海德格在本書中對於共在（共存有 [being-with, Mit-sein]）的分析不夠，甚至忽略共在與存有的始源關係。他希望由共在（共存有）的角度重新理解存有。此在本質上是「共此在」（Mitdasein），這種「共」不是簡單地、外在地將事物或人放在一起，而是一種本質的、源初的「共」[94]。

93　不是時間意義的先後，而是理序意義的先後。在時間上，或許無有「主體」，就無有「關係」；在理序上，卻是無有「關係」，則無有「主體」可被成就。此所以關係先於主體。

94　依筆者，南希對海德格的說法，與本文「沒有『關係』就沒有『主體』」或「『共在』先於『主體』」的思路，頗多孚會之處。參閱鍾振宇〈莊子的形氣主體與

　　南希此見，雖剋就海德格《存有與時間》而發，惟轉「此在」為「共在」以重新理解存有，卻與《莊子》通過「物化」以把握人文紋跡，旨趣相近。他直指：海德格的「此在」概念，其實在本質上是「共『此在』」；筆者以為，這想法正可「對接」於《莊子》的「物化」思路；因為，「物化」正是通過「關係」的深密締結所衍生的「共在感」。以此「共在感」渾涵「主體」而去其「主體相」，並令復歸於「通天下一氣」[95]的大化流行；這不落「主體相」亦不受「主體格局」化約的「一氣流行」，才是「道」之所在。即此而言，若能「以『道』觀之」，而非「以『主體』觀之」，那麼，任何「形上學型態」的主體，註定不可能是真正的「本源」所在；此亦無它，本源不可能是「道的化約」，而只能是「道的本身」；這意味，即令真有「本源」，這「本源」也只能歸諸「物化」所成的「共在感」，而不宜聚焦於一切「主體性」的概念[96]。這就讓一切人文紋跡，得以在「一片化機」中安泊於「物化」所成的「共在」，而非在「線性因果邏輯」的思路箝制下追問「不可能」的源頭，並將此源頭歸因於特定形態的「主體」——不論是唯「心」、唯「物」、唯「氣」或「心氣同流」的主體。此則〈齊物論〉篇首何以通過南郭子綦拋出那直透「天籟」真蘊的大哉問：「怒者其誰邪！」[97]依筆者，莊子認取的，無非是「怒者」背後渾然共在的「一片化機」，而不在那撐架「形上學體系」的本源理據。

　　就某個正逐步朗現的隱微意蘊而言，本文所有的努力，無非是藉〈齊物論〉「怒者其誰邪」之「天問」所牽動的視域翻轉；寄意所在，無非是嘗試從「共在感」出發，以重探「非主體進路」的「莊學」詮釋可能。這另類詮釋路徑，相對「形上學框架」籠罩下的莊學主流語境，顯示了截然不同的理

　　無用的共通體——由楊儒賓的思考出發〉，《中國文哲研究通訊》，第27卷第1期（2017年3月），頁60-61。

95　語出《莊子・知北遊》：「通天下一氣耳」！聖人故貴一。」參閱郭慶藩，《莊子集釋》，頁733。

96　真入於「共在感」，即連「本源」二字，都屬「去道益遠」的概念物，而注定難逃德希達的解構之刀。

97　《莊子・齊物論》：子游曰：「地籟則眾竅是已，人籟則比竹是已，敢問天籟。」子綦曰：「夫天籟者，吹萬不同，而使其自己也，咸其自取，怒者其誰邪！」參閱郭慶藩，《莊子集釋》，頁49-50。

趣與思想進路，卻也是筆者自彰切己向度之所在。此詮釋向度，不同於楊儒賓讓一切人文活動的本源給收攝於一個「心氣同流」的「形氣主體」，卻是連「主體相」都一併抖落以返歸行所無事、一片化機的「『無相』本源」。前者所代表的詮釋進路由「形氣主體」立基，而未肯盡褪「形上學論述型態」的堅持 98；後者所代表的詮釋進路，則由一片化機中的「共在感」出發，而

---

98 賴錫三早留意楊儒賓「形氣主體」未肯褪淨「形上學模式」而遺留（相對牟宗三「實有形上學」觀點而言）的理論問題，並給出極為發人省思的評析。他指出：楊儒賓仍然堅守「雖沒有絕對本體，但不是沒有本體」，並據此評論：「要為『氣化整體論』尋求超越的本體根據，終究使本體不能等於氣用。」此論與筆者思路，頗有異曲同工、不謀而合之處。相關論述（以評論人賴錫三和回應人楊儒賓為主），一併彙整如下，以供讀者參照：

賴錫三：值得注意的是，由於楊先生堅持的體用論立場，使其仍然肯認一個創化的形上本源觀，以及一個「化而不化」的卮言中心觀，這和第三波莊學的去本源、去中心，或者只將本源、中心視為功能性隱喻的虛設（但不妨礙其可發揮價值作用），仍然具有細微差別。因為體用論的解《莊》傾向（楊先生堅持對王夫之體用論的實說），使其仍然堅守「雖沒有絕對本體，但不是沒有本體」的體／用之細微二元論嫌隙。此舉當是為了保護「形上學仍然是一項重要資產」的超越性向度，並希望由此超越向度（天理）保護倫理規範向度（物理與事理）。但此舉也多少因為「體用有別（不一）」的細微二元論，而停留在形上優位於形下，以形上統御形下的「本體論等級論」。換言之，它仍屬於垂直式的即內在即超越模型，而非水平式的平等辯證模型。這裡仍然涉及形上描述、語言隱喻、倫理規範等，將來可再反省的相關課題，也是楊先生和目前臺灣（跨文化）《莊子》學者之間，仍有待磨合的關隘。（賴錫三，〈《儒門內的莊子》與〈跨文化臺灣《莊子》學〉，《中國文哲通訊》，第 27 卷第 1 期，《儒門內的莊子》評論專輯，頁 22-23。）

賴錫三：楊先生指出宋明儒的本體之超絕化傾向，批評本體「去歷史性」的「理念化」危機。例如：他以王夫之的角度批評朱子掉入了本體的理念化危機，無法思考本體既完滿先在，又必得在氣化歷程中帶出創新，因此本體乃具有「既完滿又不完滿」的「矛盾性格」。楊先生認為，他繼承的王夫之新體用論，其所謂的本體必須帶有氣化動能與歷史性格。因此，「本體」必須和「氣用」保持「幾無差別」，卻又「必然有別」的矛盾性：「引進了歷史的真實與氣的真實，王夫之對『本體』的概念，一定會改造。宋明理學的『本體』是完整的本體，是完全透明的本體，所有歷史的發展，世界的發展，都由本體出。這樣的發展基本上是 "tautology"，因為它所發展出來的，在某種深刻的意義上，是原來本體的流出說，或者表現說而已。王夫之發現：這樣的本體沒有辦法解釋歷史跟政治世界的複雜性，我相信王夫之到最後會強調本體本身的一種矛盾性。」楊先生這種「本體既圓滿又不圓滿」、「體用不二又有別」的「矛盾性」，仍然帶有高度的形上學堅持及細微的二元論傾向；堅信以「體用不二而有別」的縱貫系統，可以消化水平式的

未肯染著絲毫的形上學色彩。雖說，論述脈絡有異，然筆者自有充分的理由
肯定：後者當更切合〈齊物論〉文本由叩問「天籟」開篇而以「物化」終篇
的深微寄託；甚而，以「共在」轉化「主體」的「莊學」詮釋，非但更切合

───────

氣化流行之弔詭運動。楊先生有一種高度美善的理想性格或綜合才情：以其新體
用論儒學來消化相偶論儒學於一身。然而楊先生所理解的體用論之矛盾性，是否
能通過當代後形上學的批判？是否落入了邏輯層次的矛盾？雖然楊先生可能會認
為，本體層次的矛盾並不同於邏輯層次的矛盾，但這仍將會是一個值得再研究分
析的問題化難題。換言之，楊先生的體用論思維，一方面雖能將體用（先天氣）
往本體向上一提，或者說讓本體往氣用落實。但另一方面仍然要為「氣化整體論」
尋求超越的本體根據，而終究使本體不能等於氣用。可見，楊儒賓並沒有完全放
棄牟宗三「實有形上學」之縱貫創生的觀點，他只是以「體用不離不雜」的矛盾
性，來調和縱貫（本體創生）和水平（氣化整體）的衝突，並深信體用論的儒學
就此可以收納或調合相偶論儒學。其中，楊先生將「整體論氣學」視為自然哲
學、後天氣學類型，而將「本體論氣學」視為超越哲學、先天氣學類型；此種先
天、後天之二元區分，以及本體論優越於整體論的形上學判教，也仍是一種可再
被問題化的形上學預設。而臺灣第三波莊學的氣化論，可能更傾向於用氣化整體
來消化本體創生的水平發展，並認為在形／神之間的氣化主體之精微修養，不會
減殺超越性與創造性，而是形而上學的水平化、具體化之重構。」（賴錫三，〈《儒
門內的莊子》與「跨文化臺灣《莊子》學」〉，《中國文哲通訊》，第27卷第1期，
《儒門內的莊子》評論專輯，頁26-27。）

賴錫三：從剛才的回應或是這篇文章，楊老師還是帶有某種意味的形上學堅持，
以至於他在談體用的弔詭性時，儘管「體」還是無法完全消納歷史性跟社會性，
必須不斷在歷史進程的延伸中帶出創新性，可是這個「體」的形上超越性堅持，
在這篇文章中還是可以看出留下了尾巴。對於這一點，我們跟楊老師的差異性碰
撞很久了，但他的這個立場還是沒有動搖過，包括中心的談法、體的談法。可是
以這種方式解釋的弔詭，跟我和乞筆所理解的莊子式弔詭，在思想內容與思想結
構的細微差異何在？可能是接下來要釐清的關鍵課題。參閱〈「何謂遊之主體？」
對話紀錄〉與談人：楊儒賓、賴錫三、何乞筆；劉思好整理；何乞筆校訂，收錄
於《中國文哲通訊》，第27卷第1期，《儒門內的莊子》評論專輯，頁103-104。

楊儒賓回應：當然對我的立場而言，我還是認為「體用」的概念還是對的，還是
有意義的。本體還是要有作為終極的意義的功能，但是你又要接受有些東西是
「理」所沒有的。我想很重要的事就是一定要講到理跟氣的矛盾關係。理既是終極
的，但是氣又會帶出理沒有的內涵，可以豐富理原來的結構，這樣的關係應該在
設想理氣關係時，或者是形、氣、神關係時，基本上就已經存在。（參閱〈「何謂
遊之主體？」對話紀錄〉與談人：楊儒賓、賴錫三、何乞筆；劉思好整理；何乞
筆校訂，收錄於《中國文哲通訊》，第27卷第1期，《儒門內的莊子》評論專輯，
頁106）。

於貫通《莊子》全書的「物化」主脈，也更相應「後形而上學」年代「去主體中心」[99] 的精神動向。淵遠流長的《莊子》與「當代」千載相望的對話潛力，由是可見一斑。

伍、人文莊子的身體基礎：從偽化身體、氣化身體到人文身體的轉化

「物化」理路既已勾勒如上，通過「物化中的身心轉化過程」所開啟的全新莊學景觀，隨之漸趨明朗。這條迄今為止尚未見有人開掘、深耕的「莊學」詮釋線索，建立在底下的基本理解：作為《莊子》「物學」理論基點的「物化」奧義，無非是「身」與「物」經由「非對象性」的締結關係所抵達的「深度會遇」狀態。此則依循「非意識」之「身體進路」，經由「虛而待物」[100] 的「心齋」工夫所成就的「共在感」是也。這意義下的「身—物」締結，既不受「心知轄域」[101] 所窄化，一旦鼓蕩其無遠弗屆的的深度「物化」驅力以貫連一切可見與不可見的「非對象」；那麼，莫說是現身眼前的「可見物」，即令是幽冥阻隔的「不可見物」，亦不足以阻斷這力能貫通死生幽明的深祕「連結」；而「連結」的強度，與人文動力的興發強度成正比；這意味，物化的基礎越大、共在的形勢越厚實、連結的格局越開闊，即此「深密締結」之「共在感」而連動起興的「人文動力」也愈發噴薄而高張。是以，「人文紋跡」之連綿起興，固無待於預設一個作為形上學本源理據的「主體」；浩氣泉湧、縱橫跌宕的人文動力，就斂藏於私密浩瀚的「共在感」裡汪洋吞吐、鬱勃待發。正是在這以「共在感」作為人文動力起興條件的實踐脈絡下，我們乃得以確保：不論是深藏於「物」的超越性向度（物情空間）[102]，或深藏於「身」的超越性向度（身體空間），皆於焉燦然浮現──

99　去「主體中心」與解構「形上學」框架的本源理據，原屬一事。它全然反映「後形而上學年代」對傳統詮釋學所依賴之形而上學思想的「強解構」傾向。參閱李河《走向解構論的解釋學》（北京：社會科學文獻出版社，2014）。

100　「虛而待物」四字，可總結性地定位為莊子「物學」思想對應於物性存有的根本凝視點。

101　「心知」二字，在《莊子》文本語脈多屬負面性詞彙，以其僵固於畛域劃界活動，遂不免在「對象化」思路下，錯過深藏於「物」的「超越性向度」。

102　同樣對「物情空間」有甚深觀照的當代法國哲人巴舍拉，在筆者眼中，其《空間

「共在感」中的「物」，自此不復是落在「認知維度」而作為客體或工具的對象物與功能物，卻宛若「聖物」般成了「人」得以即之而「優入聖域」並與「神聖空間」（非現實空間）形成深密締結的「精神甬道」。「共在感」中的「身」，也自此不復是可見的「血肉形軀」，而是在「非意識」的冥視中深於「不可見域」的「身外之身」；正是通過「身外之身」所給予的挹注與潤澤，流轉五濁惡世的「行屍走肉之身」因得以響應「音容宛在之神」的呼召（地藏音容）103 而轉為「天心性命之身」104。

綜上所述，正是這取徑獨異的莊子「物學」，支持筆者走出一條在大方向上同屬「人文型莊子」典範，惟理論取徑則有別楊儒賓溯源「形氣主體」的全新進路。筆者承余德慧「在苦難現場重煉人文學問」的「人文臨床」理念與蔣年豐聚焦「病體」（Dasein with sicknesses）105 受難經驗的「臨終啟悟」，而定位之為一種聚焦於「受苦中之身心轉化過程」的「人文療癒」進路。不同於楊儒賓的「人文創化」進路之奠基在一個鮮明的「主體中心」106（天均型的「形氣主體」）；「人文療癒」進路的詮釋體系，沒有「主體中心」，只有隨著物化漸趨深致而形勢漸趨厚實的「共在感」，貫通於「可見域」與「不可見域」而十字打開的「身心轉化場域」。是的！「人文療癒」進路所強調的正是：某種由下而上、自卑而高、從有限而無限、即「行屍走肉之身」而「天心性命之身」的「身心轉化過程」，「轉化」則由奠基深度物化的「共在感」所孕生。

───────

詩學》、《水與夢》、《火的精神分析》、《夢想的詩學》堪稱莊子「物學」以法國哲學風貌高度「差異性重複」的異代變奏。比如，《莊子》奠基「共在感」的「物化」概念，與巴舍拉《空間詩學》奠基「私密的浩瀚感」的「迴盪」概念，就理趣相通，甚可互為借鑒。

103 此則相應蔣年豐於〈丙子札記：地藏學派卷〉所謂：「地藏，住持我的心氣身命」是也。參閱楊儒賓、林安梧編，《地藏王手記——蔣年豐紀念集》，頁95。

104 此則相應蔣年豐於〈丙子札記：地藏學派卷〉所謂：「三十九歲之後，依祢的形象而活。地藏王：完美的形相，活現心——佛——眾生。以祢的形象彰顯天地神人」是也。同上註，頁93。

105 語見〈丙子札記：無限身卷——4疾病史綱〉。同上註，頁101。

106 雖不同牟宗三唯心色彩十足的「主體中心」，卻依然採取了相同形上學框架，而變身為置換過主體內涵的一個「既要超然氣用、又要兼涵氣用」的「另類主體中心」。

「人文療癒」與「身心轉化」相通；而轉化的軌跡，則遍見於《莊子》文本——〈逍遙遊〉裡「鵬之徙於南冥也，水擊三千里，摶扶搖而上者九萬里」[107]，是轉化；〈齊物論〉裡顏成子游親見「今之隱几者，非昔之隱几者也」[108]，亦是轉化；〈德充符〉裡兀者申徒嘉自述「人以其全足笑吾不全足者多矣。我怫然而怒，而適先生之所，則廢然而反。不知先生之洗我以善邪！吾與夫子遊十九年矣，而未嘗知吾兀者也」[109]，仍是轉化。此所以「人文療癒」進路，終不離「身心轉化」的場域；而「身心轉化」的場域，則非任何型態的「主體」所開出，卻是由深於「物化」的「共在感」所蘊生。此所以「人文療癒」的道路，固不決定於一個超驗性的本體，亦不決定於一個「仍然帶有高度的形上學堅持及細微的二元論傾向」[110] 之「本體既圓滿又不圓滿」、「體用不二又有別」的「『心氣同流』主體」，而是由「通天下一氣」的「共在感」中本就「上下通流」的「身心轉化場域」所決定。以此觀之，「場域」先於「主體」，或云，「場所性」先於「主體性」，則「『人文療癒』的莊子」得以平視「『人文創化』的莊子」而別有樹立者也。

然則，論者要問：所云「身心轉化」的場域，其具體入手處何在？筆者既然選擇「人文療癒」進路以切入《莊子》，並嘗試依此詮釋主軸重探《莊子》潛蘊而未發的人文風貌；與「療癒」在理路上緊密聯繫的「受苦經驗」以至「身體」必然涵具「生─衰─殘─老─病─死」的「脆弱性」，都是必須予以充分正視的論述前提。此所以筆者在詮釋路向上所著重者，固無涉於《莊子》學派歸屬的界定與重判；卻更看重《莊子》與「當代處境」對話的可能性，並嘗試從多方可能性中，掘發出一道絕大多數當代人都無法置身事外而冷漠以對的理解視角──受苦與療癒。尤其，扣緊「身─物」之「締結─交感─託命─救贖」而對人「存在狀態之『轉化』」起到決定性作用的「人文療癒」線索，更是筆者多方考量下所抉擇並即之以「突圍」歷來莊學典範的「根本凝視點」。

---

107 郭慶藩，《莊子集釋》，頁4。

108 同上註，頁43。

109 同上註，頁199。

110 參閱賴錫三，〈《儒門內的莊子》與「跨文化臺灣《莊子》學」〉，《中國文哲通訊》，第27卷第1期，《儒門內的莊子》評論專輯，頁26-27。

　　這凝視點迴環貫穿了三道基本主題：畸人、物化與逍遙。簡言之：「畸人」到「逍遙」，意味「存在狀態的轉化」，而且是以「共在」啟動「人文轉化」或說是「以『共在感』為人文動源」之「由下而上」、「自卑而高」、「從有限而無限」、「即生死而解脫」的「內在轉化」過程；「物化」則是此「存在狀態的轉化」得以走向實現的關竅所在；質言之，它是繫連「畸人」與「逍遙」的中介過程；是沿著「體知」進路以貫通「行屍走肉之身」與「天心性命之身」的神祕甬道。

　　不言可喻，此線索靈感所由，不能不溯及蔣年豐與余德慧兩位哲學原創力絕高的當代臺灣學人。不論是蔣年豐「臨終手記」具現的「病體現象學」敘事，抑或余德慧扣緊「受苦現場」而展開的「人文臨床學」思索；兩位親歷病苦磨難而近乎以殉道之姿完成最後書寫的臺灣當代人文學巨擘，都以切身瀕臨的深淵體驗，具體親證個人學思生涯最決定性的轉向——頓悟「病體」而外，另有「空間」。這意義下的「空間」，自然不是「物理維度」的空間；而是「循冥契經驗調適以上遂」的「人文維度」所開顯的「人文空間」；當此「人文空間」蘊生於「受病脈絡」，儼同聖域的「人文空間」，正是與肉身受苦現場如影隨形卻又不受其纏縛的「病裡乾坤」[111]。筆者以其有進於「血肉形軀」（肉身）與「氣化之身」（氣身）而示現為一種「人文空間」（道身），因另以「身外之身」名之。不言可喻，正是這作為「病裡乾坤」的「人文空間」，開啟了「通過『身外之身』以調適、緩解、轉化肉身受苦現場」的「人文療癒」進路。它啟示我們：可見的敗毀之身不是一切，在不可見處（非現實），更有作為「身外之身」的「病裡乾坤」可以神遇、棲居與託命；此所以其能「自貞其所處」而皈命其「別路藏身」之所。

　　惟論者或不免有疑：「病裡乾坤」到底為誰而存在？肉身受難，畢竟不是常態，對青春正盛、風華正茂的年輕世代，更顯得遙不可及。這條詮釋線索所開啟「人文療癒的莊子」，除了已然瀕臨極限情境的少數人，又有多少人能從中受益？筆者必須說：此言差矣！莊子筆下，關於「畸人—兀者—形骸支離—容顏駭天下者」等「病體—傷殘」敘事，看似僅在〈大宗師〉、〈德

111　此四字借自唐君毅先生書名。參閱唐君毅，《病裡乾坤》（臺北：鵝湖出版社，1993）。

充符〉、〈人間世〉佔有高密度之書寫，然而，生死哀迫、病苦侵尋、身毀形殘，果真只是少數邊緣者所蒙受的肉身苦難？船山自述「蒙莊大旨」有云：「生緣何在，被無情造化，推移萬態。縱儘力難與分疏，更有何閒心，為之俅保。」[112] 無情造化推移之下，有起必有落，有生必有死；生緣而外，衰、殘、老、病、苦、死，原遲早遭逢之事，無人可以倖免；只不過敢於正視人間殘酷性與肉身脆弱性的人太少，以至掩蓋了對此線索的關注。此則余德慧於〈巫者的意義生成〉所慨乎言者：

> 後來我才開始明白，人生其實是場殘酷境遇，不斷地給出斷裂的處境，生老病死還算人生常態，許多的意外，讓我們看到殘酷的本質，而這個大黑洞不斷地襲擊著任何活著的人，而所謂風花雪月、人生美景都只是在殘酷被遺忘的短暫時刻裡的喘息，而巫者正是被這殘酷所引出，在長久的歷史底蘊之下，用來減低人間殘酷的療遇（healing encountering），就如宋文里教授所說，人間不一定有療癒，我們的苦痛不一定能抒解，但卻不斷出現療遇，為了有一絲希望而彼此用療傷的心情而來見面[113]。

這段引文，留下兩道意味深長的線索。首先，呼應了筆者在前文的設問：「『病裡乾坤』到底為誰而存在？」余德慧於此徹底展現了顛覆常規的反向思考：除了生老病死是必然遭逢的「人生『常態』」外，就連看似「非常態」的「意外」，也「不斷地給出斷裂的處境」，如「大黑洞不斷地襲擊著任何活著的人，而所謂風花雪月、人生美景都只是在殘酷被遺忘的短暫時刻裡的喘息……」既是不斷地給出、不斷地襲擊，試問：即令躲得過一時，躲得開永遠嗎？再者，即令自己僥倖躲過了？家眷、親人、師友、寵物也都能如

---

112 王夫之〈玉連環・述蒙莊大旨答問者二首・其一〉：「生緣何在，被無情造化，推移萬態。縱儘力難與分疏，更有何閒心，為之俅保。百計思量，且交付天風吹籟。到鴻溝割後，楚漢局終，誰為疆界。長空一絲烟靄，任翩翩蜨翅，泠泠花外。笑萬歲頃刻成虛，將鳩鷽鯤鵬隨機支配。回首江南，看爛漫春光如海。向人間到處逍遙，滄桑不改。」參閱王夫之，《薑齋詩文集・鼓棹初集》，網址出處：https://ctext.org/wiki.pl?if=gb&chapter=699777。（查閱日期：2018.6.18）

113 余德慧，〈巫者意義的生成〉，收入余德慧《臺灣巫宗教的心靈療癒》，頁8。

自己一般幸運地躲過嗎？而且，這些在心裡形成深刻惦念的身影，能「永遠」都保有幸運躲過的運氣嗎？只要殘存些許直面以對的勇氣，都無法自欺：以上每一道設問，都是「不可能」的——為了隱伏於時間暗流的陷阱與終將示現的命運，也為了那命定與「脆弱肉身」纏縛以終的「殘酷境遇」與「斷裂處境」。

其次，「人間不一定有療癒，我們的苦痛不一定能抒解，但卻不斷出現療遇，為了有一絲希望而彼此用療傷的心情而來見面。」從指向「痊癒」的「療『癒』」，到「『減低人間殘酷』的療『遇』（healing encountering）」宋文里化龍點睛地更動一個「遇」字，恰好點出「人文療癒」乃建立在「深度會『遇』」的「共在感」。這就讓「用來減低人間殘酷」的「人文療癒」與貫穿莊子「物學」主脈的「物化」思想有所勾連。這意味：療「遇」，因深於「物化」而成為可能；深於「物化」，則意味經由與「物」的「遭逢」而與深藏於「物」的「物情空間」有了連結的可能。不言可喻，來自「物」的拯救，無非是觸及此「物情空間」所內蘊的強大支撐力量；這寄託於物的「深度世界」，於焉對「無枝可依」的「畸零者」形成了給予庇護的「託命空間」；這就讓「人間世」不斷給出的「斷裂處境」與「殘酷境遇」有了「寬緩的餘地」與「迴旋的空間」。惟飽濡血氣動蕩的精神性維度，卻非由夐高絕俗的超驗性主體所下貫而來，而是蘊生於「身」與「物」的深祕會遇。它是獨屬於「畸零者」的「胸中海嶽」，余德慧或逕以「內在性」稱之。這「內在性」，依筆者體會，不獨是「病裡乾坤」，也不獨是「物裡乾坤」，而是「身」與「物」俱進入深度交感時所匯流而成的「『人文』空間」。此亦無它，人文精神必「及物」而發，與物無涉，不成人文；人文精神也必然「及身」而立，不「及身」，又何以「及物」？即此而言，在「身—物」深度交感中（物化），「身體空間」與「物情空間」原乃通極一氣而相蘊以道。這意味，以道觀之，「病裡乾坤」與「物裡乾坤」，原是一事——身體就在「與物相依」的深密關係中，共成縈繞綿遠卻又如影隨形的「身外之身」。

至於，這奠基於「身—物」締結的「人文空間」，我們有時偏說其為「身體人文空間」，無非是為了凸出「人文空間」乃「身體」所隱涵的向度；而且，是遠比被社會符碼所規訓的血肉形軀更深於邃密之域的「內在性」向度。這意味，「身體」遠不止是對「心知」示現為「可見物」的「對象」；

身體一落入對象域，已受制符碼系統的操控，而淪為被符碼馴化的「日常身體」或「社會身體」；這層面的「身體」，頂多只能視為「多維度身體」的「第一身」（符碼身體）；「心知」而外，則入於意識所不及的「氣化」之域，更有作為「非對象」的「第二身」（氣化身體）；「第三身」（人文身體）則若存若亡地伏流於不可見域，斂抑幽深，隱而待顯。此則相應蔡怡佳於《宗教療癒與身體人文空間》前序所總結的余德慧「身體觀」：

> 宗教療癒與修行的平臺若不是自我與意識，要由何處啟程？朝向何處？余老師以身體的人文空間作為療癒與修行的操作平臺。在日常生活中，身體是我們最不假思索的當然之處，但也是最大的陌生。身體在他人的注視之中展演，不斷迎向社會的目光，作為自我意識編造與社會構作的媒介，身體因此成為自我習氣與社會習癖的堆疊所在。但這不是身體的全部，離開這第一身，宗教療癒開展了第二身、第三身的人文空間。這些內層的空間是靠近身體內部的精神場所，也是精神生產的所在。余老師以許多例子說明修行與療癒如何藉著日常身體的斷裂或是轉化而啟動。修行不是知識的概念運動，而是從身體的底層下工夫，從身觸、聲音、味道、舞動等產生的人文空間下手；在這個空間之中，大化的力量得以流動、盪漾、傾洩。冥視、靜坐、祈禱、覺照、夢與舞動都是在身體空間的質變中啟動療癒。冥視是瞎的視覺、閉起眼睛的看見、密契者的諦觀；祈禱是人在困苦之地透過身心狀態的操作而開展的恩典之道；覺照是身心狀態的移動；舞動則是意識的沉降，身體宇宙的開顯[114]。

除了前文已略敘梗概的余德慧「三身論」，引文中，尚有兩點線索特值留意：首先，不同於楊儒賓以「心氣同流」的「主體」來把握一切人文活動的紋跡，余德慧則通過「奠基『體知』的空間」來把握——這空間自不是可見的物理空間，而是「從身觸、聲音、味道、舞動等產生的人文空間」；「在這個空間之中，大化的力量得以流動、盪漾、傾洩」；「這些內層的空間是靠

---

114 蔡怡佳，〈聆聽余德慧〉，收錄於余德慧，《宗教療癒與身體人文空間》前序，頁10-11。

近身體內部的精神場所，也是精神生產的所在。」與其說，余德慧的「身體人文空間」是「主體性」的另一種變貌型態；筆者寧願將余德慧通過「體知」進路轉出的「身體人文空間」放到莊子「物化」的脈絡中來理解，而非將「身體人文空間」再給「對象化」成「另類的『主體性』」[115]，此亦無它，一旦被「對象化」，「身體人文空間」又宛若「離水之魚」似地歧出於本源性的「共在」。筆者所以如此判讀，乃基於貫穿本文的主軸論點：

　　「共在」先在於「主體」；「共在」才是真正的「人文之源」；後出的「主體」，不論唯心主體、唯物主體、唯氣主體，或如楊儒賓所置定「體用不二又有別」、「兼涵『完滿』與『不完滿』的矛盾性」之形氣主體，只要表述上具備「形上學型態」並置之為「萬法所由生」的本體論「理據」，皆屬「後出」的「加工」概念，還談不上是真正回返大化流行的「人文之源」。即此而言，真正「人文動力的興發」，乃出於「物化」。更細緻地說，是出於「身」與「物」之「深度會遇」所連綿而成的本源性「共在感」。南希據以修正海德格「此有（Dasein）」概念的「生命共通體」，以至余德慧的「身體人文空間」，都隸屬「以『共在感』為人文動力『起興』基礎」的「去主體化」思路[116]；也就是將「人文之源」或「存有之源」由「主體」迴向「共在」的

---

115 余德慧，《宗教療癒與身體人文空間》，第四講〈夢療癒的幻象空間〉，頁102-103，有一段論及「佛性」的談話，可謂言人所不能言，見人所未曾見。筆者當年就置身課堂現場。猶記，初聞此說，儼若禪門棒喝，一時大為震動，頗覺憑此一言，已完全透入「身體人文空間」之關竅。余師當時是這麼說的：「許多人會被『佛性』一詞所迷惑，認為要修行成佛，或是需要發現個人的佛性，但這並不會讓人經驗到『佛性』……『佛性』就是指這個人文空間，裡面是不可思議的，因為它暫時停止了我們平時的心思，讓我們湧現『異質』的感受。」這飽富機鋒的見地，直是以「身體人文空間」為「佛性」了！形同將「身體人文空間」視作另類型態的「主體性」。這判讀，確實甚具啟發性，也甚能在「主體思路」與「共在思路」間，取得某種平衡。但筆者以為不可執實；因為，這只怕也是「權說」，而非「究竟圓實」的表述；所以，寧可於此作更細膩的區辨——將「身體的人文空間」歸到「物化—共在」的脈絡來加以把握，而非放在「主體」的脈絡來把握。如是處理，方能彰顯筆者獨具之問題意識，固有不受限初始之靈感緣起者。

116 承前註，余德慧個人未必如此判讀；然而，筆者談的是「身體人文空間」這概念蘊蓄的潛力，固有不受限作者初始之構思者。即此而言，筆者對「身體人文空間」之「差異性解讀」，可謂對余德慧「身體人文空間」概念的批判性繼承與創造性詮釋。

思路。

依筆者之見，余德慧藉以凝聚晚期學思精華的「身體人文空間」，在概念置定上，本就與楊儒賓的「主體性思路」取徑有異。余德慧的「身體人文空間」是通過漸入邃密的「身─（技）─物」締結所匯流而成的「意義網絡」或「精神場所」；這「靠近身體內部的『內層空間』」，本身就是奠基於「本源性共在感」的「精神生產」，而「精神生產」正是一種「人文動力的興發」；這與楊儒賓以「形氣主體」作為「人文創化」活動的形上學理據，顯然各具理路。以此觀之，余德慧的「身體人文空間」（內在性），與楊儒賓的「形氣主體」（人文之源），恰好形成兩套「人文學」的典範：前者立基於「共在感」並通過「現象學」以思考存有；後者固守於「形氣主體」並通過「形上學」以思考存有。兩位學界大師，各具凝視點，方法進路亦取徑有異，然而，在肯定「人文化成動力」的大方向下，皆能各自成說而允為漢語學界二十年來特具典範高度的人文學術成果。

引文中另一條深值注意的線索是：「余老師以許多例子說明修行與療癒如何藉著日常身體的斷裂或是轉化而啟動。」所云「日常身體」者，乃受社會符碼系統所轄制而落入「對象域」的身體，作為被「心知─語言」置定為「對象」的身體，業已受制「社會化」的操控而淪為「在他人的注視之中展演，不斷迎向社會的目光，作為自我意識編造與社會構作的『媒介』」；日常身體於焉「成為自我習氣與社會習癖的堆疊所在」。依余德慧，這意義下的身體，並非身體的全部，而只是「多維度身體」拘限於特定感知條件下的某種呈現可能。然而，若敢於「正視」這心知轄制下備受拘礙的「日常身體」，自當從中驚見：「修行與療癒如何藉著日常身體的斷裂或是轉化而啟動」；而「日常身體」的「斷裂」或「轉化」，就修道人而言，卻是「修行」與「療癒」據以啟動的「大事因緣」，因為，就「日常身體」而言，不論出於被迫的「斷裂」，或出於自覺的「轉化」，「斷裂」與「轉化」都將催逼「氣化身體」的裸露，甚而推迫「人文身體」的現身。以《莊子》文本示例：「被迫的斷裂」頗見於〈大宗師〉、〈德充符〉的畸人、兀者、形骸異變與容顏駭天下者；「自覺的轉化」則頗見於〈人間世〉的「心齋」、〈大宗師〉的「坐忘」、〈養生主〉的「庖丁解牛」以至〈達生〉、〈知北遊〉、〈天道〉諸多讓見者「驚猶鬼神」的身體絕技。兩種路徑，皆可以是「療癒」啟動之

「機」。即此而論，不論健康的身體或惡疾傷殘摧剝的身體，「身體進路」都是凌越「心知轄域」以走向「療癒」的唯一可能。同樣以「身體」為基礎，楊儒賓底下絜靜精微的洞見，正好為「人文創化」與「人文療癒」差異性，給出了可資對勘的線索。

首先，楊儒賓以奪胎換骨的手法寫道：「語言與技藝破碎之處，一切法不成」[117]、「以有我身故，一切法得成。」[118] 這是為「莊子思想乃是為窮究人文世界而立」[119]，給出毫無保留的肯定。此則，「人文創化論的莊子」與「人文療癒論的莊子」所服膺的「共法」。然而，接下來一段話，就看出兩條路線的歧出處：

> 語言有身體性（形氣主體性），技藝有身體性（形氣主體性）；而身體主體（形氣主體）乃是道在人間的孔竅，道只能透過這個孔竅才可以在世間展開它的行程[120]。

這顯然是以「形氣主體」為基礎展開的說法。對以「共在」為基礎的身體進路，理當淡化「主體相」而讓「身體」通過「物化」而還其為「『共在』中的身體」，固無需標榜為形上學框架下的「形氣主體」。若依「共在」思路而去其「主體相」──「語言有身體性，技藝有身體性；而身體乃是道在人間的孔竅，道只能透過這個孔竅才可以在世間展開它的行程。」就大抵可以適用於以「共在感」為底蘊的「人文療癒」進路。然而，於此仍未免有疑：「人間」在哪？「世間」又在哪？試問：當庖丁解牛，動刀甚微，謋然已解，如土委地〈養生主〉；梓慶削木為鐻，見者驚猶鬼神〈達生〉；工倕指與物化，而不以心稽〈達生〉；痀僂丈人承蜩，用志不分，乃凝於神〈達生〉；津人操舟若神〈達生〉；呂梁丈夫蹈水，從水之道而不為私焉〈達生〉；大馬捶鉤，不失豪芒〈知北遊〉；輪扁斲輪，得之於手而應於心，口不能言，有數存焉於其間〈天道〉。當其透過讓觀者驚猶鬼神的身體絕技而優入「聖

---

117 楊儒賓，《儒門內的莊子》，頁439。
118 同上註，頁9。
119 同上註，頁439。
120 同上註。

域」，這寒光熠熠、不可逼視的精神聖域，到底是人間還天上？是世間還非世間？是現實還非現實？是域內還域外？

　　依筆者，這些儼若神人的身體技藝者，既已逼臨「外於心知」之域，這不復是意識所對應的「人間世」，而是冥識（非意識）所對應的「負性空間」。換言之，這些技參造化的身體技藝者已從「現實」上遂於「非現實」，這是「存在狀態」的改變；即令可見的形軀看似身在「人間」，然而，在不可見的層面上，他早已託命域外，活在對俗情知見者保持隱蔽卻獨屬自己的「精神王國」。以此觀之，「身體乃是道在『人間』的孔竅，道只能透過這個孔竅才可以在『世間』展開它的行程」的提法，仍是未盡精確。真正深於人文療癒者所遁入的「存在狀態」，與其定位為「人間」，無如說是「即物而道—即身而道—即心而道—即技而道—即藝而道—即世間而非世間—即現實而非現實—即人間而天上—即俗界而聖域」的「共在之域」。事實上，這也是「以『共在』解域『主體』」的「人文療癒」進路在表達上所必涵的弔詭性。因為，在「共在」中，沒有現實與非現實的定然區隔，也沒有中心與邊緣的定然劃界，一切都在圓轉中通流無滯、才過即化。即此而言，原句或可再精簡為：「身體乃是道的孔竅，道只能透過這個孔竅才可以展開它的行程。」至於行於何處？已無須過問了！因為在「共在感」中，一切場域都是「弔詭性」地顯隱互具、虛實相生；既無法「指實」，也無以「化約」為特定疆域。

　　重點是：「身體」（即令是傷殘敗毀之身）是被莊子所肯定的、「技藝」是被莊子所肯定的、「技藝所及之物」是被莊子所肯定的、「身體—技藝—器物」在深度會遇下所興發的人文紋跡也是被莊子所肯定的、「身體—技藝—器物」在深度會遇下所啟動的人文療癒同是被莊子所肯定的。這一切在「漸趨深化」的「共在感」中所開顯的人文性，皆充分彰顯於獨屬莊子的超越進路——經由「身體—技藝」的修練以抵達「物」的「深度世界」（物情空間）。這種「具身性」的超越進路，截然不同於一切漠視身體、懸置身體、取消身體，甚而敵視身體、以身為妄的超越進路。它全然正視——只有通過「身體」方有成就「超越」的可能；超越，意味「存在狀態」的「轉化」；沒有「轉化」，所有人文性的精神生產也就無法成為可能。

　　綜此以觀，「身體」之義大矣哉！它絕非只是思想的載體、理性的工

具，更非入道的障礙。返觀儒、佛二家所給予身體的正視，皆遠不及《莊子》。對勘漢語物學系譜，也獨有莊子最能盛發——「身體」乃「人文世界」得以成就的基礎；因為，只有通過身體，方能以「體知」突破「心知轄域」的遮蔽而開顯人文性的「身體空間」或「身外之身」，並在其中汲取療癒的泉源。這是啟動「療癒」的過程，也是進入「內在轉化」過程；過程裡，自有豐沛的創化動力與人文紋跡汩汩不絕地隨之流出；這意味，「人文創化」每由「人文療癒」鼓蕩而生，而衍為人文療癒的附帶成果。即此而言，身體確是道的孔竅；更細緻地說——「道」經由身體的「內在轉化」過程而連動地「起興」為種種人文創化活動；而所云「身體的內在轉化」者，借余德慧「三身論」而略加演繹，正是從「心知轄域」的「偽化身體」（第一身）、轉化為「外於心知」的「氣化身體」（第二身）、復從「氣化身體」進而轉出天機自動、詩興盈溢的「人文身體」（第三身）。這「身體三變」的過程，也正是「身一物」締結關係逐步走向深化、終而邃密入神的過程，亦是由「初步物化」朝向「深度物化」過渡的過程。整個過程，就在深於「可見（現實）」而入於「不可見（非現實）」的道跡流衍中，帶出了源源不絕的精神生產。

以此觀之，「人文療癒」義下的人文興發動力，帶著一種深沉的「被動性」（無為）；它不是由一個空頭、孤調的「主體中心」所驅動，而是被更大的力量基礎給席捲其中，遂爾應機隨化，任大化的力量通過身體的孔竅而得以流動、盪漾、傾洩。此如庖丁解牛，其肢體韻律，宛若「合於桑林之舞」[121]，正是順任「天機自動」而舞出技驚鬼神的人文紋跡。這意義下的人文創造，只因能泰然任之的隨順天機所化（應於化）[122]，遂得不滯「物相」而神遊「物情空間」（解於物）[123]。正是在這種無有一絲刻意的「天機自動」中，豐沛盈溢的人文紋跡，以一種超然常軌、靈動無羈的詩性語言與身體技藝，在「非知之域」（非現實空間）獲得了驚人的開展。

這意義下的人文興發活動，與其歸因於「主體中心」，無如說是出於「共在感」所激。弔詭的是，正是在這「無有刻意作為」而「與大化共舞一

---

121 語出《莊子・養生主》，參閱郭慶藩，《莊子集釋》，頁118。
122 同上註，頁1099。
123 同上註。

與天機合拍」的深祕韻律中，生命非但藉由深度的「物化」而獲得了療癒；甚而，不期而至的人文創發過程，也緣此「轉化─療癒」之機而被源源不絕地帶出；此之謂「天機自動」，此之謂「無為而成」。這意味，最偉大的藝術，是在不可思議的「共在感」中被成就的，它從來不可能是來自特定的「主體」，而是來自比「主體」更高的力量──這力量連貫了「有限肉身」與「無盡法界」；這力量體現於「與存有共舞」的「深度會遇」（meeting with ecstatic spirit）；這力量在宇宙間氤氳流溢為一曲「天機自動─無為而成」的深祕韻律；此則《莊子》文本中的「至人─真人─神人」所共契的「力量場域」。所謂的人文療癒，正是引領一切被拋擲世間卻流落無依的邊緣者（畸人），讓其「受苦現場」與此「力量場域」有所接軌（侔于天）；此則莊子〈大宗師〉篇所謂「畸人者，畸于人而侔于天」[124] 是也。「畸于人」指向「人間世（心知轄域）」所帶來的毀傷與磨難；「侔于天」則指向讓「受苦現場」引渡至「病裡『乾坤』」，以承接來自更高力量的澆灌。這全然相應余德慧為受苦者指引的出路：「療癒的發生就是將肉體引渡到身體空間」[125]。受苦中的「第一身」（偽化身體），因得以在此「力量場域」中發展出「第二身」（氣化身體）、甚而「第三身」（人文身體）。第三身，正是一種人文性的「身體空間」，所謂「病裡乾坤」、「胸中海嶽」是也。正是「病裡『乾坤』─胸中『海嶽』」讓受苦現場原本難以負荷的身心張力有了緩解與調適的「餘地」，此「餘地」則一切畸人於危苦人世所賴以為命的託庇之所。這正是「人文療癒」的精義所在。當人文性的「身體空間」對「受苦現場」的沉重肉身，形成某種隱性的支撐力量；道成（於）肉身，於焉成為可能。此如，一位瀕臨肉身崩毀而命危旦夕的癌末病人，卻可能因著一曲沁心幽微的音樂所召喚的浩瀚人文空間而瞬間經歷到某種忘世的痛快與神聖的靜謐；詩性交遇的剎那，依然為生理苦痛燒灼的病人臉龐，卻可能瞬間沐浴在某種聖潔的光輝而從中轉出死生由命、微笑而逝的雍容大度；沉重的肉身，因霎時「舉重

---

124 語出《莊子‧大宗師》，參閱郭慶藩，《莊子集釋》，頁273。

125 語出余德慧，〈修行療癒的迷思及其進路〉，《慈濟大學人文社會科學學刊》，第11期（2011年6月），頁86-108；另參閱余德慧，《宗教療癒與身體人文空間》，頁424。

若輕」，渾若無干於己；此中轉化，大有消息；一言以蔽之，只因「內有淵源」，遂得通過「胸中海嶽」以涵納人間的波瀾起落。只此「內有淵源，舉重若輕」八字，已深致傳達了「苦難的祕密」：原來，最深的痛苦，無關肉身的敗毀、倫理的破局或時運的摧折，而在於自失「淵源」，遂無力轉化人間的無盡沉哀。這，才真是苦難的內核所在。此所以在莊子眼中，畸人者，亦非屬形骸之事；而在乎是否內具「侔於天」的轉化能力以自致逍遙之域。轉得動，就是「形虧而德全」的大宗師；轉不動，就成了流轉生死的微塵眾生。以此觀之，莊子實是藉「畸人之喻」以叩問「肉身成道」的可能性。他給予的啟示是：人，終究需要一種厚度來支撐他的存在，而一切在受苦現場「入於深致」的內在轉化，都在「身體人文空間」這飽富迴盪感的力量場域中成為可能。云何為「入於深致」？讓深於「受苦現場」的「詩性凝視」，不只停留在悲摧切割的人世磨難、身毀無用的顧翅懊喪、長夜無盡的纏綿病痛、人情薄倖的世態炎涼，而能宛若庖丁運刀般地遊走於「骨節縫隙」以洞窺那與受苦現場如影隨形、虛實相生的「身體人文空間」（此則「骨節縫隙」所引喻的「病裡乾坤—胸中海嶽—身體空間—物情空間」）；正是這渾涵著私密浩瀚感的隱性支撐力量，為人間無盡的毀傷與磨難，確立了「具身性」的超越向度。此所以莊子「物學」的超越性向度，不可能是「睽隔物情—遺落身體」的空頭超越，卻必然是「下身落命」以回歸一種「肉身成道—即物體道」之現象學的踏實。此則「心學的莊子」所以「去道益遠」而必得由「身學的莊子」、「物學的莊子」以更大的物化格局給凌越的根本緣由。

陸、轉「識知」為「體知」：「日常身體」的斷裂所啟動的「人文療癒」契機

為了在「人文型莊子」的思路籠罩下，別尋典範重構的可能性；筆者於莊子「物學」的「身體基礎」，特重「日常身體」的被迫斷裂所啟動的「人文療癒」契機。總括言之，當一向在穩定運行的生活常軌中給予「支撐」的身體，竟而一朝轉向，成了給予「摧敗」的力量；這是「身體」對「理性」的顛覆，亦可說是「非意識」對「意識」、「非現實」對「現實」的反噬。直到這一刻，身體才真正取得了反轉的優勢——不復是「理性」規訓下的

「日常身體」或「社會身體」，而是以自身的殘缺、疼痛、瀕死、危亡，迫使一向與身體相疏遠的理性思考，重新與身體恢復連結而轉「識知」為「體知」。這正是身體倏然遭逢斷裂處境的「弔詭性」——趨於瀕死敗毀的病體或傷殘之身，終以自身之沉落而催逼出飽富身體感知的「體知性」思考；相對在此之前只是作為工具而服膺理性整飭的「偽身」[126]，因著「肉身受難」始蟬蛻於「心知纏縛」的身體，至此，首度擁有了根於身體感的「真知」；於是，當不可知的命運給與身體不堪負荷的「斷裂」處境，看似殘酷的境遇，卻也是修道者從「偽身」破繭而出並「啟動」修行與療癒的「重生」因緣。此則，余德慧〈從生死無盡之處走來〉一文，借索甲仁波切《西藏生死書》與當代法國哲人列維納斯（Emmanuel Lévinas）的洞見所點出的「轉化」關隘：

> 學習死亡要徹底地顛覆太多東西，包括眼前我們賴為生計的一切。然而，瀕死卻是契機，就好像我們一切平順的生活突然平地一聲雷，把眼前生活的一切打碎了。《西藏生死書》的深沉恰好就是在這個孤寂的裂隙裡頭。整本書裡，索甲仁波切反覆地說，人必須在突然裂開的縫隙裡頭修行[127]。
>
> 而我們卻須在一片「求生」的文化中劈開一道裂隙，讓我們看看死的究竟。勒維納斯（Emmanuel Lévinas）與《西藏生死書》都提到這點，但從不同方向來談。勒維納斯說，人不斷用文明遠離裂隙；索甲仁波切說，裂隙是解脫的法門。勒維納斯認為，劈開文化的遮蔽，我們必須認識一個很根本的處境：無可名之的一種活著的狀態，那是一種叫不出「何人活著」的狀態。他引述布朗肖（Maurice Blonchot）的小說《托馬斯的黑暗》來說明這個狀態：「（在地窖裡）托馬斯最初感到他還能使用自己的身體，特別是眼

---

[126]《莊子・大宗師》論及「坐忘」有謂：「墮肢體，黜聰明，離形去知，同於大通」；〈養生主〉亦有謂：「方今之時，臣以神遇，而不以目視，官知止而神欲行。」文中「墮肢體」、「黜聰明」、「離形去知」、「不以目視」、「官知止」云云，皆剋就「偽身」而為言矣，固無涉身體「大解放」後所復甦的「體知」。

[127] 余德慧，〈從生死無盡之處走來〉，《生死無盡》，（臺北：心靈工坊，2010），頁27。

睛，並不是因為他看見什麼東西，而是他所看的東西鄙薄他的注視，不允許他移動視線。久而久之，這就足以使他與那黑暗的一團發生關係，他模糊地感覺到這實體，並在其中漫遊……」（引用杜小真《勒維納斯》，遠流出版。）[128]

一個「無底洞」般地什麼也看不見，但「看不見」本身，就是勒維納斯所謂的「根本處境」：一種「烏有」，意識消退，心生悸怖[129]。勒維納斯的無名黑暗，與索甲仁波切的赤裸當下，都是指向掉落在裂隙的當下。勒維納斯說，那裂隙裡的存有是個可怕的地方，人不願居留，不斷地用文明的事物讓我們遠離該處；索甲仁波切說，那是解脫的法門，修行的處所。兩種說法並沒有相違背。勒維納斯是哲學家，他只是在闡明為什麼人總是要逃避死亡[130]。

　　引文大旨當在「裂隙」作為從「偽化身體」朝向「氣化身體」以至終而抵達「人文身體」的引渡意義：「偽化身體」的破裂，同時意味「氣化身體」的裸露。然而，最可注意者，正在「氣化身體」的裸露，並不盡然如「冥契主義」（mysticism）所描述一片「天清地寧」的景象，對真修道人，或許是如此；然而，對「早認他鄉是故鄉」的「世情中人」；列維納斯所揭露──「劈開文化的遮蔽」後，倏然迎面撲襲而來的「一個很根本的處境」，卻是：「無可名之的一種活著的狀態，那是一種叫不出『何人活著』的狀態」、「一種『烏有』，意識消退，心生悸怖。」

　　綜上所述，身體，特別是瀕臨死生幽明之際而拖命無日的「病體」，看似羸弱，卻又內具著蟄伏深微的「轉化力量」，似「非」而「是」、悖逆線性邏輯的弔詭性，就凝聚在兩組複合概念──「脆弱的力量」與「畸人的逍遙」。看似兩極對反的概念，卻又能在經歷一番轉化歷程後，婉轉迂迴地交錯為一。關竅所在，惟在「日常身體」的「裂隙」──是「裂隙」打破

---

128 余德慧，〈從生死無盡之處走來〉，《生死無盡》（臺北：心靈工坊，2010），頁27-28。

129 同上註，頁28。

130 同上註，頁29。

了「日常生活」，而令長年「騷動於理性之下的生命力」[131] 瞬間由「不可見」
現身為「可見」。這意味：在裂隙中，一向在平順生活中進退合度、行禮如
儀的「常人」，瞬間失去了謊言的遮蔽，而被迫正視與「可見世界」（「心知
轄域」所及的「現實空間」）平行的另一個「不可見世界」（「心知轄域」所
不及的「非現實空間」）。轉化之所以可能，正在於生命由此「不可見世界—
非現實空間」獲得了支撐的力量。即此而言，脆弱之所以是有力量的，不是
因為脆弱本身就是力量，而是「脆弱」促使人從舊有世界的「裂隙」逃逸而
出，並從「騷動於理性之下的生命力」，汲取了「轉化」的動能。然而，什
麼是「騷動於理性之下的生命力」？依莊子，這就關涉通過「虛而待物」的
「心齋」工夫所進入的「氣化之域」。不同於理性所模塑的「常規世界」，「氣
化之域」遠離了一切「格序化」的操控，而具現為未經理性整飭、編碼的無
序與混亂。此所以楊婉儀寫道：「不同於存在之永恆不變，生存並不具有傳
統形上學所描繪的寧靜、穩定等特徵。無能為力於生命境遇的不安，以及
遭受命運擺弄等諸般經驗，在在顯示出人是暴露於生存威脅中的有限存在，
就彷若一個出了問題的存在，陷落到生存的恐懼中。」[132] 此義深微，精準點
出不同於「冥契主義」所描摹的安詳景觀。然而，木心有語：「我明知生命
是什麼，是時時刻刻不知如何是好。」[133] 更見詩性之迴盪。人，「無能為力
於生命境遇的不安」與「騷動於理性之下的生命力」，俱一時活靈活現了起
來。這就順適承接了余德慧關於「宗教療癒」的深銳洞見。依余德慧的療癒
線索，正是通過「無能為力於生命境遇的不安」與「騷動於理性之下的生命
力」，人，終而走出了「心知」的禁錮而在「外於心知」的「非知之域—氣
化之域—非現實空間」獲得暗影般的支撐力量以度越「現實」的苦難。

　　依余德慧，被高制度化的宗教所遺忘，但仍為「巫宗教」所保存的初
始狀態宗教本身，原是與人類「受苦經驗」相伴相生的精神產物[134]。這意義

---

131 楊婉儀，《死・生存・倫理：從列維納斯觀點談超越與人性的超越》（臺北：聯經
　　出版社，2017），頁 10。
132 同上註。
133 語出木心，〈明天不散步了〉，《哥倫比亞的倒影》（廣西：廣西師範大學出版社，
　　2016），頁 125。
134 余德慧，〈巫者的意義生成〉，《臺灣巫宗教的心靈療癒》，頁 10。

下的宗教，其源頭在於與「意識」形成對舉的「冥識」[135]。「冥識」非意識所及，非常規語言所能捕捉，只能與「體知」對接。相對於「意識」所決定的「現實空間」；「冥識」則指向「非現實空間」。然則，「非現實」何以「一直是宗教最核心的質素」[136]？此亦不難索解。因為所有人文性的療癒就來自於「非現實」；而剋就苦難給出療癒之路，則是一切真能深於「內在性」宗教者的本懷所在。

以此觀之，人終究是依靠著「不可見」的「內在性」來支撐「可見」現實的重負——人文療癒的線索，盡在此矣！惟此意幽微，未可一言而盡；揆其旨要，無非是：通過「非現實」以挹注於「現實」，讓「可見域」與「不可見域」得以在「無限遠卻親密相連」的共在感中通流一氣。此亦無它，一切深於療癒者，在能重新找回失落的完整性；而完整性的重建之路，就在能回溯「無限遠卻親密相連」的共在感。即此而言，「共在感」就是「人文療癒」的立腳處；然而，依「苦弱之力」（the power in weakness）而啟動的「修行—療癒—轉化」過程，又該如何把握其「詭譎為用」的弔詭性？

原來，作為一個完整的人——雖脆弱而柔韌，合「可見」與「不可見」之雙重維度於一身。脆弱，在於可見的肉身，此「肉身」因涵具衰殘老病死於一身又在五濁惡世中淪落為缺乏自決性的「社會存在」而特顯其沉重相；柔韌，則指向與此沉重肉身「如影相隨」的「身外之身」，更細緻地說——那從「物情空間」獲得人文力量挹注而促使「身體空間」得以全幅展開於「不可見域」的「身外之身」。若說，前者是作為「符碼身體」或「社會身體」的「偽身」；後者就是在《莊子・達生》「以天合天」義下「匯流『物情空間』於『身體空間』」而在更高的「人文向度」（相對於「氣化身體」）成就的「身體人文空間」（人文身體）——亦即，從「氣化身體」調適上遂為「人文身體」的「道身」。道身，作為不可見的「身外之身」，在余德慧的人文臨床脈絡中，自是飽富療癒性的「身體維度」；讓「偽身」在貫通可見域與不可見域的「深度物化」中轉化為「道身」，則是「人文療癒」的起手

---

135 冥識，則近乎〈人間世〉所云：「以無翼飛者—以無知知者」的「非知—非意識」狀態。

136 余德慧，〈巫者的意義生成〉，《臺灣巫宗教的心靈療癒》，頁10。

式。此亦無它，所謂「人文療癒」，無非是以「卮言—技藝—體知」所創造的「身體人文空間」作為一種「實修介面」，而讓可見的「偽身」與不可見的「道身」得以在此內蘊強大轉化動能的「力量場域」，闇相與化（侔於天）以調適流落邊緣者（畸於人者）的受苦經驗。

柒、人文療癒的實修介面：飽蘊「弔詭性」的力量辯證場域

　　人文療癒的工夫入手處，不是任何落在形上學框架中作為本源理據的「主體」，而是在「危脆纖弱」與「柔韌力量」的兩極性間所交蕩成的力量辯證場域。於是，「療癒」乃成從「偽身」（行屍走肉之身）朝向「道身」（天心性命之身）過渡的身心轉化歷程。這裡頭，固毋須預設一個具有絕對制高點的主體；因為高低的界線，在此力量辯證場域中早已不具意義。何則？作為人文療癒實修平台的「力量辯證場域」中──較低的作為較高的之存在基礎，較高的則從較低的發展而來；此如「高空不生蓮華」，蓮花非拒斥汙泥而來，卻是通過最晦暗的汙泥所給予的養分而來。這就開啟一種超然「二分性」制約而引導生命由破裂狀態重回完整的悲願與智慧。於是，「脆弱」不須被譴責，因為「力量」恰是通過「脆弱」而來；「行屍走肉之身」（有限身）亦非入道的障礙，就某個隱微的意義，它正是通往「天心性命之身」（無限身）的一扇門。即此而言，「脆弱」與「力量」以此而在「相蘊以道」的力量辯證場域中，相反相成，互為挹注。莊子文本裡遍見的弔詭敘事的，正宜由此體會，方得契入一種「雖攖而寧—魔外無佛」的詭譎洞見。於是，畸人與逍遙、殘缺與圓滿、魔界與佛界、現實與非現實、可見與不可見，不復是「心知轄域」裡被推向對峙的兩極，而是人在受苦中的身心轉化歷程必得遍歷的迴環與曲折；歷程中遭逢的一切均有其神聖的意義，而在心知所無以測度的命運圖像裡構成不可分割的整體。循此以觀，從拘限特定感知條件的視域維度看來，固然強弱判然，高下懸絕；惟從豁然開朗後的多維度視域看來，卻見十界互具的無盡法界原是異質交錯、不可分割的「共在」；共在中，「世界」與「非世界」、「現實」與「非現實」都成了疊影宛然、交光映照的整體。較高的渾涵較低的，較低的含藏較高的；較高的從較低的轉化而來，較低的作為較高的之底蘊基礎；高與低，在超越「單線邏輯」的視域

中，顯隱互具，原無二致。此則「人文療癒」的實修平台，何以必得歸結於飽蘊「弔詭性」的力量辯證場域，以為「人與物的雙向拯救」預留餘地。

捌、厄言曼衍：從「用語風格」對「觀物方式」的模塑叩問莊子物學的語言基礎

人文療癒，固無涉醫療場域的「治療」行動，而是在人文臨床義下與「受苦現場」相伴而生的人文沁潤。這分沁透心脾的潤澤力量，固無涉「意識」依符碼、語言、數據所操控的「現實空間」，而是來自「冥識—體知」所開啟的「非現實空間」——那縮合「身體空間」與「物情空間」而通極一氣的「身體人文空間」。這物情盈溢又飽濡身體感的「人文空間」，恰恰構成了「宗教最核心質素」的「非現實」；而一切真深於「生命轉化」的內在性宗教，也必是在「非現實」裡展開的療癒與修行。

行文至此，乃得順適理解余德慧從「巫宗教」的語言向度所延伸出的非凡洞見：「非現實一直是原初的，靈知的神話正是在非現實展開的語言，若過度被引伸到現實裡，非現實即遭取消。」[137] 所云「在非現實展開的語言」與《莊子》在無可徵實的「非知之域」縱橫奇崛、支離曼衍的「厄言」[138]，顯然是完全相應的；此亦無它，《莊子》的語言運用，本就是沿著「非現實」的想像界域展開的另類技藝。乍看，語言技藝，非關身體；然而，只要細細尋繹，莊子「以謬悠之說，荒唐之言，無端崖之辭」[139] 展開之「諔詭可觀—深閎而肆」[140] 的語言運用；其根柢所在，確非來自「心知」，而是通過「身體進路」以直探「非現實界域」[141]，並在「冥識」狀態展開的語言。是以，這意義下的語言操作，乃是以「體知」為基礎的語言運用。它當然是身體性的

---

137 余德慧，〈巫者的意義生成〉，《臺灣巫宗教的心靈療癒》，頁10。

138 鍾泰，《莊子發微》（上海：上海古籍出版社，2002），頁6，引司馬彪注云：「謂支離無首尾言也」，以為彪之注最得莊意，欲讀者之忘言而得意也。

139 語出《莊子・天下篇》，參閱郭慶藩，《莊子集釋》，頁1098。

140 同上註，頁1099。

141 非現實的界域，此則余德慧所云：「冥識與身體兩者的『非符碼的真實』」；而「非符碼的真實」意指：「意義生成的事件所指向的真實是隱藏不見的。」參閱余德慧〈巫者的意義生成〉，《臺灣巫宗教的心靈療癒》，頁12。

——即令，不動用任何肢體技藝。以此觀之，「在非現實展開的語言」，其義大矣哉！事實上，這句話點出了「人文型莊子」所以超越「冥契型莊子」的所在。「冥契型莊子」，總不免因為戒懼「語言」對「心知」的強大模塑力量，而傾向回返一「澹然獨與神明居」[142]的瘖啞淵默之境；然而，這也正是莊子所以有別關尹、老聃的根本態度，他不但未放棄「言說」，而且，在言說藝術上，真能妙參造化，絲毫不墮「常規語言」的框套。關竅所在，就是莊子瑰麗奇詭的曼妙巵言，是在「非符碼的真實」中孵育、蘊生並綻放的，是真能深根厚植於「非現實」的土壤並從中汲取血氣豐沃的養分以興發人文創化活動的「詩性語言」。事實上，這正是「意識」控馭的「邏輯語言」與「冥識」興發的「詩性語言」在感知維度上的根本不同。前者，語言的作用只局限於「標指事物」與「傳遞訊息」；後者，語言被賦予更高的期待：它指向「開顯世界」——那無法通過常規語言以趨近而只能藉由飽富隱晦歧義的詩性語言叩問的世界。此則相應余德慧對「巫宗教」語言向度所展開的深刻觀照：「暗示的消息來自陰影與曖昧，來自某種隱晦的歧義，在這表象的底層，有著自由的如夢空間，在那裡，人的記憶如深井的迴音，不斷去搖撼震動表象的符號，使得剛生成的符號無法站穩它所代理的意義。」[143]

即此而言，在「非現實」展開的詩性語言，就「標指事物」與「傳遞訊息」的功能性角度以衡量，看似無用；惟無用之用，是為大用。這「大用」就表現在：只有「詩性語言」能夠開顯出隱蔽於「非知之域」的「深度世界」；而通過對「深度世界」的開顯，廢殘見棄、天地難容的畸零者，因獲所託，而在不可見的精神向度，調適了自己受苦經驗。換言之，這具現為人文療癒效力的「無用之用」，正是「詩性語言」經由「非現實空間」的深度開顯所連結的「宗教向度」。這詮釋視角，顯然極相應莊子對語言的正面肯定態度。這意味，語言可以是入道的「關隘」，卻不必然是入道的「障礙」。事實上，只要語言的關隘被予以超克而不復對生命形成反噬與纏縛，

---

142 語出《莊子・天下篇》：「以本為精，以物為粗，以有積為不足，澹然獨與神明居，古之道術有在於是者。關尹、老聃聞其風而悅之。建之以常無有，主之以太一，以濡弱謙下為表，以空虛不毀萬物為實。」參閱郭慶藩，《莊子集釋》，頁1093。
143 余德慧，〈巫者的意義生成〉，《臺灣巫宗教的心靈療癒》，頁12。

那麼，在「非現實」的想像界域展開的「詩性語言」，恰是對治「同一性」思路的利器；它讓陷落「心知轄域」中進退遲滯的常規語言，得以有調適上遂的可能。依筆者之見，這正是莊子「物學」得以盛大開展的基礎。何則？物性存有，到底是作為「對象」或「非對象」而現身，決定要素之一，便是「語言」的「運用方法」以及支撐此方法的「根本視域」。比如，服膺「線性因果邏輯」的「常規語言」，無可倖免地將一切現身之物給置定成「對象物」；游離「線性因果邏輯」外的「詩性語言」，則以其興感多方、不羈格套的想像力，將一切現身之物給點染成氣韻生動、餘情綿遠的「非對象物」。前者，令一切「物性存有」失卻物性深度而淪為市場販賣的商品；後者則在邃密入神的詩性凝視中，重令「物性存有」贖回了獨屬自己的「世界」。於是，我們終而來到一個理解語言的全新起點：語言，若只是被視作「標指事物」與「傳遞訊息」的工具，那就錯過「語言」的根本要點。語言，就其最深的底蘊而言，它不是工具；它在「觀物方式」的根源處，即已更深層地形塑了我們的思考模態，並依此思考模態而決定了「世界」所據以開顯自身的感知進路。這意味，有甚麼樣的語言，就有甚麼樣的世界。世界的現身模態，是在語言的運用模式中，即已先驗地決定的。

　　準此以觀，詩性的凝視，實深刻涉及了「人與物的雙向拯救」。何則？語言的運用風格，直接關涉了「物性存有」的現身模式——是作為一種「扁平摹本」現身的死物？抑或，作為一種「深藏的世界」現身的奧祕？前者隱涵的「應物」態度，形同對物的「囚禁」；後者對應於物的態度，卻真能洞見「物性存有」內蘊幽微的「深度世界」，而從其「存在深處」將「囚禁之物」給「釋解」出來。此如庖丁手中的利刃，手起刀落間，關涉的何嘗只是一位屠夫日用行常的殺業？在對俗情知見保持隱匿的向度，它更關涉了所對牛體的命運——解牛過程，是對牛身醜陋血腥的糟蹋？抑或，是在「一期一會」的神聖感中，與牛共舞，同登聖域，而後，善刀藏之、斂刃而退的莊嚴成全？這全看庖丁在「人－刀－牛」的「身一物」互動中，究竟創造了怎樣的「人文空間」？屠夫的刀，是毫無「人文空間」可言的；神庖之刀，卻足令觀者驚猶鬼神。此亦無它，神庖之所以造詣入神，正在他有足夠的修為，透過手中利刃，在人牛共舞的強大漩流中，創造出一方激灩著人文靈光的「神聖空間」。以此觀之，我們不妨「以刀為喻」：解牛之刀，就是庖丁的

語言；運刀的手藝，則是庖丁運用語言的工夫；工夫的關隘不在於熟練度，而在能跳脫局限特定感知維度的拘礙與箝制。神庖之所以為神庖，正在其運刀如「詩」，若庖言曼衍，合於桑林之舞。詩[144]，則以其綿邈幽思連貫了對「常規世界」（現實空間）的顛覆與對「詩性世界」（非現實空間）的召喚。前者涵賅了從「解構型莊子」到「冥契型莊子」的轉化關隘；後者則涵賅了從「冥契型莊子」到「人文型莊子」的轉化關隘。兩重關隘，正好相應德勒茲以「疆域化－解疆域化－再疆域化」概念所勾勒的「轉化」軌跡，而構成《莊子》綜攝「解構型莊子—冥契型莊子—人文型莊子」的完整「物學」規模。

　　一路尋跡至此，終得順適理解：詩化的庖言，在莊子「物學」實扮演了關鍵的隱祕角色。它既是「初步物化」得以萌芽的種籽；亦是推動「深度物化」燦然盛發的人文動力。何則？詩化的庖言，意在「拓跡」，而不在「劃界」；而「拓跡」與「劃界」，就某個隱微的意義而言，正是莊子「工夫論」的根本關隘所在。所有修行或療癒的啟動，就決定於一事：如何通過詩化庖言以引導修道者從『「劃界」以應物』調適為『「拓跡」以應物』。從『「劃界」以應物』到『「拓跡」以應物』；豈不正通過「身－物」締結型態的「轉換」而完整窺見莊子「物學」由「解構型莊子」（心知轄域的解構）而「冥

---

144 詩，在此不是作為滿足「詩律學」要求的形式結構（如押韻、平仄、對仗、用典等），而是如巴舍拉《空間詩學》借助對符號的表意作用以勾連出一種不同自然科學的「詩性表達」。即此而言，余德慧對「興」字意涵的詮釋，頗有可觀處。一併羅列如下，以資對照：「興」是使符號讓外物產生情動，撩撥心緒，其特性的曲幽，用現代的術語來說，就是不能被窮盡的真實，總是以迂迴、宛若雲霧的幽微在符號之間若隱若現，亦即符號並不是直接表意，而是把表意的因子拓展成一種閒散，宛若幽深的黑森林，而意義不是由符號所定格的，而是由滲入樹梢的風聲所抑揚頓挫出來的隱晦、多義，有待決定。……我將之聯想到《文心雕龍》的「興」：「起情者依微以擬議」，這個「微」就是隱約與不顯，「擬議」符號總是草擬如風中之姿，其意義有待時間的周延。在這豪華的轉圜空間生產著「玩味」的心思空間；也正是在符號意義的初生地的繁多物色裡的玩味，所完成的正是符號殘片的自我拼圖，無論是補殘填漏，或是恣意聯想，那「烏有之鄉」，終將起高樓，祭起屏障。這樣的「興」，迥異於寓意、比喻或象徵，「興」道道地地來自「負性空間」，正是那尚未到場的遲遲才引來「興」的玩味……（案：引文出自余德慧致宋文里教授退休贈言：〈宋文里教授的「興」心理學〉）

契型莊子」(氣化之域的裸露)到「人文型莊子」(虛廓空間的綻放)的拓線軌跡?[145]

即此而言,詩化的卮言,亦可說是導引「物化」歷程得以迂迴開展的「拓線」。拓線,從不依循舊有世界的軌跡;它永遠保持在「未知域」裡嘗試「成為自己所不知的」。拓線,也必然是人文性的,它不會安於「澹然獨與神明居」[146]的「深根寧極」[147]之境,而必欲在人文向度有所「興發」。興發的動力,就決定於「物化」的底氣;物化的底氣越厚實、物化的規模越深閎,「共在感」的強大迴盪漩流,亦必詩興浩蕩而抵達噴薄迸發的臨界點。

玖、別路藏身,乃所以正位凝命:以司馬遷的「內在轉化」為例

木心有云:「論悲慟中之堅強,何止在漢朝,在中國,在全世界從古到今恐怕也該首推司馬遷。」[148]悲慟中之堅強,難道不正是一種人文動力的興發?而且,是在強大「共在感」的湧動下為鬱怒所激而浩氣勃發。千古畸人司馬遷讓我們看見「苦弱之力」(the Power in Weakness)發為「人文療癒」實踐的絕佳例示。

依尋常知見,《史記》作者,沒人懷疑是兩千年前的漢朝史官司馬遷;然而,這只是就表層觀之;因為沒有一本真正不朽的經典作品,可全然歸諸一位作者,或一個特定的寫作「主體」。依筆者之見,《史記》只可能是在底

---

145 依《莊子・天下篇》所記,莊子眼中之老聃——「以本為精,以物為粗」、「澹然獨與神明居」、「以空虛不毀萬物為實」,這裡頭顯示的態度,依筆者之見,是將作為「非對象」之「物」給安放在「氣化之域」;至於,不偏滯心體而更顯「心物圓融相」的「人文型莊子」,不論依楊儒賓的「人文創化」進路或筆者承「蔣年豐—余德慧」晚期學思而重構的「人文療癒」進路,在「物學」理境上,則更有進於此者——簡言之,「莊子物學」所別異於「老子物學」的關竅,正在於莊子將作為「非對象」之「物」給安置在「虛廓空間」;而「虛廓空間」在莊子物學的宗教維度裡,正是以其燦然大備的「人文氣象」而在「物化格局」上更勝於「氣化之域」。(關於氣化之域和虛廓空間的份際,本文第六章第三、四節會有詳盡的展示。)

146 語出《莊子・天下》,參閱郭慶藩,《莊子集釋》,頁1093。

147 同上註,頁555。

148 木心,《瓊美卡隨想錄》(廣西:廣西師範大學出版社,2010),頁54。

蘊雄厚、迴盪深烈的「共在感」中所完成的奇書,而司馬遷只是這「共在感」得以匯流並聚焦的突破口。此意云何?我們不妨看看司馬遷如何自述其成書緣由:

> 所以隱忍苟活,幽於糞土之中而不辭者,恨私心有所不盡,鄙陋沒世,而文采不表於後也。古者富貴而名摩滅,不可勝記,唯倜儻非常之人稱焉。蓋文王拘而演《周易》;仲尼厄而作《春秋》;屈原放逐,乃賦《離騷》;左丘失明,厥有《國語》;孫子臏腳,《兵法》脩列;不韋遷蜀,世傳《呂覽》;韓非囚秦,《說難》《孤憤》;《詩》三百篇,大抵聖賢發憤之所為作也。此人皆意有所鬱結,不得通其道,故述往事、思來者。乃如左丘無目,孫子斷足,終不可用,退而論書策以舒其憤,思垂空文以自見。149

文中所云:「文王拘而演《周易》;仲尼厄而作《春秋》;屈原放逐,乃賦《離騷》;左丘失明,厥有《國語》;孫子臏腳,《兵法》修列;不韋遷蜀,世傳《呂覽》;韓非囚秦,《說難》《孤憤》;《詩》三百篇,大底聖賢發憤之所為作也。」凡所論列者,皆匯流為司馬遷日夜縈繞不去的「共在感」。試問:司馬遷「所以隱忍苟活,幽於糞土之中而不辭者」,又豈僅是為了「恨私心有所不盡,鄙陋沒世,而文采不表於後也」;無如說,更決定性的著述條件,在於文王、仲尼、屈原、左丘、孫子、呂不韋、韓非,乃至詩三百篇無數不具名的作者,全連綿一氣地自「不可見域」構成了「無限遠卻親密相連」的支撐力量;這才真是司馬遷「悲慟中之堅強」的底蘊所在。當他通過「詩性的凝視」而不復將一長串的古人名單給看作是成就歷史知識的工具性「對象」;而是以「非對象性」的眼光視其為歷史長流中一長串激動人心的夙昔典型所列隊而成的「時光隊伍」。這一刻,司馬遷就已不再只代表司馬遷一個人,他是眾多遁入「時光隊伍」的歷史精魂所共許的承繼者;在不可見的「他界」,司馬遷可以感覺得到有那麼多雙眼睛都深切期許著一個新典範的成形,而他就是那個被揀選的「代表者」。

---

149 司馬遷,〈報任少卿書〉,參閱《古文觀止》(臺北:三民書局,1980),頁266-267。

　　司馬遷當然還是「脆弱」[150] 的，然而，極盡屈辱的脆弱中，他卻能循著「來自另一個世界」的甬道，在睇目觀物、望風懷想之際，默默承接了來自「非現實空間」所挹注於他的深祕力量。這並不虛玄，所謂「聖賢發憤之所為作」，正是古聖先賢以至司馬遷這一長串「時光隊伍」所共契之天命，並即此「天命的召喚」所湧動的深閎悲願。這份悲願，自屬人文動力興發的紋跡；然而，重點是——它源於連結「可見域」與「不可見域」的「共在感」，卻不源於從「共在感」疏離而出的孤調「主體」。事實上，極度屈辱的悲慟，也原不是單憑「主體」之力可以從容涵納的；必有待在「主體而外」接通一個更大的力量基礎；悲慟中的堅強，方得以成為可能。這，就是司馬遷在切齒腐心的屈辱中所經歷的內在轉化——不是在孤調的「主體」中，憑一己之力以解消悲摧切割之慟；卻是通過思接千載的浩瀚「共在感」而療癒了自己。於是，我們看見一位天命所鍾的「文化託命之人」，如何在恢弘的歷史視野中，仰仗「眾力」護持，而轉化了形骸的毀傷與屈辱。這，才真是司馬遷「所以隱忍苟活，幽於糞土之中而不辭者」的底蘊力量所在。

　　以此觀之，司馬遷慘遭腐刑而後，正是靠著對常人眼界隱蔽的「內在性」來支撐他的書寫動力。「書寫」本身，自然是人文性的，整部《史記》則是內蓄高度人文張力的書寫紋跡；至於「內在性」則指向不可見的「非現實界域」所親證的「共在感」——以司馬遷遭遇而言，特指在「深度物化」中，「解域」了古今界線而皈命與自己形影相接的「力量場域」。這渾涵了無盡異代他者「容顏」（*visage* / face）的力量場域，雖不可見，卻「音容宛在」

150　此如其所自嘆：「猛虎在深山，百獸震恐，及在檻阱之中，搖尾而求食，積威約之漸也。故士有畫地為牢，勢不可入；削木為吏，議不可對，定計於鮮也。今交手足，受木索，暴肌膚，受榜箠，幽於圜牆之中。當此之時，見獄吏則頭槍地，視徒隸則心惕息。何者？積威約之勢也。及以至是，言不辱者，所謂彊顏耳，曷足貴乎！且西伯，伯也，拘於羑里；李斯，相也，具於五刑；淮陰，王也，受械於陳；彭越、張敖，南向稱孤，繫獄具罪；絳侯誅諸呂，權傾五伯，囚於請室；魏其，大將也，衣赭衣、關三木；季布為朱家鉗奴；灌夫受辱於居室。此人皆身至王侯將相，聲聞鄰國，及罪至罔加，不能引決自裁，在塵埃之中。古今一體，安在其不辱也？由此言之，勇怯，勢也；彊弱，形也。審矣，何足怪乎？夫人不能早自裁繩墨之外，以稍陵遲，至於鞭箠之間，乃欲引節，斯不亦遠乎！古人所以重施刑於大夫者，殆為此也。」參閱司馬遷，〈報任少卿書〉，收錄於《古文觀止》（臺北：三民書局，1980），頁 265-266。

地為困頓現世的殘敗個體挹注了堅實的支撐力量。這意義下的力量，不同於世俗所歌頌的強力意志，而是貫連了悲慟與堅強、脆弱與力量、此世與他界、現實與非現實的「苦弱之力」（the power in weakness）；換言之，這力量必須蘊藉於「通極兩界而虛實互濟」的弔詭性——the paradox of power and weakness[151]。此所以面對可見「現實」的無盡磨難，那投向無限遠的凝視所接引的「非現實」，就顯得格外重要。須知，對一個被人生的殘酷境遇給逼仄到幾無立錐之地的「畸人」，他僅有的救贖契機，就隱伏於「非現實」的「人文空間」——那只能通過無遠弗屆的「詩性凝視」以與「異代他者」形成「跨時空連結」的「力量辯證場域」。即此而言，司馬遷的悲願乃是在不可見的「非現實」裡成就的；正是來自「非現實」的力量挹注，讓深淵失墜於存有亂流的司馬遷，終而在「交手足，受木索，暴肌膚，受榜箠，幽於圜牆」的存在破局中，頓悟那「不可見」卻始終如影相隨、須臾不離的「非現實空間」，如何構成了暗影中的支撐力量。於是，他從容嚥下了自己的恥辱——就極刑而無慍色[152]——只因在對俗情知見保持隱蔽的「非現實」向度，他慨然承當了遠比個人苦難更巍峨崇高的「天命」。這一刻的司馬遷，早已不再是孤零無依的「被拋者」，他毅然以「可見」之身躍入了「不可見」的「時光隊伍」，並讓自己成了這驕傲傳承的一部分。自是而後，無畏訕笑，一意孤行，秉超絕之雄心而託命於不可見的凝視，只為了在「將來」[153]成就屬

151　借喬治・昆斯書名以寄意：（1998）*The paradox of power and weakness:Levinas and an Alternative Paradigm for psychology*. New York: State University of New York Press. 余德慧於其〈柔適照顧典式的導言〉開篇就提及：「……以法國哲學家列維納斯為首的心理學者不斷提出『弱者的力量』，尤其當喬治・昆斯（George Kunz）談到美國心理學百科辭典居然無一詞談及『卑微』、『單純』與『耐心』這三個弱者的現象，而只一味鼓動人們『當自強』的文化典範現象，顯示現實社會有一種偏向，以強為固……」參閱余安邦主編，《人文臨床與倫理療癒》，頁249。

152　司馬遷〈報任少卿書〉：「草創未就，會遭此禍，惜其不成，是以就極刑而無慍色。」參閱司馬遷，〈報任少卿書〉，收錄於《古文觀止》，頁267。

153「將來」二字的使用脈絡，參閱海德格爾《存在與時間》：「只有這樣一種存在者，它就其存在來說本質上是將來的，因而能夠自由地面對死而讓自己以撞碎在死上的方式反拋回其實際的此之上，亦即，作為將來的存在者就同樣源始地是曾在的，只有這樣一種存在者能夠在把繼承下來的可能性承傳給自己本身之際承擔起本己的被拋狀態並在眼下為『它的時代』存在。」海德格爾著，陳嘉映、王慶節

於自己的「時代」[154]。是何人也？只為棲心高遠，藏身別路，遂以蠶室受刑為正位凝命之所。如是身影，怎不教人稽首畏嘆？百代而後，明室遺臣方以智諒亦有感於斯，因對「莊子—司馬遷」千載相承的「文心」別有感發而寫下：「文為天地之心；千聖之心與千世下之心鼓舞而相見者，此也。」[155] 復依此文心盡窺「天下大傷心人之志」而有云：「以此報前之大傷心人，復以此望之天下後世之大傷心人。」[156] 承此以觀，通部莊書，寄言出意，無非「千世上之心」與「千世下之心」迴盪於深密共在感中的引觸感發之語[157]。惟此思接千載、跨域古今而立意「以哭笑寄萬世」[158] 的鬱勃橫溢之作，其「恩力」究在何處耶？一語道破──在絕望中產生凝視點，因「凝視」而帶入「妙有」[159]。

合譯，《存在與時間》，中譯修訂本，頁435-436。

[154] 承前註，此喻「文化托命之人」為免所傳承的文化薪火「及身而絕」，遂不惜抱已死之心全生，以「承擔起本己的被拋狀態並在眼下為『它的時代』存在」。此則符應司馬遷〈報任少卿書〉所自述隱衷：「僕誠以著此書，藏之名山，傳之其人，通邑大都，則僕償前辱之責，雖萬被戮，豈有悔哉？然此可為智者道，難為俗人言也！」參閱司馬遷，〈報任少卿書〉，收錄於《古文觀止》，頁267。

[155] 參見方以智〈道藝〉，《東西均注釋》，頁183。原文是：「門吹橐之煻煨火也。若見花而惡之，見枝而削之，見幹而砍之，其根幾乎不死者？核爛而仁出，甲坼（殼裂之意）生根，而根下之仁已爛矣。世知枝為末而根為本耳，抑知枝葉之皆仁乎？則皆本乎一樹之神，含於根而發於花，則文為天地之心。千聖之心與千世下之心鼓舞而相見者，此也。」

[156] 清，智說、興磐、興斧編，《青原愚者智禪師語錄》，CBETA 電 佛典集成，嘉興藏，第34卷，No. B313，第4卷。

[157] 參見方以智〈青原志略發凡·文章〉，《青原志略》卷首42。原文是：「千世上之心與千世下之心，引觸感發，恩力在何處耶？」

[158] 語出方以智，參見蔡振豐、魏千鈞、李忠達校注，《藥地炮莊校注》總論下〈人間世總炮〉，頁227。原文是：「子休之以哭笑寄萬世也，怒激乎？遣悶乎？忍不得乎？」

[159] 語出余德慧教授與臺灣大學舊日門生簡貞貞的論學書簡。原文是：「絕望才能在內心產生凝視點，因凝視而帶入妙有。這不是讀書來的！」

壹拾、詩性突圍：在絕望中產生凝視點——依「畸人」視角展開的莊學典範重構

　　司馬遷身為「刑餘之人」，論悲慟中之堅強，允為兩千年來中國文化史上最偉大的「畸人」。從《史記》留下的莊子評述[160]，他談不上是莊子的知音；可橫遭奇禍，視域不變，絕望中產生的凝視點，卻讓他無意中踐履了莊子最深邃的人文療癒心法。只不過莊子通過「悠謬之說，荒唐之言，無端崖之辭」[161] 所曼衍的「畸人敘事」，到了司馬遷身上，卻成了真實遭逢的存在深淵。筆者援以為例，只因通篇〈報任少卿書〉所展現的，何嘗不是緣於受苦脈絡而有以暢發的「畸人敘事」，只不過，一出以實事，一出以虛言；虛實互映間，遂讓莊子厄言曼衍的「畸人敘事」有了具體的人間對應，而更形彰顯莊子通過「虛言」所寄託的微旨。無怪乎方以智於《藥地炮莊》正文開篇，即以司馬遷與莊子對舉而留下一段貫通全書旨要的點評：

> 蠶室暢其父志，正是忍辱菩薩。覽此遊戲汙瀆自快，悲何如耶？又
> 曰：子長以實事殺活自適，子休以虛言剽剝自適，都是傷心人，所
> 以一語道破[162]。

　　這篇附尾《史記·老子韓非列傳》後的按語，備極精要地點出：不論是以「實事」殺活自適的太史公，或以「虛言」剽剝自適的漆園蒙叟。二者

---

160 語出司馬遷《史記·老子韓非列傳》：「莊子者，蒙人也，名周。周嘗為蒙漆園吏，與梁惠王、齊宣王同時。其學無所不闚，然其要本歸於老子之言。故其著書十餘萬言，大抵率寓言也。作漁父、盜跖、胠篋，以詆訿孔子之徒，以明老子之術。畏累虛、亢桑子之屬，皆空語無事實。然善屬書離辭，指事類情，用剽剝儒、墨，雖當世宿學不能自解免也。其言洸洋自恣以適己，故自王公大人不能器之。楚威王聞莊周賢，使使厚幣迎之，許以為相。莊周笑謂楚使者曰：『千金，重利；卿相，尊位也。子獨不見郊祭之犧牛乎？養食之數歲，衣以文繡，以入大廟。當是之時，雖欲為孤豚，豈可得乎？子亟去，無汙我。我寧游戲汙瀆之中自快，無為有國者所羈，終身不仕，以快吾志焉。』」參閱瀧川龜太郎、魯實先、陳直，《史記會注考證·學人版》（臺北：洪氏出版社，1986），頁9-12。
161 語出《莊子·天下》，參閱郭慶藩，《莊子集釋》，頁1098。
162 語出方以智《藥地炮莊·總論上》，參閱蔡振豐、魏千鈞、李忠達校注，《藥地炮莊校注》，頁39。

雖蕭條異代不同時，其為「傷心人」[163]則無二致。司馬遷於〈報任少卿書〉，通篇行文，苦語難銷，其為千古傷心人，固不難指認；可莊生微旨，每出以剽剝戲謔而罕見危苦之辭，要看出這位世事洞明的漆園蒙叟，竟也可能如太史公一般是位動觸時忌而不免鬱怒難銷的大傷心人，卻得有非凡眼力。無論如何，方以智能一語點破莊子同司馬遷俱是大傷心人，這就為後人開啟了理解《莊子》的全新向度。事實上，筆者揭櫫的「人文療癒」視角，正為此而發。寄意所在，無非是全面暢發主流莊學語境所輕忽的「畸人敘事」，並以此作為重構莊學詮釋體系的立論主軸。「人文療癒型莊子」，正是筆者在既有的「解構／支離型莊子」（反人文）、「同一／冥契型莊子」（超人文）、「人文創化型莊子」（人文）等三大莊學詮釋典範而外，嘗試另立的第四系詮釋典範。後者，所以有別於前述三種典範的莊子圖像，正在於「人文療癒型莊子」是個悲心深沉卻有能力「轉化」自己的悲傷以發為磅礡人文紋跡的「大傷心人」。大傷心人之所以為「大」，就由此「轉化能力」而獲得規定——轉得出，就是內有淵源、舉重若輕的「大傷心人」；轉不出，遂成流轉生死、纏縛日深的微塵眾生。

　　借司馬遷「悲慟中的堅強」，以接榫《莊子》「形虧而德全」的「畸人敘事」適足以凸顯——「人文莊子」的典型，絕不只是〈養生主〉、〈達生〉、〈知北遊〉、〈天道〉中那些稟賦「神之技藝」而迥非凡夫所能望其項背的「高人」；文本中，更有另一系艱難匍伏於肉身殘敗之危苦深淵，卻終能從「適苦欲死」的存在破局，通過層層轉化而上遂於逍遙之域的「畸人」典型。這種通過「脆弱的力量—瀕死的上揚」的「弔詭性」所成就的「逍遙」境界，對於在任何時代都佔絕大多數的「平凡人」，難道不更具啟發性嗎？然而，據筆者觀察，這條緊扣「身體之脆弱性」與「受苦現場」所展開的詮釋進路，在莊學詮釋史上所得到的正視，是遠遠不足的。以當代「跨文化臺灣莊子學」的主流語境而論，所謂「人文莊子」的形象，援以示例的文本，

---

163 司馬遷與莊子俱為「大傷心人」，方以智文脈背後，實牽涉了的極盡耐人尋思的錯綜理路，固未易一言而盡。惟筆者已另有詳論，並正式具文發表於北京清華大學國學研究院（2019 年 9 月 8 日），茲不復贅。參閱朱志學，〈論方以智「大傷心人」視域下的解莊進路〉，《中國文化》，秋季號，第 50 期（2019），頁 215-238。

大抵不出：庖丁解牛、梓慶削木為鐻、工倕指與物化、痀僂丈人承蜩、津人操舟若神、呂梁丈夫蹈水、大馬捶鉤、輪扁斲輪。其邃密入化，讓觀者驚猶鬼神的身體絕技，確實令人高山仰止；然而，這以神人技藝震驚觀者的「人文莊子」形象，卻也讓絕大多數根器不及者有追躡無蹤之嘆，而不免視之為無涉於己的神技展演。試問：這意義下的「人文莊子」形象，對流轉苦業、浪生浪死的「微塵眾生」，究竟意義何在？對頹敗氣息氤氳漫漶的「後現代」處境，又意義何在？出神入化的身體技藝，若不能「下身落命」地貼近存有底線以消解其高不可攀的距離相，對多少蹭蹬垂羽、顧翅懊喪的邊緣流離者，又能喚起多少共鳴？所以，依筆者之見，解莊進路，考鏡學術源流而知其演變分合之勢，自屬切要；然而，扣緊當代處境而給出更「接地氣」的詮釋理路，亦未可輕忽。然則，什麼樣的莊學詮釋進路，才「接得住」當代無數託命無門的「畸人」？這就牽涉筆者念茲在茲的當代關懷。

　　莊學詮釋，終不能以「客觀理解」為名，就迴避當代處境的嚴厲挑戰。是以，本文所有的詮釋理路，都是在高度自覺下，通過「古典」文本對「當代」發聲，並期許提出的詮釋進路，對「當代處境」仍是有意義的。所以，本文所有的努力，無非是藉此論題，綜攝多方學界巨擘之力，以為「古典莊子」與「當代處境」的跨領域對話潛力做出貢獻[164]。事實上，本文提出的「人文療癒」詮釋路線，便是筆者心目中最能「凸顯」《莊子》「當代性格」的全新論域。依筆者，所云《莊子》的「當代性格」，最具體的線索，就聚焦於「從『畸人』走向『逍遙』」的超越進路，或者說，是一種扛著「沉重的肉身」（蔣年豐所謂「行屍走肉之身」）由存有底線展開的超越進路[165]；因為，在「一切堅固的事物都趨於消散」（All That Is Solid Melts Into Air）[166]的

---

[164] 此則以具體的「詮釋實踐」，貫徹本文「方法學的反思」借本雅明詮釋方法所凸顯的兩個方法論前提：其一、歷史，作為被現在的存在所充滿的時間；其二、經典詮釋，作為被現在的存在所充滿的思想構造。

[165] 這意義下的「超越」，顯然不是以「唯心主體」、乃至一切帶有「形上學型態」的「主體性」作為實踐起點；而是懸置一切形上學的本源據，直從「行屍走肉之身」展開的超越──一種獨屬傷殘畸零者的超越。

[166] 語出馬克思（Karl Marx），《共產黨宣言》（The Communist Manifesto）：「一切堅固的事物都煙消雲散了，一切神聖的事物都被褻瀆了，人們終於不得不冷靜地面對他們生活的真實狀況和他們的相互關係。」

「當代處境」，不論身心狀況都淪於畸人處境的邊緣者，可謂無所不在。不誇張地說，沉重的肉身、疾病、疼痛、殘廢、衰老、瀕死、苟活、拖命、流落、疏離、畸零、邊緣、碎裂、崩毀、無家可歸……都是當代遍見的「病徵」，也是人人難逃的終局。蔣年豐逕以飽富「屍骸」意象的「行屍走肉」概念來捕捉「後現代」無所不在的衰頹（decadence）氛圍。他指出：

> 從尼采的 last man（苟活殘存者），海德格的 das Mann，到傅柯的 the end of man，人的行屍走肉之相越來越清晰[167]。
>
> 傅柯欣賞德勒茲，因為後者看到人的畜生相，乃以行屍走肉之身，以精神分裂的樣態，在欲海中流蕩，寄生於社會。比較之下，德勒茲所刻畫的行屍走肉更具後現代的意味：一種消耗殆盡的、零散分離的、吸毒之後恍惚狀態的行屍走肉[168]。
>
> 傅柯洞察到近代以來知識的權力相。近代的西方人是在啟蒙理性的權勢宰制下被形塑出來的。……擠壓的結果，每個文明人都是殘缺零碎的存在，只是行屍走肉地活著[169]。
>
> 行屍走肉在西方馬克思主義中也受到論述，不是全人（total man）的「單向度的人」即是[170]。

蔣年豐的結論是：「人只是在語言結構、心理機制、生產關係中活動的行屍走肉而已。」[171] 無怪乎《地藏王手記》開篇第一、二節，就讓人觸目驚心地撞見底下詞句：

> 所謂後現代，衰頹是其精神內涵[172]。
>
> 地藏王啟示的是什麼呢？一言以蔽之，祂是後現代的神祇。祂讓我們面對了現實世界的真相：地獄、惡鬼、畜生[173]。

---

167 楊儒賓、林安梧編，《地藏王手記——蔣年豐紀念集》，頁27。
168 同上註。
169 同上註，頁26-27。
170 同上註，頁24。
171 同上註。
172 同上註，頁4。
173 同上註，頁3。

　　衰頹（decadence）一詞的豐厚蘊蓄，就是蔣年豐秉其扎實學養與敏銳體察所洞見的「當代處境」及其「精神內涵」。這難掩悲涼的時代感悟，毫不意外地在蔣年豐遽然跌落肉體深淵後被推向極致。搶在死神羽翼迫近前，他開始抓緊所剩無多的日子，構思自己的絕筆之作。在命名為《地藏王手記》的最後書寫裡，他意味深長地寫下：「地藏學派的基本立場是『從行屍走肉的系譜到新人文主義的誕生』。」[174] 這儼然就是他的最後定論了──徹底揚棄夐高絕俗的唯心式主體，而著意「凸出」一種飽濡身體感之「由下而上」的超越進路。這意味，牟宗三「遺落『身體性』」的舊有形上學典範，在蔣年豐手中受到了嚴厲的挑戰。事實上，挑戰牟宗三「唯心」論述典範的後輩學人，又何獨蔣年豐一人？林安梧自「兩層存有論」轉出的「存有三態論」、楊儒賓以「形氣主體」為主線而深耕逾三十年的系列「身體」論述；都是承「牟宗三形上學思路」而予以「重煉」的「理論改造」，並蔚為臺灣漢語學界在「後牟宗三時代」特具指標性的思潮轉向與典範重構成果。惟蔣年豐又與此思潮轉向大有別異之處。他不單藉由自己淵博的西學涵養，及早承接了三十年前臺灣猶屬「新興論域」的「身體」議題；他甚而深入了自身瀕臨崩毀的「病體」經驗，而展開了暗合[175] 余德慧「人文臨床」理念的「病體現象學」敘事。這聚焦 "Dasein with Sickness" [176] 之受苦處境而從「身體進路」分株出的「病體進路」，在當代漢語學界，極具指標意義，卻罕見有人以相近的哲學深度，唱和於後。余德慧則是筆者僅見的例外；他在幾乎與蔣年豐高度重疊的時間，也親歷「壯歲罹病」帶來的深淵經驗；毫不意外地，這些錐心刺骨的切身體會，都高度聚焦地顯示在日後一系列以「病體受難」經驗為導向的「哲學諮商」、「人文臨床」、「宗教療癒」、「臨終陪伴」、「柔適照顧」等論述。不同於蔣年豐的是：余德慧以纏綿病榻二十載的深致體驗，熬煉為「春蠶到死絲方盡」的「晚期風格」（late style）[177]；蔣年豐面對無情的病體

174　楊儒賓、林安梧編，《地藏王手記──蔣年豐紀念集》，頁23。
175　蔣年豐晚期思路會更偏向余德慧，此則理有固然，勢所必至；無它，兩人在病體經驗的交涉，已注定其晚期學思必多有暗合之處──即令，他們未及意識到彼此的學術成果。此則身體主導思想的又一例證。
176　楊儒賓、林安梧編，《地藏王手記──蔣年豐紀念集》，頁101。
177　借「阿多諾概念─薩伊德書名」以寄意。「晚期」二字在此，非由「年歲」界定，

折騰，其氣魄之鮮烈嚴厲，卻儼若日本武士對決，揮出「必殺」的一刀後，隨即斂刃而退，尊貴離席。這一刀，來歷非凡，它就是薈萃蔣年豐畢生學思精華的「最後定論」，也是一代哲人「寄語後人」、「留贈來者」的臨終絕筆——《地藏王手記》。筆者個人，對其深諳「病體現象學」的晚期學思，特有所感，因嘗試借《莊子》「物學」論題以綰結之；而楊儒賓自1989年刊載首篇莊子「身學」論文而後，2016年2月成書之《儒門內的莊子》，則再度為當代漢語莊學論域投下了超重量級的震撼彈。僅憑書名便不難臆測：這本時間跨度近三十年的扛鼎力作，一出手，就是對漢語莊學論域的絕大衝擊。無它，楊儒賓是以理論重構的姿態在顛覆舊有莊學的理解典範，這意義下的著作，秉其高密度的哲思性與原創性，本就是後輩學人所無可迴避的新典範。所以，筆者綰結「蔣—余」二家晚期學思而提出的「人文療癒」進路，是否果真能在當代漢語莊學的主流語境中，另闢新域；楊儒賓聳立眼前的「人文莊子說」，自是重要的對比系統。

　　依楊儒賓視野閎深的學術史識，人文莊子說，在漢語莊學史，可謂綿歷

而是一種伴隨學思風格轉向的「心境」。薩伊德，身為舉世聞名的知識分子。每篇文章一出手，都足以驚動舉世視聽不說，他還醉心鋼琴彈奏，而且琴藝精湛之程度，甚至受邀在卡內基演奏廳舉辦過獨奏會。這樣特立獨行而跡近傳奇的知識分子，他於《晚期風格》一書談及：「晚期的貝多芬始終與社會抗衡，拒絕讓音樂提升為辯證結果的統一性（如中期作品），他要音樂由重要的結論轉化成曖昧不明的自身。」大江健三郎在《作家自語》裡則說：「人到晚年之後，無論悲傷也好，憤怒也好，對於人生及世界的疑惑也好，能夠以猛烈的勢頭調整這一切、面對這一切，並推進自己工作的人，是藝術家。」（轉引自朱天文〈論晚期風格〉）朱天文慨然有感，寫道：「我真高興聽見，晚期工作不是遲暮哀感，不是滄桑興嘆。晚期風格，也不是什麼成熟、透徹、圓融之類。晚期風格是，不與時人彈同調。」晚期風格，非關年歲，而是「一種姿態，一種樣貌，一種存在方式。是的，一種氣質」、「那氣質……若一言把它概括，就是，邊緣，邊緣，從邊緣到邊緣（或譯做：從邊緣出發，走向邊緣）。邊緣是陌生化。何謂陌生化？那是對於一切習以為常的，理所當然的，殷殷發出了否定之呼叫：不是那樣呀，而是這樣呀，為什麼是理所當然？很不當然呀。陌生化使一切習慣成自然不被看見的，予以看見……是這觀看的眼睛，邊緣的眼睛，使萬物陌生起來，而自模糊無意識的無名狀態裡顯現，重新定義。」在筆者看來，晚期余德慧，在「春蠶到死絲方盡」的深致餘情背後，就透著「不與時偕」的道勁骨力！此則近於貝多芬晚期音樂「由重要的結論轉化成曖昧不明的自身」。

久遠。其伏流深遠的線索，首先，連貫了魏晉「向、郭」所代表「第一波
的莊學修正運動」；而後，則是晚明「方以智—王夫之」所代表「第二波的
莊學修正運動」，再來便是楊儒賓為自己的莊學志業所給出的歷史定位——
「本書可以說是很自覺地站在今日的知識氛圍中，『接著』方以智、王夫之的
學問講出來的，也可以說是有意銜接第二波與第三波的莊學修正運動」[178]；而
「第三波的莊學修正運動」，則是在極特殊之歷史境遇下，以臺灣為輻輳點迎
向世界，卻能混融當代中西語境而共構的當代「跨文化臺灣莊子學」。

　　依楊儒賓，《儒門內的莊子》意在「銜接第二波與第三波的莊學修正運
動」之自我定位；筆者對比他在本書序言所云：「莊子研究的書這麼多，為
什麼還要寫這本書？真正的動機大概只有一個：因為我認為莊子想要傳達的
消息還沒被充分地傳達出來……」[179]；兩段自述，不無謙辭意味[180]，亦不掩躊
躇滿志的顧盼自雄之態。以莊學史早已浩如煙海的詮釋成果，任何人要在此
門文獻積累已達兩千年的學術場域做出典範性的突破，又談何容易？然而，
楊儒賓《儒門內的莊子》做到了！十年辛苦不尋常，這本緣於當代「臺灣跨
文化莊學社群」之刺激所成的論文結集，可謂薈萃了作者十年心血[181]的一部
「奇書」，它道道地地是具有典範轉移（paradigm shift）強度的扛鼎力作。晚
明傅山詩云：「既是為山平不得，我來添爾一峯青」；楊儒賓此作之於「第三
波莊子學的修正運動」，就有這番「隻手變乾坤」的開路氣魄，此非底氣厚
實、學力過人足吞吐汪洋者，又豈易為力哉？即令如此，筆者未敢自輕，仍
自許在楊儒賓所自覺承繼「以明末的方以智、王夫之為代表的一種解釋模
式」[182]而外，重開生面，自闢新局。這意味，筆者在漢語莊學詮釋系統的既

178　參閱楊儒賓，〈結論——莊子之後的《莊子》〉，《儒門內的莊子》，頁459。
179　同上註，頁3。
180　以其對《儒門內的莊子》之學術定位，只意在「銜接第二波與第三波的莊學修正
　　運動」，而非遽認是為「第三波的莊學修正運動」。
181　參閱楊儒賓，《儒門內的莊子》，頁4。作者自言：「筆者非常感謝這些年來與我共
　　學、論辯的這些國內、外友人。筆者玩索莊子多年，早年也有《莊子》的專書行
　　於世，但較為完整的莊子思想圖像可以說是十年來受到國內與域外同行學者的刺
　　激而逐漸成形的。」
182　同上註，頁454。

成三大典範（反體制、重批判的「支離型莊子」[183]—深入心源、神遊於無意識的「冥契型莊子」[184]—心氣同流的「人文（創化）型莊子」）而外，立意開闢「第四系莊學詮釋進路」以「批判性」地承接前人成果，並亟思有以「創造性」的轉化；而筆者構想中的「第四系莊學詮釋進路」，實乃剋就「人文（創化）型莊子」而發。不言可喻，這系詮釋進路，是以楊儒賓奠基「形氣主體」的莊學體系建構為潛在對話對象。更精確地說，這系詮釋進路，是筆者借「蔣—余」二家所激盪於筆者的靈感，而從中搓揉出——立基於「深度物化」之「共在感」而從「存有底線」展開的「具身性」超越進路。

「共在感」的提出，是為解構「形氣主體」的形上學框架與背後殘存未淨的「線性因果邏輯」；「存有底線」強調的則是「人文臨床」所看重的「受苦現場」，以及匍伏掙扎於受苦現場卻託庇無門的「行屍走肉之身」；「具身性」的超越，則剋就一切「『遺落身體』的超越性」而發，並嘗試重新釐清真正的「超越性」不應建立在「身體」的「取消」上，因為，「身體」是道在人間的「孔竅」[185]；取消了「身體」，「物化」的整體環節將無法層層貫連起來；一切以「共在感」為起興條件的「人文療癒動力」也隨之失其所繫。

綜上所述，本文定位「第四系莊學詮釋進路」，為同屬「人文型莊子」義下的「人文療癒」進路。其所以同屬「人文型莊子」，又自覺在楊儒賓以「形氣主體」決定的「人文創化」進路而外，另闢以「共在感」決定的「人文療癒」進路；命意所在，惟聚焦一事：若所有「形上學」思路，都不免以內涵殊異的「主體中心」來總括「一切法」（不論「世間法」與「出世間法」）；那麼，不論這作為「總持性」的本體，是良知、佛性、自性、真常心、一念心、智的直覺、道德主體，抑或遍見「當代跨文化臺灣莊學語境」的身體主體、形氣主體、氣化主體、遊之主體、遊化主體；到頭來，都不免將對「一切法」的說明給「通約」於一個「主體中心」以作為「一切法」所從出的本源理據。然而，所有的「形上學理據」，都無法避免對「大寫存

---

183 此指「自外於主流價值的方式介入社會層」。參閱楊儒賓，《儒門內的莊子》，頁453。
184 此指「自外於經驗世界的方式退居無之意識層」。同上註。
185 稍微改動楊儒賓於〈莊子的人文之源〉所云：「身體主體（形氣主體）是道在人間的孔竅。」以調適為「人文療癒」的脈絡。同上註，439頁。

有」（Being）的「縮減」與「化約」而在更切乎「存有底線」的面向，迴避了「生命現場」的各種獨異情境。試問：這自有運行脈絡而無法被整飭、收編於形上學中的「現場性」，果真通過「理據」的安立而給予一根源性的說明，就表示實踐歷程上隱伏的所有曲折與暗流，都可以得到細緻的呈現[186]？以蔣年豐壯歲風華卻邊逢遙落的危苦身世為例，當他緊捱肉身的殘敗線而直抵獨屬自己的存有深淵，試問：他在殘病交侵的受苦現場中所經驗的荒謬感受，又與「形上學」何涉？我只見他在極度身心耗弱之際，深刻經歷了余德慧同樣出乎肉身崩毀之切身實感所敘寫的身心轉化歷程：「絕望才能在內心產生凝視點，因凝視而帶入妙有，這不是讀書來的！」[187] 筆者以為，余德慧此言，極致精煉地勾畫出「人文療癒」進路所涵攝的幾重關隘。箇中深義，請具陳如下：

絕望，醞釀於理智建構的常規、倫理、價值秩序瀕臨破局而催逼出的受苦現場；內心產生的凝視點，則非源自一個由本體論或形上學所推論出的「超驗理據」，而是由絕望的「具體情境」所驅迫而生。顯然，是絕望的「情境」在先，內心由此情境催迫的「凝視點」在後。在方法學的意義上，這是透過「發生條件」來把握內心「視域的轉化」；而非將「內心產生的凝視點」從具體情境抽離[188]，憑空建立在一個形上學式的理據。畢竟，捨離了受苦現場或絕望的處境，純然抽象的凝視有什麼意義？所以，重點不在凝視本身，重點在這凝視必須依繫所遭逢的外緣處境或特定機遇而成立。一言以蔽之，凝視，必須還原到背後的生命現場或發生條件，這意義下的凝視才足以攪動「真實界」綿密遒勁、縈繞深遠的迴盪力量。否則，所云「主體」，不論內涵為何，就其被設定並內置為形上學理據的思路模式而論，都不免疏離「本真

---

[186] 於此具見「形上學」的無力：抽離了各具獨異性的存在情境──比如司馬遷蠶室忍辱以暢其父志的歷史處境──它無法說出司馬遷用「文學」而深刻說出的自己。

[187] 語出余德慧教授與臺灣大學舊日門生簡貞貞的論學書簡。

[188] 此如「文王拘而演《周易》；仲尼厄而作《春秋》；屈原放逐，乃賦《離騷》；左丘失明，厥有《國語》；孫子臏腳，《兵法》修列；不韋遷蜀，世傳《呂覽》；韓非囚秦，《說難》《孤憤》；《詩》三百篇，大底聖賢發憤之所為作也」，就是司馬遷從絕望中產生的凝視點。這凝視點一旦從「蠶室忍辱以暢父志」的具體情境抽離。文王、仲尼、屈原、左丘、孫子、呂不韋、韓非⋯⋯將只成了「斷爛朝報」似的空洞史料，再寫不出鬱怒磅礴的痛切感。

性」的存在脈絡，而不足以正視人作為「具身性存在」與「社會性存在」就命定無可倖免的「脆弱性」與由此牽連出的種種「肉身受難」、「人倫破局」或「社會疾苦」。事實上，這不正是蔣年豐病苦深淵中的臨終書寫所直指中國哲學的要害嗎？他以自身的殘病經驗發為痛切感悟：中國哲學，嚴重缺乏對身體「脆弱性」的正視[189]。

目前為止，除主動乞靈於人文學問以回應受苦現場的心理學界學者余德慧外，我不認為蔣年豐而後，有任何漢語學界的人文學者，真能認真看待並接住其「病體現象學」的線索而予以深拓之。二十餘年來，兩岸學者投注「身體哲學」者雖眾，當代「跨文化臺灣莊子學」以身體哲學名家者，更是精銳競出，蔚為大觀。然而，就筆者聞見所及，並未從中窺見：蔣年豐以「病體現象學」為主脈的「身學」線索，有誰接下棒子，戮力深耕下去？唯一的例外者是余德慧。惟余德慧的身體哲學，自有其豐饒的病體經驗與存有沃土作為孕生的土壤[190]，固無待承繼蔣年豐之未盡餘緒而來。即此而言，兩人晚期學思的深度交涉，固無關生前私人交誼，無如說是纏綿病氣所推迫「晚期風格」的「祕響旁通」。依筆者，連結兩人的主線索，就在於他們都深入了「絕望」中的「凝視」，並即此飽濡肉身受難經驗的詩性「凝視」而前所未有地深入了「非現實」的「他界」。「非現實」不是一片死寂的「空無」，而是天地神人皆虛佇其中的「妙有」。余德慧依此而形成他的「身體人文空間」概念，蔣年豐則通過「行屍走肉之身─浮光掠影之心─音容宛在之神」的複合概念以曲探相近的妙悟。妙悟者何？依筆者詮解：行屍走肉

---

189 中國哲學果盡皆缺乏對身體脆弱性的正視？這恰是蔣年豐視《莊子》、《韓非》、《金瓶梅》為「三大廢棄之書（頹廢與喪棄）」所貶抑並嚴重錯估莊子的地方。依筆者，蔣年豐只見莊子之「畸於人」，而未能深體莊子乃「畸於人而侔於天」；只見莊子之「廢棄敘事」，卻不見莊子「廢棄敘事」裡隱蔽幽微的深沉悲心與轉化線索。殊不知莊子所獨出於中國歷代思想家者，恰在於他通過高密度聚焦於德充符、大宗師、人間世的「畸人敘事」（廢棄敘事），寄託了他對「身體脆弱性」、以至「人作為有限存在」的全然正視。

190 筆者忝列門下，承其遺風；悉心所向，惟願通過莊子學綰結兩先生在學思晚期以肉身苦難為代價所鑄煉的悲願與學問。蔣、余兩先生悲願，若對照歐陽竟無所慨乎言者，就更顯其悲願成學之不可及。詞曰：「悲而後有學，憤而後有學，無可奈何而後有學，救亡圖存而後有學。」兩先生氣命將盡，不約而同皆緊扣 "Dasein with sicknesses" 以成學，悲憤而後有學，無可奈何而後有學，其意在茲乎？

之身，若孤立看待，固無有「身體人文空間」可言；然而，若「行屍走肉之身」，開始與「音容宛在之神」有所連結而啟動了「轉化」的歷程，「身體人文空間」於焉形成。更細緻地說，轉化，就產生自「絕望中的凝視」；而「音容宛在之神」，就是「行屍走肉之身」沉淪深淵的一刻，自「浮光掠影之心」產生的凝視點；這朝向無限遠的凝視，就指向那不可見卻寂然有感、若有所遇的「音容宛在之神」。以此觀之，「絕望中的凝視」雖余德慧所言，然而，相近的語境同樣具現於蔣年豐的臨終書寫。此如，音容宛在的地藏王，正是蔣年豐在「絕望中的凝視」所連結的域外他者；當他在天地神人疊影共在的私密浩瀚感中記下極盡深祕的宗教體驗：「地藏，住持我的心氣身命」[191]；這一刻，地藏王就是蔣年豐仰望的「音容宛在之神」；匍伏掙扎於肉身殘敗線的「行屍走肉之身」，也隨著「音容宛在之神」的住持，而轉化為充實剛健的「天心性命之身」。

正是這麼一條由「行屍走肉之身」展開而朝向「天心性命之身」轉化的「具身性」超越進路，決定了蔣年豐學思晚期最具指標性的宗教轉向；這意味，蔣年豐的學術史定位，來日蓋棺論定，終須透解《地藏王手記》方可能而獲得中肯的判讀與善解。至於，本文所援引當代漢語學界三位特富學術創造力的「人文學巨擘」，舉凡蔣年豐依「天心性命之身」展開的「新人文主義」、余德慧依「身體人文空間」召喚的「人文臨床與療癒」路線、楊儒賓依「形氣主體」彰顯的「人文創化型莊子」；在筆者剋就三人晚期學思的「判教」裡，蔣年豐所代表的學術進路，實近於余德慧，而遠於楊儒賓——即令，就大方向來說，三人皆不約而同地高舉「人文」旗幟以定位自己的理論創獲。

是以，筆者的判讀，意在指出同屬人文大方向下的不同曲折：若說，楊儒賓代表的是「人文創化」的精神動向；蔣年豐與余德慧則別闢「人文療癒」而自成蹊徑。惟當楊儒賓據此遠承晚明方、王舊說的「人文創化」視野以重探《莊子》文本，卻帶來驚人的思維突破效應——兩千年莊子詮釋史，始終穩固位居主流語境的「解構/支離型莊子」與「同一/冥契型莊子」，自2016年《儒門內的莊子》正式出版，莊學兩大陣營，自此天下三分而成鼎

191　參閱楊儒賓、林安梧編，《地藏王手記》，頁95。

足之勢。然而，沉隱三百五十年的「人文創化型莊子」，既經由楊儒賓而重見天日，是否，三大莊學典範，自此波瀾不驚，而漸行固化為「反人文—非人文—人文」佔有絕高話語權的「超穩定結構」？

　　面對自2016年以來浸假成形的全新莊學版圖，筆者內在卻鼓蕩著難以遏抑的騷動。騷動的理由只有一個，而且，竟同楊儒賓2016年於《儒門內的莊子》序言表露的寫作動機驚人的相似：「因為我認為莊子想要傳達的消息還沒被充分地傳達出來，所以莊子被置放在中國思想版圖上的位置可能是誤置了。」[192] 這「莊子想要傳達卻還沒被充分傳達出來的消息」，對筆者而言，同樣遠承三百五十年前的晚明遺緒。此如方以智〈炮莊小引〉開篇所云：「讀書論世，至不可以莊語而卮之、寓之、支離連犿，有大傷心不得已者。」[193] 在方以智的視野中，莊子是大傷心人，莊書實憂患之作；莊子曼衍卮言而發為憂患之作以回應刀兵慘殺之衰世，其最深微的寄託，為求言者無罪而聞者足戒，因不得不出以卮之、寓之、支離連犿的「莊語」。其為「有大傷心不得已者」，於此判然矣！正是從這思考點，筆者看待莊書遂有了不同的悟入處。簡言之，在方以智的「大傷心人」視域下，筆者以為，莊書全文，最能夠傳達大傷心人身世之感的文本脈絡，莫過於〈人間世〉、〈德充符〉、〈大宗師〉所密集出現的「畸人敘事」。此亦無它，一個身毀無用、天地難容的不合時宜者，卻最有條件催逼出「絕望中的凝視」；這豈不暗合蔣年豐、余德慧所代表的「人文療癒」進路？這意味，若能以「畸人敘事」作為根本凝視點，而後通過「人文療癒」的視野以重構莊學詮釋體系。筆者或有機會在鼎足三分的莊學語境中，為莊子說出那還沒被充分表達的自己。

　　行文至此，我們對通過「人文療癒」視角所開啟的人文莊子圖像，自此有了全然不同的想像。同樣是「人文型的莊子」，卻具足了「悲智雙運」的人文風姿。以往的莊學詮釋典範，不論是「解構／支離型」的莊子、「同一／冥契型」的莊子、「人文創化型」的莊子，非但未足以彰顯莊子「悲心深沉」的向度；甚而讓人對莊子產生「逍遙有餘」、「悲心不足」的錯覺；這已然導

---

192 參閱楊儒賓，《儒門內的莊子》，頁3。

193 語出方以智，《藥地炮莊・炮莊小引》，蔡振豐、魏千鈞、李忠達校注，《藥地炮莊校注》導論，頁21。

致莊子在中國思想版圖上的錯置，連帶所及，更簡化了「道家」一詞的豐饒面貌。

　　筆者素慕蔣、余二氏之學，尤以晚期學思，風貌丕變，與方以智解莊進路的根本凝視點，更是遙隔百代而若合符節。筆者因不揣固陋，嘗試融貫二家之學以重探莊學論域，並借莊學論域以弘揚二家之學。方向既定，突破線索亦呼之欲出；那就是通貫「畸人─物化─逍遙」三概念所開啟的全新「解《莊》進路」。

　　首先，「畸人」之所以淪落邊緣而自為畸人，背後大抵勾連著一個潛在的「受苦現場」；其次，「受苦」的意義，就在於它引發的強大絕望感，適足以摧垮常人意識所緊抓不放的「心知轄域」並順勢啟動生命的轉化。其三，「受苦」作為生命轉化的「發生條件」實涵括了「物化」的兩重向度：「心知轄域」的裂解與「氣化之域」的裸露。前者，代表「『意識』的沉降」；後者，代表「『冥識』的開顯」。由「意識」朝向「冥識」過渡，則是連綿不盡的「物化」過程。然而，這就窮盡了「物化」的可能性嗎？不然。由「意識」朝向「冥識」過渡，只是「初步的物化」，初步物化所引發的，或是「深根寧極」的「冥契經驗」，或是「如墜深淵」的「存有亂流」；二者，皆足可解構「心知轄域」的遮蔽，而進一步轉出朝向「不可見」的凝視。所云「不可見」者，可以「神遇」而非以「目視」的「非現實」，也是「心知」所無以捕捉的「內在性」。余德慧所謂「在內心產生凝視點」、「因凝視而帶入妙有」，指的正是深於「不可見」的凝視所承接的「非現實」或「內在性」；「非現實─內在性」就是「因凝視而帶入」的「妙有」。當「不可見的『非現實』」挹注於「可見的『現實』」，「深度的物化」於焉連綿而成。受苦者，於是在「不可見」的域外，另有來自「內在性」力量的支撐。我們於此終能體會：「脆弱的力量」這「異質交錯」的複合概念所形成的「悖論」，蘊藏了何等豐饒的啟示？「現實」中的肉身是脆弱的，然而，來自「非現實」的力量挹注，卻給予生命最柔韌的沁潤與支撐。這貫連「現實」與「非現實」的救贖力量，就是「脆弱的力量」，它具現為一種「深淵中的守護」──所有根柢於肉身性的「脆弱」，終究因著與「非現實」的締結而成就一種「『不離肉身』的超越」。

　　司馬遷是個好例子！讓我們再度以他為例：當司馬遷為李陵干犯龍顏，

慷慨陳詞，下場卻是繫獄具罪，慘遭蠶室之辱，試問：當他「深幽囹圄之中」甚而只因「家貧，財賂不足以自贖，交遊莫救，左右親近不為一言」；最後，終不免「茸以蠶室，重為天下觀笑。」當此之時，靠的是什麼力量讓他甘願忍死以待，以至於「就極刑而無慍色」？關鍵就在：司馬遷從宛若天地崩毀的存有亂流裡，發展出「深於『可見』而入於『不可見』」的詩性凝視；凝視指向的「非現實」，則是失神的凝睇中向其逶迤走來的「時光隊伍」——文王拘而演《周易》；仲尼厄而作《春秋》；屈原放逐，乃賦《離騷》；左丘失明，厥有《國語》；孫子臏腳，《兵法》脩列；不韋遷蜀，世傳《呂覽》；韓非囚秦，《說難》《孤憤》；《詩》三百篇，大抵聖賢發憤之所為作也[194]——就某個隱微的意義而言，這縈繞於風中之思的歷史召喚，正是司馬遷通過「日夢」所進入的「內在性」。刑餘而後的司馬遷，此後就是「餘生」，人事全非的世界，再無可能恢復舊觀；這一刻，唯一能支撐他堅持活下去的動力，自不會是繫獄具罪時「交遊莫救、左右親近不為一言」的並世故交，而是那朝向「非現實」的凝視中，與他同樣「意有鬱結，不得通其道，故述往事，思來者……退論書策以舒其憤，思垂空文以自見」[195]的夙昔典型。惟古聖賢是「不可見」的，可正也是憑靠這「不可見」的「非現實」，司馬遷卻能在「深幽囹圄之中」以至「負下未易居，下流多謗議」的屈辱處境下，堅忍完成他視如天命的傳世之作。這便顯示了兩重深刻的啟示：「蠶室受辱」後的司馬遷，宛若大死一番，從此純然只依靠常人不可見的「內在性」在過活；其次，《史記》之著述對司馬遷，亦形成一種來自「物」的拯救力量，這力量同樣來自「非現實」，它就蘊生於司馬遷的「『刑餘之身』與『夙昔典型』」在「不可見域」所形成的「深密共在感」；「深密共在感」之所在，也就是「非現實」的「精神王國」成形之所在。所云「精神王國」者，此喻通過「人——書——夙昔典型」之「深度會遇」所共成的「世界」。這世界，就靠司馬遷鼓蕩其雄深筆力，將之拓影於《史記》一書。書，亦是「物」；卻不只是書肆流通的「工具之物」，而是痛哭古人、留贈來者的「印心之物」。深藏於物的「世界」，唯得遇其人，始得燦然開顯；不

194 司馬遷，〈報任少卿書〉，參閱《古文觀止》，頁266-267。
195 同上註，頁267。

遇，這「世界」隨之隱沒於時間的洪流。可見，「物中世界（物裡乾坤）」原非獨立而自存。它能被「珍攝」於「物」中，全仰仗深密的共在感；它能被後人真正看見，同樣靠著深密的共在感。此則「以有『共在』故，一切法得成。」於是，「現實」中的「刑餘之人」（畸於「人」者），遂因此得「優入聖域」而隱遁於「無限遠卻親密相連（侔於「天」）的「託庇空間」[196]；這只對「畸於人而侔於天」者現身為絕對真實的「託庇空間」，就寄藏於司馬遷通過「可見」而深於「不可見」的「詩性凝視」中；或者說，這「非現實」的「精神王國」，正是通過「詩性凝視」所帶入的「妙有」。

然則，云何為「詩性的凝視」？《莊子・人間世》有云：「聞以有翼飛者矣，未聞以無翼飛者也；聞以有知知者矣，未聞以無知知者也。」[197] 恰提供了甚有意味的參照。以有知知者，落在「心知轄域」的「意識」運作模態；以無知知者，則凌越「心知轄域」而入於「氣化之域」的「冥識（冥視）」狀態。至於「詩性的凝視」，深於「現實」而入於「非現實」、深於「可見」而入於「不可見」；此則莊子所喻「以無翼飛者—以無知知者」也；正相應於「冥識／冥視」徇耳目內通而「外於心知」的感知模態。冥視，余德慧謂之「瞎的看見」；重點不是「看見」本身，而是它在「應物」上所代表的根本態度，正乃《莊子・人間世》所開示的「虛而待物」。即此而言，

---

196 筆者另舉木心為例：據《同情中斷錄》（1971），木心先生在「文革」期間被捕入獄，囚禁18個月，所有作品皆被燒毀，三根手指慘遭折斷。獄中，木心先生用寫「坦白書」的紙筆寫出了洋洋六十五萬言的《The Prison Notes》，手繪鋼琴的黑白琴鍵無聲地「彈奏」莫扎特與巴赫。他寫道：「白天，我是一個奴隸；夜晚，我就是王子」遭囚四十八個月後出獄。……「音樂是我的命，貝多芬是我的神，蕭邦是我的心。」這是木心老來回憶往事的詩句。陳丹青說：「他認定音樂高於一切藝術，試以音樂的神意注入他的詩文和繪畫。他早年習奏鋼琴，曾在上海育民中學兼授音樂課。在囚禁中，他自繪琴鍵，默然練習。他的所有遺稿不簽署日期，我們無法測知寫作年代，從若干殘片看，即便身處屈辱不堪之境，他也會取用廉價紙片，甚至在醫院發票的背面，記錄樂思。他半生磨難，不指望發表任何作品，他譜寫樂稿，只因摯愛音樂。出於謙遜而虔敬，他至死藏匿自己工整而精美的樂稿，從未示人，惟在意興遄飛的場合，對著年輕朋友，輕聲哼唱。」參閱：陳丹青，〈木心與他的音樂故事——寫在木心音樂首演之際〉，文章來源：https://www.facebook.com/SunPu19270214/posts/1282757678468565。（查閱日期：2018.6.18）
197 參閱郭慶藩，《莊子集釋》，頁150。

詩性的凝視，正出於「心齋」，正相應於「認知維度」之外運行的「冥識（冥視）」。就某個深微的意義而言，這是一種在「虛實相生」之間、在「可見與不可見」之間、在「現實與非現實」之間來把握「物性存有」的「觀看藝術」或「身體技藝」。惟能「虛而待物」者，方有以趨近「心知轄域」所追躡無及的「妙有」；也惟能趨近「妙有」者，才算進入了「物性存有」的深度世界——物情空間（物裡乾坤）。

猶不僅此。通過「詩性的凝視」而召喚出的「妙有」，不只是「初步物化」所臨在的「氣化之域」；而是已經渡過「氣化之域」的混亂（存有亂流的深淵經驗）與沉寂（深根寧極的冥契經驗），並進而將「共在感」從心凝神釋與萬化冥合的「氣化之域」移向那更顯物化深度的「虛廓空間」[198]。

行文至此，有一潛在問題有待回答：為何通過「初步物化」所臨在的「氣化之域」會涵賅兩重可能向度——「存有亂流的深淵經驗」或「深根寧極的冥契經驗」？其實，與其說「存有亂流的深淵經驗」與「深根寧極的冥契經驗」是兩種不同的經驗，無如說它關涉「轉化」前、後的視域翻轉。說實了，根本是同一種經驗在不同感知維度下所映射出的不同理解視角。余德慧一語道破箇中關竅所在：「接近本真狀態的東西，對格序化太嚴重的心智，反形成焦慮。」[199] 原來，「氣化之域」正是接近「本真狀態」的存在維度；對格序化太嚴重的心智，遮蔽已深，氣化之域的裸露，由這等心智看來，代表常規秩序的受挫、顛覆與崩毀；這豈是能夠容忍之事？自然要想法弭平這不受規訓的存有亂流。即此而言，存有亂流的深淵經驗，依筆者，就位居於「心知轄域」與「氣化之域」初始遭逢的「邊界地帶」，邊界的經驗一如余德慧〈巫者的意義生成〉所給出的精闢描述：「在那裡，身體的千

---

198 虛廓空間四字，乃筆者所命名。簡言之，它乃通貫「身體空間」與「物情空間」所成的「人文空間」；《莊子·達生篇》梓慶削木為鐻所謂「以天合天」是也。依筆者理論建構，「虛廓空間」代表比「氣化之域」更深於人文維度的「物化」進程。這意味：「氣化之域」猶只是「初步物化」；「虛廓空間」才抵達「深度物化」。本文第六章對「虛廓空間」的內涵當有更詳盡的闡釋。

199 余德慧 2012 年 3 月 5 日慈濟大學宗教研究所課堂講錄。摘錄自朱志學〈余師課堂筆記：續論「裸活」與「鏡像」〉，文章來源：https://www.facebook.com/bosendorfer.pianohouse/posts/3607550993093。（查閱日期：2018.6.18）

頭萬緒依舊以無序的方式亂竄，連意象都呈現混亂的流動。」[200] 這正呼應
了前文借索甲仁波切《西藏生死書》與當代法國哲人列維納斯（Emmanuel
Lévinas）所揭示的「裂隙」經驗。此義，已詳具前文，茲不贅述。惟有一義
待進而分說者，則是「裂隙」經驗所特具的「曖昧性」。這曖昧性所涵攝的
兩重存在向度，明明該兼具於《莊子》文本，為何卻不易找出可具體指實的
文脈？底下，筆者嘗試對此提出說明：

　　所云「裂隙經驗的曖昧性」者，簡言之：「心知轄域的破口」等同「氣
化之域的裸露」——比如，列維納斯所揭露的「無名黑暗」，卻也是索甲仁
波切所強調的「解脫法門」；或者，余德慧所示例：「對風災的居民來說，
屋頂被吹走意味著『家破人亡』，對修道人來說，卻是『明月齋光，自由
自在』。」[201] 這裡面，顯然隱藏一個超乎「同一性思路」所能理解的「弔詭
性」：為何兩條涇渭分明的道路，卻指向同一種經驗？其實，這就涉及「存
在維度的轉化」問題。

　　不可否認，「意識消退，心生悸怖」的「無名黑暗」，是深淵經驗裡極盡
真實的「存在狀態」，然而，若要從《莊子》文本尋繹相關線索，兩千年來
的莊學詮釋史，大抵也不過就是歸納出三種莊子風貌——反人文、超人文、
人文；或者說，解構支離型的莊子、同一冥契型的莊子、人文創化型的莊
子。此則楊儒賓於〈莊子與人文之源〉中所歷述《莊子》「三位一體」的精
神辯證發展：

> 在現行的《莊子》文本內，我們發現一組邪惡的三胞胎，創化的莊
> 子與同一性的莊子及解構的莊子同時存在，表面上看來，亦即人
> 文、超人文、反人文三者連袂而至，《莊子》一書的性質所以會引
> 發長期的詮釋學之爭議，主要的原因即在於《莊子》文本本身的曖
> 昧性。然而，我們有很強的理由主張：莊子人文精神的特殊，在於
> 它的人文延展到超人文領域，並且需要反世俗人文的活動以便開
> 展出它的人文向度。所謂的人文—超人文—反人文正是它的三位一

200　余德慧，〈巫者的意義生成〉，《臺灣巫宗教的心靈療癒》，頁10。
201　余德慧〈恆河母的明心見性之道〉，《生命詩情》，頁198。

體，矛盾非矛盾，它是精神辯證的發展[202]。

然而，我們要問的是：在這「三位一體」的詮釋架構裡，「意識消退，心生悸怖」的「無名黑暗」到哪去了？這是可以忽視的存在維度嗎？在上述「三位一體」的詮釋架構裡，能給它一個合理的安頓位置嗎？或者，既有莊學詮釋架構，能夠將它「化約」到「人文—超人文—反人文」的任何一種典型嗎？答案，顯然是否定的。此所以筆者要特別指出：「裂隙經驗」裡所內蘊的豐饒轉化可能，自有其無可忽視的獨立內涵，可是，在當代漢語莊學的主流語境裡，它仍保持是一個「隱匿」的維度，未及獲得充分的正視。其所以未獲得足夠的關注，很大的原因在於《莊子》「文本」本身，就少有篇幅將「裂隙」經驗給「顯題化」；這意味，這一重在《莊子》文本中多有隱匿、卻在實存經驗真切可感的存在維度，只是隱藏在「字裡行間」的空白處，少有可以明確「對接」的文脈作為詮釋理據[203]。這意味，《莊子》太著重「修道人」的角度[204]來看待「氣化之域」所給予的體驗，於是我們從文本中看到的真人、至人、神人，盡是轉化後的「本地風光」，而罕見轉化前「匍伏寸進的困頓」與「百死千難的絕望」。然而，這文本裡保持隱而不彰的潛在維度，始終在「字裡行間」裡「騷動」著。也許，我們需要發展出一種不仰賴文本、卻也不悖離文本的「互文性」詮釋[205] ——亦即，藉由其

---

202 楊儒賓，〈莊子與人文之源〉，《儒門內的莊子》，頁444-445。

203 所幸，《莊子‧德充符》至少有申徒嘉的例子可資引證：「人以其全足笑吾不全足者多矣。我怫然而怒，而適先生之所，則廢然而反。不知吾之洗我以善邪！吾與夫子遊十九年矣，而未嘗知吾兀者也。今子與我遊於形骸之內，而子索我於形骸之外，不亦過乎！」一句「怫然而怒！」道盡了申徒嘉多少委屈？這是申徒嘉的受苦現場，裡頭包含了多少刑餘之人「身毀不用—受人觀笑」的絕望？只不過，申徒嘉的發言位置，已是事過境遷十九年的位置。以轉化後的心境，回首前塵影事，自是說得雲淡風輕。《莊子》於深淵經驗，多以淡筆帶過，而未多所著墨；依筆者之見，很大的原因就在：《莊子》書中人物，多屬修道人；以至於，常人的深淵經驗，對修道人而言，也只是：「回首向來蕭瑟處，歸去，也無風雨也無晴」的淡然。以此觀之，司馬遷〈報任少卿書〉於受苦現場與深淵經驗的深度披露，恰對《莊子》「字裡行間」的空白維度，形成一種「詮釋位置」的補足。

204 此則余德慧所寫道：「修道人進入深淵，然後轉化，而凡人則是尋求世界的屏障。」參閱余德慧，〈恆河母的明心見性之道〉，《生命詩情》，頁198。

205 比如，本文嘗試借重司馬遷《報任少卿書》與《史記‧太史公自序》以凸顯《莊

他文本進入與莊子相同的體驗，並由此體驗說出《莊子》所「潛蘊」卻未及「暢發」的「隱匿維度」。

畢竟，作為「負性空間」的氣化之域，內蘊豐饒，未拘一格，欲窮其幅度，自不能安於「失之簡化」的歸類與判讀。依筆者之見，通過「裂隙」揭露的「無名黑暗─存有亂流」，若代表「氣化之域」的第一重存在向度；那麼，「深根寧極」的「冥契經驗」，則是同屬「氣化之域」的第二重存在向度[206]。惟冥契經驗，論者已多，無待筆者贅述。

筆者欲待暢發的是：從「冥契的莊子」到「人文的莊子」是如何而可能的？於此需先釐清的是──依筆者對楊儒賓於〈莊子與人文之源〉中所歷述《莊子》「三位一體說」的把握，其所謂「『人文』的莊子」的人文二字需要「高看」，否則定當滋生錯解。因為，人文二字本身，就多所歧義。比如，在「人文─超人文─反人文」的詮解架構裡，第一個「人文」與第三個被「反」的「人文」，是同一層面的「人文」嗎？顯然不是。可見，詞彙相同，底蘊各異。合理的詮解當是：所云「反『人文』」者，是指反「偽人文系統」如魯迅所批判之「吃人禮教」或司馬遷所面對備極兇殘、不顧士節的「大漢威儀」。即此而言，「反人文」是反「世俗人文」，而不可能是反「人文創化」；「超人文」也是超「世俗人文」，而不可能是超「人文創化」；那麼，「人文的莊子」自當定調為「『人文創化』的莊子」。重點是「『人文創化』的莊子」，既不落在「常規世界」的「世俗人文」或「偽人文系統」，又落在哪個界域呢？楊儒賓給出了關鍵線索：

> 莊子人文精神的特殊，在於它的人文延展到超人文領域，並且需要
> 反世俗人文的活動以便開展出它的人文向度[207]。

依筆者之見，這段話可說是貫通楊儒賓「人文莊子說」的「詩眼」所

子》未發之蘊。

206 兩重存在向度看似涇渭分明，其實也只不過悟前與悟後風光的不同。換言之，兩重存在向度之間正隱伏著一道「生命轉化」的關隘。同樣遭逢「氣化之域」，前者驚怖莫名，後者安時處順；此亦無它，後者卻比前者多了「視域翻轉」的工夫，遂對同樣的「遭逢」，產生完全不同的感受。

207 楊儒賓，〈莊子與人文之源〉，《儒門內的莊子》，頁 444-445。

在。因為他明確提出了他的關鍵立場——莊子人文精神的特殊，在於它的人文延展到超人文領域。這意味：舉凡——庖丁解牛，動刀甚微，謋然已解，如土委地〈養生主〉；梓慶削木為鐻，見者驚猶鬼神〈達生〉；工倕指與物化，而不以心稽〈達生〉；痀僂丈人承蜩，用志不分，乃凝於神〈達生〉；津人操舟若神〈達生〉；呂梁丈夫蹈水，從水之道而不為私焉〈達生〉；大馬捶鉤，不失豪芒〈知北遊〉；輪扁斲輪，得之於手而應於心，口不能言，有數存焉於其間〈天道〉。這些奠基「身」與「物」之「深度會遇」而如詩綻放的「人文紋跡」，乃是以「超人文領域」為基礎而展開的。依漢語莊學詮釋系統的現有三大典範：

> 反體制、重批判的「支離型莊子」[208]
> 深入心源、神遊於無意識的「冥契型莊子」[209]
> 心氣同流的「人文型莊子」

「超人文領域」正是「深入心源、神遊於無意識的『冥契型莊子』」。這意味，楊儒賓心目中「心氣同流」的「人文型莊子」乃是從「反世俗人文」延展到「冥契型莊子」的「超人文界域」，並進而從「超人文界域」轉化而來。筆者以此判讀：楊儒賓的「人文型莊子」並非逕直從「冥契經驗」迴向「常規世界」所展開的人文創化活動，卻是從「冥契經驗」進一步朝向「非現實」展開的人文創造。事實上，庖丁解牛、梓慶削木為鐻、工倕指與物化、痀僂丈人承蜩、津人操舟若神、呂梁丈夫蹈水、大馬捶鉤、輪扁斲輪……種種身體技藝所幻化生成的妙跡，本非屬「世俗人文」向度[210]，卻都是深於「非現實」的人文創化活動。如此理解，倒不是意指——這意義下的詮釋進路，對常規世界保持著絕對的拒斥；無如說，這些稟賦「神之技藝」的高人，即令身在「常規世界」，為「世俗文化—偽人文系統」所重重包覆，他們仍不屬於「常規世界」，而是棲心玄遠，別有寄託。這寄託就指

---

208 此指「自外於主流價值的方式介入社會層」。參閱楊儒賓，《儒門內的莊子》，453頁。
209 此指「自外於經驗世界的方式退居無之意識層」。同上註。
210 比如：禮樂、教化、道德、律法、政制、事功等更具「社會化」向度的世俗人文。

向「不可見」的「非現實空間」;此如司馬遷繫獄具罪、深幽囹圄之中,卻
能通過「日夢」似的「詩性凝視」而與「時光隊伍」中的夙昔典型在不可見
的對話中闇相與化為「同時性」的「共在」;這難道不近於「超越」、「實體」
(the Real),「不可見的實在」(the unseen reality)等詞彙所試圖傳達的神聖
體驗或宗教體驗嗎?依筆者,這純屬「內在性」的深祕經驗,乃是緣於「負
性空間」的「興發」;興發所向,則為回應「非現實」的召喚;以至,締結
日深,共在漸密,終而可以無視「現實」的殘破斷裂,而一舉度越之。這分
厚植於「負性空間」的「內在轉化」體驗,余德慧進一步以「幻化生成」給
出獨到的詮解:

> 幻化生成是身體空間的主要作用,療癒的發生就是將肉體引渡到身
> 體空間,讓身體空間的幻化生成主宰精神的作用,另一方面,透過
> 修行的操作平臺使身體空間逐漸與修行行為發生聯繫[211]。

依筆者理解:「幻化生成」在余德慧的用語脈絡裡,意指奠基共在感的
人文興發動力。至於,不說其為「『創化』生成」,卻說其為「『幻化』生
成」,筆者揣測,乃因此「興發」動力只在「非意識─非現實」的「負性空
間」或「冥視空間」裡運行。「冥視」與「冥識」其實相通;無非是「外於
心知」的「體知─氣感─非意識」,筆者另以「詩性凝視」一詞名之。所云
「詩性凝視」,意指深於「可見」而入於「不可見」的凝視;這意義下的凝
視,已徹底蟬蛻於「心知轄域」之外,所以,能以靈動不羈的「拓線」,沿
著想像的界域如神庖遊刃般留下如詩如夢的靈光拓影。

讓我們還是以司馬遷為例,對他而言,蠶室受刑所留下的深鉅創傷,如
何可能療癒?靠的正是在絕望中發展出「思接千載」的「詩性凝視」。凝視
中,可見的「現實」裡橫遭毀傷的脆弱肉身,乃能沿著想像的拓線,被引渡
到「刑餘畸人」與「時光隊伍」在「非現實」的深度會遇中所開顯的「共在
空間」;這「共在空間」正是奠基於「體知─氣感─非意識」的「人文性」
身體空間。「身體空間」所以具有強大的療癒動能,只因它能從「不可見的
非現實」來承載「可見現實」的重負。以此觀之,「身體空間」之於被荷載

---

211 參閱余德慧〈修行療癒的迷思及其進路〉,《宗教療癒與身體人文空間》,頁424。

的「沉重肉身」，一如「病裡乾坤」之於「病體」。祂，提供了來自「非現實」的澆灌與沁潤力量，此其所以為「病裡『乾坤』」，以喻病中另有「藥樹息蔭之所」[212] 以作為可供託命的「世界」。正是這隱匿於非現實的「世界」，讓身心交迫的痛苦，有了迴旋的空間與緩解的餘地；於是，即令教人悔之無及的殘病經驗，迫使生命跌落絕望深淵，絕望中發展出的「詩性凝視」卻足以在「可見視線的盡頭」連結於「不可見的身體空間」而獲得「苦弱之力」的源源挹注。我們於此具見「脆弱」與「力量」的弔詭性（the paradox of power and weakness），只因，這意義下的力量，是相蘊以「道」的力量、是「『道』成於肉身」的「苦弱之力」。這意味：力量，若非出於「弔詭」，其不足以為「道」，固無待論矣。

承上所論，筆者已悄然轉移了詮釋的視角——從立基「主體」的「人文創化」視角，轉向立基「共在感」的「人文療癒」視角。惟「從『主體』出發的詮釋」轉向「從『共在』出發的詮釋」，則有異；肯定莊子人文精神乃「延展到超人文領域」而有以調適上遂者，則無不同。一言以蔽之，筆者手中嘗試完成的「人文莊子」圖像，乃是在詮釋方法上徹底翻轉形上學進路的「人文療癒型莊子」。

「人文療癒型莊子」相對「人文創化型莊子」的根本歧異點，就在對「身體」脆弱性的全然正視；它甚而肯定：最沉烈深邃的「人文創發動力」，非但不是來自一個宛若無懈可擊的完滿主體（不論是真常心、無限心，抑或涵「不完滿」於「完滿」的「天均型」主體），卻是來自蔣年豐藉由「後現代思潮」屍骸遍佈的衰頹意象所隱喻的行屍走肉之身。是的！蔣年豐《地藏王手記》義下遍染衰頹意象的「行屍走肉之身」，在人文療癒的詮釋理路下，確可通過「苦弱之力」的弔詭性（the paradox of power and weakness）而激揚出最沉烈磅礡的人文動力。這不是故作驚人之語；本文自有精思熟慮後的理路去支撐這樣一個「似非而是」的命題。事實是，非但蔣年豐、余德慧都以自身的「晚期風格」實踐，為此命題作出了完美的見證；兩千年前的

---

212 語出方以智，《藥地炮莊・人間世總炮》：「藥樹息蔭，呼六極之風來，垂雨褰袖以為翼，何天之衢，是亦天閒之世乎？」，參閱蔡振豐、魏千鈞、李忠達校注，《藥地炮莊校注》，卷之二，頁228。

司馬遷，更是教人迴腸盪氣的歷史經典案例。

　　據《史記》太史公〈自序〉，當司馬遷為成就名山之業而開始論述編次所得的文獻和材料；誰期，七年[213]而後，竟為李陵被禍而幽于縲絏，慘遭蠶室之辱；幾經「腸一日而九迴」[214]的煎熬，終退而深惟，幡然有悟，因於〈報任少卿書〉依「此人皆意有鬱結，不得通其道，故述往事，思來者」所總結的夙昔典型，為——最迴盪深遠的人文創發動力，每來自最沉重的肉身、最殘酷的境遇與最斷裂的處境——留下了傳誦千古的歷史證詞[215]。這豈非太史公因李陵之禍而啟動的「人文療癒」實踐？這實踐取徑，正切合本文據以重構《莊子》物學的主軸線索：「畸人—物化（畸於人而侔於天）—逍遙」。

　　總括言之，是「物化」所延展出的深密「共在」，讓「身體」不復只是作為被拋擲於世的孤零個體，而是在「深於可見而入於不可見」的「詩性凝視」中，走出「心知轄域」的纏縛，而與來自「非現實」的力量形成深密勾連的「生命共通體」。「沉重的肉身」於焉有了「緩解的餘地」，「現實的狹仄」也自此多了「迴旋的空間」，流浪生死的微塵眾生，因得在「現實」與「非現實」疊影交錯的「深密共在」中，免除了被拋的命運。以此觀之，正是漸入邃密的「物化」歷程，讓涵具「生—衰—殘—老—病—死」向度

---

213 司馬遷〈太史公自序〉，參閱瀧川龜太郎、魯實先、陳直，《史記會注考證‧學人版》（臺北：洪氏出版社，1986），頁1371-1372：「於是論次其文，七年，而太史公遭李陵之禍，幽於縲絏。乃喟然而嘆曰：是余之罪也夫！是余之罪也夫！身毀不用矣！」

214 司馬遷〈報任少卿書〉，參閱《古文觀止》，頁267：「且負下未易居，下流多謗議，僕以口語遇遭此禍，重為鄉里所戮笑，以汙辱先人，亦何面目復上父母丘墓乎？雖累百世，垢彌甚耳！是以腸一日而九迴，居則忽忽若有所亡，出則不知其所往。每念斯恥，汗未嘗不發背沾衣也。身直為閨閤之臣，寧得自引深藏於巖穴邪？故且從俗浮沉，與時俯仰，以通其狂惑。今少卿乃教以推賢進士，無乃與僕之私心剌謬乎？今雖欲自雕琢曼辭以自飾，無益，於俗不信，適足取辱耳。要之死日，然後是非乃定。」

215 同上註，頁266-267：「古者富貴而名摩滅，不可勝記，唯倜儻非常之人稱焉。蓋文王拘而演周易；仲尼厄而作春秋；屈原放逐，乃賦離騷；左丘失明，厥有國語；孫子臏腳，兵法脩列；不韋遷蜀，世傳呂覽；韓非囚秦，說難、孤憤。詩三百篇，大抵聖賢發憤之所為作也。」

的「行屍走肉之身」，有了「詩性突圍」的可能。這，就是「力量與脆弱之間的弔詭性」（the paradox of power and weakness）──就「心知─意識」而言，力量是力量、脆弱是脆弱，二者間有不可調適的「差異性」，「脆弱的力量」則是超乎理性能夠理解的悖論；可就「體知─冥識」而言，作為「心知轄域」裡的「對象性」身體，一旦隨著感知條件的轉化而被視作「非對象性」的身體，這意義下的身體即刻擁有了強大的締結能量而啟動朝向「非現實」的物化歷程；終而，盡宇宙山河大地，無往而非我「身外之身」；甚而，與自己蕭條異代的古聖先哲、夙昔典型，在深度物化中，連「線性因果時間」都可逕予抹去而疊影為同時性的「共在」。這過程裡，顯然發生了一種存在維度的「轉化」──線性因果時間的視域，在「轉化」中悄然湮沒，並代以一種建立在「詩性凝視」的「詩性時間」。杜甫晚歲流離夔州寫就的〈詠懷古蹟〉五首與〈秋興〉八首、司馬遷刑餘之後磅礡為文的《史記》與〈報任少卿書〉，都是在飽浸「物化」深度的詩性凝視下所成就的不朽「『詩』作」。說其為「『詩』作」，不是因為作品滿足詩律學的格式，而在乎它是在古今一如的「詩性凝視」與「詩性時間」中所成就的「心史」或「心跡」。這意義下的創作，在更具深度的理解下，不可能歸因為特定「個人」的創作；因為，奠基於「詩性凝視─詩性時間」之感知條件所成就的「『詩』作」，只能是「參萬歲而一成純」[216] 的「跨時空共在」所成就的「以哭笑寄萬世」[217] 之作；而所謂作者，只是這「跨時空」的「共在感」所匯流集聚、汪洋吞吐的「出口」。以此觀之，真正偉大的人文創發動力，不可能只是來自特定的主體中心，而只能是來自「共在感」的噴薄迸發。此亦無它，偉大的作品，必內蘊迴盪深遠的力量；空頭孤調的主體，無以形成迴盪，自也就缺乏磅礡為文的能量蓄積條件。

　　事實上，也正是基於「深度物化」所成的「共在」，再脆弱的肉身，都有通過「物化」而獲得救贖的可能；而深度的物化，不限朝向與「人」的締

---

216 語出《莊子‧齊物論》，參閱郭慶藩，《莊子集釋》，頁100：「眾人役役，聖人愚芚，參萬歲而一成純。萬物盡然，而以是相蘊。」
217 語出方以智評論莊書之作：「子休之以哭笑寄萬世也，怒激乎？遺悶乎？忍不得乎？」，參閱蔡振豐、魏千鈞、李忠達校注《藥地炮莊校注》總論下〈人間世總炮〉，頁227。

結，也包括朝向一切「物」的締結。無論是人或物，只要能「去對象化」而重置為「未知域」的「非對象」，那麼，從「已知域」釋解而出的「人」與「物」，都不復是扞格於我的「對象」，而是可與我在「非知之域」形成深密締結的「身外之身」。當「人」由「陌異他者」成為「親密他者」；「物」也由聽憑驅策以供我片時之歡的「身外之物」成為朝夕相依、物情盈溢的「身外之身」[218]，這意義下的「人」與「物」，遂與我在「同命共在感」中形成一種「惦念的迴圈」與「無條件的荷載」。這裡頭，自有一種道德的莊嚴，然而，這意義下的道德感，卻不是出自於「主體中心」的「發用」，而是源於「共在感」的「迴盪」。後者，才是「人文療癒」所代表的拯救力量：一種通過「詩性的凝視」以超越「瀕死之絕望」的力量、一種乞靈於「非現實」而令「沉重肉身」的「詩性突圍」得以成為可能的力量。

---

218 作為「身外之身」的「物」，已不由「實體相」來辨認，卻是作為一「人文空間」的「物裡乾坤」而以「場所相」現身。

第五章
莊子物學的理論基點

第一節　回返莊子物學的文本基礎

　　本章重點，在筆者的論文部署中，非僅定位在承繼楊儒賓為莊學詮釋開拓的「物學論域」，更在乎能否通過《莊子》全書理論張力最高的〈齊物論〉內文，嘗試為「物學的莊子」奠下更堅實的文本論據基礎。這基礎能否穩立，將直接決定筆者能否在楊儒賓「物學」語境的強大籠罩下，延展出更富差異性的論述可能。這意味，筆者對楊儒賓所開啟的「莊子物學」進路，重在批判性的承繼；並為奠基此「批判性承繼」的「創造性轉化」可能，預留伏筆。即此而言，本文用心所在，固未自限於證成楊儒賓的「全面」論點，而在乎能否通過楊儒賓初露端倪的「核心」論點，另闢新局，以開展更具深度拓跡可能的差異論述。

第二節　「物化」的理路依據：以〈齊物論〉為探尋線索

　　以「物學進路」形構莊學詮釋系統，首要通過的檢驗，自是得拿出文本的依據作為理論基點。惟線索何在？我們很自然會聯想到〈齊物論〉的標題，就有「物論」二字。然而，誠如楊儒賓所指出：

　　「物」或「物論」的問題可能有各種的解法，但在天均之眼的朗照下，這個議題需要高看。不管〈齊物論〉的「物」字該上屬或下屬，我們沒有理由迴避《莊子》書中這麼重要的章節提供的字眼。而且由《莊子》其他篇章，特別是〈天下篇〉與〈則陽篇〉提供的

線索，我們有理由重新反思「莊子的物學」或許不是個怪異的談法，它既有文本的依據，也有哲學的依據。筆者認為：如果我們不從心學的角度界定莊子，而是從泛存有論的道論之角度考察，那麼，莊子的物論之說可謂勢所必至。[1]

依楊儒賓，這議題需要高看。不論解讀為「齊物之『論』」抑或「齊一『物論』」，《莊子》文本提供的線索，充分具見：通過「心學的莊子」，並不足以妥貼詮解文本中與「物」相關的文脈。

此如〈人間世〉有云：「且夫乘物以遊心，託不得已以養中，至矣。」[2]「遊心」二字，非孤立凸顯，卻是藉由「乘物」而顯。但憑「心學」視角，是不足以全備其義的。然而，正是在這類與「物」相關的文脈上，莊子可謂託旨深遠，楊儒賓的提醒是深睿而中理的：「這個議題需要高看」，不可浮泛帶過或「化約」於過度「唯心」的視角下，而縮減其豐饒的義蘊，否則，就嚴重低估了「物」在莊子心目中的神聖地位，也難以周浹相應地把握「物化」在體道歷程裡的工夫義。工夫之所在，亦即精神貫注之所在；即此而言，物，不盡然受制於一種「非精神性」的樊籠，適切的工夫介入，可以開拓出物性存有沉隱未發的精神性。所謂氣韻生動，不單人可以是氣韻生動的，即連「物」也可以是氣韻生動的；就看與其對應者，能否將物從作為「工具」的「對象域」裡給釋解出來。

循此以觀，「物化」二字，是解開《莊子》物學的關鍵密碼；不能通透這兩字，就無以貼切把握作為「實體」的存有物（beings），為何在某種感知框架的轉換下，將蛻化為氣韻生動的精神實體。然則，作為莊子「物學」基礎的「物化」二字，典出何處？〈齊物論〉結語的「莊周夢蝶」，顯然提供了不可忽視的線索：

> 昔者莊周夢為胡蝶，栩栩然胡蝶也，自喻適志與！不知周也。俄然覺，則蘧蘧然周也。不知周之夢為胡蝶與，胡蝶之夢為周與？周與

1　楊儒賓〈遊之主體〉，收錄於何乏筆編，《跨文化漩渦中的莊子》，頁85。
2　語出《莊子・人間世》，參閱郭慶藩，《莊子集釋》，頁160。

胡蝶，則必有分矣。此之謂物化[3]。

　　細味此語，不得不稽首讚嘆：莊子〈齊物論〉以此作結，其義大矣哉！在常人眼界裡，蝶是蝶，莊周是莊周，二者判然別矣！可是，在以「了別」為尚的「心知」作用漸失控馭、杳然褪色的夢境裡，夢者，卻恍然墜入一種「不知周之夢為胡蝶與，胡蝶之夢為周與」的渾化之境；化境裡，一時脫卻「周與胡蝶，則必有分矣」的舊日感知框架，蝴蝶在莊周的夢裡，竟儼然似曾相識地成了莊周的「身外之身」。此情此境，不存在於受制習常知見的「心知」裡，卻在「夢裡」分明遭逢。相傳北宋黃山谷有云：「作夢中夢，悟身外身。」與此「物化」之境，依稀彷彿，雖悟入情境有異，卻不失為「莊周夢蝶」千載而下的絕美註腳。

　　回到文本脈絡。夢中，「不知周也」；俄然覺，則「蘧蘧然周也」。前者，則「心知」在「解域」後所融入的「物化」之境；後者，又陷落主客對峙的「心知轄域」。感知框架的移轉間，經由「夢」而成為可能；這意味，夢，所代表的一種全然不受「心知框架」箝制的「身—物」關係，讓夢者，得以經由「夢境」而遁入一種「解心釋神」的深度存在狀態。莊子〈在宥〉篇有云：「處無為，而物自化。墮爾形體，黜爾聰明，倫與物忘。大同乎涬溟，解心釋神，莫然無魂。」[4]正恰如其分地點出「夢」如何作為「臨界轉化」所以可能的關隘。通過這關隘，人遂霎時徹見「身外身」而「倫與物忘」、「與物為化」。顯然，遍觀《莊子》，夢，只代表了一種通過「物化」關隘的可能進路，卻不是唯一的途徑。文本中，莊子格外著重以身體作為實修介面的「工夫」。重點不在拘泥於特定的工夫形式；重點在推動「感知框架」的轉換。轉換什麼？簡言之：轉換「身—物」間的對應姿態。這姿態，《莊子》文本裡，俯拾皆是。以〈齊物論〉為例：

　　一受其成形，不亡以待盡。與物相刃相靡，其行盡如馳，而莫之能
　　止，不亦悲乎！終身役役而不見其成功，苶然疲役而不知其所歸，
　　可不哀邪！人謂之不死，奚益？其形化，其心與之然，可不謂大哀

3　語出《莊子・齊物論》，參閱郭慶藩，《莊子集釋》，頁112。
4　語出《莊子・在宥》，同上註，頁390。

乎？人之生也，固若是芒乎！其我獨芒，而人亦有不芒者乎5！

這段描述，極盡深致地傳達「物化」之前的「身—物」對應關係；「與物相刃相靡」一語，則是整段文脈的點睛之筆。它極盡生動地刻劃出：身體在通過「臨界轉化」的關隘前，一切映入眼簾之「物」，就只能作為「對象物」加以看待。這意義下的「物」，只是特定感知框架拘限下所決定的「物相」，猶不足以言「物化」。「物化」是「解疆域化」後的「物」。所以，在「物化」中，身體所對應之物，是從「物相」的箝制中解脫的「物自體」；以其與身無對，不顯扞格相，遂宛若從身體延伸而出的「身外之身」，〈齊物論〉結語，以此而有「莊周夢為胡蝶，栩栩然胡蝶也」的「物化」之境。「物相」則是「心知」所對，是認知義下的知識對象，所以可從中展開「無窮辨析」而衍為「無盡是非」，讓人在「與接為構，日以心鬭」、「與物相刃相靡」的斫傷中，深陷「行盡如馳，而莫之能止」的樊籠中消磨殆盡。莊子因以此浩歎：「終身役役而不見其成功，苶然疲役而不知其所歸，可不哀邪！人謂之不死，奚益？其形化，其心與之然，可不謂大哀乎？」

循此以觀，人之生也，「一受其成形，不亡以待盡」，芒昧一世，卻終不免「與物相刃相靡」，莊子於此生出無盡之悲情而慟感迷局中人——「人之生也，固若是芒乎！其我獨芒，而人亦有不芒者乎！」其極盡哀惋之情，恰與邃密深致的哲思形成迴環相應的對位關係，同在〈齊物論〉的內文，莊子不惟發乎浩歎，篇首便通過「人籟—地籟—天籟」層層拓深的肌理而鉤稽出如是哀情所以形成的「視域」基礎：

南郭子綦隱几而坐，仰天而噓，嗒焉似喪其耦。顏成子游立侍乎前，曰：「何居乎？形固可使如槁木，而心固可使如死灰乎？今之隱几者，非昔之隱几者也。」子綦曰：「偃，不亦善乎而問之也！今者吾喪我，汝知之乎？女聞人籟而未聞地籟，女聞地籟而未聞天籟夫！」子游曰：「敢問其方。」子綦曰：「夫大塊噫氣，其名為風。是唯无作，作則萬竅怒呺。而獨不聞之翏翏乎？山林之畏佳，大木百圍之竅穴，似鼻，似口，似耳，似枅，似圈，似臼，似洼

者，似洼者；激者，謞者，叱者，吸者，叫者，譹者，宎者，咬者，前者唱于而隨者唱喁。泠風則小和，飄風則大和，厲風濟則眾竅為虛。而獨不見之調調、之刁刁乎？」子游曰：「地籟則眾竅是已，人籟則比竹是已。敢問天籟。」子綦曰：「夫吹萬不同，而使其自已也，咸其自取，怒者其誰邪！」[6]

　　隱几者緣何而入於「形如槁木」、「心如死灰」的「喪我」之境？這背後，隱然有一體道工夫歷程。工夫次第依「人籟—地籟—天籟」而有一逐層升進的階序，終而漸入邃密而歸之於道。顏成子游自敘悟境外，更而追問：「地籟則眾竅是已，人籟則比竹是已。敢問天籟？」當隱几者默許叩問者對人籟與地籟的理解，而進一步就「天籟」之為物有所點撥，我們怵然驚覺：隱几者所云「天籟」，很難說是一種具體而有所指涉的回答。當他神祕地提示顏成子游：「夫吹萬不同，而使其自已也，咸其自取，怒者其誰邪！」他不是回覆提問者：你所詢問的「天籟」指涉著「什麼」，而是以一種頗富現象學意味的手法將提問者的凝視點給引導到任何可能的指涉物背後──簡言之，讓凝視點由表面的「物相」移向那「連結於此物而對此物有所決定的『視域』」；於是，如〈齊物論〉文本所示：所云「天籟」，不復指實為「自然物象」（眾竅）或「人間器物」（比竹）等感官所對的「物相」，卻著意讓「自然物象」與「人間器物」等可以指實的「物相」從「對象域」莽然崩解而返歸「與物為化」的渾化之境──亦即，「心知」的「視域框架」介入前或解構後的「物化」狀態。走筆至此，筆者賦予「天籟」的詮釋理路，已逐步朗然現身。隱几者關於「天籟」看似不著邊際的捻提：「夫吹萬不同，而使其自已也，咸其自取，怒者其誰邪！」這神妙而當機的回答，儼若霎時「截斷眾流」[7]的禪門棒喝！他是要點醒顏成子游：放下你的因果推理；不要老想著為「可見物」推溯一個「源頭」以作為其在知識上「合法存在」的理據；因為，在渾然物化中，一切存有物，都在「心知框架」的解構下，相

6　語出《莊子・齊物論》，參閱郭慶藩，《莊子集釋》，頁43-50。

7　唐末五代雲門文偃禪師《五燈會元》：「我有三句話，示汝諸人。一句涵蓋乾坤，一句截斷眾流，一句隨波逐浪。若辯得出，有參學分，若辯不出，長安路上輥輥地。」

浹俱化為宇宙間一大「共在」；於是，森然萬象相蘊以道的「共在」中，無有中心、無有邊緣、無有疆界、無有主客、無有因果、無有源頭；一切存有物，在卸掉背後視域（心知轄域）的箝制後，都不復呈現為「主體」[8]所對應的「身外之物」；而是在「天地與我並生，萬物與我為一」[9]的「共在」中，闇相與化為與我無二無別的「身外之身」。

以此觀之，在「同一性思路」所決定的「對象化」視域中，表面「物相」，再如何地「吹萬不同」；在「解域」後的視域看來，根本就渾然同體，不落因果。既不落因果，形上學的框架也就隨之杳然崩解；因為，在渾然「共在」（物化）中，根本不存在一個「萬法歸一」的「源頭」，可作為形上學藉以「說明萬法」的本源理據。

依筆者之見，〈齊物論〉開篇從「天籟」破題，而以「怒者其誰耶」一語徹底截斷「是非之根」，並順勢逼顯「同一性」思路框架在「身─物」對應關係所扮演的箝制角色。顏成子游若果真能於此有悟，自不復妄想為「迷夢萬千」的物相追溯個「來歷」，以滿足難以遏抑的「形上學趨力」；相反地，他將能夠當下透見萬物「自生─自化─自足─自成」之理，而還其為「無待緣起」的一大共[10]。此亦無它，在深度「物化」所延展而生的共在感中，身物無別，盡宇宙萬化山河大地皆我「身外之身」。在「畛域蕩然」的共在感中，「有限身」不復為「有限身」，而是「小命─大命」在相互浸透中回返其「本來面目」的「無限身」；「存有物」也不復是「心知」投射下依因

8　案：所云「主體」，也不過是特定「感知條件」下所置定的「主體」；物化，卻是將此「主體」所以成其可能的「感知條件」，給徹底抽掉（所謂「釜底抽薪」），而令其在更開闊的視域格局下給「打回原形」。

9　語出《莊子・齊物論》：「天下莫大於秋豪之末，而大山為小；莫壽乎殤子，而彭祖為夭。天地與我並生，而萬物與我為一。既已為一矣，且得有言乎？既已謂之一矣，且得無言乎？一與言為二，二與一為三。自此以往，巧歷不能得，而況其凡乎！故自無適有，以至於三，而況自有適有乎！無適焉，因是已。」參閱郭慶藩，《莊子集釋》，頁79。

10　借唐末五代文偃禪師「雲門三句」比觀：能當下見得「共在」之理，自能俱見「涵蓋乾坤」之旨；有了「涵蓋乾坤」的底氣，自能殺活自在地「截斷眾流」，直下頓脫因果鍊（同一性思路／線性邏輯）的無盡纏縛；能「截斷眾流」而「不昧因果」，自能免於「被無情造化，推移萬態」而「向人間到處逍遙，滄桑不改」（借王夫之詩句以喻其意），此之謂「隨波逐浪」。

待緣的「緣起物」，而是在自生、自化、自足、自成的「浩瀚感」中相涵一氣的「共在」。這意味，在深度物化中，無有人籟、地籟、天籟的區別，因為，天籟就是相蘊以道的一片化機！在天籟裡，無有分殊，只有森然萬象相浹俱化的「共在」。當觀物者真能頓脫「心知框架」的脅持而當下認取：「共在」就是一切存有物的終極實相，自然也就不存在追溯存有物「源頭」的問題。因為，就連追溯源頭的「線性因果邏輯」都被解構掉了！這意味：南郭子綦一句「截斷『心知』眾流」的棒喝──「怒者其誰邪！」讓所有建立在本源理據的形上學體系，瞬間，有若庖丁手起刀落間，砉然崩解的牛體。

　　準此以觀，從「物相」返歸「物化」，是從「對象」回到「非對象」，從「已知域」回到「未知域」。轉化的關隘，不是「指涉物」的平行移轉，而是更具縱深性之「視域」的翻轉。前者，指向「來歷」的知識性界定；後者，則無涉知識的要求，它指向被知識隱蔽而亟待「解（心）─釋（神）」的「X」──存有的奧祕。即此而言，當顏成子游見到南郭子綦嗒焉喪我而驚覺：「今之隱几者，非昔之隱几者也。」這怵然而驚的片刻，也正是與奧祕相遇的片刻；就在這相遇於存在深處的瞬間，實已蘊含著朝向「深度物化」的工夫歷程。

　　走筆至此，已漸行透出筆者行文理路的端倪。區區微意所在，正是從〈齊物論〉篇末以「物化」作結的核心意蘊來解讀篇首的「天籟」二字。這解讀有足夠合理性嗎？筆者以為：正因這解讀進路是「以文本解文本」，而且，亦扣合本文以「物學的莊子」消融「心學的莊子」之詮釋策略；不論在就「文本」取得論述理據，或就問題意識採取相應的詮釋策略，皆能在文本中找到堅實的支撐點，而非只是讓莊子文本淪為西洋哲學的殖民場域。況乎，〈齊物論〉以「物化」二字終篇，依莊子矯若遊龍的文風，以「物化」解「天籟」，更見其「首尾應和」、「迴環相扣」的縝密思路。如此解讀，縱未必見容於當代莊學的主流語境，卻自恃不失為切入《莊子》的合理詮釋路徑。

第三節　解域「同一性思路」：從「單一視域維度」到「多維度視域」

　　「天籟」而後，通篇〈齊物論〉遂轉而扣緊「心知轄域」纏縛日深的

「是非迷局」提出批判，並通過飽富悖論張力的「弔詭性思路」，以逼顯「同一性思路」的困局。奠基於單線因果邏輯的同一性思路，乃對應於「單一視域維度」；弔詭性思路，則是「解構」同一性思路的利器，亦是讓「多維度視域」得以從「單一視域維度」釋解而出的基礎。就某個隱微的意義而言，〈齊物論〉標誌了《莊子》所以別異於先秦諸子的「方法論解放」，而《莊子》通過「卮言」（在「非現實」展開的詩性語言）詼詭為用的「弔詭性思路」則又是支撐此「方法論解放」的基礎所在。所以，正是「弔詭性思路」開抉了迷夢萬千的「是非迷局」；它是莊子為千古「是非迷局」所指出的突圍線索——從「單一視域維度」轉向「多維度視域」；並即此而徹底告別「同一性思路」的宰制：

> 古之人，其知有所至矣。惡乎至？有以為未始有物者，至矣盡矣，
> 不可以加矣。其次以為有物矣，而未始有封也。其次以為有封焉，
> 而未始有是非也。是非之彰也，道之所以虧也。道之所以虧，愛之
> 所以成[11]。

〈齊物論〉文本中，我們窺見莊子如何通過一個「知」字，來把握「人」與「物」的締結型態；並由此締結型態的演變以觀是非迷局所以衍成之勢。這可分三個層次言之：

首先，「古之人，其知有所至矣。惡乎至？有以為未始有物者，至矣盡矣，不可以加矣。」這「至矣—盡矣—不可以加矣」的始源存在狀態，就是「物化」所連結的存在維度。「物化」所對應的共在感中，人與物，相蘊於一片化機；人之「知」，甚至渾然不曾意識到「物」與「自身」是有隔的，所以，也就不會意識到「物」的存在。因為，在「物化」的存在維度中，物，尚未成為知識的對象，而是「共在感」中的一部分；「共在感」中之物，乃「物化」之物，既無法作為「對象」被看待，也就無從被「意識」所捕獲而納入「心知轄域」的網罟中，更無從進行知識性的標注與界定。在莊子看來，「同一性思路（心知）」介入前的「人—物」締結關係，才是最極致（圓滿到無以復加）的存在狀態。為何是極致？因為在「心知」介入前的「共

11　語出《莊子・齊物論》，參閱郭慶藩，《莊子集釋》，頁74。

在」狀態中，沒有任何物是「身外之『物』」，宇宙間森然萬象，全是無法自「共在」中分割出去的「身外之『身』」。如此「觀物」態度，依莊子，正乃「古之人」所不可及也！何則？以其「知有所至矣」[12]。

其次，「以為有物矣，而未始有封也。」這是「知有所至」出現「裂隙」的開始；「同一性思路」已初步介入「人─物」關係而開始改變其締結型態。這一刻，物，不再是「一片化機」中的渾全之物，卻是已從始源性的「共在」中被抽離出來而與「此身」有隔的「對象」；但這個渾沌初露裂隙的階段，終究只是「對象化」的初步，亦即，將「共在之物」從「未知域」提取出來置定為「對象物」，然而，也僅止於此，未再進一步對其進行「知識性」的「界定」。

後者，依莊子，代表「人─物」締結關係更深的淪落：「以為有封焉，而未始有是非也。」這意味，「同一性思路」又介入得更深了！因為，是將作為「對象」之物，經由「文字─符碼」的整飭而收編於「心知轄域」。這一刻，物，已不只是初露「裂隙」，而是已形成更巨大的「破口」。簡言之，物已由「非知識」的對象，淪落為「知識」的對象。

然則，即令從渾然物化的「共在」中裂解而出的「知識物」，也仍未淪落到「破底」的地步。依莊子，同一性思路介入「人─物」關係的極致，是將「知識物」與「自我認同─主體中心」進行橫向勾連而變身為「佔有物─工具物─情欲物─意識形態物」以「同一化」為人類「領域習性─地盤心態」的「象徵物」。當「物」從「知識物」進一步被放在「有用─無用」的功能性角度而成了「權力─財富─地位─名望─尊嚴」的「象徵物」；這意義下的「物」，早已失去飽蘊靈光的「深度世界」，而淪落於「生產關係─體系宰制─販售市場」的剝削機制裡，進行無止境的壓榨、凌辱、糟蹋，終而滿面血汗地淪為「不見價值─唯論價格」的「市場物」。「物性存有」淪落至此，可謂至於極矣！這緣於「是非之彰─道之所以虧─愛之所以成」而造成「視域扁平化」以至於「存在單向度化」的後果；無非是將「同一性思路」強加於畛域判然的「物相」，終而由「知識性」的「是非迷局」，一路衍為將

12　案：此則「以無知知者─以無翼飛者」所隱喻以「體知─冥識─非意識」所成就的「無知之知」。

「物相」勾連於「自我認同─主體中心」的「情欲迷局」。原本,於深密共在感中渾然物化的整全生命,遂不免窒息於「單一視域維度」而終如「渾沌鑿破七竅」[13]般萎頓而死!

　　循此以觀,古之人,由「知有所至─相蘊以道─不落畛域」的「本源性共在」,經「同一性思路」介入後,原本廓然大度的「存在格局」遂自此層層剝解,逐步摧陷,終而在「單一視域維度」的逼仄下,深陷「是非迷局」、「情欲迷局」而不可自拔。〈齊物論〉內文,於此迭有悲涼之語[14],甚而衍為《莊子》全書最富「玄思深度」也最顯「悖論張力」的「弔詭性」思路。此如:

> 天下莫大於秋豪之末,而泰山為小;莫壽乎殤子,而彭祖為夭[15]。

　　為何,莊子眼中的秋毫之末會比泰山還要巍峨?中道夭折的早逝者竟比高壽八百的彭祖還長命?就服膺「同一性思路」的線性邏輯而言,這些話根本陷入錯亂而自相矛盾,然而,莊子的深度所在,不也就具現在這類「詭辭為用」的超技展演嗎?顯然,這些飽富悖論張力的語詞,不但不代表莊子陷落瘋狂,剛好相反,兩千四百年前的先秦諸子,再難找到第二人比莊子活得更清醒。這些話,不但不是來自思想的錯亂,而是來自這位古老智者不受「同一性思路」的強大「固化驅力」給圍困的「多維度視域」。以上述引文而論,莊子在語言運用策略上,錯落穿插了多重的「視域框架」;所以,「秋毫之末」與「泰山」,本非放在同一個「視域基礎」來比較;「殤子」與「彭

13　語出《莊子·應帝王》:「南海之帝為儵,北海之帝為忽,中央之帝為渾沌。儵與忽時相與遇於渾沌之地,渾沌待之甚善。儵與忽謀報渾沌之德,曰:『人皆有七竅,以視、聽、食、息,此獨無有,嘗試鑿之。』日鑿一竅,七日而渾沌死。」參閱郭慶藩,《莊子集釋》,頁309。

14　所謂「與接為構,日以心鬭」、「近死之心,莫使復陽也」、「一受其成形,不亡以待盡。與物相刃相靡,其行盡如馳,而莫之能止,不亦悲乎!終身役役而不見其成功,苶然疲役而不知其所歸,可不哀邪!人謂之不死,奚益?其形化,其心與之然,可不謂大哀乎?人之生也,固若是芒乎!其我獨芒,而人亦有不芒者乎!」以此觀之,莊子「悲心深沉」的形象,固已盛發於〈齊物論〉。方以智〈炮莊小引〉喻以「有大傷心不得已者」,此則深解莊子心跡而有此寄慨之語。參閱蔡振豐、魏千鈞、李忠達,《藥地炮莊校注》,頁21。

15　語出《莊子·齊物論》,參閱郭慶藩,《莊子集釋》,頁79。

祖」背後，也各自預設了不同的「感知維度」。既然，本就不是放在相同的
「視域框架」裡來比較，自無有矛盾可言；因為，各有各的「理解基礎」、
各有各的「知識位置」、各有各的「先在視域」，也各有定位在不同「感知條
件」上的「真理預設」；所以，從「線性因果邏輯」看來明顯自陷矛盾的命
題，反最能逼現：那些為此「弔詭性語言」困惑、激怒、不安甚而輕於出言
譏嘲者，原來正受限於何等窄淺鄙陋的「視域框架」而不免淪為眼界褊狹
的「一曲之士」。明乎此，我們乃能順適地鬆動已然趨於固化的「先在理解」
（pre-understanding）或「真理預設」，而後，嘗試從「單一視域維度」借力
「陌異他者」之映照而轉出「多維度視域」。如是，莊子的「詭辭為用」不但
不顯矛盾錯亂，看似「異質的交錯—不偕的共在」，反倒以最奇詭的力量，
瞬間阻斷那始終嚴拒矛盾、不斷深陷慣性迴圈卻不自見其障蔽的「同一性思
路」。這才是〈齊物論〉最大的威力，它通過兩極擺盪而順勢跳脫「同一性」
迴圈的「弔詭性」思路，帶來了「激烈的思想重組」與「舊有視域板塊的巨
大位移」，這才引領思者真正抵達不斷「朝向他者敞開」的多維度視域所賦
予的澄明、深邃、豁達與悲願——一種唯有通過「參萬歲而一成純」的恢宏
視野才得以煉就的雍容大度。

　　只要仔細體察，就不難發現：〈齊物論〉的文本脈絡中，宛若隱伏著一
雙來自全知者的眼睛，悄然注視著人間的是是非非。這雙全知者的眼睛，
正隱喻著前文反覆申說的「多維度視域」。此如〈齊物論〉一則寓言所開示
者：

> 予惡乎知說生之非惑邪！予惡乎知惡死之非弱喪而不知歸者邪！麗
> 之姬，艾封人之子也。晉國之始得之也，涕泣沾襟；及其至於王
> 所，與王同筐床，食芻豢，而後悔其泣也。予惡乎知夫死者不悔其
> 始之蘄生乎[16]！

　　涕泣沾襟，這是自困「單一視域維度」而由「初始知識位置」所生的
「前見」與「誤識」；悔其泣也，則是通過「及其至於王所，與王同筐床，
食芻豢」的「知識位置轉移」而拉開的「第二重視域維度」，並由此「前後

16　語出《莊子・齊物論》，參閱郭慶藩，《莊子集釋》，頁103。

視域的交互映照」所帶來的「思想重組」與「後見之明」。莊子順此而帶入
其「生死觀」:「予惡乎知說生之非惑邪!予惡乎知惡死之非弱喪而不知歸者
邪!……予惡乎知夫死者不悔其始之蘄生乎!」這正是〈齊物論〉最具巔覆
力的敘事策略:《莊子》通過創造一種「視域並置」的「跨域經驗」,以摧廓
「同一性」思路的「慣性迴圈」與「固化驅力」;並藉此讓深陷「舊有視域板
塊」而在「同一性思路」中往復「自我遞迴」的「夢者」,從「方其夢也,
不知其夢也」的「涕泣沾襟」中,打破單一、連貫的「思想迴路」而「走出
夢境」並「悔其泣也」!試問:從「涕泣沾襟」到「悔其泣也」,意味著什
麼?以「人文療癒」角度而論,正是經由「修行―療癒」而啟動的「生命轉
化」過程。以此觀之,莊子誠然是位深於「人文療癒」之道的古老智者。
他拋出的每一段話語,特能以飽富「悖論張力」的「詩性敘事」(卮言曼衍)
為「迷局中人」的「視域翻轉」,創造發生條件。底下引文,在筆者眼中,
極可能是《莊子》文本裡,最寄慨深遠的一則敘事;蓋非寄慨深遠,又焉能
於結語沉慟道出:「是其言也,其名為弔詭。萬世之後,而一遇大聖知其解
者,是旦暮遇之也。」

> 夢飲酒者,旦而哭泣;夢哭泣者,旦而田獵。方其夢也,不知其夢
> 也。夢之中又占其夢焉,覺而後知其夢也。且有大覺而後知此其大
> 夢也,而愚者自以為覺,竊竊然知之。君乎,牧乎,固哉!丘也,
> 與女皆夢也;予謂女夢,亦夢也。是其言也,其名為弔詭。萬世之
> 後,而一遇大聖知其解者,是旦暮遇之也[17]。

　　我們看見:文本中,每一位困陷「單一視域維度」的「迷夢者」,如何
像一切進入夢境的人所遭逢的迷局――「夢飲酒者,旦而哭泣;夢哭泣者,
旦而田獵。方其夢也,不知其夢也」;另一方面,又彷彿在文本字裡行間的
空白,隱然窺見一雙他者的眼睛,自不可見的隱蔽處,以全知性的視野,
悄然諦視那困陷「單一視域維度」卻「不知其夢也」的「迷局中人」。這雙
洞觀迷局、不入其殼的雪亮眼睛,就來自於「夢境內外」穿梭自如的「覺
者」。覺者之所以為覺者,在於他遠比困限「單一視域維度」並視此為絕對

17　語出《莊子・齊物論》,參閱郭慶藩,《莊子集釋》,頁104-105。

真實的「迷局中人」，擁有更開闊的「多維度視域」。前者，困陷迷夢萬千之「局」中，甚而「夢之中又占其夢焉」；後者，「覺而後知其夢也，且有大覺而後知此其大夢也。」以此觀之，「覺」之於「夢」，端在乎能否拉開一多維、流動、圓活而足可渾涵一切悖論的視域；所以，後者（覺）在「視域格局」的開闊度上能包攝前者（夢），前者則無以包攝後者。這意味：迷局中的夢者，所奉為不可移易之「客觀真理」，在不落此「迷局」的覺者眼中，卻可能只是出於作繭自縛的「誤識」。〈齊物論〉所再三致意者，寧非〈天下篇〉所暢發之義：

> 天下大亂，聖賢不明，道德不一。天下多得一察焉以自好。譬如耳目鼻口，皆有所明，不能相通。猶百家眾技也，皆有所長，時有所用。雖然，不該不遍，一曲之士也。判天地之美，析萬物之理，察古人之全，寡能備於天地之美，稱神明之容。是故內聖外王之道，闇而不明，鬱而不發，天下之人各為其所欲焉以自為方。悲夫！百家往而不反，必不合矣。後世之學者，不幸不見天地之純，古人之大體，道術將為天下裂[18]。

文中所云「得一察焉以自好」、「各為其所欲焉以自為方」卻「不幸不見天地之純，古人之大體」致令「道術將為天下裂」的「一曲之士」，正乃自矜「單一視域維度」而不自見其拘礙者。此誠相應《莊子‧秋水篇》所云：「井黿（蛙）不足以語於海者，拘於虛也；夏蟲不可語於冰者，篤於時也；曲士不可語於至道者，束於教也。」[19] 就文脈表層義蘊而言，井蛙、夏蟲、曲士共通的侷限，就是受制特定視域框架而無法向更浩瀚的可能性敞開自己，並嘗試「成為自己所不是的」；這是面對域外召喚的自我封限，生命，以此禁錮於舊日的硬繭而阻絕了「走向他者」的可能。

然而，既說到「走向他者」，我們又何妨從「跨域對話」的角度以叩問潛在文本底蘊的另一重意義線索——我們果能在「井蛙—夏蟲—曲士」之間，折衷出一個三者共許的「絕對客觀」真理嗎？莫說「絕對客觀」真理，

18　語出《莊子‧天下》，參閱郭慶藩，《莊子集釋》，頁1069。
19　同上註，頁563。

即連「相對主觀」真理，都是大成問題的！因為，拘於虛的井蛙、篤於時的夏蟲、束於教的一曲之士，各自受限自己的感知維度，所以，也只能各自服膺獨屬自己的真理。於是，「井蛙」的真理，無法成為「夏蟲」的真理；「夏蟲」的真理，也無法成為「曲士」的真理。此亦無它，三者，本就各有其類，不可相較。然則，論者或有疑：人與人之間呢？同為「人」類，就算找不出「絕對客觀真理」的共識，難道還商榷不出個「相對主觀真理」？這可分兩層而說：

首先，同為「人」類又如何？別看表面上都人模人樣，腦子裡錯綜繁複的意識形態，絕不下於「井蛙―夏蟲―曲士」間的差異性。若「井蛙―夏蟲―曲士」之間，尚且協調不出一個彼此可以共許的相對主觀真理，「感知維度」千差萬別的人類，又何待論耶？以此觀之，真造成「天下大亂，賢聖不明，道德不一」的根本緣由，不在找不出人間共許的「是非」，而在妄想憑著「固化」於特定「存在維度」的「是非體系―價值標準―倫理規範―主體中心」去「同理他人」而不自見其蔽。美其言，是「將心比心」；究其實，「同理心」無非只是包裝著「善意」姿態的「同一性暴力」。即此而言，「同理心」本身即屬「是非迷局」的某種投射；越想「同理他人」甚而「感召天下」以盡從於己，就越「天下大亂―聖賢不明―道德不一」。說實了！這是從「是非迷局」延伸出的「道德迷局」。莊子的「人文精神」所以堂廡特深，正在其能破此「道德迷局」背後的「是非迷局」，而引領「人文精神」有以調適而上遂於道。

其次，依莊子，「井蛙―夏蟲―曲士」之喻，原無涉主觀、客觀的問題；而在於所執以為實的「真理」，是在什麼樣的「感知條件」下說其為真理？顯然，這裡面形成的所有「確定」，都不可能放諸四海而皆準，而頂多是連結於特定「視域框架」下的「確定」。問題是：「視域框架」亦不具穩定性，它連結著特定的「感知維度」，並隨「感知條件」的異變而異變；即此而言，所謂主觀或客觀，也無非是「受制」特定「感知條件」下而說其為「主觀」或「客觀」；若連這作為「限制條件」的特定「感知條件」都給抽換掉；繫屬於此「感知條件」的「絕對客觀」或「相對主觀」，都將頓失憑依而趨於崩解。

即此而言，《莊子》筆下的真人、至人、神人，都是偉大的「僭越者」；

對他們而言，真理，從來不禁錮於特定「視域框架」；而在能踰越特定「視域框架」的箝制以進行「域外的拓跡」。這就跳脫傳統「符應論」的真理觀，而轉向「開顯論」的真理觀。前者猶兢兢於確認真理的特定落點（絕對客觀）或特定範圍（相對主觀）；後者，則從無止境的「是非迷局」蟬蛻而出以具現為「朝向他者」的蹤跡。即此而言，〈齊物論〉所探問的真理，從來不是「符應論」義下拘限特定維度的真理；而是指向「未知域」之多方拓跡可能。前者，猶深陷「局內」諍論是非；後者，卻指向「是非迷局」的看然崩解。

　　綜上所論，不論「主觀」或「客觀」，都是受制單線邏輯之「同一性思路」而給出的是非判斷；既屬特定「感知條件」下所形成的「理解框架」；固無足以承接那只能夠通過「多維度視域」才得以從容涵納的「生命」；而真實的「生命」，必是在「異質交錯」的「共在感」中以弔詭姿態呈現的；所以，只能通過「悖論性—弔詭性—詭辭為用—巵言曼衍」的奇詭思路方有以善巧地表達。即此而言，備受「同一性思路」拘礙的「理解框架」，在倏然面對《莊子》筆下「背若太山，翼若垂天之雲……絕雲氣，負青天」[20]的「奧祕他者」時，一時，茫乎不知所之，遂不免效斥鷃之徒，對悖乎線性邏輯而超乎其理解維度的「陌異他者」，極盡嘲諷揶揄之能事：「彼且奚適也？我騰躍而上，不過數仞而下，翱翔蓬蒿之間，此亦飛之至也。而彼且奚適也？」[21]此亦無它，「摶扶搖而上者九萬里」[22]的浩瀚存在（奧祕他者），對「騰躍而上，不過數仞而下」、以「翱翔蓬蒿之間」為「飛行極致」的斥鷃學鳩之徒，確實呈顯為一種「不可能性」的「存在維度」。就斥鷃、學鳩所拳拳服膺的「真理觀」看來，也確有充足理由對這種以「弔詭性思路」呈現的「悖論經驗」，一律斥之為「非理性」、「不科學」、「不客觀」、「怪力亂神」、「缺乏可操作性的實證程序而無從驗證其真偽」。《莊子》謂之「小大之辯」，並以此「俗情知見」眼中具現為「不可能性」的「存在維度」作為大鵬奮翼九霄、馳騖八極的「逍遙之域」。依筆者之見，這是莊子自「內七篇」

20　語出《莊子·逍遙遊》，參閱郭慶藩，《莊子集釋》，頁14。

21　同上註。

22　同上註，頁4。

首篇，即已悉心埋下的「宗教維度」線索；也是莊子給全書奠下的「主心骨」[23]。命意所在，無非是藉「斥鷃─大鵬」的對舉，以凸顯「生命轉化」過程無可迴避的根本關隘[24]。什麼樣的關隘？一言以蔽之：轉「同一性思路」為「弔詭性思路」以促成「單一視域維度」的「解域」與「多維度視域」的全幅開張；此則呼應〈齊物論〉通過「用」、「邕」二字所打通的理路──通過「多維度視域」的彰顯以對抗「單一視域維度」對「存在維度」的窄化與縮減：

> 其分也，成也；其成也，毀也。凡物無成與毀，復通為一。唯達者知通為一，為是不用而寓諸庸。庸也者，用也；用也者，通也；通也者，得也。適得而幾矣。因是已。已而不知其然，謂之道[25]。

所云：「其分也，成也；其成也，毀也。」其所「成」，非在「相蘊以道」中「復通為一」的大成，卻是「道隱於小成，言隱於榮華」義下，黏膩於「是非迷局」的「小成」。這意義下的「小成」，「成」隱於「毀」，「毀」隱於「成」，成毀互具，相續流轉；正所謂：「是非之彰也，道之所以虧也」。

唯達者「知通為一」，這「知通為一」就是工夫的關竅所在。《莊子》所有的工夫，率皆由此而發。然則，如何令「凡物無成與毀，復通為一」？莊子提示的原則是：「為是不『用』而寓諸『庸』。」何則？「庸也者，用也；用也者，通也；通也者，得也。適得而幾矣。因是已。已而不知其然，謂之道。」顯然，文脈中，「用」與「庸」之間，存在著一道細膩的轉折。筆者以為，同樣語出〈齊物論〉，仍當扣緊篇末「物化」之義以恰當把握這在「用─通─得─幾」間，相涵於連綿相續之轉化過程而「不知其然」的「庸」

23　這「主心骨」卻在1800年前的向、郭《莊子注》即已嚴重偏移。

24　向、郭注《莊》有謂：「夫小大雖殊，而放於自得之場，則物任其性，事稱其能，各當其分，逍遙一也，豈容勝負於其間哉」、「事不任力，動不稱情，則雖垂天之翼不能無窮，決起之飛不能無困矣」、「苟足於其性，則雖大鵬無以自貴於小鳥，小鳥無羨於天池，而榮願有餘矣。故小大雖殊，逍遙一也。」看似義理精妙，實則，未能善解莊子「嚴於『小大之辯』」的用心所在。即此而言，向、郭所論，雖精義時出，於「小大之辯」，終不能善會。向、郭引文參閱《郭象註莊·上》（臺北：金楓出版社，1987），頁47-48。

25　語出《莊子·齊物論》，參閱郭慶藩，《莊子集釋》，頁70。

字。依筆者之見：「用」乃「離『道』之庸」，「庸」乃「即『道』之用」；關
竅就在──「庸」字，在〈齊物論〉文脈裡，有「連綿不盡─相蘊以道」的
「共在感」作底蘊。這意味：「用」之與「庸」，各自落在「物相」與「物化」
的脈絡而依其與「道」的締結程度與關係遠近，顯發為兩種「用」的層次
──簡言之，在「用」的脈絡，存有物對「心知主體」呈現為「物相」而被
視作「工具」加以運用並操作；在「庸」的脈絡，存有物不復作為「心知主
體」的對象，而是被置放在「凡物無成與毀，復通為一」的「共在場域」以
獲得「物性深度」的開顯。此中關隘，唯在讓作為「心知對象」而被化約於
「工具性」用途的「物相」，能有所鬆動而以「非對象」之身，重新被安放在
「無用之用─知通為一」的脈絡而恢復「相蘊以道」的連結。經此「用─庸」
之際的「臨界轉化」，本為特定「用途」所框限的「存有物」，因得以游離於
「心知轄域」的箝制之外而恢復其在「物化」中作為整全性「存有」的身分。

　　當「存有物」給封限於畛域井然的「用途」，莊子卻別具隻眼，獨能
從「存有物」隱蔽幽微的內蘊，見其「無用之用」是為「通達於道」的「大
用」。事實上，遍見《莊子》文脈的諸多「身體技藝」，不就是典型的例子
嗎？那些讓見者驚猶鬼神的神技，哪樣不是轉「用」為「庸」，以至「不用
而寓諸庸」的極致展現？這些神技，未必隸屬於特定工具性用途，更未必能
交換世俗利益，但能因此就否定其在人文創化活動中所顯示之高度價值嗎？
當然不！這才是「上遂於道」的「大機大用」，原非俗情知見者所能善解。
惟斷無可疑的是：唯此「大用」所內攝的強大「解域」力，能將一切猶自禁
錮於「心知」樊籠的存有物給從「工具性」的用途中拯救出來，令其不復糾
葛於「有用─無用」之人為構作所衍生出的無窮「是非」；此則「是亦一無
窮，非亦一無窮也」。惟超然「是非之域」而逍遙乎「域外」，身處喧擾不休
的「人間世」，始能「得其環中，以應無窮。」[26]

　　以此觀之，無窮之「是」與無窮之「非」，就更高的「視域維度」看
來，都無非只是拘限特定感知條件下而「執其為『是』」或「判其為
『非』」；一旦將「所以成其為『是』」或「所以成其為『非』」的特定感知條
件逐予解構（解疆域化）而代以不同的「視域框架」，無窮之「是」與無窮

──────────
26　語出《莊子‧齊物論》，參閱郭慶藩，《莊子集釋》，頁66。

之「非」，也就隨之頓失所依而宛若庖丁刀下砉然崩解的牛體。於是乃悟：「可乎可，不可乎不可。⋯⋯惡乎然？然於然。惡乎不然？不然於不然。物固有所然，物固有所可。無物不然，無物不可。」[27] 這一刻，是非真假渾忘卻，終得盡棄「是非之諍」而從拘限「一偏之見」的「物謂之而然」，回返「謂詞之先」的「道行之而成」。於是，「得一察焉以自好—各為其所欲焉以自為方」[28]的「同一性思路」，遂隨之在「舉莛與楹，厲與西施，恢恑憰怪，道通為一」[29]的「弔詭性思路」下，寸寸裂解，如土委地；迷夢萬千的「是非迷局」，亦得以「和之以是非，而休乎天鈞」[30]。

第四節　應於化而「解」於物：物相的「解構」與物情空間的「解放」

莊子〈齊物論〉既以「物化」二字終篇，自有其賦予「物化」二字的深致用心。筆者在方法學上，既立意以「物學」視角重構《莊子》的理解視域；扣緊「物化」二字以通貫〈齊物論〉全篇，進而以此理解基礎重構《莊子》之詮釋理路，自屬詮釋策略上的關鍵環節。此環節所以舉足輕重而成把握《莊子》物學要義無可迴避之關隘，那是因為〈齊物論〉通過「物化」二字，形塑了莊子獨出先秦諸子的「真理觀」。事實上，從〈天下篇〉可清楚窺見，莊子對自己奠基於「物學」視域所開展之「真理觀」是頗為躊躇滿志的；此亦無它，這「善體物情而以物為精」的真理觀，莫說在先秦年代，靈樞獨握，難逢解人；其凌駕時流的超凡見解，更藉〈齊物論〉道出了千古的寂寞：「是其言也，其名為弔詭。萬世之後，而一遇大聖知其解者，是旦暮遇之也。」[31]寄慨之深，由斯可見。然則，云何為：「是其言也，其名為弔詭」？這就進入〈齊物論〉最富「玄思張力」的關鍵段落。

27　語出《莊子・齊物論》，參閱郭慶藩，《莊子集釋》，頁 69。
28　語出《莊子・天下》，同上註，頁 1069。
29　語出《莊子・齊物論》，同上註，頁 70。
30　語出《莊子・齊物論》，同上註。
31　語出《莊子・齊物論》，同上註，頁 104-105。

　　牟宗三於向、郭注《莊》，大體上頗致讚賞之意，以為並無大謬[32]；獨於〈齊物論〉卻持保留態度，以為向、郭於〈齊物論〉，無以暢發莊子之高致[33]。牟宗三此評，確能點中向、郭注《莊》之要害[34]；惟莊學論述發展迄今，牟宗三受制康德「知識論」格局之心學視域，是否就果真足以盛發〈齊物論〉之高致？從歷經「身學轉向」逾二十年的臺灣當代跨文化莊學成果看來，其實也是不無疑問的。然而，牟宗三對「向、郭注莊」多所稱許卻不無微詞的關鍵是落在〈齊物論〉一文，卻給予了意味深雋的點醒，值得後繼者在莊學詮釋上再三尋思：到底，解開〈齊物論〉的祕鑰何在？筆者先暫且打住，無它，這問題無法被簡單回答。依筆者之見，解答的線索，還有賴深入〈齊物論〉全文中最富「玄思深度」的關鍵段落。文曰：

　　既使我與若辯矣，若勝我，我不若勝，若果是也？我果非也邪？我勝若，若不吾勝，我果是也？而果非也邪？其或是也，其或非也邪？其俱是也，其俱非也邪？我與若不能相知也，則人固受其黮闇。吾誰使正之？使同乎若者正之，既與若同矣，惡能正之！使同乎我者正之，既同乎我矣，惡能正之！使異乎我與若者正之，既異乎我與若矣，惡能正之！使同乎我與若者正之，既同乎我與若矣，惡能正之！然則我與若與人俱不能相知也，而待彼也邪[35]？

　　此段，莊子透過迴環相因之叩問，層層逼顯「是非公斷」之「不可能性」。是非，或可「論斷」，卻無可「公斷」。原來，凡有論斷，與其說此論斷果有超然客觀之是非，不若回溯是非所以成形之「基礎」，而知其乃繫屬於個人特定視域所決定的是非。陷入爭執之兩造，既各具特定視域，那麼，

32　參閱牟宗三，《才性與玄理》，頁172。
33　同上註，頁196。
34　惟筆者於此亦不免有疑：若〈齊物論〉果真是貫通莊學玄旨的「主心骨」；向、郭《莊子注》，既不能對〈齊物論〉有恰當把握，其餘篇章又如何可能得其確解？牟宗三此評，似不自見其思路之潛在矛盾；只見〈齊物論〉「玄思理境」之高致，卻不見〈齊物論〉之「高致」亦是通貫《莊子》全書的理論「基礎」。〈齊物論〉既為全書「基礎」，依牟宗三，向、郭注莊又過不了〈齊物論〉這關，以此推之，向、郭延及其他篇章的詮釋，又如何免於根底空疏之嫌？
35　語出《莊子‧齊物論》，參閱郭慶藩，《莊子集釋》，頁107。

無論「是其所非」或「非其所是」，其效力自無法及於對方，也無以定其是非。此亦無它，雙方各據不同的視域基礎。以此觀之，人既受制各自背負之視域，視域又難有交融可能，無怪乎「我與若不能相知也，則人固受其黮闇。」即令訴諸第三者之「公」斷，依然面對一種「不可能性」；因為，負責公斷的第三者，其所是所非，同樣繫屬於他個人特定的視域。準此以觀，是非公斷之不可能，其義明矣！莊子順此提出他「和之以天倪」的根本態度：

> 何謂和之以天倪？曰：是不是，然不然。是若果是也，則是之異乎不是也亦無辯；然若果然也，則然之異乎不然也亦無辯。忘年忘義，振於無竟，故寓諸無竟[36]。

是其不是，則「是之異乎不是也」亦無辯；然於不然，則「然之異乎不然也」亦無辯。就在這雙遣是非的「無辯」中，原謬執各自視域而不可移易的「物相」，開始鬆動、搖晃，終至闇然「物化」而入於「無有是非」之境。此則「忘年忘義，振於無竟，故寓諸無竟。」忘年忘義者，了卻生死（年）是非（義）之謂也；寓諸無竟者，筆者以為，正可與《紅樓夢》第二十二回〈聽曲文寶玉悟禪機〉裡的黛玉續文，互為映照。這意味：「寓諸無竟」者，不單以「無可云證」，作為「立足之境」[37]；更相應金剛經「無住」義[38]，而以「無立足境」為皈命之所。云何為「無立足境」？超然「是非」、渾然「物化」而「無相」可執，以是而無有「立足之境」。以此觀之，莊子「寓諸無竟」之「寓」字，委實耐人尋思！寓者，寄寓、棲居、託命之謂。「和以天倪」、「休乎天鈞」更呼應〈大宗師〉之「安排而去化，乃入於寥天一。」[39]向郭注曰：「安於推移而與化俱去，故乃入於寂寥而與天為一

36　語出《莊子・齊物論》，參閱郭慶藩，《莊子集釋》，頁108。
37　《紅樓夢》第22回〈參禪偈〉：「你證我證，心證意證。是無有證，斯可云證。無可云證，是立足境。無立足境，方是乾淨。」
38　《金剛經》：「是故須菩提，諸菩薩摩訶薩應如是生清淨心，不應住色生心，不應住聲香味觸法生心，應無所住而生其心」。
39　語出《莊子・齊物論》，參閱郭慶藩，《莊子集釋》，頁275。

也。」[40] 一言以蔽之，這是託命於通過「物化」所開啟的「精神天地」。《莊子》全文一百八十八個「遊」字，所遊者何？正遊於此「精神天地」。「精神天地」既是經由「物化」而來，這意味：它是即於「物相」、轉化「物相」，終而從「物相」裡開顯出來的「世界」：一個可以皈依、可以託命、可以棲居、可以神遊的「世界」；這「世界」非憑空孤生，而是由「物相」中「解一釋」而來。當從「物」中「開顯」而生的「精神天地」，卻帶來一種「解心釋神」的忘世之感；這意義下的「世界」，就如巴舍拉《空間詩學》中的「鳥巢」[41]，風雨飄搖中，聳立於深淵之上，卻給予一種溫暖的庇佑與生機盎然的充實之感。這意義下的「世界」，以此而讓人可以「寄託情思—安頓性命—求得安慰—擺脫孤寂」[42]；這就逼現出「乘物以遊心，託不得已以養中」[43] 的深沉意蘊：原來，物，可以不只是「物相」層次的物；物的背後，還另有世界；這世界，是可以「神遊」的空間。筆者以為：這依於「物化」所生成的「遊心空間」，正是莊子「物學」的主脈所在。

　　當然，這意義下的空間，不是憑空冒出的，它自有其「生成」條件；「物化」就是生成的條件。若嘗試給予一種比較細緻的表述：「物化」所牽動的「解域—生成」過程，讓原本受符碼箝制而封限於「工具性」用途的「物性存有」，因此從「對象域」獲得「解放」的契機。這意味，「物化」作為

40　參閱《郭象註莊‧上》（臺北：金楓出版社，1987），頁166。

41　巴舍拉《空間詩學》：「藉助鳥巢，特別是貝殼，我們將發現一系列形象，並嘗試把它們確定為原初形象，從我們心中喚起原始性的形象。然後我們即將證明，存在如何在一種生理的幸福中喜歡上『退隱到自己的角落裡』」、「安靜地生括在自己家宅里的畫家弗拉曼克（Vlaminck）寫道：『在惡劣天氣肆虐的時候，我在爐火前體會到的那種幸福是完全動物性的。洞裡的老鼠，穴里的兔子，棚里的奶牛，都應該像我一樣幸福。』幸福就這樣把我們帶回了庇護所的原始狀態。從生理上獲得庇護感的存在抱緊自己，躲避著，蜷縮著，窩藏著，隱匿著。」語出巴舍拉著，龔卓軍譯《空間詩學》第四章〈窩巢〉，頁173-184。

42　借錢文忠《末那皈依》語以寄意：「所謂皈依，是一種欽慕，一種心靈的契合和靈魂的共鳴。不趨時變，追慕風雅，如此寄托情思，如此安頓性命，如此求得安慰，如此擺脫孤寂。」參閱錢文忠，《末那皈依》（上海：上海書店出版社，2007），文章來源：https://www.books.com.tw/products/CN10082166。（查閱日期：2018.6.18）

43　語出《莊子‧人間世》，參閱郭慶藩，《莊子集釋》，頁160。

一種「解域─生成」的過程,為「物」的「內在轉化」創造了發生條件。然則,到底是什麼樣意義的內在轉化呢?一語道破:當「物」只是作為「工具性」的對象,這受到「人為脅制」或「體系暴力」而被迫限縮於特定用途以交換自身存在價值之「物」,是靈光褪逝而毫無「世界」可言的;至於,通過「物化」而蟬蛻於「是非紛擾」之「物」,卻相對擁有一個不受「同一性暴力」給通約的「世界」。後者,正是懂得隨物婉轉以曲探物情的「虛而待物者」所「別路藏身」的「物情空間」。即此而言,物中實另有乾坤,一如體物入微而善解物情者,胸中亦自有丘壑。含藏於物的「物裡乾坤(物情空間)」,遂與內蘊於人的「胸中丘壑(身體空間)」,在「深度物化」中疊影為一,而相浹俱化為「物情」盈溢的「虛廓空間」。

　　從「可用性」之「物」,到「可託命性」的「物情空間」,我們從中深刻領略到:伏流其中的「物化」過程,如何自不可見的「非現實」,召喚了飽濡物情的人文空間。依筆者之見,豈但造詣精微的「藝術」必須乞靈於「物情空間」,即連最深刻的「宗教情懷」也必以「物情空間」為靈命皈依之所。如是根本洞見,就某個意隱微的義而言,形同是漢語世界在兩千四百年前即已預伏了二十世紀蔚為一代顯學的現象學思潮。此意云何?無它,莊子早於西方兩千多年即已通過奠基於「身體進路」的「物學」思路,極盡精微地展現了:什麼才叫作「回到事物自身」[44]。

　　循此言之,莊子「物學」,兩千四百年前,沒走上西方實證科學義下的「物理學」建構,卻天機獨發地走出了另一種飽濡精神性的東方「物學」。這歷史事實本身,就是頗耐人尋味的。原來,兩造文明之始,即已路向有別;兩千年後,兩個互不相涉的獨立學統,終衍為差異性如此驚人的文明景觀;以今視昔,又焉能不心生畏嘆:原來,揆其始源,兩文明互為歧出處,卻端在「物相」與「物化」二路。前者,以物為「對象」,視物為與己「疏離之物」,而在根本態度上,以特定視域框架「化約」存有物(beings)而止於「利用」其「工具性」;後者,以物為「非對象」,視物為與己「共在之物」,而在根本態度上,解構那模塑存有物(beings)的視域框架,令其返歸存有

44　當代現象學思潮,名家輩出,歧義多方;惟「回到事物自身」的基本精神,卻是　　始終一貫的「共法」。

（Being）自體，而從中開顯為可供棲居、託命、遊心的「物情空間」。即今觀之，莊子獨成千古的「物學」，對比西方文藝復興以來才漸行衍為近代文明的「物理學」，雖說典範不同，卻各具姿采。為了簡別兩大文明史作為奠基性的根本思路，本文嘗試以符碼形式語彙，總結如下：

依希臘文明開展下來的西方文明，其「物理學」的主脈當可溯源於亞里士多（Aristotle）。亞里士多德的思路可化約如下：

A is A

A is not not-A

Everything is A or not-A

這典範宰制了西方文明史千年有餘，直到16世紀英國培根（Francis Bacon）的出現，有了甚具決定性的典範轉移。突破點在於——培根的理論加入了「時間」要素。培根的理論可化約如下：

That which was A will be A

That which was not-A will be not-A

Everything will be either A or not-A

這轉折未可小覷；別看它僅是加入了「線性時間」的要素，這可是作為西歐實證科學文明的基礎理論。歷史證明，這思路主導了四百年來的科學（含科技）文明史。其思路對20世紀以來的人類衝擊之大，早已有目共睹。

相對西方文明在「物理學」思路所留下的兩種理論典範，莊子的「物學」思路，或可表達為以下典範。惟用二分性語言試圖予以表現是不可能的，但又不能安於無所言說；相對莊子在兩千四百年前所採取的「卮言」策略，我們以符碼形式勉予表述就成了：

A is both A and not-A

Everything is A and not-A

All is A

以上三種符碼表述[45]，前二者，歸攝於「物相」；後者，則歸攝於「詭辭為用」語式所嘗試傳達的「物化」。滯於物相而迷夢萬千者，遊於方內者也；闇然物化以入於「解域—生成」之物化過程者，遊於方外者也。「遊於方內」與「遊於方外」在《莊子》書中，始終是個辯證無盡的主題。底下，瞿鵲子與長梧子的對話，可視為同一主旋律的變奏展現：

> 瞿鵲子問乎長梧子曰：「吾聞諸夫子，聖人不從事於務，不就利，不違害，不喜求，不緣道，无謂有謂，有謂无謂，而遊乎塵垢之外。夫子以為孟浪之言，而我以為妙道之行也。吾子以為奚若？」
> 長梧子曰：「是黃帝之所聽熒也，而丘也何足以知之。」[46]

瞿鵲子轉述自己與孔丘的對話，孔丘歷述聖人之行，「不從事於務，不就利，不違害，不喜求，不緣道」；甚而超然「无謂有謂，有謂无謂」之二分邊見，而「遊乎塵垢之外」。對話的總結，卻留下更深的疑問：「夫子以為孟浪之言，而我以為妙道之行也。」作為第三者的長梧子給予了評論：「黃帝之所聽熒也，而丘也何足以知之！」長梧子深解聖人超然「塵垢世間」之深意，因視此「放乎域外」之遊，惟「黃帝之所聽熒」能善會之，固非「遊於方內」如孔丘者足以知之。這就凸顯出「遊乎方外者」與「遊乎方內者」的視域差距；也藉此視域差距，於俗情知見所決定的「常規世界」外，又從邊界延伸出一個與「常規世界」如影隨形，卻始終礙於心知箝制而處於隱蔽狀態的「隱匿世界」。「隱匿世界」得以現其蹤跡，箇中關隘，全繫於莊子依「物化」工夫所「調焦」過的全新凝視點；云何為：依「物化」工夫所「調焦」過的全新凝視點？簡言之，「物化」之為「物化」，端在「深於『可見』而入於『不可見』的凝視」；這「思入幽渺」而「不昧物相」的詩性凝視，

45　三大物學典範的符碼表達形式，啟發於俄羅斯數學家兼「第四道」推展者鄔斯賓斯基（P.D.Ouspensky）的著作《第三工具》（*Tertium Organum*）。鄔斯賓斯基認為「第三思考規範」與提升我們的世界知覺層次有關，因此用我們的語言去表現它是不可能的，勉強用語言表現就必然變成不合理的東西。參閱鄔斯賓斯基《第三工具》英譯全文，文章來源：https://electrodes.files.wordpress.com/2012/09/tertium_organum__ouspensky.pdf。（查閱日期：2018.6.18）
46　語出《莊子・齊物論》，參閱郭慶藩，《莊子集釋》，頁97-99。

煢然通向以「物化」為前提所生成的「隱匿世界」：一個依繫於「物化」的「深祕甬道」而從「可見物」裡給召喚出的「深度世界」。

這就開啟了莊子「物學」的核心觀點：物，不只是光線裡對視覺感官所呈現的可見物；也不只是康德《純粹理性批判》依「感性─知性」之介入所決定的「現象」；甚而，也不只是《純粹理性批判》用以跟「現象」對舉之獨立於「感性─知性」外的「物自身」（thing in itself）；而是那內藏於物而作為其本質存在的「深度世界」──一個雙遣是非、盡褪知見，而朝向「未定域」拓跡的「物情空間」、「異質空間」或「詩性空間」。

關於「異質空間」或「詩性空間」之描寫，《莊子》全書裡，遍見皆是。舉凡〈應帝王〉之「乘夫莽眇之鳥，以出六極之外，而遊無何有之鄉，以處壙垠之野」[47]；〈知北遊〉之「嘗相與游乎無何有之宮，同合而論，無所終窮乎」[48]；〈列禦寇〉之「彼至人者，歸精神乎無始而甘冥乎無何有之鄉。」[49]皆對此「出六極之外」而「無所終窮」的「域外空間」有極富詩性的點染。重點是：在「物學進路」的視域下，這意義下的空間，並非「與物無涉」，卻是在「乘『物』以遊心」的「物化」中，所遊歷其間 的「精神場域」；這意味：物，不只是物；「物」裡，別有「乾坤」；物的背後，另有「世界」──那連結於特定「視域」方有以開顯的「世界」：不是「是」與「非」、「有用」與「無用」等「物相」所決定的「單一維度視域」；而是在深度「物化」中，開抉「物相」虛妄構作之疆界並從中「釋解」而出的「多維度視域」。即此而言，「物化」是對「物」的拯救，拯救那為此物所涵具卻因特定視域的箝制、縮減、窄化而終究困限於「物相」硬繭裡未得舒張的豐饒可能性。「物」裡的世界，就是讓無盡豐饒的可能性得以「聚集」於此並尋求「開顯」的場域。然而，不經「物化」，「物」就喪失了「解域」的機會；這意味：再多美好的可能性，也只能封死於「心知」強加其上的「禁錮」，而得不到盡致綻放的機會。

即此而言，「物化」除了內置於「身─物」互動的脈絡中加以把握，「物

47　語出《莊子・應帝王》，參閱郭慶藩，《莊子集釋》，頁293。

48　同上註，頁752。

49　同上註，頁1047。

化」的另一個重要面向，是作為「內在轉化」所以可能的「契機」。內在轉
化，自屬一種超越行動；但在莊子的「工夫脈絡」裡，不論是靜態的「坐
忘─心齋─見獨」，或動態的「庖丁解牛」，其共通點都在能通過「此身」
（涵具生、衰、殘、老、病、死於一身的血肉形軀）以展開超越。重點是：
這意義下的「超越」，是自下而上，即「有限身」以上遂；而非自上而下，
即「無限心」以下貫；所以，不是從自命「無限性」的「超驗理據」作為實
踐起點；可這卻是「唯真心」之「心學」詮釋系統的典型論述框架；而「心
學的莊子」在論述上最成問題之處，就在其高懸的本體姿態與自命無限的超
驗理據。依筆者之見，這根本是出於理智的「誤識」；「誤識」形成的關鍵，
則在於「身體因素」的取消[50]；更直截地說，但凡「疏離於身體」的「心知運
作」，總是被語言所形成的符碼系統給綁架，以至終而如「涸轍之鮒」脫離
「江湖」般地被抽離出實存面，而只能通過語言進行一種「遺落身體感」的
思考。事實上，這也是本文在根本立場上，何以揚棄「唯真心」進路的「心
學莊子」詮釋體系而轉向「奠基『身體感』之『物學進路』」以重構「物學
莊子」的詮釋體系。此亦無它，「身體」，正是「道體」的具體示現；所謂

---

50 史賓格勒（Oswald Arnold Gottfried）在其輝煌巨著《西方的沒落》（臺北：遠流
出版公司，2000），頁444，下冊〈始源的風景：自然宇宙與內在宇宙〉論及「生
命存有」（Being）與「覺醒意識」（Waking-consciousness）的衝突時，帶出了一
道深銳的洞見；筆者以為，正可為「誤識」的形成脈絡，提供解釋。他寫道：
「語言的發展，使得理解自感覺之中，解脫出來。脫離感覺之後的理解，便稱為
思想。……另一方面，當理解與語言互相結合時，卻又立即形成了思想的概念，
與生命的反面概念；到了最後，實在的生命，便和可能的生命，發生了差別。於
是，我們的生命不再是一往直前的，簡單明瞭的，我們有了『思想與行動』之間
的對立。這在野獸身上，是不可能的事，可是在我們每一個人，已不但是可能，
而且是事實。到了最終，還要成為二者選一的抉擇。」這意味，語言的介入，讓
人類擁有了脫離「身體感」以進行「理解活動」的能力，這種「遺落身體感」的
思考，對「思想」與「行動」全然「合一」的野獸是不可能的，在人類卻是再為
尋常不過的分裂。筆者的結論是：語言的介入，為取消了「身體感」的思想，創
造了條件；這其中自然也包括「取消了身體感」的「唯真心」的思想。然而，代
價是裂解了「思想」與「行動」，甚而將「自身體感中解脫出來的理解」視為較高
的精神生產形式，以合理化這種裂解。依筆者，這種輕賤身體的狂妄，本身就來
自理智的誤識；理智作為脫離身體感的思考，又仰仗語言的撐架。這意味，越是
自命神聖、絕對、真常的主體性，越有理智混充之嫌。

「道成（於）肉身」是也；少了「身體」作為實修介面；「即『物』而『道』」
的修行，就無以成為可能。依《莊子》物學思想，身體，正是「物—器—
身—道」相蘊為一的「共在感」得以經由「深度物化」而串連起來的關鍵環
節；是讓「物」與「道」得以貫連為一的「深祕甬道」。即此而言，「遺落身
體感」的思考，固不足以將「物」安置在「以道相蘊」的「共在感」中；理
論後果則是：那唯有通過「具身性」之思考，方得以在深密「共在感」中匯
流而成的豐饒「世界」，將無以進入「物」中。這意味，在莊子眼中，一切
物性存有，都不是獨立的生命，而是在「一片化機」中消融於「共在感」的
「生命共通體」；這意義下的「物」，不是「孤離之物」，而是「即道之物」。
道，就是「物」所涵具的「世界」——一個天地神人所疊影共在的「物情空
間」。即此而言，「物」與「道」乃顯隱互具而虛實相生；於是，我們在莊
子「物學」思想中，看見一種驚人的美；這美就內斂為「共在感」的兩重疊
影：首先，是「以物為基礎」的「世界」——只有當「世界」依託「物」以
現形，世界才成其為世界。其次，是「以世界為基礎」的「物」——只有當
「世界」寄藏於「物」而作為物之底蘊基礎，物才成其為物。

　　這樣的物學觀點之下，物，不是疏離「存有本源」而作為「心知」對象
的「『物相』之物」，而是深密共在感潤澤下的「『物化』之物」。前者定睛
於「物相」而偏滯其「個體性」；後者凝眸於「物化」而彰顯其「場所性」。
借《莊子》寓言[51]為喻：前者自絕於江湖而不免淪為「涸轍之鮒」，此則缺乏
「共在感」沁潤的「離道之物」是也；後者相忘於江湖而無待「相濡以沫」，
此則有「共在感」作為厚實底蘊的「即道之物」是也。

　　綜上所析，以道相蘊之「物」，實乃「物情空間」依託以現形的「靈泊
之所」。物化，則作為解構「是非之域」而令「內在轉化」得以發生的條
件。「物化之前」及「物化之後」的「身—物」對應關係，實連結著意蘊各
異的兩重世界。前者是「是非絞繞」而催人「日以心鬪」的「常規世界（方
內）」；後者則是裂解「是非因果鍊」而從中開顯出的「詩性世界（方外）」。

51　語出《莊子・大宗師》：「泉涸，魚相與處於陸，相呴以溼，相濡以沫，不如相忘
　　於江湖。與其譽堯而非桀也，不如兩忘而化其道。」參閱郭慶藩，《莊子集釋》，
　　頁242。

前者以「常規世界」為名，乃剋就其所服膺的真理觀，限縮在「心知轄域」而遮蔽了「詩性的凝視」；後者以「詩性世界」為名，則寄意在──詩，才是語言的底蘊所在。「詩」，本身就內蘊著對「語言」的強大解構力與重塑力；所以，也唯有詩，才能將語言帶回它自己的基礎[52]，而徹底翻轉我們看待「物性存有」的根本凝視點。事實上，這正是「卮言曼衍」何以能成為「莊子物學」不可或缺的理論環節；此亦無它，奠基於「深度物化」的共在感，乃通過以「詩性凝視」為底蘊的「卮言」而成為可能。這意味：無有「卮言」，就無有「非現實」中展開的「詩性世界」；無有「詩性世界」，人文療癒，將無以成為可能。

　　然則，在「非現實」中展開的「詩性世界」，何以能內具一種深及魂命的療癒力量？借莊子卮言曼衍為喻──「乘夫莽眇之鳥，以出六極之外，而遊無何有之鄉，以處壙埌之野」[53]；雖是「芒然彷徨乎塵垢之外，逍遙乎無為之業」[54]的詩意棲居之所，卻是莊子筆下一切「至人、真人、神人、畸人、兀者」所「依以託命」而「相忘以生，無所終窮」[55]的「世界」。然則，這寄藏於物，而以「物情空間」現身的「世界」，到底是如何成就的？關隘所在，惟在「卮言」。卮言，在此取廣義──作為一種解構「心知轄域」的「詩性突圍」進路，依筆者詮釋取徑，可兼涵同是深於身心整體動盪而足以顛覆常規世界（解域）並開拓異域感知（生成）的技藝與體知。即此而言，那深藏於物而作為其本質存在的「物情空間」，無非是透過「廣義的卮言」在「非現實」之域所拓跡而成的「虛構世界」。

　　卮言，依莊子，乃作為一種脫逸「心知轄域」而直通「域外幽玄」的「詩性語言」。這意義下的「卮言」，正是「物」的超越性向度得以被開掘出來的先決條件。這意味，物的深度世界，是經由「詩性凝視」與「詩性語

52　案：此觀點啟發自於林遠澤教授評論鄭毓瑜教授新書《姿與言：詩國革命新論》之發言紀錄，特此致謝；現場評論發表於 2017 年 4 月 20 日由東華大學楊牧書房舉辦的「臺灣中文學會第十九場新書精讀會」；參閱朱志學撰寫當日會議紀實，〈百年回眸：從「詩國革命」到「告別革命」〉，文章來源：https://drive.google.com/file/d/0B_L99q7mQW1MMUhXRzdMRGNsOUE/view 。（查閱日期：2018.6.18）

53　語出《莊子・應帝王》，參閱郭慶藩，《莊子集釋》，頁 293。

54　語出《莊子・大宗師》，同上註，頁 268。

55　語出《莊子・大宗師》，同上註，頁 264。

言」所引發的深度物化經驗而生成的。依筆者詮釋架構說之，作為「詩性語言」的卮言，正是「氣化之域」的冥契經驗得以進一步朝向「虛廓空間」（「物情空間」與「身體空間」相蘊以道、疊影共在乃成「虛廓空間」）完成詩性過渡的必要條件。即此而言，正是以「詩性凝視」與「詩性語言」為底蘊的「卮言」，在「非現實之域」開拓了可供託命的「物情空間」。所以，物化與卮言之間，實存在著千絲萬縷的關係。首先，卮言所內具的強大「解域」力量，在「常規世界」朝向「詩性世界」轉化的過程，扮演了關鍵的角色；其次，卮言通過「弔詭性思路」對「同一性思路」的裂解而促成了「心知轄域—氣化之域—虛廓空間」間的融然流動。在筆者的定位裡，從「心知轄域」朝向「氣化之域」是初步物化；從「氣化之域」進一步上遂於「虛廓空間」，則是「深度物化」。若說，「初步物化」具現了「卮言」的強大「解域力」；「深度物化」則具現了「卮言」貫通「可見與不可見」、「現實與非現實」、「行屍走肉之身與音容宛在之神」的強韌連結力量。

綜上以觀，卮言，以「解域—生成」兩重向度，貫通了「物化」的完整歷程。通過「物化」，物，不只是物（對象域之物）了；物的背後，還潛蘊了一個「隱而待顯」的「世界」（通過「廣義的卮言—詩性的凝視」而開啟的「非對象域」），呼之欲出。這就對顯出俗情知見者習焉不察的物學觀點所欠缺的「深度感」——他們對此隱匿於不可見處的「深度世界」視而不見，任其隱蔽，卻熱衷於透過名相、概念、定義、標籤的方式將「物」給設置為對象，並將之納入拘限於三度空間與線性時間的「實證科學」維度，以對之建立一套取消背後「世界」的「存有物知識」。這樣一套受限特定視域的窄化所建構的知識系統，或許能催眠無數人相信：這，就是究極性的「真相」了；殊不知，這自命「客觀」的理解，乃建立在特定「感知條件」所形構的真理觀；惟此備受拘礙的真理觀，對於極少數能跳脫此「感知條件」以進行理解的「檻外人」如莊子者，卻毋寧是可笑的！莊子之笑，不在譏嘲，也不在對峙，而只是不想作繭自縛其中。此如猶太格言所云：「人類一思考，上帝就發笑」。為何「人類一思考，上帝就發笑。」因為人類所有的「理解活動」都聯繫於特定的「視域」，卻少有人能對此「視域框架」所造成的窄化性認知，多所警惕；上帝則隱喻著「全知者」，不受任何「感知維度」所拘限，所以祂的發笑，其實是帶著無奈與憐憫的莞爾而笑，誰讓祂所造之人，

只能在自己編織的迷宮裡瞎繞呢？其實，何待全知？莊子即令不是上帝，也能通過〈齊物論〉而給出振聾發聵的省察：

> 齧缺問乎王倪曰：「子知物之所同是乎？」曰：「吾惡乎知之！」「子知子之所不知邪？」曰：「吾惡乎知之！」「然則物無知邪？」曰：「吾惡乎知之！雖然，嘗試言之。庸詎知吾所謂知之非不知邪？庸詎知吾所謂不知之非知邪？且吾嘗試問乎女：民溼寢則腰疾偏死，鰍然乎哉？木處則惴慄恂懼，猨猴然乎哉？三者孰知正處？民食芻豢，麋鹿食薦，蝍且甘帶，鴟鴉耆鼠，四者孰知正味？猨，猵狙以為雌，麋與鹿交，鰍與魚游。毛嬙、麗姬，人之所美也，魚見之深入，鳥見之高飛，麋鹿見之決驟。四者孰知天下之正色哉？自我觀之，仁義之端，是非之塗，樊然殽亂，吾惡能知其辯[56]！

　　藉由王倪的連串質疑：拘限「單一視域維度」而自以為「絕對真理」的「正處」、「正味」，以至於天下之「正色」，全被「流動不居」之「多維度視域」給顛覆了。類似的顛覆，我們還可以從俄羅斯數學家兼神祕學家鄔斯賓斯基（P.D.Ouspensky）的《第三工具》（*Tertium Organum*）看到極為深透的示現：

> 鄔氏首先從「我們對世界一無所知」這一事實出發，將世界區分為外在客觀世界和內在主觀世界。他引用康德的「把世界與我們的知覺合起來認識」這一著名命題，以此為基深入，讓康德哲學的核心──「現象與物自身」的命題真正發展下去。
>
> 鄔氏讀了在《第三工具》常引用的英國數學家辛頓（Charles Howard Hinton）的著作《四元次》和《思考新紀元》之後，心被打動。辛頓在某種意義上是對「現象與物自身」這一康德命題進行發展性趨近的首位思想家。辛頓認為「空間與時間不是世界的特性，而是人類的知覺條件」，從而積極地解釋了康德的命題。他主張由改變空間感來改變知覺的可能性，並建議考慮擴展空間感的訓

56　語出《莊子・齊物論》，參閱郭慶藩，《莊子集釋》，頁91-93。

練。

鄔氏在辛頓的主張上提供了由獨特視角而產生的新洞察，鄔氏說，我們感知世界為三次元，是因為感覺器官能夠認識三次元，而不是說三次元乃世界的屬性。鄔氏進一步推論，就像狗、貓、馬等較高等動物的感覺世界是二次元，而蛇等動物則是一次元的。……人類卻能把握三次元，因為人類具有「立體」這一概念。

依據這種觀點，宇宙裡不存在我們所設想的時間，而只有印度哲學提出的「永恆的現在」（eternal now）！過去、現在、未來，從高等世界來看是一回事。

在此論述中，鄔氏展開本書要點之一：對實證哲學的批判！實證哲學與只專門分析三次元現象的科學一樣，是在三次元內被限定下來的世界裡展開理論。在超過三次元的永恆世界面前，它完全無能為力[57]。

　　從以上引文，筆者以為兩位數學家各自提出了一個極為精闢的論點。辛頓認為：「空間與時間不是世界的特性，而是人類的知覺條件」；鄔斯賓斯基則進一步續論：「我們感知世界為三次元，是因為感覺器官能夠認識三次元，而不是說三次元乃世界的屬性。」結合這兩項洞見以返觀康德的方法學前提：「把世界與我們的知覺合起來認識。」康德認識論的要義，已不言可喻。何則？如辛頓所言：空間與時間只是人類知覺的條件，而非世界的特性；那麼，康德把「世界」與人類「知覺」合起來認識的方法，已註定一切通過「純粹理性」所窺見的世界景觀將被限定於人類以三度空間、線性時間、十二知性範疇的感知框架為前提所認知的世界。顯然，這只是受制於特定感知條件下所決定的「世界」；所以，這意義下的「世界」，不會真是「世界」的實相，而只會是「世界」的縮減與窄化。康德義下的純粹理性世界，因此只反映了人類受制特定視域維度下的理解模態。這世界，作為自然科學或實證科學的對象，或許足夠，然則，備受感知條件限制的「世界」，

57　關於鄔斯賓斯基敘述的「第三工具（第三思考規範）」。參閱「百度貼吧」：「來，一起翻譯鄔斯賓斯基的《第三工具》」，文章來源 https://tieba.baidu.com/p/3874954736。（參閱日期：2018.6.18）

適於移之以把握藝術作品所內蘊的「世界」嗎？不論通過海德格的《藝術作品的本源》或通過《莊子》的「物學」，都無法同意如此生搬硬套的。此亦無它，依莊子，「物」是深藏著的；「物」的背後，另有「世界」；然則，此「世界」該如何予以開顯？辛頓主張：「由改變空間感來改變知覺的可能性」，並建議「考慮擴展空間感的訓練。」筆者卻以為，辛頓的方法應該顛倒過來，會更富啟發性。何則？筆者的理由很簡潔：既然，「空間與時間不是世界的特性，而是人類的知覺條件」；那麼，只要試著改變人類的「知覺條件」，我們自會隨著「視域」的改變而看見不同維度的「世界」。剩下的問題將是：我們可以透過什麼具體的方法，以掙脫舊日「感知框架」對理解視域的箝制？這就涉及具體實修的「工夫」問題。依莊子，工夫就落在「物化」兩字。

以遠古碑刻的摹寫為例，正是通過「物化」工夫，解消了受限物理時空之感知條件所附著物相上的知見，於是，遠古碑刻乃得在「解域」（解疆域化）後盡褪其作為「物性存有」的表層物相，也盡去其作為「工具性存有」的定位，而讓深藏中的「世界」得以從「知見」的囚禁中「解一釋」出來。

顯然，這被「表層物相」隱蔽的「深層世界」，不是依繫於純粹理性「三度空間─線性時間─十二知性範疇」之感知條件所能看見的；事實上，深層世界只會受此「感知框架」的拘限而陷入隱蔽。以此思之，「石頭」原是沒有世界的，「遠古之碑」卻擁有一個完整的世界：一個讓「創作者─凝望者─佇思者─臨摹者」都可以在馳飛千古的沈醉與畏嘆中疊影共在的「詩性世界」。這意義下的詩性世界，顯然不是通過「三度空間─線性時間─十二知性範疇」所決定的「物理時空」，而是經由「詩性時間」所連結上的「異質空間」。前者可作為知識對象，所以具有可見的實體性；後者則不落「對象域」而只對「深於可見而入於不可見」的「詩性凝視」現身，所以是只能在淵默杳眇、依稀如在的恍惚中寂然有感、若有所遇的「不在之在」。或者說，是一種溟溟漠漠、綿綿若存中「脫有形似一握手已違」[58]之「不在場的在場」，所以，逃逸於一切心知活動的捕捉，而只能以一種「精神性的場域」被把握，所謂可「遇」而不可「求」也。此則相應《水滸傳》前序所

58　語出司空圖，《二十四詩品・沖淡》（臺北：金楓出版，1987），頁48。

云：「薄暮籬落之下，五更臥被之中，垂首撚帶，睇目觀物之際，皆有所遇矣……」[59] 云何而「皆有所遇」？這「遇」字，宛若棋枰中的一招妙手；下對位置，整盤棋局遂倏然熠熠放光而奪人眼目。依筆者詮釋，這意蘊深微的「遇」字所帶出的情境，皆「物化」中所見者；惟此「見」乃通過「薄暮籬落—五更臥被—垂首撚帶—睇目觀物」而入於「不可見」；飽染了「物化」深蘊的詩性凝視，遂讓所「遇」境界，都流溢著盈盈不盡的詩韻與情味。

第五節　「齊物之論」？還是「齊一物論」？

〈齊物論〉篇名，該如何解讀？到底是「齊物之論」，還是「齊一物論」？楊儒賓論及莊子思想中宜有「物論」一欄，已點出問題的關鍵：

「物」字上屬於「齊」字或下屬於「論」字，似乎皆有理據。如果是齊物之論，則表示莊子對於「物」有自己的理解，莊子的思想光譜中宜有「物論」一欄；如果是齊一「物論」，則顯示莊子對當時的「物論」，頗想整齊之[60]。

兩個脈絡，在文獻上顯然都各有軌跡。惟誠如楊儒賓所質疑：

何謂當時的「物論」？是否當時的思想家對於「物」有各種論述？還是只是籠統地表示各種論述罷了？古今注家對此「物論」似乎很少著墨，大體上認為有各種哲學論點而已[61]。

既然，先秦諸子，縱有「物論」，也著墨甚少；就嚴格學術標準而論，莊子盱衡當世，當無「物學」可齊；退一步說，縱令零星論述，未足成學，放寬標準來看，也算粗具系統的「物論」，可是，「齊一化」此零星物論的用意何在？

59　語出貫華堂所藏古本《水滸傳》前序。參閱《標點金聖嘆全集（一）‧水滸傳（上）》（臺北：長安出版社，1986），頁26。

60　何乏筆編，《跨文化漩渦中的莊子》，頁84-85。

61　同上註，頁85。

　　首先，就理論內涵本身而說，〈齊物論〉了卻無窮之是非，所依恃者，在能通過「物化」所牽引的「解域—生成」過程而有以超越之，若妄想藉新典範之提出以「齊一化」他者，這本身就在理論上陷入是非爭議，而違背〈齊物論〉內文旨趣。

　　其次，就歷史發生條件而論，莊子「物論」在先秦本就代表一種拉開差異化的「拓跡性」嘗試，當時要蔚為顯學的機會本就微乎其微。試問，如何可能以邊緣的發言者而「齊一化」當時的主流論述？甚而令先秦諸子為之欣然拜服而盡同於己？這是毫無可能，也毫無必要的。

　　所以，依筆者之見，「物」字當上屬於「齊」字。即此而言，「齊物」之論，即是「物化之論」——森然萬象，令「化之」而「齊」，以入於一大共在。惟如何「化之而齊」？自非建立在泯滅差異性的「同一性暴力」，而是令一切存有物之「物相」，通過妙觀逸相的「物化」工夫而歸於「無相之物」；物而「無相」，乃能相蘊以「道」而幻化生成為可供遊心馳騁的「物情空間」。是則，齊物之「齊」，令森然萬象「相蘊以道」而共入化機是也。所以，這「齊」字，是建立在「柔性」的「物化之『齊』」，而非「同一化他者」的「剛性」整飭。準此以觀，〈齊物論〉篇名，仍宜以「齊物之論」解之，才真能深諳內文旨趣。惟如此判釋，全繫乎哲學解悟所造詣之境，原非文獻考據可以定奪。茲更添一家之見，以俟來者參酌。

　　最後，謹回到問題意識之緣起，為本章做個總結。本文問題意識，乃依「心學進路—身學進路—物學進路」在臺灣當代莊學學術史的典範轉移過程而凸顯的。經由各章節的層層考索，貫穿本文的主軸理路，已輪廓粗具而漸形清朗：「心知主體」在畛域判然的對象化思路下所建構的「物相」，無非是拘限特定「視域維度」下的「片面」知解；而莊子「應於『化』而解於『物』」[62]（應於「物化」之機而「解構『心知轄域』（解心）—釋放『物情空間』（釋神）」）的「物化」體驗，卻匿蹤於片面性的「知解」之外，自也不會是依此片面知解展開的「心知」活動所能捕捉。說實了，這正是建立在「心學進路」的莊學詮釋必然碰壁的根本緣由；因為，問題的關鍵根本不

---

[62]　語出《莊子‧天下篇》：「雖然，其應於化而解於物也，其理不竭其來不蛻，芒乎昧乎，未之盡者。」參閱郭慶藩，《莊子集釋》，頁1099。

在「心」，而在於能否將此壁立萬仞、俯視紅塵的「孤離心體」給打落回更具「本源性」[63] 的「身—物」互動關係；因為一切「心知」活動，背後都隱藏著「身—物」關係的轄制，原無法被孤立開來看待。以此觀之，「心學的莊子」在拓深《莊子》文本的理解上，註定無法觸及一種「本源性」的基礎。此所以，在「心學的莊子」而外，循「身—物」脈絡以另闢「物學的莊子」論域，對當代漢語學界以「身學進路」凌駕「心學進路」的主流莊學語境，實別具典範突破的深遠意義。

63　筆者使用「本源性」一詞，有其特屬之脈絡。簡言之，「本源性」是建立在「物—器—身—神」相蘊以道的「共在感」，而非建立在由此「共在感」割裂而出的「主體性」。這意味，在「通天下一氣」中「闇相與化」的共在關係，才具有真正的「本源性」。惟其「共在」，物、器、身、神，方得以成其為「無相之『物』、無相之『器』、無相之『身』、無相之『神』」。──「神」者，不受「同一性思路」給箝制的「解蔽之心」。

第六章
莊子物學的宗教維度

第一節　受苦現場

　　順治十年冬，覺浪道盛禪師撰〈破藍莖草頌〉勉方以智「以大法自命」，蓋唯「傷盡偷心」、「傷心痛憤」者，能化內心「怨艾之毒」為「濟世之藥」[1]；徐芳〈天界覺浪盛禪師全錄序〉述及道盛師徒奇遇亦有云：「杖人於刀兵水火中，求大傷心人，窮盡一切，超而隨之，乃集大成，乃定宗旨，恰好托孤于竹關。所云「托孤」，由覺浪道盛提出；道盛稱莊子為「儒宗別傳」，只因殷憂「『孔門滴血之正脈』，以是『有托孤之懼』」[2] 依此而論，「莊子為孔門托孤，方以智為道盛托孤」[3]，以大法自命者，惜其不傳，對來者寄語殷切有如此者。姑不論道盛師徒一脈相承的「莊子儒門論」是否在文本上真站得住腳，莊子「泛彼浩劫，窅然空蹤」[4]的高妙風姿，終不掩人間破局的底蘊處境，卻是字裡行間可以嗅得出來的。此所以三百餘年後，同樣遭逢世亂的錢穆，在其《莊子纂箋》自序裡，會有如是寄慨幽深的文字：

1　參閱蔡振豐、魏千鈞、李忠達，《藥地炮莊校注》，蔡振豐導論，頁2-3。另參閱謝明陽《明遺民的莊子定位問題》（臺北：臺大出版中心，2001），頁90-92。

2　參閱蔡振豐、魏千鈞、李忠達，《藥地炮莊校注》，蔡振豐導論，頁3。

3　案：托孤一說的關鍵線索在方以智〈炮莊小引〉自敘所云：「子萴開卷一尺便放，何乃暗讌三十年而復沾沾此耶？忽遇〈破藍莖草〉，托孤竹關？杞包櫟菌，一枝橫出，㘞然放杖，燒其鼎而炮之」又云「讀書論世，至不可以莊語而卮之、寓之、支離連犿，有大傷心不得已者。士藏刀於才不才，背負青天，熱腸而怒，冷視而笑。筍之干霄，某之破凍，直塞兩間，孰能錮之。」同上註，頁20-21。

4　語出司空圖，《二十四詩品‧高古》，頁56。

《莊子》，衰世之書也。故治《莊》而著者，亦莫不在衰世。魏、晉之阮籍、向、郭，晚明之焦弱侯、方藥地，乃及船山父子皆是[5]。

然而北宋諸儒，終亦不免有衰氣。余之生，值世又衰；而並世學人，顧少治《莊》而貴《墨》，震於西方之隆強，切意追隨，摩頂放踵，懼若弗及。……然則處衰世而具深識，必將有會於蒙叟之言，甯不然耶[6]！

世益衰益亂，私所會於漆園之微旨者益深……版垂竟，報載平、津大學教授，方集中思想改造，競坦白者踰六千人，不禁為之廢書擲筆而歎。念蒙叟復生，亦將何以自處[7]？

若苟四十年來，漆園之書尚能索解於人間，將不致有若是。天不喪斯文，後有讀者，當知其用心之苦，實甚於考亭之釋《離騷》也[8]。

錢穆私所會於漆園微旨者，固不離滄海橫流、衰世亂離之存在背境；顯然，《莊子》所給予錢穆之深致啟發，所以有儒學、佛教所不可及處，只因錢穆從文本裡讀出了莊子對此存在背境的深切呼應而深察其用心之苦。《莊子纂箋》序文所云：「作逍遙之遊乎，則何逃於隨群蝨而處褌？齊物論之芒乎，則何逃於必一馬之是期？將養其生主乎，則遊刃而無地。將處於人間乎，則散木而且翦。儵忽無情，混沌必鑿。德符雖充，桎梏難解。計惟鼠肝蟲臂，唯命之從。曾是以為人之宗師乎！又烏得求曳尾於塗中？又烏得觀魚樂於濠上？天地雖大，將不容此一人，而何有乎所謂與天地精神相往來？」[9]文中，看似質疑：「蒙叟復生亦將何以自處？」實則，何嘗不反映了錢穆對莊子的殷切期待？因為，當「赤縣神州值數千年未有之巨劫奇變」[10]，待劫盡變窮，「世界」早淪為米蘭·昆德拉筆下的陷阱[11]──「在外部的決定性已經

5　參閱錢穆，《莊子纂箋》（臺北：三民書局，1985），自序，頁7。

6　同上註，頁8。

7　同上註，頁9-10。

8　同上註，頁10。

9　同上註。

10　借陳寅恪先生〈王靜安先生遺書序〉之語。

11　語出米蘭·昆德拉〈關於小說藝術的對話〉訪談稿，收錄於艾曉明編譯，《小說的智慧》（臺北：智慧大學出版有限公司，1994），頁36-37。「生活是一個陷阱，

變得如此不可抗拒，而內部的推動力再也無濟於事時，人在這樣一個世界中
還剩下什麼可能性？」試問，中國歷來思想家中，捨莊子而外，又有誰更能
面對如是嚴厲酷烈的變局猶得以苟全性命於亂世？又有誰的智慧比莊子更能
啟發人在幾無立錐之地的「人間世」匿蹤逃逸以蟬蛻塵囂之外？只怕，捨漆
園之書，天下間再無第二人可示以一種近乎「不可能性」的逃逸線索。此所
以對深識蒙叟用心之苦如錢穆者，豈能無感於「《莊子》，衰世之書也。故治
《莊》而著者，亦莫不在衰世」、「處衰世而具深識，必將有會於蒙叟之言」、
「世益衰益亂，私所會於漆園之微旨者益深。」

　　筆者以為，自道盛師徒歷三百年以至錢穆，先後指出了一道意味深長的
觀解線索，以作為切入《莊子》文本的詮釋進路，那就是：唯有為世衰道
微而「傷盡偷心」、「傷心痛憤」的「大傷心人」，能善解莊生微旨而化「怨
艾之毒」為「濟世之藥」。這裡面隱藏的祕義，正呼應道盛《破藍蓯草頌》
所化用《五燈會元》中文殊菩薩命善財童子採藥之典故：「盡大地無有是藥
者」、「盡天地無有不是藥者」，以至文殊菩薩拈起一蓯草所留下的機鋒：「只
此能殺人，能活人。」[12] 此意云何？一蓯草，是「怨艾之毒」？是「濟世之
藥」？亦只在一轉之間；前者能殺人，後者能活人；端在「應物」者施用
得宜與否。運物得宜，則活人；反之，則殺人。前後豈有二物？可見，當境
界現前，惟在乎能「轉」。轉得動，苦難深淵亦成入道之門；轉不動，人遂
成流轉生死的微塵眾生，只能隨俗浮沈，與時推移，看不見就在命限森嚴的
「深淵」裡頭，實隱蔽著來自另一個世界的深祕甬道，引領著受苦者朝向那
對五濁惡世顯現為「不可能性」的「解—釋」經驗。「不可能性」乃對受限
特定感知維度之「意識」而說；然則，正是「意識之非」引領著深刻宗教經
驗的抵達。所謂——「我」成為「我所不知的」[13]。

　　我們並沒有要求出生就被生下來，被囚禁在我們從未選擇的肉體裡，並注定要死
亡。……結果，我們就越來越為外部條件，為無人能夠倖免和使我們彼此越來越
相像的境況所決定。……在外部的決定性已經變得如此不可抗拒，而內部的推動
力再也無濟於事時，人在這樣一個世界中還剩下什麼可能性？」

12　覺浪道盛，〈破藍蓯草頌‧有序癸巳孟冬書付竹關〉，參閱嘉興大藏經第 34 冊 No.
　　B311《天界覺浪盛禪師全錄》第 12 卷。〈破藍蓯草頌〉又作〈破籃蓯草頌〉；破
　　籃，喻粉碎知見框架，禪門有桶底脫落之說。

13　此則相應余德慧的宗教療癒要義：療癒發生於他界（the otherwise），不是現實的

　　即此而言，道盛師徒與錢穆各自依憑切有實感的深淵經驗，不約而同地對應上莊子兩千年前以莽眇之語深藏文本的「宗教維度」；這「宗教維度」離不開受苦經驗所構成的底蘊處境；所以稱其為底蘊處境，只因這兒是貼緊存有底線所遭逢的人間破局，是「意識」極盡各種可能的自欺手段所試圖抹去的「深淵經驗」；然而，依〈大宗師〉、〈德充符〉或〈人間世〉文脈，只要我們細膩體察，自能默契《莊子》最隱祕的奧蘊之一，正是那作為「生命轉化」之發生條件的「深淵經驗」。這意味，沒有貼緊人間破局的存有底線，作為宗教經驗核心的「生命轉化」過程，將無法成為可能。這便啟發了相應「圓教格局」的理論進路：入其「非」以成其「是」。「是」與「非」壁壘分明的對立性，在此不但取消了，甚而形成一種相互澆灌、相互支撐、相互挹注的遞迴關係。於是，Ａ與～Ａ無可妥協的「差異」，柔化為相互滲透、彼此移轉的動態「延異」；以其對意識呈顯為一種「不可能性」的「內在轉化」經驗，依佛教「煩惱即菩提—生死即涅槃」語境，遂以「詭辭為用」的悖論，表現為一種依「線性因果邏輯」運作的「同一性思路」所無以捕獲的深祕經驗。莊子畢竟不同佛教，他有自己獨特的語彙與理論展演方式。《莊子》大宗師篇中，所云「古之真人」每從身負命限重軛碾壓的「畸人」轉化而來；這深富寓意的文本敘事，無非直指了宗教經驗的關竅所在——受苦中的身心轉化歷程。

　　事實上，同樣扣緊「身心轉化歷程」的宗教經驗，不也以高度文學性的象徵手法展現於〈逍遙遊〉裡借鯤鵬變身所隱喻的形體變異歷程嗎？衰殘必死之身，此則「畸於人」者；莊子借「畸人」的殘缺意象與此意象所勾連而出的命限處境以點出「人間世」的斷裂與破局，可莊子最不可思議的工夫進路卻也由此存有底線而展開——即令是「人間世」最極端的斷裂與破局，也無法阻擋「畸於人」者通過「侔於天」的工夫而轉出「形虧德全」的「真人

産物，而是打破自我的同一性、迎向他者的運動，使「我成為我所不知的」。療癒毋寧是迂迴而「反完成」的，永遠抵達不到卻永遠有奧祕的生產。「宗教」與「療癒」原本即關係密切，均面向受苦的處境而生發，「宗教療癒」亦是修行，談的是主體的翻轉運動。參閱蔡怡佳，〈聆聽余德慧〉，收入余德慧，《宗教療癒與身體人文空間》，頁10，暨封底文字。

境界」。即此而言，一切「真人」，只能如覺浪道盛於「刀兵水火」中求之[14]。
何則？一切「大宗師」皆從「大傷心人」轉化而來；可見，古之「真人」，
固無有倖至者。所謂「高空不生蓮華」，一切「真人」的成就，背後皆浸透
著「畸人」斑剝殘破的身世與處境；此則道盛師徒私所會於漆園微旨而「以
大法自命」[15]者。此二子，皆「有大傷心不得已者」[16]；其襟抱相近，若夙契於
心，刀冰水火中，因以「絕學」相託有如是者。無怪乎，其詮解《莊子》進
路，固不離「大傷心人」之角度，此亦無它，這線索切合二人身世之感。筆
者於此思路，特有感會；竊以為，衡諸《莊子》文本，〈大宗師〉、〈德充符〉
與〈人間世〉所聚焦的「畸人」意象，最可銜接道盛師徒「於刀兵水火中，
求大傷心人」的深情遠志；因以「畸人」作為核心概念以通貫《莊子》全
書，並依此理路重構莊學詮釋體系。底下，我們就通過幾段關鍵文本以勾畫
這些飽富寓意的象徵形式：

> 子祀、子輿、子犁、子來四人相與語曰：「孰能以無為首，以生為
> 脊，以死為尻，孰知生死存亡之一體者，吾與之友矣。」四人相視
> 而笑，莫逆於心，遂相與為友。俄而子輿有病，子祀往問之。曰：
> 「偉哉！夫造物者，將以予為此拘拘也！曲僂發背，上有五管，頤
> 隱於齊，肩高於頂，句贅指天。」陰陽之氣有沴，其心閒而無事，
> 跰足而鑑於井，曰：「嗟乎！夫造物者，又將以予為此拘拘也！」
> 子祀曰：「汝惡之乎？」曰：「亡，予何惡！浸假而化予之左臂以為
> 雞，予因以求時夜；浸假而化予之右臂以為彈，予因以求鴞炙；浸
> 假而化予之尻以為輪，以神為馬，予因以乘之，豈更駕哉！且夫
> 得者時也，失者順也，安時而處順，哀樂不能入也。此古之所謂縣

---

14 徐芳〈天界覺浪盛禪師全錄序〉述及道盛師徒奇遇亦有云：「杖人於刀兵水火中，
　　求大傷心人，窮盡一切，超而隨之，乃集大成，乃定宗旨，恰好托孤於竹關」。
　　收錄於嘉興大藏經第 34 冊 No. B311《天界覺浪盛禪師全錄》第 1 卷。另參閱蔡振
　　豐、魏千鈞、李忠達，《藥地炮莊校注》，蔡振豐導論，頁 2-3。
15 同上註。
16 語出方以智《炮莊小引》：「讀書論世，至不可以莊語而卮之、寓之、支離連犿，
　　有大傷心不得已者。士藏刀於才不才，背負青天，熱腸而怒，冷視而笑。筍之干
　　霄，某之破凍，直塞兩間，孰能錮之。」同上註，頁 20-21。

解也，而不能自解者，物有結之。且夫物不勝天久矣，吾又何惡
焉？」俄而子來有病，喘喘然將死，其妻子環而泣之。子犁往問
之曰：「叱！避！無怛化！」倚其戶與之語曰：「偉哉造物！又將
奚以汝為？將奚以汝適？以汝為鼠肝乎？以汝為蟲臂乎？」子來
曰：「父母於子，東西南北，唯命之從。陰陽於人，不翅於父母，
彼近吾死而我不聽，我則悍矣，彼何罪焉！夫大塊載我以形，勞我
以生，佚我以老，息我以死。故善吾生者，乃所以善吾死也。今
之大冶鑄金，金踊躍曰『我且必為鏌鋣』，大冶必以為不祥之金。
今一犯人之形，而曰『人耳人耳』，夫造化者必以為不祥之人。今
一以天地為大鑪，以造化為大冶，惡乎往而不可哉！成然寐，蘧然
覺。」[17]

　　這樣的文本毋寧是稀奇的，它給讀者創造了奇異的閱讀經驗。所謂「曲
僂發背，上有五管，頤隱於齊，肩高於頂，句贅指天。」這些敘事，對閱讀
者喚起的「身體受難」想像，光憑臆想，就已是難以承受的「命限重軛」；
可文本中的第一線「受難者」，身當其苦，卻渾然不以為意。殘病肉身所喚
起的深淵經驗，在閱聽者眼中，是存在中不可承受之「重」，可同樣的經
驗，對「以天地為大鑪，以造化為大冶，惡乎往而不可哉」的「畸人」，卻
具現為──以無為首，以生為脊，以死為尻──視生死存亡為一體的無限風
光。這就逼顯出真正修道人與非修道人的根本分野。此則余德慧〈恆河母的
明心見性之道〉一文所洞燭幽微者：

　　　　對一生順遂、功成名就的人來說，他的存有深淵就是死亡。對遭受
　　　　天災人禍的受苦者來說，災難的後果就是存有深淵，這存有深淵會
　　　　發出強迫的訊號：「它想被知道、被感覺、被表達與被面對」。修道
　　　　人知道自己必須進去，而一般受苦者則哭喊著要出來。一般的心理
　　　　治療則努力要把「存有深淵」抹平，當然沒有人能抹平「存有深
　　　　淵」，只能製造一些假象將「存有深淵」遮蔽起來，以為看不見就

17　語出《莊子・大宗師》，參閱郭慶藩，《莊子集釋》，頁258-262。

是沒有[18]。

修道人與凡人最大的分野即在此，修道人進入深淵，然後轉化，而
凡人則是尋求世界的屏障（如找工作來取代悲傷或者另外娶妻來減
低配偶的亡故等）。……這是兩條涇渭分明的路[19]。

可見，不論出於頑強的殘病侵擾，或困厄無以倖免的喪亂時局，同樣遭
逢不可移易的人間缺憾——「修道人進入深淵，然後轉化，而凡人則是尋
求世界的屏障」、「修道人知道自己必須進去，而一般受苦者則哭喊著要出
來。」莊子筆下，親歷深淵，卻能「安時處順，哀樂不能入」[20]的畸人、兀
者，這種「死生無變於己」的大宗師氣象，與其視之為根器過人，無如正
視莊子未明言點出卻散逸字裡行間的隱喻可能：所有蒙叟筆下「乘夫莽眇之
鳥，以出六極之外，而遊無何有之鄉，以處壙垠之野」[21]的真人、至人、神
人，皆非現成具在，而是從百死千難的受苦經驗中「轉化」而來；而且，皆
是直視深淵、貼緊血肉形軀之受難經驗而成就的「內在轉化」，所謂「道成
（於）肉身」是也！令人讚嘆的是：這意義下的肉身，不是天賦異稟、擁有
蒼天賜福之美好色相的肉身，而是逼使生命淪落邊緣處境的沉重肉身。茲舉
〈德充符〉兀者以為例：

申徒嘉，兀者也，而與鄭子產同師於伯昏無人……申徒嘉曰：「知
不可奈何而安之若命，惟有德者能之。遊於羿之彀中，中央者，中
地也，然而不中者，命也。人以其全足笑吾不全足者多矣。我怫然
而怒，而適先生之所，則廢然而反。不知先生之洗我以善邪！吾與
夫子遊十九年矣，而未嘗知吾兀者也。今子與我遊於形骸之內，而
子索我於形骸之外，不亦過乎！」子產蹴然改容更貌曰：「子無乃
稱！」[22]

---

18 余德慧，〈恆河母的明心見性之道〉，《生命詩情》，頁195。
19 同上註，頁198。
20 語見《莊子・養生主》，參閱郭慶藩，《莊子集釋》，頁128。
21 語見《莊子・應帝王》，同上註，頁293。
22 語見《莊子・德充符》，同上註，頁196-201。

　　文本裡顯示：申徒嘉之所以能無視「形骸」的毀傷，而遊於「形骸之內」，以其能洞察：「形骸外相」固不足依恃；「形骸之內」更有可供託命之「身體空間」以馳騁悠遊，此「身體空間」則呼應另一兀者叔山無趾所謂「猶有尊足者存」[23]。然而，這顛覆舊有視域的生命轉化，又豈如探囊取物般唾手可得、憑空倖致？申徒嘉自述與夫子伯昏無人相遇之前，「人以其全足笑吾不全足者多矣。我怫然而怒，而適先生之所，則廢然而反。」從「怫然而怒」到「廢然而反」，以至從遊夫子歷十九年而「未嘗知吾兀者也」；這就充分具見：修道者如何通過「存有深淵」而展開「生命轉化」的蹤跡。即此而言，受苦經驗，非但不是障道之牆，卻可以是潛入「非現實空間」以「優入聖域」的深祕甬道。沉重的肉身，至此示現為一種引領生命朝向「轉化」的「道路」──它是深淵中遭逢的陌異他者、是人文臨床的受苦現場、是人文療癒開展的契機，也是一切深於神聖體驗的修道者所無以迴避的「入道關隘」。這就見出莊子所神遊其中的「聖域」，終不離「生命轉化」的基礎。筆者以為，正是在「即於有限而走向無限」的生命轉化進路，看出莊子與「唯真心」系統的儒門風貌畢竟判然有別。前者的超越，不離實存面，而必然「下身落命」，由「存有底線」展開；後者則過度仰仗一個作為「本體論」前提的「超驗理據」，以確保「成聖」的可能性。前者的超越，奠基於作為道體的存有大地；後者的超越，卻不免疏遠身體而自困「主體中心論」的迷局猶不自知。莊子眼界何等深睿？又豈能不一眼覷透：一切超驗性的設定，終歸只是理智的投射和語言的幻構，它依然是出於「常人意識」的「誤識」；而自命孤高純淨的無限心體，也只不過是以「絕對」之名所妄構的「意識形態」；這形同是「奉絕對之名」或「假託絕對之名」所投射的「對象性」存有，本質上，依然是「心知」的產物、依然出於「理智的誤識」，自始未能觸及「真實界」異質交錯的迴盪力量。然而，「真實界」究竟在哪兒？余德慧深富洞見地指出：

　　對後現代哲學來說，真理不是普遍名詞，永遠是附著於某個具體處

23　語見《莊子・德充符》：魯有兀者叔山無趾，踵見仲尼。仲尼曰：「子不謹，前既犯患若是矣。雖今來，何及矣？」無趾曰：「吾唯不知務而輕用吾身，吾是以亡足。今吾來也，猶有尊足者存。」參閱郭慶藩，《莊子集釋》，頁202。

境的東西，它不是被追尋到，而是偶然的事件裡顯現，但是一旦
為掌握真理而獲得闡述，那麼它已經不是真理自身而是真理的屍
身[24]。

用筆者的話來詮解：真理「自身」只能是「深度『會遇』」（馬丁・布
伯義下的 "I-Thou relationship"）時稍現即逝的「瞬間靈光」；真理的「屍
身」則是「理智」假「絕對之名」而以「對象之身」再現的「摹本」；建
立在理智妄構的「超驗性」，再如何實相莊嚴、自命神聖，依然只是「關
於」真理，而「無與於」真理（與「真理」了不相涉）。此則相應傅柯（Paul-
Michel Foucault）代表法國後現代觀點的「真理論」所指出的關竅：

> 真理是偶然的，它取決於一種具體的歷史處境，它是這種情境的真
> 理，但是在每一個的和偶然的歷史處境中，有且只有一個真理，一
> 旦得到闡明和表述，它就作為自身以及它所顛倒的領域的虛假性的
> 標誌而發揮作用[25]。

以此觀之，真理只能通過「深度會遇」瞬間的「關係」被「經驗」，而
非建立在理智對「絕對性」的渴求；後者，只是關於前者的「偽型」，並不
因為語言上自我宣稱為神聖、絕對、無限，就果真入於神聖、絕對、無限的
「真實處所」（或「真實界」）；此所以，真正有強大力量迴盪其中的「真實處
所」總是在「偽型」的遮蔽下淪為「不在之在」，卻渾然不察——在「深度
物化」中進入「深密締結」的「關係」才是真理的具體力量所迴盪的「現
場」；這現場，才是真理得恃以「開顯」自身的「力量辯證場域」。

走筆至此，終而逼顯切入《莊子》文本所無以迴避的方法學關隘：真理
只能通過「場域」來開顯、通過「關係」來趨近。這樣的方法進路，近於
馬丁・布伯通過 "I-Thou relationship" 來把握神聖體驗。「關係」的進路，是
「倫理」的進路；「倫理」的進路，才是沿著「真實處所」（例如具體的「受
苦現場」）的邊界迂迴縈繞終而有以趨近的「存在性」進路。即此而言，輕

24　參閱余德慧，《宗教療癒與身體人文空間》，頁408。
25　同上註。

用「本體論」或「形上學」等字眼妄圖框限《莊子》，是極不相應的。依筆者之見，《莊子》可言工夫論、可言現象學、可言列維納斯「他者倫理」義下的源初性「倫理」，就是不宜以「本體論」或「形上學」視之。此亦無它，莊子是徹上徹下不落「絕對」幻覺的古老智者，他深知一切超越可能，皆從百死千難的存有底線突圍而來，這意味：良知、佛性、真我、無限心、智的直覺、道德、上帝、自由、愛……這類輕言絕對、自命超越的詞語，一旦形諸概念，所有神聖的氣味，早已蕩然成空。此則齊澤克（Slavoj Žižek）於《易碎的絕對》（*The Fragile Absolute*）中所洞燭幽隱並通貫全書的根本觀點——那被宣稱為絕對真理的東西，到頭來都可以歸類為意識型態的東西。[26] 余德慧亦於〈修行療癒的迷思及其進路〉一針見血地指出：「那愈是被思維認為『絕對』的真理，可能從未曾實現過，無論涅槃、成佛、羽化成仙或天堂至樂等觀念的存在，恐怕是思維不斷強加給思維自身，沉沒於思維自身，終至如幽靈般地附身。」[27] 是的，一切絕對之物，無非只是意義所建構的幻象：一種僭越生命自體的而逕予代之的意識形態。即此而言，學會接受生活本身，就是學會放棄對「絕對之物」的渴望。生活，於是無法不是甜蜜而憂傷的。它意味著：在「合相」裡遍歷一切滋味——坦然容受永恒的分離、如影隨形的失去、無所不在的飄零，以至血肉形軀必然涵具的生衰殘老病死。木心俳句有語：

> 生命的劇情在於弱，弱出生命來才是強[28]。
>
> 萬頭攢動火樹銀花之處不必找我。如欲相見，我在各種悲喜交集處[29]。
>
> 能做的事就只是長途跋涉地歸真返璞[30]。
>
> 生活最佳狀態是冷冷清清地風風火火，就此快快樂樂地苦度光陰，

26　參閱齊澤克（Slavoj Žižek）著，蔣桂琴、胡大平譯，《易碎的絕對：基督教遺產為何直得奮鬥？》。

27　參閱余德慧，〈修行療癒的迷思及其進路〉，《宗教療癒與身體人文空間》，頁407-408。

28　木心，《我紛紛的情慾》（廣西：廣西師範大學出版社，2010），頁224。

29　木心，《瓊美卡隨想錄》，頁72-73。

30　同上註，頁73。

暗暗受苦，默默享樂[31]。

　　這才是真正交感於身心全體動盪的見性之語——以其異質交錯，故得入味三分。莊子通過飽富象徵意義的「畸人」意象所勾畫的「肉身超越可能」，正是建立在「生命轉化」所帶出的「異質交錯」之上，所謂：「畸人者，畸於人而侔於天。」[32]畸於人，凸顯與「常人意識」無可倖免的「斷裂」與因此導致的邊緣處境；侔於天，卻峰迴路轉地通過來自「另一個世界」的甬道，找回了失落的親密連結而轉化了邊緣處境所帶來的流落與怫鬱。於是，「現實空間」的斷裂，與「非現實空間」的生成，就通過這看不見的神祕甬道而闇相與化、「虛一實」相生；生命的緊張性，就在這一虛一實的迴旋間，獲得了舒緩的「餘地」。

　　以此重估〈德充符〉、〈大宗師〉等文本，我們不得不驚嘆：莊子筆下高密度地出現了中國思想史上「絕無僅有」的傷殘畸零景觀。從這類形骸異變、肢體殘缺、容顏駭人、為世所輕的「邊緣者」身上，我們看見一種全然不同於「唯真心」哲學系統所指引的實踐進路。簡言之，一種「無待」於形上學的「超驗理據」，照樣直面「受苦深淵」，以「行屍走肉之身」作為實踐起點而展開的超越進路；筆者稱之為——「從『有限身』轉出『無限精神生產』」的「肉身成道」進路。於是，莊子筆下，即令是慘遭命限輾壓而身毀無用的「畸人」，以其「形骸之內」更有「畸於人而侔於天」的「深度」教人尋味不盡，遂現形為讓孔門師徒相形見拙而只能稽首稱嘆的「奧祕他者」。這一路環繞畸人、兀者之生死殘病而展開的敘事線索，在莊子文本中勾畫出備極豐饒的身體意象群組。舉如：

　　魯有兀者王駘，從之遊者，與仲尼相若。常季問於仲尼曰：「王駘，兀者也，從之遊者，與夫子中分魯。立不教，坐不議，虛而往，實而歸。固有不言之教，無形而心成者邪？是何人也？」仲尼曰：「夫子，聖人也。丘也，直後而未往耳。丘將以為師，而況不

31　木心，《雲雀叫了一整天》（廣西：廣西師範大學出版社，2013），頁226。
32　語見《莊子・大宗師》，參閱郭慶藩，《莊子集釋》，頁273。

如丘者乎！奚假魯國！丘將引天下而與從之。」[33]

魯哀公問於仲尼曰：「衛有惡人焉，曰哀駘它。丈夫與之處者，思而不能去也。婦人見之，請於父母曰『與為人妻，寧為夫子妾』者，十數而未止也。未嘗有聞其唱者也，常和而已矣。無君人之位以濟乎人之死，無聚祿以望人之腹。又以惡駭天下，和而不唱，知不出乎四域，且而雌雄合乎前。是必有異乎人者也。寡人召而觀之，果以惡駭天下。與寡人處，不至以月數，而寡人有意乎其為人也；不至乎期年，而寡人信之。國無宰，寡人傳國焉。悶然而後應，氾而若辭。寡人醜乎，卒授之國。無幾何也，去寡人而行，寡人卹焉若有亡也，若無與樂是國也。是何人者也？」仲尼曰：「丘也，嘗使於楚矣，適見㹠子食於其死母者，少焉眴若，皆棄之而走。不見己焉爾，不得類焉爾。所愛其母者，非愛其形也，愛使其形者也。……形全猶足以為爾，而況全德之人乎！」[34]

闉跂支離無脤說衛靈公，靈公說之，而視全人，其脰肩肩。甕㼜大癭說齊桓公，桓公說之，而視全人，其脰肩肩。故德有所長，而形有所忘……[35]

　　莊子生花妙筆的深度敘事下，歷歷可見：超越的可能性，不在疏離身體的意識妄構，不在以「無限」、「絕對」之名所設置的「超驗理據」。莊子以自身塑造的畸人、兀者、形骸異變與容顏駭天下之「惡人」為例，強有力地高張了謹守身體儀軌之儒門人物所陌生疏離的身體感；這就逼使文本中作為旁觀人與見證者的孔門師徒，不得不因此而調整自己的眼光：將理解視域從「背反『身體』的超越高度」[36]，下身落命地「打回原形」；這就為「理智盤踞

33　語見《莊子・德充符》，參閱郭慶藩，《莊子集釋》，頁187-188。

34　同上註，頁206-210。

35　同上註，頁216。

36　筆者聚焦畸人意象所詮釋的莊子思路，與楊婉儀通過西方哲學傳統展開的反省頗有可資對照之處：「最終在蘇格拉底犧牲他自己的身體，成就理性為哲學主體之後，哲學的超越，完成於感受及身體的闕如中。此以去除生命為手段而實現的靈魂的純粹性，造就了西方形上學，但也同時將哲學帶向生命之外，而實現以純粹理性為主體而建構的世界觀。……從此向度而言，如果要使人類的眼光從背反生

的常人意識」能否順適轉向「遊於『形骸之內』的身體空間」留下了餘地。

　　綜上所述，莊子通過畸人、兀者，以至形骸異變、容顏駭天下者而充分展現一判然有別「意識哲學」的思路：他徹底跳出了「主體中心論」的論述模態，而代之以一種重視「受苦現場之身心轉化過程」的深度描述。這純然貼近「實存面」展開的「畸人敘事」，不再輕信一切立足「超驗理據」所開展的本體論；也不復宗仰一切與「受苦現場」相疏離卻妄圖「撫慰」人間創傷的「唯心體系」。即此而言，一切以無限、絕對之名所安立的形上學，無非猶沾黏於「語言—心知」所構作的「戲論」；它最根本的迷妄，就在於把自命無限的超越心體也給「對象化」成語言的「擬像」或「摹本」，這就逸離了血氣動蕩、身心交感的實存脈絡而把不可化約為概念語彙的「神聖感」給縮減為乾枯貧血的「意識形態」。莊子不此之途，他高度詩意的文學手法，成功突破了常規語言與線性邏輯的拘役；並即此突破口而洞見「身—物」脈絡的締結裡所具足的療癒力量。於是，我們從中看見迥然不同「主體中心語境」下的「唯心」視域所呈現的「莊子風貌」——一種通過畸人的「邊緣之眼」，從莽莽蒼蒼之「存有深淵」回看人間而開啟的全新視界。我們怵然驚見：即連莊子筆下思慮通審、從善如流如仲尼者，亦不免流露倨傲姿態而對身毀形殘的「多餘者」，投以鄙薄目光：

> 魯有兀者叔山無趾，踵見仲尼。仲尼曰：「子不謹，前既犯患若是矣。雖今來，何及矣？」無趾曰：「今吾來也，猶有尊足者存，吾是以務全之也。夫天無不覆，地無不載，吾以夫子為天地，安知夫子之猶若是也！」孔子曰：「丘則陋矣。夫子胡不入乎？請講以所聞！」[37]

　　「子不謹，前既犯患若是矣。雖今來，何及矣？」這代表來自「常人意識」的眼光；「今吾來也，猶有尊足者存，吾是以務全之也。」則是從「深

命的超越高度轉向自身的生命與現世的生存；那麼，藉著重新詮釋超越意涵而深入西方形上學否定生命的根源，將生存從存在的束縛中解脫出來，將是戮力於以人性與生命為基礎開展哲學思維的本書，所無法迴避的工作。」參閱楊婉儀，《死‧生存‧倫理：從列維納斯觀點談超越與人性的超越》，頁8。

37　語見《莊子‧德充符》，參閱郭慶藩，《莊子集釋》，頁202-203。

淵經驗」回首既往「吾唯不知務而輕用吾身，吾是以亡足」而生的覺悟與轉化。「丘則陋矣。夫子胡不入乎？請講以所聞！」則俱見孔聖人之從善如流與叔山無趾「內在轉化蹤跡」之足可感蕩人心，甚而引發觀者也進入相近的「轉化歷程」。惟綿延迴盪人心者何？此則關涉叔山無趾之「猶有尊足者存」；正是這「猶有尊足者」，讓扛負沉重肉身而備受苦難煎熬的生命獲得了調適緩和的「餘地」[38]。只要生命尚有此可供迴旋的「餘地」，即令是畸人、兀者、販夫、走卒，以至一切以極盡卑微姿態匍伏苟活人倫裂隙間的微塵眾生，天地必不見棄。惟不見棄於天地者，即令背乎人倫，亦必有暗合天地者存焉。此暗合天地的線索，下文頗可窺其端倪：

> 子桑戶、孟子反、子琴張三人相與友，曰：「孰能相與於無相與，相為於無相為？孰能登天遊霧，撓挑無極，相忘以生，無所終窮？」三人相視而笑，莫逆於心，遂相與友。莫然有閒，而子桑戶死，未葬。孔子聞之，使子貢往侍事焉。或編曲，或鼓琴，相和而歌曰：「嗟來桑戶乎！嗟來桑戶乎！而已反其真，而我猶為人猗！」子貢趨而進曰：「敢問臨尸而歌，禮乎？」二人相視而笑，曰：「是惡知禮意！」子貢反，以告孔子曰：「彼何人者邪？修行無有，而外其形骸，臨尸而歌，顏色不變，無以命之。彼何人者邪？」孔子曰：「彼遊方之外者也，而丘游方之內者也。外內不相及，而丘使女往弔之，丘則陋矣。彼方且與造物者為人，而遊乎天地之一氣。彼以生為附贅縣疣，以死為決潰癰。夫若然者，又惡知死生先後之所在！假於異物，託於同體，忘其肝膽，遺其耳目，反覆終始，不知端倪，芒然彷徨乎塵垢之外，逍遙乎無為之業。彼又惡能憒憒然為世俗之禮，以觀眾人之耳目哉！」子貢曰：「然則夫子何方之依？」孔子曰：「丘，天之戮民也。雖然，吾與汝共之。」子

---

38 「餘地」一詞，或引申為餘心、餘力、餘情、餘命，亦無不可。船山：「道生於餘心，心生於餘力，力生於餘情。故於道而求有餘，不如其有餘情也。古之知道者，涵天下而餘於己，乃以樂天下而不匱於道」，與本文的「人文療癒」思路頗有可會通之處。參閱王夫之，〈論葛覃〉，《詩廣傳》卷一，《船山全書》（長沙：岳麓書社，1988），第三冊，頁301-302。

貢曰：「敢問其方。」孔子曰：「魚相造乎水，人相造乎道。相造乎
水者，穿池而養給；相造乎道者，無事而生定。故曰：魚相忘乎江
湖，人相忘乎道術。」子貢曰：「敢問畸人。」曰：「畸人者，畸於
人而侔於天。故曰：天之小人，人之君子；人之君子，天之小人
也。」[39]

　　何以能「外其形骸，臨尸而歌」？何以能「相忘以生，無所終窮」？孔
子聞子貢之言而憮然有省：「彼遊方之外者也，而丘遊方之內者也。外內不
相及，而丘使女往弔之，丘則陋矣。」筆者以為，莊子宛若小說對話的敘事
風格裡，最值注意的一點是：他如何透過極盡鮮活靈動的象徵語彙去呈現一
個「個體」？不是通過浮面的名相界定，不是通過心念、欲望或行動的刻
畫，也不經由任何「主體性」十足的語彙，而是通過其筆下人物所「遊乎
其中」的「空間」來把握角色的「個體性」。換言之，人之所以成其為人，
在其所「遊」，而不在其所「是」；在其所棲居依止之「世界」，而不在其是
否稟賦一作為「超驗理據」的「無限心體」。這絕對是莊子與先秦孔門人物
絕大不同的分際所在：他通過一個人的「託命之域」所顯示的「存在狀態」
來把握一個人。這分際，在理解「猶有尊足者存」究何所指，自是舉足輕
重的。無它，那「猶有尊足者」必然隱指叔山無趾所「託命」的「空間」；
於是，沿著莊子的視線，我們的目光，也宛若不再拘役於一個兀者的殘缺
形體，而得穿透「可見」而入於「不可見」，並依此「不可見」的凝視而與
叔山無趾所神遊其中的空間，闇然有會；以至與一切「外其形骸，臨尸而
歌」、「相忘以生，無所終窮」之「遊於方外」者，冥然共在。

　　只因有此「方外」之域，作為緩衝的「餘地」；沉重的肉身，於此非但
未成為障道之關隘，相反地，一旦焂然破此關隘，自具見病中自有乾坤在。
這「病裡乾坤」固非「肉身」所現成具有，它只可能鑄鍊自經過轉化的肉
身。因為，通過工夫修行而完成「內在轉化」的肉身，會比原有的肉身，多
了一層不可見卻宛若貼附肉身的「身體空間」如影相隨。轉化，以此不是發
生在形骸層面的「軀體」，卻是發生在「由軀體『興感』而生」卻「不為軀

39　語見《莊子・大宗師》，參閱郭慶藩，《莊子集釋》，頁264-273。

體所限」的「身體空間」。正是這對可見視線保持隱蔽的「身體空間」，創造
了一方讓「遊於方外」或「遊於形骸之內」者，得以棲居依止的「託庇之
所」；沉重的肉身，借力「身體空間」之助，遂彷若多了一雙看不見的輕盈
羽翼，因能呼應〈逍遙遊〉裡「絕雲氣，負青天」的大鵬鳥，在幾經「變
身」[40] 後，終而「摶扶搖而上者九萬里」，成就了一種「提其神於太虛而俯
之」[41] 的超曠視界。顯然，這馳騖八方、逍遙乎六極之外的非凡視野，亦非
現成具有之境界，因為，轉化關竅所在的「身體空間」，源出於形骸，卻終
不同於形骸；它只能是「道成（於）肉身」的結果。即此而言，畸人的「臨
尸而歌」，就某個隱微的向度，實反映了莊子對「脆弱生命」的最高禮讚：
莊子歌詠「畸人」，只因一切登臨「至人」極境的「大宗師」，皆從「畸人」
轉化而來，絕非憑空倖至；莊子歌詠「脆弱」，只因極致的「脆弱」中，反
逼出了生命的「臨界轉化」，而生命轉化過程，一如化蛹成蝶，皆從受苦現
場的深淵經驗淬煉而來，固無與於矗高孤絕、自負超越，實則背離實存、流
於意識妄構的「摹本化心體」。這一轉之間，就將聚焦於「超驗理據」的本
體論思路，翻轉為重視「轉化」之機緣性、臨場性與情境性的工夫論進路。
無它，是生命轉化過程創生了「非現實」的「身體空間」；「身體空間」則銷
融了意識妄構的無限心，而反過來調適了「現實空間」裡受苦的生命，讓嚴
厲酷烈的五濁惡世，成為尚堪忍受的「娑婆世間」。於是，我們乃可順適連
結上以「受苦現場」為「人文臨床」底蘊的「人文療癒」進路；而所云「人
文療癒」進路，揆其旨要，無非聚焦於一項只要獲得真確理解就無可忽視的

40　所云「變身」者，非指「形骸」義下的變身，而是「身體空間」的變身，余德慧
　　以「幻化生成」四字喻為「身體空間」的作用：「幻化生成是身體空間的主要作
　　用，療癒的發生就是將肉體引渡到身體空間，讓身體空間的幻化生成主宰精神的
　　作用，另一方面，透過修行的操作平臺使身體空間逐漸與修行行為發生聯繫。」
　　參閱余德慧，〈修行療癒的迷思及其進路〉，《宗教療癒與身體人文空間》，頁424。
41　語出史震林，《西青散記》自敘：「余出生時，怖夫天之乍明乍暗。家人曰：晝夜
　　也。怪夫人之乍有乍無，曰：生死也。教余別星，曰孰箕斗。別禽，曰孰鳥鵲。
　　識所始也。生以長，乍明乍暗，乍有乍無者，漸不為異，間於紛紛混混時，自提
　　其神於太虛而俯之，覺明暗有無之乍乍者，微以悲也。繼褓膳雌，家人曰：其子
　　猶在，匍匐往視，雙雛睨余，守其母羽，輟膳以悲。悲所始也。匍匐墻下，得物
　　謂飴，捧而吮之。家人癡余曰：石也。上有字，字為西，字為青，強余讀，讀所
　　始也。其四如白至今對之，是為散記。乾隆二年十二月十二日夢中作。」

核心洞見——存有深淵的邈然臨在所造成的斷裂，其殘缺破碎之貌，甚而比建構在超驗主體上之廣大悉備的哲學體系更具意義；無它，破碎促成了「主體中心」的崩毀而為「身體空間」的蘊生留下餘地。這寄意悠遠的「餘地」，正是絕望中的救贖所在——不論出於身體因素或時代因素，當斷裂不可免，深於幽闇中的詩性凝視所接引的「身體空間」（侔於天），遂成「涵天下而餘於己」的「畸於人者」仍得以「樂天下而不匱於道」[42]的「別路藏身」所在。

第二節　氣化之域

身體空間，在人文療癒的思路裡，乃蘊生於「血肉形軀」所轉化出的「精神性生成」[43]；惟此「精神性生成」既緣於「轉化」之功，自離不開工夫修行歷程。然則，《莊子》文本裡，可找出哪些最具代表性的工夫進路？顯然，以內七篇而論，〈大宗師〉的「坐忘」、〈人間世〉的「心齋」、〈養生主〉的「庖丁解牛」，都是經典示例。此三段文本，古今註疏何可勝數？唯依「人文療癒」視角切入者，尚屬泠然希音，茲重與分梳如後。底下，請從「坐忘」作為闡釋起點；無它，在筆者依「人文療癒」理路重構的莊學詮釋體系裡，由「坐忘」而「心齋」而「解牛」，實隱含著逐層遞升的理路展演：

> 顏回曰：「回益矣。」仲尼曰：「何謂也？」曰：「回忘仁義矣。」
> 曰：「可矣，猶未也。」他日復見，曰：「回益矣。」曰：「何謂
> 也？」曰：「回忘禮樂矣。」曰：「可矣，猶未也。」他日復見，
> 曰：「回益矣。」曰：「何謂也？」曰：「回坐忘矣。」仲尼蹴然

42　此則化用船山詩論之語以寄意：「古之知道者，涵天下而餘於己，乃以樂天下而不匱於道」。參閱王夫之，〈論葛覃〉，《詩廣傳》卷一，《船山全書》，第三冊，頁301-302。
43　此「精神性生成」即「人文空間」。不限生機暢旺的身體，才有發展「精神性生成」的可能性；甚而，瀕臨崩解的「血肉形軀」亦無礙此「精神性生成」；所謂「病裡『乾坤』」是也。

曰：「何謂坐忘？」顏回曰：「墮肢體，黜聰明，離形去知，同於大
通，此謂坐忘。」仲尼曰：「同則無好也，化則無常也。而果其賢
乎！丘也請從而後也。」[44]

　　通篇文脈，從「忘」仁義，到「忘」禮樂，最後收結於決定性的「坐
忘」工夫；通過一個「忘」字而層層拓深的「生命轉化」蹤跡，具見莊子
筆下人物，如何深入飽富「身體感」的工夫路徑以展開一種「從有限走向
無限」的超越。這意義下的超越，是貼緊「實存脈絡」而展開的「臨界轉
化」。似此轉化路徑，以其飽濡「臨床現場」之「臨在性」，顯非從一夐高絕
俗的「超驗心體」所發動，卻是從「身體感」入手，以打破意識框架造成的
鬱結凝滯，終而活血祛瘀，通於大化。這就為「身體」潛具而未盡暢發的多
重維度拉出了肌理豐饒的層次。原來，身體是有層境之分的。從猶受社會規
訓而不免觸處成滯的「符碼化」身體，到解域「心知」箝制而漸入氣韻生動
的「氣化」身體，在在示現著一道由「較低的」逐步走向「較高的」之生命
轉化歷程，此則莊子「即『有限』而走向『無限』」的調適上遂之路。以此
觀之，莊子特能正視生命之幽暗性。別看莊子筆下無數神化莫測的人物，雲
裡霧裡，高來高去，其實，點點滴滴的超越，皆從沉重的肉身轉化而來。所
以，要理解莊子，原不能只看其宛若神人般「遊乎天地之一氣」[45] 而「以生為
附贅縣疣，以死為決疣潰癰」[46] 的灑落出塵之姿；更該從工夫論的角度以追
問這「翩若驚鴻，矯如遊龍」的生命高度，如何而可能？

　　顯然，顏回令乃師亦只能瞠乎其後的「坐忘」工夫，正是至關核心的線
索之一。所云「墮肢體」者，原不可割截來看，而必須與「黜聰明」連帶考
量；因為「肢體」、「聰明」皆非指向「純粹之肉身」[47]，而是「語言—心知」
共構之「文化符碼系統」所箝制的身體官能，也就是「離『形』去知」四字
所言之「形」；惟此「形」，依筆者，乃為「知」所規訓之「形」，所以「形」

44　語見《莊子・大宗師》，參閱郭慶藩，《莊子集釋》，頁282-285。
45　同上註，頁268。
46　同上註，頁293。
47　諸如消化系統、呼吸系統、交感神經系統、副交感神經系統或中醫語境之經絡系
　　統所匯流成的「純粹的肉身」。

字在此無獨立意義，以其帶著「知」的烙印，而非只是純然的血肉形軀。明乎此，乃能順適把握「同於大通」的「坐忘」境界，正從「離形去知」轉化而來；而「離形」云爾，「墮肢體，黜聰明」之謂也，也就是莊子借顏回所點出之「忘」的工夫。這意義下的工夫，一端「裂解」於「心知」；一端則「連結」於「心知」所追躡無蹤的「大通」境界。即此而言，「坐忘」與合「裂解─連結」於一氣的「物化」，在內涵上原無二致；筆者以此確認：〈大宗師〉裡「坐忘」一詞，無非〈齊物論〉「物化」概念的理論變奏。惟「離形去知，同於大通」的「大通」二字；是意指返歸「純然的氣化」而「遊乎天地之一氣」？或另有更精微的隱喻呢？這就有待並觀「心齋」與「庖丁解牛」兩段文脈，以期對莊子「離形去知」後的精神動向，有更鞭辟入裡的對位考察。底下請續論「心齋」要旨：

> 回曰：「敢問心齋。」仲尼曰：「若一志，无聽之以耳而聽之以心，无聽之以心而聽之以氣。聽止於耳，心止於符。氣也者，虛而待物者也。唯道集虛。虛者，心齋也。」……聞以有翼飛者矣，未聞以无翼飛者也；聞以有知知者矣，未聞以无知知者也。瞻彼闋者，虛室生白，吉祥止止。夫且不止，是之謂坐馳。夫徇耳目內通而外於心知，鬼神將來舍，而況人乎[48]！

心齋，是莊子「工夫論」最具代表性的文本之一。就某個深微的理由而言，莊子「工夫論」不建立在「超驗理據」的安立、不建立在作為「本體論」前提的「無限心」概念，卻是貼緊「異質交錯」的「實存面」，直叩「生命轉化」的關隘以展現。事實上，「心齋」文脈中，莊子讓再尋常不過的「傾聽」經驗依「耳─心─氣」層層展開，就深度勾畫了「生命轉化」的蹤跡。一如「坐忘」工夫裡的「墮肢體─黜聰明」乃剋就「語言─心知」之感知框架所「符碼化」的身體而立論；「心齋」工夫裡，「无聽之以耳─无聽之以心」的工夫，同樣指向「語言─心知」之感知框架所「符碼化」的身體。循此以觀，「坐忘」工夫裡的「離形去知，同於大通」，亦宜從「氣也者，虛而待物者也。唯道集虛。虛者，心齋也」找到對應線索。線索中，最值得

---

48 語見《莊子・人間世》，參閱郭慶藩，《莊子集釋》，頁147-150。

注意的關竅是「物」的介入；這是「坐忘」文脈所未及細論，卻可藉以推敲「同於大通」究何所指的「關鍵字」。依筆者之見，由「心」轉「氣」，是「傾聽」經驗進入「臨界轉化」的關隘所在；「氣也者，虛而待物者也」更是通過「身─物」締結關係以凸顯「臨界轉化」的內涵。何則？若說被「語言─心知」之表象模式給構作為「物相」並視為「實體物」的對象，凸顯了「『實』以待物」的締結關係；那麼，「聽之以『氣』」則代表了逃逸於「語言─心知」外之「『虛』而待物」的締結關係。前者，「徇耳目『外馳』而『蔽』於心知」；後者，「徇耳目『內通』而『外』於心知」。前者落在「符碼身體」與「物」的對應脈絡，後者則落在「氣化身體」與「物」的對應脈絡。從前者「越度」到後者，具見如何通過「心齋」工夫的介入，而促使「物性存有」啟動了從「物相」朝向「物化」的轉化軌跡。即此而言，「心齋」如同「坐忘」般，在《莊子》文本的不同段落，各自以「物化」的不同「變貌」闡釋了莊子在〈齊物論〉即已深刻表現的主題：物性存有，絕非僅是停留於表面的「物相」，那只是受制特定感知條件而以「對象」示現的假面「實體」；事實上，但能跳脫特定感知條件的箝制，一切物性存有，自將依「身─物」締結型態的「轉化」而「釋解」自身於一「真理得以開顯的場域」；這場域，也正是「物化」得以發生的「力量辯證場域」。這意味：物，是深藏著的；內蘊「物性存有」中的「世界」，命定只能「徇耳目內通」（而非「徇耳目外馳」）才獲致一種抵達的可能。

　　廓清至此，我們乃能通過「坐忘」與「心齋」之工夫，將「物化」作為「臨界轉化」概念的雙重向度給徹底逼顯出來：其一，斷裂於「『實』以待物」所代表的視域與由此視域所決定的「身─物」關係；其二，連結於「『虛』而待物」所代表的視域與由此視域所開顯的「身─物」關係。前者指向「語言─心知」所形構之「常人意識」與「摹本世界（現實世界）」的「解域」（解心）；後者開啟「語言─心知」所無以框限之「另類意識」與「域外他界（非現實世界）」的「生成」（釋神）。前者，以「有知知者」也；後者，以「无知知者」也。物化，就形成於從「有知之知」到「無知之知」的「臨界轉化」過程；或說，它兼賅了「『有知之知』的解域」與「『無知之知』的生成」——「有知之知」的解域，預設了「意識」的沉降；「無知之知」的生成，則召喚了「冥識」的開顯。另一值得留意的線索，則是莊子

「心齋」文脈中埋伏的「空間」意象：

> 瞻彼闋者，虛室生白，吉祥止止。夫且不止，是之謂坐馳。夫徇耳
> 目內通而外於心知，鬼神將來舍，而況人乎[49]！

　　「瞻彼『闋』者」，「闋」是「空缺」，莊子卻以充滿空間意象的「虛室」二字，點出這經由「意識的沉降」而留下的「空缺」，不是「廢墟」般的「空缺」，卻是滿盈著道的「集聚」與「流動」；所謂「唯道集虛」，又所謂「虛室生白，吉祥止止」。矛盾嗎？其實不然。無它，只有通過「解域」的生命，才得以不昧於「物相」的遮蔽而皈命於「物情空間」。這意味，經由「解域」而徜徉「域外（非現實空間）」的「此身」，不復是受「語言—知識—常規—社會」給收編的「符碼身體」，而是免於「常人意識」規訓之「氣化身體」；此則「遊於方內」者和「遊於方外」者的根本區別。前者看似安居樂業（being-at-homeyness），卻宛若置身樊籠；後者看似顛沛流離（not-at-homeyness），卻掩抑不住一股打破樊籠的歡暢之情。可見，域外的生命，失去了「樊籠」給予的「位置」或「安頓」，卻自有「非現實空間」作為不可見的「棲居之所」。這醞藉於「虛而待物」之「詩性凝視」而作為「託庇空間」的詩意棲居之所，正是「徇耳目內通而外於心知」者皈命依止的「虛室」所在；「吉祥止止」則是「唯道集虛」之下福杯滿溢的「恩寵」。若說，「吉祥『不』止」，謂之「坐馳」；那麼，「吉祥止止」，就是「坐忘」了。即此，我們看見「物化」的主線索，如何以不同的隱喻與變貌而通貫《莊子》全書脈絡。舉凡——從「坐馳」到「坐忘」、從「解『心』」到「釋『神』」、從「離形去知」到「同於大通」、從「墮爾形體，吐爾聰明」到「倫與物忘，大同乎涬溟」——在在具見「物化」的主題，如何在《莊子》的文本中不斷以各種變貌反覆出現。

　　若我們姑且藉著「——」與「……」象徵兩種「身—物」關係的締結型態。前者以「實體線」表之，隱喻一種「聽止於耳，心止於符」的「對象化」進路；後者以「虛構線」表之，象徵一種「虛而待物」的「非對象化」進路。那麼，前一種「身—物」關係所對應的締結型態，無非是介於「符碼

49　語見《莊子·人間世》，參閱郭慶藩，《莊子集釋》，頁150。

之身」與作為「對象」的「『物相』之物」；後一種「身—物」關係所對應的
締結型態，則是連結了「氣化之身」與作為「非對象」的「『物化』之物」。
這就更清楚地凸顯了「聽之以氣」的「心齋」進路，與貫通《莊子》全書的
「物化」進路，原是在精巧對位構思下展開的多線演示。以古典音樂為喻，
莊子筆下理路相通的「物化」變貌，就儼若巴赫精巧的「賦格」[50]藝術，雙手
各自流洩出的獨立旋律，卻能在多音複調的交光疊影中，形成一種天衣無縫
而饒富興味的「對位」關係。

　　綜此以觀，在深於「私密浩瀚感」[51]的「物化」中，整個「生命」彷若浪
跡放曠於「虛構線」所連結的「域外」；「域外」所有的生命點上，都有可能
是一個「生機暢肆」的切點，這「切點」正相應巴舍拉（Gaston Bachelard）
的「詩的瞬間」概念[52]——它以「垂直向度」直抵「存有深淵」而掙脫了
「聽止於耳─心止於符」之「語言─心知」進路所運行其中的「線性時間維
度」。相對「線性時間維度」裡，所有受制「物相」遮蔽的生活都從「虛構
面」溢出，朝向「域內」去建構；但生命則兀自前流，在「虛而待物」的
深度聆聽中，闇然冥會於來自「域外」深淵的遙響。昧於「物相」而不知
返者，眩惑於「語言─心知」所構造的「超驗理據」，視如牢固無可移易
的「人性之真實」；但抖落一切意識摹本的「生命」卻依舊在「域外」，不為
「檻內人」[53]所認識。這意味：人所認識的是他受制特定「感知條件」所建構
的「視域框架」。「遊於方外」者，顛沛流離（not-at-homeyness），卻冥然有
會於「詩意棲居」之所；「遊於方內」者，安居樂業（being-at-homeyness），
終難逃「存有深淵」的覆沒。

　　走筆至此，我們終而來到了「心齋」的空間意象所衍伸的最後結論：莊
子筆下，「鬼神將來舍，而況人乎！」的「虛室」，非立基「語言─心知」之

50　賦格是複音音樂的一種固定的創作形式，而不是一種曲式。賦格的主要特點是相
　　互模仿的聲部在不同的音高和時間相繼進入，按照對位法組織在一起。

51　借巴舍拉《空間詩學》概念以寄意。參閱巴舍拉著，龔卓軍譯，《空間詩學》，第
　　八章〈私密的浩瀚感〉，頁279-305。

52　參閱黃冠閔，〈巴修拉詩學中的寓居與孤獨：一個詩的場所論〉第一節「獨立意象
　　與詩的瞬間」，收錄於《在想像的界域上：巴修拉詩學曼衍》（臺北：臺大出版中
　　心，2014），頁324-328。

53　借《紅樓夢》63回之語以隱喻自鑄樊籠之「常人意識」。

建構，亦無涉「人間」的場域，卻是「徇耳目『內通』而『外於心知』」的「域外空間」，所以，也就是一個純粹的「內在世界」，或說是一個回返「語言──心知」之前的「零維度空間」。所云「零維度」者，所謂「虛者，心齋也」，惟「虛而待物」者，能入於意識所止步的「空白維度」；「虛」字，則與「虛室」相呼應，「零維度空間」正喻指此飽富「空間意象」的「虛室」。

飄搖域外的「零維度空間」，並非純然的「空缺」，而是天地神人所疊影共在的靈泊之所，此則「唯『道』集『虛』」是也。此「道」，非「意識」所對應的「實有」（beings），卻是作為「意識之『非』」的「冥識」所對應的大寫「存有」（Being）。

以此觀之：道，無非是一種不落「語言─心知」維度的「存有」；惟「虛室」能召喚「存有」虛佇其中；「虛室」與「存有」以此而在「唯『道』集『虛』」的連結下，疊影為生機酣暢的「空白維度」。這「空白維度」就是「伏流域外」而「外於心知」的「內在性」。所以，這意義下的「內在性」是備極豐饒的：在修道者眼中，它是巴舍拉「空間詩學」筆下「私密的浩瀚感」；在常人眼中，它卻猛烈撼動了「常人意識」所構築的「常規世界」，而必欲通過各種人為手段將其「抹平」以求視而不見。舉個典型的例子，醫院不就是這麼一個充斥各種人為治療手段以掩蓋死亡陰影的場域？這場域每天在發生的，正是「意識」與「意識之非」的對撞與糾葛。安居樂業（being-at-homeyness）的頑強期待，在此宛若被狠戾撕碎而飄散風中的謊言。

即此而言，作為「內在性」的「域外空間」，它一方面是解構「俗世」的「安定感」後所曝露的「存有深淵」，「存有深淵」充滿了「不確定」的變數，所以也是活在「常人意識」規訓下的「符碼身體」，所極力要抹除並拒斥於「常規世界」外的「不定變項」（此如死亡、病痛、殘廢，以至種種無可阻止的喪亂離散經驗）；然而，另一方面，「存有深淵」的不確定感，對極少數敢於迎向「臨界轉化」的僭越者，卻也帶來前所未有的自由想像，讓打破樊籠而從中「解『心』釋『神』」以「大同乎『涬溟』」者，儼然「臨在」於一種「優入聖域」的神聖體驗。這意味：真正的神聖，是「莊嚴」與「怖慄」的「異質交錯」經驗。莊嚴，是對坦然迎納轉化者所開啟的療癒體驗；然而，同一經驗，對轉化「卡關」者，「深淵失墜」的怖慄感，卻只讓人茫

然失措，進退維谷——時時刻不知如何是好[54]。

　　以此觀之，「存有深淵」正是「臨界轉化」的「關隘」所在。它位處於「符碼身體」與「氣化身體」之間的「裂隙」。「符碼身體」對應著「物相」；「氣化身體」對應著「（初步）物化」；「裂隙」所暗示的崩毀感，則是受苦中的「轉化之機」。循此而論，從「符碼身體」到「氣化身體」、從「物相」到「物化」，正顯示了「身—物」締結型態的「翻轉」；即此「一轉」之間，就開啟了「生命轉化」的蹤跡，也埋下了「人文療癒」或「宗教療癒」的契機。無它，深於「內在性」的「宗教」，本就只存在於「非意識（冥識）」所臨在的「非現實空間」；而療癒的恩寵，正來自「非現實」力量的挹注。所以，從「人文療癒」角度，「心齋」的文本，提供了備極豐饒的線索，讓我們從中窺見一種讓受苦的生命得以沿著「物化」的虛構線而臨在於「域外—他界」並「棲居」其中的可能性；這意味：「域外—他界」就以一種「隱匿的存在維度」囚禁於「語言—心知」所決定的「物相」裡頭，等待開抉。此所以——物，是深藏著的——森然萬象，對深於「心齋」者，俱是「稱神明之容」[55] 而「備於天地之美」[56] 的莊嚴「道身」。所云「道身」，正乃深藏於物而作為其本質存在的「物情空間」；筆者另化用海德格「四方域」概念而稱之以「天地神人所疊影共在的靈泊之所」。正是這「相蘊以道」而與「物性存有」顯隱互具的「物情空間」，讓一切困陷「心知轄域」的「存有物」，得以因著被「重置」於「開顯的場域」（物化），而自深不可測的內在，釋解出通向「不可見域」的「非現實空間」（若化用〈養生主〉隱喻，神庖所以遊刃而有餘地者，便依此作為「間隙」的「非現實空間」而成為可能）。於是，原本被箝制於「物理維度」的「物性存有」，遂得以沿著「非意識（冥識）」所畫出的「虛構線」而開顯了——「物」（物裡乾坤）作為「託命空間」的「宗教維度」。

　　是的！物，在莊子眼中，不只是作為可見的實體之物；它的背後，更涵

54　此則木心所語：「我明知生命是什麼，是時時刻刻不知如何是好。」參閱木心，〈明天不散步了〉，《哥倫比亞的倒影》，頁125。

55　語見《莊子・天下》，參閱郭慶藩，《莊子集釋》，頁1069。

56　同上註，頁1069。

藏著對「意識之眼」隱蔽而只對「冥識之眼」現身的「深度世界」，這物情盈溢而內斂幽隱的「深度世界」固不具「實體性」，它只可能是虛佇域外、音容宛在，卻以不可思議的力量挹注，賦予受苦現場以深密沁潤的「非現實空間」。惟此義幽微，頗難為言；船山解《詩》，於莊學此義，卻隱然祕響旁通，若合符節。其文曰：「道生於餘心，心生於餘力，力生於餘情。故於道而求有餘，不如其有餘情也。古之知道者，涵天下而餘於己，乃以樂天下而不匱於道。」[57] 以「餘情」涵「天下」，「天下」遂予人以「不匱於道」的「迴旋空間」。這飽濡綿邈不盡之「餘情」而自不可見處予人以深祕澆灌的「迴旋空間」，依筆者，尤深諳莊子「以人合天」之旨；援以解《莊》，不亦宜乎？

　　行文至此，我們乃能通過「心齋」文脈而順適判讀《莊子》在「坐忘」文脈所謂的「離形去知，同於大通」，以至〈在宥〉篇所謂的「汝徒處無為，而物自化。墮爾形體，吐爾聰明；倫與物忘，大同乎涬溟；解心釋神，莫然無魂。萬物云云，各復其根，各復其根而不知。」[58] 無論是「同於『大通』」或「大同乎『涬溟』」，在「物化」所形成的整體性「共在」中，理應是「物—身—神」皆共化於一氣之流行。其中，「物」是內具「深度世界」以作為「棲居—皈命—託庇」之所的「物情空間」或「物裡乾坤」；「身」同樣是內具「深度世界」以作為「棲居—皈命—託庇」之所的「身體空間」或「病裡乾坤」；「神」則是進一步整合〈在宥篇〉之「解『心』釋『神』」而說，「心」在莊子的用語脈絡，很清楚意指落在「語言—心知」維度運行的「意識」，與「心」對舉的「神」，不難索解，就是「意識之非」，也就是從坎陷「語言—心知」維度之「常人意識」解放出來而「外於心知」的「另類意識」（非意識／冥識）。綜此以觀，「離形去知，同於大通」的合理詮釋，當落在從「物相—符碼身體—常人意識」到「物化—氣化身體—另類意識」的「臨界轉化」。

　　須知，在「坐忘」的文脈中，莊子未及言「物」；卻是在對比「心齋」的文脈後，我們才全然確認莊子的工夫論中，「身—物」脈絡，乃疊影而

57　參閱王夫之，〈論葛覃〉，《詩廣傳》卷一，《船山全書》，第三冊，頁301-302。
58　語出《莊子・在宥》，參閱郭慶藩，《莊子集釋》，頁390。

現，未可孤離看待；所以，「物」在《莊子》思路中是至為關鍵的環節，一旦將「物」予以抽離、懸置，甚而遺漏，不但莊子的「物學」思想，隨之隱沒而不彰，即連莊子的本懷都難有暢達的可能。這意味，對「物化」的把握，理宜放在「物—身—神」的整體脈絡以貫通之；而「物—身—神」在「通天下一氣耳」[59] 的「共在」中所形成的「深密連結」，正是「聽之以『氣』」以至「『氣』也者，虛而待物者也」的「心齋」工夫所開顯的場域。這場域，「卮言—技藝」所涵具的「精神性生產」尚未有積極的介入，所以近乎「冥契體驗」所對應的「氣化之域」，而與人文紋跡縱橫跌宕的「物情空間」仍有一間之隔。準此以觀，通過「坐忘—心齋」以解構「心知轄域」的箝制，仍只屬於「初步物化」的工夫；因為「氣化之域」所吞吐待發、含苞待放的「人文生成動力」，還得通過「廣義的卮言」來啟動。於是，我們要進一步叩問：在「物化」中渾涵「物—身—神」於「一『氣』之流行」，是否即已妙造莊子物學思想的極詣？依筆者眼界，相較「庖丁解牛」文本所內蘊之勝境，「坐忘」、「心齋」等偏向靜觀的工夫進路，在「物化」理境的開拓上，猶有未盡之蘊；關鍵所在，無非是「技藝」的介入。底下，請進論「庖丁解牛」文本如何通過「技藝」以拓深「物化」理境的可能性。

第三節　虛廓空間

庖丁解牛，其通篇文脈，與「坐忘」、「心齋」在「物化」理境的軸線上，殊無二途；所謂「臣以神遇，而不以目視，官知止而神欲行。」這仍然是「徇耳目『內通』而『外於心知』」的思路，其與〈大宗師〉的「墮肢體，黜聰明，離形去知，同於大通」；〈人間世〉的「若一志，无聽之以耳而聽之以心，无聽之以心而聽之以氣。聽止於耳，心止於符。氣也者，虛而待物者也。唯道集虛」；以至〈在宥〉篇的「汝徒處無為，而物自化；墮爾形體，吐爾聰明，倫與物忘，大同乎涬溟；解心釋神，莫然無魂。」同屬「物化」語境下的變態展演。然則，「庖丁解牛」作為莊子「物學」敘事的經典文本，其在「物化」理境所進於「坐忘」、「心齋」者，尤在「技藝」的介

59　語見《莊子‧知北遊》，參閱郭慶藩，《莊子集釋》，頁 733。

入；是「技藝」的介入，讓原本經由「坐忘—心齋」而傳達出的「物化」意涵，自此又獲得了更趨深致的詮釋可能。若借賴錫三「符碼身體—氣化身體—技藝身體」的三身架構以表達，那就是——受縛「語言—心知」的「符碼身體」不僅通過「解疆域化」的關隘而「解—釋」為「外於『心知』」的「氣化身體」；甚而，在「氣化身體」的基礎上，進一步朝「技藝身體」的最高可能性變身，而完成「解疆域化」後的「再疆域化」。云何為「再疆域化」？在「庖丁解牛」的文本敘事中，與庖丁如影相隨的身體空間，固未自限於「符碼身體」與「氣化身體」的維度，卻是進一步朝向「技藝身體」叩關[60]。筆者因於此有感：「虛而待物」四字，雖語出「心齋」敘事脈絡，然而

60　這論斷有別賴錫三的說法。他認為「氣化身體」比「技藝身體」代表更高的自由，因為前者「完全不依憑特定物質徹向而融入宇宙本體自身，成為宏大的十字打開」；後者在《莊子》真人的境界看來，其自由則「不免落入一端之徹向」。又云：「若以《莊子》的『通』之概念說，技藝之道的身體之敞開，乃是憑藉特定物質的作用而成為敞開的通道，以成就互滲融貫的體知；然而這樣的敞開不免太過偏狹限定，而不能完全十字打開。而《莊子》真人逍遙之道的通達，乃如上述『乘天地之正，而御六氣之辯，以遊無窮者』那般無限地敞開。」（賴錫三〈《莊子》身體觀的三維辯證：符號解構、技藝融入、氣化交換〉，《清華學報》，第42卷1期，2012年3月，頁33）。筆者以為，這說法不無脈絡「錯置」之嫌。因為，依〈養生主〉庖丁解牛敘事，已然技進於道的「技藝身體」並未獨立於「氣化身體」之外，它本身就涵括「初步物化」到「深度物化」的整體可能性，自然也就涵括符碼身體與氣化身體；所以，它本就不足以作為一個據以別異於「符碼身體」、「氣化身體」的獨立類型概念（案：「人文身體」才是）；換言之，技藝身體可能陷落在「符碼身體」（偽身）的層次，也可能以一種「隱匿之在」蟄伏於以冥契體驗為底蘊的「氣化身體」層次（氣身），甚而窮其更高之潛力幅度，還可能於氣化身體的層次有所邁越而燦然盛發於飽蘊人文靈光的「人文身體」層次（道身）。這意味：涵「符碼身體—氣化身體—人文身體」三重可能性維度於一身的「技藝身體」，自有「氣化身體」所不可通約的存在維度。無它，其存在維度隨著技藝者的修行狀態而不斷在升沉位移當中。此如，學藝未精、不斷折刀的庖丁，與十九年後遊刃有餘、技驚鬼神的神庖，豈非因為技藝身體？所以，技藝身體在筆者詮釋取徑裡，只能視為一種境界升沉而流動的概念。這問題，鍾振宇也看出來了，他在〈莊子的身體存有論——兼論其與歐洲身體現象學的對話〉論及「技藝者與真人是否同一」之問題時，留下了兩段發人深省的精闢洞見，茲並錄於此，以資對照：「賴教授認為技藝之道需透過物質媒介，屬於有待；真人完全不依憑特定的物質徹向，因此是無待的十字打開。然而問題在於，真人在實踐其逍遙時，是否可以真無物質憑藉？若如此，真人究竟在何處實踐逍遙？（在真空

在「庖丁解牛」的語境裡，卻通過「技藝」的介入而得到更淋漓盡致的展
現。何則？虛而待物，作為通貫莊子全書的「物化」共法，在「心齋」的
敘事脈絡裡，其所對應的「身體空間」，猶屬落在「氣化之域」的「氣化
身體」；然而，當運刀如風、神乎其技的庖丁，在宛若隨牛起舞的肢體韻律
中，與牛共化於磅礡一氣的深祕浩瀚感，這「天—地—神—人—身—技—
器—物」疊影共在的詩性瞬間，他已然將「虛而待物」四字所潛蘊的「物
化」理境給推向更高的可能性。這更高可能性，就指向「氣化身體」所闕如
卻通過「技藝身體」的修練方有以開顯的人文生成動力。這意味，「氣化身
體」猶屬「自然」之域；苦心修練過的「技藝身體」卻可能技進於道而深
入「人文創化」之域；顯然，接連跨越「心知轄域—氣化場域」兩道關隘所
成就「人文身體」，相對於只越度「心知轄域」一道關隘所成就的「氣化身
體」，代表了更形完整的「物化」過程。前者兼備「解域」與「生成」的雙
重向度，後者卻代表「生成」向度的闕如。「庖丁解牛」在「虛而待物」的
理境推擴上所以有進於「心齋」者以此。

　　即此而言，莊子的「物化」敘事，形態上雖變貌多端，揆其底蘊，不

_____

中?)是否真人的逍遙也必須是即有待而無待之圓教逍遙、而無法捨棄有待？技藝
之道與真人之道的區分難道不是類似王陽明所說之黃金的分量之不同、而不是成
分本質上之不同？此處賴教授以『部分』、『整體』區分技藝者與真人，似乎違背
莊子圓教的主張。亦即忽略了技藝真人在部分中見整體的技藝圓教冥契體驗。賴
教授是在分解說架構下談技藝者與真人的差別，筆者則試圖在非分解、圓教的視
域下說明技藝者是真人的具體體現。賴教授在文章最後也同意真人必須要回到人
間世，並提出技藝者庖丁作為統合氣化身體與符號身體的真人圓通隱喻，也就是
說，此時的庖丁不是技藝者，而是真人技藝者」、「莊子的企圖是要表達透過『技
藝之途』是達到『真人之道』的方式之一，其中的關鍵點就在於『神』之達到：
高級技藝者可以達到『神』、真人也必須達到『神』。莊子討論技藝者所重視的，
並不是技藝者對於技藝的熟練工夫或與技藝相關的知識（雖然這也是技藝活動不
可缺少的），反而重點在於道的呈現或內心關聯於道的修養工夫，例如梓慶的『齋
以靜心』，排除了『慶賞爵祿、非譽巧拙、四枝形體』，這與真人的心齋工夫並無
不同。就此而論，技藝者也可以得道，所以庖丁『所好者道也』，透過技藝的修
練，是可以達到道的途徑之一。因此，由於高級技藝者達到了『神』，至少可以說
凝神之技藝者是得道的。」參閱鍾振宇，〈莊子的身體存有論——兼論其與歐洲身
體現象學的對話〉，收入《道家的氣化現象學》（臺北：中央研究院中國文哲研究
所，2016），頁70-71。

是落在「解域」脈絡的「氣化身體」，就是奠基「解域」而進於「生成」的「人文身體」[61]。若說，無涉技藝的「氣化身體」是融「物—身—神」於「一氣之流行」；技進於道的「人文身體」，便是融「物—器—技—身—神」於「一氣之流行」。即此言之，庖丁對文惠王所云：「臣之所好者『道』也，進乎技矣」的「道」，實乃「物—器—技—身—神」所共在之「道」。這意義下的「道」，不住於「物」、不住於「器」、不住於「技」、不住於「身」、不住於「神」，卻一體渾化於「物—器—技—身—神」的道氣流行中；是以，「人文身體」的「共在」基礎，顯然有進於「氣化身體」者，而指向更形恢宏之「物化」格局。

以此觀之，「氣化身體」於深根寧極中凝蓄待發的人文生成動力，可因著「技藝」的「創造性介入」，而以靈動無跡的「拓線」曼衍為物情盈溢、詩興盎然的「人文空間」。這意義下的「人文空間」，當然不是「徇耳目『外逐』而蔽於心知」的「對象化」思維所「劃界」的而成「實體空間」，卻是「徇耳目『內通』而外於心知」的「非對象化」思維所「解域」而成的「虛廓空間」。筆者特命名為「虛廓空間」，乃借「虛廓」二字以凸顯「虛構線」[62]所畫出的「浮動輪廓」；這意義下的輪廓，對抗著一切「自認為可以丈量所有『疆域』的尺度」[63]，以「保持自身掙脫於邊圍限制之外」[64]。於是，「技藝身體」就其最深邃的可能性而言，已不止侷限於可見的「技藝」表面，而是通過經年累月之技藝修煉將「物情空間」（物之天）與「身體空間」（人之天）給通貫（以天合天）為帶有高度「人文氣息」的「虛廓空間」。所以，這渾然「物化」中融「物情空間—身體空間」於一氣的「虛廓空間」，既保持自身掙脫於「語言—心知」的邊圍限制之外，「非知之域」遂成卮言曼衍的人文拓跡所依託的力量辯證場域。這物情盈溢、詩興盎然的力量場域，既是深

---

61 不直說「技藝身體」，是因為技藝身體也可能坎陷於「符碼身體」的層次而流於「偽化的人文」。所以，技藝身體的「人文性」，必須以「深度物化」為條件。

62 「——」與「……」象徵兩種「身—物」關係的締結型態。前者以「實體線」表之，隱喻一種「聽止於耳，心止於符」的「對象化」進路；後者以「虛構線」表之，象徵一種「虛而待物」的「非對象化」進路。

63 亞蘭・米龍（Alain Milon），《未定之圖：觀空間》（臺北：漫遊者文化，2017），頁197。

64 同上註。

藏於物而作為其本質存在的「物情空間」，亦是縈繞此身而作為其身外之身的「身體空間」。「物情空間」與「身體空間」於此，原是一事，洵非二物；因為，在「相蘊以道」中——身與物皆共化於一氣之流行；皆是奠基於「深度物化」的精神性生產；皆蘊生於「身」與「物」的深祕交涉所形成的親密共在關係。所以，偏就「身體」角度而說，即以「身體空間」名之；側重「物性存有」而說，則以「物情空間」名之。一體平視，兼綜雙美，則統稱「虛廓空間」。總之，三者皆屬「非知之域」所拓跡的「非現實空間」。

　　「非現實空間」以此而非奠基於可見「物相」的「實體化」空間，而是依繫於「物—器—技—身—神」之深密諦結關係而「轉『存有』（Being）為『妙有』（Becoming）」的「虛廓空間」。若說，「存有」是「大地」，「妙有」則是從「大地」進一步轉出的「世界」，轉化的關竅則落在銜接「身—物」兩極的「技藝」；是「技藝」的參贊，讓「解域」後的「存有」，繼續朝「非現實」的「妙有」轉化；如是「妙有」，可說是「動態心齋」版本下之「唯道集虛」——通過「身體技藝」以召喚「道氣」的流貫與集結。我們以是而確認：「虛廓空間」正代表「身—物」關係經歷兩重轉化關隘[65]後所形成的「『妙有』流淌之域」——一種將根柢厚殖於「存有的深淵」，又從「存有的深淵」如詩渲染開的「浪遊拓線」所召喚的「深度世界」。這純然「外於心知」的「浪遊拓線」——一種非對象性的「詩性之思（poetic thinking）」——所極力探問並叩求於存有深淵的「潛在世界」或「尚未給出的未來」，既是「存有大地」朝向「虛廓空間」的綻放，也代表了莊子「物學」宗教維度的進一步深化。

　　走筆至此，我們乃能漸行廓清：原來，莊子「物學」思想內蘊的「宗教維度」，並未止步於「外於心知」的「存有大地」；「存有大地」之上更有可供「詩意棲居」的「世界」以為「託命之所」。這就是通過「技藝」而縮結「自然—人文」為一的「虛廓空間」，或說，是通過「技藝」作為轉化關竅而將「身體空間」與「物情空間」給連貫為一的「非現實空間」。即此而言，外於「心知」而非「意識」所及的「非現實空間」有必要開出兩重維度：其

65　從「符碼身體」（偽身）而「氣化身體」（氣身）；從「氣化身體」（氣身）而「人文身體」（道身）。

一，是通過「坐忘」或「心齋」等偏向靜態的工夫進路，翻出「心知」的樊籠後所「歸根復命」的「氣化之域」，這自屬「道」的初步現身情態，〈知北遊〉所謂「通天下一氣耳」[66]；其二，是通過「庖丁解牛」等偏向動態的工夫進路，不單凌越「心知」的樊籠，更在「氣化之域」的基礎上，「調適上遂」於可供「託命」的「虛廓空間」，這又是「道」的「另類」現身情態。即此而言，兩種現身情態，代表了「物化」的兩重宗教維度。莊子筆下儼然以「動態心齋」而妙參造化的「庖丁解牛」敘事，正是建立在這「天機自動」的互動韻律，所謂「手之所觸，肩之所倚，足之所履，膝之所踦，砉然嚮然，奏刀騞然，莫不中音。合於《桑林》之舞，乃中《經首》之會。」[67] 具見一靈動不羈的「技藝拓線」，如何依隨庖丁「合於天均」的身體韻律，通貫「牛—刀—技—身—神」以共成一方引導「物化」發生的「開顯場域」；而「虛廓空間」正是此「開顯場域」所蘊生的「妙有」，比「氣化之域」所「解—釋」的「存有」，在理境上還要更勝一層。

　　然而，重點來了！為何從作為「存有者」[68] 而「存有」[69]；從「存有」而「妙有」[70]；最後會歸結為一方可供「棲居—託命」的「虛廓空間」呢？又為何這歸結不是導向「實體」，卻是導向「空間」？這「空間」的底蘊為何？發生條件為何？這就關涉到「庖丁解牛」全文所含蘊的深刻啟示。一言以蔽之，「庖丁解牛」敘事，於《莊子》寓言中所以特顯殊勝，在於它以格外完整的敘事結構，層次分明地勾勒出徹底深於「內在性」的「生命轉化」過程。轉化的關竅所在，則決定於兼綜「解域—生成」的「浪遊拓線」所暈染出的「虛廓空間」。底下，請循此線索以重構「庖丁解牛」的詮釋體系：

　　　庖丁為文惠君解牛，手之所觸，肩之所倚，足之所履，膝之所踦，

　　　砉然嚮然，奏刀騞然，莫不中音。合於《桑林》之舞，乃中《經

66　語出《莊子・知北遊》：「臭腐復化為神奇，神奇復為臭腐。故曰：通天下一氣耳。聖人故貴一。」參閱郭慶藩，《莊子集釋》，頁733。

67　語出《莊子・養生主》，同上註，頁117-118。

68　作為「物相」的存有者（beings）。

69　作為初步「物化」的存有（Being）。

70　作為深度「物化」的妙有（Becoming）。

首》之會。文惠君曰：「譆！善哉！技蓋至此乎？」庖丁釋刀對曰：「臣之所好者道也，進乎技矣。始臣之解牛之時，所見无非牛者。三年之後，未嘗見全牛也。方今之時，臣以神遇，而不以目視，官知止而神欲行。依乎天理，批大郤，導大窾，因其固然。技經肯綮之未嘗，而況大軱乎！良庖歲更刀，割也；族庖月更刀，折也。今臣之刀十九年矣，所解數千牛矣，而刀刃若新發於硎。彼節者有間，而刀刃者无厚，以无厚入有間，恢恢乎其於遊刃必有餘地矣，是以十九年而刀刃若新發於硎。雖然，每至於族，吾見其難為，怵然為戒，視為止，行為遲。動刀甚微，謋然已解，如土委地。提刀而立，為之四顧，為之躊躇滿志，善刀而藏之。」文惠君曰：「善哉！吾聞庖丁之言，得養生焉。」[71]

首先，值得玩味的理解前提是——莊子寓寄「庖丁解牛」敘事裡的生死思考。解牛，在此不是作為「功能性」的技藝，而是作為「真理」所據以示現的「開顯場域」。即此而言，通過庖丁所示現的解牛過程，無關殺戮、無關傷生、無關口腹之慾，也無關利潤考量，因得以上遂於一種「非意義性」、「非功能性」之「非技術的技術」[72]。莊子是何等人物？他敢於筆走險鋒，借「殺生」以談「養生」，僅此奇絕、險絕的切入點，莊子詭譎思路之靈動不羈，已足可獨步先秦諸子。不言可喻，面對莊子奇險過人的弔詭思路，蔽於同一性思路者，自是左支右絀，難期善解。在其眼中，生是生，死是死，是生就不會是死，是死就不能是生；殊不知，依弔詭性思路所敞開的世界，卻是生中有死，死中有生，甚而生死合一都是不足為奇的事。即以「解牛」寓言而論，牛身解體的過程，就涵賅了「生—死」兩重向度——死於「肉身」，而重生以「道身」；惟肉身可見，而道身不可見，遂罕有人能

---

71 語出《莊子‧養生主》，參閱郭慶藩，《莊子集釋》，頁117-124。
72 此則借「非技術的技術」以喻〈養生主〉「臣之所好者『道』也，進乎『技』矣。」另「非技術」概念，化用自王心運、林慧如，〈身體情緒與身體現象學〉所云：「柔適照顧（Anima-care）就是這種身體／靈性的技藝學，然而，它首先來自生活世界非功能性、非意義性的『非技術』」。文見《人文臨床與倫理療癒》，頁146。

一眼覷透：庖丁通過技藝的介入，實為此牛創造了一次備極完整的死亡體驗
——而完整的死亡，必然包含著生命；這生命就是牛體的「身外之身」；後
者，正指向「身體人文空間」的生成。以此觀之，技藝的介入，形同是飽濡
身體感的一場「精神贈禮」；恰是技藝的介入，才引領此牛得以通過「肉身
的解體」而優入聖域。然而，以上表達，其實仍有失精準；因為，與其說被
解構的是純然肉身性的牛體（無涉價值毀損的裸命），無如說被解構的是人
類將「語言—符碼—生產關係—市場機制—利潤算計」強加於牛體的「知識
暴力」（人類藉強加於其他物種的「知識建構」以遂行剝削行徑的「主體中
心」暴力）所箝制的「偽身」。此所以作為一場飽濡身體感的精神贈禮，庖
丁解牛的深層實相，故無涉於衛道人士所抗懷激烈的「殺生」議題，而在
於「殺掉囚禁牛體的心知牢籠」。是以，當刀鋒所過，牛體崩解，依筆者，
莊子實剋就作為「符碼身體」之「偽身」而為言，而非指實作為裸命的「肉
身」。若不識此義，而強同「虛言」為「實事」，此則厚誣莊子，未審卮言漫
衍之莊語——實「可參而不可詁者也。以詁行，則漆園之天蔽矣。」[73] 明乎
此，乃能善體莊生微旨，而深識其「寄言出意」之用心所在。於是，我們對
莊子借「殺生」以談「養生」，有了迥異習常知見的理解：既然此牛遇上的
不是尋常屠夫，而是稟賦解牛神技的庖丁，「解牛」過程，自不宜被界定為
一場醜陋的血腥屠殺，而是借「虛言」以隱喻：人與牛在宛若靈魂共舞的和
諧韻律中，共創了千千萬萬被粗暴虐殺的牲口所不曾體驗過的「深密共在
感」，那是巴塔耶義下唯有通過神聖的「耗費」（dépense / expenditure）才可
能體證的至尊性（la souveraineté）。以此觀之，即令同屬「終有一死者」，這
頭有幸遇上庖丁而免於粗暴虐殺的「例外者」，相對於牠已成冤魂的無數同
類，其實是格外幸運的！無它，重點不在最後仍不免倒下，而在倒下前曾經
歷了什麼？當無數「殺活由人」而無以自贖的牲口在尋常屠夫刀下所經驗的
——除了死亡，還是死亡；這頭被天命揀選的「例外者」，只因遇上對「身
體空間」有非凡領悟的庖丁，遂通過寓意深遠的解體過程而親證了「上揚

73　語出方以智《向子期與郭子玄書》：「《莊子》者，可參而不可詁者也。以詁行，則
　　漆園之天蔽矣。」參閱蔡振豐、魏千鈞、李忠達校注，《藥地炮莊校注》，蔡振豐
　　導論，頁 180。

以至於瀕死的生命」。是的！這意義下的死亡，看似以「肉身」為祭，實則是解構「偽身」而以「道身」（身外之身）重生於不落時空格局的更高維度（虛廓空間）。於是，我們終而能善解波德里亞（Jean Baudrillard）所嘗試表達那介於死亡與生命間的永恆悖論：「只要死亡脫離生命，生命就有缺陷，生命只存在於死亡的闖入中，存在於與死亡的交換中，否則生命必定是價值的斷裂，因此也就是絕對的虧損。」[74]

承此而論，這「死中有生─生死相蘊」的深祕體驗，既由庖丁所啟動，由此益見：靈竅別具的庖丁，終不同尋常屠夫。他的刀，在賦予死亡的同時，也開顯了生命；而與他在靈魂共舞中同登聖域的「待解之牛」卻是通過「肉身」（或受符碼制約的「偽身」）的瓦解才真正成為自己。就其隱喻深微的殊勝意義而言，「殺生」正所以「養生」，一如在「深度物化」中，「解域」正所以「生成」（可見域的「裂解」正所以成全不可見域的更深「連結」）。這意味，「殺生之『生』」與「養生之『生』」各自隸屬不同的存在維度；而「生命」二字所涵蓋的豐饒存在維度，亦不可能給「通約」於血肉形軀的「肉身」。這看似詭譎的結論，卻隱涵著至為深刻的啟示：莊子何嘗非「以牛喻人」？「殺活由人、無以自贖」又豈止是牛的宿命？徇耳目外馳而蔽於心知者，其「行盡如馳而莫之能止─終身役役而不見其成功─苶然疲役而不知其所歸」[75]，試問：其不由自主，與牛何異？此所以，作為海德格筆下的「終有一死者」，無論是人、是牛，皆只有在瓦解時才成為自己。承此以觀，「此身」雖於庖丁刀下「如土委地」，這頭邀天之幸而免於野蠻虐殺的「例外者」，卻無法不感謝庖丁，只因這是天地間唯一能夠通過死亡而遂行拯救的人。於是牠領悟到：肉身的死亡，不是一切；因為可見的肉身而外，更有蟄隱不可見域而與肉身疊影共在的「身體空間」作為啟動「生命轉化」的開顯場域。這意味，肉身解體，從來不是唯一的死亡，更無法抵達死亡的深度所在；因為，真沁透魂命深淵的死亡，必是詭譎地「死中有生」而「生死相蘊」；這意義下的死亡，只通過「物化」而發生──不是死於肉體，而是通過「心知的解域」，死於「舊我的硬繭」（〈齊物論〉所謂「吾喪予」）並

74　波德里亞著，車槿山譯，〈巴塔耶作品中的死亡〉，《象徵交換與死亡》，頁241。
75　語出《莊子‧齊物論》，參閱郭慶藩，《莊子集釋》，頁56。

重生於「我所不知的」存在維度（那對「心知」呈顯為「非知之域」的「虛廓空間」）。即此而言，不單牛體面臨了自身的瓦解，深於「物化」體驗的庖丁，在解牛的過程，實則也經驗了自己的死亡（「心知」之死）。原來，解牛神技得以成為可能，竟是通過庖丁的「死亡」而完成的——「心知」不死透，他不可能完成技驚鬼神的解牛神技。這意味：一場隱喻「深度物化」的解牛儀式，牛體，其實並非眼見的客體；在庖丁深於「心齋」的詩性凝視中，牠就是與庖丁同命共在的「生命共通體」。以此觀之，當庖丁與牛在宛若靈魂共舞的深祕韻律中「相蘊以道」，「解牛」與「解構自己」，其實渾然一事而同歸「物化」——不論人與牛，都在深度物化中「解域」於較低的存在維度而「生成」於更高的存在維度。這意義下的死亡與生命，原是顯隱互具而虛實相生。此所以，從牛的角度來看，牠不能不感謝那通過神妙刀法而將牠推向更高存在維度的庖丁；是近乎優入聖域的重生之感，讓牠在肉身解體的詩性瞬間，也同時品嚐到長年的囚禁生涯不曾有過的生命滋味。即令，這分深及魂命的狂喜與悸動，旋起旋落，又化歸無有；但至少在肉身瓦解之前，牠已經真正活過了！牠的生命，因著在世最後一刻的非凡經歷，而不致淪於純然的荒謬。這卻是牠無數在哀鳴中屈死的同伴所未及領略的「至尊性」（la souveraineté）。以此觀之，牠雖通過庖丁的刀而死，牠何嘗不也通過庖丁的刀而生？前者只及於肉身的解體，後者卻深於「身體空間」的生成而讓牠重生以不可見的「身外之身」（道身）。這意義下的死亡，毋寧是鮮烈而痛快的，因為，死亡裡有生命氣息的燦爛盛放——不論將「庖丁解牛」寓言視為隱喻或實事，「肉身／偽身」的解域與「氣身／道身」的生成，在「物化」裡，原是一事。

依此詮解進路，庖丁之刀所以神奇，正在於這把隱喻「弔詭性思路」的解牛之刀，徹底「解體」了「同一性思路」而創造了「生死合一」的經驗。解牛事件，在庖丁手上，儼然將文惠君眼中的官方祭神儀式，給悄然轉化為一場近乎「殺禪」的「精神贈禮」——那是庖丁出於對此牛的致敬而藉一場血刃於無形的解牛儀式所賦予的精神贈禮。首先必須理解的一個基本前提是——即令不視此為「隱喻」，而以「虛言」為「實事」，落在「知識暴力無所不在」的人間世，這頭牛作為「終有一死者」的終局，固無可轉圜，這是命限的殘酷與莊嚴；無它，除非此牛從來不曾出生，一旦稟賦此身而降臨煉獄

般的人間，肉身解體，已注定是與身俱來而無所逃於天地的宿命。牠唯一走
向自由的可能，端在乎能重新審視：自己淪落為人類祭儀牲品的悲慘際遇，
能否通過更高的眼界而賦予全然不同的意義？這正是庖丁所嘗試回饋此牛的
精神贈禮——他儼然是通過自己手上的刀，引領此牛沿著「體知」進路，而
在「可見『肉身』」與「不可見『道身』」的邊界，遂行一種「詩性突圍」的
可能。作為一位「物情順通」的體道者，這是庖丁所能給予眼前這頭「必死
之牛」的至高成全：在可見的「肉身維度」，送牠「好走」，以徹底終結「幽
囚待死」的屈辱；同時在不可見的「道身維度」，另闢「天間之世」，以為
「藥樹息蔭之所」。只因其用心深致有如此者，當解牛儀式，肅然收煞，庖丁
「善刀而藏之」的瞬刻，莊子形容他：「提刀而立，為之四顧，為之躊躇滿
志」[76]；躊躇，有遲疑、止步之意。細按物情，曲探心跡，庖丁提刀四顧、躊
躇不動的身影，當不只是完成一場驚人神技的自得之情；依筆者，其意識深
處，或更參雜了蒼涼萬狀的感慨，而不免哀樂相生有難可止於言者。無它，
此牛曾與他在迴旋共舞的隱祕激情中「心解－神釋」於人牛合一的「親密
共在感」。既為「共在」，此牛之死，固不能無涉於庖丁之死；因為，在相蘊
以「道」的共在感中，他們原是「生命共通體」的一部分，又如何區隔倒下
的是你，而活下來的是我？筆者因思，「躊躇滿志」四字，實隱隱指向「缺
席者」所留下的永恆空缺與「倖存者」望風懷想的蒼茫之感。當杳然消殞的
「血氣之身」，化為惦念空間裡的「身外之身」；提刀而立的庖丁，對此縈繞
綿遠的「不在之在」，如何能不為之四顧而萬感交迫？以此思之，這頭牛果
然雖死猶生，牠就活在庖丁蒼涼萬狀的惦念之中。此之謂「兩不相負」；雖
死，亦何憾焉？原來，殺生之「生」，養生之「生」，並不落在同一個存在維
度。前者指向「肉身」的解體；後者則關聯著通過「物化」而生成的「身體
人文空間」（身外之身）。一為可見的「實境」，一為不可見的「虛境」；牛體
在庖丁神技的參贊下而蛻形為「上揚至於瀕死的生命」，這等生死合一的弔
詭經驗，非通過「實境」與「虛境」的對位交織，又何足以求其善解？

　　準此以觀，是庖丁出神入化的技藝，讓分定作為祭祀牲品的待死之牛，

76　語出《莊子・養生主》，參閱郭慶藩，《莊子集釋》，頁119。

得以從作為「對象物」的「思想樊籠」[77]中給解放出來，並獲致了迴向自身「深度」的更高可能。這意味：牠們的肉身不再是被宰殺以交換特定利益的「對象物」或「工具物」，而是宛若演奏家手中的樂器，在高度技藝的參贊下，開顯出物情盈溢的「虛廓空間」。試問：何得克臻此境？只因對待牛體的方式，不是手法粗蠻的虐殺，而是經由庖丁神乎奇技的手法所賦予的內在轉化過程。於是，原本作為「對象物」的「牛體」，遂乘著庖丁遊刃有餘的手藝而發生了「裂解」與「重構」的過程：首先，與被「通約」為「工具性存在」的「物相」發生裂解；其次，循此裂解而生的「裂隙（氣化之域）」以重構與「物性存有」在更高維度的「締結關係」。前者，指向「心知轄域」的崩解；後者定睛於「虛廓空間」的生成。或說，前者「解構」了「物化前的『現實』牛體」；後者「重構」了「物化後的『非現實』牛體」——只不過此「非現實牛體」已非是「語言—心知」所建構的「可見」牛體，而是無形無相卻冥然可感的「身—物」締結關係在「語言—心知」所不及的「域外」所築造的「精神聖域」，也就是庖丁在宛若與牛共舞的神祕韻律中所交感而生的「虛廓空間」。即此而言，深密「關係」之所在，就是「受苦中的身心轉化場域」之所在，就是「世界」交凝成形之所在；這蟄伏心知裂口而冥通域外遙響的「世界」，正是在「物—器—技—身—神」通流一氣的整體脈絡中疊影而成的「虛廓空間」。這作為「身外之身」的「虛廓空間」，既是「物情空間」，也是「身體空間」；此所以在「深度物化」中馳騖八方、無有終極的技藝拓線，讓合「物情空間—身體空間」為一的「虛廓空間」，也遍染了「人文精神」的情韻與深度，而定位為遊心域外的「身體人文空間」。循此以觀，庖丁所「遊刃」其中的牛體，已非作為「對象物」而獨立於人的「現實牛體」，卻是不復具有「全牛」之「相」，而在「人牛雙泯—同歸圓照」的「共在感」中所映現出的「非現實牛體」。這意義下的牛體，是不滯「物相」的「浪遊拓線」遊刃骨節縫隙所深入的「內在性」。即此而言，

77　此指人通過「語言—心知」的符碼系統為「物性存有」所打造的「思想樊籠」。比如，在人類本位的視域框架下，界定「牛」作為一種物性存有，生來就是「經濟動物」以供人壓榨其勞力、取用其毛皮並享用其筋肉；或如「庖丁解牛」的文本脈絡裡，「牛」生來就被視作供奉太廟的獻祭牲品。

與「現實牛體」顯隱互具、虛實相生的「非現實的牛體」，正隱喻此作為「物相」之「深層世界」的「內在性」。所云「內在性」，不徒然是裂解「存有者」（beings）而開顯為「存有」（Being）；卻是帶著更深的內在要求而調適「存有」以上遂於「妙有」（Becoming）。若說「存有」是偏於靜態的「氣化之域」；「妙有」則借「技藝拓線」之助而具現為存有的妙跡，以其隨物婉轉，靈動不羈，所以更偏於動態的「虛廓空間」。一言以蔽之，前者，歸根復命，回返自然；後者，幻化生成，託命人文。此則浪遊拓線所以未能止於「第一重之生命轉化」，而必得通極「第二重之生命轉化」，始克入於「動靜相即」之境。成玄英疏解《莊子・應帝王》有云：「夫水體無心，動止隨物，或鯨鯢盤桓，或螭龍騰躍，或凝湛止住，或波流湍激。雖復漣漪清淡，多種不同，而玄默無心，其致一也。」[78] 如此動止隨物、應機無方之境，固非安於「第一重之生命轉化」者所能想像，卻為《莊子》「究竟義」所必涵。

以此觀之，《莊子》物學的「宗教」維度，為窮其最高的可能性，不應只通過「坐忘」、「心齋」等靜態工夫的脈絡而定位於「氣化之域」的開顯；更應高看「庖丁解牛」通過「技藝拓線」的「動態心齋」工夫所開顯的「虛廓空間」。前者，只完成了「第一重的生命轉化」，屬初步的「物化」工夫；後者，則完成了「第二重的生命轉化」，是更深於邃密之境的「物化」工夫。「庖丁解牛」文脈中作為「物性存有」的「牛體」，是在「技藝的介入」下獲得轉化，自屬「第二重的生命轉化」脈絡。這意義下的「牛體」，庖丁自敘：「臣以神遇，而不以目視，官知止而神欲行。」所云「神『遇』」，不落「意識」的「整飭」，而是「非意識」的「臨在」；前者建構的只是事物的摹本，後者才真回到事物自身。所以，對「官能─心知」保持隱蔽而「只能神遇─不以目視」的「牛體」，理當定位是技藝拓線在「氣化之域」（大地）的基礎上所鼓蕩而生的「虛廓空間」（世界）──那將「物情空間─身體空間」兼融並攝為一的「人文空間」。此「人文空間」既是「依屬身體的人文空間」，也是「與物相依的人文空間」；無它，在深度「物化」所創造的「深密締結」中，「物情空間」原不離「身體空間」而自存；「身體空間」亦不離「物情空間」而獨立。這意味：「現實的牛體」與庖丁的「身體（肉身／偽身

78　語出《成玄英・莊子疏》，參閱郭慶藩，《莊子集釋》，頁303。

／有限身／可見之身」）容或有隔；「非現實的牛體」與庖丁的「身體（氣身／道身／無限身／不可見的身外身）」則共化於一氣之流行而不顯對峙相。依此詮釋取徑，「庖丁解牛」敘事所殊勝於「坐忘—心齋」文本者，恰是藉由「手藝的介入」而一體開顯於「非現實」的「虛廓空間」。我們由此領會：物，本是沒有空間可言的；身，也原是沒空間可言的；然而，「身」與「物」一旦經由「離形去知—解心釋神」的物化工夫而相融於一片化機，那通極域外的「虛廓空間」，卻讓「物」有了空間，也讓「身」有了空間。這就凸顯了一道特殊的理解進路以切入「庖丁解牛」文本：既然「空間」依「關係」的締結型態而立，那麼，我們不妨也透過「身—物」互動脈絡來探詢莊子筆下可連結於宗教維度的「身體空間」與「物情空間」。

首先，「身體」與「物」看似獨立自存；深於內在性的「身體空間」與「物情空間」，卻可經由兩重「物化」歷程而冥然共化於常人知見所不可及的「非現實維度」。

其次，在此「非現實維度」所形成的「開顯場域」中，與「身」所對的「物性存有」，不復是受「語言—心知」所遮蔽而疆固劃界出的「物相」（所謂「始臣之解牛之時，所見无非『牛』者」）；卻是技參造化的一代匠人，在歷經三年小成、十九年大成的綿密修行後，才終得深於可見而入於不可見的「物性空間」——那深藏於物而足堪作為其「內在性」的「世界」（所謂「三年之後，未嘗見全牛也。方今之時，臣以神遇，而不以目視，官知止而神欲行」）。至此，「物」不復有「物相」，卻顯現為「與身冥合」而可供「遊心」的「物情空間」（物裡乾坤）。

其三，同此「開顯場域」，非惟「物」得以顯現其隱蔽幽微的「內在性」，與「物」所對的「身體」，也不復是受「語言—心知」所牽制而進退遲滯、習氣深重的「符碼身體（偽身）」，而是通過「技藝拓線」在「身—物」脈絡的深密互動中與「物情空間」疊影為一的「人文身體」或「身體空間」（所謂「手之所觸，肩之所倚，足之所履，膝之所踦，砉然嚮然，奏刀騞然，莫不中音。合於《桑林》之舞，乃中《經首》之會。」）至此，「身」不復有「身相」，卻顯現為「與物冥合」而可供「託命」的「（人文性）身體空間」（胸中海嶽／病裡乾坤）。

最後，筆者將借重賴錫三相關《莊子》「物學」之新進論述，以連結本

文匯流「身體空間─物情空間」為一的莊學詮釋體系。賴錫三此論，乃剋
就《莊子・達生》中梓慶「削木為鐻」[79] 的「以天合天」概念而發；同一論
題，楊儒賓也留下了關鍵的論述[80]。依筆者，賴錫三〈莊子技藝中的天理與
物性〉一文，對於莊子「物學」思想的盛發，可謂繼楊儒賓開闢莊子「物
學」論域而後，最富拓跡潛力的理論延展。他透過對「庖丁解牛」文本的
重新詮釋而聚焦於一個特殊的凝視點：那就是「物性阻力」。這靈感依他自
述是來自法蘭克福學派的要角阿多諾（Theodor W. Adorno），筆者依列維納
斯（Emmanuel Lévinas）之「他者」理路承接，竊以為亦若合符節。此亦
無它，賴錫三所強調的「物性阻力」，正來自不受「同一性」思路給收編的
「異質性」。原文引證多端，論據豐饒，筆者姑聚焦其釋解「庖丁解牛」之文
脈以扣合本節的論述主線：

> 就算已有十九年功力的神庖，在他的解牛過程中，也絕非一直處在
> 毫無阻力的順刃暢通狀態。尤其每當遭遇某些特殊紋理的錯綜情境
> （每至於族），刀刃便立即顯出特別礙澀的力量張力（見其難為），
> 因而庖丁也就要特別謹慎（怵然為戒），與精微調度（動刀甚微），
> 來和緩力動的時間性節奏（視為止，行為遲），換言之，當刀刃與
> 牛體的互動來到某些特殊的力量交涉場所時，原來較為順暢的物我
> 交往之力量空間，會轉換到較為阻澀的力量空間，此時細敏的身體
> 運動的時間性韻律，也要跟著轉換力量速度，這是因為此時的物性
> 阻力，會反過來要求庖丁要能被牛體天理給再度調適轉化，以便
> 進入到另一節奏的「以天合天」之力量辨證。由此可見，「以天合
> 天」或「依乎天理」，是一個不斷回應、不斷調整的力量來回之變

79　語出《莊子・達生》：「梓慶削木為鐻，鐻成，見者驚猶鬼神。魯侯見而問之，
曰：『子何術以為焉？』對曰：『臣工人，何術之有！雖然，有一焉。臣將為鐻，
未嘗敢以耗氣也，必齊以靜心。齊三日，而不敢懷慶賞爵祿；齊五日，不敢懷非
譽巧拙；齊七日，輒然忘吾有四枝形體也。當是時也，無公朝，其巧專而外滑
消；然後入山林，觀天性；形軀至矣，然後成見鐻，然後加手焉；不然則已。則
以天合天，器之所以疑神者，其是與！』參閱郭慶藩，《莊子集釋》，頁658-659。
80　參閱楊儒賓，《儒門內的莊子》（臺北：聯經出版社，2016），頁334-337；第六篇
〈技藝與道〉論及「以天合天」的內容。

化過程（活動中天理、變動中天理），而不是一個相對簡單靜態之
主客合一可以完全描述。這表明了，官知止而神欲行的力量過程，
是一個不斷回應物化精微脈絡的力量交涉過程。因此，與其使用相
對簡化的主客合一、物我交融來做概括，不如從人牛之間、主客之
間，不斷互相調整的力量辯證交往過程，來加以微觀深描。用時間
性來描述，整個過程正是一個順逆之間、快慢之間，不斷彈性來回
的「非同一性」之時間流。而這樣的「非同一性」之時間流變，與
其說是由人刀（主體）所自主決定的，不如說牛體的物性理路（客
體）要求神行主體回應它，因而轉化了主體的運動狀態以及時間節
奏。由此可說，神庖之所以為神庖，在於他能鬆開主體「同一性」
的主宰意志，能夠在指與物化、隨物婉轉的交涉過程中，被「非同
一性」的物化處境給不斷打開與更新。從而讓整個主體與客體的來
往交涉，充滿差異又新鮮的持續性之動態活力[81]。

　　若筆者未錯解此文論述脈絡，賴錫三所詮解下的「物之天」，乃指涉從
「對象域」解脫後之「非對象物」所內具之不可通約的「獨異性」[82]，並即此
「不落『同一性思路』轄制」的「獨異性」以盛發「『以天合天』固未可倖
至」之義。

　　承前文漸臻成型的詮釋體系以觀之，賴錫三詮解下的「物之天」乃「心
知轄域」所無以把握的「牛體天理」。這意義下的「牛體」，乃「域外」之
「他者」，是「外於心知」而為一切通過「語言—符碼」建構的「知識」所不
可企及的「奧祕」；即此而言，「牛體天理」固不在「知識之域」，卻落在未
經知識整飭、編碼的「氣化之域」。所以，「牛體天理」不可能是「心知」所
駕馭操控的「知識之理」，卻指向那嚴拒被知識給「通約」的「獨異性」。這

81　賴錫三，〈莊子身體技藝中的天理與物性〉，收錄於《諸子學刊》，第17輯，頁10。
82　依余德慧借自德勒茲的獨異性（singularity）概念，係意指：「當修行做內在轉
　　向，其行的風光往往在於私密經驗裡、個人最獨異（singularity），並且如何前
　　行，只能隨順修行的操作平臺如何走向個體獨異性，無一步驟是可預見的，無一
　　步驟是可概括的。所謂次第，可能是意識現象的過分延伸導致的誤識。」參閱余
　　德慧，〈修行療癒的迷思及其進路〉，《宗教療癒與身體人文空間》，頁408。

意味,「牛體天理」超然「認知維度」之外而不落「對象域」;依本文詮釋體系,在神庖眼中,「祂」不是從「對象域」被抽離出來以服膺人類「知識界定」的「工具物」,而是只對「物化之眼」現身的一方深藏於牛體而足堪作為其本質存在的「深度世界」——那正是與「身體空間」闇相與化的「物情空間」,也是「牛體天理」之所在。前者建立在「同一性暴力」的「知識界定」而在「物相」層次呈現為「知識之理」;後者則深於無法被「同一性思路」給通約的「獨異性」而在「物化」層次呈現為「奧祕他者」的「面容」。然則,到底是什麼意義下的「獨異性」所示現的謎樣「面容」呢?很難找到比深於「他者哲學」的列維納斯更適合的哲學家來談論這個問題。他在一篇論及猶太思想家弗朗茨・羅森茨維格的文章,留下了一段意蘊深長的文字:

> 人不是可為精神特質(ethos)和原則所定義的,某種「人種」的單數／獨特化;他為自己而死,他自感地(ipseity)在自身的基礎上安置並設想自身。他是,超越於那吸引人的精神特質之外的,他不可還原的獨特性;他是(就像克爾凱郭爾式的從倫理階段走向宗教階段的人)元倫理學的[83]。

斯語可感,發人深省。實則,在莊子眼中,何止於「人不是可為精神特質和原則所定義的」;即連「物」,也「不是可為精神特質和原則所定義的」;庖丁所對應的牛體(依乎天理／因其固然)、梓慶所對應的山林(入山林,觀天性),都有其不可為知識所通約的「獨異性」。這隱匿於「非知之域」而不落認知維度的「獨異性」,該如何把握?不論是庖丁或梓慶,應物之際,不見莊子文脈中有哪些字句強調了「知識進路」的靠近。自始至終,人與物間的深沉締結,始終發生在「外於心知」的「域外」(不論是「氣化之域」或「虛廓空間」)。「心知」的作用,在莊子文脈中,總是被揶揄為一

83　語出列維納斯,〈弗朗茨・羅森茨維格——現代猶太思想家〉,王立秋譯,譯自 Emmanuel Levinas,"Franz Rosenzweig: A Modern Jewish Thinker", in *Outside the Subject*, trans. Michael B. Smith, London, The Athlone Press,1993.p.49-66,164.中譯出處 https://www.douban.com/group/topic/11188194。(查閱日期:2018.6.18)

種入道的障礙；而莊子所細予描繪並寄託深微的，毋寧是是一種「非知識」的進路——不仰賴知識的界定，更不落前者所帶來的「同一性暴力」，而是在人與物的深度會遇中，直面迎上那在「力量」（而不是知識）的交涉過程中無法輕易繞過的「獨異性」。弗朗茨・羅森茨維格顯然深明箇中關竅而讓列維納斯讚譽有加。他也留下一段可與列維納斯上段談話互為比觀的深妙文字：

> 無論何時，當我碰到一個人的時候，我都會把我的面容沉浸在他的面容之中，直到可以反映出他的每一個特徵。即使我面對的僅是一個臉的陰影，深埋於動物靜默而怨艾的眼神裡或是遠古墓碑的凝視中，我都會使自己沉浸於其中，直到我吸納了他們的面容，並與所有既存的事物建立起了聯繫[84]。

弗朗茨・羅森茨維格所走的顯然不是一條知識進路。他通過深埋於「所對之物」之面容的凝視、沉浸與吸納，而避開了來自「語言—符碼—心知」的整飭所強加於物性存有的「同一性暴力」。這姿態是極盡謙卑而柔軟的，而且，不雜染任何知識的塵埃，只是在純然的「臨在」中迎納那恩寵般流溢於「人—物」之間的深密締結力量。這不正呼應了莊子「物化」的深微旨趣？所有的深密締結，命定只能是卸下「心知」的障隔後，方能在「非知之域」所達成的交遇。這意義下的締結，是深淵與深淵的響應、是面容與面容間的相浹俱化、是獨異性與獨異性間互不通約的單純臨在與深度會遇。

回返「庖丁解牛」的寓言，現身於庖丁眼中的牛體，不是以「知識」去界定的牛體，而是以無法輕易繞過的「獨異性」與我進入深度會遇的「面容」。一如《莊子》心齋之「虛而待物」，弗朗茨・羅森茨維格通過沉浸於「面容」的獨異性裡而「與所有既存的事物建立起了聯繫。」他示現了「身」與「物」的深密締結唯一可能發生的界域。準此以觀，賴錫三關於莊子物論所提出的「物性阻力」是深具啟發性的。他透過「物性阻力」，揭示了「物性存有」所不可通約的「非同一性（獨異性）」向度，並就此向度而創造性

84　語出羅森茨維格，〈論世界、人和上帝〉（復旦大學哲學系吳樹博譯，孫向晨校），文章來源 https://www.douban.com/group/topic/48410264/ 。（查閱日期：2018.6.18）

地重釋了「以天合天」的深祕意蘊。此論發前人所未發，在臺灣當代莊學的典範轉移上，自有其不可輕忽的學術史意義。

至於本文詮釋體系所倚重的「物情空間」概念，同屬「獨異性」之存有；與賴錫三所著意闡發的「物之天」，都是建立在不受「同一性」思路所通約的「物化基礎」上。依筆者詮釋架構：「同一性」思路構成了「心知轄域」；外於心知的「獨異性」，則對應著「氣化之域」。作為本文論述主軸的「受苦現場」，事實上就緣於「心知轄域」的破裂與「氣化之域」的裸露。二者疊加一塊兒，就構成了存在中種種難以承受的「受苦經驗」，而召喚了無盡的療癒動力。

即此而言，筆者早意識到：奠基「獨異性」的「氣化之域」，絕非盡顯「心凝形釋，與萬化冥合」[85]的一片化機或「躊躇滿志，善刀而藏之」[86]的意氣風發之態。殊不知，在種種美好的體驗背後，「氣化」的本身，何嘗不包含了對「心知轄域」的連根搖撼？舉凡歷史動亂、倫理破局、肉身殘疾、家毀人亡、流落不遇、無枝可依，都是拜「氣化之域的無情裸露」所賜而邂然遭逢的存有深淵。列維納斯於此體會最切，他以自身的納粹集中營體驗，深察來自存有的巨大動蕩與撕毀力量。然則，賴錫三經由〈莊子身體技藝中的天理與物性〉[87]所提出的「物性阻力」概念，讓筆者對伏流於「氣化之域」的「獨異性」，除了具現為受苦現場悲摧切割的深淵經驗而外，有了另一層更細膩的觀照：簡言之，當「心齋」未成，而「心知」猖熾；此時，藉由「物性阻力」的顯現，我們將深刻窺見——物性存有如何憑恃其幽光內斂的「獨異性」以作為嚴拒「同一性」通約的底蘊力量；衍而論之，這何嘗不是一切無以倖免「同一性暴力」的禁錮之物，得以通過「人文療癒」進路而重新贖回自己的理論起點？

綜上所述，庖丁解牛所給予的核心啟示，或可總結為底下一連串迴環相扣的洞見：

85　語出柳宗元，〈始得西山宴遊記〉。
86　語出《莊子‧養生主》，參閱郭慶藩，《莊子集釋》，頁119。
87　賴錫三，〈莊子身體技藝中的天理與物性〉，收錄於《諸子學刊》，第17輯，頁1-16。

　　首先，「養生」的根本之道，在於「身體空間」的開拓。承此以觀，莊子〈養生主〉之命意所在，依筆者，宜定位於「涵養『身體空間』」；亦即，養「生之主」或養「身外之身」之謂也。

　　其次，「身體空間」非獨立自存，它只存在於「身—物」間的「深密締結關係」；所以，欲開拓「身體空間」，只能連著「物情空間」一起開拓。這意味：「身—物」雙彰，才是莊子人文精神的全幅開顯。以此理路重釋《莊子・達生篇》：「身體空間」是「人之天」，「物情空間」是「物之天」，「身體空間」與「物情空間」在深度物化的歷程中，終而漸入邃密，相蘊以道[88]，此則梓慶「削木為鐻」所自道「以天合天」[89] 是也。

　　其三，「外於心知」只屬「初步的物化」；物化的更深可能性，還在能通過「技藝」的拓線以「參贊造化」。正是「技參造化」，帶入了深富「人文內涵」的精神性生產而令「深度物化」裡相浹俱化的「身體空間」與「物情空間」，能夠從以「冥契經驗」為底蘊的「氣化之域」，進而調適上遂於「飽蘊人文靈光」的「虛廓空間」。惟其以「技進於道」為發生條件，「人文—自然」闇相與化的「虛廓空間」，遂得在人文靈光的澆灌下，蛻形為餘情綿邈而與「人間世」（人）虛實互濟、疊影共在的「天間之世」（天）。

　　其四，「虛廓空間」深藏於物卻只能通過「技藝拓線」才獲致全幅的開顯。這結論並不意味「氣化之域」對深藏於物的「世界」就無所開顯；只不過如實指出：經由「技藝拓線」所開拓的「虛廓空間」，以其物情盈溢，詩興盎然，確乃「氣化之域」所無可通約的「人文維度」。是以，就實存面

---

88 「漸入邃密，相蘊以道」八字，乃筆者從賴錫三〈莊子身體技藝中的天理與物性〉一文吸收的想法，並試圖連結於本文之涵「身體空間—物情空間」為「身外之身（虛廓空間）」的「物化」理論。另外，同是詮解「以天合天」，楊儒賓詮解下的「物之天」可涵帶「知識之理」，則與筆者將「物之天」定位於「非知之域」並直從「非知之域」以窺其人文紋跡的詮釋取徑有異。他認為：「天理的獲得是建立在對經驗性的『理』的理解上面，『天理』與『理』不是對反的關係，而是進階的關係，形氣主體使得『理』昇華為『天理』成為可能。」參閱楊儒賓，《儒門內的莊子》，頁334-337。

89 語出《莊子・達生》：「然後入山林，觀天性；形軀至矣，然後成見鐻，然後加手焉；不然則已。則以天合天，器之所以疑神者，其由是與！」參閱郭慶藩，《莊子集釋》，頁659。

而言,「虛廓空間」與「氣化之域」雖通極一氣,並實由「氣化之域」所轉出;惟理論建構上,仍宜別立概念,以突出「非知之域」裡實涵具兩重境界。

其五,在深度物化中,物化,不獨屬於物;而是身與物一起進入物化的過程。這意味,莊子物學義下的「物化」,乃身物雙彰、一體開顯的過程。開顯的場域,就落在「身」與「物」間的深密締結所形成的「力量辯證場域」:身,是身外之身;物,則是物化之物。二者背後,都連動了「心知」的轉化(轉「意識」為「冥識」)。梓慶削木為鐻而歸結於「以天合天」的究極領悟,依筆者詮釋體系,則定位為「身體空間(人之天)」與「物情空間(物之天)」的冥合。準此以觀,飽蘊人文精神的「虛廓空間」,無非是「以天合天」的人文拓線在「氣化之域」所交織蔓衍而成的人文景觀。更細緻地說:一種沿著「非知之域」幻化生成的「異質空間」(異托邦)、一方深於「詩性凝視」的「詩性突圍」所開啟的「詩性空間」、一泓「天─地─神─人」疊影共在的「靈泊之所」、一灣悖逆「心知」而只能通過靈動不羈的「體知」進路以曲探幽微的奧祕他者匯流之域。

其六,賴錫三詮解下的「物之天」,依筆者的「再詮解」,乃拘限單線邏輯的「同一性思路」所無以觸及、亦「同一性暴力」所無可毀傷的「域外牛體」之理。這意義下的天理,實近乎前文列維納斯所揭示──人,是「超越於那吸引人的精神特質之外的,他不可還原的獨異性」。「獨異性」不落「對象域」,無涉「知識」之理,亦無分人與物。即此而言,「以天合天」四字,於此「人─牛」交涉的力量辯證場域中,純屬「獨異性」與「獨異性」間精微互攝的過程;所以內具一種「阻澀」與「流暢」來回交盪的時間性律動。這意味:「以身體道」的過程,無法繞過必然的阻澀與遲滯;此中大有工夫在,固未有倖至之理。

其七,在莊子寓言中,「物性存有」含藏深微的「獨異性」,對一切猶「物化」功淺、「心齋」未淨的初階匠人,恰構成一種不可見的「物性阻力」;「物性阻力」則通過無可繞過的「阻澀」與「遲滯」來警醒──匠人的技藝瓶頸,正關涉「物性存有」被嚴重輕忽的「獨異性」。這意味,是習氣深重的心知框架,阻斷了匠人與手中物的深密連結。何則?無視於「物性存有」內蘊幽微的「獨異性」,終不免淪落於「與物相刃相靡」的「同一性暴

力」而徒留人與物的雙重毀傷。依本文對「莊子物學」的詮釋主軸,「獨異性」固非人所獨具,在莊子眼中,即連天地間一切微塵眾生,皆秉此無可通約的「獨異性」而闇相與化,冥然共在[90]。即此而言,對初階匠人顯現為阻澀、遲滯相的「物性阻力」,說實了,無非是為了對抗「心知轄域」對「物情空間」的縮減與吞併。甚麼意義下的「對抗」?一言以蔽之:通過「詩性凝視」在「非知之域」展開的「詩性突圍」。詩性,在此代表一種據以「觀物」的根本凝視點;它決定了「物性存有」將以何面目而對觀者現身,也決定了一切猶淪落「知見茶毒」與「市場販售」的「工具物」,如何重新贖回自己的性靈。這就延展出「人與物的相互拯救」問題,亦是本章末節欲待通過「弔詭性」思路所圓成的理論缺口。

第四節　迴盪空間

莊子「物學」,以「物化」為核心理路所在。惟「物化」二字,雖出自〈齊物論〉,莊子在理路的表達上,卻是變貌多端,未必盡以「物化」為名。於是,大鵬怒飛是物化、莊周夢蝶是物化、顏回坐忘是物化、庖丁解牛是物化、梓慶削木為鐻是物化、隱几者嗒焉若喪是物化……只見莊子卮言曼衍,隱喻多方;物化衍生的各種變貌,遂如同一旋律展開的不同變奏;論其風格,則妙跡紛呈,幻化萬千;揆其旨趣,則萬法歸一,不離其宗。依筆者,「物化」作為貫通《莊子》全書的核心概念,正是在這意義下,以極盡深致而周延的詮釋力,全幅撐起了莊子「物學」的理論規模。此所以在筆者眼中,《莊子》全書,無往而非「物化」之跡。惟「物化」理境,層次多方,非徒以「心齋─坐忘」之靜態工夫為已足;更要進於「技參造化」如「庖丁解牛」之動態工夫,方足以兼賅「初步物化」與「深度物化」的兩重轉化關隘。後者,所以在工夫難度更進於前者無它:在「物化」中合「物─器─技─身─神」為一的「虛廓空間」,毫無疑問比「物化」中合「物─身─神」

---

90 獨異與共化,看似對峙,實則並不矛盾,而是弔詭地並存。事實上,惟敬慎護持天地萬物的「獨異性」,宇宙間的森然萬象,乃能免於「同一性暴力」的通約而闇相與化,冥然共在。

為一的「氣化空間」，於「共在格局的開拓」上，要來得更周浹邃密而規模宏遠。是以，物化工夫入於極詣者，以其在物化格局的推擴上，真能無所不賅、無所不化，遂令凡所締結者，悉皆在深度會遇中，與己冥然共化、同於大通而匯流為一大共在。依筆者，這「無有中心」也「無有邊緣」的「生命共通體」，才真正在「去主體中心」的詮釋取徑上，徹底回應了當代思潮的轉向，也逼近了《莊子》思想該有的「圓教」格局。既以「圓教格局」相期，莊子「物學」焉得偏廢「人文」而不予「物」以絕大的肯定？以此思之，圓教義下的「人文型莊子」，在應物態度上，不「以物為粗」、不「以物為妄」，乃成必然的理論前提。無它，人文，必通過「及物」以盛發；不「及物」，不成「人文」。所以，人文風貌的莊子，必然要及物、潤物以彰顯其人文動向；既要「及物」，「技藝」的介入是必要的；「身體」作為技藝的修行介面，自亦不容取消。「身─物」雙彰，進而共化「身─技─器─物」於一氣之流行，遂得全幅撐起「莊子物學」該有的圓教規模與人文氣象。

　　準此以觀，欲令《莊子》物學得以相應圓教規模該有的理論格局，「宗教維度」在莊子的「物學」體系裡，就不宜只定位在「冥契體驗」的層境，而必得踰越此境而更上遂於「卮言曼衍」的人文空間。與其說二者間有層次高下之別，無如說它們各自代表了完整物化過程的兩重環節——前者是後者所以可能的基礎；後者則是通過前者而抵達的充實與盛放。前者重於「心知轄域」的「解構」，而令其回歸存有大地的母體；後者則是「解疆域化」後的「再疆域化」，惟這意義下的「再疆域化」不復是出於「心知」的劃界作用，而是深於「體知」的浪遊拓線在「深祕共在感」的湧動下所應機暢發的「詩興動力」。依筆者，正是這飽蘊人文靈光的「詩興動力」，構成了一切深邃宗教感的基礎。何則？以莊子寓言為例，文本中多少神乎其技而令「見者驚猶鬼神」的巨匠，如何鼓蕩「詩興動力」，而以蜿蜒交錯的人文紋跡在「心知轄域」所未及的「域外」，曼衍出層疊無盡的「非現實空間」以作為「可託命性」的「棲居之所」；這豈不是一切無關教門意識而訴諸「神聖感」之直接體驗的「內在性宗教」所共契的微旨？

　　人，作為必有一死者，終究需要一種「厚度」來支撐他的「有限性存在」。這厚度內具於「不可見卻冥然可感」的深祕共在感；深祕共在感則起興於——涵賅氣化之域、虛廓空間卻猶不以此自限的完整「物化」過

程。這意味，解域，猶只是裂解於「心知轄域」的初步物化過程；解域而後，既已洞穿「同一性思路」的線性因果邏輯而徹底免於「心知轄域」的控馭，又有何理由不能出入自在地遊走於「心知轄域」的邊界，以盡致釋放被舊有疆域給牢籠而漸趨萎頓的想像力？此所以「深根寧極」的「冥契經驗」，固不足以作為《莊子》的終極旨歸所在，對「其於本也，宏大而辟，深閎而肆；其於宗也，可謂調適而上遂矣」[91] 的莊子，「冥極」者，必入於「妙跡」；「妙跡」固非與「冥極」對峙，而是從「冥極」綻放出的「妙有（Becoming）」；亦是解域後的「存有（Being）」以「變奏型態」幻化生成的「詩意開展」。這是涵「冥極」而入於「妙有」的拓跡行動；是「物化」可能性的進一步深化。兩千四百年前的莊子，同二十世紀末的法國哲人巴舍拉、德勒茲皆屬精擅此道者。他們無法安於「以空虛不毀萬物為實」[92] 的消極真理觀所留下的一片「空無」，卻要在莽莽蒼蒼的「空無」中建立起一方可供「棲居—託命」的「詩意世界」。說其為「詩意」，是因為「詩」在本文詮釋系統中，被提煉為一種「虛而待物—妙觀逸相」的觀物模式；而「詩意世界」正是建立在「詩」（詩性凝視）對「語言—符碼」等結構性系統的解構之上；也建立在「卮言—技藝」對此莽莽蒼蒼的「非知之域」所「拓跡—曼衍—幻化—生成」的「虛廓空間」之上。隱喻地說，這通過「體知—冥識」開顯的「詩意世界」，就以「虛廓空間」寄藏於海德格「大地巨巖上的希臘神廟」[93] 或巴舍拉「高聳天際又俯視深淵的鳥

91　語出《莊子・天下篇》，參閱郭慶藩，《莊子集釋》，頁1099。
92　同上註，頁1093。
93　「神廟」之喻，乃海德格〈藝術作品的本源〉給出的經典示例。參閱孫周興譯《海德格爾選集・上》，頁262-268。文云：「一座希臘神廟。它單樸地置身於巨巖滿布的巖谷中。這個建築作品包含著神的形象，並在這種隱蔽狀態中，通過敞開的圓柱式門廳讓神的形象進入神聖的領域。貫通這座神廟，神在神廟中在場。神的這種現身在場是在自身中對一個神聖領域的擴展和勾勒。但神廟及其領域卻並非飄浮於不確定性中。正是神廟作品才嵌合那些道路和關聯的統一體，同時使這個統一體聚集於自身周圍；在這些道路和關聯中，誕生和死亡，災禍和福祉，勝利和恥辱，忍耐和墮落——從人類存在那裡獲得了人類命運的形態。這些敞開的關聯所作用的範圍，正是這個歷史性民族的世界。出自這個世界並在這個世界中，這個民族才回歸到它自身，從而實現它的使命。這個建築作品闃然無聲地屹立於巖石上……巖石的璀璨光芒看來只是太陽的恩賜，然而它卻使得白晝的光明、天

巢」[94]。不論是「神廟」抑或「鳥巢」，都給予了「託庇之所」的空間意象。惟此空間意象，不受限於可見的「實體空間」，而更指向那深藏於「物」而作為其「本質存在」的「虛廓空間」。後者來自空無（大地／氣化之域），又不止於空無；它是渾涵「空無」於一身的「妙有」，是深於「冥極」才得以如詩綻放的「妙跡」（世界／虛廓空間）。此所以這意義下的「空間詩學」（the poetics of space），是「現象學」的進一步「延展」；因為，它不只是要

空的遼闊、夜晚的幽暗顯露出來。神廟的堅固的聳立使得不可見的大氣空間昭然可睹了。作品的堅固性遙遙面對海潮的波濤起伏，由於它的泰然寧靜才顯出海潮的兇猛。樹木和草地，兀鷹和公牛，蛇和蟋蟀才進入它們突出鮮明的形象中，從而顯示為它們所是的東西。……大地是一切湧現者的返身隱匿之所……在湧現者中，大地現身為庇護者（des Bergende）。神廟作品闃然無聲地開啟著世界，同時把這世界重又置回到大地之中。如此這般，大地本身才作為家園般的基地而露面……神廟在其闃然無聲的矗立中才賦予物以外貌，才賦予人類以關於他們自身的展望，只要這個作品是作品，只要神還沒有從這個作品那裡逃逸，那麼這種視界就總是敞開的。……一塊石頭是無世界的。植物和動物同樣也沒有世界，它們不過是一種環境中的掩蔽了的雜群，它們與這環境相依為命。與此相反，農婦卻有一個世界，因為她居留於存在者之敞開領域中。……雖然雕塑家使用石頭的方式，彷彿與泥瓦匠與石頭打交道並無二致。但是雕塑家並不消耗石頭；除非出現敗作時，才可以在某種程度上說他消耗了石頭。雖然畫家也使用顏料，但他的使用並不是消耗顏料，倒是使顏色得以閃耀發光。雖然詩人也使用詞語，但不像通常講話和書寫的人們那樣必須消耗詞語，倒不如說，詞語經由詩人的使用，才成為並保持為詞語。」依筆者，海德格所云「大地」，即相應本文詮釋體系的「氣化之域」；至於，以「虛廓空間」寄藏其中的「世界」，依〈藝術作品的本源〉，則是以「大地」作為「返身隱匿之所」的「湧現者」。惟須特別指出的是：此作為「大地之湧出」的「世界」，並非就「神廟」之物質形式或實體空間而說，而是就與實體空間疊影互具、虛實掩映的「虛廓空間」而說。這意味，作為一切藝術作品象徵的「神廟」，乃嵌合「大地」與「世界」的中介；是「大地」通往「世界」的詩性甬道。更細緻地說：「世界」以「天—地—神—人」所疊影共在的「靈泊之所」寄藏於「神廟」；神廟則通過自身的泰然寧靜而「闃然無聲地開啟著世界」。世界，以此而作為藝伏一切偉大藝術作品背後的「隱秘結構」；依海德格，它正是聚集於藝術作品周圍而有待開啟之「敞開的關聯」或「道路和關聯的統一體」；一個民族，唯有返歸於此並從中確認自己「通極天人兩域」的命運圖像，「這個民族才回歸到它自身，從而實現它的使命。」以此觀之，「世界」顯露之機，正乃「命運」萌芽之始；終有一死者，正是在「天—地—神—人」交感一氣的強大迴盪感中，識得了自身的來歷，而不復流浪生死。

94 借自巴舍拉《空間詩學》的意象。參閱巴舍拉著，龔卓軍譯《空間詩學》第四章〈窩巢〉，頁173-184。

求突破符碼化的「結構性圈禁」，也不只是要求回返於「經驗自身」或「事物自身」，它更要讓此「空白經驗維度」所內蘊的「詩興潛力」如含苞待放的花蕾，終而在「人文性」的參贊下達到極致的綻放。準此以觀，「現象學」所力求回返的「經驗自身」或「事物自身」；猶未足以抵達「經驗自身」或「事物自身」的究極「深度」。前者，有若春泥中含芽吐蕊的種籽；後者才是花蕾的盛放。若依「人文臨床」理念觀之：巴舍拉或德勒茲所進於「現象學」者，不單在於通過「知識裂口」以揭露隱身域外的「他者經驗」，因為，「他者經驗」所具現的「空白經驗維度」，只摧毀了「舊有世界」的疆域，卻尚未從「舊有世界」的廢墟重新出發，以思考一個「潛在世界」或「尚未給出的未來」。

依筆者切入《莊子》文本的思路，這作為「尚未給出之未來性」的「潛在世界」，才是「逍遙遊」所縱情馳騁的場域，也才是「鯤鵬轉化」寓言所皈命的終極理境。以此返觀《莊子》涵蘊豐饒、變貌多方的「物化」敘事，這深藏物性存有中的「潛在世界」，為我們標舉出：「氣化」之外，另有「世界」，亦即，那作為「物化」之更深可能性而有待開顯的「虛廓空間」；也是經由深於「體知」的浪遊拓線在「非現實空間」所拓跡而成的「詩意世界」。海德格的「神廟」意象、巴舍拉的「鳥巢」意象，皆是在這意義線索下「築居」於「氣化之域」（大地）之上的「虛廓空間」（世界）。後者，不悖於前者，卻由前者所湧出（「大地」是「世界」的返身隱匿，「世界」是「大地」的噴薄泉湧）。於是，我們可以順此擘劃出「物性存有」的幾重層境：

「物化」之前，是作為「物相」的物性存有；「物相」依於「符碼化」之知識基礎而建構為可被標註、界定、命名的「對象物」。此則《莊子·人間世》所謂「以有知知者」的「有知之知」所決定的「對象」。依「有知之知」決定的「物相」，不建立在「純粹經驗」自身的基礎上，而是建立在「使經驗成為可能」的結構之上——亦即，由概念、語言、文法、符號、定義、範疇、時空、因果、預設、先見……所撐架出的理解結構。正是這些符碼化的過程，將尚未整飭的「非知識之地」給收編於結構性的認知框架，遂構成了作為知識對象的「物相」。

「物化」之後，首先面對的是「去結構化」、「解疆域化」後所留下的

「經驗自身」或「物自體」；此則《莊子‧人間世》所謂「以無知知者」的「無知之知」所面對的「真實處境」。這就進入未經結構整飭的「非知識之地」；此則余德慧所深睿洞察者：「智者多少知道曾經有個源頭，那是尚未成為知識的真實處境，裡頭有各種無法被理性整頓的混亂與無法被語言所調製的秩序，那是『非知識之地』，卻是知識的源頭，各種知識不過是被裁剪的成品，而那源頭，如人類的受苦處境，卻不斷地如紅塵滾滾的塵埃，總是漫天漫地構成人類永存的背景，跟隨著任何時代的人類。」[95] 依莊子，這「非知識之地」就是「外於心知」的「氣化之域」，也是以回到「經驗本身」為根本動向之「現象學」的場域。然則，依本文所重構的莊學詮釋系統，即令來到了「氣化之域」所標舉的「空白經驗維度」，仍未足以作為「人文莊子」的皈命之所，也不應是摶扶搖直上九萬里長空的大鵬鳥真正揮翅八極、馳心千古的逍遙場域。若說，「氣化」，是通過「解域」以返歸「域外」的「初步物化」或「物化的第一重宗教維度」；試問：「氣化」而後，更有何境？底下，請續論「物化的第二重宗教維度」。

　　進入「物化之第二重宗教維度」前，不妨先通過結構主義、現象學、後結構主義在知識建構上所分別代表的三重視域以作為對照架構：

> 對於結構主義而言，知識不應該建立在經驗的基礎上面，而應該建立在那些使經驗成為可能的結構之上；即概念的結構、語言或符號。結構主義者堅持沒有任何東西自身是有意義的，意義是由與其他的系統組成成分之間的聯繫所確定的，所以一個詞語在它的語言之外就沒有意義。後結構主義者則認為無論將知識的基礎建立在純粹經驗（現象學）或者系統結構（結構主義）之上，都是不可能的。在德勒茲的案例裡，就像其他的後結構主義者那樣，這種將生命組織化到相關的結構中的不可能性並非一種失敗或損失，而是一種值得慶幸的結果和解放。我們不能為知識建立一個可靠的基礎的事實意味著我們被給予了發明、創造和實驗的機會。德勒茲讓我們

95　余德慧，〈從真實道德看見「終極關懷」〉，參閱凱博文，《道德的重量：不安年代的希望與救贖》，頁29。

抓住這個機會，去接受生命轉變（transform life）帶來的挑戰[96]。

　　德勒茲的洞見恰如其分地給出了一道寒光熠熠的線索。依筆者之見，這道線索，正好貫穿了「以『經驗本身』為知識唯一可靠基礎」的「現象學」與巴舍拉以豐富的詩意象渲染開的「空間詩學」。從「現象學」到「空間詩學」[97]，放到《莊子》的「物學」思想脈絡，正好對應著從符碼結構的箝制中解放的「氣化之域」與通過「卮言—技藝」的參贊而令「氣化之域」更進於詩意盎然的「虛廓空間」。二者皆「外於心知」，卻又層境有別。以「虛廓空間」而論，這空間的神妙之處，在於它就深藏於看似不起眼的「物性存有」裡。舉例言之，不論是王維詩裡的「山中芙蓉」[98]、巴舍拉遐想綿遠的「燭火」[99]，以至海德格洞燭幽微的「農鞋」[100]；對一雙在詩性凝視中深於物化的眼

96　克萊爾・柯勒布魯克（Claire Colebrook）《導讀德勒茲》（重慶：重慶大學出版社，2014），頁2。

97　關於梅洛龐蒂過渡到巴舍拉的線索，可參閱王應棠論文〈棲居與空間：海德格空間思維的轉折〉，《地理學報》，第55期（2009），頁37：「Merleau-Ponty（1962）的《知覺現象學》（*Phenomenology of Perception*）在海德格『在世存有』的思考基礎上發展了身體－主體（body-subject）的概念，強調我思（the cogito）必須在一具體處境中揭示『我』。真實的我思認知我的思考本身是一不可異化的事實，它揭示了『我』作為『在世存有』的存有方式（Preface: xiii）。以身體為中心，生活世界的空間感先於客觀的空間感，事物的尺寸與距離根植於我的身體並以之為中心。作為主體關涉世界的一種可能性，深度揭示了主體與空間的聯繫，而寬度與高度則由深度所衍生，他們都是『存在的向度』（"existential"dimension）（Merleau-Ponty, 1962: 266-7）。知覺與身體將我置於世界之中心，但此一世界 必然是我身處之環境，它呈現為寬廣的心靈空間現象，例如思鄉時人們能立即拉近所思念之故鄉的空間環境。而客觀思考將各種空間經驗主題化以便明察，這種思考方式拒絕了幻象與夢境之真實性（Merleau-Ponty, 1962: 286; 289）。此一思想為巴謝（舍）拉（Bachelard）的空間詩學開闢出一個新的取徑。」

98　王維〈辛夷塢〉：「木末芙蓉花，山中發紅萼。澗戶寂無人，紛紛開且落。」

99　巴舍拉《燭之火》論及遐想者的孤獨：「對火苗的凝視使最初的遐想永存。這種凝視使我們脫離塵世，使遐想者的世界擴展……火苗對於孤單的人來說就是一個世界」、「火苗照亮了遐想者的孤獨，照亮了思想者的前額。燭火是空白紙頁的星星」、「我的孤獨隨時準備著燃燒那即將點燃我孤獨的人（路易・埃米雷《火的名字》；巴舍拉書中引文）」；參閱巴舍拉著，杜小真譯，《燭之火》（北京：商務印書館，2019），頁3、10、24。

100 海德格爾，孫周興譯，〈藝術作品的本源〉，《海德格爾選集・上》，頁253-254：

睛，映入眼簾之「物」，不會只是作為「工具用途」的可見「物相」，而是以「無盡藏」[101] 虛佇物中的「世界」。這「世界」不是靠符碼化的疆域來界定，卻是建立在「身」與「物」的深度會遇。更詳確地說：「世界」在此，不是作為物理空間或地理疆域，而是通過「關係」二字而獲得把握。它在本質上是建立在「物—器—技—身—神」的深密締結；詩性的凝視、詩性的冥思、詩性的語言，以至詩性的技藝，則是「物—器—技—身—神」得以通流一氣而深於「物化」的關竅所在。這意味，有一種不同於符碼化的疆域所界定的「空間」；對比「同一性思路」所僵硬切割、標注甚而通過命名以宣告所有權的「空間」，這遊走於「心知」疆域外的「空間」依循著全然不同的邏輯而形成。它當然有其輪廓，但這輪廓不是符碼化所成，而是建立在「處境」現場之力量會遇的結果；這未經符碼整飭收編的力量，當然是流動不居的，於是空間的輪廓也隨之流動不居——無有定相，也無可圈定；筆者因以其作為「非疆域化」之「無圍空間」而權且名之為「虛廓空間」，以點出其不具「實體性」的「浮動輪廓」所具現的空間性，固無涉於疆界的劃定與轄制而近乎一種力量的升騰與迸發。這力量就起源自「身」與「物」間所形成的互動模態。若借馬丁・布伯「我—它」關係（I-It relationship）與「我—你」關係（I-Thou relationship）之區別以喻之：「虛廓空間」顯然從「工具性—目的性—作用性—符碼性—對象性」的「硬繭」中突圍而出，它「不入其殼」而寄意於一種遐想悠遠的詩思所締結的「關係」。是的，相對語言、符碼的切割、劃界所圈定的疆域；詩，代表著「解域」的力量，它通過自身所內蘊的強大「解域力量」才得以自「語言的樊籠」打出一隙甬道以迎納域外的存有漩流，並即此「氣化之域」蜿蜒曼衍出飽濡人文氣息的「虛廓空間」以為棲居託命之所。循此以觀，這在「深度物化」中作為「可託命性」的「非現實空間」，純屬一種經由「身—物」的深密締結所成就的「人文性空間」。這意味著：「物性存有」作為「工具」被看待，只是拘限特定感知條件下的「認知模態」；一旦跳脫此「認知模態」的轄制，而代以「詩性視域」的映照，

　　「要是我們只是一般地把一雙農鞋設置為對象，或只是在圖像中觀照這雙擺在那裡的空空的無人使用的鞋，我們就永遠不會瞭解真正的器具之器具因素。」

101　借蘇軾〈詠素紈〉詩句以寄意：「無一物中無盡藏，有花有月有樓臺。」

再尋常的「物」，也可從中轉出一種高度人文性的「精神生產」。這意義下的「精神生產」，就指向物情盈溢的「虛廓空間」。它深藏於物，所以遯跡幽隱，若不可見；然而「不可見」，果真就「不存在」嗎？非也！尋常人受蔽於符碼箝制而「視如不見」、「聽若罔聞」的「不可見者」，對少數思入幽玄、靈竅過人者，卻洋洋如在，無往而不可遇。以余德慧隨筆札記為例，他對「不可見者」無時不在的「遭逢」，會遇之深，浸潤之透，每讓人觸目驚心而有難以為懷者：

> 人們不可見之處剛好就是人們心靈的棲處，深埋在世間之眼的背後；繁華的人世恍若街上的霓虹燈，不必費力就在眼前，可是我們「視物」之眼卻在後邊；我們只知道咱們看到了什麼，可是卻不知道如何看到……
>
> 我們為什麼依著現狀活著？為什麼置身於世，苦苦地要活下去？當這些問題發出聲響之時，我們突然明白到自己的無枝可棲，毫無斷然處置自己的能力。但這樣的明白，恰成了進入靈性的起點：我們必須從人置身於世的「無枝可棲」下手，才知道心靈是如何活潑地存在著。
>
> 在活著的時刻，我們習慣用所有眼前可見的事物來思考，眼前「可見之物」構築了一個疏漏心靈的世界，我們錯誤地以為，只有眼前可見的世界才是真實的世界。所有的「不見」都是不真實的；但是，我們卻在「不見之處」哭泣、歡樂——在想像裡、在詩篇之中、在山川星月之間、在生死流轉之處。在這些地方，我們碰觸了「不見之處」：一幅風景圖片有著「看不見」的思念；一張老舊發黃的照片，有著「看不見」的深情；一條青苔石板路，有著往昔靈活的響聲。所有的「失去」都浮現在「不可見」之處；在那兒，我們發現了心靈。[102]。

「所有的『失去』都浮現在『不可見』之處」，真乃畫龍點睛之筆。原來，對心眼靈透者，即令已然「失去」的，也無法真正消失；因為，失落的

---

102 余德慧，《觀山觀雲觀生死》（臺北：張老師出版社，2010），頁169-170。

可見物，作為遁入「域外」的存在，只不過是以「不在場的在場」，化身為對俗情知見保持隱蔽的「不在之『在』」。海德格對此早有精煉的洞察。他是真能觸摸到那強大漩流一般洶湧於域外深淵的「不在之在」。他說：「缺席是現身最強大的方式」（Absence is a strong mode of presence）。」[103] 海德格那雙凝結於「空缺」的「冥視之眼」，正出於「妙觀逸相」的「詩性凝視」。這凌越可見現實而「不住其相」的詩性凝視，悖離了一往直前的線性時間所開展的視線；卻在「對象的缺席」所氤氳漫漶的記憶迴圈裡，觸碰到一種令人望之暈眩的深度時間感。於是，「對象的不在」所留下的空缺，形成了「可見者」與「不可見者」同命共在的奇妙「場域」。「可見者」與「不可見者」就在人情炎涼的世界所觸碰不到的「冥視空間」[104] 裡，形影交疊為不可見的深密連結。也許，這才是「棲居」一詞，就其最深的意義涵蘊所指涉的場域——一個「不可見」卻可以在詩性的凝視中被感通、默會的「非現實場域」。「非現實場域」作為連結「可見者」與「不可見者」的交會點，甚而讓「死生契闊」也有了「同命共在」的可能。這就為一切受苦現場，開啟了全新的「療癒」向度——不是指向「存有深淵」的抹平，而是定睛於「病裡乾坤」的開顯。這意味，即令是最悲摧切割的死別之苦，都有被從容涵納的可能。轉化的線索，就在那不拘役於線性時間維度的「冥視之眼」。在「冥視之眼」中，最深的相遇，原是死生不逾的。我們於此驚悉：線性時間裡不可能被抵達的覺知，在「深度的時間感」中，卻被真切地體會到了；而凝結於「空缺」的「冥視之眼」，正是支撐「深度的時間感」所以成為可能的基礎。以此思之，恰是這悠悠晃漾於「深度的時間感」卻拒絕依線性時間向前開展的「詩性時間」維度，對抗了「線性時間」的逼仄，而讓那不能被輕易遺忘的、從來沒有真正成為過去的「深度時間感」，在此支撐了一個生死川流的場域。這場域，九原可作，幽明可通；冷酷的世界，於此不再只是純然的冷酷；情緣的斷裂，也不復只是齧齒腐心的崩毀。有一些更細膩的「深層肌理」，悄然氤氳其間，而令深於詩性之思者為之流連不去。這就是有深度時

103 轉引自余德慧，〈心底的凝視之眼〉，《生命詩情》，頁309。
104「外於心知」的「冥視空間」以其無圍的輪廓，正好相對「困圍心知」之「意識空間」的畛域儼然。

間感支撐的生命記憶，自底蘊處境層疊綻開的肌理與皺摺。於是，某個悄然收疊記憶裡的私密角落，我們碰見了「不見之處」：一幅風景圖片、一張老舊發黃的照片、一條青苔石板路，都可能轉化為詩意的棲居之所而給予靈魂最深的撫慰與沁潤。此則余德慧於看似「絕望」的盡處所窺見的「妙有」：「所有的『失去』都浮現在『不可見』之處；在那兒，我們發現了心靈。」這正是為什麼，真正的祈禱，總在絕望之際；祈禱面對的是「不見之處」，反牽引了俗情之眼所無以妙觀的深密連結。這意義下的「禱告」，即令瘖啞失語，都包蘊了最深沉豐饒的宗教情懷。真正的宗教感，不就是建立在深於「不可見之域」的「內在性」嗎？所云「內在性」者無它，它意味著，將主導一個人終生視域的根本凝視點轉移向「不可見處」；如是的凝視點移轉，總是伴隨深沉的「失去」而來；而且，弔詭的是：失落愈大，哀慟愈切，反而連結彌篤，一往而深。若不能觸碰到這縷繞於死生幽明之際的弔詭情愫，試問：還能有深沉的宗教感可言嗎？以此觀之，死生契闊的「缺席者」所留下的永恆「空缺」，一旦入於「物化」的第二層宗教維度，卻可能是「落單」於此世的「倖存者」據以藏身託命的精神聖域。此說法固悖離線性時間轄制下的理解「視域」，卻是真正有能力走向存在深處的人，唯一可能的皈命之所。這就是凝結於「空缺」的「冥視之眼」所可能帶來的「內在轉化」。它意味：轉化，就蘊生於「可見」視線的盡頭所出現之「不可見」的事物；不可見的事物所牽動的盈盈物情，則以其跨越死生幽明的深祕締結而交織出對冥識者形成綿遠沁潤力量的「物情空間」；而所云「物情空間」者無它，它正是進入「第二層宗教維度」的「物化」所轉化出的「虛廓空間」——那深於「可見」而入於「不可見」的詩性凝視所帶出的「妙有」。這作為「物化」之「第二重宗教維度」的「虛廓空間」，通過「詩性技藝」在氣化之域的「拓跡」與「生成」運動，而內蘊了深邃的「療『遇』」（healing encountering）」力量；這就相當程度減輕了不可逆的「線性時間」所帶來的強大殺傷力。此亦無它，超然域外的「深度時間感」以其「參萬歲而一成純」[105]的恢弘視野，為逼仄於「線性時間」而進退維谷的「受苦現場」創造

---

[105] 此則借莊子「參萬歲而一成純」以映照此「深度的時間感」。語出《莊子・齊物論》，參閱郭慶藩，《莊子集釋》，頁100：「眾人役役，聖人愚芚，參萬歲而一成

了寬緩的「餘地」，讓受苦的生命因著從另一個「世界」援引的支撐力量，而有了「遊刃有餘」的迴旋空間。於是，望風懷想者，「薄暮籬落之下，五更臥被之中，垂首撚帶，睇目觀『物』之際，皆有所『遇』。」[106] 一個佇思幽深、情意綿遠的「遇」字，以此貫連了「可見」與「不可見」兩域而讓江湖寥落、隻影流離的無枝可棲者，終而有了可供迴旋與舒緩的「託庇空間」。這便關涉「人文臨床」語境的關鍵詞：療遇。為何是療「遇」，而非療「癒」？此則余德慧於《臺灣巫宗教的心靈療遇》一書所掘隱發微者：

> 後來我才開始明白，人生其實是場殘酷境遇，不斷地給出斷裂的處境……而巫者正是被這殘酷所引出，在長久的歷史底蘊之下，用來減低人間殘酷的療遇（healing encountering），就如宋文里教授所說，人間不一定有療癒，我們的苦痛不一定能抒解，但卻不斷出現療遇，為了有一絲希望而彼此用療傷的心情而來見面[107]。

依余德慧，「療遇」離不開人間殘酷的受苦現場；「療遇」追求的也不是苦痛之「必然痊癒」或《新約福音》書裡「死而復活」、「瞎眼得見」、「啞巴說話」的奇蹟。「療遇」的重點就在一個「遇」字：它意味通過「深度的相遇」而讓「受苦的生命」獲得了「轉化」的「餘地」。然則，所云「餘地」，又作何體會？承前文，即令死而不得復生，即令目盲如故、喑啞如昔，只因經歷「虛廓空間」所給予的深祕澆灌，遂獲得一股隱祕的支撐力量，並對自身處境有了全然不同往昔的接納，以至情難自禁地稽首合十、頂禮膜拜，甚而歡喜讚歎，儼若「他界」恩寵之臨在於己；這才是「啞巴說話」最美的意義——不在其果真從此免於瘖啞失語的殘缺，而在其心裡綻開的「詩意世界」，讓啞巴倏然有了包容人間一切缺憾的容受度。此則《莊子》意蘊深長的命限感悟：「適來，夫子時也；適去，夫子順也；安時而處順，哀樂不能入也。」[108] 安時處順而自致哀樂之外，這才是「轉化」的真諦——自魂命深

純。萬物盡然，而以是相蘊。」
106 語出貫華堂所藏古本《水滸傳》前序。參閱《標點金聖嘆全集（一）·水滸傳（上）》，頁26。
107 余德慧，〈巫者的意義生成〉，《臺灣巫宗教的心靈療遇》，頁8。
108 語出《莊子·養生主》，參閱郭慶藩，《莊子集釋》，頁128。

淵綻開無邊無際的「虛廓空間」，而後，以此為藏身託命之所，也以此涵納人間無盡的缺憾；此則深於「非現實」的「深度時間」與「虛廓空間」所連袂挹注[109]於「受苦現場」的「詩意世界」是也。此所以不斷給出「殘酷境遇」與「斷裂處境」的人間，卻自有深於「物化」者，每能經由「無限遠卻親密相連」的「詩意世界」而獲得一方「迴旋的餘地」（涵天下而餘於己），並從中轉出一種超然於所有苦難之上的雍容大度（乃以樂天下而不匱於道）。即此而言，「詩意世界」恰對應「解牛」寓言「彼恢恢乎其遊刃必有餘地」的「骨節間隙」；遊刃有餘，則無非是遊於作為「虛境」的「詩意世界」，而令「與物相刃相靡」的「此生此世」藉以獲得轉化的餘地。

　　就在「詩意世界」與「此生此世」的虛實映照之間，我們豁然憬悟：此生此世的無盡磨難，不是一切。真正讓我們受苦的原因，是因為生命被縮減於「此生此世」，而無與於「詩意世界」的深祕沁潤與豐沃澆灌；是因為不曾意識到：病體而外，另有空間（病裡乾坤／身體空間）；甚而斑剝殘破之物所召喚的深沉惦念，亦讓「物性存有」另有空間（物裡乾坤／物情空間）。然則，身，本是沒有空間可言的；物，也原是沒空間可言的；其背後深藏的空間，到底緣何而來？此則前文費了可觀筆墨所嘗試勾畫出的理解線索：這線索指向一種由「關係的締結」而非「疆域的劃界」所召喚的「人文性空間」。事實上，也正因這意義下的「空間」，是來自人文性的「精神生產」，所以，雖是奠基於「解域」所成的「氣化之域」，卻比以「自然」為根柢的「氣化之域」多了「人文氣息」的渲染、氤氳與烘托。以《莊子》寓言為例，從「自然空間」轉為「人文空間」的環節之一，就仰賴於「技藝」的置入；是「技參造化」的人文活動，讓「身—物」互動脈絡，從「自然空間」的層次，被昇華到「人文空間」的層次。依本文提出的詮釋架構，這正是「氣化之域」朝向「虛廓空間」（詩意世界）的過渡。於是，經由「關係的締結」，不但「沉重的肉身」有了空間（身體空間）；「惦念縈繞的古物舊飾」也有了空間（物情空間）；兩方空間，不是各自獨立，卻是在深度「物

---

109 以「內在轉化」為宗教（療癒）底蘊的生命轉化過程，本就是「時間感」與「空間感」同步轉化的過程。時間與空間在「深度物化」裡相浹俱化，原無法分別看待。

化」中，一體開顯。「身體空間」與「物情空間」於是得以在「物—器—技—身—神」通極為一的「深密共在感」（深度物化）中相蘊以道；此則《莊子‧達生》所云「以天合天」[110] 是也。

循此以觀，臺灣當代莊學二十餘年來最主要的視域突破，表現在翻轉「心學」視角的強大主流論述，而改採「身學」進路以重構《莊子》詮釋系統。衡諸臺灣當代莊學發展史，「身學的莊子」後來也果真蔚為顯學而吸引了跨文化學群菁英的競相投入，並順勢凌越「心學的莊子」而另成典範。「身學」進路的莊學詮釋，其殊勝性自不在話下。楊儒賓、何乏筆主編的《身體與社會》於序言〈從身體體現社會〉一文中，就對如是關鍵的身體議題，卻在千年學術流衍中遭逢了極度不對稱的長期沉隱，留下了格外發人深省的反思：

> 在一切事物當中，「身體」是最貼近我們生命的概念，但就像俗語所說的：最近身的東西往往最看不清楚。我們很早就忘了身體是支撐我們一切思想活動的母胎，是所有感知活動的輻射源，是作為「此世存有」的人與世界的輻輳地，是縮結了形體之上（所謂形而上）與之下（所謂形而下）的所有人文活動的體現者。它距離我們如是之近，但因為它的近不是海德格所謂「手前性」的對象，而是構成人的行動的構成者，所以在相當長的一段時間，雖然我們探討過很多重要的思想議題：心靈、存在、想像、正義、倫理等等，但千探萬探，我們就是忘了這些偉大的主題都是繞著身體主體這個母胎發展出來的。
> 最近幾年的情況當然已經改變了，學者的理性之眼已逐漸迴向意義生成源頭的身體。……我們也可看出環繞著「身體」一詞的語族成員正在奮起，他們四處出草，尋求同盟，以求形成更有說服力的體系，他們有可能正處在創造突破之前的曖昧渾沌[111]。

---

110 《莊子‧達生》：「梓慶削木為鐻，鐻成，見者驚猶鬼神。……然後入山林，觀天性；形軀至矣，然後成見鐻，然後加手焉；不然則已。則以天合天，器之所以疑神者，其是與！」，參閱郭慶藩，《莊子集釋》，頁658-659。
111 楊儒賓、何乏筆，〈從身體體現社會〉，《身體與社會》（臺北：唐山出版社，

　　筆者順此脈絡想進一步指出的是：身體議題固然重要，但這議題在「莊學」裡有一個基本的特殊性就是——它不能被孤立標榜，因為，在《莊子》通貫全書的「物化」思路裡，「身體」必須也只能連著所對之「物」一體開顯，否則，就無以顯現其「深度」之所在。身體「深度」之所在，固無涉心知「劃界」所圍攏的「疆域」，卻是徹底懸置「同一性思路」而不復將身體符碼化為心知之「對象」，這一刻，身體才首次以作為「非對象」的「奧祕他者」現身，並自此踰越了「舊有疆域」的圈禁。這意味，真正的身體是深藏著的，並不在心知所劃界的可見形軀；本文所倚重的「身體空間」概念遂由此而引出，它以符碼框架外的「身體」為前提，但符碼框架外的「身體」並不就是「身體空間」；在本文的論述脈絡裡，空間必須具有「可棲居性」或「可託庇性」，這意義下的空間，建立在「深度物化」中所形成的親密締結關係，並非疆域劃界而成。所以，這就點出足堪作為本文論述主軸的理論前提：「空間」是依「關係」而成。哪兒形成了的初步的「關係」，哪兒就潛蘊了一個「世界」的雛形；哪兒形成了深密的締結關係，哪兒就蘊生了一個「深度世界」。即此而言，本文所指涉的空間，不是分別上下、左右、深淺、遠近等「視為物體置身其中的物理衡量」，而是「關係的匯集之處」所形成的「關係場域」。這意義下的空間，可以發生在古詩裡俯拾即是的場景：「雞聲茅店月，人跡板橋霜」[112]、「細雨夢迴雞塞遠，小樓吹徹玉笙寒」[113]；以至於余德慧文中所道：「一幅風景圖片有著『看不見』的思念；一張老舊發黃的照片，有著『看不見』的深情；一條青苔石板路，有著往昔靈活的響聲。」[114]這些飽濡情思的意象，都通過「詩性語言」而召喚出「關係的匯集之處」所形成的「關係場域」。從中俱見：孤立之物或孤立之身體，皆不成關係；關係只存在於「身—物」交涉脈絡中的綿密穿行。這意味，被孤立看待的「身體」本身，沒有空間可言，除非將「身體」投入「關係」的

2004），頁1-2。
[112] 晨起動征鐸，客行悲故鄉。雞聲茅店月，人跡板橋霜。槲葉落山路，枳花明驛牆。因思杜陵夢，鳧雁滿回塘。（唐・溫庭筠〈商山早行〉）
[113] 菡萏香銷翠葉殘，西風愁起綠波間。還與韶光共憔悴，不堪看。細雨夢迴雞塞遠，小樓吹徹玉笙寒。多少淚珠何限恨，倚欄干。（南唐・中主李璟〈浣溪紗〉）
[114] 余德慧，《觀山觀雲觀生死》，頁169-170。

漲流。這也是本文何以著意要在「身」與「物」的深祕會遇中尋覓某種「深度空間」的可能性。這深度空間,不獨屬於「身」,也不為「物」所壟斷,它就淵淳岳峙地深藏於「身─物」湊泊瞬間所成的「詩意世界」中。這裡面顯然潛藏了無限的藝術因子,因為一切真正偉大的藝術都孕生自此「詩興流溢」的「虛廓空間」。行文至此,就不難理解,為何深藏於身體「不可見處」的「身體空間」不能孤立被開顯,卻只能被設置於「身─物」深度會遇的場域。於是,不開顯則已,一旦被開顯,定然是「身體空間」與「物情空間」一體開顯;而「身體空間」與「物情空間」的開顯,「技藝」的介入又代表了至為關鍵的啟動力量;所以,當我們說及「身體空間」與「物情空間」的開顯,真確的意思是:依止於「物─器─技─身─神」所通極一氣的「共在感」中而求其全幅朗現;而「物─器─技─身─神」所通極一氣的「共在感」,正是入於極致的「物化」。在無遠弗屆的「深度物化」下,無往而不可締結,無往而非我「身外之身」。於此,須特別廓清的是:這可不是強「他者」之盡同於己的「同一性暴力」,卻是自行解構一切妄圖同一化「他者」的心知框架與主體中心,而與其會遇於「非知之域」。即此而言,「物化」的根本動向,無非是背離「對象」而走向「他者」。對象,不免落在「認知維度(域內)」而在 "I–It relationship" 的身物對應脈絡中作被視為一種「工具」;他者,則闇然自守於「非知之域(域外)」而在 "I–Thou relationship" 的身物對應脈絡中現身為不可界定的「奧祕」。筆者不妨於此下個隱喻性的註腳:物化,非惟是敞開自己以朝向奧祕之「他者」,甚而是與「他者」共舞於「存有大地」;「存有大地」即是「氣化之域」,「與『他者』共舞於存有大地」所進入的深祕共在韻律則創造了詩意綻放的「虛廓空間」。「共舞」於此,正是「物化」精神的真切體現;因為,在深祕韻律的舞動中所畫出的身體拓線,並未在舞者間形成疆域的劃界,卻示現著疆域的融解與虛廓的生成。

　　綜此以觀,「物─器─技─身─神」相蘊以道的「共在感」,正是「身體」的底蘊所在,也是「器物」的深度所在。就在「心知」活動所無以觸及的深度,人於焉抵達了一種可供「棲居」、「託命」的空間經驗。這意義下的空間,如梅洛龐蒂(Merleau-Ponty)所點出的線索:「生活世界」的空間感先於「客觀」的空間感。惟梅洛龐蒂是以身體為中心出發──「在海

德格『在世存有』的思考基礎上發展了身體－主體（body-subject）的概，
強調我思（the cogito）必須在一具體處境中揭示『我』。」[115] 這思路，相對於
以「心知－意識」作為主體中心的舊有認識論，自屬石破天驚的洞見，但
從《莊子》物學脈絡看來，卻懸缺了一個關鍵的向度——那就是「物」的向
度。依筆者力圖重構的詮釋系統，那通過「關係」的締結而延展於「生活世
界」的「空間」，雖緣於身體，又不盡然範限於身體。事實上，本文論點所
進於前賢者，正在於通過「人文療癒」視角為「身體現象學」或「身學的莊
子」補上遺缺的「物學向度」，並讓原本各自獨立的「身」、「物」脈絡，匯
流為一個「身—物」雙彰的開顯場域。根本理由是：我們無法空頭地標舉一
個主體中心來把握精神動向的可能性，我們只宜通過作為「關係匯流場域」
的「空間」來把握一個「個體」；而這由「關係」構成的「空間」，固非「身
體思路」所可獨成，它命定必須放在「身—物」交感的豐饒肌理中，才能獲
致更細膩的把握。然則，筆者眼中，梅洛龐蒂所給出最具啟發性之線索，猶
不在通過海德格「在世存有」（In-der-Welt-Sein,Being-in-the-world）的思考
基礎上所發展的「身體－主體」（body-subject）概。如實說，筆者抗拒一切
「主體中心」型態的論述，不管是意識主體、認知主體、超驗主體、道德主
體、審美主體、身體主體；任何的「主體中心」論述，在筆者看來，都不免
涉嫌「語言－符碼」的整飭、劃界而有違不可通約的「共在」脈絡。依莊子
理路，道氣流行，就是這整體脈絡，欲有所把握，只能「徇耳目『內通』而
『外於心知』」；主體中心，則不管如何巧立名目地包裝，以道觀之，皆只是
「心知」造作的「偽型」。筆者以此對梅洛龐蒂過度倚重「身體—主體」的思
路，不盡同意；惟梅洛龐蒂有一思路，對筆者卻深具啟發性：

> 知覺與身體將我置於世界之中心，但此一世界不必然是我身處之環
> 境，它呈現為寬廣的心靈空間現象，例如思鄉時人們能立即拉近所
> 思念之故鄉的空間環境。而客觀思考將各種空間經驗主題化以便明
> 察，這種思考方式拒絕了幻象與夢境之真實性[116]。

---

115 參閱王應棠，〈棲居與空間：海德格空間思維的轉折〉，《地理學報》，第 55 期
（2009），頁 37。
116 轉引自王應棠，〈棲居與空間：海德格空間思維的轉折〉，《地理學報》，第 55 期

　　這段思路對筆者而言，才是梅洛龐蒂所留下最舉足輕重的靈感線索！他為「世界」這看似平易卻奇崛的字眼，賦予了全新的理解向度。也無怪乎這思路會觸動以「空間詩學」名世的「科學家」巴舍拉，並為其日後一系列環繞「物性存在」之「深度世界」展開的著述[117]，發生了決定性的影響力[118]。梅洛龐蒂洞見深銳地指出：「知覺與身體將我置於世界之中心，但此一世界不必然是我身處之環境，它呈現為寬廣的心靈空間現象。」這句話至少涵括兩層重點：首先，「體知進路」讓通過「語言—符碼」而與身體相疏遠的感知活動得以「徇耳目『內通』而『外於心知』」[119]，這就讓箝制於「對象域」而進退維谷、周旋遲滯的理解活動，得以「解—釋」自身而觸及域外「不可見地」的「他者」；其次，這一「世界」，既非「對象域」所成的世界，而是通過「體知進路」的「解疆域化」才隱約現其輪廓的「他者世界」，那麼，這樣一個言語道斷、心行路絕、「語言—符碼」所未及「整飭—劃界」以收編於知識疆域的「異質空間」（虛境），就掙脫了以「可見物」為憑依的「物理空間」，而「呈現為寬廣的心靈空間現象」。自命客觀卻分明拘限於特定感知維度的思考方式，狂妄地「拒絕了幻象與夢境之真實性」，梅洛龐蒂卻悄然將此「幻象與夢境之真實性」從客觀世界的「湮沒」中給重新贖了回來。即此而言，沒有居所的人，未必就真是「離散的存有者」（dispersed being）[120]；沒有「鄉愁」的人，更可能才真是「離散的存有者」。因為，人不獨活在客觀的「物理空間」，人還活在一個不可見卻「寂然有感—若有所遇」的「詩性空間」。這意味：物理空間而外，另有「空間」；後者，不復是可依上、

（2009），頁37。

117 如《燭之火》、《水與夢》、《火的精神分析》、《空間詩學》、《夢想詩學》等傳世名作。

118 關於梅洛龐蒂過渡到巴舍拉的思想線索，可參閱王應棠，〈棲居與空間：海德格空間思維的轉折〉，《地理學報》，第55期（2009），頁37：「此一思想為巴謝拉的空間詩學開闢出一個新的取徑。」

119 借《莊子・人間世》論及「心齋」的文本以凸顯「體知進路」之深遠意義。

120 參閱王應棠，〈棲居與海德格空間思維的轉折〉，《地理學報》，第55期（2009），頁37：「對巴謝拉（Bachelard, 1969: 4-12）而言，寓居（inhabiting）的原初功能在於揭示對本土的依附（attachment），而所有真正的寓居空間（inhabited space）均承載了家的本質。透過白日夢的運作連結，居所整合人們的思想、記憶與夢；沒有居所的人則成為離散的存有者（dispersed being）。」

下、左、右、深、淺、遠、近以辨認的外在封套或地理疆域，而是可以棲居、可以遊心、可以皈依、可以託命的精神場域。反過來說，未可「棲居—遊心—皈依—託命」者，不足以為「空間」。此則相應海德格借荷爾德林（Johann Christian Friedrich Hölderlin）詩作〈人，詩意的棲居〉[121]所揭示的「空間」概念。事實上，正是這「外於心知」而在常人生存模態的「裂隙」裡若存若亡的「隱祕世界」，給予了深沉「療『遇』」的契機；宗教，作為一種「人文療癒」的線索，也就由此伏流域外的「隱祕世界」而順勢展開。

　　這靈韻悠遠，足令人解心釋神的「隱祕世界」，依筆者，正好介於梅洛龐蒂「身體現象學」與巴舍拉善於「託物興象—寄思綿遠」的「空間詩學」之間；甚而，「空間詩學」就其「身—物」並作而不偏滯身體一端的整全格局而言，儼然更近於《莊子》的「物學」理路，而無妨視之為「詩學」對「現象學」的調適與轉化。準此以觀，論適局、論眼界，巴舍拉在現象學歧異多端的風貌中，可謂孤明獨發，別具姿態；也是海德格、列維納斯、巴塔耶、德勒茲、傅柯、本雅明、德里達、羅蘭巴特而外，本文取自西哲以挹注於《莊子》「物學」思想的重大靈感線索之一。

　　傅柯通過「異托邦」（heterotopie）概念給予了發人深省的洞見。這概念正好與「烏托邦」（utopie）形成對舉：

　　烏托邦之所在地，通常被視為某一群體想像為共同所在：天堂、地獄、理想城邦，或是萬個花園城市；在烏托邦裡總是一致同質，既不能談所在的特殊性，也無所謂真實的配置。相反地，異托邦之所

---

121 荷爾德林〈在明媚的天色下〉：「如果生活純屬勞累，/人還能舉目仰望說：/我也甘於存在嗎？是的！/只要善良，這種純真，尚與人心同在，/人就不無欣喜/以神性來度量自身。/神莫測而不可知嗎？/神如蒼天昭然顯明嗎？/我寧願信奉後者。/神本是人的尺度。/充滿勞績，但人詩意地，/棲居在這片大地上。我要說/星光璀璨的夜之陰影/也難與人的純潔相匹敵。/人是神性的形象。/大地上有沒有尺度？/絕對沒有。」（轉引自海德格爾，〈……人詩意地棲居……〉，海德格爾著，孫周興譯，《演講與論文集》（北京：生活・讀書・新知三聯書店，2005），頁203。海德格在闡釋此詩有云：「『人，詩意地棲居』這個短語其實是說：詩最先使棲居成為棲居。詩是那種真正使我們棲居的東西。」參閱海德格爾著，成窮、余虹、作虹譯，《繫於孤獨之途：海德格爾詩意歸家集》（天津：天津人民出版社，2009），頁265。

在地確實存在，但其確實程度視其異質性如何保證創造多元共存而定，因而我們了解所謂的烏托邦不過是異托邦蒼白的拷貝[122]。

所謂「其確實程度視其異質性如何保證創造多元共存而定」，亞蘭・米龍通過「所在」概念，指出一條飽蘊洞察力的理解線索：「若要思考何謂『所在』，就必須拒絕將客體定位在某一單一測量空間」[123]，而只能通過「個人和所在之間因互動付出而得的親密歸屬感」[124]來把握。亞蘭・米龍所指出那「給予親密歸屬感之『所在』」，其實，正相應梅洛龐蒂所謂「呈現為一種寬廣的心靈空間現象」之世界。這世界，不同於可見的物理世界，而是隱匿於「非知之域」（非現實）的「虛廓空間」；後者，正是以「親密歸屬感」為底蘊之「寬廣的心靈空間現象」；也只有這意義下的「心靈空間現象」，確保了「異質性的多元共存」而使異托邦得以成為可能。即此而言，傅柯義下的「異托邦」，全然不可混淆於「烏托邦」；異托邦正是以其作為「差異空間」或「異質空間」的「獨異性」以抵拒來自「同一性」的專制；所以，解域「語言—符碼」劃界而成的疆域，而以妙跡流衍的「浪遊拓線」蜿蜒曲探那猶自保有多元異質而不受「同一性思路」轄制的域外「他界」，才是「異托邦」的精義所在[125]。以莊子「物化」思想對照，「異托邦」強調「差異化」、「獨異性」的精神，正相應在「氣化之域」的基礎上所綻放的「虛廓空間」或「詩性世界」；都是建立在「解疆域化」後的「再疆域化」；惟此「再疆域化」，已免於「同一性思路」的宰制，而是在「非知之域」依浪遊拓線所拓跡的「多維度空間」。稱其為「多維度空間」，只因其空間維度不復受限於三度空間與線性因果時間所固化的疆域；而是順任靈動不羈之夢想的拓線在非現實「虛境」裡展開的冒險。這冒險的根本精神，一如亞蘭・米龍（Alain Milon）借「未定之圖」四字所隱喻的拓跡動向：

---

122 亞蘭・米龍，《未定之圖：觀空間》，頁214。

123 同上註。

124 同上註。

125 舉例言之：「畫家卡帕丘（Carpaccio）在繪畫裡展現，威尼斯就是一個以單一屬性空間連結起來的城市。輾轉環繞之間，線條不是筆直，不僅斷裂彎曲，尤其多元異質。」轉引自亞蘭・米龍《未定之圖：觀空間》（臺北：漫遊者文化，2017），頁214。

極力抵抗類比原則，好使我們陷入未知路徑的瘋狂深處……，且拒絕遵循任何軌跡，帶領我們朝向前所未見且未知的領土[126]。

這意義下的領土，拒絕了類比原則的僵固劃界，而是經由宛若「草書」般「柔軟彈性不具形」[127]的拓線所蜿蜒婉轉、層疊交織成的「虛廓空間」。若說靈動不羈的「拓線」是本諸「冥極」而幻化生成的「妙跡」；那麼，靈韻縈繞的「虛廓空間」就是本諸「氣化」而綻開的「妙有」。由「妙跡」而「妙有」，挾其殺活自在的「解域」與「形變」能力，遂從僵固劃界的「心知轄域」，裂解出一道逃逸線。這道在心知裂隙裡蜿蜒褶曲多時，終得突圍而出的逃逸線，豈不正是德勒茲（Gilles Deleuze）、瓜達里（Félix Guattari）《千高原》（Mille plateaux）透過「疆域化」（terriorialisation）、「解疆域化」（deterriorialisation）、「再疆域化」（reterriorialisation）所勾畫出的「存在轉化」過程？余德慧「人文臨床」所呼召的人文療癒力量，正是藉此「柔軟彈性不具形」的拓線深入「非知之域」而開啟；而此「非知之域」的最高現身情態，正是由「氣化之域」蛻形而成的「虛廓空間」，也是合「身體空間」與「物情空間」為一的「身體人文空間」（humanistic space of the body）。

顯然，「人文性」闕如的「氣化之域」，猶不足以作為意義的源頭；以「身體空間—物情空間」為底蘊而綻放的「虛廓空間」，卻足可作為意義的源頭。依筆者之見，這恰是莊子在漢語學術史所處身的特殊地位。他一方面代表了道家思想的究極圓唱；一方面又以其燦然盛發於域外他界的豐饒「人文性」，為儒家所深心嚮往卻每相去愈遠、無由而至的禮樂文化厚植了本源性的根底。

承前文，德勒茲、瓜達里《千高原》透過「疆域化」、「解疆域化」、「再疆域化」勾畫了生命拓線蜿蜒婉轉的辯證軌跡[128]。依筆者，這組複合概念所疊架而成的詮釋架構，已足可涵括莊子「物化」思想的兩重宗教維度。這架構最值得注目的地方，在於蜿蜒褶曲其中的精神動向，並未以「解疆域化」

---

126 亞蘭・米龍，《未定之圖：觀空間》封底文字。
127 語出法國詩人米修（H. Michaux）所言：「我要所有的拓線都是生命本然的基調，柔軟彈性不具形，蜿蜒婉轉。」同上註，頁23。
128 參閱亞蘭・米龍，《未定之圖：觀空間》，頁51。

為最高歸結，卻還能異峰突起，另翻出一層高峰。揆其微旨所在，無非就密藏於前文已引述過的一段話：

> 在德勒茲的案例裡，就像其他的後結構主義者那樣，這種將生命組織化到相關的結構中的不可能性並非一種失敗或損失，而是一種值得慶幸的結果和解放。我們不能為知識建立一個可靠的基礎的事實意味著我們被給予了發明、創造和實驗的機會。德勒茲讓我們抓住這個機會，去接受生命轉變（transform life）帶來的挑戰[129]。

這又一層高峰，就奠基於「將生命組織化到相關的結構中的不可能性」被視作「一種值得慶幸的結果和解放」；並即此「結構的破口」迎納「非知之域」所賜予的「發明、創造和實驗的機會」而積極探索「浪遊拓線」層疊交織、摺曲無盡的形變可能。

亞蘭・米龍繼德勒茲、瓜達里之後，另以「游牧者─游牧疆域」以及「疆固者─移居空間」的根本區別，邀我們去思考：「如何審視掂量空間？」[130] 這意蘊豐饒的區分，對應於「物化」後的「虛廓空間」與「物化」前的「心知轄域」亦有絕大啟發。他寫道：

> 對游牧者而言，重要的是拓線，而非歷程。當移居者按圖索驥，從一定點移動到另一定點，游牧者則僅僅追尋著內在拓線，在行進中進行。當移居者遵循著類比地圖完成一段移動歷程，游牧者則在建構拓線之圖的過程中，賦予虛廓無限潛能[131]。

「類比地圖」隱喻「文字─符碼」所劃界出的「心知轄域」，有明確標注可按圖索驥，循線而至。游牧者所追尋的「內在拓線」，卻潛行於「非知之域」，所以，游牧者聽憑命運的鼓聲[132] 而展開的冒險，毋寧是以內在拓線所

---

129 克萊爾・柯勒布魯克，《導讀德勒茲》，頁2。
130 亞蘭・米龍，《未定之圖：觀空間》，頁219。
131 同上註，頁217。
132 借梭羅《瓦爾登湖》結語以寄意：「如果一個人跟不上他的伴侶們，那也許是因為他聽的是另一種鼓聲。讓他踏著他聽到的音樂節拍而走路，不管那拍子如何，或者在多遠的地方。」參閱梭羅著，徐遲譯，《瓦爾登湖》（上海：上海譯文出版

勾畫出之「朝向他者的蹤跡」——無圖可恃，無路可循，卻也抖落「心知轄域」的範限，而召喚了「虛廓空間」的現身可能。

> 游牧者所定義的空間，其性質相對於疆固者所部署配置的空間，來得更開放平順，因為無涉邊界，不同於疆固者層層分割，閉鎖空間如牆。國家往往以如是鎖控分割空間，防堵氾濫的威脅[133]。

平順，是因為「解域」而後，來自僵硬劃界的「同一性」暴力，已然消弭；疆固者「閉鎖空間如牆」所恃以「範疇」生命的知識框架，也隨之粉碎於無形。

> 游牧者最後一個特質是：從不移動，宅坐而動……不動，卻無所不在……對游牧者而言，運動並非位移：毋需移位而動，因為疆域自成延續體（continuum），而在其中，運動生生不息，從不固著於某個疆域。……移居者的行動依據邊界所限定的疆域關係而定，而游牧者的速度則相反地讓他得以隨著「再疆域化」重新組建疆域……游牧者因此既無路程、亦無圈地。不斷重新建構疆域的過程，本身可說就是疆域的載體[134]。

游牧者，就望文生義的淺薄認識，當然離不開「位移」，而且定然是朝向遠方的大幅度位移；然則，德勒茲顛覆了常識的想像：游牧者，「從不移動，宅坐而動」、「不動，卻無所不在」；細細尋繹，此中大有消息：「位移」是建立在「心知疆域」的概念，沒有符碼化的標注，就無從界定「位移」的遠近、方位、座標與遠離中心的幅度；可是，游牧者的「疆域」並不環繞著任何「中心」，因為那是靈動無羈的「拓線」隨順蜿蜒流轉之氣而信手點染勾畫的妙跡。妙跡所呈現的不是過於執實的疆域劃界，而是涵帶無盡可能的「浮動輪廓」，也就是建立在「再疆域化」的「虛廓」。虛廓，只流淌於「有無相生—虛實掩映—跡冥交合」之際；它本質上就是「去中心的」，所以，

社，2006），頁286。
[133] 亞蘭・米龍，《未定之圖：觀空間》，頁217。
[134] 同上註，頁217-218。

「游牧者因此既無路程、亦無圈地」；自然也無從以「位移」來界定「游牧」所窮極的幅度。

若要清楚解釋游牧者滑順的空間和疆固者層層分治的空間，德勒茲和瓜達里以兩種棋藝來分別：圍棋和西洋棋。圍棋可說是游牧結構，因為每顆棋子都是無名小卒，彼此之間沒有尊卑高下之別，每顆棋卻都足以瓦解整個星群；圍棋空間往往讓棋手出其不意地現身。平順空間乃是渾沌游牧空間，因為首要作用即是順應自然法則。原生空間無所謂中心管控而自然發展。相對地，西洋棋的棋子各自都有特定的身分，君臣有別，以特定意義組合關係，一如符號學者所說，依據發言位置順序排列。西洋棋空間乃依分派圍閉原則所致，從一點走到另一點，首要作用在以最少的棋子佔領最大的地盤，因此說疆固空間是由網絡及國家依據組織層級與特定科技所掌控的配置與工具理性來組織。實際上，國家編碼疆域，而游牧者則穿透疆界。我們亦可從中分別網絡與根莖（rhizome）之別：網絡分階級，專制而同質；而根莖則無中心管控，自主自理而異質[135]。游牧客體往往被視為從疆界錨定掙脫出來的自主客體，猶如手機誤認自己可以脫離基地臺而存在。事實上，游牧者並無定錨，更確切地說，他自身就是定錨，本身就是疆域，因為足以提供脫逸出各式座標的可能性。真正的游牧客體，如果真的存在，得以讓我們思考在任何丈量指度之外與疆域的關係，而非一般誤認所謂的「游牧主義」（nomadisme）是指與離開原生地相對的距離。誤以為離開原生地越遠，就越有資格游牧[136]。

事實上，游牧者根本不考慮什麼移地問題，因其存在方式以速度而定。所謂對「游牧客體」的誤認則是以起點來定義距離，因為游牧者根本就是以全方位來看待空間。因此，速度取代移動。而進入距離內在的最佳方式，即掌握脫離將空間視為感官外殼的契機，就是

---

135 亞蘭・米龍，《未定之圖：觀空間》，頁218-219。
136 同上註，頁219。

將距離正視為時間的具相，而不只是空間的框架 137。

借「圍棋」與「西洋棋」的隱喻，以對比「游牧者」與「疆固者」所居處的「空間」。簡言之，疆固者「編碼疆域」；游牧者「穿透疆界」；一如「網絡」與「根莖」（另譯做「塊莖」）之別：「網絡分階級，專制而同質；而根莖則無中心管控，自主自理而異質。」這至為妥貼的隱喻，已足讓人眼睛一亮，充分具見「游牧者」所棲息居遊之域，無「中心」可管控、無有「定錨」、無有「同一性」的專制、無有「不可僭越的疆域」，也無有環繞此「中心」所界定的「位移幅度」，而具現為一種由無盡虛廓可能所拓跡而成的「異質空間」（異托邦）。這意味，游牧者，已徹底跳脫俗情知見所決定的「游牧主義」（nomadisme），不復以離開「原生地」的相對距離來丈量誰更具游牧資格；而是大氣磅礡地宣稱：「游牧者並無定錨，更確切地說，他自身就是定錨，本身就是疆域，因為足以提供脫逸出各式座標的可能性。」這才真是讓人拍案叫絕的洞見：並不是游牧者逃離了一個「定錨於遙遠的中心」所決定的疆域，就像是一個囚徒掙脫了他的樊籠；不，遊牧者的身影遠比疆固者所劃界的疆域來得更巨大。他無須掙脫任何「定錨」，他自身就是「定錨」；他也無需掙脫別人所設定的「疆域」，他胸中自有丘壑、江河與海嶽，他活在自己無遠弗屆的「精神王國」，他本身就是疆域，他內在具足了獨屬自己風格的「拓線」所拓跡而成的「虛廓空間」。即此而言，「游牧者根本不考慮什麼移地問題」，因為「游牧者根本就是以全方位來看待空間」；所以，沒有「中心」可以定義游牧「疆域」，也沒有「起點」可以定義游牧「距離」。以此「解域」後的恢闊視野而重新審視「空間」二字，可見的「疆域」遂為不可見的「虛廓」所消融；受制心知「編碼」的「外在距離」，也為不可見的「內在距離」所開抉。「空間」至此，不復被「視為感官外殼」，而是「輪廓之拓線終得接近內在距離最精髓的表現」138。

循跡至此，〈逍遙遊〉的鯤鵬形變之義，遂得通過「疆固者『編碼疆域』而游牧者『穿透疆界』」的對比張力而拉開無涉「主體中心」視角的詮釋景

---

137 亞蘭・米龍，《未定之圖：觀空間》，頁219。
138 同上註，頁220。

觀。筆者意指：但能依此「空間轉化」脈絡以重探莊子「形變」之義；那麼，大鵬鳥「搏扶搖而上者九萬里」[139] 的無涯飛越之姿，豈不正是一切深於「詩性突圍」的游牧者所共契的空間轉化「隱喻」？這意味，不是通過「主體中心」的確立，而是通過「所遊之域」的開顯，方見得「不以形役」[140] 的遊牧者所以能「不畏訕笑」[141] 而兀自神遊於形骸之內[142] 的底氣所在。

綜上所析，本文通過「『空間』作為『關係』匯流的場域」，已充分揭示那內蘊於莊子「物化」理路中的兩重宗教維度——首先，是解構「心知轄域」後所回返的「氣化之域」；再者，是奠基「氣化之域」而「再疆域化」所拓跡而成的「虛廓空間」。前者，指向「存有大地」的「母體空間」；後者，則是即此「母體空間」作為「沃土」而含苞待放、開枝散葉、繁花燦爛的「詩意世界」，也是在「深度物化」中合「身體空間」與「物情空間」於「深密共在感」的「虛廓空間（身體人文空間）」。[143]

139《莊子・逍遙遊》：「鵬之徙于南冥也，水擊三千里，搏扶搖而上者九萬里，去以六月息者也。野馬也，塵埃也，生物之以息相吹也。天之蒼蒼，其正色邪？其遠而無所至極邪？其視下也，亦若是則已矣。」參閱郭慶藩，《莊子集釋》，頁4。

140《莊子・逍遙遊》首段，依筆者，無非是通過大鵬之多重形變以見游牧者之「不以形役」：「北冥有魚，其名為鯤。鯤之大，不知其幾千里也。化而為鳥，其名為鵬。鵬之背，不知其幾千里也；怒而飛，其翼若垂天之雲」；「窮髮之北有冥海者，天池也。有魚焉，其廣數千里，未有知其脩者，其名為鯤。有鳥焉，其名為鵬，背若太山，翼若垂天之雲，搏扶搖羊角而上者九萬里，絕雲氣，負青天，然後圖南，且適南冥也。」參閱郭慶藩，《莊子集釋》（臺北：天工書局，1989），頁2。

141 此則《莊子・逍遙遊》所喻：「蜩與學鳩笑之曰：我決起而飛，搶榆枋，時則不至而控於地而已矣，奚以之九萬里而南為」、「斥鴳笑之曰：彼且奚適也？我騰躍而上，不過數仞而下，翱翔蓬蒿之間，此亦飛之至也，而彼且奚適也」。同上註，頁9、14。

142 形骸之外，則落在可見的血肉形軀（肉身／偽身）；形骸之內，則深於不可見的身體空間（氣身／道身）。此喻指：以虛佇靈素的「氣化之域（解疆域化）」或「虛廓空間（再疆域化）」為所遊之域。

143 借《莊子・達生》「梓慶削木為鐻」敘事以映照，則文中所謂「以天合天」是也；亦即：以人（身體—肢體—技藝）之「天」合物之「天」。所云「天」者，依本文詮釋架構，乃「深於可見而入於不可見」的道身（物化之身）與道物（物化之物）。道身與道物，無有扞格而渾然同體為「可見身」或「可見物」的底蘊基礎。這作為底蘊基礎的共在感（以天合天），正是心知的「對象化活動」所無以捕獲

「物化前」的「心知轄域」，加上「物化後」的「氣化之域」與「虛廓空間」，總計三個層域。就中，「虛廓空間」尤為緊要；以其齊彰「身一物」而關乎莊子「人文精神」之所繫。齊彰身物，乃就身與物之「內在性」而求其開顯。這意味，可見的「身體」而外，還有深隱於不可見的「身外之身」；可見物而外，更有內斂幽微的「物外之物」。自表相觀之，身與物固有所隔；以道觀之，「身外之身」與「物外之物」則以道相蘊而渾然同體，二者皆為「身體人文空間」所涵攝而闇相與化為宇宙間連綿無盡的一大「共在」。

為形成更具理論性的表述架構，筆者權且通過「心」、「氣」、「天」等擷取自《莊子》文本的關鍵詞以分別定位「心知轄域」、「氣化之域」與「虛廓空間」。若說，「心知轄域」代表「心知」編碼所成的「人為」疆域；被此「人為」疆域所覆蓋並沉隱於存有深處的「氣化之域」，則代表「外於『心知』」之「『解域』活動」（氣化）所內溯並回返的「自然」場域；至於「虛廓空間」，則代表更深一層的「物化」向度，它非但外於「心知」，伏流「域外」，還是通過「再疆域化」的「詩性進路」，遊刃「心知轄域」裂隙，而以靈動不羈的「技藝拓線」與「詩性語言」在「非知之域」開展的「人文空間」。若借馬丁・布伯《我與你》一書的「我一它」、「我一你」雙重關係架構，略作引申而延展為三層締結型態，那就是「我與它—我與他—我與你」。「我與它」建立在工具性、功用性、交換性的連結；「我與他」的「他」，筆者於此喻指「語言—心知」所無以界定的「奧祕他者」；「我與你」則建立在「深度會遇」的「共在感」。若更以「關係締結型態」所對應的「時間維度」作為參照系統，三層存在樣態，則分別對應筆者自行命名的「線性時間」、「本真時間」與「詩性時間」。[144] 底下，請簡要勾勒此三層存在

的「內在性」。身之天，正是身體的內在性，也就是身體空間；物之天，則是物的內在性，也就是物情空間。即此而言，奠基於「身體空間」與「物情空間」之冥合而令「身一物」之「內在性」得以一體彰顯的「身體人文空間」，實比「氣化之域」來得更深。無它，氣化之域，猶屬「自然」；對應於「虛廓空間」的「身體人文空間」，則已通過「身物雙彰」而深於「人文」的創化生成。

144 李維倫在〈柔適照顧的時間與空間：余德慧教授的最後追索〉一文中，通過自身對「催眠研究」的理論成果而嘗試補強余德慧教授「臨終陪伴」或「柔適照顧」的理論遺缺。其中，特顯精彩處，正在其以「線性因果時間—流轉時間—綻放時間」所開出的「時間理論」。筆者原擬援引此三層間架以作為本文以空間論述為主

樣態，以為莊子「物學」呼之欲出的「第三重宗教維度」留下餘地：

> 心：心知轄域——疆域化（人為空間／線性時間／偽身／我與它）
> 氣：氣化之域——解疆域化（自然空間／本真時間／氣身／我與他）
> 天：虛廓空間——再疆域化（人文空間／詩性時間／道身／我與你）

　　有此簡要架構作為先在視域，我們乃能進一步探問：依「心—氣—天」所撐架開的「兩重宗教維度」[145]，是否已足可窮盡莊子「物化」思想的理論潛力？抑或，物化深蘊，未止於此，莊子「物學」尚有蟄隱待發的「第三重宗教維度」等候開掘？筆者結論是肯定的！惟此「第三重宗教維度」，並非在「心知轄域—氣化之域—虛廓空間」而外，另有獨立的空間範疇；而是，這「第三重宗教維度」就建立在「虛廓空間」朝向「氣化之域」與「心知轄域」的回返。這意味著，「物化」的「第三重宗教維度」，就建立在「心知轄域—氣化之域—虛廓空間」的交融互具所成就的「關係場域」。依筆者，正因這「關係場域」在「三界互具」[146]中渾涵著異質交錯的弔詭張力[147]，由此弔詭張力所凝蓄的深密共在感，遂儼如天臺圓教之「十界互具」概念般呈顯為交光

軸的「隱蔽理路」；惟顧慮直接套用，怕有比附不周而曲學從己的可能，遂決定還是依自己的詮釋理路，自行命名。依李維倫觀點，時間的三層存在樣態，可以作為余德慧「柔適照顧」之空間論述的基礎；言下之意，「時間」比「空間」更具有理論的先在性；亦即，是「時間模態」決定了人存處其間的「空間模態」。這預設，筆者未敢據以論斷，只能存而不論，暫予懸置。無它，在本文的論述脈絡裡，空間，是作為「關係匯流之場域」而內具於人之「心象」，這意味，是「關係」的締結型態，決定了「空間」的模態；「關係」在何種意義下形成締結？才是「空間模態」的先在基礎。同理，「關係」如何締結？也將成為「時間模態」的先在基礎。所以，在筆者的論述架構中，唯一能確定的只是「關係」相對「時空模態」的「先在性」。至於時間與空間，誰更具基礎性，並非關鍵所在，也難有定論。是以，筆者寧可從「關係」締結型態切入以把握「時間」和「空間」的對應關係。參閱李維倫，〈柔適照顧的時間與空間：余德慧教授的最後追索〉，《本土心理學研究》，第43期（2015年6月），頁175-220。

145 此指「氣化之域」與「虛廓空間」；「心知轄域」乃僵固者依俗情知見編碼而成的「常規世界」；既無涉「內在性」，其不足以言「宗教維度」，自不待論。
146 化用天臺宗「十界互具」概念而曼衍之。
147 所云弔詭張力，就輻輳於兩道主線索：「脆弱的力量」與「畸人的逍遙」。人與物的雙重拯救，盡在此矣！

互映、顯隱互具的「無盡法界」。這涵攝「心知轄域—氣化之域—虛廓空間」
於身心之全體動盪而在「詭譎相即」的共在感中交凝而成的「聖性世界」，
相對原本作為「療癒泉源」的「虛廓空間」，在理境上已滲入微妙的變化。
依前文語境，「療癒」無非建立在「所遊之域」的轉化。比如從「實境」到
「虛境」、從「域內」到「域外」、從「可見域」到「不可見域」、從「現實空
間」到「非現實空間」、從「遊於形骸之外」到「遊於形骸之內」，都顯示了
一種「空間的轉化過程」；而空間的轉化，無非是建立在關係締結型態的改
變。在這意義下所形成的「表達」將是：走向神聖，就是療癒；或者，優入
聖域，就是療癒。因為，這意義下的「聖域」，是透過切割「五濁惡世」而
保住的一方淨土。然而，在圓教義下的表達，「聖性世界」之所以為「聖」，
不是孤高自持、無染塵俗之「聖」，而是和光同塵、解心無染之「聖」。此如
出淤泥而不染的青蓮，「聖性世界」就晃漾於鬼窟幽陰的五濁惡水之上，而
非「人間煉獄」之外別有「天間之世」。這意味，那總是以「奧祕他者」現
身的「聖性世界」，從來就寄藏於人間；而且，就寄託於「脆弱之物—殘敗
之身」而存在。此則蔣年豐臨終之際，直從疲癃殘疾、惸獨鰥寡、聾癡無目
之顛連無告者身上所窺見之「地藏王的容顏」，那是瀕死瞬間穿透他的宗教
感悟：眾裡尋「祂」千百度，驀然回首，累劫問道卻追躡無蹤的「音容宛在
之神」，原來，就寄藏於此「行屍走肉之身」。

　　這在表達上極盡詭譎的思路，無疑是《莊子》全書也最富啟發性的靈光
所在。尤其，文本中悲心深隱卻終不可掩的「畸人敘事」，依筆者，在理境
上儼然為佛教天臺宗所承繼而下開「十界互具」的圓教表述方式。於是，即
令疲癃殘疾、惸獨鰥寡、聾癡無目之顛連無告者，都可即於肉身深淵（煩
惱）而自證聖域（菩提）。以〈大宗師〉、〈德充符〉、〈人間世〉文本中無數
形骸支離、廢殘見棄、身毀無用的「畸人」為例，我們看到的非但不是全然
的悲慘；相反地，看似悲慘的生命，卻透著「形虧而德全」的精神高度。於
是，我們驀然憬悟：原來，莊子筆下的「畸於人」者，寫的不是別人，正是
漆園蒙叟自己切身遭逢的受苦處境與命限感受；他根本是在這些卑如螻蟻的
微塵眾生身上，寄藏了自己的隱祕激情，也暗寓了自己的身世之感。於是，
我們乃得從莊子筆下的「畸人」身上窺見：無有脆弱，就無有神聖；無有脆
弱，就無有美麗；無有脆弱，就無有力量；無有脆弱，就無有堅忍卓絕的超

越。這意味,世人眼中避之唯恐不及的「脆弱」,在莊子眼裡,卻獲得「高看」的可能。這就逼使我們不得不通過「脆弱與力量間的弔詭性」以重探一位悲心深沉卻湮沒久遠的莊子形象。無它,這依循「形虧而德全─畸於人而侔於天」之文本線索所建構的詮釋進路,足可充分解釋一個切關本節論述核心的主題:「且夫乘物以遊心,託不得已以養中,至矣!」[148] 既以「至矣」二字作結,這句話在莊子「物學」體系,顯然具有高度的總結性。依筆者詮釋取徑,乘「物」以遊「心」,具見莊子「人文精神」之所繫;託「不得已」以養「中」,則剋就畸人命限的超越可能而為言。

乘「物」以遊心,所云「物」者,非「對象物」,而是指向「與物相依」而「為物所涵」的深層世界。所以,乘物以遊心者,乃以『『物』裡『乾坤』』為「神遊」之域。至於託「不得已」以養中,則指向那涵具「存有深淵」的「氣化之域」所帶來的毀滅與重生。何則?「不得已」是剋就「心知轄域」無以掩蓋的「破口」而顯示為「不得已」;破口,則連結了總是「變起不測」的「他者經驗」。循此以觀,「不得已」指向非「人力」可為的「命限」之域;此所以「氣化之域」對掌控慾熾烈的「疆固者」注定顯示為一種「不可能性」,因為,所有試圖施加於「氣化之域」的操控企圖,最後都必然以失敗收場;「氣化之域」如海嘯地震般不時摧垮「心知轄域」的殘酷性,於焉怵然可見。是以,託「不得已」以養中,在筆者詮釋理路中,乃指向一種覺悟:當人世無可倖免的殘酷境遇與斷裂處境,終而挾其迫人的步伐輾壓而至,那麼,與其站在命運的對立面,進行「不可能」的抗爭,無如就讓生命在絕望之巔懸崖撒手,縱身躍入命運的大黑洞,以迎納汪洋恣肆、起落不常的氣化流行,此則陶淵明詩所謂「縱浪大化中」[149] 是也。換言之,就此「安住」於從「心知轄域」看來「不可安住」的「氣化之域」,以「涵養」那植根「氣化之域」而萌發的「虛廓空間」[150]。是的,作為一切人文紋跡匯流之所在的「虛廓空間」,才是受苦生命的依止處;而「氣化之域」在

---

148 語出《莊子·人間世》,參閱郭慶藩,《莊子集釋》,頁160。

149 陶淵明形影神三首之〈神釋〉:「縱浪大化中,不喜亦不懼。應盡便須盡,無復獨多慮。」

150 涵「身體空間」與「物情空間」為一的「虛廓空間」,即是「託不得已以養『中』」之「中」;亦是「乘物以遊心」之域。

「心知轄域」的邊界所鑿出的「破口」，則是導引「心知轄域」朝向「虛廓空間」過渡的深祕甬道。一旦「身心轉化」克盡全功，那就牽動了生命軸線的大翻轉：轉化前，是固守「心知轄域」以抵禦「氣化之域」的變生不測；轉化後，則反過來以無跡可循、無相可住的「虛廓空間」為棲居託命之所而隨順「氣化」之流轉。借《莊子・養生主》為喻：前者是「遁天倍情，忘其所受，古者謂之遁天之刑」[151]；後者則「安時而處順，哀樂不能入也，古者謂是帝之縣（懸）解。」[152] 懸解二字，寄意悠遠！依筆者詮釋理路，這正是「生命軸線」之大翻轉所牽動的凝視點轉向：不再是立足「心知轄域」而將視線投向漸行裸露的「存有深淵」（氣化之域）並為舊有疆域之寸寸裂解而徨徨不可終日；而是倒轉視線，從扎根厚實的「虛廓空間」回望那無情摧陷一切可見疆域的「氣化之域」，並以「全然的被動性」[153] 悠晃於「非現實的母體」[154]。行文至此，莊子物學奧義，因漸形明朗；揆其要旨，惟在通過「乘物以遊心」的實修工夫以穩立「虛廓空間」；而後，乃能委運任命於「變生不測」的「氣化之域」而不失逍遙。

毫無疑問，穩立「虛廓空間」（養「中」—養「生之主」），依筆者詮釋理路，自屬莊子「物學」體系的關鍵所在；然而，若自通貫《莊子》全書的「弔詭性思路」以觀之，卻猶有一間未達。何則？「虛廓空間」在概念的定位上，雖與「氣化之域」、「心知轄域」判然有別；然而，理境上的差異性，自弔詭性思路觀之，卻並非了不相涉；這就為莊子物學的「宗教維度」催迫出更趨圓教格局的表達可能。此所以「虛廓空間」在筆者重構莊學詮釋體系的嘗試中，原非作為一孤高自恃的存在維度，而是宛若神庖之遊刃於骨節縫隙般地深藏於「氣化之域」與「心知轄域」中的隱匿維度。這不是詭辯，而是不受單線邏輯遮蔽的「多維度視域」[155] 方有以窺見的兩重深微事實：首

151 語出《莊子・養生主》，參閱郭慶藩，《莊子集釋》，頁128。
152 同上註。
153 所云「全然的『被動性』」，「無為」而至乎其極是也。此則近乎 "surrender" 一詞所展現的委運任命之意。向郭「跡冥論」以「冥極」稱之。
154 借蔡怡佳，〈在非現實母體中悠晃：余德慧教授的本土宗教療遇之道〉一文標題以喻「氣化之域」正是經由「深度物化」工夫而有以回返的「非現實母體」。參閱余安邦主編，《人文臨床與倫理療癒》，頁213-231。
155 所云「多維度視域」，在本文脈絡裡乃意指「心知轄域—氣化之域—虛廓空間」三

先，「虛廓空間」本就從「氣化之域」轉化而來，它在本質上無非是「氣化之域」朝向人文維度的開展；至於「氣化之域」，原就蘊生於「心知轄域」的「裂隙」，它在本質上則無非是通過「心知轄域」的「破口」[156]而有以回返之「非現實的母體」──那未經「知識」（知之所知）整飭、調製、編碼、劃界的存有漩流（知之所不知）。

明乎此，自不難體會：回應「受苦現場」的療癒強度，無非就決定於「視域差距」所創造的「迴旋餘地」。當「疆固者」猶自拘役於「心知轄域」，並視此為唯一的「世界」；「游牧者」卻可能同時擁有了「心知轄域─氣化之域─虛廓空間」的「多維度視域」而得以出入六合、馳騖八極。

人，作為涵具「生、衰、殘、老、病、死」於一身的血肉形軀，終究需要一種「人文的厚度」來支撐自己的有限存在。越是苦難的時刻越能窺見──「人文厚度」涵養過人者，在應對「受苦現場」時所展現的強韌底氣。舉例言之，代表兩漢文化最高結晶的《史記》，正是一代畸人司馬遷憑恃其雄視千古的「人文厚度」而有以超克「受苦現場」的血心流注之作。所云「人文厚度」，以司馬遷而言，即是通過「思接千載」的「詩性凝視」所成就的「恢弘視野」[157]，並即此「恢弘視野」所淬鍊出的「雍容大度」。然則，云何為「雍容大度」？龔定庵詩云「世事滄桑心事定」、「胸中海嶽夢中飛」；集句為聯[158]，允為「雍容大度」之絕佳註腳。蓋世事滄桑，喻指「被無情造化，推移萬態」[159]，此則連動「心知轄域（常規世界）」的崩毀與「氣化之域

界互具所成的整體視域。相對「心知轄域」為依循線性邏輯運作的「同一性思路」所決定；三界互具的「多維度視域」則是開抉單線邏輯的「弔詭性思路」所彰顯。
156 受苦現場，常是形成此「破口」的關鍵機緣。雖不盡然如此，卻是莊子筆下的畸人、兀者所代表的主線索（Dasein with Sickness）。
157 所云「恢弘視」，此則《史記‧太史公自序》所躊躇滿志而高自期許者──「究天人之際─通古今之變」所拉開的「多維度視域」。
158 20紀20年代冰心赴美留學之前，曾托表兄劉放園請梁啟超為自己題字，梁從龔自珍《己亥雜詩》集句相贈，乃成此聯：「世事滄桑心事定，胸中海嶽夢中飛。」
159 參閱王夫之，〈玉連環‧蒙莊大旨答問者二首〉其一：「生緣何在，被無情造化，推移萬態。縱儘力難與分疏，更有何閒心，為之僦保。百計思量，且交付天風吹籟。到鴻溝割後，楚漢局終，誰為疆界。長空一絲烟靄，任翩翩蜨翅，泠泠花外。笑萬歲頃刻成虛，將鳩鶯鯤鵬隨機支配。回首江南，看爛漫春光如海。向人間到處逍遙，滄桑不改。」王夫之，《薑齋詩文集‧鼓棹初集》，網址出處：

（存有深淵）」的無常流轉。胸中海嶽，則喻指一種可以從容涵納天地之墜、死生之變而「此心未始不常」[160]的「雍容大度」。進而論之，這大氣磅礴的生命格局，則是以「非現實」之「虛境」為沃土而涵養出的「人文厚度」。非現實，以「夢中」二字為喻；逸興遄飛而升騰[161]於「非現實之域」的「詩性衝動」[162]，則凝斂於一個「飛」字。綜上所述，「雍容大度」的精諦所在，正在於它以「三界互具」的「視域交涉」，為囚禁於「單一視域維度」而進退遲滯、突圍無路的受苦靈魂，創造了一方可供調適、緩解的「迴旋餘地」；就靠這「迴旋餘地」所帶來的「一機之轉」，瀕臨窒息的生命，頓時形勢逆轉而有了重新得力的契機。惟此義深微，請以棋為喻：

　　棋局比拚，無非是「視域對決」的過程。眼界深睿者，總能通過比對手更周全的視域以主導盤勢；眼界短淺者，輒誤判形勢，自招殺機。這意味，視域周全者，相對自蔽一隅之見而昧於全局者，在整體盤勢的掌握上，顯然更具優勢；甚而，即令面對殺機四伏、突圍無路的「死棋」，視域周全者，也絕對比不見全局者，更能應機做出牽動全局的「活眼」以瞬間逆轉盤勢。所以，高手眼中，無有困局。在他眼中，棋裡乾坤，渾然只是一片道機的流動[163]。他沒有要對抗誰，吃定誰；只是讓自己的形勢長保道機的流動，不讓失去平衡而自困僵局。道機，就凝蓄於「心知轄域—氣化之域—虛廓空間」迴環相依的整體形勢[164]裡。不識道機者，每陷落「單一視域」的遮蔽與偏執，致令渙散一氣的棋子，如拆碎的七寶樓臺，終成褪盡靈光的碎片；妙悟

---

https://ctext.org/wiki.pl?if=gb&chapter=699777。（查閱日期：2018.6.18）

160 轉引自方以智，《藥地炮莊》：「常季只知常為常，不知天地之墜，死生之變，此心未始不常。」參閱蔡振豐、魏千鈞、李忠達校注，《藥地炮莊校注》總論下〈人間世總炮〉，頁412。

161 此「升騰」意象，與〈逍遙遊〉裡的「鯤鵬形變」之喻，可謂全然相應。

162 此喻指在「非現實之域」展開的人文創化衝動。

163 所云「道機的流動」，依筆者詮釋理路，無非是「心知轄域—氣化之域—虛廓空間」間所形成的「循環迴圈」。依筆者之見，三界流轉而無所偏滯，才真能相應《莊子》飽富圓教理趣的弔詭性思路。這意味，即令是理境最高的「虛廓空間」，亦不可有所住著，否則，就去道益遠。即此而言，道，固不在於「虛廓空間」，而在於「心知轄域—氣化之域—虛廓空間」的通流無滯，交相挹注。

164「心知轄域—氣化之域—虛廓空間」的迴環相依，則筆者所謂「三界互具」是也。理境絕高的「虛廓空間」，以此盡褪其孤高相，而更顯圓融相。

道機者，則呼應著「多維度視域」的整體觀照——出手瞬間，下在絕妙位置的棋子，竟似閃耀著不可逼視的光芒；一步棋，就足以瓦解整個星群，而令形勢為之逆轉。

筆者引譬多方，無非是為了傳達一個要點：「心知轄域」若是迷局中人「僅有」且「唯一」的世界，世界狹厄至此，自無活路可期；相對地，「心知轄域」而外，若更有「氣化之域」與「虛廓空間」作為可容迴旋的「餘地」，此「餘地」遂成「死棋中的活眼」；生死破局（死棋）中猶自匍伏危行的微塵眾生，或能即此「活眼」而獲得「轉化」的契機。這，就是深藏於「脆弱」中的隱祕性「力量」（the power in weakness）[165]，亦是「人文療癒」的終極旨歸所在。王小波《萬壽寺》終章，那儼若神來之筆的一段詩性結語，恰不謀而合地為「人文療癒」給出了意味深長的註腳：

　　一個人只擁有此生此世是不夠的，他應該擁有詩意的世界[166]。

云何為「詩意的世界」？以棋為喻，則「死棋中的活眼」是也。惟「活眼」不是憑空而得的，它以「厚勢」為根柢。「厚勢」者，一言以蔽之，建

---

165 這同時也回答了一道關鍵的理論性問題：存在於「脆弱」與「力量」間的「弔詭性張力」，為何只能在「三界互具」的詮釋架構中才可能獲得完整的呈現？這不只是為了滿足圓教的理論格局，更重要的是，藉此凸顯莊子在面對「人之有限性」所持有的根本立場——徹底正視作為「終有一死者」的「此身」所必然涵具的「脆弱性」。後文當更有詳論，於此姑暫留伏筆。

166 語出王小波，《青銅時代・萬壽寺》（臺北：自由之丘出版社，2013），頁250：「雖然記憶已經恢復，我有了一個屬於自己的故事，但我還想回到長安城裡——這已經成為一種積習。一個人只擁有此生此世是不夠的，他還應該擁有詩意的世界。對我來說，這個世界在長安城裡。我最終走進了自己的屋子——那座湖心的水榭，在四面微白的紙壁中間，黑沉沉的一片睜大紅色的眼睛——火盆在屋子裡散發著酸溜溜的炭味兒。而房外，則是一片沉重的濤聲，這種聲音帶著濕透了的雪花的重量——水在攪著雪，雪又在攪著水，最後攪成了一鍋粥。我在黑暗裡坐下，揭開火盆的蓋子，烏黑的炭塊之間伸長了紅藍兩色的火焰。在腿下的氈子上，滿是打了捆的紙張，有堅韌的羊皮紙，也有柔軟的高麗紙。紙張中間是我的鋪蓋卷。我沒有點燈，也沒有打開鋪蓋，就在雜亂之中躺下，眼睛絕望地看著黑暗。這是因為，明天早上，我就要走上前往湘西鳳凰寨的不歸路。薛嵩要到那裡和紅線匯合，我要回到萬壽寺和白衣女人匯合。長安城裡的一切已經結束。一切都在無可挽回地走向庸俗。」

立在「三界互具」的「多維度視域」。所云「三界互具」者，此乃筆者自擬概念，蓋化用自天臺宗的「十界互具」法義，並依本文詮釋理路轉化而來。箇中諦義，惟在打破心知轄域、氣化之域與虛廓空間在「認知維度」上的界域畛然，以還其在「存在維度」上原本顯隱互具、虛實交涉的「共在性」。前者，只是出於理智的誤識；後者，則是開抉理智誤識後方得悟入的圓融正見。於是，界域畛然的心知轄域、氣化之域與虛廓空間，不復被孤立標榜，而是掃落滯跡，以復其「無相之相」；無相之相，即是共在之相；這意味：才說「心知轄域」，已涵具「氣化之域─虛廓空間」之總體視域於一身；才說「氣化之域」，亦涵具「心知轄域─虛廓空間」之總體視域於一身；才說「虛廓空間」，同樣涵具「氣化之域─心知轄域」之總體視域於一身。換言之，不論我觀照哪一個界域，一定同時意識到另兩界域的存在，而把握到三者間「疊影交織」又「虛實互濟」的共在關係。顯然，這意義下的把握，非受制於單線邏輯的「同一性思路」所能勝任；這時，就益見「弔詭性思路」的殊勝性，因為，唯有「弔詭性思路」能支撐一種兼賅「多維度視域」的整體性觀照。以此思之，「虛廓空間」雖勝義非凡，猶未足以窮盡莊學理境之幅度。依筆者，還得「開抉」其畛域儼然之「概念相」，而有以回返到奠基「弔詭性思路」的「身物三觀」或對應「多維度視域」的「三界互具」，才真能相應「人文莊」該有的圓教格局而允為道家思想之圓唱[167]。

　　行文至此，終而來到了一個全新的理論起點──簡言之，我們終而可以通過更趨圓教格局的「多維度視域」以全面接榫莊子「物學」的「弔詭性思路」。筆者確信，如是詮釋取徑，只要能獲得善解，在長達兩千年的莊子詮釋史，自有其不可磨滅的學術史意義。緣何而有此論斷？筆者的關鍵理由是：只有依此「三界互具」之總體視域而展開的解《莊》進路，才可能扎實地把握到一個能夠徹底正視「人之有限性」的根本凝視點；於是，我們才終得窺見並確立一個「悲心深沉」的莊子形象；而這位「有大傷心不得已

---

167 衍而申之，人文型莊子──不論是「人文創化型莊子」或「人文療癒型莊子」──固不必排斥「同一冥契型莊子」或「解構支離型莊子」；因為，圓教格局義下的莊子，以何面貌示現，本就權變多方而不拘一格。天童正覺禪師頌古有云「森羅萬象許崢嶸」，此則胸次相近之論。在多維度視域的朗照下，各種看似殊異的莊子風貌，固無往而不可曲而通之。

者」[168] 的莊子形象，卻湮沒千載，罕有解人。太多人只見其高明，殊不知這高明若失去悲心的烘托，空頭而孤調的高明，就缺乏一股沉厚的底蘊而不可能是真正偉大的。真正的偉大，只有通過血氣動盪的「脆弱性」才得以全幅朗現。這意味，偉大的背後，永遠含藏著「有限存在」的陰影；它必須是正視「有限存在」而有以求其「轉化」的偉大，才更見人性肌理繁複的皺褶。相形之下，輕言超越、高舉無限、標榜真常的「唯真心」語境，都未免輕估人性的繁複「皺褶」而遺落其異質交錯的厚實底蘊。這意義下的形上學建構，再如何體系宏偉而望之巍然，說到底，也不過是滿足理智欣趣的精微產物，於「真實道德引出的處境倫理」[169]，其實無所觸及也無所抵達。這正是為什麼我們亟須通過一個能夠徹底正視「人之有限性」而將「傷心與快意—脆弱與力量—形虧與德全」的人性錯綜肌理予以全幅朗現的總體視域，方足以重探莊子寄藏「物學思路」裡的無涯悲心與隱祕激情。舉凡：

> 聖人將遊於「物」之所不得遁而皆存。〈大宗師〉[170]
>
> 吾遊心於「物」之初。〈田子方〉[171]
>
> 浮游乎萬「物」之祖，「物物」而「不物於物」，則胡可得而累邪？

---

168 方以智《炮莊小引》：「讀書論世，至不可以莊語而厄之、寓之、支離連犿，有大傷心不得已者。士藏刀於才不才，背負青天，熱腸而怒，冷視而笑。筍之干霄，某之破凍，直塞兩間，孰能錮之。」參閱蔡振豐、魏千鈞、李忠達校注，《藥地炮莊校注》，蔡振豐導論，頁20-21。

169 參閱凱博文，《道德的重量：不安年代的希望與救贖》，頁24-25。余德慧序文〈從真實道德看見「終極關懷」〉，對何謂「真實道德引出的處境倫理」有入木三分的體察：「所謂『真實道德』完全迥異於傳統教條式的道德，『真實道德』深植於生活的根源之處，搖擺於人的不定遭逢裡頭，無法事先被訂出規範，也無法提綱挈領地以明確的道德準繩來衡量，相反的，每個真實道德主體都只能從自身的處境裡逐步地發展自身的主觀過程，自行發現自己與真理的關係，人生裡不斷發生的事故、機緣、變化與外在的衝擊，都無法以原則性的概念加以通約，裡頭也沒有首尾一貫的邏輯，所有的變故都意味著轉化的力量，所有的轉化都朝向個體化的風格塑形，而在這過程裡，有些『真正事關緊要的東西』就會發生，而到底何者是生命最緊要的？這個問題沒有普遍的答案，只能循著個體的生命獨特機緣、命運去發現。……所有的憂鬱、驚悸、創傷都是真實道德引出的處境倫理。」

170 語出《莊子・大宗師》，參閱郭慶藩，《莊子集釋》，頁244。

171 同上註，頁712。

〈山木〉[172]

且夫乘「物」以遊心，託不得已以養中，至矣。〈人間世〉[173]

若夫乘天地之正，而御「六氣」之辯，以遊無窮者，彼且惡乎待哉。〈逍遙遊〉[174]

獨與天地精神往來，而不敖倪於萬「物」，不譴是非，以與世俗處。〈天下〉[175]

其於本也，宏大而辟，深閎而肆；其於宗也，可謂稠適而上遂矣。雖然，其應於化而解於「物」也，其理不竭，其來不蛻，芒乎昧乎，未之盡者。〈天下〉[176]

　　其所謂「遊心於『物』之初」、「遊於『物』之所不得遯而皆存」、「浮游乎萬『物』之祖」，皆非遊於浮淺之「物相」，而能直探「物」成為知識對象前之「底蘊世界」。此則〈人間世〉所謂「以無知知者」，非「以有知知者」也。「物性存有」在此，非作為「客體」而被把握，而是以「所遊之域」而被把握；依本文重構莊學之詮釋體系，這「所遊之域」即是作為「關係匯流場域」所成的「人文空間」。物，則因其「所遊之域」而示現為「即道之物」。於是，一帖詩箋、一壺香茗、一床古琴、一樹老藤、一彎幽徑、一葉枯荷……對深於「身—物」三觀而通貫「心知轄域—氣化之域—虛廓空間」於一氣的「多維度視域」者，早已不是「語言—心知」所把握的「身外之物」，卻是在「一沙一世界，一花一天堂」[177]的詩性凝視中，見其無往而非我「身外之身」。前者，觀之以「心（知）」，所見唯「表層物相」而不免遺落隱蔽幽微的「物裡乾坤」；後者，觀之以「道」，「與物相依」的「深度世界」

172　同上註，頁 688。
173　同上註，頁 160。
174　同上註，頁 17。
175　同上註，頁 1098-1099。
176　同上註，頁 1099。
177　語出英國詩人威廉布萊克（William Blake）詩作 *To See a World*：To see a World in a Grain of Sand
And a Heaven in a Wild Flower,
Hold Infinity in the palm of your hand
And Eternity in an hour.

遂朗現無遺。

　　海德格於後者觀法，顯然別有契會。依筆者之見，他於1935-1936年間發表《藝術作品的本源》，正是將自己心目中的「現象學」給連結到「物學」思考的具體演示。筆者以此而心有靈犀，以為海德格取徑殊異[178]的「現象學思路」，恰與莊子「物學思路」有絕高的相應性。一言以蔽之，都是通過「關係匯流」所成的「世界」來把握「物性存有」的「真理」。這意義下的真理性，顯然不是在「心知轄域」被決定的，而是通過「三界互具」的總體視域才有以窺見的奧蘊。前者，指向「知識的建構」；後者，則深於「奧祕的開顯」。然則，這種開顯性的真理，究竟該如何呈現？海德格並未徒託空言，他在《藝術作品的本源》以梵高（Vincent Willem van Gogh）畫作示例。從中，我們看見了雙重經典的交會——「一幅梵高的畫作」加上「海氏現象學的具體演示」。只見海德格通過高度詩性的語言，為梵高畫作裡的「農鞋」展開了極盡詩意的現象學描述。不同於常規語言所強加於對象物的編碼與界定；藉由海德格的具體演示，我們才蕡然憬悟：恰是通過詩性語言，我們才得以掙脫「對象化思考」的制約，而深刻窺見那隱蔽於農鞋背後一整個意趣悠遠的「世界」。這「世界」並未以可見的形跡顯現於梵高的畫作，卻以一種隱匿的維度深藏於畫作的「不可見處」。回到事物自身，就是要回到這「不可見處」；然而，「不可見處」是無從抵達的；除非，我們懂得懸置「意識（以有知知者矣）」的遮蔽而讓位予「冥識（以無知知者也）」的運作。後者，正是「深於『可見』而入於『不可見』」的詩性凝視；它讓一個「無限遠」卻與自己「親密相連」的「幽祕世界」，得以從「不可見處」現身為「可見」，這就為「反向運作的詩性凝視」[179]也創造了條件。若依本文詮釋系統以尋求表達的可能，那麼，海德格的現象學方法，無非是建立在「心知轄域—氣化之域（大地）—虛廓空間（世界）」的雙向迴觀；亦即，先從「心知轄域」沿「氣化之域」以上遂「虛廓空間」（上迴向）；復從「虛廓空間」經「氣化之域」以返觀「心知轄域」（下迴向）；而通過雙向流動的詩

---

178 所云取徑殊異，尤尅就其先師胡塞爾的現象學思路而為言。
179 此指深於「不可見（非現實）」而重返「可見（現實）」。若詩性凝視是「由跡入冥」；反向凝視就是「由冥返跡」。能雙向迴觀，自入於「跡冥圓融」。

性凝視，正是「物性存有」的「深度」得以被圓滿把握的基礎。以此觀之，海德格的「物學思路」，非但不是為可見之物「編碼疆域」，而是通過「與物相依的『世界』」以回頭叩問「物性存有」的深蘊。換言之，對海德格而言，是「世界」先行，而非「意識」先行。世界，指向「親密關係（共在感）」的締結；意識，則指向「主體中心」的建構。這意味，真要「回到事物自身」，首先要解構的就是「主體中心」，而後，乃能通過「世界」的開顯以窺其「幽奧（物裡乾坤）」。底下，就讓我們看看海德格是如何通過詩情盈溢的筆觸，對梵高畫作裡一雙磨損經年的殘破農鞋，進行了獨屬海氏風格的「現象學描述」——

> 鞋子上甚至連地裡的土塊或田野上的泥漿也沒有粘帶一點，這些東西本可以多少為我們暗示它們的用途的。只是一雙農鞋，再無別的。然而——從鞋具磨損的內部那黑洞洞的敞口中，凝聚著勞動步履的艱辛、這硬梆梆、沈甸甸的破舊農鞋裡，聚積著那寒風陡峭中邁動在一望無際的永遠單調的田壟上的步履的堅韌和滯緩。皮製農鞋上粘著濕潤而肥沃的泥土。暮色降臨，這雙鞋在田野小徑上踽踽而行。在這鞋具裡，迴響著大地無聲的召喚，顯示著大地對成熟的穀物的寧靜的饋贈，表徵著大地在冬閒的荒蕪田野裡朦朧的冬眠。這器具浸透著對麵包的穩靠性的無怨無艾的焦慮，以及那戰勝了貧困的無言的喜悅，隱含著分娩陣痛時的哆嗦，死亡逼近時的戰慄。這器具屬於大地，它在農婦的世界裡得到保存。正是由於這種保存的歸屬關係，器具本身才得以出現而自持，保持著原樣。然而，我們也許只有在這幅畫中才會注意到所有這一切。而農婦只是穿這雙鞋而已。要是這種簡單的穿著真這麼簡單就好了。夜闌人靜，農婦在滯重而又健康的疲憊中脫下它；朝霞初泛，她又把手伸向它；在節日裡才把它置於一旁。這一切對農婦來說是太尋常了；她從不留心。從不思量。雖說器具的器具存在就在其有用性之中，但有用性本身又植根於器具之本質存在的充實之中，我們稱之為可靠性。憑借可靠性，這器具把農婦置入大地的無聲的召喚之中，憑借可靠性，農婦才把握了她的世界。世界和大地為她而存在，為伴隨

著她的存在方式的一切而存在，但只是在器具中存在。我們說「只是」，在這裡還不夠貼切，因為器具的可靠性才給這素樸的世界帶來安全，保證了大地無限延展的自由[180]。

　　顯然，這不是僅及於可見面向的浮淺描述，海德格的描述最引人矚目的精神動向在能深掘寄藏農鞋裡的勞動者心事，簡言之，他通過梵高賦予一雙農鞋的驚人筆觸，窺見了勞動者「一生懸命」其中的「生活世界」。不言可喻，對海德格而言，「物」的真理性，並非僅由「有用性」來決定，更得觸及「深藏物中的世界」，才算是真正把握到「植根於器具之本質存在的充實」。他以「可靠性」稱之，以凸顯「有用性」思路所無以把握的「隱匿維度」[181]；而所謂「本質存在的『充實』」，依筆者詮解，則無非是深沉蘊藉於「農婦世界」裡的「隱祕激情」所賦予一雙「農鞋」的充實感（「世界」所灌注於「物」而作為其底蘊基礎的充實）；即令在「有用性」的標準上，只是一雙瀕臨解體、行將敗毀的破舊農鞋，然而，恰是在這雙與勞動者命運緊密連結而形成強大「共在感」的農鞋裡──「浸透著對麵包的穩靠性的無怨無艾的焦慮，以及那戰勝了貧困的無言的喜悅，隱含著分娩陣痛時的哆嗦，死亡逼近時的戰慄。」於是，與物相依，所牽動出的隱祕激情，形塑了農婦浸潤日深的「世界感受」；正是這讓人生死相依而流連不去的「生活世界」，讓我們有堅實的理由「高看」：一雙曾與「農婦的世界」形成深密締結的老舊農鞋，如何通過那近乎宗教皈命的隱祕激情而確立了自己業已置身「本質存在的充實之中」。

　　準此以觀，沒有「農婦的世界」，「農鞋」的「有用性」也就旋而落空；沒有「可靠性」所召喚的隱匿維度，「有用性」隨之失其所託而不復有存在的理由。物的「本質存在」，該當歸屬哪一個界域，也就不言自明。由此可見，落在「心知轄域」所決定的「有用性」，原不該被孤立強調；這只會遮蔽了「物性存有」的底蘊，而讓人無以觸及那「植根於器具（內藏於物）」

180　海德格爾，〈藝術作品的本源〉，孫周興譯，收錄《海德格爾選集・上》，頁253-254。

181　比如，海德格通過一雙農鞋所窺見之「農婦的世界」，這世界，顯然別異於「有用性」思路所對應的「心知轄域」。

且真能賦予「物」以浩瀚充實感的「本質存在」。所以，只要我們對「物」的把握，仍是拘役於「有用性」的視域框架，那麼「物的本質存在」，將始終保持隱蔽而無以獲得深度開顯的可能；然而，甚麼意義下的語言，才能為「物性存有」帶來更深度的開顯可能？顯然，不論是講究量化、實證的科學語言，或只及於標指事物、傳遞訊息的常規語言，對此都是無能為力的。這類落在「心知轄域」的語言操作，只能對物相進行表層的編碼與界定，而無以掘發其斂抑幽深的豐饒內蘊。我們以此而窺見詩性語言的殊勝性與必要性，也更深地領略到──海德格環繞梵高畫作而親為演示的詩性敘述，正是他為滿足自身的現象學要求（回到事物之「本質存在的充實之中」）而自覺進行的「語言轉向」[182]。事實上，旨趣相近的手法，早在兩千四百年前的莊子，已通過更富詩性潛力的「象形文字」完成了神乎其技的詩性展演（卮言曼衍）。兩大哲人，東西異域，傳承有別，卻能在相近的「物學思路」上，祕響旁通若夙契於心。即此而言，莊子雖未以現象學為名而標榜其學，實則，在「回到事物自身」的現象學共法上，莊子奠基於「詩性凝視」的「物學」思考蹤跡，不由讓我們驚覺：看似濫觴於西方當代哲學的現象學風潮，實則在遠古東方早已伏流深遠。莊子，在當代漢語學術場域所內蘊豐沛之跨文化潛力，由此可見一斑。

行文至此，我們要追問一個關鍵的問題：為何海德格要通過「可靠性」來把握那賦予「物」以浩瀚充實感的「本質存在」，以別異於那無涉「本質存在」的有用性？「可靠性」與「有用性」並非顯著的對比性概念，那麼，海德格運用此概念以凸顯「物之『本質存在』」的深意何在？這問題不容易回答；但是，筆者嘗試通過本文的詮釋架構以提供一道可能的理解線索。首先，讓我們重新檢視海德格的文本。當他提出：「有用性本身又植根於器具之本質存在的充實之中，我們稱之為可靠性。憑借可靠性，這器具把農婦置入大地的無聲的召喚之中，憑借可靠性，農婦才把握了她的世界。」依筆者，這段文字至少斂藏著三道理解線索：

其一，「有用性」，依本文詮釋架構，乃是通過「心知轄域」以把握「物

---

182 依筆者之見，海德格後期的語言轉向，顯然早伏流於1935-1936發表的這篇〈藝術作品的本源〉。

性存有」的觀看角度;這層次的把握,對海德格而言,顯然是不「到位」的,因為,「物性存有」於此,只停留在作為「工具性對象」的浮淺認知而無涉於其「本質存在」。這意味,物,不只是「工具物」;物的背後,另有「世界」———一個深藏於物,卻對「心知轄域」保持隱匿的深度空間。後者,才是賦予物以「充實性」的「本質存在」。

其二,「有用性」所代表的觀看角度,雖流於浮淺,而不足為海氏所稱許;然而,依筆者之見,海德格〈藝術作品的本源〉最值留意的意義動向之一,便是:他並不貶低「有用性」而將「有用性」所對應的「心知轄域」給徹底排拒於「物學思路」之外;換言之,對於「有用性」,它並不採取譴責或抵拒的態度,而是引導「有用性」回返到一個更遼闊也更具本源性的基礎。所以他說:「有用性本身又植根於器具之本質存在的充實之中,我們稱之為可靠性。」這就顯示了耐人尋味的態度:「可靠性」並不與「有用性」對峙,而是宛若豐沃的土壤般作為「有用性」所植根其中的「基礎」。如是,「可靠性」遂可涵具「有用性」而沒有去彼取此的問題。可見,在海德格的「物學思路」中,「可靠性」的穩立,並非建立在「有用性」的貶抑;進而言之,「可靠性」的提出,無非是出於對「有用性」的調適;後者會出問題,是因為它不知有更高的存在維度,而妄認自己就是萬物唯一的尺度。這就與筆者詮釋架構所提出的「三界互具」相映成趣。依筆者,「心知轄域」會產生危害,是因為它以獨斷姿態成了我們唯一的世界,而剝奪了多維度視域的觀看可能,這正是「同一性暴力」所以蘊生的溫床。對治之方,固不在於排拒,而在能「走向不可知的他者」。對「心知轄域」而言,「氣化之域」與「虛廓空間」就代表不可知的「他者」;正是不可知的「他者」,對「心知轄域」形成調節作用,而令其得以回返更本源性的基礎———借海德格概念為喻,正是「大地」與「世界」所疊影而成的「可靠性」維度。這意味,當「心知轄域」與「氣化之域(大地)」、「虛廓空間(世界)」能通貫一氣而相互挹注,那麼,即令是「心知轄域」,亦成道跡流布的場域。

其三,當海德格提出:「憑借可靠性,這器具把農婦置入大地的無聲的召喚之中,憑借可靠性,農婦才把握了她的世界。」他帶出了兩個關鍵概念———「大地」與「世界」;然而,這對概念當作何理解;彼此間的關係,又當如何把握?依筆者,海德格對梵高畫作所展開的現象學敘述,已給出了可

觀的線索。筆者嘗試詮解如下：物，是深藏著的。它不只存在於「有用性」所對應的「心知轄域」，它也存在於那對「有用性」保持隱蔽的「隱匿維度（可靠性）」——「大地」與「世界」就代表這隱匿維度的兩重可能性。就憑借那深藏於物而足以作為其「本質存在」的隱匿維度，一雙與農婦相依經年而銷磨日深的破舊農鞋，將農婦置入於「大地的無聲的召喚之中」；然而，對農婦而言，「大地無聲的召喚」猶不足以窮盡她完整的「世界感受」；於是，同樣是憑藉那深藏於物而足以作為其「本質存在」的隱匿維度，農婦把握到的「世界感受」更形完整了——那不只是粘著濕潤而肥沃的泥土、在田野小徑上踽踽而行的一雙破舊農鞋裡所迴響著「大地」無聲的召喚，召喚裡顯示著「大地」對成熟穀物的寧靜饋贈，也表徵著「大地」在冬閒的荒蕪田野裡朦朧的冬眠；於此而外，從鞋具磨損的內部那黝黑的敞口，那緣起於「大地（存有母體）」卻不受其所限的「世界感受」仍以「私祕的浩瀚感」八方簇擁而來，它包括一雙硬梆梆、沉甸甸的農鞋所「凝聚著勞動步履的艱辛」，也包括著那「寒風陡峭中邁動在一望無際的永遠單調的田壟上的步履的堅韌和滯緩」，更有「對麵包的穩靠性的無怨無艾的焦慮，以及那戰勝了貧困的無言的喜悅，隱含著分娩陣痛時的哆嗦，死亡逼近時的戰慄。」這一切的艱辛、堅韌、滯緩、焦慮、喜悅、哆嗦、戰慄所召喚的生命意象，已不僅是「在深根寧極的存有母體中悠晃」的「大地感受」所表徵的「寧靜饋贈」，而是更深及一種教人為之血氣動蕩的隱祕激情；隱祕激情之所以形成一種血氣動蕩的綿遠迴響，揆其底蘊，無非在於它在本質上就是一種飽蘊「人文激情」的「共在感」。筆者以此而判讀：「世界感受」在理論位階上要比「大地感受」更進一層；它代表「世界」對「大地」的「超克」；或者依筆者詮釋體系以表達，即是「虛廓空間（人文）」對「氣化之域（自然）」的超越。不同於田園牧歌式的「大地感受」所傳達的自然欣趣；教人血氣動蕩的「世界感受」，每更見隱祕激情的迴響。此亦無它，後者，不但形塑了農婦的「世界感受」，甚而農婦的「命運圖像」亦在世界感受的開顯中顯影成形。以此思之，這雙與農婦相依經年的破舊農鞋，正得放在「農婦的世界」裡才能確保自己的存在意義；因為，在可見之域，農鞋雖屬於大地；在不可見域，農鞋作為深藏之物的「充實性」，卻只能繫屬於「農婦的世界」才獲得保存。即此而言，「世界」比「大地」要涵括更大的存在格局。世界，是

落在「天―地―神―人」的四方域所成形的關係網絡；大地，在四方域中則只居其一。筆者因於此總結：那深藏於物而足以作為其「本質存在」的隱匿維度（可靠性），實兼賅了「大地」與「世界」兩重維度；二者不是平行對列的關係，而是有理論位階的高下；尤為切要的是――「世界」包含「大地」，而不為「大地」所限；那不為所限的「未知域」，則指向一個由「人文激情的迴響」所構成的隱匿維度――換言之，相對於「大地」所代表的「自然維度」，「世界」則是由「私祕浩瀚感―深密共在感」所共構的「人文維度」；兩重維度，皆為海德格所謂的「可靠性」所涵攝。若援引本文詮釋架構以相印證，則「大地」代表解構「心知轄域」後所進入的「氣化之域」；「世界」則是奠基「氣化之域」而有以調適上遂的「虛廓空間」。後者借海德格遍染詩情的文字以例示，那就是「寒風陡峭中邁動在一望無際的永遠單調的田壟上的步履的堅韌和滯緩」、「鞋具裡迴響著大地無聲的召喚」、「大地對成熟的穀物的寧靜的饋贈」「大地在冬閒的荒蕪田野裡朦朧的冬眠」、「對麵包的穩靠性的無怨無艾的焦慮」、「戰勝了貧困的無言的喜悅」、「隱含著分娩陣痛時的哆嗦」、「死亡逼近時的戰慄」所匯流而成的「深度世界」――一個讓「農婦―破鞋―大地―田野―沃土―小徑―寒風―荒蕪―貧困―焦慮―穀物―麵包―分娩―痛苦―死亡」等無法自整體世界割裂出之「非對象物」在「深度會遇」中進入「私祕浩瀚感―深密共在感」的 "I-Thou relationship"。我們於焉而有所領悟：原來，什麼才叫做「現象學的描述」？原來，「物」不只是現身於前的可見之「物」，一切「可見物」背後，另有不可見的「隱匿維度」以作為此「物」之「本質存在的充實」。海德格寄意悠遠的「可靠性」，依筆者，正指向一個賦予「可見物」以厚實支撐的「關係網絡」或「深度世界」。以此思之，唯有見見此內蘊深沉之「關係網絡」或隱蔽「可見物」背後的「深度世界」《莊子‧山木篇》所云「物物而不物於物」[183]，方得以成為可能。

　　惟筆者於此別有所見：海德格來回於「可見―不可見」的詩性凝視，雖聚焦於梵高畫作中的靜物以暢論藝術作品的本源；然而，他從中展開的物學思考蹤跡，在筆者眼中，卻同樣深及宗教情感所寄託之「內在性」維度；後

---

183 語出《莊子‧山木》，參閱郭慶藩，《莊子集釋》，頁688。

者，在本文詮釋架構中，正是可作為受苦者棲居託命之所的「虛廓空間」。
為了讓海德格《藝術作品的本源〉的深睿洞見，可順適接榫於本文以「宗教
維度」貫穿的莊子物學體系；海德格的「可靠性」三字，本文將轉化為「可
託命性」四字以強化其施用於「受苦現場」的「人文療癒」內蘊。如是化
用，無非是為了催生一種「人文療癒」取徑的「物學轉向」；這意味，那深
藏於物而足以作為其「本質存在」的隱匿維度，正是莊子「物學」的人文療
癒思路得以全幅展開的理論起點。為了滿足這項理論要求，本文將特別援
引本雅明教人尋味不盡的「物學敘事」以作為莊子物學的參照系統。此亦無
它，相對海德格叩問「藝術作品」之底蘊基礎的物學思路，本雅明通過「與
物相依」以「走出活路」的物學敘事，在筆者眼中，更近乎一種悲心深沉
的「宗教情懷」，也因此而與「人文療癒取徑」的莊子物學，在精神動向上
有更高的相應性。總之，海德格與本雅明在物學思路上，可謂底蘊相通而風
格殊異。底蘊相通，指向「可靠性」與「可託命性」的接榫處，二者皆歸結
於那深藏於物而足以作為其「本質存在」的隱匿維度；風格殊異，則指向兩
人在精神動向上的歧異性——海德格叩問「藝術作品的本源」而更偏於「美
學向度」；本雅明則深於「人與物在受苦現場的雙向救贖」而更近於「宗教
向度」。除了在「物學思路」所展現的高度疊合性，筆者猶為矚目的是——
兩人皆通過靈光逼人的「詩性筆觸」，以展開深諳「現象學手法」的物學敘
事；這顯然不是出於偶然的選擇，而是出於高度的自覺；因為，那深藏於物
而作為其「本質存在」的隱匿維度，除了「詩性語言」，別無揭示的可能。
即以本雅明所留下一句神祕如詩的片簡殘箋為例，他如是寫道：「不試圖從
咖啡杯底的沈澱中獲取預言並將其解開者，就不是真正的哲學。」[184] 以海德
格解讀梵高畫作之高致眼界，自是深諳箇中奧蘊。依筆者之領會：「獲取預
言並將其解開」之所以可能，關鍵還在能揭露那「深藏於物的隱匿維度」；
此則咖啡杯底餘香裊裊卻寄意窈緲的沉澱物中所氤氳縈繞而啟人遐想的「深
層世界」——一種在「與物相依」的「親密共在感」中所凝成的「物情空
間」或「虛廓空間」。以此觀之，不論是「咖啡杯底的沈澱」或「鞋具磨損

184 轉引自石計生，《藝術與社會：閱讀本雅明的美學啟迪》（臺北：左岸文化，
　　2003），自序引文。

的內部那黑洞洞的敞口」，都隱然瀲灩著源自「物裡乾坤」所透出的「靈光」。海德格如同本雅明一般，都對此「物中靈光」別有感會而與莊子的「物學思想」今古輝映、若合一契。

底下，就以李明璁一段論及本雅明的「物學敘事」，作為本雅明物學思路的開場。無它，就為著他竟能從「突如其來、擾亂生活秩序的一場小水患」[185]，峰迴路轉地遭逢了來自「小物件」的救贖體驗[186]，並通過本雅明、桑塔格（S. Sontag）、鄂蘭（H. Arendt）、波特萊爾（C. Baudelaire）的哲思零束，勾畫出一段備極精妙的「物學」思索軌跡以藉此重新感受「自己賴以生存的小宇宙」[187]；而這樣的體驗──「足以抵禦一切不可預測的災難以及日常無趣的反覆」[188]：

> 或許，人對某物的擁有，與其說是擁有它「作為工具」的這個實用層次，不如說，是擁有某種從它特定功能中抽象而出的事物。如此，物（thing）才會真正成為人的「物件對象」（object）。而既然這房間裡的所有物件都面向著我、成為我的「對象」，它們之間也

---

185 參閱李明璁，《物裡學》（臺北：遠流出版社，2009），頁12。篇首自序〈物裡看花，從物裡學〉。

186 同上註，頁8-10。篇首自序〈物裡看花，從物裡學〉：「晚春某個晴朗日子，水悄悄從系館三樓的排水口湧現，沒有人發覺。它緩緩沿著週末無人的教室走廊，自門縫流進了我的研究室。每一珠水滴都熱切吻著木質地板，滿屋子瀰漫著濕漉漉的腐朽氣味……人因此煩躁起來。淹水後的研究室，如蔡明亮電影裡潮濕幽暗的空間隱喻，也暫時沒了音樂、閱讀與冥想。直到某天午後，窗邊的馬口鐵機器人，彷彿跟我說話似地，把我拉了回來。那是個年代久遠的鐵皮玩具，跟隨我飄洋過海回到此處。只要轉上幾圈發條，就會喀吱喀吱地搖晃行走。那天他一如往常靜靜站在矮櫃上，外頭春陽暖暖，光線穿過窗外的樹梢，把他投射得神采奕奕，即便連灰斑都有了光澤似的……彼時，我有一種說不出、別人也不見得能懂的滿足感。就像村上春樹在《蘭格漢斯島的午後》中所描述，『抽屜裡塞滿了折疊整齊捲好的乾淨內褲』，或『將嶄新散發著棉花味道的白色汗衫從頭上套下來』的時候，某種名之為『小確幸』的東西。就是這細瑣微小、但明確紮實的幸福感啊，足以令所有潮濕陰鬱瞬間揮發在光亮之中；讓倒楣的無妄之災，消融在乍現的靈光裡……我開始利用餘暇，逐項檢視堆積在房裡的各類物件……它們是這個小宇宙裡一顆顆無足輕重、孤寂存在卻又發散溫暖的星球。」

187 參閱李明璁，《物裡學》，頁12。篇首自序〈物裡看花，從物裡學〉。

188 同上註。

就巧妙地相互指涉。本來沒關係的物件，此時此地都有了新的意義
聯結[189]。

這段物學敘事，實堪尋味。結語所云「所有物件都面向著我、成為我的
『對象』，它們之間也就巧妙地相互指涉。本來沒關係的物件，此時此地都有
了新的意義聯結」，亦頗貼切羅蘭巴特（Roland Barthes）通過物件游移軌跡
所形塑的空間意識[190]：「物件向四面八方行進，在水面也在牆面上游移。正
是無數物件，將空間鋪展了開來。」[191]惟李明璁這段反思在哲學表述上顯然
是大成問題的；因為「對象」二字，在這段文脈裡被錯用了！依莊子，正因
「物」成了「對象」，才會被「編碼」為「工具物」；也同樣因為「物」成了
「對象」，遂遺落海德格《藝術作品的本源》論及梵高畫作所謂「本質存在的
充實」[192]而讓那無法被「對象化」的「關係匯流場域」淪於隱沒。我可以體
會他試圖表達的意思，可惜，他的「表述」無法支持他的「意圖」，遂不免
在幾個關鍵字詞的運用上有脈絡錯置之嫌。比如，當他著意點出：「本來沒
關係的物件，此時此地都有了新的意義聯結」；這顯示他已然意識到應該轉
換常規視域而通過「關係締結」的進路去把握「物性存有」。依本文重構莊
學之詮釋體系，這正是從「心知轄域」朝向「氣化之域」與「虛廓空間」轉
化的關隘；視域翻轉瞬刻，「房間裡的所有物件都面向著我」卻非作者所表
述——物件成了他的「對象」；事實上，這一刻現身的卻是「語言—心知」
所無以捕捉的「非對象」，也就是在「非知之域」中，朝向「氣化之域—虛
廓空間」轉化的「物性存有」。然則，下文所援引自本雅明、桑塔格、鄂
蘭、波特萊爾的連翩浮想，卻格外啟人省思：

> 這讓我憶起在劍橋的某個隆冬，陷在永遠讀不完的書堆裡慌張不
> 已。偶然進入了本雅明對巴黎拱廊街的研究筆記，深深著迷於那
> 種蒐藏、凝視、剖析細瑣物件的奇趣，而幾乎忘卻了屋外的大雪

---

189 同上註，頁10。篇首自序〈物裡看花，從物裡學〉。
190 所云「空間意識」，在此指向一種在「物與物」以至「物與人」的關係交涉過程中
　　所形成的空間感受。
191 參閱李明璁，《物裡學》，頁18附圖引文。
192 海德格爾，〈藝術作品的本源〉，孫周興譯，收錄《海德格爾選集・上》，頁254。

紛飛以及課堂報告的火燒屁股。據說本雅明是個狂熱的藏書家，蘇
珊桑塔格（S. Sontag）說他「藏書並非為了專業用途，而是藉以當
作冥想的對象物和引發沈思的媒介」。此外，他還喜歡舊的玩具、
郵票、明信片，以及「輕輕搖動裡頭就會出現飄雪小鎮」的玻璃
球[193]。

　　桑塔格描述本雅明最具特色的行止之一便是「藏書」，還喜歡舊的玩
具、郵票、明信片，以及「輕輕搖動裡頭就會出現飄雪小鎮」的玻璃球；這
近乎是一種「戀物僻」了！但本雅明是何等學問？他對書籍以及一些「小物
件」、「小東西」的收藏，卻大有玄機。以「藏書」為例，對本雅明固無關
「專業用途」，而是「藉以當作『冥想的對象物』和『引發沈思的媒介』」；這
等「戀物僻」，顯然並未坎陷於「符碼化」的表層物相所驅動的「佔有慾」，
而是建立在與「物」所建立的「深密締結」。這意味，對本雅明而言，「物」
是深藏著的；當他備極流連地環視著一屋子的精緻收藏而不由神為之凝、思
為之深，他其實是通過手頭把玩摩挲的「可見物」以進入一個「不可見」的
「關係匯流場域」。依本文重構莊學之詮釋系統，那是建立在「身─物」深層
會遇所抵達的「虛廓空間」：一個讓本雅明甘於託庇其中的「詩意世界」，以
抵拒「同一性暴力」氾濫猖獗的二戰年代。即此而言，本雅明深於「可見」
而入於「不可見」之詩性凝視所「定睛」者，固不在表層「物相」，而在於
通過「引發沈思的媒介」所召喚前來的「物情空間」：

　　孤獨的本雅明，既是卻也不是個馬克思主義者。他和當時講求科
　　學、宏觀的左派主流背道而馳，默默進行著一種顯微鏡式的日常觀
　　察，用他的「第三隻眼」窺看這個由物與人共構的大千世界。本雅
　　明喜歡反覆探訪乏人問津、細瑣微小的事物。小物件對他（收藏家
　　與漫遊者的雙重身分）而言，是可以隨身攜帶的適切「對象」。此
　　外，事物的微型化也意味著對所謂「正常狀態」的扭曲、打碎和重
　　組，於是成了有利於凝視與冥想的對象物。而這一切，不只構成本
　　雅明的研究主題，或許也是在他長期憂鬱的歲月裡，賴以延續生活

---

[193] 參閱李明璁，《物裡學》，頁10。篇首自序〈物裡看花，從物裡學〉。

的小確幸[194]。

　　所謂以「第三隻眼」默默進行一種「顯微鏡式的日常觀察」並窺看「由物與人共構的大千世界」；「第三隻眼」自是「外於心知」而不受時代主流語境（比如納粹對猶太人的汙名化）所箝制的「詩性凝視」，所以特敏於體察「物與人共構的大千世界」以至流溢晃漾此「大千世界」上的「靈光（aura）」[195]——「什麼是靈光？時空的奇異糾纏，遙遠之物的獨一顯現，雖遠，猶如近在眼前。靜歇在夏日正午，沿着地平線那方山的弧線，或順着投影在觀者身上的一截樹枝，直到『此時此刻』成為顯像的一部分——這就是在呼吸那遠山、那樹枝的靈光。」[196]

　　這段文字，徹底跳脫符碼化的定義活動或科學式的邏輯分析，渾然只是詩意渲染下的意象勾勒，卻內蘊了何其豐饒的拓線潛力？它無法被分析、定義或解釋，卻又帶著無比的穿透力敲開了掩映「心知轄域」底層的「深度世界」。一段極具代表性的本雅明風格敘事，深刻印証了他是如何敏銳於體察「物與人共構的大千世界」。本雅明的領悟是深透的，「遙遠之物的獨一顯現」讓觀者宛若「是在呼吸那遠山、那樹枝的靈光」而進入一種「雖遠，猶如近在眼前」之「時空的奇異糾纏」；這描述全然建立在「身」與「物」的深度會遇；自然也全然相應莊子通過「物化」一詞展現的核心洞見：當「遠山」不是通過視線被眼睛所捕獲，而是通過深沈的呼吸而進入我身體，並成為我身體的一部分；這意義下的「遠山」已不是「語言—符碼」在「心知轄域」所能定義的「身外之物」，卻是我通過深沈的呼吸而有以感應、迎納並形成深密締結的「身外之身」。「身外之物」猶僅是「對象物」，「身外之身」則是與我交融為一而不可「對象化」的「域外『他者』」。當天下萬物無往而非我「身外之身」，這經由「詩性凝視」而在「時空的奇異糾纏」中冥然有會於

---

194 參閱李明璁，《物裡學》，頁11。篇首自序〈物裡看花，從物裡學〉。

195 本雅明著，許綺玲、林志明譯，《迎向靈光消逝的年代》（桂林：廣西師範大學出版社，2008），頁34。「靈光」源自本雅明的 "aura" 一詞，有多種譯法，另有譯作「靈氛」、「靈韻」、「光暈」等，依陳建華對「靈氛」這譯法的闡釋，有一種「通向遠古的蠱惑」或「上下求索的醒世者的感嘆」。

196 同上註，頁34。

「域外他者」的「共在感」，正是深於莊子「物化」體驗的真切領悟。不難想見，本雅明全然洞明一項奧祕：孤離之「物」，不足以成為一個世界；孤離之「人」，也不足以成為一個世界；「世界」只存在於「人」與「物」的「相浹俱化」所形成的一大「共在」——依本文詮釋系統，即涵括「初步物化」的「氣化之域」，以至「深度物化」的「虛廓空間」。以此觀之，「物」對於「世界」的形成，是舉足輕重的，卻常被高抬「唯心主體」而以物為「粗」或以物為「妄」的「心學」語境所遮蔽。本雅明沒有陷落這「誤區」或「誤識」；他極重視那看似遠離「宏大精神」的「小物件」，喜歡以「一種顯微鏡式的日常觀察……反覆探訪乏人問津、細瑣微小的事物。」此亦無它，「小物件對他而言，可以隨身攜帶……事物的『微型化』也意味著對所謂『正常狀態』的扭曲、打碎和重組，於是成了有利於凝視與冥想的對象物。」小物件更具決定性的意義是：「不只構成本雅明的研究主題，或許也是在他長期憂鬱的歲月裡，賴以延續生活的小確幸。」這意味，通過「凝視與冥想」而從被「扭曲—打碎—重組」的小物件召喚出的「深度世界」，成了他長年漂泊不定的流亡生涯「賴以延續生活」的「託命空間」。對本雅明而言，這正是來自「物」的拯救——背負猶太人原罪又遭逢納粹追殺而始終「無枝可依」的哲學家，就藏匿「現實空間」的裂隙餘光裡，以引渡自身於「非現實空間」所提供的「託庇之所」。以其為虛仔域外的「非現實空間」，故「不可見」；惟其「不可見」，所以真實，所以形成瀕死的脆弱中若有似無的支撐力量。於是我們看見：那儼若「遙遠之物的獨一顯現」般的「聖世界」（非現實空間），為困厄於「現實空間」的「受苦者」提供了「迴旋」的餘地，而讓已捱過百死千難的本雅明得以苦撐到四十八歲才氣力耗竭，走向死域。

如果說，波特萊爾是浪遊在城市邊緣、尋找詩意碎片的拾荒者，那麼本雅明則是個擁有自己小宇宙的收藏者（儘管他的生活並不闊綽）。這裡的「收藏」並不是指那種藉由佔奪商品以炫耀自身、甚或等待增值以求取利潤的布爾喬亞嗜好；相反的，在使物品得以逃脫商品化的市場禁錮，納入擁有者自己的價值與意義體系。本雅明如此宣稱收藏的政治意義：「讓東西不僅僅是為日常生活世界所需

所用，更讓它們從實用而單調乏味的苦役中解放出來。」197

相對波特萊爾作為「浪遊在城市邊緣、尋找詩意碎片的『拾荒者』」，雖不闊綽，卻「擁有自己『小宇宙』的『收藏者』」本雅明，顯然與「物」有著更深密的締結；因為，「人─物」之間，只有在「深度會遇」的前提下，方可能在 "I-Thou relationship" 的「深祕共在」中潛入巴舍拉筆下飽濡「私密浩瀚感」的「個人宇宙」。這意義下的「宇宙」，作為深密關係凝結的場域，超然域外而內蘊深沉，正相通莊子「深度物化」下所成就的「物情空間」。此如李明璁所提點：「這裡的『收藏』並不是指那種藉由佔奪商品以炫耀自身、甚或等待增值以求取利潤的布爾喬亞嗜好；相反的，在使物品得以逃脫商品化的市場禁錮，納入擁有者自己的價值與意義體系。」這話切中肯綮而直透關竅。但凡建立在利潤性、市場性、增值性與交換性之「功用性」考量，「物」遂淪於「對象域」的囚禁，成了只能聽任支配的工具物；這意味，「物」將因此喪失與人「深度會遇」的契機而無以顯露其隱蔽幽微的「面容」；這「面容」幽藏於物而只對深具了解力的有緣人開顯自己。即此而言，一張「隱蔽的臉」所牽動的倫理張力，勢將逼顯「人─物」締結所可能達到的極至「宗教維度」。不單是囚禁於「對象域」而淪於剝削、支配、毀損、凌辱的「工具物」，亟需「知音者」的慧眼青睞，以終結長年的淪落並恢復重見天日後的聖潔「容顏」；「被拋擲於世」而無枝可依的「終有一死者」，何嘗不亟需「來自『物』的拯救」，以重新贖回自己的靈魂？容我引述本雅明夫子自道的不朽證詞：

> 一個收藏家記憶中最精彩的時刻，是拯救一部他從未曾想過、更沒用憧憬的目光流連過的書，因為瞥見此書孤伶伶地遺棄在書市，就買下，賦予它自由。這猶如《天方夜譚》中的王子買到一個美麗的女奴。你看，對一個收藏家，一切書籍的真正自由是在他書架上的某處198。

---

197 參閱李明璁，《物裡學》，頁11。篇首自序〈物裡看花，從物裡學〉。
198 語出本雅明，〈打開我藏書〉，收錄於漢娜．阿倫特編，張旭東、王斑譯，《啟迪：本雅明文選》（北京：生活．讀書．新知三聯書店，2008），頁75。

　　這段話亦全然呼應他所堂皇宣稱「收藏」的政治意義：「讓東西不僅僅是為日常生活世界所需所用，更讓它們從實用而單調乏味的苦役中解放出來。」[199] 收藏二字，在本雅明之前，從來不曾有人以他所獨具的詩性敘事風格被推升到一種純屬「內在性」聖域的「宗教維度」；而且，依筆者所見，這已是「至於其極」的宗教維度，它建立在「人」與「物」的「雙向拯救」所密織而成的「關係匯流場域」，筆者特名之為「迴盪空間」，並視之為「物化」的「第三重宗教維度」，以有別於「虛廓空間」於莊子「物學」所代表的「第二重宗教維度」。

　　以「迴盪」二字「定位」此空間者無它，就為了這「空間」足以撩起魂命深淵最沉烈跌宕的「迴盪」力量。迴盪二字於此，不僅是單薄的「惻隱之心」，雖有「觸動」，卻不足以發憤為「雖九死其猶未悔」的強韌實踐力；關隘所在，惟在於是否能深體那蘊藉於「受苦者面容（倫理的臉）」所牽動之「脆弱的力量」（the power in weakness）。落在「心知轄域」，脆弱的力量，近乎是不可理解的概念，因為它具現為一種「悖論」——the paradox of power and weakness [200]——一種跌宕於兩極概念間的弔詭性。依同一性思路，是力量，就不會是脆弱；是脆弱，就遠離力量的可能。然而，這「心知轄域」所無以捕獲的「弔詭性」卻揭示了一種來自脆弱、也只可能蘊生於脆弱的力量。這意義下的力量，正因「異質交錯」，所以入味深沉，迴盪綿遠。即以纖細靈銳如本雅明者為例，只要對他在二次大戰期間身為猶太裔知識分子必然遭受迫害的歷史背景稍有了解，就不難明白：正因他身陷「受苦現場」、正因他「無枝可依」的流亡處境，他綿延深遠的「共在感」中，莫說是「人」，即連「物」的「受苦—受囚」都讓他儼若目睹自己流落不遇的處境而必欲有以拯救之。於是我們看見二次大戰歐洲最動人的人文風景之一，或

---

199 參閱李明璁，《物裡學》，頁 11。篇首自序〈物裡看花，從物裡學〉。
200 借喬治‧昆斯書名以寄意：（1998）*The paradox of power and weakness:Levinas and an Alternative Paradigm for psychology.* New York: State University of New York Press. 余德慧於其〈柔適照顧典式的導言〉開篇就提及：「……以法國哲學家列維納斯為首的心理學者不斷提出『弱者的力量』，尤其當喬治‧昆斯談到美國心理學百科辭典居然無一詞談及『卑微』、『單純』與『耐心』這三個弱者的現象，而只一味鼓動人們『當自強』的文化典範現象，顯示現實社會有一種偏向，以強為固。」參閱余安邦主編，《人文臨床與倫理療癒》，頁 249。

許，就是本雅明對書籍、以至一些「微型化」之「小東西」的收藏。惟財力雄厚的收藏家多矣，本雅明的收藏卻別具深遠的意義：若說，他生計寬裕，家境豐足，那麼，所謂收藏，也只不過是滿足一種「布爾喬亞嗜好」的附庸風雅；然則，本雅明可佩之處正在──流亡生涯，求一教職而不可得的他，根本缺乏穩定、寬綽的財力，他依然在所不惜地持續進行一種只有通過深刻的「身─物」會遇才能理解的收藏行動。

當本雅明寫下：「對於收藏家說來，最心醉神迷的一瞬便是當他用一個神奇的圓圈一舉把那些零星散落的條目納入他的國度，這時他會感到一陣喜悅的震顫通過全身，這是獲得的震顫。可以記起的一切，曾經思慮過的一切，所有意識中的事物都成為他財富的支座、框架和底基……」[201]隱伏文字裡的綿遠情思，充分具見「物的『收藏』」於他，絕非只是侷限於冀求投資回報的盈利盤算與投資行為；「物性存有」在此現身為一種近乎宗教激情的凝聚點，它喚起的不是對於「工具物」的佔有欲，而是對於一個「精神國度」的神聖激情。這就使「物」得以從「對象域」解脫而化身為通往「精神聖域」的隱祕甬道；甬道一頭連結著「可見的」物相；另一端則締結於一個「不可見」的「神聖領域」。一切深於「物化」的心靈，都不陌生這種從「可見」而入於「不可見」的深遠凝視所牽動的神祕激情；無它，這激情凝聚於「遙遠之物的獨一顯現，雖遠，仍如近在眼前。」正是通過這「遙遠之物的獨一顯現」，人，因得從「近在咫尺」的手中之「物」，悠然遁入了另一個遼遠的精神國度。那不可見卻寂然有感的精神國度，對於一個不論基於肉身殘敗、生存重負、時局板蕩、流落不遇而沉淪「受苦現場」的「畸人」，其所帶來的身心撫慰力量絕對是驚人的。正是這透過特定「收藏物」而召喚前來的「非現實空間」，為「受苦者」提供了一方可供託庇的棲居皈命之所，本雅明以此而寫道：「收藏家是物的世界的觀相術士，我們只要設想他那手把眼鏡凝視物品的樣子就不難理解為什麼那些了不起的觀相術士最終會成為命運的闡釋者。當他把收藏品拿在手中，他似乎透過它表面看到了它的遙遠

201　語出本雅明，〈打開我藏書〉，收錄於漢娜阿倫特編，張旭東、王斑譯，《啟迪：本雅明文選》，頁72。另參閱譯者張旭東對同段引文的不同中譯版本，收入張旭東〈書房與革命〉，《幻想的秩序》（上海：上海人民出版社，2020），頁126-127。

的過去……」[202] 這「遙遠的過去」，就是「深藏於物」的幽祕所在。元遺山詩
云：「朱絃一拂遺音在，卻是當年寂寞心」[203]，這十四字，對「物的世界」，
有極深的映照。當人手撫琴絃，人與琴在深度會遇當下所牽動的心事，就構
成了一個深度的世界[204]。緣此為例以觀收藏者的幽微心跡亦然。收藏者手中
婉轉摩挲之物所勾動的觸感、味道、聲響，以至斑駁的肌理、殘片的皺褶、
歲月漫漶的時間刻痕所喚起的記憶、情思與想像，在在都足以引領收藏者自
「不可見域」重建自己獨異於世的精神國度。這精神國度代表著「收藏者」
所託命的「非現實世界」。作為關係匯流的場域，它雖暌隔當道，卻無礙於
將「蕭條異代不同時」的千古畸人給一併收攝其中而共成一積澱厚實、疊影
宛然的「歷史性共在」。即此而言，收藏家與「物」的關係，並不是意指他
購買了一個「商品」，而是意指他通過表面的購買動作，贖回了一個被囚禁
多時的「神聖存在」；這「神聖存在」以一個積澱厚實、疊影宛然的「歷史
性共在」深藏於物而作為物的「內在世界」。就一個隱蔽深微的意義而言，
收藏家正是這「歷史性共在」的「守靈者」與「招魂者」；他與物的締結，
在於對這神聖不可侵擾之「內在性」的守護而無關利潤的算計、市場的行情
或買賣的差價。此亦無它，沉暗市場、儼若奴隸的「物」被收藏家買下的瞬
間，就已從「對象域」的囚禁中給「拯救」出來；從此，它不再只是個可以
秤斤論兩、錙銖議價的「商品」，它是作為一個涵蘊豐饒的「內在世界」而

---

202 語出本雅明，〈打開我藏書〉，收錄於漢娜阿倫特編，張旭東、王斑譯，《啟迪：本
雅明文選》，頁72。另參閱譯者張旭東對同段引文的不同中譯版本，收入張旭東，
〈書房與革命〉，《幻想的秩序》（上海：上海人民出版社，2020），頁127。

203 元遺山《論詩絕句三十首》之二十：「謝客風容映古今，發源誰似柳州深？朱弦一
拂遺音在，卻是當年寂寞心。」

204 人與琴所構成之「深度的世界」，同樣在木心筆下獲得了深致的表達。其詩作〈肉
體是一部聖經〉，堪稱「朱弦一拂遺音在，卻是當年寂寞心」的千年迴響：你是，
啊，一架稀世珍貴的金琴，無數美妙的樂曲彈奏過……／你如花的青春，我似水
的柔情，我倆合而為神，生活是一種飛行……／二十年後我回來了，仍然是一見
傾心，往昔的樂曲又起清音。／曲罷你踏上歸家的路程／你又成了飯桌，成了床
鋪，成了矮凳／誰也不知那倚著的、躺著的、坐著的，是一架稀世珍貴的金琴，
全家時時抱怨還不如四鄰／久等你再度光臨／靈魂的雪崩，樂極的吞聲／經雖已蔫
黃，隨處有我的鈐印／切齒痛恨而／切膚痛惜的才是情人。參閱木心，《我紛紛的
情慾》，頁82。

被供奉如神地「守護」著。這就是「收藏家」所灌注於「物」的純淨激情，一種儼然「靠近神聖」的宗教激情。此則張旭東所堂堂評論者：

> （收藏家）把沈思的激情引入被囚禁的物的世界，把夢想的熱情引入沈睡的歷史，這樣的收藏者也許是要在推動一件物品的同時推動它的覺醒，在佔有它的時候賦予它生存的本真性和它自由的尊嚴。……收藏家在夢想中穿越城市，尋覓珍品的形象也正是「歷史學家」在烏托邦的召喚中遊蕩於過去，拾取獲救的歷史碎片的形象[205]。

> 「真正的收藏家」絕不會把收藏視為帶來利潤的投資。他不知道也不關心他的收藏品的行市，而只一味地注重於看護。他把佔有看作是他所佔有的東西的復活[206]。

此語儆醒，「真正的收藏家」與物的締結，是建立在一種「看護」——為了「他所佔有的東西的復活」，也為了「在佔有它的時候賦予它生存的本真性和它自由的尊嚴。」這等心意深致的「佔有」，已近乎是在「為歷史的死者守靈，是對歷史天使的期待，是生命的黑夜中的安慰，是歷史沈默時的記憶。他在自己的佔有中復活了歷史。」[207] 這正是本雅明在自己書齋中所發動的一場深富意義的革命：在刀兵水火中，面對日益殘破的世局，也面對靈光褪逝的消費景觀，本雅明唯一能做的，就是在巴黎老舊公寓裡「守護」著他的書齋，並通過他所投予這一屋精美收藏的深邃凝望而隱遁於自己與逝去的遠古精魂共構的「歷史空間」；在這疊影宛然的「歷史空間」裡，歷史，不再是「同質的、空洞的時間」[208]，卻在本雅明馳心千古的佇思中，變成了一個「為現在的存在所充滿的思想的構造」[209]、一個不折不扣的「被現在的存在所充滿的時間」[210]。於是，我們驚見，本雅明如何「通過對這個時代的凝

---

205 參閱張旭東，〈書房與革命〉，《幻想的秩序》，頁128。
206 同上註。
207 同上註，頁129。
208 參閱張旭東，〈書房與革命〉，《幻想的秩序》，頁130。
209 同上註。
210 同上註，頁128。

視看到了它的全部的歷史，並由此成為歷史命運的闡釋者」[211]；而這一豐厚的思想構造所「築造」的「精神空間」，又如何反過來對本雅明形成一種看不見的支撐力量，以助其切割世局而自闢幽獨之域。這深微的心事，張旭東有極盡細膩的披露：

> 本雅明的收藏家在拯救湮滅的傳統時也在為自己營造一個小屋，一個棲居在這個「技術時代的行星」（海德格爾）上的小小的「內在世界」。如果說齊一化的商品社會不但漫過了庭院而且侵入到人的意識深處，那麼人便只有不惜一切地把外部世界再造為內在世界方能抵禦這種靈魂氣息的消散。收藏者不斷把事物從市場帶回到自己的居室，用自己的雙手給這片天地打上經驗和記憶的印記，這種居室勞動或許是「完整的人」的最後的抗爭。居室是失去的世界的小小的補償。而作為文人的本雅明則把居室變成了一間書房[212]。
>
> 本雅明在書房裡進行的無疑是一場硝煙瀰漫的革命，這位「作為歷史學家的收藏者」在這裡為歷史和思想勾勒了一個廣闊的遠景；但與此同時，他也越來越深地退入書房，最終消失在那些像磚石一樣築起的書籍後面，「彷彿這是唯一的適宜之所」[213]。
>
> 這位端坐在體驗的深處凝望外界的沈思者似乎只有在高高的書架後面才能感受這個糾纏不休的世界，似乎只有透過那些參差不齊的藏書方能捕捉這個現代主義紀元的內在圖景，這在一個恰好相反的意義上讓人想起波德萊爾只能在遊蕩中透過「人群」的面紗注視巴黎。在更為決定性的意義上，作為「收藏家」的本雅明在他的書房裡通過擺弄那些收藏品而把歷史的「同質的、空洞的時間」變成了一個為現在的存在所充滿的思想的構造。歷史唯物主義就是通過這個「構造」顛覆了傳統，並在這種「現在的時間」中為歷史辯證的一躍作好了準備[214]。

211　同上註。
212　同上註，頁133。
213　同上註。
214　參閱張旭東，〈書房與革命〉，《幻想的秩序》，頁128。

　　這就是本雅明風格的革命，也是本雅明風格的唯物主義——一種擁有強大精神生產能力並與「立足當代的歷史建構」交疊為一的「歷史唯物主義」。筆者個人，向來對這未嘗深究的概念是排斥的，卻通過本雅明「物學」思想與莊子「物學」思想的對比映照，而意外看出兩人在物學思想的會通線索，並因此打開了從來不曾有過的眼界。原來，歷史唯物主義，竟可以通過本雅明的物學思想而展開如許豐饒的人文景觀；它甚而關聯到本雅明於書齋裡身體力行的個人革命，並支持他貫徹了作為「完整的人」的最後抗爭；這抗爭的終極意蘊，就在於通過「內在圖景」的重構，以「拯救湮滅的傳統」；並通過書齋裡的「隱祕革命」以顛覆那以「消費」作為「人—物」締結模態而令「物的世界」淪於暗啞的商品社會。「如果說齊一化的商品社會不但漫過了庭院而且侵入到人的意識深處，那麼人便只有不惜一切地把外部世界再造為內在世界方能抵御這種靈魂氣息的消散。」[215] 依本文重構莊學的詮釋系統，所謂「不惜一切地把外部世界再造為內在世界方能抵御這種靈魂氣息的消散。」正是一種建立在「解疆域化」後的「再疆域化」所成就之「『人』與『物』間的雙向救贖」。如此「唯物」思想所成就的歷史人文景觀，遂以其強大的精神內蘊，挹注於本文莊學詮釋的重構進程。走筆至此，焉能不讚嘆本雅明藉著巴黎舊公寓一方書齋，通過他的收藏所構造的「內在世界」以對抗整個時代之悲願。然而，這「內在世界」一如巴舍拉《空間詩學》的「鳥巢」意象——窩巢的溫暖，固然給予了暫時的庇護，然而，別忘了聳立天際的鳥巢，也臨在於萬丈深淵之上，一場疾風驟雨所帶來的強大摧敗力量，就可能讓短暫的幸福，瞬間被深淵所吞噬。鳥巢的意象，一如本雅明的書齋，都是建立在脆弱的穩定之上。這無可閃躲的事實，讓本雅明「書齋中的隱祕革命」終而悲劇收場。然而，脆弱的穩定所召喚的悲劇，此中大有深意存焉，因為，有一種無可忽視的「聖世界」只能通過「脆弱的力量」而臨在於世間。為了凸顯這條隱祕的線索。讓我們再度審視本雅明「內在世界」的成形軌跡：

　　一個收藏家記憶中最精彩的時刻，是拯救一部他從未曾想過、更沒

---

215 同上註，頁133。

用憧憬的目光流連過的書，因為瞥見此書孤伶伶地遺棄在書市，就買下，賦予它自由。這猶如《天方夜譚》中的王子買到一個美麗的女奴。你看，對一個收藏家，一切書籍的真正自由是在他書架上的某處[216]。

讓東西不僅僅是為日常生活世界所需所用，更讓它們從實用而單調乏味的苦役中解放出來[217]。

對於收藏家說來，最心醉神迷的一瞬便是當他用一個神奇的圓圈一舉把那些零星散落的條目納入他的國度，這時他會感到一陣喜悅的震顫通過全身，這是獲得的震顫。可以記起的一切，曾經思慮過的一切，所有意識中的事物都成為他財富的支座、框架和底基……收藏家是物的世界的觀相術士，我們只要設想他那手把眼鏡凝視物品的樣子就不難理解為什麼那些了不起的觀相術士最終會成為命運的闡釋者。當他把收藏品拿在手中，他似乎透過它表面看到了它的遙遠的過去……[218]

這些理由太驚人！原來，本雅明竟是以「收藏」來遂行一種「拯救─解放」的行動；而且，不是對「人」的拯救與解放，而是對「物」的拯救與解放；更須留意的是，這也是「他長期憂鬱的歲月裡所賴以延續生活」的精神寄託所在，因為「這時他會感到一陣喜悅的震顫通過全身，這是獲得的震顫。……當他把收藏品拿在手中，他似乎透過它表面看到了它的遙遠的過去。」這意味，經由他靈銳的慧眼而從書肆或古物、舊貨市場給拯救出來而免於囚禁的「物性存有」，也給予了同樣慷慨的精神回饋；這些「收藏物」以自身內蘊豐饒的精神世界，賦予本雅明以不可見卻冥然可感的「託命空間」；此之謂「兩不相負」──本雅明以常人所難可理解的深致用心在物

---

216 本雅明〈打開我藏書〉，收錄於漢娜阿倫特編，張旭東、王斑譯，《啟迪：本雅明文選》，頁 75。

217 參閱李明璁，《物裡學》，頁 11。篇首自序〈物裡看花，從物裡學〉。

218 語出本雅明，〈打開我藏書〉，收錄於漢娜阿倫特編，張旭東、王斑譯，《啟迪：本雅明文選》，頁 72。另參閱譯者張旭東對同段引文的不同中譯版本，收入張旭東〈書房與革命〉，《幻想的秩序》，頁 126-127。

與自己之間建立了深祕的精神甬道；他所拯救的「物」，也在自己的深邃凝望下，化身為來自另一個世界的甬道，而賜予他以私祕浩瀚的精神澆灌；這直透魂命深淵的力量挹注，就是本雅明從「遙遠之物的獨一顯現」[219]所「呼吸」到的「靈光」。於是，窒息的日子獲得了喘息，受苦的現場也獲得了緩解的「餘地」，人與物的「雙向拯救」，支撐本雅明在絕望中「忍死」撐持著一段齧齒腐心的等待。可當最後，為逃避納粹加害而被迫亡命天涯；他終而撐不下去了！不只是為了「西班牙依新命令關閉了邊境，波爾特沃的邊境官員不再簽發簽證，邊境人員告訴他們沒有法國出境證，不得入境西班牙，他們將面臨被遣送回法國的下場。」[220]依筆者對本雅明心事的體會，更深的原因或出於那被迫棄守的書齋──「想到畢生心血，散落四處的藏書、手稿」[221]，來自「物情空間」曾給予他的精神支撐，終而一夕潰決。絕望至極的本雅明，決定不再逃了。自殺[222]前留下了遺言：「我無法前行，看不到出路⋯⋯」[223]。常人眼中，頓失「身外之物」的支撐，何足以構成自殺的充分理由？大難臨頭，能保住命已是萬幸，還顧得著帶不走的累贅？但在本雅明眼中，這不是「身外之『物』」，這是在最困頓的日子裡，始終與他同命共在、形影相隨的「身外之『身』」；它代表的不只是波特萊爾在城市邊緣所尋找的「詩意碎片」，卻是本雅明通過滿屋精緻藏品所勾動的「詩性冥想」而與逝去的遠古精魂共構的「歷史空間」；這疊影了「現實」與「非現實」的「歷史空間」，恰是本雅明為抵禦靈魂氣息的飄散而在舉世如狂的二戰年代所皈命的「靈泊之所」。只惜──世間好物不堅牢，彩雲易散琉璃脆──書齋

---

[219] 本雅明著，許綺玲、林志明譯，《迎向靈光消逝的年代》，頁 34。

[220] 參閱萬仞樓主，〈本雅明的臨終〉，2016 年 8 月 3 日，文章來源：https://home.gamer.com.tw/creationDetail.php?sn=3277293。（查閱日期：2018.6.18）

[221] 同上註。

[222] 參閱吳冠緯〈班雅明：歷史的天使〉：「1940 年，班雅明（Walter Benjamin）被蓋世太保（GESTAPO，即祕密國家警察）追捕時，在法國、西班牙邊境波爾特沃（Portbou)服毒結束了自己的生命。布萊希特（Bertolt Brecht）於《流難者 W.B. 自逝》（Zum Freitod des Flüchtlings W. B.）悼念這位摯友：『將來就此埋入昏暗，良善之力／微息。你全看在眼裡／如你殘敗之身毀』。」文章來源：https://www.hk01.com/ 哲學 /53854/ 班雅明 - 歷史的天使 -ep73。（查閱日期：2018.6.18）

[223] 參閱萬仞樓主，〈本雅明的臨終〉。

裡靈氛醉人的滿屋藏品，終不敵隨死神羽翼掩脅而至的納粹鐵蹄聲。本雅明
被迫離開了他「為歷史的死者守靈」的最後堡壘。就世俗的意義而言，他失
敗了；可心眼靈銳者，卻能從本雅明的悲劇窺見：這是一位「偉大」的失敗
者[224]，他的失敗裡實透著高度的完成[225]。這極盡弔詭的事實顯示：正因本雅
明「書齋裡的革命」不免悲劇收場，這曾是他在馳心千古的冥想中與遠古精
魂形影相弔的「詩性空間」，反倒成就了最盪氣迴腸的感人力量。依筆者，
這意義下的「託命之所」，甚而比作為「深度物化」之「第二重宗教維度」
的「虛廓空間」更深於血氣動盪之境；因為，它成就於「脆弱的力量」；它
催生了「雙向拯救」的關係場域；場域中，沒有誰為高，沒有誰為低；沒有
誰是定然的「拯救者」，也沒有誰是定然的「被拯救者」；事實上，唯一可以
確定是——施予拯救者，自己就是流亡人間的受難者、受剝削者或受迫害
者；他「泥菩薩過江」，自身難保；可就是這些亡命天涯、流離哀迫、走投
無路而匍伏存有底線的「大傷心人」（行屍走肉之身），在毫不寬綽的現實基
礎上，伸出了「救援的手」；這意義下所遂行的拯救，甚而可能是以自身的
崩毀、破敗作為交換的代價；所以，才更教人身心整體都為之進入一股深烈
的撼動與迴盪。何則？此即瑪莎・納斯鮑姆（Martha C.Nussbaum）在《善
的脆弱性：古希臘悲劇和哲學中的運氣與倫理》中所深刻彰顯的人性張力：
「人，唯其脆弱，才有力量，才有美，才有卓越和高貴。」[226]讓見證者為之
動容的，在其「悲願承擔」的氣魄，就醞藉於「力量」與「脆弱」之間的強

---

224 參閱吳冠緯〈班雅明：歷史的天使〉：「班雅明懷才不遇、英年早逝，雖在瑞士取
　　得博士學位並且得到最高榮譽（summa cum laude）的優秀成績，但在申請成為
　　特許任教資格的教授論文（Habilitation）時出現意外，使得他中輟學術之途，留
　　在德國法蘭克福大學社會研究所做助理研究；諷刺的是，那篇教授論文 Ursprung
　　des deutschen Trauerspiels（The Origin of German Tragic Drama）雖得不到審查人
　　的認可，卻在日後成為廣為知識圈流傳且在課堂授業的文本教材。然而，他終其
　　一生都被學院拒於門外，也被祖國拒於門外，最終也了結自己的生命，成為了孤
　　念的敗北者。」文章來源：https://www.hk01.com/ 哲學 /53854/ 班雅明 - 歷史的天
　　使 -ep73。（查閱日期：2018.6.18）
225 他的好友、德國戲劇家布萊希特得知本雅明自殺的消息後沉痛的說：「這是希特勒
　　給德國文學帶來的第一個真正的損失。」
226 瑪莎・納斯鮑姆（Martha C.Nussbaum），《善的脆弱性：古希臘悲劇和哲學中的運
　　氣與倫理》（江蘇：譯林出版社，2007），最終頁封底簡介文字。

大張力。事實上，飽濡精神氣息的「超現實微物件論者」[227]本雅明，其行事風格，甚而比他極盡邃密幽微的學問，都更顯示了「奠基『脆弱性』之上的力量」──在他不斷向下墜落的人生，他卻一直試著「拯救」那些墜得更快的「物」[228]。此其所以「感人肺腑─動人心魄」的泉源所在，也是「迴盪空間」所以命名的深微理由。此亦無它，拯救若來自全能的上帝、來自權力高張的強者、來自富可敵國的財閥，就無法帶來這等感動；唯其「脆弱者」以必朽之身所給予的悲願承擔，才真讓我們經驗了深及「魂命深淵」的沉烈悸動，而為之餘情縈迴有難可已於言者。這毋寧是蔣年豐在最後的書寫以極盡椎心之宗教感悟所寫下的臨終證道辭：「承擔他人者即有神性。眾生之偉大，在於不惜以行屍走肉之身來承擔他人，眾生是抱著殘廢與病痛之隨時發生來承擔他人的。」[229]以此思之，最深刻的宗教性，就藏身在以「脆弱的力量」為底蘊之雙向拯救所打開的「迴盪空間」。這縮結「血氣之身」與「無涯悲願」而將畛域儼然之「心知轄域─氣化之域─虛廓空間」給打通為一的「迴盪空間」，才足以淪浹浸透於身心之整體動盪而直下躍入「真實界」。這意味，本文之詮釋架構，除「迴盪空間」乃貼近「真實界」而予以弔詭地「實說」，心知轄域、氣化之域、虛廓空間，皆只宜視為未及「開權顯實」的方便「權說」。綜此以觀，只有「迴盪空間」才是近乎「莊學圓教」義下的「宗教維度」；也惟有這通過「悲願」（以「行屍走肉之身」來承擔「他者」）方有以貞定的「迴盪空間」，足可鼓蕩其「以哭笑寄萬世」[230]的強大締結能

---

227 參閱吳冠緯〈班雅明：歷史的天使〉：「班雅明的歷史哲學有兩個面向，一是從歷史唯物論的宏觀敘事轉為超現實主義微物件論的『歷史唯物論』，二是猶太教義下的神學政治（theopolitics）。」文章來源：https://www.hk01.com/ 哲學 /53854/ 班雅明 - 歷史的天使 -ep73。（查閱日期：2018.6.18）

228 化用自德國最知名的「遊民」理察・布洛克斯（Richard Brox）《人生頭上無屋頂》（Kein Dach über dem Leben）：「在他不斷向下墜落的人生，他卻一直試著拉住那些墜得更快的人。」參閱蔡慶樺，〈他一直試著拉住那些墜落得更快的人〉，收錄於理察・布洛克斯，《吾業遊民：一個德國遊民血淚拚搏三十年的街頭人生》（臺北：聯經出版社，2019），推薦序。

229 楊儒賓、林安梧編，《地藏王手記──蔣年豐紀念集》，頁14。

230 方以智，〈人間世總炮〉有云：「子休之以哭笑寄萬世也，怒激乎？遭悶乎？忍不得乎？」參閱蔡振豐、魏千鈞、李忠達校注，《藥地炮莊校注》總論下〈人間世總炮〉，頁227。

量，而把受苦現場的見證者，乃至異代蕭條不同時卻聞其風、感其行而振起百代之後的響應者，都一併感召其中而跨時空性地匯流為一大「共在」。方以智所謂「千聖之心與千世下之心鼓舞而相見者」[231]，此也。

　　走筆至此，而返觀前文以「解域─生成」為「物化」所涵賅的兩重轉化過程，在「迴盪空間」的映照下，遂隱然少了一道重要環節。筆者意指，物化，若欲其有相應「圓教格局」的表達，不言可喻，當擴大為「解域─生成─迴盪」三道轉折關隘，才足以窮盡「物化」所必然涵賅的完整轉化歷程。這也意味，原本以「物─器─技─身─神」之通流一氣以提點「物化」的所有環節，有必要隨之補正。一言以蔽之，通過「迴盪空間」的揭露，我們有必要在「物─器─技─身─神」的原初物化脈絡，再追加一個關鍵環節，而將「物化」的總體格局，擴延為「人─物─器─技─身─神」。這意義下的「人」，乃意指：那作為「終有一死者」而散逸在不同時空、地域、種族、專業、出身、階層而不受死生幽明所限隔的潛在「見證者」。於是，即令是百代而後，聞其風而興起者，依然能為其大風捲水般之感召能量所「化」，而發為「九原可作，地起泥香」[232]之沉烈悸動並與「千聖之心」相依共在於悲願四方、莊嚴可感的「迴盪空間」。綜此以觀，所云「人」者，化用黃宗羲〈萬履安先生詩序〉以寄意，則百代而後，明滅於爛紙昏墨之餘，猶「此心耿耿者」[233]也。

　　即此「終有一死」而「此心耿耿」者，以返觀本雅明寓寄「微物」之「唯物」實踐，我們深刻窺見：一種通過「脆弱的力量」而有以開顯之「宗教維度」，已鬱勃待發。在這窮盡「物化」之最高可能性的宗教維度裡，「深

---

231 參見方以智〈道藝〉，《東西均注釋》，頁183。原文是：「門吹橐之煻煨火也。若見花而惡之，見枝而削之，見幹而砍之，其根幾乎不死者？核爛而仁出，甲坼（殼裂之意）生根，而根下之仁已爛矣。世知枝為末而根為本耳，抑知枝葉之皆仁乎？則皆本乎一樹之神，含於根而發於花，則文為天地之心。千聖之心與千世下之心鼓舞而相見者，此也。」

232 參閱黃宗羲，〈萬履安先生詩序〉，《黃宗羲全集（十）：南雷詩文集》（浙江：古籍出版社，1993），頁47：「天地之所以不毀，名教之所以僅存者，多在亡國之人物，血心流注，朝露同晞，史于是而亡矣。猶幸野制遙傳，苦語難銷，此耿耿者明滅於爛紙昏墨之餘，九原可作，地起泥香。庸詎知史亡而後詩作乎？」

233 同上註。

淵失墜」之「人」與「流落不遇」之「物」，是通過「相互拯救」而「闇相
與化」的[234]。於是，沈淪如「物」而傷於「身世之感」的「被拋擲者」，雖
不惜其身，卻終因著「對物的拯救」而同時「贖回了自身」；從此，在這
「人—物」締結已入於其極的「迴盪空間」裡；被時代遺忘而不免湮沒歷史
洪流的邊緣者（畸於人者），終得無視於被無情造化「操弄」的命運，而尋
著一方「別路藏身」之所。這是本雅明的「流亡美學」，也是莊子的「畸人
美學」。二者皆深於「脆弱的力量」而在「迴盪空間」裡縮結為一。以此觀
之，真正的「逍遙」，原不離「受苦現場」必然涵帶的「脆弱性」，不論是來
自血氣之身的敗毀、來自倫理的破局、來自歷史的傷痕；種種受苦經驗，
在莊子的「畸人敘事」中，卻無往而非「入道之門」。此所以其筆下「上與
造物者遊，而下與外死生无終始者為友」[235] 的「神人」，洵非生來就「獨與天
地精神往來而不敖倪於萬物」[236] 的大宗師，卻是從最卑微的「畸人」處境轉
化而來。這意味，神人的逍遙，固可稱歎；可惟有「畸人的逍遙」，才足令
觀者為之血氣動蕩而不能自已。以此觀之，惟通過「畸人處境」以言「逍
遙」，始能窺見莊子變化神妙之跡終不掩其「悲心」之深沉；相對地，不由
此徑，一恁懸置「受苦現場」而空談「有—無」、「跡—冥」之玄理，即令理
境超妙如向、郭者，不免於《莊子》全義有虧。此所以在「解《莊》」進路
上，筆者於莊子對「人」的「有限性（limitation）」所展開的思考軌跡，別
有契會。無它，恰是通過〈人間世〉、〈德充符〉、〈大宗師〉之畸人敘事以重
探《莊子》全書，我們才怳然有省於四道背離歷代莊學主流語境卻來歷儼
然、自成體系的洞見：

---

234 此如深惜於本雅明並形容他為「不是詩人卻詩化地思考」的鄂蘭所深刻洞見於本
雅明者：「一個收藏物只有一種非專業的價值，沒有任何使用價值……而且由於收
藏活動能夠集中於任何類型的物品（不僅僅是藝術品。藝術品總是能夠脫離日常
的有用物品的世界，因為它們沒有任何用途），因而也就拯救了物品，因為它不
再是實現某種目的的手段，而是具有內在的價值。班雅明因而能夠把收藏熱情理
解為一種近似於革命熱情的態度……收藏是對物品的拯救，也是對人的拯救的補
充。」轉引自唐諾〈唯物者班雅明〉，參閱班雅明著，張旭東、魏文生譯，《發達
資本主義時代的抒情詩人：論波特萊爾》（臺北：臉譜出版社，2010），頁21。
235 語出《莊子・天下》，參閱郭慶藩，《莊子集釋》，頁1099。
236 同上註，頁1098-1099。

其一，莊子原來是個「大傷心人」，惟其作為「大傷心人」的形象，歷代詮釋者，卻罕見知音。

其次，通過「形虧而德全—畸於人而侔於天」的修行，「大傷心人」與「大快心人」原無二致，而可弔詭地相涵為一。這意味，「大傷心人」是「大快心人」的底蘊，而「大快心人」則是「大傷心人」的轉化。

其三，最深及魂命的力量，總是「傷心－快意」相互浸透而淹通為一的力量，所以，必然也是涵帶「脆弱性」或「有限性」的力量。看似深陷悖論張力（the paradox of power and weakness）之「脆弱的力量」（the power in weakness），實則內蘊著強大的轉化動能。

其四，正是基於「脆弱的力量」，趨於「圓教理境」而足堪作為莊子物學體系「第三重宗教維度」的「迴盪空間」，才獲得全幅彰顯的可能。

底下，是一則寓意深長的示例，適足以印證這看似飽蘊悖論張力的弔詭性力量，如何經由「失敗」而辯證性地翻轉了作為「見證者」的我們。這例子就來自余德慧的課堂現場講錄：

> 所謂生命殘片，指的是那我們亙古以來就不斷隱約浮現的東西，例如懷孕的女子總是表現著人類亙古以來古老的姿態於某個瞬間，彷彿在這長久孕育人類的機制裡有著一股難以抹除的氣息在孕母的母體反覆地重複著，但它總是被話語遮蔽，以至於我們會用無效的語言去談母愛而遠離母愛，而真實的母愛反而是在另一個空間。
>
> 例如，我們看到母雞會為了救小雞而奮不顧身保護，自己讓老鷹攻擊。這個母愛其實尚未抵達真實界，而是當我們看到母雞保護不成功，所有小雞被啄死，只剩下母雞對空繼續奮鬥的失敗。這個失敗辯證性地翻轉了我們，作為一個見證者，我們從失敗瞥見真實的愛，此時我們流淚，才在這殘局凝視到真實——在日常意識裡看不見的真實。這就是人類潛在已久卻遭掩滅的「悟性」[237]。

筆者特別援引這段文字，只想指出一個要點。那就是：最強大的「迴盪感」，是連作為旁觀的「見證者」都一并消融於「深度物化」的浩瀚精神洪

---

237 余德慧，《生命轉化的技藝學》，頁 368-369。

流。這等強度的「迴盪感」不純是「力量」的產物。力量，或可挾其排山倒海之勢而屈服人、震懾人、摧折人，就是不保證能感動人。而什麼是感動？不是局限於單點式的觸動，而是真能夠讓人不惜以身殉之的感動，這便是「迴盪」這字眼所試圖傳達的感動強度，它所回應的是發自魂命深淵的感動。所以，當迴盪經驗發生，這意味著，必有一種「深淵與深淵的響應」[238]縈繞流轉其中。然則，什麼樣的力量才能逼湧出「深淵與深淵的響應」？一言以必蔽之：脆弱的力量。這正是上文擷取自余德慧課堂講錄論及「母愛」的示例。最讓人怵目驚心的段落，並非母雞果真成功地庇護了孩子以躲過老鷹的攻擊，剛好相反，迴盪感瞬間逼臨頂峰，是基於母雞的慘烈挫敗：「我們看到母雞會為了救小雞而奮不顧身保護，自己讓老鷹攻擊。這個母愛其實尚未抵達真實界，而是當我們看到母雞保護不成功，所有小雞被啄死，只剩下母雞對空繼續奮鬥的失敗。這個失敗辯證性地翻轉了我們，作為一個見證者，我們從失敗瞥見真實的愛，此時我們流淚，才在這殘局凝視到真實──在日常意識裡看不見的真實。」

　　云何為尚未抵達的「真實界」？「真實界」就是那被「話語」所遮蔽的「迴盪空間」；換言之，不觸及「真實界」，不足以言「迴盪」，也不可能真正親炙「迴盪力量」的浩蕩精神洗禮。弔詭的是，任何單向性的力量，都無法觸及「真實界」；「真實界」不會是建立在超驗性的理據；「真實界」不可能只是一派和諧光明的良知映照。不！「真實界」之所以「真實」，只因它必然是建立在悖論上的「異質交錯」；正因「脆弱的力量」對「語言─邏輯─理智」形成一種無可理解的「悖論」，這「異質交錯」的悖論裡，反而觸及了「真實界」而引發了大風捲水般磅礴莫之能禦的「情動」力量，這力量就有一種不期而至、噴薄而出的強大迴盪感。它建立在挫敗、建立在悲劇的淨化、建立在死亡的洗禮、建立在上揚至於瀕死之「脆弱的力量」。這也是為什麼，即令只是作為旁觀者、閱讀者、見證者，都為著「看到母雞保護不成功，所有小雞被啄死，只剩下母雞對空繼續奮鬥的失敗」之畫面而揪心蹙眉有難可已於言者；此亦無它，余德慧給出了完滿的詮釋：「這個失敗辯證

---

238 借《舊約‧詩篇》42 篇 7 節以喻「迴盪」之漩流如何漫過為其所席捲的每一位見證者：「你的瀑布發聲，深淵就與深淵響應；你的波浪洪濤漫過我身。」

性地翻轉了我們，作為一個見證者，我們從失敗瞥見真實的愛，此時我們流淚，才在這殘局凝視到真實——在日常意識裡看不見的真實。」是的！正是「失敗」毫不留情地裸露了生命的脆弱性。母雞自身是脆弱的，所有的小雞更是孱弱之極致，然而，一如人生中總有那些「在他不斷向下墜落的人生，他卻一直試著拉住那些墜得更快的人。」[239]自身難保的母雞，卻不惜身命，力戰而死，也要保護那到頭來仍不免被老鷹給啄死的小雞；我們才怵然驚覺：「脆弱的力量」是懾人的；正是生命不免被摧敗的「脆弱性」深深觸動了我們內在最柔軟的部分。這最柔軟的部分就來自「真實界」；而「真實界」的真理必然以悖論的型態呈現——「唯其脆弱，才有力量，才有美，才有卓越和高貴。」[240]當「母雞保護不成功，所有小雞被啄死，只剩下母雞對空繼續奮鬥的失敗」，我們不禁流淚，只因「我們從失敗瞥見真實的愛」、「在這殘局凝視到真實——在日常意識裡看不見的真實。」事實上，迴盪的力量，還不只催動了我們的淚水，作為「見證者」，「這個『失敗』辯證性地翻轉了我們」，我們甚而因此被變成「更好」的人。這，就是「轉化」，就是來自「異質交錯」的神聖力量所給予的深沉「療癒（遇）」——一種與神聖力量猝然相對而瞬間進入深沉轉化的經驗；一種只可能在「真實界」的「深度會遇」中實現的「雙向拯救」。這裡頭，最奇妙的是：越脆弱，激起的迴盪力量就越強，甚而有緣親炙受苦現場的見證者，也都不由自主地席捲其中而在強大的感染力下進入自己的生命轉化。即此而言，迴盪空間，是特屬「畸人」所成就的「逍遙」場域。因為，「畸人」的力量就來自他的「脆弱」[241]。此亦無它，生命只有在極盡的脆弱中，才終而從幻妄交構的「心知轄域」被迫跌落於血氣動盪的「真實界」；這是「受苦現場」所以能連結到真實界，而成為「入道之門」的根本原因。行文至此，前文詮釋架構所留下的未盡餘蘊，終得完備如下：

239 參閱蔡慶樺，〈他一直試著拉住那些墜落得更快的人〉，收錄於理察・布洛克斯，《吾業遊民：一個德國遊民血淚拚搏三十年的街頭人生》（臺北：聯經出版社，2019），推薦序。
240 瑪莎・納斯鮑姆，《善的脆弱性：古希臘悲劇和哲學中的運氣與倫理》，最終頁封底簡介文字。
241 不涵「脆弱」，不足以為「圓教」。

　　心：心知轄域──疆域化（人為空間／線性時間／偽身／我與它／跡）
　　氣：氣化之域──解疆域化（自然空間／本真時間／氣身／我與祂／冥）
　　天：虛廓空間──再疆域化（人文空間／詩性時間／道身／我與你／妙
　　　　　　　　　　　　　　跡）
　　道：迴盪空間──三域流轉（三界互具／三時互攝／化身／我與祢／圓
　　　　　　　　　　　　　　跡）

　　依本文詮釋系統，將第三重宗教維度定位為綜攝「心知轄域─氣化之
域─虛廓空間」為一的「迴盪空間」。其所凌越於第二重宗教維度的關竅所
在，就在其「『身─物』三觀」且流動不居的多維度視域中，已幾近無所不
化，也無所不可化。所有的兩極性張力[242]，都在三域流轉中，被一體消納於
「物化」的浩瀚洪流而還歸為宇宙間一大「共在」──道，就是這「三界互
具─三域流轉─三時互攝」的「多維度視域」所開張的「多維度存有」[243]。

　　這詮釋架構的殊勝性在於──「心知轄域」將不再是人的唯一生存維
度。人可以在「三界互具」的多維度視域中，不受特定時空感知條件的拘限
而同時立足於「心知轄域─氣化之域─虛廓空間」；這就徹底跳出以「有─
無」、「跡─冥」為詮釋典範的「兩層存有論」。「兩層存有論」的最大問
題，依筆者看來就是遺漏了一個不該遺漏的「內在性」維度──也就是：
作為「非現實」的「虛廓空間」。說其為不該遺漏，只因藏身「不可見域」
的「虛廓空間」雖奠基於「氣化之域」，卻自有「氣化之域」所無以涵蓋的
獨異性，所以，有充分理由在理論上另予「挺立」；一如，同屬「內在性」
領域，海德格要在「大地」而外，另立「世界」；德勒茲要在「解疆域化」
後，另闢「再疆域化」的全新維度。兩位西方哲學巨擘都在「內在性」領域
劃出了兩重維度。其銳意精思，又豈是偶然？這原是「內在性拓線」的必然
發展，一如種籽斂藏的潛力，必得推向最後的綻放；此固命運之必然。

---

242 死生、幽明、身與物、天與人、大地與世界、受苦與療癒、再現與拓跡、疆域與
　　虛廓、脆弱與力量、有限與超越、沈淪與拯救，遠古與當代……皆屬之。
243 道，作為圓滿的共在，當是涵「域內─域外」為一，而不只是深根寧極於「域外」
　　的「氣化之域」。

第七章
莊子物學思想的當代實踐示例：碑之為物

第一節　體物入微

　　終篇之際，本文嘗試讓通過宗教維度展開的莊子「物學」與當代實踐場域有所連結。選擇以多歷劫毀而佈滿時間刻痕的遠古之碑作為例示，亦無非藉此印證：一切深藏作品裡的「詩性世界」，如何通過莊子「物化之思」所開啟的「異域感知」維度而有所顯露，並為人間無可倖免的「存在破局」挹注了摯切可感的沁潤力量。如是，遂將深藏於「物」而作為其本質存在的「靈泊之所」，導向人間無所不在的「受苦現場」，以暢發莊子「物學」所潛蘊的「人文療癒」向度。

　　貫穿全文的理路軸線，還在能經由「感知條件」的轉換以將受制「認知維度」而淪喪其本真性的「物性存在」重置於詩性的觀照中，以窺其隱沒的靈韻所在。具體的入手線索，則指向作為實修介面的身體與通過身體修行所淬煉的身體技藝；而身體技藝，在莊子的「物學」思考脈絡，總是與物偕行而歸結於身心全體動盪之境。這顯示：奠基於「身―物」雙彰的身體技藝，正是體現「物化」歷程的關隘所在。此亦無它，綜攝「解域―生成」、「裂解―連結」的完整「物化」過程，在莊子文本給出的豐富示例裡，皆是通過觸手可及、傾耳可聽、具體可感之「身體技藝」而發生，而無與於「懸絕身物」的虛玄之境。這充分說明，在莊子眼中，是「身體技藝」的「介入」，讓深藏於物而作為其「本質存在」的物性底蘊得以從表層物相蟬蛻而出。不同於服膺功利考量而備受制約的「工具之物」，靈光氤氳的「奧祕之物」，從來就遠離知識框套的捕捉，而只蘊藉於身心全體動盪的「非知之域」。「非知之域」關切的向來不是作為知識客體的「對象物」，而毋寧是我們無法對之

建立知識的「非對象」。非對象，才是莊子「物學」的立基點。莊子所關切之「物」，皆是落在「非知之域」的「非對象」；皆是「遊心於物之初」所迎向的「奧祕之物」。所謂物的靈韻，乃剋就「奧祕之物」而說；不同於「工具之物」乃通過範疇繁密的「認知維度」所形塑，「奧祕之物」只繫屬於非知之域的「存在維度」。依莊子，唯有「奧祕之物」才徹底免於知識的暴力與毀傷，甚而反過來對人類形成強大的救贖力量。借「庖丁解牛」為喻，寓言裡飽富身體感而合於「桑林之舞」的深祕律動，悄然啟引了「意識的沉降」與「身體宇宙的開顯」。這意義下的「身體宇宙」，正是余德慧所盛言的「身體人文空間」（humanistic space of the body）。蔡怡佳對「身體人文空間」裡所啟動的生命轉化或人文療癒，有極為恰切的領悟：「修行不是知識的概念運動，而是從身體的底層下工夫，從身觸、聲音、味道、舞動等產生的人文空間下手；在這個空間之中，大化的力量得以流動、盪漾、傾洩。」[1] 通過「身體人文空間」的概念，我們更易於照見：莊子詩性氤氳的物化之思，其最富啟發之處即在於「神聖空間」的恢復；神聖，乃生活中不知不明、奧祕不測的部分；而蘊藉神聖感的「身體人文空間」，一如方以智《藥地炮莊・人間世總炮》借「藥樹息蔭」[2] 意象以喻「天間之世」；「天間之世」正是與「人間世」一切受苦現場如影相隨，卻又對其構成隱祕支撐力量的「神聖空間」。即此而言，「藥樹息蔭」之所，即所以「正位凝命」之所；這意義下的「神聖空間」，即是人間一切受苦經驗得以獲得寬緩、調適與轉化的「療癒場域」所在。莊子「物學」涵具的人文療癒向度，正在其能通過詩性的凝視而讓「人間世」無所不在的毀傷與滿溢恩寵照拂的「天間之世」迴環相濟地疊影為一；循此線索，〈人間世〉所云：「且夫乘物以遊心，託不得已以養中，至矣！」[3] 遂為莊子人文療癒妙義的精要總結。這思路高明之處，在能深

1　蔡怡佳，〈聆聽余德慧〉，收錄於余德慧，《宗教療癒與身體人文空間》，前序，頁10-11。

2　語出《藥地炮莊・人間世總炮》：「藥樹息蔭，呼六極之風來，垂雨褰袖以為翼，何天之衢，是亦天間之世乎？」參閱蔡振豐、魏千鈞、李忠達校注，《藥地炮莊校注》，卷之二，頁228。

3　語出《莊子・人間世》：「且夫乘物以遊心，託不得已以養中，至矣。」參閱郭慶藩，《莊子集釋》，頁160。

睿洞見：「人間世」的毀傷固無可倖免，然而，莊子的逍遙，正在於他能在「人間世」所不及的「域外」，別闢「天間之世」（〈大宗師〉所謂「遊方之外者也」[4]）以作為藥樹息蔭之所。兩個世界的交相挹注，遂令「人間世」看似不可承受的毀傷，有了迴旋的餘地而獲得緩解的可能。所以，重點不在取消「人間世」，重點是在眼界上要能凌越那對「人間世」形成強大桎梏的視域框架，而將「人間世」安放在一座更形厚實的底蘊基礎。後者，正是通過詩性的凝視所開顯的「天間之世」；而從「工具之物」蛻形而生的「奧祕之物」，則是「人間世」與「天間之世」得以連貫為一的接榫點。

　　只因「體物入微」，終而將「物裡乾坤」內化為我身心皈命所在的「胸中丘壑」；莊子所以判然有別一切「真常心」體系的「物學」超越進路，遂以此朗然若現。這意味，物，在莊子的眼界中，是被全然「高看」的存在。他以「即物而道」的物學超越進路，解構了「主體中心」的優位性；於是，所云「超越」，不復從自命夐高絕俗的超驗主體性直貫而下，甚而睥睨天地萬物為承載主體律令並服膺其價值動向的工具性載體。莊子物學的諦義，毋寧在能謙卑正視──並不存在與世無涉的「主體中心」，真實存在的，從來是涵具「血氣之身」的「在世存有」；既是「在世存有」，就不能是取消肉身並懸置物我共在世界的「孤離心體」，而是涵具「生─衰─殘─老─病─死」於一身並無時不瀕臨肉身崩毀的「有限存在」。所以，若真有所謂「超越」，也只能是即此「有限存在」而展開之「由下而上」的超越，而無有直從「空頭心體」展開的超越。所謂「由下而上」之超越，特就其乃奠基「身物雙彰」之「一體性開顯」而為言；此所以在《莊子》語境中，「心體」從來不被孤立地強調，而總是安放在「物─身─心」的整體脈絡中以察其動靜幽微。

　　以此而論，離開「身─物」關係而空言心性，既為莊子所不取，「心體」在莊子的主軸思路中，自不具有理論上的優先性。相反地，依莊子物學，奠基「身─物」共在的生命轉化脈絡中，「即物而道」的理境，可謂觸處機來，無往而非入道之門。觀碑如此、臨帖如此、事茶如此、品香如此、聆泉如此、聆樂如此、撫琴如此、解牛如此……綜此以觀，「物」之玄義大矣

4　語出《莊子・大宗師》，參閱郭慶藩，《莊子集釋》，頁264-273。

哉！人，作為天地萬物之參贊者，藉由「身體技藝」的介入，遂使作為「實用工具」或「知識對象」被看待的「物性存在」，得以抵禦「心知─語言」的縮減與化約，而真正回到自身內蘊豐饒的本質。這內蘊豐饒的本質，就指向深藏於物而作為其本質存在的「靈泊之所」。祂，作為對「常規世界」隱蔽自身的「神聖空間」，必然是詩性的；因為，一切在「非現實母體」中悠晃的「奧祕之物」，只能通過詩性的凝視而獲得開顯的可能。此所以，「即物而道」的「物化」過程，就是「詩性突圍」的過程。這過程隱涵著雙重的迴向力量：一是強大的「解域」力量（越界）；另一是綿密的「生成」力量（興感）。兩重力量迴環相濟而收疊於莊子的「物化」之思。不言可喻，「碑」之為物，正以此連結於莊子「物學」語境而求其獲得深度闡釋的可能。

第二節　作為「靈泊之所」的「物裡乾坤」

　　海德格中期學思最傑出的手筆之一，就在於他通過一幅以「農鞋」為摹本的梵高（Vincent Willem van Gogh）畫作[5] 所展開的精深哲思。這匠心獨具的手法，在筆者眼中最具啟發性的關竅，就在於他以高度「詩性」的筆觸，啟發了另類的「真理」表述手法──不是訴諸因果推理的概念演繹、也不是將飽沃血氣的生命現場給縮減為史料性的文獻考據，而是通過一幅藝術作品所摹寫的具體「物象」，宛若天啟般地示現一種獨屬海氏風格的「回到事物自身」之路。這遠比概念式地界定「什麼是現象學」，都更淋漓酣暢地傳達了海德格爾心目中的現象學方法，是如何經由「世界」的開顯而有以趨近「物的深度」。所云「世界」，無關可見的物理空間，而指向那深藏於物而足以作為其本質存在的「物的場所性」；或說是「與物相依」而足以作為物之底蘊基礎的「意義網絡」。世界，以此而化身為一種不可見的「人文內蘊」──那交光互攝而飽富意義感的關係網絡──迴環抱注於可見之物而構成其本質存在[6]。既然，物，是通過它所涵泳、浸透其中的「人文空間」而成其為

5　參閱海德格爾，〈藝術作品的本源〉，孫周興譯，收錄《海德格爾選集・上》，頁 253-254。

6　此如在海德格爾，〈藝術作品的本源〉的示例中，「農婦的世界」構成了一雙破舊

「物」；那麼，通過「與物相依的人文空間」（與物相互浸透而形成親密連結的「世界」）以開顯「物之為物」的真理性，遂成海氏現象學必然衍生的物學思考蹤跡。

筆者因於此獲致一種決定性的方法學啟悟以移轉於莊子物學研究；這啟悟就輻輳於海德格通過梵高畫作而生動演示的現象學思路。從中具見，海德格如何通過「詩性的沉思」（poetic thinking）而讓「物」的「深度描述」（thick description）得以成為可能。正因海德格所代表的物學思路在根本凝視點上徹底顛覆了傳統西學舊說，他以高度詩性筆觸賦予梵高畫作的物學思考蹤跡，對代表東方「物學」最高理論成就的《莊子》，就更具參照意義。筆者因思之，海德格能通過一特定之具體物以展開「物學」的思考，《莊子》邃密精深之「物學」與海德格各具千秋而無不及之處，又何嘗不能借相近手法而另求深致之展現？試問：日用行常中，觸目可見、傾耳可聽而足可引渡人蟬蛻塵囂以入於「忘世之痛快」的「物事」，有哪些深具意蘊的選項，可藉之以深化對莊子「物學」的詮釋與實踐？實則，如此物事，所在多有。明清小品如《幽夢影》、《菜根譚》、《醉古堂劍掃》、《陶庵夢憶》、《西湖夢尋》，以至集小說之大成如《紅樓夢》者，隨興展卷，寓目盡是「人一物」相浹俱化之絕美疊影。茲聊舉張潮《幽夢影》數則以為例示：

> 春聽鳥聲；夏聽蟬聲；秋聽蟲聲；冬聽雪聲；白晝聽棋聲；月下聽簫聲；山中聽松風聲；水際聽欸乃聲；方不虛生此耳[7]。
>
> 昔人云：若無花、月、美人，不願生此世界。予益一語云：若無翰、墨、棋、酒，不必定作人身[8]。
>
> 山之光；水之聲；月之色；花之香；文人之韻致；美人之姿態；皆無可名狀，無可執著。真足以攝召魂夢，顛倒情思[9]。
>
> 松下聽琴；月下聽簫；澗邊聽瀑布；山中聽梵唄，覺耳中別有不

農鞋的本質存在。這意味，農鞋的「充實性」，純然由「農婦的世界」所賦予，而不在其作為一個工具物。

7　語出張潮，《幽夢影》（臺北：西南書局，1976），頁4。
8　同上註，頁9。
9　同上註，頁15。

同 10。

花不可以無蝶，山不可以無泉，石不可以無苔，水不可以無藻，喬
木不可以無藤蘿，人不可以無癖 11。

有地上之山水，有畫上之山水，有夢中之山水，有胸中之山水。地
上者妙在丘壑深邃；畫上者妙在筆墨淋漓；夢中者妙在景象變幻；
胸中者妙在位置自如 12。

所謂美人者：以花為貌，以鳥為聲，以月為神，以柳為態，以玉為
骨，以冰雪為膚，以秋水為姿，以詩詞為心。吾無間然矣 13。

水之為聲有四：有瀑布聲，有流泉聲，有灘聲，有溝澮聲；風之為
聲有三：有松濤聲，有秋草聲，有波浪聲；雨之為聲有二：有梧蕉
荷葉上聲，有承簷溜筒中聲 14。

玉蘭，花中之伯夷也。葵，花中之伊尹也。蓮，花中柳下惠也。
鶴，鳥中之伯夷也。雞，鳥中之伊尹也。鶯，鳥中之柳下惠也 15。

《幽夢影》所見之「物」，是「深藏」著的！並非只是概念化的「物
相」。只要試著抗拒被概念「簡化」而流於扁平的「物相」，並深入每一物
在文本中所內置的語境脈絡，自當驚見：原來，物可以不只是表面的「物
相」，物的背後更有縱深性的「世界」隱而待顯。比如：松、月、澗、山、
琴、簫、瀑布、梵唄，原只是很扁平化的「物相」，談不上有什麼深刻的意
義世界含蓄其中；可當慧心獨具的文人，通過詩性之凝視，稍作渲染──
松、月、澗、山、琴、簫、瀑布、梵唄，一轉而為：「松下聽琴；月下聽
簫；澗邊聽瀑布；山中聽梵唄」，同此八物，瞬間被內置於一泓韻致清深的
語境；原先各自孤立而無與於「深度」的扁平「物相」，就好似隨著畫家筆
墨點染所至，而立時氣韻生動了起來。同此應物經驗，後者卻讓人「覺耳中

10　語出張潮，《幽夢影》，頁 34。
11　同上註，頁 4。
12　同上註，頁 34。
13　同上註，頁 56。
14　同上註，頁 83-84。
15　同上註，頁 86。

別有不同」，此則「物化」之功也。由此可見，「物化」固不離於人的「介入」；是人「虛以待物」終而「妙參造化」的聆聽經驗，讓花、鳥、月、柳、琴、簫、棋、石，都一時生動了起來而闇相與化於「玄冥」之境。

循此以觀，物，不只是表面所見的「物相」；物是深藏著的，其背後還別有「洞天」隱蔽待顯。此所以原本互為獨立的「物相」，可通過「物化」過程而形成深祕的連結，這豈非暗合《莊子》乘「物」以遊「心」之旨？可見，莊子「物化」精義，歷兩千餘年，早為傳統文人所浸潤深透而厚植為平居生活的基本「涵養」。所云「涵養」者無它，就指向那作為「隱祕結構」而與物「如影相隨」的「深度世界」。中國士子在文人傳統的熏習中，大抵自童蒙初始，就已被教化著通過各門身體技藝以涵養這「深度世界」。

舉例言之，書法，這一門內斂了漢文化兩千年慧命傳承的書寫技藝，在中國文化史中，早不再是範限特定文人階層的專屬教養；上自帝王公卿，下至販夫走卒，每個人一筆在手，紙筆抵拒間所展露的腕底工夫，都可能渾化了古今無數書家的精神風貌在其字跡裡。此亦無它，在洋學堂所代表的現代化教育尚未橫掃「舊典範」的晚清民初以前，讀經、識字而佐以臨帖、摹碑之功，本就是日用行常中，人人可以上手的基本功。以此觀之，假若連海德格筆下，一雙「農婦的鞋」，都可讓他從中窺見一方無盡豐饒的世界，何況是臨帖者通過千年的碑刻、手帖而自靈命深處喚起的驚動？惟可驚動者多矣！松、月、澗、山、琴、簫、瀑布、梵唄，每一「物」中都自有「深度世界」，每一「物」在傳統中國士人眼裡，皆無往而不可「乘」之以遊心、寄情、棲身、託命；碑帖之為物，又何嘗不然？以其內蘊「可託命性」之精神世界，遂在筆墨淋漓中，一一點染為「胸中丘壑」而昇華為天地神人所疊影共在的「靈泊之所」。這意義下的「物」，飽蘊靈光而近乎聖物；其「神聖性」之所在，固不在於作為工具物的淺層物相，而在其作為天地神人所迴環挹注的「靈泊之所（四方域）」。後者，才是物的「真理性」得以開顯的場域。

如是物學思路，儼然已跳脫一切知識進路。寄意所在，固不在於捕獲可對之建立知識的「對象物」，而是定睛於剝除所有的知識性介面後所裸露的「物性深度」。後者，屬「非知之域」，是只能通過「詩性的凝視」方有以契接的「非現實空間」；依筆者所喻，此乃天地神人所疊影共在的「靈泊之

所」;非妙觀逸[16]相者,無以窺其奧。以此思之,那作為「靈泊之所」而可供棲居託命的「非現實空間」,看似空茫虛幻,卻對流離「此生此世」的邊緣者(畸人),提供了「別路藏身」之所。正是在這意義上,我們肯定王小波的斷言:「一個人只擁有此生此世是不夠的,他還應該擁有詩意的世界。」[17]此亦無它,通過詩性凝視所開顯的「詩意世界(非現實空間)」,對左支右絀的「此生此世(現實空間)」,形成了暗影般的支撐力量;這意味,在存在維度上兼跨兩重世界的人,毫無疑問比困陷單一世界的人,要擁有更大的轉圜餘裕以緩解「此生此世」的緊張性。莊子〈人間世〉的「乘物以遊心,託不得已以養中。」正可依此詮釋取徑而獲得深刻的解讀可能——「不得已」指向「此生此世」無可倖免的「命限」張力,「乘物以遊心」則綜攝從「表層物相」經由「深度物化」而終抵「物裡乾坤」[18]的視域轉化過程;順此以觀,所云「託『不得已』以養『中』」,則即此「無可奈何」之身世,以養吾「胸中丘壑」之謂也;而「胸中丘壑」與「物裡乾坤」正乃一事,二者相與浸透、通極一氣而匯流為天地神人所疊影共在的「靈泊之所」。惟此義幽微,非純憑理論可以徹解。與其徒託空言,辯之以相示,不若通過一具體物事以鉤其玄要。

　　話說,世間物但凡清韻可感,無往而不可即之以入道;惟以物寄情而外,本文猶另有用心。簡言之,將「物」作為「靈泊之所」的「場域性」,導向人間無所不在的「受苦現場」,以暢發莊子「物學」所特有的「人文療癒」[19]維度。筆者因於諸多可能選項中,挑選一件特富「時間感」的物事;此物事不單要能在漢文化傳統的脈絡下有持續而深遠的影響、要能反映民間根柢厚實的生活世界,更關鍵的條件是:它必須來歷悠遠而能在時空維度上橫跨生死而窮極幽明兩域。後面這項標準為何格外重要?借巴塔耶關於宗教的

16　「逸」作動詞用;逸相者,凌越表層物相之意。

17　語出王小波,《青銅時代・萬壽寺》,頁250。

18　物而可遊,這意義下的「物」,只能就「物裡乾坤」而為言。

19　承筆者於前文所提出的詮釋架構,「人文療癒」是從「受苦現場」蘊生之最入於深致也最富人文底蘊的內在性宗教。此所以在筆者建構的莊子物學詮釋體系裡,「人文療癒」與「宗教療癒」,就其作為「受苦中的身心轉化過程」之主脈而論,大抵理路相通,略無二致。

洞見來回答：宗教的奧義，在能「重新找回失落的親密連結。」[20] 巴塔耶一語點破「宗教」的核心內蘊所在：若「失落的親密連結」潛蘊著因為「關係斷裂」而導致的「受苦現場」；那麼，即此「斷裂處境」而「重新找回」失落的親密連結，正是以「人文療癒」為底蘊的「內在性宗教」──一種借助「人文空間（靈泊之所）」的力量來調適受苦經驗的「宗教療癒」。尤其，當受苦經驗關涉到死生契闊、幽明兩隔所造成的不可逆斷裂，企求人死復生而有以彌合，那形同是要建立「不可能」的連結。然而，「人文療癒」正是要在這「不可能性」裡見工夫；這意義下的「療癒」，自然不同於傳統西方醫學在臨床現場所具體施作的「治療」技術；因為，「受苦經驗」從來不只是「生理性」的受苦，更有超越於血肉形軀而無法被約化為病理症狀之「人文性的受苦」[21]；這就對顯出「人文療癒」在轉化「人文性受苦」的殊勝性。簡言之，奠基於「詩性凝視」之「人文療癒」，秉其深於「可見」而入於「不可見」之強韌沁透力量，而得以穿越死生幽明的限隔，以迎納一種來自異代時空的精神澆灌。此則相應莊子〈齊物論〉裡一段饒富興味的線索。文云：「眾人役役，聖人愚芚，參萬歲而一成純；萬物盡然，而以是相蘊。」依筆者詮解，這線索正凸顯了聖人在看似「愚芚」、實則深於「物化」的工夫中，如何令萬物在「參萬歲而一成純」的「浩瀚共在感」裡，得以窮盡內具之「深度世界」，並在此「深度世界」裡千載相望而相蘊一氣。準此以觀，「參萬歲而一成純」，已將「物化」的格局推向極境，是為「物化之極」。而「人文療癒」的心法，無非就是將這「參萬歲而一成純」的「物化工夫」給

20　巴塔耶《宗教的理論》，轉引自《According to *Bataille*, religion is "he search for *lost intimacy*"》（p. 57）文章來源：https://www.zonebooks.org/books/106-theory-of-religion 。（查閱日期：2018.6.18）

21　所云無法被病理症狀約化之「人文性的受苦」，大抵指向身罹沉痾而連環衍生出之「未及補救的人倫憾情」，比如離別的焦慮、臨終的怖懼、倫理的破局、貧病交迫的煎熬、身毀無用的自卑、連累親人的愧疚、壯志未酬的不甘、意義飄散的虛無、社會汙名的屈辱等等。這意義下的受苦，顯然迥異於肉身的疼痛，而是關係到當事者與周遭親人連帶被拖向「存在的底線」。然而，在現代醫療體系的專業分工下──「接受醫療的病人只能在毫無人文氛圍的病房躺著，許多精神苦痛被約化為精神疾病。這種過度醫療化、病理化的現象令人憂心忡忡。」註腳引文參閱余德慧、余安邦、李維倫，〈人文臨床學的探究〉，《哲學與文化》，第 37 卷第 1 期（2010 年 1 月），頁 76-77。

修練到極至；這工夫，一旦日久功深、涵泳精熟，則所對之物，無往而非含藏深微之「物裡乾坤」，亦無往而不可即之以養吾「胸中丘壑」[22]。人文療癒的精義，盡在此矣！細言之，則無妨釐析為三層理境——首先，療癒就是走向「物」的深處；其次，療癒就是通過「物裡乾坤」以養吾「胸中丘壑」；其三，療癒就是皈命於天地神人所疊影共在的「靈泊之所」。惟此靈泊之所（同胸中丘壑），自囿俗情知見者，視如不見，聽若罔聞；靈竅別具而妙觀逸相者，卻見其為「不在之在」而視如「身外之身」。即此而言，人文療癒的具體修行，就落實在能否通過「物化工夫」而在「此生此世」創造出通往「另一個世界」的精神甬道。這「甬道」在莊子文本的諸多示例中，就指向「與物相依的身體技藝」。這意味，正是懸命於特定物事的身體技藝，召喚出那足以對「此生此世」形成強大救贖力量的「詩意世界」。即此而言，療癒的力量，就沉伏內斂於那作為「不在場的在場」之詩意世界；正是在這個意義上，人文療癒，可以被理解為一種奠基於「詩性突圍」的生命轉化之道；此亦無它，那作為「不在場的在場」之詩意世界，只能依繫「深於『可見』而入於『不可見』的詩性凝視」方有以現身——那只對詩性之眼敞開卻對肉眼保持隱蔽的「身外之身」。走筆至此，本文擬藉以印證莊子「物化」奧義的「具體例示物」已呼之欲出：那歷經風霜磨礪依然斂抑著逼人靈光的千年石碑。

第三節　參萬歲而一成純：在「詩性時間」中展開的物化

歷史上，極罕見有一種存有物如遠古之碑一般，可以凝聚如此兩極化的凝視點。從三度空間與線性時間所決定的視域維度觀之，歷經近兩千年歲月洗禮的荒塚殘碑，怎麼看也就是一個物理性的存在，一種只能從材質、形狀加以辨識的對象物；碑上字跡為對抗歲月剝蝕所鑿下的千年刻痕，依然遒勁

---

22 依筆者，莊子〈養生主〉全篇主旨，正宜依此詮釋取徑而重探其義。比如，養生主，所養何者？通過「物裡乾坤」以養吾「胸中丘壑」之謂也；緣「督」以為經，亦緣此「胸中丘壑」而視如「生之主」也；庖丁解牛，所對之牛，亦非我「身外之物」，而是通過儼若「人牛共舞（合於桑林之舞）」的身體技藝而內化為我「胸中丘壑」的「物裡乾坤」。

蒼古、靈氣逼射，可在物理性的視域維度下，這千年刻痕所具現的精神世界，卻是隱蔽的。這是千年古碑命定的寂寞，它通過艱難的一刀一劃所持守的信念與精神力量，或許真能藉助石板上的刻痕而超越時間的沖刷，卻未必對抗得了時代的遺忘與視域的隔漠；這是遠古之碑所凝聚的兩極視域。原來，遠古之碑只對擁有特定視域維度的人開顯自己；對有相應理解能力的叩問者，他自能目光如炬地洞察：作為精神的刻痕，碑之為物，不是知識客體，不是考古對象，不僅是材料與形式的合一，而是上述視域所無以窺見的更深事實——碑是作為古今相接的時間甬道；是讓已逝的古人在形軀肉身消亡後，仍得以經由一刀一劃具現於石上的刻痕繼續綻放著無言的靈光，並對虔誠凝望的聆聽者吐露它的奧祕。此則本雅明藉《波德萊爾的幾個主題》裡謎一般的深睿洞見所訴說的：「要感知我們所觀看的某個對象的靈韻，也就意味著將『回看我們的能力』賦予這個對象。」[23] 當我們所看的對象也擁有了回過頭來看我們的力量；這意味，對象已不復只是受制觀者視域宰制的「對象」，而是宛若擁有「回看我們的能力」以對應我們之凝望的奧祕他者。然則，當「被凝望者」是緣起於千年時空以外的遠古之碑，這彷若來自另一個世界的「物性存在」又怎會擁有「回看我們的能力」？可見，就在遙契另一個世界的時間甬道裡，某種深於內在性的「轉化」，蛻變了遠古之碑與凝望者間的對峙關係。這內在轉化再度印證了莊子「物學」的深刻觀點：是「物化」經驗，帶來了「身—物」關係的移轉；在深沉的「物化」中，渾化了遠

23　參閱本雅明著，劉北城譯，〈波德萊爾的幾個主題〉，《巴黎，十九世紀的首都》（*The Arcades Project*）（上海：上海人民出版社，2006），頁226。此翻譯另作：「感覺我們所看的對象意味著賦予它回過來看我們的能力。」原書隨文附註，更於此進一步點出「詩性凝視」所以凌越於「常規視域」的神髓所在：「這種賦予是詩的泉源。當一個人、動物或一個無生命的對象被詩人如此賦予時抬起他的眼睛，就會把他自己與我們的距離拉開。被喚醒的自然的凝視夢想著，並把詩人拖拉在它的夢想後面。同樣的，詞也可以有它們自己的氣息的光暈。克勞斯這樣描繪道：『人看一個詞時離得愈近，詞回頭注視的距離就愈遠』。」即此而言，在「詩性的凝視」中，物，不復是作為被認知的對象，而是能回過頭來與觀照者魂夢神交、相互浸透，終而形成深秘對話的「詩性存在」；這意味，那深藏於物而作為其本質存在的靈韻或光暈，只能通過「詩性的凝視」而有所交遇；知識性的捕捉，在此是完全無能為力的。參閱本雅明著，張旭東、魏文生譯，《發達資本主義時代的抒情詩人》，頁246-247。

古之碑的對象相，也消泯了凝望者的主體相；隨著「身—物」界線的匿跡，
遠古之碑遂得以超然物性之存在而「釋解」其強大的精神性以承接凝望者在
深沉的畏嘆中所投予的諦視。就在這立基於「物化」的深遠諦視裡，遠古之
碑不復為「對象」，而是同凝望者相浹俱化的「身外之身」；以其與凝望者
已然相互浸透於深密的共在感，本雅明所云——賦予對象「回過來看我們
的能力」，其實也只是「權說」；究極而言，「物化」中「參萬歲而一成純」[24]
的遠古碑刻，既與我「相蘊以道」，二者精神自已融然匯流，無分畛域：這
一刻，我對遠古碑刻的凝望，就是遠古碑刻對我的凝望。遠古之碑因我的凝
望，重又自我心裡復活而不復湮沒於歷史的劫灰，瘖啞失語；我亦因著遠古
之碑穿越千年時空而抵達我身上的力量，而得以自魂命深處厚植根基、重建
自己。我們於此驚見：「人—物」相與浸潤之深有如是者——人與物，就在
浹然俱化的深遠凝望裡，闇相與會於對世人眼睛保持隱蔽的時間甬道。這種
通過「物化之眼」以入於「相浹俱化」的體道歷程，猶太裔思想家羅森・茨
威格（Franz Rosenzweig）透過「面容」概念的置入，而做出了極為深刻的
描摹：

> 無論何時，當我碰到一個人的時候，我都會把我的面容沉浸在他的
> 面容之中，直到可以反映出他的每一個特徵。即使我面對的僅是一
> 個臉的陰影，深埋於動物靜默而怨艾的眼神裡或是遠古墓碑的凝視
> 中，我都會使自己沉浸於其中，直到我吸納了他們的面容，並與所
> 有既存的事物建立起了聯繫[25]。

　　依羅森茨威格，無論是「深埋於動物靜默而怨艾的眼神裡或是遠古墓碑
的凝視中」，依於「詩性凝視」之眼所引發的深祕經驗中，最令人動容的描
述之一，就是他總是讓「自己的面容」沉浸在「對象的面容」中，直到「對
象」不復成其為「對象」，而被完整吸納於「從『可見』以入於『不可見』」

24　語出《莊子・齊物論》，參閱郭慶藩，《莊子集釋》，頁100：「眾人役役，聖人愚
　　芚，參萬歲而一成純。萬物盡然，而以是相蘊。」
25　羅森・茨維格，〈論世界、人和上帝〉（復旦大學哲學系吳樹博譯，孫向晨校），文
　　章來源：https://www.douban.com/group/topic/48410264/。（查閱日期：2018.6.18）

的深微凝視，至此，所有既存之「物」，無論死生契闊、幽明兩隔，都能依此迴盪綿遠的詩性凝視所敞開的場域而連貫為一。依筆者之見，這段羅森茨威格「夫子自道」的經驗敘事，同時勾畫出至少幾道深具意義的線索：

首先，羅森茨威格語脈中的「面容」，與列維納斯哲學論述裡的「面容」，顯然存在著非比尋常的隱祕連結。兩人都是猶太裔哲學家，列維納斯更是熟悉羅森茨威格的著作，甚至曾為羅森茨威格的過世寫過深刻的悼文。兩人於面容概念之承續關係，深值追溯。

其次，通過深度的凝望而令「物—我」面容闇相與會於不可見的維度。這實踐進路，與莊子「物化」進路，本就如出一轍；甚而，其「面容」二字，更讓莊子「物化」之思，獲致了別出心裁的表述形式。原來，「物化」的發生，就在於「物—我」面容的相與孚會；於是，「物化」作為體道歷程的道跡，就更無遠弗屆而無所不在。在體道者眼中，松、月、澗、山、琴、簫、瀑布、梵唄，何「物」不對己映現為「道的面容」？松下聽琴、月下聽簫、澗邊聽瀑布、山中聽梵唄，何「境」非潛藏物化之機？有詩為證：

孤獨的進香者。外省口音的手藝人
凌晨過江來的蘇北小販
在冬日的寒風中繫起古怪的頭巾
以及江面的濁浪。客輪離岸時
相互碰撞──
所有這一切，母親，我都把它看作是你的臉
是你的臉在茫茫人世間，朝向我。
十二月的曠野。清寒
滿天朝霞是凜冽北風的寒意
我在這樣的寒冽中看見你
兒時鄉間紅紅的臉蛋
看見你小小的赤足緊偎著野花
當早春二月的田埂
像窮孩子窘迫的新年，依依不捨
你靈魂深處有一雙純淨的小手

年輕時你用它來溫習刺繡，積攢嫁妝

人群中你用它歡呼抗戰勝利

1945 年，那是 14 歲的你，在大街上

攙扶一名退役軍人的老淚縱橫

擦拭一朵園中茉莉的眼淚……

過江時你緊捂住難民船的錢包

耶魯撒冷的十字架

古塔祕窟中的佛骨。收割之後

荒涼的田地，巴赫彌撒曲

一縷折射在管風琴上金色的光線

以及恒河的水流，在風暴中呈現

觀世音的容顏──母親！

我把這一切看作是你那張受苦的臉[26]。

　　這體會，純屬詩意的玄想或鄉愁的囈語嗎？不！窺其奧者，自當洞然明白，這「脫有形似，握手已違」[27]的深祕經驗，只可能流淌於奧祕幽玄的「物化」經驗所敞開的「內在性」維度。深植於「內在性」的「詩心」，不見作為客體的對象，只見從一切名相纏縛中蟬蛻而出的「面容」（非對象）。於是，詩人眼中，觸目應機，盡是母親之「面容」；這顯然不是拘限物理時空的實證性敘事，卻是深於「物化」之機而從迷夢萬千之「物相」所窺得的「真機」。惟「詩人之眼」，能對此「物化」之真機，當下孚會，無住定相；就某個隱微的意義而言，這就是典型的「內在性」體驗；一切真正入於深刻性的宗教體驗，都不離此「內在性」的維度。此所以，羅森茨威格可以契入，一切深於「物化」之機的詩人皆可當下契入，緣何至此？無它，這些人的生命底蘊都內具深刻的「內在性」維度。即此而言，所有真正深刻的詩人，必然是宗教性的，宗教於他，不是教堂、不是神殿、不是寺廟、不是奉「神聖者之名」而聚攏的教門組織，而是自魂命深淵湧動而生的「深祕共在」

26　摘錄自大陸詩人龐培〈肖像一〉，參閱龐培，《四分之三的雨水》（臺北：唐山出版社，2009），頁 109-110。

27　語出司空圖，《二十四詩品・沖淡》，頁 48。

（物化）體驗。

即此而言，宗教的奧祕，就在渾然「物化」中與時間之流裡殘影似夢、斑剝如碑的無盡臉孔疊影為一；而人文療癒的力量，就來自無盡臉孔交光疊影而成的精神聖域。這意義下的精神聖域，總是音容宛在地隱蔽於可見視線之外，而通過不可見的時間甬道以連結於「物化之眼」；無它，惟「物化之眼」所內蘊的「詩性凝視」能超然逸相地洞窺：盡山河大地、人間萬象，無處不是母親的容顏或上帝的臉孔[28]。行文至此，物化與宗教的深祕連結，已呼之欲出。依筆者詮釋理路，這連結是通過（人文）療癒而成為可能的。我意指：走向神聖，就是療癒；或者說，優入聖域，就是療癒。此則榮格（C. G. Jung）所云：「我的工作的主要興趣不在於治療精神官能症，而是走向神聖的事物。然而，事實卻是，走向神聖的事物才是真正的治療；當你得到神聖的經驗，就脫離了疾病的咒詛。」[29]。是的！當人有能力掙脫表層物相而直抵物相背後所深藏的浩瀚世界，這逐步趨近「存有物」（beings）之深度「存有」（Being）的歷程，就潛存著人文療癒的創傷復原力量。此迴向存有物深度的歷程，也正是回到「使『物』成其為『物』」之基礎，也就是現象學意義的「回到『事物』自身」。質言之，是深藏於物中的「世界」，而非我們賦予「物」的感知框架與抽象概念，才真是《莊子》「物學」視域下所洞窺之「物」的基礎。即此而返歸本文通過「遠古之碑」以映照《莊子》「物化」奧義的線索，我們不難得到以下結論——倘若，我們可以通過可見「物」而深入一個不可見的「世界」，我們自能（不受時空限制地）接通不可見的力量

28　「知與無知，闇相與會」的邊緣之眼，所見無非道的容顏或上帝的臉孔。《莊子‧天下篇》有云：「備於天地之美，稱神明之容」，「神明之容」四字，留下了極富意味的參照。

29　參閱瑪麗‐路蕙絲‧馮‧法蘭茲（Marie-Louise von Franz），《榮格心理治療》（臺北：心靈工坊文化，2011），頁172：「榮格寫道：『我的工作的主要興趣不在於治療精神官能症，而是走向神聖的事物。然而，事實卻是，走向神聖的事物才是真正的治療；當你得到神聖的經驗，就脫離了疾病的咒詛。甚至就是疾病會具有神聖的特徵。』這段引文說明了榮格式心理分析的一切重要性。如果不可能與神聖事物建立關係，就不可能有治療；這時能期待的至多不過是改善社會適應罷了。」另參閱 C.G. Jung, letter to P.W. Martin, 20August1945, letters, vol. 1, p. 377; cf.also vol. 1, p. 118.

以回過頭來支撐自己的現世生存。這就是「人文療癒」的基本要義。

第四節　無限遠卻親密相連：來自「物」的人文療癒

　　人與碑的相遇，是至為深祕的經驗，它完全相契巴舍拉《空間詩學》所試圖傳達之「私密的浩瀚感」[30]。這分因著「思接千載」[31]的凝望而為身體打開的「異域感知」經驗，通過《莊子》的物化觀加以把握，最是貼切不過；筆者以此而深契「物化」作為莊子「物學」核心洞見的強大詮釋力。在《莊子》的物化觀所寄託的諸多例示裡，或是在「凝望」中物化、或是在「傾聽」中物化、或是在「手藝」中物化；衍而申之，「眼—耳—鼻—舌—身」與所對應之「色—聲—香—味—觸」，無往而不可即之以「物化」，這充分顯示：《莊子》的物化示例，無不渲染著飽滿的身體氣味。以此觀之，莊子所以獨步於先秦諸子，不單在其「物學」對「物」所展現的精微理解，更在其能將「身學」一併收攝到「物學」中來。這就啟發筆者據以開拓一條：通過「身—物」互動脈絡以曲盡「體道歷程」的莊學詮釋進路。

　　依此詮釋進路以把握「人與碑」的相遇、照面與飽富身體感的精神浸透，我們乃能深刻領會：物是深藏著的；身體也是深藏著的；隱匿時間深處

30　語出巴舍拉著，龔卓軍譯《空間詩學》，第八章〈私秘的浩瀚感〉，頁279-305。依巴舍拉，「浩瀚感（immensité）是個屬於白日夢的哲學範疇。……白日夢將夢者送到切近的世界之外，將之置於一個烙印著無限（infini）的世界之前。……它逃離左近的物件，並立刻遠逝於他方，處於他方（ailleurs）空間中。（頁279）」、「他方的與從前的比此時此刻來得有力。此在（être-la）受他方之存有（être de l'ailleurs）所支撐。（頁305）」、「當夢者真正體驗到『浩瀚』這個詞，他就會看見自己從所憂慮的、思索的，甚至從自己所夢到的一切之中解脫。他不再禁錮在自己的重擔當中，不再作為自身存有的囚徒。（頁291）」、「此時，不同的感官印象透過混合的力量進入了彼此感通的境界……浩瀚感就在我們自身體內。它與一種存有的擴張狀態緊密關聯，這種狀態總被生活所箝制，被謹小慎微所局限，但是當我們孤獨一人時，它又再度復甦。一旦我們靜止不動，我們就身在他方，並且在一個浩瀚無垠的世界裡做著好夢。浩瀚感是靜止不動之人的運動；浩瀚感是靜謐白日夢所具有的動態特質之一。（頁280）

31　劉勰《文心雕龍‧神思篇》：「文之思也，其神遠矣。故寂然凝慮，思接千載；悄焉動容，視通萬里。吟詠之間，吐納珠玉之聲；眉睫之前，卷舒風雲之色：其思理之致乎！」參見周振甫注，《文心雕龍》（臺北：里仁書局，1984），頁515。

而向百代後之凝望者現身的遠古之碑，一如鴻濛初闢曾「幻形入世」又「返歸太虛」的青埂峰棄石[32]，同樣是深藏著的。其所以是深藏著的，只因為人與碑的存在深處，都潛藏著一方有待開顯的深度世界；那內蘊幽微的深度世界，只能在百代而下、且暮遇之的瞬刻才經由人與碑的深度相遇而開顯出來。此則相應韋伯（Max Weber）在其《學術作為一種志業》之講詞中所銘記的一段感言：「你來之前數千年歲月悠悠已逝，未來數千年在靜默中等待。」[33] 即此而言，人與碑都是在千古的靜默中等待著——等待著一位可以回應自己無言召喚的異代知己，以將幽藏碑石中的千年「物語」給「解一釋」[34] 出來。就某個隱微的意義而言，這正是碑石的命運，也是人的命運。人，只有在成為遠古之碑異代知音的一刻，那在無涯的淵默中靜候千年的碑語，才終而因著一雙在畏嘆中噙著淚水的眼睛，重又激活出曾經血氣動蕩的生命。這是寂寞千載的碑石所等待的命運，這番命運卻只能因著一雙深於「詩性凝視」的「物化之眼」而成就。弔詭的是：人只有在「解一釋」了寂寞中幽囚千年的碑石而後，人自身被囚禁的處境才同獲「解一釋」的可能。這意味，人與碑石的命運，是相互成就的——緣於彼此在魂命深處的相遇，人與碑石，方填補了彼此存在的遺缺。惟此義幽微，非「物化功深」而「筆參造化」者，其誰能解？千古悟書何限？以「物學」視域而論，《莊子》而後，竊以為《幽夢影》特能深於「物情」而暢發此義：

> 天下有一人知己，可以不恨。不獨人也，物亦有之。如菊以淵明為知己；梅以和靖為知己；竹以子猷為知己；蓮以濂溪為知己；桃以避秦人為知己；杏以董奉為知己；石以米顛為知己；荔枝以太真為知己；茶以盧仝、陸羽為知己；香草以靈均為知己；蓴鱸以季鷹為知己；蕉以懷素為知己；瓜以邵平為知己；雞以處宗為知己；鵝以

32　參閱《紅樓夢》第一回，〈甄士隱夢幻識通靈，賈雨村風塵懷閨秀〉。
33　語出韋伯著，錢永祥編譯，《學術與政治：韋伯選集（一）》（臺北：遠流出版公司，1991），頁138-139。
34　取莊子「解心釋神」之義。《莊子・在宥》：「處無為，而物自化，墮爾形體，黜爾聰明，倫與物忘，大同乎涬冥。解心釋神，莫然無魂。萬物云云，各復其根。」參閱郭慶藩，《莊子集釋》，頁390。

右軍為知己；鼓以禰衡為知己；琵琶以明妃為知己。一與之訂，千
秋不移。若松之於秦始；鶴之於衛懿；正所謂不可與作緣者也。[35]

綜上以觀，「物化」推到極致，豈但山河大地皆我身外之身？即令千年
古碑亦可為異代知己。依此脈絡，前文所云：「我對遠古碑刻的凝望，就是
遠古碑刻對我的凝望。遠古之碑因我的凝望，重又自我心裡復活而不復湮沒
於歷史的劫灰，瘖啞失語；我亦因著——遠古之碑穿越千年時空而抵達我身
上的力量——而得以自魂命深處厚植根基、重建自己」，乃能獲得更周浹深
致之理解。這厚植根基、重建自己的過程，不是憑空而說，凝望與冥思而
外，在中國傳承逾兩千年的人文傳統裡，早發展出具體的身體操作過程。這
以身體作為實修介面而展開的修行法門，簡言之，就是「臨帖」。

是的！筆者在此特指「臨帖」，以至「臨帖功深」而渾化腕下的自由書
寫。因為，若取消臨帖之功，而只是縱任己意，信筆揮灑，所具現筆端者，
終不免流於累劫習氣的反射，而難以察知並嘗試顛覆那業已對身體形成強大
箝制的隱性框架。如此自我範限，形同讓身體給囚禁於當代時空，而斷了來
自遠古世界的強大支撐力量。這連貫於異代時空而挹注於己的轉化力量，正
是人文療癒的奧蘊所在。即此而言，臨帖在各門身體技藝裡的特殊之處，就
在於它不屬於書法技藝的「初階」工夫，而是書家持之終身、無有盡頭的工
夫；所以，我們看見無數筆力精深、造詣入微的書道高手，即令人書俱老，
仍是臨帖不輟。何則？正因筆參造化，早入於天人之際，更徹悟從「不可見
域」的「深祕共在」（天）汲取力量以支撐現世存在（人）的必要性；而紮
實的臨帖工夫，正是連結此「不可見域」之「深祕共在」的具體實修法門。

或許，正為了臨帖之悠遠意趣永無窮盡之日，看似平淡無奇的臨摹習字
過程，竟能鼓蕩無比強大的磁吸力量，兩千年來，無分階層、無分出身、無
分地域，上自帝王、將相、公卿、貴族，下至文人、士子、詩家、藝匠，乃
至閨閣佳麗、青樓名妓、方外高士、雲水僧人、販夫走卒，甚而旁及周邊異
族如大和、朝鮮者，盡皆匯流此中。如此特殊之文化現象，筆者以為，若未
能自「人文療癒」向度予以深層掘發，恐無以探得這舉世無雙的文化現象之

35　語出張潮，《幽夢影》，頁 2-3。

所以能在漢文化的土壤上紮根厚實、綿延無盡的底蘊力量。這力量為何與「人文療癒」有所交涉？我們或可借助巴塔耶的《情色論》，點出箇中關隘：

> 每個生命均與眾不同。他人也許會對某人的出生、死亡與一生事蹟感到興趣，但只有他本人才有切身的利害關係。他單獨來到人世，也孤獨地死去。一個生命與另一個生命之間，存在著一道深淵，彼此不連貫。[36]
>
> 生命中最根本的變化是從連貫到不連貫，或是從不連貫到連貫的過程。我們都是不連貫的生命，在無法理解的人生歷險中孤獨死亡的個體。但我們懷念失去的連貫；我們發現生命中註定不可預測、會滅亡的孤獨狀態令人難以忍受。在我們焦慮地渴望此一會滅亡的生命得以持久的同時，我們腦裡念茲在茲的是能聯繫我們與現有一切存在的重要連貫。[37]

以此觀之，作為「不連貫的生命」而只能「在無法理解的人生歷險中孤獨死亡的個體」，自魂命底蘊湧出的根源性趨力，無非就是「懷念失去的連貫」。於是，找回無始以來失落的親暱連結（the lost intimacy）遂構成人在絕望深淵的根本呼求。這意味：「能聯繫我們與現有一切存在的重要連貫」，正是人類對於存在深處之斷裂的徹底解決。然而，這徹底解決如何而可能？是指涉「存有物」的橫向勾連？抑或，皈返「存有」的縱深性連結？《莊子》的「物化」所啟示的「人文療癒」道路，於此深刻呼應了巴塔耶的宗教性奧義。對巴塔耶而言，宗教性，就其最隱微的意義而言，無非是找回在「橫向勾連」的俗世關係（我與它）裡所失落的親暱連結（我與祢）；而真能深於「內在性」奧蘊的親暱連結，必然力能穿越「可見」而入於「不可見」。此義云何？唯有當我們可以通過可見「物」而深入一個不可見的「世界」，我們才可能超越物理時空而接通不可見的力量，並藉此力量以回頭支撐自己的現世生存。就在這「可見性」與「不可見性」的縱深性往返中，人作為

---

36 巴代伊（巴塔耶；Georges Bataille），《情色論》（臺北：聯經出版社，2012），頁69。
37 同上註，頁71。

「終有一死者」無可倖免的斷裂，因此得到了深層的平撫。那麼，「臨帖」果真在這意義上也發揮了「彌合」斷裂的力量嗎？或者說，「臨帖」作為在漢文化傳統下綿延近兩千年的身體技藝，果真能引領人乘著蜿蜒靈動、風神萬態的筆觸而深入一方「不在場卻宛然如在─不可見卻若有所遇」的「詩性空間」以作為靈命皈依之所嗎？答案，當然是肯定的。書法技藝至為動人心魄的地方，正在於它以自身作為一種接通域外力量的隱祕甬道，讓身處「異質時空」裡的「遠古之碑」得以化身為「不在場之在場」而在書寫者的紙筆抵拒間蛻形為墨瀋淋漓的「妙跡」。這氣韻萬狀、不可方物的「妙跡」，充分見證：臨帖者綿延肘腕間的深祕律動，讓原本古今異域、千載相望的「兩界」，得以通過自己的身體「疊影」為一；而讓「不可見」的異域力量經由具體可感的「臨帖過程」以成為「可見」，正是「人文療癒」力量得以成為可能的現身情態。這是「臨帖」作為「人文療癒」所以獨出於其它「身體技藝」之處；人類歷史上，恐怕很難再找著任何一門身體技藝可以如它一般涵攝千年時空的跨度。也正緣於這驚人的跨度，臨帖者形同為「人間」無可倖免的斷裂創造了近乎「不可能」的連結；這就觸及了人文療癒的根本要義：無限遠，卻親密相連。於是，暗默失語千年的「不可見者」，因得以通過臨帖者的肘腕律動而再度躍然紙上、重現人間。當然，這「重現」是「疊影」義下的重現；是「音容宛在」式的重現。然而，這也就夠了！就在遠古碑刻與臨帖者相浹俱化的疊影中，千載相望的距離感消失了，死生契闊、幽明兩隔的斷裂消失了，與此同時，那依稀寂然有感而在自己腕間若有所遇、宛然如在的「不在場的在場」，卻以底蘊厚實的力量構成了現世生存的強韌依托。人間無窮的斷裂與毀傷，於是開始柔化而有了轉動的可能。人文療癒的奧義，就在能通過身體作為實修介面以促使內在轉化力量的孕生。它啟發我們：倘若，存在的「厚度」意指通過「物化」而從「不可見」現身為「可見」的「潛質」；那麼，人，作為承受無盡斷裂處境的「終有一死者」，終究需要一種「厚度」來支撐他的存在；而臨寫那佈滿時間刻痕的遠古碑刻以接續無始以來失落久遠的精神連結，則是臨帖者據以神馳古今而蟬蛻塵囂的自我救贖進路；此則深契《莊子》「乘物以遊心」[38]之旨。順此而言，乘「碑」

38　語出《莊子‧人間世》：「且夫乘物以遊心，託不得已以養中，至矣。」參閱郭慶

遊「心」以優入「聖域」；「聖域」云爾，其實，就浮滉於「可見」與「不可見」之間而內化為「臨帖者」的「胸中丘壑」。

第五節　在古今「並置」的「詩性時間」中開拓身體的「異域感知」經驗

　　人與碑的相遇，最美的可能性之一，就是臨帖者通過綿延肘腕間的深祕律動而召喚了千年時空跨度的「異域感知」經驗。若說，這「異域感知」經驗對臨帖者具現為「深藏於物」（物裡乾坤）而「內化於人」（胸中丘壑）的「詩性空間」，那麼，這意義下的「詩性空間」只能蘊生於特定的感知條件，那就是使「無限遠卻親密相連」的「古今並置」經驗得以成為可能的「詩性時間」維度。所云「古今並置」經驗，直言之，正是一種不受「線性時間」維度牢籠的「共時性」（Synchronicity）經驗。在「共時性」的深祕經驗裡，「線性時間」裡遙隔千年的「異域」，卻可以在「詩性時間」裡須臾而至，如夢相似。竊以為，〈齊物論〉所云：「眾人役役，聖人愚芚，參萬歲而一成純。萬物盡然，而以是相蘊。」[39] 正是要放在「詩性時間」維度的脈絡裡，才能獲得深刻的詮解——眾人役役，此則在線性時間維度裡「方其夢也，不知其夢也」[40] 的碌碌眾生相；聖人愚芚，則是跳脫線性時間的精明算計而顯得拙於用世的愚芚聖人。莊子無非是要通過「眾人」與「聖人」的對照以凸顯其「所遊之域」的不同。前者敏於世用，昧於大道，碌碌一世，拘役於「線性時間」的牢籠，猶自以為得計；後者高明見棄，不合時宜，卻能在「詩性時間」的隱匿維度裡神馳古今，若大鵬之高翔九天。以此觀之，「參萬歲而一成純」實乃莊子「物化」之思的另類演繹；揆其深旨，無非是通過「詩性時間」以解構「線性時間」的疆界畛域，而令迢遙千載的異代他者，亦得在「詩性時間」裡與我「以『是』相蘊」而同命共在；「是」者，「參萬歲而一成純」是也；參萬歲而一成純，則指向「物化」裡的「深度時間感」。

藩，《莊子集釋》，頁160。
39　語出《莊子·齊物論》，同上註，頁100。
40　語出《莊子·齊物論》，同上註，頁104。

以此觀之,若未能深於「詩性時間」之堂奧,即令是涵具千年靈韻的遠古碑刻,也可能受役「線性時間」的狹仄視域,而給縮減為扁平化的物性存有;可是,對妙參「物化」奧蘊者,即令是在衰草荒煙中暗默千年的歷史殘骸,都將因著「深度時間感」所開啟的多維度視域,而對稽首畏嘆、默然佇思的臨帖者「顯影」為靈韻縈繞的精神聖域。這意味,物化功深者,千年古碑,亦我「身外之身」,雖天涯亦咫尺也;物相凝滯者,千年靈物,亦視同糞土,雖咫尺亦天涯。從「物相」到「物化」,決定於感知維度的轉換;所以,只需從改變「感知維度」入手,將可促使「對象」隨之轉化呈現的風貌。所云「感知維度」,舉其犖犖大者,正是決定「物性存有」以何風貌呈現的「時空形式」。一言以蔽之,「線性時間」對應著「物相」;「詩性時間」則對應著「物化」。物化中,時間感不再受制於「線性時間」維度,而轉換成一片片疊影而成的「詩性時間」;空間感則不復受制於「三度空間」維度,而敞開為「多維度視域」所綻放的「詩性空間」。即此而言,「物化」不但改變了對象物的呈現風貌;對象物也經由「物化」而同步開拓了身體的「異域感知」經驗。

王家衛電影《一代宗師》裡有段經典臺詞,正好為此思入綿遠、情味深致的「詩性時間」,給出了絕美的註腳:「世間所有的相遇,都是久別重逢」[41]。一句話,就讓人從「線性時間」的侷促與逼仄,瞬間「解一釋」於溟漠無涯的「詩性時間」。這是「物化之眼」秉其「詩性凝視」對「線性時間」視框的徹底「解域」;而「線性時間」又是「物理世界」據以奠基的感知框架,這意味:「詩性時間」的覺醒瞬刻,一個全然不同的時空維度也隨之開啟。此中關隘就在:一旦擘開眼界,時間維度隨之拉開;原本在舊有視域框架下備受拘礙的「有涯之身」,因得不復拘限於一時一地而馳飛千古於「無涯之域」。這正是在「物化」的「解域過程」中所帶出之「凝視點的轉移」;於是,思通今古的凝望者,乃得以沿著可見的視線,掠過一切在三度空間與線性時間裡被規定的存有者,而在視線的盡頭抵達那始終伏流域外的「身外之身」;既是「身外之身」,就與我無隔而相蘊為一,因頓生「世間所有的相遇,都是久別重逢」的夙契之感。從眼中所見惟與我疏離、睽隔的「身外之

41　語出王家衛執導電影《一代宗師》對白。

物」，到洞見世間所遇無往而非我「身外之身」[42]。這視域轉換之間，對「眼界未開者」自屬不可思議之經驗；惟對以「詩性時間」為託命之域者，卻是觸處機來、無往不遇的真切臨在。即此而言，片刻相遇，在朝向不可見的凝視盡處，實牽繫著綿延深遠的緣分；這穿梭來去於「可見」與「不可見」間的深密連結，不正是內在性宗教的底蘊所在？據聞千利休弟子山上宗二有云：

> 茶人在把茶客送出茶寮之外，回過頭不能匆匆地收拾茶席，應該靜靜地坐在茶席上聽著釜聲，觀照一種生命寂寞的滋味。[43]

事茶之道，竟可用心深致至此！原來，最美的茶席，猶不在一壺好茶入口瞬間自味蕾喉間綻開的綿長餘韻；讓人回甘不盡的後味，實寄託於茶客離席後，在事茶者心中留下的「空缺」；而真深於茶道者，會將他佇思深遠的凝視，專注於此「空缺」，並從中「觀照一種生命寂寞的滋味」。

「空缺」是一種「不在場」，從「空缺」中「靜靜地坐在茶席上聽著釜聲」以「觀照一種生命寂寞的滋味」，則隱伏著一個「茶人」的「世界」。這看似寂寞而深於惦念的「世界」，卻通過「不在場的在場」匯流了所有依於眼前一碗茶湯而透迤展開的「緣分」。於是，茶人、茶湯、茶器、茶席，乃至以「茶」相蘊而如層層漣漪蕩漾開來的緣分，遂得在「可見」與「不可見」之間「闇相與會」而成就了一個「茶人的世界」——一方寄藏了茶人深邃心事的「物情空間」。

循此以觀，詩性時間裡形跡杳渺的不可見者，從來不曾真正消亡。「曾

42　這，才是真正的「見眾生」。王家衛執導電影《一代宗師》結尾，宮二對葉問有語：「我爹說習武之人有三個階段，見自己，見天地，見眾生。我見過自己，也算見過天地，可惜見不到眾生，這條路我沒走完，希望你能把它走下去。」

43　此則日本茶道熟語「一期一会」之意。「一期」典出佛教用語，指的是人從出生到死亡的這段期間；而「一会」則是人們的聚會、集會之意。「一期一会」語出茶道宗師千利休的弟子「山上宗二」之口，他形容同樣的人在同樣的場所舉行茶會，恐怕一生之中只會有一次，代表主人與客人都要竭盡誠意去看待這一刻的相遇。後來就衍伸為人與人、事、物相遇的珍貴。引文轉載自林谷芳，〈契入傳統樂器正是對生命的一種絕佳觀照〉（北京大學出版社，2016 年 6 月 14 日）文章來源：https://read01.com/zh-tw/aPRake.html#.YhntSy9CZpR 。（查閱日期：2018.6.18）

在」的一切，宛若遠古之碑，仍在魂命深淵縈繞如夢，不會成為「過去」。這充滿迴盪感的時間，電影《一代宗師》裡，有著細緻的刻畫，所謂：「葉底藏花一度，夢裡踏雪幾回。」[44] 過去的，原來從不曾過去，它始終幽藏在無可告人的惦念裡。時間至此，不復是從「過去」擲向「未來」的線性時間。時間是迴旋的，它可以是一片片疊上去的夢痕、殘影或思念！於是，即令死生契闊、幽明兩隔；死去的生命，以「不在場的在場」，依然與深情者疊影而行。生死「無盡」以此；陪伴「無盡」者，亦以此。這意味：從「線性時間維度」看來的「獨行者」，就「詩性時間維度」看來──雖是獨行，仍是同行[45]。

　　當然，這般見識，也不是憑空而生的，背後靠的可是物化功深的眼力（詩性的凝視）。世間所有相遇，在自蔽「線性時間維度」者眼裡，頂多也就是一樁不經心的偶然事件；可在託命「詩性時間維度」者觀之，卻頻添了幾分細膩情思，因能凌越表象世界而直契對俗情知見者保持隱蔽的「身外之身」。於是，陌生的面孔，不再陌生；多生多世的親人，久別重逢，當然也還是命定的家人。然則，兩種時空維度，對應著兩種眼界，也對應著兩種世界。此中，不免有「以天下為沈濁，不可與莊語」[46] 的命限在。向、郭注云：「累於形名，以『莊語』為狂而不信，故不與也。」[47] 此注何獨深契莊子「獨與天地精神相往來而不敖倪于萬物」[48] 的孤朗心境；依筆者之見，這心境何嘗不是施耐庵寄語無人的水滸境界：「所談未嘗不求人解，而人亦卒莫之解，蓋事在性情之際，世人多忙，未之暇問也。」[49] 世人多忙，未之暇問也，這指向墮陷「線性時間維度」者所執以為實的「常規世界」；「所談未嘗

44　語出王家衛執導電影《一代宗師》──葉問致宮二信箋。

45　參閱李天命，《哲道行者》（香港：明報出版社，2006），頁333：「深情者，雖是獨行，仍是同行。」

46　語出《莊子・天下》，參閱郭慶藩，《莊子集釋》，頁1098。

47　語出《莊子・天下》，向、郭注內文。參閱郭象，《郭象注莊・下》（臺北：金楓出版社，1987），頁232。

48　語出《莊子・天下》，參閱郭慶藩，《莊子集釋》（臺北：天工書局，1989），頁1098-1099。

49　語出貫華堂所藏古本《水滸傳》前序。參閱《標點金聖嘆全集（一）・水滸傳（上）》（臺北：長安出版社，1986），頁26。

不求人解，而人亦卒莫之解，蓋事在性情之際」；這是幽棲「詩性時間維度」
者所浸潤日深的「詩意世界」。惟筆者所論，終不免由系統以解之；牟宗三
格外豁人眼目的提點，更見觸處機來的灑脫[50]：

> 吾之感覺水滸境界，在由壩子上，在樹底下，在荒村野店中，在世
> 人睚眦下，在無可奈何之時，在熱鬧場中，在汙濁不堪之社會中，
> 花天酒地，金迷紙醉，冷冬小巷，皆有所遇。我之感覺，頗不易寫
> 得出。比起寫哲學系統還難[51]。

　　牟氏此文，堪稱神解。云何為神解？正因水滸境界，難以狀摹，他索性
掃落一切系統相，以詩意渲染的筆觸來對應水滸境界的詩意，這反而「以詩
解詩」[52] 地合拍於「詩性時間維度」的詩性韻律；也反襯了「薄暮籬落之下，
五更臥被之中，垂首撚帶，睇目觀物之際，皆有所遇矣」[53] 的水滸境界。

　　行文至此，本文對深藏作品裡之「詩意世界」如何通過一種「異
域感知」維度而開顯出來，已多方示例地做出了肌理深致的描述（thick
description）。箇中關竅，還在於如何經由「感知條件」的轉換以將作為「物
性存有」的「作品」給重置於適合開顯的場域。具體的入手線索，就指向作
為實修介面的身體。此亦無它，綜攝「解域—生成」、「裂解—連結」之完
整「物化」過程，就通過「身體技藝」而發生。這意味，是「身體技藝」的
「介入」讓深藏於物性底蘊的「世界」得以從表層物相「解—釋」出來。所
以，不論通過何物，在「身—物」內在轉化的脈絡中，正可謂觸處機來，無

50　參閱牟宗三，《生命的學問・水滸世界》（臺北：三民書局，1997），頁 228-235。
　　「杜甫詩云：語不驚人死不休。此不是水滸境界。而水滸結尾詩云：語不驚人也便
　　休。此方是水滸境界。這個境界，出世不能為神，入世不能為聖人。殊不可由系
　　統以解之。必須是在灑脫一切時的觸處機來。」
51　同上註，頁 228-235。
52　這「以詩解詩」的手法，不也是司空圖《二十四詩品》的手法嗎？甚而，它也
　　是《莊子》貫通全書的三大手法之一：「莊周聞其風而悅之。以謬悠之說，荒唐之
　　言，無端崖之辭，時恣縱而不儻，不以觭見之也。以天下為沈濁，不可與莊語；
　　以卮言為曼衍，以重言為真，以寓言為廣。」語出《莊子・天下》，參閱郭慶藩，
　　《莊子集釋》，頁 1098。
53　語出貫華堂所藏古本《水滸傳》前序。參閱《標點金聖嘆全集（一）・水滸傳
　　（上）》，頁 26。

往而不可即之以入道，無往而非入道之門。觀碑如此、臨帖如此、事茶如此、聽泉如此、解牛如此、射箭如此、插花如此、撫琴如此……以此觀之，「物」之玄義大矣哉！人，作為天地萬物之參贊者，藉由「身體技藝」的參與，遂使作為「實用工具」或「知識對象」被看待的「物性存有」，得以抵禦「心知—語言」的縮減與化約，而真正回到自己內蘊豐饒的本質。這內蘊豐饒的本質，必然是詩性的；因為詩性本身，就隱喻著雙重內涵：一是強大的解域力量；另一是綿密的連結力量。兩重力量迴環相濟而收疊於莊子的「物化」之思。即此而言，「詩性的凝視」，必然相應於「物化之眼」；此亦無它，「深於『可見』而入於『不可見』」的「詩性凝視」，乃合「解域」與「生成」為一的完整「物化」歷程所必然涵攝者。

第六節　不忘來歷

龔鵬程在《書藝叢談》後記，敘及自己在點畫線條間玩索成長的心跡，頗堪玩味，文云：

> 此乃少年玩伴，一筆一畫、這個字那個字、顏真卿、柳公權、黑黑白白，陪我度過了無數晴窗松影和靜夜昏燈的時光；摩挲著宣紙棉紙毛邊紙不平滑的表面，就像撫摸老友的手掌。這其中，有多少眷惜、多少溫情！濡墨使筆，在紙上畫來畫去，墨痕映帶出來的，不只是一個字一個字，更是一種心境、一幅畫、一種感覺。每一搦管，總不像手拈著筆桿，而彷彿手上面還有另一隻手；黃老師胖胖的手正握住我的手在教我運筆。她手上的溫度與力量，裹著我的手，也裹著我沈入悠遠的記憶中！
>
> 因此我寫字只是抒情，從不苦練，遂也不再有什麼進境。大學讀中文系，課程中雖有書法一門，我也率意對之。王久烈老師對我這般胡鬧，大概覺得很可惜，開示了許多筆法，令我眼界豁然，才又開始寫一寫。
>
> 不過大學畢竟不同於小學。大學裡人文薈萃，能使人對人文之美興起具體的嚮往。書法與書家不再是紙上的東西，或遙遠的、冷冰冰

的歷史生平記載，它們活生生地在周遭。正如我在《四十自述》中說的：「當時每位老師幾乎都寫得一手好字。申慶壁先生書如孫逸仙，渾樸厚實。丁龍墥、白悼仁兩先生學顏魯公，矜重古雅；白師的章程行稿，更是妙絕天下。王仁鈞先生流麗婀娜，用筆至巧。戴培之先生，通和硬媚，亦不可多得。……其他如汪中、劉太希諸先生，詩書也都是久著盛名的。這些老師們授課，常用自寫的毛筆手稿付印，文采爛然，墨瀋淋漓。他們著長衫、啣煙斗，談詩論藝，橫案作字，我輩小子，望之皆覺其飄飄若雲中仙人。上課時捧讀其彩箋墨寶，翫其筆勢，實在欽羨不已。偶於其黑板板書中，窺見其用筆之法，更覺欣欣然，若有所會。……如汪中（雨盦）先生講詩，講了什麼，我全忘了。但我永遠能感受到、能在腦海中浮蕩起一個個詩的情境。簷前細雨燈花落，夜深只恐花睡去，宮燈教室裡，黃暗的燈光，詩人曼聲長哦，墨箋娟美，夜霧低迷。那一句句的詩語，都不是古人古書上的意象，而就是我們讀詩時親身體驗的情境。靈魂於此，彷彿正彳亍於魏晉唐宋詩人之園林書案間，應目觸心，理解即在當下。」

這是一個詩、文、書法以及具體人格風姿氣象共同形塑的人文美感情境。在這個情境中，我們才能懂得古代文人寫字抄經、飛箋鬥韻、函札往返、題壁、墨戲、識跋等境況與感覺。跟書法相關的一些知識，例如評碑、論帖、選筆、擇硯、用墨，乃至鐫印、拓搨、裝裱、鑒定等等，也都附著在或生存在這樣一種情境中，令我們有了具體的了解[54]。

　　所云：「濡墨使筆……墨痕映帶出來的，不只是一個字一個字，更是一種心境、一幅畫、一種感覺。」這是紙筆抵拒濡染間所映帶出的「世界」，此固深合「物化」之旨；「每一撝管，總不像手拈著筆桿，而彷彿手上面還有另一隻手」，這「另一隻手」又豈限於啟蒙老師裏著作者之手以教導運筆的身影？就某個隱喻性的意義而言，這「彷彿手上面還有另一隻手」的疊影

54　龔鵬程，《書藝叢談》（北京：人民東方出版社，2015），〈後記〉。

意象，何嘗不擴及那拓跡於唐碑漢刻而傳誦千古的驚人筆觸？以此觀之，「另一隻手」就象徵著沉隱碑帖中的「另一個世界」，這「世界」又疊影了無數個世界而共成一「無盡法界」[55]。即此而言，每一卷碑帖都通極於一個「世界」，每一個世界又多方匯聚了無數古今書家的「風貌—氣韻」而共成一交光互映、重重無盡的「世界」；人以此而能通過濡墨使筆的具體臨習過程同碑帖所凝聚之來自遠古的「異域世界」產生了連結的可能。所以，碑帖作為一種「物性存在」，遂得以被轉化為通往另一個「異域世界」的精神甬道；依前文，這意義下的轉化只可能在「詩性時間」裡發生。因為，只有在「詩性時間」裡，人得以沉入悠遠的記憶中，任古今世界在自己身上「疊影」為一。

　　「疊影」二字，在此不只是「修辭意義」上的狀摹之詞。筆者特意將其納入《莊子》物學的詮釋系統，並藉之以隱喻一種關涉「人文療癒」的實踐進路。要點端在：成為「疊影」，就是走向「療癒」；因為，當人通過「可見物」而入於「不可見的世界」（物裡乾坤），人的存在厚度，於焉成形。這意味，走向「神聖」，即是走向「療癒」；因為通過可見物以「優入聖域」，讓人接通了來自「異域世界」了力量；這力量又反過來構成殘破現實的修補與支撐。可見，在「人文療癒」的觀照中，「虛」才是「實」的存在基礎，或者說，「虛」才是讓「實」得以成其為「實」的基礎。這就顯示「人文療癒」義下的力量，在能溝通「虛」、「實」兩界，而令「虛—實」得以互濟而相生。這就顯露出虛實之間的弔詭性：那只能在「虛而待物」[56]的「物化」過程中接通的「異域世界」，卻反過來以一種「不可見」卻「冥然有感」的「託庇空間」構成了現世生存的厚實支撐。即此而言，龔鵬程結語所云：「這是一個詩、文、書法以及具體人格風姿氣象共同形塑的人文美感情境。在這個情境中，我們才能懂得古代文人寫字抄經、飛箋鬥韻、函札往返、題壁、墨

55　此如《華嚴經》以因陀羅網譬喻諸法之一與多相即相入、重重無盡之義：一一寶珠皆映現自他一切寶珠之影，又一一影中亦皆映現自他一切寶珠之影，如是寶珠無限交錯反映，重重影現，互顯互隱，重重無盡。

56　《莊子‧人間世》論及「心齋」所謂：「若一志，無聽之以耳而聽之以心，無聽之以心而聽之以氣；聽止於耳，心止於符；氣也者，虛而待物者也。唯道集虛。虛者，心齋也。」參閱郭慶藩，《莊子集釋》，頁147。

戲、識跋等境況與感覺。」從人文療癒角度觀之，與其說這個由「詩—文—書法—具體人格風姿氣象」所共同塑造的人文美感情境，是深於千年時空外的「異域世界」，無如說，這由無數具體「可見物事」所渲染的如詩情境，其實只宜定位是通往「另一個世界」的「甬道」。換言之，這頗富藝術性的美感情境，是入道之「門」，是禪悟之「機」，但並不就是深藏於物而作為其「本質存在」的底蘊世界。後者是宛然如在，卻不對肉眼示現為「可見」的「不在之在」，「美感情境」或可召喚著我們通向祂，卻終究不是祂。即此而言，如詩般的敘事固然足可搖蕩性靈，然則即藝入道，猶另有關隘。

隨著對特定碑風的臨寫過程，腕間不斷蛻型中的筆觸與氣韻，磨合既久，繾綣日深，不覺心手相應，漸入邃密，終而在「眾裡尋他千百度，驀然回首，那人卻在燈火闌珊處」[57]的「回首」剎那，確認了自身的風格認同與精神來歷。這「驀然回首」的一刻，不獨在作為「藝術修煉」的書法學習歷程，是至關重要的一刻；即令是作為「宗教情懷」的書法修行歷程，亦是決定性的精神轉化關隘。關隘所在，就在這意態萬千的「轉身」瞬刻。轉身，意味著對自身「來歷」的欣會與珍重，更透著「曾經滄海難為水」[58]的洗鍊與淡然。單獨來到人世而不免在人生歷險中流落邊緣、孤獨死亡的個體（畸於人者），於是得以通過一份來歷久遠的學行傳承軌跡，從「不連貫」走向「連貫」（侔於天），並通過「不可見域」的「夙昔典型」找回失落久遠的親密連結。我們不妨節錄一段張大春學書歷程的動人敘事以資參照：

> 四十年間，我從來沒有妄想成為專業的寫字之人，倒是幾乎每天都要讀幾本法帖，讓一千多年以來那些令後世之人不斷揣摩、效法、仿習以及力圖恢弘開拓的墨跡一次又一次地爛熟於胸。這種沒有目的性的內在驅動，只能用「喜歡」一詞加以形容、或者是掩飾[59]。

---

57 南宋‧辛棄疾詞；另參王國維，《人間詞話》，頁21：「古今之成大事業、大學問者，必經過三種之境界：『昨夜西風凋碧樹。獨上高樓，望盡天涯路。』此第一境界也。『衣帶漸寬終不悔，為伊消得人憔悴。』此第二境界也。『眾裡尋他千百度，驀然回首，那人卻在，燈火闌珊處。』此第三境界也。」

58 語出中唐元稹悼亡絕句〈離思五首〉第四首。

59 摘錄自張大春，〈我讀與我寫（之二）——一個書法觀眾的場邊回憶，2017年11月11日〉；此文於張大春，Facebook專頁，自2017年11月10日起，分五篇連

在他[60]看來，書法不只是講究形體、結構、筆勢、行款之美，更不該是為了創造出一種新穎或罕見的美學標準而獨運生造。書學所承載的匠藝價值更深刻地牽動著流動於字裡行間的意趣，必須喚起和呼應更長遠的文化脈絡，在老輩兒那裡，「有來歷」也好、「看得出來歷」也好，就是一個學行傳承的軌跡。我和姑父說起早年父親憂心我「往後連副春聯也寫不上了」的話，他大笑著說：「他是擔心你不學，不是擔心你不寫。」那麼，寫，顯然是學的一個徵候了。……回首五十多年過去了，我依舊分不清當初父親說的「往後連副春聯也寫不上了」是不是玩笑話。不過，我始終認為，我還維持著能夠在菜市口賣春聯的小小自信，一直讀著帖，寫著字，也一直惦念著我的來歷[61]。

文中，作者借歐陽中石先生儻論以更深地確認──自己是如何通過「臨帖」工夫以回溯並貞定自身的來歷。所謂「在老輩兒那裡，『有來歷』也好、『看得出來歷』也好，就是一個學行傳承的軌跡。」我以為歐陽先生此論，已澈入人文療癒之玄奧。人，終究是需要一種厚度來支撐他的存在。厚度何在？以書法而論，就在於「筆觸」背後所呼應的長遠文化脈絡；也就是歐陽中石先生以其一生行止所踐履的「書學」信仰：「書學所承載的匠藝價值更深刻地牽動著流動於字裡行間的意趣，必須喚起和呼應更長遠的文化脈絡。」有此寄意綿遠的用心，飄零無根的生命，才有了自身的皈命處。長河浩蕩的學行傳承軌跡，自此內化為生命底蘊不可見的共在基礎；這正是一切學書者得以彌合內在斷裂而走向更高連結的療癒起點。不忘來歷，其義深遠有如此者。

載。另參閱張大春，〈我讀與我寫〉，《見字如來》（四川：天地出版社，2019），頁291-300。

60 此指歐陽中石先生：大陸老輩書法家，也是張大春遠在北京的姑父。

61 摘錄自張大春，〈我讀與我寫（之五‧完）──一個書法觀眾的場邊回憶，2017年11月15日〉；此文於張大春，Facebook 專頁，自2017年11.10起，分五篇連載。另參閱張大春，〈我讀與我寫〉，《見字如來》（四川：天地出版社，2019），頁291-300。

第七節　書法與寫字的根本區別

林俊臣於〈學書札記〉寫道：

書法看來總是一個人的事情，拿起筆時，才知，我似乎不是那個想怎麼樣就能怎麼樣的我。手腕裡住著難以降伏的我，請來二王父子、張旭、懷素、王鐸，與之鬥。那個我抵抗依然頑強，不斷調兵遣將、日夜操練，殊不知請神容易送神難，終不知我是誰誰是我。我以如對至尊的姿態，祭吾腕下鬼，當不致還沒走火就入魔。拿著毛筆寫字就像掃地，總要能掃起什麼東西似的。書法是藏不住的隱私，是慎不慎獨的赤裸告白。臨帖，盡力調動身體貼近字帖作者揮運之時的身影，是我的他人化。學碑，讓身體演繹自然與歲月為文字註加的斑駁滄桑，是我的物化。毛筆是我身體的延伸，沒有音樂，我也能在紙上跳舞[62]。

這段文字大有玄機，尤其是開篇首句：「書法看來總是一個人的事情」，卻勾起筆者不盡相同的問題意識——書法果真只是一個人的事情？依筆者之見，書法絕非只是一個人的事情，除非我們混淆了「書法」與「寫字」的根本區別。箇中關竅何在？書法，「不只是講究形體、結構、筆勢、行款之美，更不該是為了創造出一種新穎或罕見的美學標準而獨運生造。」[63] 而是歐陽中石先生向張大春所指出的：「書學所承載的匠藝價值更深刻地牽動著流動於字裡行間的意趣，必須喚起和呼應更長遠的文化脈絡。」[64] 一言以蔽之，就是「有來歷」，或讓人「看得出來歷」；這意味，書法的背後涵攝了一個在時空跨度上無比浩瀚的「世界」，一切學書有成者，俱得從這個世界歷練而來。此所以，寫字與書法，行跡相近，而底氣有別；寫字但憑天賦亦可

62　林俊臣，〈學書札記〉，《中國時報》2015 年 11 月 25 日，藝文副刊 9。

63　摘錄自張大春，〈我讀與我寫（之五・完）——一個書法觀眾的場邊回憶，2017 年 11 月 15 日〉；此文於張大春，Facebook 專頁，自 2017 年 11 月 10 日起，分五篇連載。另參閱張大春，〈我讀與我寫〉，《見字如來》（四川：天地出版社，2019），頁 291-300。

64　同上註。

隨機揮灑而綺麗可觀，書法卻未有「不學而至」的可能。何則？後者不出手則已，一出手，在行家眼中，就具見學行傳承的軌跡。以此觀之，一位具格的書法行者，他的字跡之美，絕非止於外觀上的絢麗，關鍵尤在「流動於字裡行間的意趣」所呼應的「長遠文化脈絡」；如是，習字臨帖還能只是一個人的事嗎？每一個字的背後，牽動的可是歷史長河的文化積澱；甚而，每一筆、每一劃都悄然烙印了綿延千載的文化基因。此所以「寫字」終不同於「書法」；一如，不是所有的語言，都配稱詩性的文字。前者浮於字跡；後者優入聖域。是的，「書法」相較於「寫字」的根本區別，就在於它引領學書者更深沉地涉入了一個長河浩蕩的歷史世界；並通過在這世界裡出入眾家碑帖的「搏鬥」歷程，才終得摸索出那漸行內化於身心全體動盪的筆觸、風格與氣韻。

　　林俊臣顯然於此深有體會，他寫道：「拿起筆時，才知，我似乎不是那個想怎麼樣就能怎麼樣的我。」這就點出「書法」跟「寫字」的基本不同。尋常寫字，信筆揮灑，不會有特別的遲疑；落筆瞬間的躊躇、阻滯之感，只獨屬於臨帖功深的學書者。無它，學書者只因飽濡出入眾家碑帖的經驗，浸潤既久，相蘊日深，一旦興酣落筆，紙筆抵拒間暈染宕逸開的每一筆、每一劃，都呼應著自己的「來歷」，也都如影隨形地涵帶了一個「世界」在裡頭。「寫字」則不同，特別是對缺乏臨帖根柢的寫字者，他的字，只能出於「習氣」的制約而缺乏傳統的浸潤。即此而言，「寫字者」的字，就只是特定感知框架制約下的線條組合，他的字看不出一個底蘊悠遠的「世界」，甚而，根本毫無「世界」可言。可一個在碑帖下過扎實工夫的「臨帖者」，即令談不上是習書有成的書法家，他的字，卻可能擁有一個相對完整的世界；完整，不是建立在跟其他書家的較量，不在他臨摹過多少碑帖，也無關他技巧上所達到的熟練度，而在於他面對碑帖時所抱持的根本態度。林俊臣自述：「手腕裡住著難以降伏的我，請來二王父子、張旭、懷素、王鐸，與之鬥。那個我抵抗依然頑強，不斷調兵遣將、日夜操練，殊不知請神容易送神難，終不知我是誰誰是我。我以如對至尊的姿態，祭吾腕下鬼……」文中，相當傳神地具現：當無數歷史精魂隨著紙筆抵拒過程而奔赴腕底，書法技藝，再不可能是一人之事情，而是有無數異代他者與自己疊影交錯的共在過程。而且，這相與浸透的共在過程，並非理所當然地凝合於一片化機；在林

俊臣貼切實感的文字描述裡，我們看見的卻是莊子借「解牛」寓言所著意提點的「見其難為，怵然為戒」[65] 之感。然而，若非臨帖功深，蓄積深厚，那就連「見其難為，怵然為戒」的自覺都不可能產生，而只會留下偽似、混充的「遊刃有餘」之姿。說其偽似、混充，那是因為真正的「遊刃有餘」，只能通過「見其難為，怵然為戒」的遲滯阻塞而來。此亦無它，遲滯阻塞是建立在與他者會遇所必經的力量辯證過程。尋常人，未經此辯證融通過程，寫字在他，果真是「一個人的事情」，而不可能在字跡流瀉當下帶出一個內蘊豐厚的人文空間。

第八節　叩問存有的遺骸：碑石變身的四重關隘

從遠古的甲骨、商周的青銅到漢刻、到唐碑，無不留下了文字刻痕；而且，是一筆一刀，帶著力爭永恆的氣魄，從甲骨、青銅或石頭上雕鑿出來的文字刻痕。然則，刻痕本身的意義何在？很容易浮現腦海的答案是：為了超越歲月的淘洗、為了對抗後世的遺忘，甚而為了對文字形跡之美無可抗拒的眷戀；然則，有一個特殊的視角，一個從《莊子》物學的宗教維度切入的凝視點，卻未見有人盛發其義，這意義就是：為了讓被刻鑄之物，得以從作為對象或工具的「物性存在」中被拯救出來。弔詭的是，這意義下的拯救，將會是雙向性的拯救——人在拯救「物」的同時，也因此而被「物」所拯救。這看似謎一般的觀物角度，自非無根而發，它全然是從前文的脈絡一路延展所必然抵達的結論。箇中關隘，請逐一具陳如下：

甲骨、青銅、石頭，都屬於一種「物性存在」，在有意識的鑴刻介入之前，「物性存在」也就僅是一種有其獨特物性的材質，是毫無「世界」可言的；可是，人的創造性介入，卻改變了這一切。當一顆自遠古洪荒埋沒經年的石頭，被從千萬顆石頭挑選出來以作為文字的載體與鑴刻的對象，「物」的命運軌跡，已然因著技藝性的介入而有所轉折。從此，它不再是千千萬萬顆石頭裡可以任意替代的一顆；不是因為它的材質被改變了，而是鑴刻的行動，賦予了它不同的「身世」，並把「它」給提升到迥異往昔的存在維

65　語出《莊子‧養生主》，參閱郭慶藩，《莊子集釋》，頁119。

度。這飽濡情思而令人低迴不盡的「身世」，就建立在永久留存其上的文字刻痕。正是這與其「物性材質」融然共在的文字刻痕，讓這顆石頭免於被遺忘的命運，緣何至此？因為它已從無人聞問的「石頭」，蛻形為人人仰望的「石碑」。從此，它不再是淹沒荒煙蔓野隨草木同朽的「石頭」，身上的文字刻痕充實了它，不單為它增添了文字所書寫的內容，遠比這一切更關鍵的是：鐫刻其上的絕美字跡，以其驚動千古的氣韻與神采，吸引了無數代人的凝望、吟詠與臨摹；歲歲月月，日日年年，經由時間的淘洗、戰火的劫毀、風霜的剝蝕與苔痕的漫漶，時空漫漫潤琢於文字的大美，竟不可思議地共成「人文與天地合作」才得以成就的千古靈韻。這是一顆石頭在天地間所能經歷最幸運的兩道關隘：首先，是來自人文技藝的參贊（刀筆鐫刻）；其次是來自天地造化的參贊（時空漫潤）。經由兩度「變身」，古韻幽深卻益發靈光歛抑的「石碑」，不覺間又來到第三道關隘——它以自身難以逼視的美學光芒聚攏了無數被它的美所吸引前來而凝望佇思、流連出神，終而稽首頂禮、讚嘆而去的人們；「石碑」自此又歷經了自己的第三度「變身」；這一刻，它不復只是「物性存在」，而是以一種「精神存在」永遠進駐「頂禮者」的心中。這意味，因著無數人與它在魂命底蘊產生的深祕連結，也因著無數後代知音以敬若神明的神聖感將「祂」供奉心中，它不復只是如一般「物性存在」拘限於可見的「物理空間」，卻是「千江映月」似地以千萬化身寄藏於古今愛慕者的「胸中丘壑」。綜此以觀，一顆由尋常「石頭」蛻形而成的「石碑」，因著千萬人凝繫於它身上的情思，而內化為可以神遊、可以託命、可以寄情、可以皈依、可以縱放靈思馳飛千古的「詩意空間」。從此，它更有如《紅樓夢》裡那顆無材補天而幻形入世的「棄石」[66]，有了自己的故事，也有了自己的來歷；這些故事、來歷與後世無數禮讚者對它的凝望、佇思、臨摹所交織出的共在脈絡，讓沉痼千載無人聞問的一顆「石頭」，終而從「對象域」的永恆拘役中給「解一釋」出來。

　　石頭，作為「物性存在」，卻緣於「人力參贊」、「天地造化」與無數

66　《紅樓夢》原名《石頭記》，開篇便藉〈頑石偈〉點出大荒山無稽崖青埂峰下一顆「棄石」的非凡來歷：「無材可去補蒼天，枉入紅塵若許年；此是身前身後事，倩誰記去作奇傳？」。

「異代知音」的交相沁潤而獲得拯救。這奠基「人文療癒」視角的物學敘事，其實，正是筆者通過莊子「物化」觀點所做出的特殊解讀。這意義下的解讀，自然不同傳統金石學或碑刻學的研究典範，然而，不透過深於「宗教維度」之莊子「物學」，我們又如何可能窺探幽藏物裡的「深度世界」，並進而將此「深度世界」所內蘊的救治力量給導向無所不在的「受苦現場」？即此而言，莊子「物學」，自然不同於傳統西方學術義下的「物理學」；因為，莊子「物學」的「深度進向」，使其關注視域必然轉向開顯「物性存在」之深度，而成就一種「窮探物『裡』之學」[67]。這就凸出了莊子「物學」慧識獨具的「世界向度」——那深藏於物而足堪作為其本質存在的「物裡乾坤」。筆者有充分理由確信，只有通過這向度，我們才可能掙脫實證科學範限於特定「感知框架」所建構的「物性」知識，而將深藏物性中的「世界」給開顯出來。

　　然而，前文卻留下了伏筆：一切拯救，而果能入於血氣動盪之境者，從來只能是「雙向」的拯救；這意味，拯救遂行的當下，被拯救之物，卻也同時拯救了我們。這經由遠古碑刻所引發的身心全體動盪，究竟該如何體會？讓我們嘗試從法國當代哲人傅柯一段神祕如詩的洞察說起：「當語言的存在繼續在我們的地平線上放射出越來越強的光芒時，人正處於消亡過程中。」[68] 這段文字，太耐人尋思！「語言的存在」在凝視線的盡頭，非但未隨流年以俱去，反而迸射出「越來越強的光芒」，以對顯出殘片般流轉世途的「終有一死者」，如何等同微塵眾生，流浪生死，走向消亡。這對比意象，通過詩性的筆觸而帶來了強大的視覺感！筆者未可確知作者在什麼樣的運思脈絡下寫出這段宛若天啟似的神諭；然而，若將「地平線上放射出越來越強的光芒」的「語言」置放在「以文字為基幹」[69] 結構起來的漢文化社會系統，並

67　以「物『裡』學」取代「物『理』學」，此靈感脫胎自李明璁《物裡學》一書的書名，參閱李明璁，《物裡學》。
68　羅蒂著，黃勇編譯，《後哲學文化》（上海：上海譯文出版社，2004），頁11。
69　參閱龔鵬程，《墨海微瀾》（上海：人民東方出版社，2015）自序：「我是由整個中國文化的性質看書法，把文字、文學和文化合併起來看。而文字形成的藝術，正是文學與書法。文字、文學、書法之間有太多骨血聯結之處，完全無法析分，只有貫通合觀才能瞧出端倪。傳統上都說詩書畫，而其實畫只在宋代以後才與詩書相合，不像詩書自來就是一體的。如果要說藝術，中國的藝術，事實上傳統只有

將「語言的存在」意象化為「被人鐫刻上大字，矗立於大地，攜帶着記憶，期待着回歸」[70]的千年石碑，整段文字的意蘊倏然就飽滿了起來，只覺得傅柯這段話，恰敲開了中國人魂命深淵最迴盪綿遠的心事。何則？石碑，是不朽的；相形之下，作為「終有一死者」，人類在石碑之前只是如朝菌、蟪蛄般的短命存在；然則，有另外一個脈絡的真實，同樣地強大而無可否認——石碑的不朽，卻是經由必朽的「終有一死者」所開顯並成就的。若非「人力」的參贊、若非千萬「異代他者」共同匯流於它身上的凝望與癖愛，石碑深藏的「世界」將無以成形而淪為與草木同朽的尋常之物。以此觀之，是人力的介入改變了石碑的命運；讓一顆無人聞問的「石頭」，在人力自覺的鐫刻下，被賦予了獨特的身世；從此，它不再只是顆尋常的石頭，它身上有了靈韻逼人的文字、有了來歷、有了故事、有了自己的面容、更有了可供人遊目騁懷的「世界」。總之，它在人力的「參贊」下，成了吸引無數世代人駐足流連、稽首禮讚的「石碑」。然而，故事至此，並未結束！

　　通過「終有一死者」（有限身）而開顯出自己不朽之身（無限身）的石碑，「繼續在我們的地平線上放射出越來越強的光芒」，它在千古的靜默中，迎納著一代又一代人投予它的佇思與凝望。其中，有些與它磨合既久、相依日深的臨摹者，通過積年累月的臨習，不覺在它的身上確認了自己尋索多年的「來歷」，也藉此確認了自己「學習傳承的軌跡」。這「眾裡尋他千百度，驀然回首，那人卻在燈火闌珊處」[71]的轉身瞬刻，絕對是極具「宗教性」的一刻！這一刻，傳承百代而與「臨帖者」千載相望的「石碑」，經由長久的臨習，已不再對「臨帖者」示現為一尊追躡無蹤的「陌異他者」；這一刻，

　　兩項，就是文學與書法，繪畫附之，其他都是雜藝甚或工藝，不入品裁的。劉熙載《藝概》只論文學與書法，就是這個緣故。你可以說這是偏見，但無奈它就是事實、就是中國文化的特點，避開這點或不承認它而去亂扯，無聊殊甚！因為中國本來即是個以文字為基幹結構起來的社會與文化，不懂文學與書法，根本就不可能懂得中國。」

70 李慧、王曉勇，《唐碑漢刻的文化視野》（北京：人民出版社，2009）序，頁2。
71 南宋・辛棄疾詞；另參王國維，《人間詞話》，頁21：「古今之成大事業、大學問者，必經過三種之境界：『昨夜西風凋碧樹。獨上高樓，望盡天涯路。』此第一境界也。『衣帶漸寬終不悔，為伊消得人憔悴。』此第二境界也。『眾裡尋他千百度，驀然回首，那人卻在，燈火闌珊處。』此第三境界也。」

一向只能在千年的淵默中靜候「解人」的千年碑石，終而徹底卸下其作為
「物性存在」的顯影，而對已決然皈命於它的「臨帖者」現身為一種精神性
的「神聖存有」。是的！這一刻，「遠古之碑」依於「一心皈命者」的深祕理
解與強大情感認同，而從「物性」的石頭，徹底轉化為內蘊豐饒精神世界
的「心石」（heart-stone）。這詩意瞬間迸發的神聖性就在於──稟賦必死之
身的「臨帖者」以其篤實的踐履與對自身來歷的堅實認同，而促使「石碑」
經歷了第四度的變身；它甚而不只是通過第三度變身而內化為深藏「物性存
在」裡的「精神世界」；它進一步通過一雙雙專注、熾烈且燃燒著理解火焰
的眼睛，以及臨帖者所投注的悠長對話時間而確立自身為「無可替代」的存
在；這意義下的存在，是依於「異代知音」所投予的凝望、理解、時間與工
夫而存在。我們以此驚見：石碑的不朽性背後，實湧動著一代又一代的臨帖
者以「必朽之身」所疊影而成的歷史長河；這才真是深藏於石碑而足堪作為
其本質存在的底蘊基礎。此所以「終有一死者」的必朽，與「千年石碑」的
不朽，非但不相矛盾，反而迴環相依地共構了一個巨大的精神世界。這「世
界」既由內在樹立了石碑巍峨千載的精神向度，也為不斷消亡中的「必朽之
身」提供了強韌的支撐力量。這意味，必朽之身，容或消亡無日；卻無礙
我通過千年石碑的「不朽音容」以轉化之[72]。不言可喻，轉化後的「必朽之
身」，由此益發確立自己作為「赴死之在」的莊嚴性，而可安然承當肉身的
沉重與敗毀[73]。必死，而能赴死；以此莊嚴此身，「必朽之身」遂得「優入聖
域」而不復侷促「此生此世」。這裡面，自有一種生命的大解放──不只是

72　若借蔣年豐《地藏王手記》概念為喻，即通過「音容宛在之神」以潤澤「行屍走
　　肉之身」。

73　此情此境，與蔣年豐病苦至極而迸發的宗教情感，有絕高的相應性。壯歲瀕死之
　　際，其悉心所向，惟以地藏王的形象來重塑自己的性命。底下，謹聊舉兩則文本
　　敘事，以資印證：「請保守我，讓我保守這世界，以顯揚祢的名。三十九歲之後，
　　依祢的形相而活……以祢的形相彰顯天地神人」；「地藏王是萬能的，沒錯。但祂
　　又是無能的。對於突如其來的欲勢利之強大壓迫，地藏王常常束手無策。不過，
　　地藏王又在每個人身上，就其自然秉賦，雕塑出每個人正當的性命形相，以此形
　　相進入欲勢利的網絡中去奮鬥，以完成地藏王的意旨。每個有限存在者的命運都
　　承擔著一個地藏王的意旨。每個人的命運也可說是地藏王的命運。」參閱楊儒
　　賓、林安梧編，《地藏王手記──蔣年豐紀念集》，頁66、92-93。

「人」的大解放，也是「物」的大解放；更精確地說，是兼及「人─物」雙向拯救的大解放。此如，人在開顯石碑神性的過程，也必然從石碑的神性蒙受了難以言喻的沁潤力量[74]。石碑的變身歷程，至此，可謂至於其極。我們驚見：一顆卑之無奇的石頭，竟可在歷經四重變身過程後，從純然物性的石頭，轉化成燃燒著遠古之火的「心石」（heart-stone）。

這一意義下的「心石」，因著被推到物化之極，「天─人」、「古─今」、「死─生」、「幽─明」、「可見─不可見」，所有俗情知見眼中的斷裂，在代表更高視域維度的「物化之眼」看來，將重新連貫為一。於是，遠古之碑所留予後人的意義，不再只是歷史的陳跡、時間的刻痕或歲月斑剝的殘破感；反而可能是一種在浩瀚無際的時空維度裡對自身長遠來歷的回溯與追認。隱喻地說，就是「通過那靜止的心石上燃燒的遠古之火來觀看自己」[75]。這意義下的觀照，此身，不再只是一具懸浮於特定時空地域並受其歷史社會條件制約之殘片似的個體，卻能從這殘片似的個體，窺見某種來自遠古的靈光；靈光遠溯自杳渺的年代，也見證著某種「無限遠卻親密相連」的跨時空連結，始終默默傳遞著一股不可見卻溫暖可感的力量以支撐著自己侷促現世的脆危存在。這一切，如何而可能？依「人文療癒」理路，無非就依恃於「落在『無限遠』的凝視」；凝視的盡頭是「燃燒著遠古之火的心石」，但凝視的盡頭卻是不可見的。莊子「物學」的人文療癒義涵就由此凸顯：無限遠的凝視盡頭，雖以其「無限遠」而不可見，然而，深於「物化」工夫者，卻能通過「可見」之「物」而入於「不可見」；物，對一切深於「人文療癒」者，成了來自另一個世界的隱祕甬道；只不過，這隱祕甬道對「未開眼」者始終是保持隱蔽的。這意味，未經由「物化」工夫打開的眼界，一切都是斷裂、一切都終歸殘破、一切連貫都不可能；然則，那通過「詩性凝視」窺見「燃燒著

74　以此思之，物的神性，絕非理所當然地現成具在，而有待人的參贊以求其「解─釋」；人的神性，也絕非理所當然地現成具在，而每在與物相依的深密締結中才會容頓現。

75　借猶太哲人羅森‧茨維格之語以為喻：「他與自己的心疏遠，然而他卻在那裡尋找自己的形象，而沒有意識到他正是通過那靜止的心石（heart-stone）上燃燒的遠古之火來觀看自己的。」參閱羅森‧茨維格，〈論世界、人和上帝〉（復旦大學哲學系吳樹博譯，孫向晨校），文章來源：https://chenboda.pixnet.net/blog/post/257032892。（查閱日期：2018.6.18）

遠古之火的心石」者，卻經歷了難以為言的恩寵；因為，他已明白，如何經由「可見物」以找回累劫失落的親暱連結。關竅何在？以書道而論，無非就是通過「可見的字跡」以至「流動於字裡行間的意趣」而「喚起和呼應更長遠的文化脈絡」；於是，一個通極於「遠古心石」而綿歷久遠的學行傳承軌跡，終而在經年摸索中，內化為自己的信仰與畢生奉行的道路。這就是老輩兒所謂的「有來歷」、「看得出來歷」。生命的厚度就奠基於此；侷促當世，無用於時，猶能泰然任之、豁達以對而不失雍容大度者，亦不外於此。此則《唐碑漢刻的文化視野》前序所堂堂評論者：

> 作為生命基因的文字刻痕隨時隨地都欲喚醒那些被我們遺忘的歲月陳跡，都欲將我們置回年深日久的過去，於是一種情不可抑的滄桑感、一種莫名的復古情懷便油然而生，讓我們始終不能釋然，不能忘記，甚至不能背叛自己的來歷。驀然間，我們會發覺自己是有來歷的，甚至是大有來頭的，也正因為有了對自己來歷的覺悟，我們才能追尋到屬於自我的文化之根。人世代謝，人生無常，但只要尋到了根，則無疑就是尋到了一種超越人生、橫貫人世的大生命。每個個體都不過是大生命中的小細胞，如朝菌不知晦朔，如蟪蛄不知春秋。以小我觀我，則人生一世，電光火石，白駒過隙，俯仰即逝；以大我觀我，則人類不朽，古往今來，青山不改，綠水常流。…只有倒轉過來，沿波討源，順脈尋根，才能達到文化生命的空闊境界，才能發現真實的自我──文化大我[76]。

內蘊書道實踐裡的人文療癒旨趣，無非就是在「有來歷」三字上叩問自己在長遠文化脈絡裡的「正位凝命」[77]之所；其具體象徵，則落在無限遠的凝視盡頭那一尊「燃燒著遠古之火的心石」。承前文，這一尊歷四次變身而成就的「心石」，本是經由人力參贊而從「物性」拘役中拯救出來的「神性存在」；到頭來，人反倒是藉由皈命於自己拯救出來的「神性存在」而確認了自己的來歷並支撐了現世的存在。這經過繁複的辯證過程而開展的拯救之

76　李慧、王曉勇，《唐碑漢刻的文化視野》，序，頁1-2。
77　「正位凝命」四字，語出易經鼎卦爻辭：「木上有火，鼎，君子以正位凝命。」

路，竟衍為人與物之間極具弔詭性的「雙向拯救」，而所有的弔詭性就輻輳於三道回環相扣的事實：物裡深藏著神性存在；神性存在的「無限性」是靠「終有一死者」的「脆弱性」而成就的；神性存在又以「不在場的在場」構成「終有一死者」的支撐力量。

即此而言，「石碑」作為中國傳統書學文化之根，其「不朽性」固不在於通過鐫刻「使語言文字變成了堅固久長的存在物」[78]；也不在於「雖經風剝雨蝕，日曝寒襲，也遠遠超越了人類個體生命的壽限。」[79] 石碑真正的不朽性在於通過四道關隘的「變身」歷程而徹底從「物性」解脫，並在每一位仍試圖從它獲得啟示者的眼裡蛻變為永恆的「精神存在」。此亦無它，作為「物性存在」，石碑再如何頑強，終歸是物；然而，只有燃燒著遠古之火的「心石」，能在凝望者心中內化為長河浩蕩的學行傳承軌跡。前者，終有消亡之日；後者，才可能對抗時間的遺忘。此則《唐碑漢刻的文化視野》前序所憂心忡忡而剴切陳詞者——

> 不是碑刻自身所面臨的危機，而是現代人面對碑刻無動於衷的那種
> 態度所面臨的危機，令人深有戒懼[80]。
> 為了那些來自我們精神深處的文化基因的呼喚，正如我們在生死存
> 亡的時刻所發出的求救聲一樣，它的聲音淒切而緊迫[81]。

第九節　從「心石」到「心史」

遠古之碑，作為人類在遼遠時空所留下的文字印記，它最根本的意義，無非是「為了留存，為了記住，為了重溫，為了不朽。」[82] 一言以蔽之，那是人類為了對抗時間的淘洗與遺忘而不惜以危脆肉身在堅石上所鑴鏤出的生命刻痕。古韻幽深卻飽經歲月剝蝕的滄桑肌理與時間裂紋，以其融鑄人力與

78　李慧、王曉勇，《唐碑漢刻的文化視野》，序，頁2。
79　同上註。
80　同上註。
81　同上註。
82　同上註，頁1。

天地漫潤之功的古老容顏，百劫而後，猶遙相呼應著漢文化基因裡難可遏抑
的文化鄉愁。就這意義而言，碑，為誰而存在？就成了一個無法被忽視的問
題。這問題的嚴肅性，就在於它真切關涉到：一個當代華人如何珍重看待來
自己的「來歷」[83]──尤其，在這個善於遺忘且以此相高、不以為恥的年代。

　　即此而言，如何通過那苔痕漫漶猶不掩靈韻的時間刻痕以重識自身來
歷，正是天壤間矗立千年的「心石」以其殘形斑剝的古老容顏所示現於後人
者。百代以下的臨帖者，即此千年時光暈染的裂紋而循流溯源，既是追探自
身來歷的尋根歷程，也預示著一個殘破生命在時間劫毀中的自我重建歷程。
無它，這是將「個人身世之感」給連結於一個「遙承長遠文化脈絡的學行傳
承軌跡」而親歷的生命轉化過程；而「轉化」就是「療癒」──通過馳飛
今古的跨時空交遇而託命於「不可見域」的人文療癒。相對「善於遺忘」的
人，總是傾向於輕蔑傳統，以「斷裂」姿態來確認自身的存在；天地間，
卻始終還存在著另一類人，他們堅持不肯背叛自己的來歷，而是傾向「對抗
遺忘」，以深及「不可見域」的深密「連貫」來確認自己的存在。這意義下
的「連貫」可不只是拘限一時、一地或個人家族史式的數十年回顧，而是以
千年回顧為歷史縱深的幅度。於是，同樣是「臨帖」，對常人而言，或許只
屬追慕風雅之舉，對這類人卻擁有完全不同的意義。他的眼界並未局限於字
跡的表層臨摹；甚而，也不僅是定睛於流動字裡行間的意趣；寄意所在，卻
是通過靜止的心石所燃燒的遠古之火來觀看自己，並經由遙遠的想像以重新
激活血氣動蕩的生命。凡是為此血氣動盪之強大連結感所激活者，自然真體
內充而不可能背叛自己的來歷。即令置身以「遺忘」相尚的年代，而不免與
世多忤，他也定然甘之如飴而安之若素。無它，只因他是被千年碑石開過眼
的人；從此，魂命深淵永遠有一尊奉若神祇的「心石」，常駐在心；患難必
於是，造次必於是，顛沛必於是；即令世變滄桑，多歷劫毀，通過定睛於無

83　依筆者，貞定自身來歷，猶不僅是美學的課題，而更深及受苦經驗如何轉化的課
　　題。何則？人所以受苦，不全然由外境遭遇所決定，更根本的緣由，還在不識自
　　身來歷；不識自身來歷，人隨之失去對抗受苦經驗的底蘊力量；這力量，就其最
　　高的意義而言，就緣於對自身立命根基的全然認取。這立命根基，依本文詮釋取
　　徑，無非是通過深度物化所開顯的身體人文空間。皈命於斯，自能隨遇而安，到
　　處逍遙。

限遠的凝視，他選擇留在屬於自己的歲月裡[84]。於是，「歷史」之為物，對他有了全然不同的顯影；不再是與周遭同代人共同置身其中的「物理時空」，卻是以個人身世之感連結於特定文化記憶所疊影而成的「心史」──一種無關時代群體動向，而是獨屬個人命運感受的「生命史」[85]。我們由此確認，從「心石」到「心史」的精神脈絡，正是支撐一個無用於世的「畸零人」得以游離時代邊緣卻依然心如止水的「生命底氣」所在。人文療癒奧義，正由此而顯。此如木心所云：「在精神世界經歷既久，物質世界的豪華威嚴實在無足驚異，凡為物質世界的豪華威嚴所震懾者，必是精神世界的陌路人。」[86]承木心所言，不肯背叛自身來歷，正是為了拒做「精神世界的陌路人」。所以，即令逆世獨行，自為畸人，一位真正意義上的書法行者，也堅持要通過永無止境的臨帖工夫，以確認自己的學行傳承軌跡果真可以上遂那終將內化為自家生命根柢的長遠文化脈絡。這儼然是一種「朝聖」的心境，此其所以深於內在性宗教之奧蘊，而得以順適開展為人文療癒的理路。

　　以此思之，碑之為物，實象徵了巍然不動的文化之根。它秉具物性材料的成分，卻匯流了萬端的因緣而終得從「物性存在」蛻化為深於宗教維度的「精神存在」。不識其真面目者，視之為「無用」的歷史遺骸；具足眼力者，卻深自震懾於它斑剝殘破的容顏，如何示現了與此「面容」淪浹俱生的「精神世界」。是的，千載而下，猶迴盪綿遠、深不可測的靈韻，就悄然掩映於這張古韻幽深的蒼老容顏裡。當「臨帖者」的字跡，漸形疊影於碑文（epigraph）的字跡，這跨越千年時空的瞬時疊影，究竟凝聚了天地間多少可見與不可見的「面容」？此所以「碑」之為物，層次豐饒，可見的容顏背後，更有隱蔽幽深的「不在之在」，讓人千載而下猶佇思綿遠、低迴不盡。就中，作為「內在性」的「不在之在」，以其不在場卻宛然如在、不可見卻若有所遇、無限遠卻親密相連，雖無涉任何教門性的宗派意識，卻呼應著最

84　借王家衛《一代宗師》宮二臺詞以寄意：「我選擇留在我自己的歲月裡了！」

85　案：群體歷史與個人生命史，每見歧出；前者趨附時流，後者則「走向自己存在深處」。前者，隨俗浮沈，只見命限，而毫無命運可言；後者，深體存在深處之命運脈動，是有真切命運感受者。此所以，即令運厄當世，窮途失路，前者，只有「悲慘」可言；後者，卻真能自有樹立而具見「悲劇」之莊嚴。

86　木心，《素履之往》，（臺北：雄獅圖書公司，1993），頁97。

細膩深致的宗教情懷；若借牟宗三體悟的「水滸境界」以言之，真正深於
「內在性」的宗教情懷——在由塙子上，在樹底下，在荒村野店中，在世人
睚眥下，在無可奈何之時，在熱鬧場中，在汙濁不堪之社會中，花天酒地，
金迷紙醉，冷冬小巷，皆有所遇[87]——這意義下的宗教情懷，無有定相、無
有儀軌、無有教門、無有法義；祂，總是蘊藉於「詩性的凝視」而在無遠弗
屆的「連貫性」中氤氳瀰漫為一種觸處機來的深微領悟；此則《水滸傳》自
序所云：「薄暮籬落之下，五更臥被之中，垂首撚帶之際，皆有所遇矣。」[88]
人與碑的相遇，正是緣於「詩性的凝視」而綿延展開的連貫性。在此迴盪綿
遠的「連貫性」中，「碑」之為物，不復是知識客體、不復是考古對象、不
復是收藏物飾，更不是博物館裡的展覽文物，而是以「奧祕他者」寄藏仰望
者心中的一尊「古佛」。「古佛」在此，自然只是隱喻性的象徵，借祂喻指一
種「聖性存在」，而不拘限其是否具足佛頭、佛身的可見形式。

　　即此而言，每一塊石碑，都匯流了無數因緣方得以現身於世；是歷千萬
劫方得以「燃燒著遠古之火的心石」寄藏於「臨帖者」心中的一尊古佛。以
其因緣深遠有如是者，它的存在自身，儼然就是一縷若存若亡而遺韻綿遠的
啟示；非叩寂寞而求音者，何能曲探心跡以默會那封印石中的千年物語？可
人心是善於遺忘的！在媚俗之士競趨時變的潮流中，即令那漫潤千載的時間
刻痕，果真乘著不可思議的因緣而進入當代視域，試問：還有幾人能沉下心
來，冥神諦聽那來自文化基因裡的聲聲呼喚？此則《唐碑漢刻的文化視野》
所寄慨再三而頻頻致意者：

> 碑刻作為學術問題，首先是一個價值問題或意義問題……
> 碑刻所要得到的並不是被保護和被挽救，相反，需要得到保護和挽
> 救的是我們這些日漸遺忘自己傳統文化的現代人，而碑刻或許正可
> 以把我們從遺忘狀態中喚醒[89]。

87　參閱牟宗三，《生命的學問・水滸世界》，頁228-235。
88　語出貫華堂所藏古本《水滸傳》前序。參閱《標點金聖嘆全集（一）・水滸傳
　　（上）》，頁26。
89　李慧、王曉勇，《唐碑漢刻的文化視野》，序，頁2。

　　此語深微，發人省思。確實，跳脫知識角度，而迴向自身存在處境，我們才痛切洞見：真正需要得到保護和挽救的是在節奏快速的現代化進程中不由日漸疏遠自身文化源頭的枯涸靈魂，而碑刻作為遠古「心石」的最高象徵意義，或許正在於它能以一種「不在之在」的現身方式，將我們從遺忘狀態中給喚醒。它昭示不朽，它指引回歸的方向，它以一種深蟄基因中的沉烈鄉愁對抗著時代無所不在的「遺忘」；而遺忘，豈非正是米蘭・昆德拉力圖揭示那帶著強大遮蔽力量的陰影——存在中不能承受之「輕」（Unbearable Lightness of Being）？輕如羽毛、輕如空氣、無味無嗅，卻自存在深處，徹底腐蝕了自己靈命的根基！行文至此，我們回顧傅柯謎也似的深睿之語，竟彷若先知似地預言了當代臺灣遍見飄零的衰頹景觀：「當語言的存在繼續在我們的地平線上放射出越來越強的光芒時，人正處於消亡過程中。」[90]

90　羅蒂著，黃勇編譯，《後哲學文化》，頁11。

第八章
結論

　　人，終歸是憑依「不可見」的精神維度而活下去的。此如榮格（Carl G. Jung）於其自傳前序借「不可見」的根莖與「可見」的花葉所隱喻的生命奧義：

> 我向來覺得，生命就像以根莖來延續生命的植物，真正的生命是看不見、深藏於根莖的。露出地面的部分生命只能延續一個夏季，然後，便凋謝了……當我們想到生命和文明永無休止的生長和衰敗時，人生果真如夢。然而，我卻從未失去某種東西的意識，它持續著、在永恆的流動中生存著。我們看見花，它會消逝，但根莖，仍然在[1]。

　　這如根莖般含藏幽微的「不可見」維度，正是一切深於「內在性」宗教者所必然臨在的「負性空間」[2]；而「宗教」──特別是無關教門意識而真能深於「負性空間」的「內在性」宗教，恰是筆者據以切入本文的終極關懷所在。依筆者，《莊子》文本內具的宗教維度，就扣合這一條件；然而，這並不足以構成本文選擇「物學」角度作為切入莊子論題的充足理由。事實上，筆者之所以鎖定《莊子》文本，並聚焦「物學」角度作為切入點，背後實呼應了個人對臺灣當代「跨文化」莊學發展的高度關注；這飽濡學術史興味的

1　榮格著，劉國彬、楊德友譯，《榮格自傳──回憶・夢・省思》（臺北：張老師文化，1997），原序，〈充分發揮的潛意識〉，頁4。

2　「負性空間」，於此隱喻被「智用」決定的「現實空間」（常規世界）所隱蔽的「非現實空間」。

關注，又聚焦於一道問題意識：到底臺灣當代「跨文化」莊學語境的最新動
向與亟待突破的問題為何？這意味，筆者所關注者，不惟已然積澱豐厚、蔚
為顯學的既有研究成果，更及於目前尚不屬當代莊學主流語境，卻極富開拓
潛力的新興領域。

　　初從楊儒賓〈遊之主體〉一文窺見莊子「物學」的線索，筆者瞬間就
有一種決定性的領悟：這就是了！這就是我在等待的學術線索──既能就學
術史發展的意義承接臺灣當代莊學最富活力的跨文化「身學」語境；又能在
前輩學者榛莽初拓的「新論域」上，力求進一步「開枝散葉」的理論延展可
能。這扣緊學術史發展脈絡、又不失自家終極關懷的「前沿性議題」，正是
筆者所等待的著力點。尋索至此，本文在論題裁定上，自是豁然開朗，更無
疑惑；以「莊子物學的宗教維度」為題，乃出乎個人學術史判斷而自覺擇定
的「突破點」；其非隨興蔓衍、無根而發，而是在明確問題意識下所展開的
學思動向，固不待論矣！

　　點明以上因由，乃能順適理解：為何本文在進入《莊子》正文前，會先
提出三大靈感線索以作為連結於《莊子》文本的「先在視域」。這樣的結構
性部署，反映了筆者規劃縝密的論述策略與兼綜多方的問題意識，請逐一具
陳如下：

　　其一，依筆者之見，當代「跨文化臺灣莊子學」，所以在全球漢語學界
特顯活力，很大原因就決定於它在「方法學」上所自覺採取的「跨領域」策
略。這學術社群非但綜攝了兩岸相關學術論域最富創造力的學界精英，甚
而，還將德、法、瑞士、美國等漢學界與哲學界的知識精英也一併網羅進
來，而成就了一種跨國界、跨時空、跨語境、跨學門、跨文化的論學格局。
正是在跨領域的激盪下，遂激發出許多獨門造車者所難以打開的多維度視
域。所以，這一學術社群所代表的豐沛創造能量，自是筆者首要借重的靈感
來源。

　　其二，既言跨領域，當代「跨文化臺灣莊子學」，並非唯一成功的範
例。至少，在高度重疊的時間內，筆者業師余德慧教授由「本土心理學」朝
向「人文臨床學」轉型而摶聚眾力、響應多方的「人文臨床與療癒」系列論
壇，以其參與者橫跨心理諮商、精神分析、中西哲學、文學、藝術、宗教、
人類學、生死學、護理學等不同學門，遂匯流為臺灣學界又一個成功的跨領

域研究範例。

其三，既有兩組「跨領域」風格鮮明的臺灣學術案例，提供了令人鼓舞的學界合作典範。本文在論述策略上，遂決意從一個起點展開：那就是讓兩大跨領域學術社群的研究成果，經由本文進行一種「對話」的可能。定位為「對話」性質，是基於一種謙卑的自覺。此亦無它，兩大跨領域學術社群，可資對話的線索多端；筆者個人經由本文所貢獻的努力，頂多只能代表諸多對話可能性的一條主線；單憑一篇學位論文，固不足以涵蓋兩大學術社群的總體語境。所以，筆者很自覺地定位此文，只是作為「一系列」對話可能的初步嘗試與探勘之作，而非自命將兩大跨領域學群所有理論成果都囊括其中的集大成之作。

其四，這做法有兩個明顯好處：首先，筆者的思考將因兩組跨領域學群帶來的多角度激發，而更有機會打破各自學群的視域盲點。其次，筆者自恃，臺灣當代莊學語境已然積累豐厚、論述精嚴而難可度越的理論成果，有很大機會可以經由「人文臨床學」的跨領域學術成果而激盪出全新的突破點；這意味，筆者所自覺站上的「知識位置」，將遠比缺乏多維度視域支持的方法進路，更富於「異質交錯」的視野激盪，並從中延展出更多的「理論突圍」可能。事實上，筆者在完成本文的過程中，也確實不斷親證並受益於這一可能性。

其五，蔣年豐先生的晚期學思轉向，則是本文在兩大跨領域學術社群外，所援引的第三條靈感線索。他壯歲身殞，未及參與任何跨領域學術社群。然而，他本身就是跨領域性格極強的學者——不只是展現在理論建構宏圖，更展現在進學猛銳、兼綜多方的雄厚學力。即以其臨終遺作《地藏王手記》而言，其汪洋吞吐當代西方哲學巨擘之浩博學養，著實令人稱歎。然而，本文所著重於蔣年豐者，關鍵還不在於此，卻在其緊貼「受苦現場」所迸發的「臨終啟悟」；而如何通過「受苦現場」以開顯「人文療癒」的實踐向度，又是以余德慧為首的「人文臨床」學群用力最深的論學場域。這就啟發了筆者以「宗教維度」作為「物學」思想的切入點，並據此考察莊子思想在此「視域框架」的「對焦」下可能呈現的全新理論風貌與典範重構潛勢。

其六，如果說，楊儒賓於《莊子》迷夢萬千、各顯偏滯的多方詮釋理路中，獨窺其「創化之『源』」；筆者所著眼者，則在「轉化之『機』」。若說，

前者開出的是「人文創化的莊子」；後者開出的則是「人文療癒的莊子」。連結《莊子》文本而深探其「物學」思想所內蘊之「人文療癒」理路，自非出於筆者個人的天機獨發或憑空臆想；背後自有學界前輩如蔣年豐、余德慧者的學術耕耘作為先見（pre-understanding）與靈感線索，筆者只是即此靈感線索含藏的強大理論潛勢而暢發之，並通過多方「差異性重複」的論述，將此別具一格的理路與楊儒賓通貫「身學—物學」的「人文莊子說」相摩盪，以期《莊子》內蘊豐饒的理解可能，得藉此肌理交錯的深度會遇被推向更富「多音複調」的人文景觀。

其七，承繼楊儒賓開闢之「物學論域」而予以不同視角的理論重構，正是筆者以「人文療癒」進路重探莊子「物學」的理論價值所在。此亦無它，這條全新研究進路，為「跨文化臺灣莊子學」的「人文莊子說」向度，又開闢了另一別具理趣的「當代」視角。而且，據筆者評估，以「衰頹」為精神內涵的「後現代」[3]，精神上處於流亡狀態的「畸人」，可謂滿目皆是。以此觀之，本文以「人文療癒」角度盛發的「人文莊子」形象，極可能是比「人文創化」義下的莊子更應「機」、也更富「當代處境之對應性」的「後現代莊子新貌」。在這詮釋進路下所呈現的「後現代莊子新貌」，非但不見「悲心不足」，反而是悲願深沉而足可與地藏王「相視而笑，莫逆於心」者。此如方以智〈炮莊小引〉筆下那位「有大傷心不得已者」的莊子，所謂「讀書論世，至不可以莊語而卮之、寓之、支離連犿，有大傷心不得已者。士藏刀於才不才，背負青天，熱腸而怒，冷視而笑。……直告不信，故寓之別身焉！……使盡情偽，自觸痛耶？」[4]方以智眼中的莊子——以天下為沉濁，不可與莊語——自觸痛耶——遂只能「悲願凝『神』」[5]而寓之「別身」焉。依筆者「人文療癒」之詮釋理路，寓之別身，即是託命於「身外之身」；託命

3　依蔣年豐，「所謂後現代，衰頹是其精神內涵。」衰頹（decadence）一詞的豐厚蘊蓄，就是蔣年豐秉其扎實學養與敏銳觀察所洞見的「當代處境」與「精神內涵」。蔣年豐遂以飽富「屍骸」意象的「行屍走肉」捕捉「後現代」無所不在的衰頹（decadence）意象。參閱楊儒賓、林安梧編，《地藏王手記——蔣年豐紀念集》，頁4。

4　參閱蔡振豐、魏千鈞、李忠達，《藥地炮莊校注》，蔡振豐導論，頁21。

5　「悲願凝神」，四字，語出蔣年豐〈丙子札記：地藏學派卷〉，參閱楊儒賓、林安梧編，《地藏王手記——蔣年豐紀念集》，頁92。

於「身外之身」則是「悲願者」通過「與物相依」所走出的「活路」;而「活路」,就是建立在「有大傷心不得已者」在「無涯悲願」中與「身外之『身』」(神)所形成的深祕締結(悲願凝「神」)。〈人間世〉「且夫乘物以遊心,託不得已以養中,至矣!」正宜放在這線索(與物相依,走出活路)來把握,才真能深契「人文療癒型莊子」的奧義所在。

其八,承本文第四章所論漢語學術三大物學系譜,為何非得是奠基「身體」基礎的「莊子物學系譜」,方足以成就本文所暢發的「人文療癒」進路?此如本文第四章第五節開篇所言:相對先秦、北宋、佛教的物學系譜,莊子物學卻別具勝義──「非以物為『聖顯』的『載體』、非以物為天道的示現、非以物為妄、非以物為粗」;而是一種「以深於『負性空間』(『非意識─非現實』的冥視空間)之身體進路為基礎所開展的物學典範;其對物所給予的全然肯定,以至於由此肯定而燦然盛發的『人文創造』或『人文轉化』動能,縱然是以人文精神相標榜的儒門人物,都無以過之。」事實上,本文別具理趣的創意發想,就奠基於此深於「負性空間」的「人文轉化」進路;借蔣年豐《地藏王手記》核心概念以喻之,正是要──通過「行屍走肉之身」以展演「脆弱與力量」之弔詭性,並即此弔詭性以暢發「畸人的逍遙」之義。這番深致用心,具見於本文第四章第五節結語所云:「『人文療癒型莊子』相對『人文創化型莊子』的根本歧異點,就在對『身體』脆弱性的全然正視;它甚而肯定:最沉烈深邃的『人文創發動力』,非但不是來自一個宛若無懈可擊的完滿主體(不論是真常心、無限心,抑或涵『不完滿』於『完滿』的『天均型』主體),卻是來自蔣年豐藉由『後現代思潮』屍骸遍佈的衰頹意象所提舉的『行屍走肉之身』。是的!蔣年豐《地藏王手記》義下遍染衰頹意象的『行屍走肉之身』,在人文療癒的詮釋理路下,確可通過『苦弱之力』的弔詭性(the paradox of power and weakness)而激揚出最沉烈磅礡的人文動力。這不是故作驚人之語;本文自有精思熟慮後的理路去支撐這樣一個『似非而是』的命題。事實是,非但蔣年豐、余德慧都以自身的『晚期風格』實踐,為此命題作出了完美的見證;兩千年前的司馬遷,更是教人迴腸蕩氣的歷史經典案例……」寫下這段文字時,博論已近尾聲。(案:第四章第五節是最後完成的書寫)借蔣年豐「行屍走肉之身」與楊儒賓依形上學思路撐架的「形氣主體」對舉,可說是博論全文託心幽微的「詩眼」所

在。法眼深銳者，若於此嗅知不尋常的消息，自能善體：筆者何以要將《莊子》物化格局由「虛廓空間」（作為「詩意世界」的「非現實空間」）進一步收歸於由「負性空間」重返「心知轄域」而「三界互具一疊影宛然」的「迴盪空間」？無它，惟「迴盪空間」能具足「佛界—魔界」、「脆弱—力量」、「畸人—逍遙」、「瀕死—上揚」、「行屍走肉之身—音容宛在之神」的弔詭性而當機予以圓頓的超越。這意義下的超越，不是由自命清淨而不染塵俗的真常心體作為實踐啟動點，而是如余德慧借「下身落命」四字所指出的烈火菩提之路：「人生就是一場破局，要把這個破局當成站立點；人要懂得下身落命，把自己放到最低點；要為失敗而活，在崩毀感中過日子。」[6] 以「破局」為站立點，卻能沿著「肉身的頹敗線」而成就受苦中的身心轉化之道。此如木心所一語道破者：「生命的劇情在於弱，弱出生命來才是強。」[7] 這正是本文通過莊子「畸人敘事」而嘗試有以「曲盡」的力量；這意義下的力量，以其包含脆弱而成其為力量，所以必然是弔詭性的。這意味，不通過「悖論」，固無以窮盡「力量（辯證場域）」之極致。

其九，就某個尚屬沉隱的線索而言，「脆弱的力量」、「畸人的逍遙」、「瀕死的上揚」，以至蔣年豐晚期學思在百死千難的身心淬煉中所頓悟之「內具『行屍走肉之身』的『音容宛在之神』」，種種在「瀕死中趨於上揚」的生命意象，無非是「攖而成寧—魔外無佛」[8] 八字的「差異性重複」。其中，「攖而成寧」四字，化用自《莊子・大宗師》[9]；「魔外無佛」四字，則相應天臺宗「性惡論」而發。惟此中有一理論關隘，未可輕忽看過——天臺宗雖通過「從無住本立一切法」與「十界互具」之妙義而保住三千世間，惟筆者疑慮的是：天臺宗畢竟源出佛教，而依楊儒賓對佛教物學系譜的考察，作為佛教法義核心的「緣起性空」義，於「物學」所持立場，不但缺乏積極肯定[10]，

6　轉引自余安邦主編，《人文臨床與倫理療癒》，頁381。
7　木心，《我紛紛的情慾》，頁224。
8　語出賴錫三贈任博克教授（美國漢學家與哲學家）聯語：「攖而成寧莊周心，魔外無佛知禮意」。
9　《莊子・大宗師》：「其為物，無不將也，無不迎也；無不毀也，無不成也。其名為攖寧。攖寧也者，攖而後成者也。」參閱郭慶藩，《莊子集釋》，頁253。
10　其實，佛教對「身學」的態度，何嘗不然？佛教於「身」、於「物」都只能視如幻妄，而無法給予正面的肯定。

甚而走向「以物為幻妄」的基本態度；這意味，若「天臺宗」思想，不能於「緣起性空」義有所「開抉」而視如「權法」，那麼，受制「緣起性空」義而「以物為妄」[11]的思路，即令勉強保住了三千世間，其姿態只怕仍是「消極的保住」，而不可能對物有「積極的成就」。然而，若連形同佛教法印的「緣起性空」義，都可逕予開抉，天臺宗豈不是刨了佛教的根柢？筆者以此對「緣起性空」能否作為佛教的根本大法，其實是不無疑義的。因為，即令是「緣起性空」，都只是局限特定感知條件下的「真理」，而不是不能從更高的感知維度來加以解構。即此而言，「緣起性空」也只是未可執實的權法，視其為佛教法義核心，只怕是出於理智的誤識，而昧於佛法該有的圓實高度。依筆者，真正無以開抉也無從解構的究竟圓實之法，不會是「緣起性空」，而當是「空亦復空」；這意味，就「空亦復空」所代表的視域高度來看，即連「緣起性空」的「空義」，都是可以被「空」掉的。借德勒茲理論以喻，空亦復空，形同是「解疆域化」後的「再疆域化」；後者，才可能成就對「物」的積極肯定而不悖乎人文精神。惟天臺所乞靈[12]於莊子者，若僅限於弔詭思路的承繼，而不能進一步順此弔詭思路，賦予「身」、「物」以該有的正視，那就難脫佛教「以物為妄」的根本格局，而無以如莊子物學思路在「身物雙彰」的「大機—大用」下開出豐饒多姿的「人文景觀」——畢竟，對「身」與「物」的積極肯定，是人文精神得以成就的理論前提。事實上，這也是筆者出入佛、老多年後，終飯命於「莊子」的根本原因[13]；無它，不能正面肯定人文，「與物相依，走出活路」的「人文療癒」實踐，就無以成為可能；

11　依筆者，即令物有所「妄」，所妄者，固無關於物，而是「心知」投射於物的特定視域框架所形成的「物相」。換言之，造作在「人」；人類「智用」所賦予物的「意識形態」，才是「幻妄」之所在；物，實是無辜的。莊子於此關竅，則別具眼界，「虛而待物」的「詩性凝視」，讓他能凌越「物相」而曲探「物情」；這就開啟了讓莊子「物學」得以燦然盛發的「物情空間」。

12　所云「乞靈」，另有脈絡。此乃回應賴錫三教授於筆者博士學位考試所提點的一道線索：當代臺灣跨文化莊學要角之一，也是以天臺佛學專業馳譽海外的美籍漢學家任博克，其最富洞察力的觀點之一，便是認為天臺宗乃佛教與莊子兩大慧命匯流而成。

13　案：筆者碩論寫的是天臺宗與禪宗，博論卻轉以《莊子》為題，於今看來，洵非偶然；以其背後映照的學思轉向，正是由「心學」一路朝向「身學—物學」過渡的精神軌跡。

所以，肯定人文，高看身、物，遂成本文所自覺歸趨的價值動向；而這奠基
於「身物雙彰」的「人文動向」，若不能在「知識位置」上徹底跳脫「緣起
性空」義「以物為妄」的理論格局，只怕難有成就的可能。即此而言，完成
本篇博論而後，筆者所展望於未來的學思動向之一，正是重探「天臺圓教」
與「莊子物學」的理論接榫可能。通過跨文化莊子學的深烈洗禮而回看掩卷
既久的天臺理路，筆者很想進一步探問：經過與漢文化（尤其是《莊子》思
想）「異質交錯」終而「闇相與化」的天臺佛教思想，有可能跳脫「緣起性
空」的法義制約而成就另一番奠基「體知」進路的「佛教物學」風貌嗎？

　　其十，通過《莊子》筆下密集出現的「畸人」意象，我們看見——瀕死
中趨於上揚的生命，如何依循「苦弱之力」的弔詭性（the paradox of power
and weakness）而展開一種即「有限身」而朝向「無限身」（身體人文空間／
身外之身）轉化的「超越」進路；正是這從「同一性」[14] 思路與「線性因果時
間」蟬蛻而出的「體知進路」，為「莊子物學的宗教維度」拉開了前所未見
的視野。它啟發了兩項深具意義的事實：

　　首先，一個人只有在瓦解時才成為自己：原來，傷殘敗毀之身，非但不
是入道障礙，甚而可能是啟動修行與療癒的「轉化之機」；轉化的關鍵，在
能洞見——「沉重的肉身」而外，另有「身外之身」（無限身）；形骸之殤，
或無可轉圜；「身外之身」卻充滿「幻化生成」的異變潛力。所云「人文療
癒」者，固非「形骸」之事，而是靠「身外之身」以成就；而「身外之身」
又是基於「深度物化」而成；此則「身學的莊子」何以必得在理論延展上進
趨於「物學的莊子」[15]。

　　其次，與物相依，走出活路：原來，物，可以不只是作為對象的「物
相」或「工具」；物，一旦不復作為「對象」，而現身為「外於心知」的「域

14　本文頻繁出現的「同一性」概念，謹借此終篇章節，為一時未及通覽全文者，略
　　作扼要提點：「同一性」一詞，在本文語境中，乃承繼列維納斯於「他者倫理學」
　　的用語脈絡。意指：將「他者」的差異性消弭、還原為「同一」，其實是出於「主
　　體中心」宰控、收攝「他者」的暴力。

15　案：身外之「身」，無非是通過「深度物化」所開顯的「人文空間」——一種奠基
　　於「體知」進路的「身體人文空間」；所云「人文性」者，必及「物」而顯；此所
　　以「身學的莊子」在理論潛勢上必得進趨於「物學的莊子」。

外之物」或「非對象」，那麼，再怎麼不起眼的平凡之物，也將內蘊著熠熠
生輝的「深層世界」以作為可供託庇的「內在空間」。這給予生命以厚實
支撐的「非現實空間」，湧動了一股遒勁綿遠的「救贖力量」，這正是「來
自『物』的拯救」；它甚而在「人」與「物」的「深密締結」中發展為一種
「人」與「物」的雙向拯救──人，在拯救「物」的詩意瞬刻，原本「被拋
擲於世」的「終有一死者」也因之獲得來自「物」的深祕支撐而免於流落無
歸的命運。這便是通過「人」與「物」的深度會遇所體證的救贖力量──一
種緣於「脆弱的力量」（power in weakness）而煉就之「畸人的逍遙」。如何
從《莊子》文本中，勾勒出這條奠基於「畸人」的「苦弱之力」而轉出「逍
遙之境」的「人文療癒」線索，便構成了本文的「論述軸線」──一條通過
「『人』與『物』的雙向拯救」而為「物學的莊子」所重構的另類詮釋向度。

　　綜上所述，乃可順適總結本文的論述架構。簡言之，通過「兩大跨領域
學術社群的思路激盪」與「蔣年豐奠基臨終啟悟的宗教轉向」，而讓三條理
路線索，在交鋒辯證中綜理為一，以摶揉出足可通貫莊子文本的全新視角；
這視角所內蘊之理論潛勢的全幅展開，就是本文據以重構莊學詮釋體系的
「人文療癒」理路。即此而言，本文的努力，本身就代表了「跨領域」的嘗
試；所以，並未自限於傳統中文學者所安然自適的研究成規或行之有年的論
述典範。惟需特別說明的是：楊儒賓、余德慧、蔣年豐三位筆者素所欽仰的
學者，一位代表中文學界、一位代表心理學界、一位代表哲學界，皆屬「後
牟宗三時代」特富人文創造力的傑出學人，也分別代表了本文三大靈感線索
的指標性人物。惟三位學界前輩雖引我起步，三人匯流於筆者視域的強大思
路漩流，交相激盪下，卻也促使筆者於學思路數，自有樹立；是以此三大線
索只宜定位為「靈感的線索」，而非「論述的依據」。以楊儒賓教授啟發筆者
至深的「物學線索」為例，筆者順勢承接了《莊子》「物學」論域的探討，
可切入莊子「物學」的角度卻大有不同；此亦無它，在多方思路的對照間，
筆者另有學術淵源，也就別有揀擇與裁量。所以，筆者所受之於楊儒賓教授
者，乃是就大方向而言的承接，至於採用什麼視角來加以變奏與演繹，那就
代表大方向下的不同曲折了！這意味，三位令筆者由衷畏嘆的前輩學者，理
論的吸引力再強大，也終沒能框限筆者苦心擘劃的論述格局；是以，承繼者
有之，轉化者更有之；與其說是出於筆者的桀驁不遜，不若說是筆者向三位

前輩學者致敬的方式。因為，不管筆者在理論建構上展現了如何「歧出」的見解，那都是為了在更深的意義上力求承接三位前輩強大的獨立學思性格。這一點，殆無可疑；一如三位前輩的學術成果無法被輕易繞過而視同昨日黃花，也殆無可疑。所以，作為本文主軸論述且篇幅高達其它章節數倍的第四章與第六章，固未自囿於三位前輩的精闢洞見。恰當地描述，毋寧是會通整合三位前輩磅礴學思中對筆者個人特富啟發性的幾條關鍵線索，並從中自出機杼以成其「出位之思」。這意味，本文積蘊多方，終而自彰切己之向度，固有不受限於問題緣起者。最後，為求豁醒眼目，令觀者得直探驪珠；茲以十六字微言，綜理全書旨要，並藉以寄寓筆者曲探物情而於蒙叟心跡終有所遇的「物學」奧義。其詞曰：

別路藏身 正位凝命
內有淵源 舉重若輕

參考文獻

一、古籍文獻

郭慶藩，1989，《莊子集釋》，臺北：天工書局。

王先謙，1999，《莊子集解》，北京：中華書局。

王叔岷，1999，《莊子校詮》，臺北：中央研究院歷史語言研究所。

鍾泰，2002，《莊子發微》，上海：上海古籍出版社。

司馬遷，1986，《史記》，瀧川龜太郎、魯實先、陳直，《史記會注考證‧學人版》，臺北：洪氏出版社。

司馬遷，1980，〈報任少卿書〉，《古文觀止》，臺北：三民書局。

郭象，1987，《郭象註莊‧上》，臺北：金楓出版社。

郭象，1987，《郭象注莊‧下》，臺北：金楓出版社。

成玄英，1989，《莊子疏》，臺北：天工書局。

郭慶藩，1989，《莊子集釋》，臺北：天工書局。

張載，1978，《正蒙》〈乾稱篇第十七〉，收入張錫琛點校，《張載集》，北京：中華書局。

袁中道，1989，《珂雪齋集》，上海：上海古籍出版社。

覺浪道盛，〈破藍蔞草頌‧有序癸巳孟冬書付竹關〉，嘉興大藏經第 34 冊 No.B311《天界覺浪盛禪師全錄》，第 12 卷。

徐芳，〈天界覺浪盛禪師全錄序〉，嘉興大藏經第 34 冊 No.B311《天界覺浪盛禪師全錄》，第 1 卷。

方以智，1988，《通雅‧考古通說》，參閱侯外廬主編，《方以智全書》，第一冊，上海：上海古籍出版社。

方以智，2017，〈人間世總炮〉，蔡振豐、魏千鈞、李忠達校注，《藥地炮莊校注》，臺北：臺大出版中心。

方以智，2017，〈炮莊小引〉，蔡振豐、魏千鈞、李忠達校注，《藥地炮莊校注》，臺北：臺大出版中心。

興月，2017，〈炮莊發凡〉，蔡振豐、魏千鈞、李忠達校注《藥地炮莊校注》，臺北：臺大出版中心。

方中通，1986，《陪詩》卷四〈惶恐集‧哀述〉序言暨自注。收錄於汪世清《方中通

「陪詩」選抄》。轉引自余英時《方以智晚節考》附錄「重要參考資料選輯」，方中通《陪詩》選抄，328-330，臺北：允晨文化。

王夫之，1988，《詩廣傳》，卷一，《船山全書》，第三冊，長沙：岳麓書社。

周振甫注，1984，《文心雕龍》，臺北：里仁書局。

司空圖，1987，《二十四詩品・沖淡》，臺北：金楓出版社。

貫華堂所藏古本，1986，《標點金聖嘆全集（一）・水滸傳（上）》，臺北：長安出版社。

張潮，1976，《幽夢影》，臺北：西南書局有限公司。

黃宗羲，1993，〈萬履安先生詩序〉，《黃宗羲全集（十）：南雷詩文集》，浙江：古籍出版社。

王國維，1987，《人間詞話》，臺北：金楓出版社。

二、當代學界專書

錢穆，1985，《莊子纂箋》，臺北：三民書局。

錢穆，1991，《莊老通辨》，臺北：東大圖書公司。

錢穆，2001，《先秦諸子繫年》，臺北：商務印書館。

牟宗三，1999，《莊子齊物論義理演析》，臺北：書林出版社。

牟宗三，1985，《才性與玄理》，臺北：學生書局。

牟宗三，2003，《智的直覺與中國哲學》，收入《牟宗三先生全集》，20，臺北：聯經出版社。

牟宗三，1997，《生命的學問》，臺北：三民書局出版公司。

牟宗三，1997，《佛性與般若》，臺北：學生書局。

牟宗三，1996，《圓善論》，臺北：學生書局。

唐君毅，1993，《病裡乾坤》，臺北：鵝湖出版社。

徐復觀，1988，《中國藝術精神》，臺灣：學生書局。

王叔岷，2007，《先秦道法思想論稿》，臺灣：中華書局。

余英時，1986，《方以智晚節考》，臺北：允晨文化。

楊儒賓，2016，《儒門內的莊子》，臺北：聯經出版社。

楊儒賓，1996，《儒家身體觀》，臺北：中央研究院中國文哲研究所籌備處。

楊儒賓，2016，《儒門內的莊子》，臺北：聯經出版社。

楊儒賓，2004，《儒家身體觀》，中央研究院中國文哲研究所。

楊儒賓，2018，《五行原論：先秦思想得太初存有論》，聯經出版社。

楊儒賓，2019，《道家與古之道術》，新竹：清華大學出版中心。

楊儒賓主編，1993，《中國古代思想中的氣論及身體觀》，臺北：巨流圖書公司。

楊儒賓、張再林主編，2017，《中國哲學研究的身體維度》，臺北：臺大出版中心。

楊儒賓主編，2015，《自然概念史論》，臺北：臺大出版中心。

楊儒賓主編，1997，《氣論及身體觀》，臺北：巨流圖書公司。

楊儒賓、黃俊傑編，1996，《中國古代思維方式探索》，臺北：正中書局。

楊儒賓、何乏筆主編，2004，《身體與社會》，臺北：唐山出版社。

楊儒賓、林安梧編，1997，《地藏王手記——蔣年豐紀念集》，嘉義：南華大學哲學研究所。

蔣年豐，2000，《文本與實踐——儒家思想的當代詮釋》，臺北：桂冠出版社。

蔣年豐，2000，《文本與實踐——西方解釋學觀點》，臺北：桂冠出版社。

蔣年豐，2005，《與西洋哲學對話》，臺北：桂冠出版社。

余德慧，2014，《宗教療癒與生命超越經驗》，臺北：心靈工坊。

余德慧，2014，《宗教療癒與身體人文空間》，臺北：心靈工坊。

余德慧，2018，《生命轉化的技藝學》，臺北：心靈工坊。

余德慧，2002，《生命史學》，臺北：心靈工坊。

余德慧，2003，《生死學十四講》，臺北：心靈工坊。

余德慧，2001，《詮釋現象心理學》，臺北：心靈工坊。

余德慧，2006，《臺灣巫宗教的心靈療遇》，臺北：心靈工坊。

余德慧，2006，《臨終心理與陪伴研究》，臺北：心靈工坊。

余德慧，2004，《生死無盡》，臺北：心靈工坊。

余德慧，2013，《生命詩情》，臺北：心靈工坊。

余德慧，2010，《生命宛若幽靜長河》，臺北：張老師文化出版社。

余德慧，2010，《觀山觀雲觀生死》，臺北：張老師文化出版社。

余德慧，2010，《生命夢屋》，臺北：張老師文化出版社。

余德慧，2010，《情話色語》，臺北：張老師文化出版社。

賴錫三，2013，《道家型知識份子論》，臺北：臺大出版中心。

賴錫三，2008，《莊子靈光的當代詮釋》，新竹：清華大學出版中心。

賴錫三，2011，《當代新道家——多音複調與視域融合》，臺北：臺大出版中心。

賴錫三，2019，《莊子的跨文化編織：自然・氣化・身體》，臺北：臺大出版中心。

何乏筆主編，2017，《若莊子說法語》，臺北：臺大出版中心。

何乏筆主編，2017，《跨文化漩渦中的莊子》，臺北：臺大出版中心。

顏崑陽，2005，《莊子藝術精神析論》，臺北：華正書局。

顏崑陽，1982，《莊子的寓言世界》，臺北：尚友出版社。

林安梧，1993，《存有・意識與實踐——熊十力體用哲學之詮釋與重建》，臺北：東大圖書。

林安梧，2003，《人文學方法論》，臺北：讀冊文化事業有限公司。

林安梧，2006，《新道家與治療學》，臺北：臺灣商務印書館。

林安梧，1996，《中國宗教與意義治療》，臺北：明文書局。

鍾振宇，2016，《道家的氣化現象學》，臺北：中央研究院文哲所。

鍾振宇，2010，《道家與海德格》，臺北：文津出版社。

夏可君，2013，《身體：從感發性、身體技術到元素性》，北京：北京大學出版社。

夏可君，2015，《庖丁解牛：莊子的無用解釋學》，開封：河南大學出版社。

林明照，2007，《先秦道家的禮樂觀》，臺北：五南圖書。

謝明陽，2001，《明遺民的莊子定位問題》，臺北：臺大出版中心。

吳冠宏，2015，《走向嵇康：從情之有無到氣通內外》，臺北：臺大出版中心。

吳冠宏，2006，《魏晉玄義與聲論新探》，臺北：里仁書局）。

余舜德主編，2008，《體物入微：物與身體感的研究》，新竹：清華大學出版中心。

余舜德編，2016，《身體感的轉向》，臺北：臺大出版中心。

楊婉儀，2017，《死‧生存‧倫理：從列維納斯觀點談超越與人性的超越》，臺北：聯經出版社。

楊婉儀，2012，《哲學與生活：一種從感覺出發的哲學論述》，高雄：國立中山大學出版社。

林遠澤，2019，《從赫德到米德：邁向溝通共同體的德國古典語言哲學思路》，臺北：聯經出版社。

史作檉，2008，《水墨十講──哲學觀畫》，臺北：典藏藝術家股份有限公司。

伍曉明，2012，《文本之「間」──從孔子到魯迅》，北京：北京大學出版社。

蕭馳，2011，《玄智與詩興：中國思想與抒情傳統第一卷》，臺北：聯經出版社。

石計生，2003，《藝術與社會：閱讀本雅明的美學啟迪》，臺北：左岸文化年。

李明璁，2009，《物裡學》，臺北：遠流出版社。

李天命，2006，《哲道行者》，香港：明報出版社。

龔鵬程，2015，《書藝叢談》，北京：人民東方出版社。

龔鵬程，2015，《墨海微瀾》，上海：人民東方出版社。

黃冠閔，2014，《在想像的界域上‧巴修拉詩學曼衍》，臺北：臺大出版中心。

李慧、王曉勇，2009，《唐碑漢刻的文化視野》，北京：人民出版社。

李河，2014，《走向解構論的解釋學》，北京：社會科學文獻出版社。

湯淺泰雄著，馬超等編譯，1990，《靈肉探微：神秘的東方身心觀》，北京：中國友誼出版公司。

畢來德著，宋剛譯，2011，《莊子四講》，臺北：聯經出版社。

葉維廉，2002，《道家美學與西方文化》，北京：北京大學出版社。

葉維廉，1988，〈語言與真實世界〉，《比較詩學》，臺北：東大圖書公司。

葉維廉，2002，〈言無言：道家知識論〉，《歷史、傳釋與美學》，臺北：東大圖書公司。

葉維廉，1991，〈道家美學‧山水詩‧海德格〉，《現象學與文學批評》，臺北：東大圖書公司。

岡村繁，2009，〈東晉畫論中的老莊思想〉，《漢魏六朝的思想與文學‧岡村繁全集第參卷》，上海：上海古籍出版社。

劉北城，1998，《本雅明思想評傳》，臺北：臺灣商務印書館。

耿幼壯，2013，《傾聽：後形而上學時代的感知典範》，北京：北京大學出版社。

譚家哲，2006，《形上史論》，臺北：唐山出版社。

龔卓軍，2006，《身體部署：梅洛龐蒂與現象學之後》，臺北：心靈工坊。

周與沉，2005，《身體：思想與修行》，北京：中國社會科學出版社。

張再林，2015，《中國古代身道研究》，北京：生活‧讀書‧新知三聯書店。

張再林，2008，《作為身體哲學的中國古代哲學》，北京：中國社會科學出版社。

張旭東，2020，《幻想的秩序》，上海：上海人民出版社。

韓林合，2006，《虛己以遊世》，北京：北京大學出版社。
韓林合，2016，《游外以冥內》，北京：商務印書館。
劉笑敢，1988，《莊子哲學及其演變》，北京：中國社會科學出版社。
汪民安編，2004，《身體的文化政治學》，開封：河南大學出版社。
汪民安編，2003，《後身體：文化、權力和生命政治學》，長春：吉林人民出版社。
楊大春，2014，《20世紀法國現象學之旅》，北京：社會科學文獻出版社。
陳立勝，2011，《「身體」與「詮釋」：宋明儒學論集》，臺北：臺大出版中心。
鄭毓瑜，2017，《姿與言：詩國革命新論》，臺北：麥田出版社。

三、期刊及單篇論文

楊儒賓，1989，〈從「以體合心」到「遊乎一氣」──論莊子真人境界的形體基礎〉，《第一屆中國思想史研討會──先秦儒法道思想之交融及其影響》，185-212。
楊儒賓，2017，〈遊之主體〉，何乏筆編，《跨文化漩渦中的莊子》，臺北：國立臺灣大學人文社會高等研究院東亞儒學研究中心，6月，61-116。
楊儒賓，2017，〈喚醒物學──北宋理學的另一面〉，《漢學研究》，第35卷第2期，57-94。
楊儒賓、何乏筆，2004，〈從身體體現社會〉，《身體與社會》，臺北：唐山出版社，1-2。
楊儒賓，1993，〈支離與踐形：論先秦思想裡的兩種身體觀〉，《中國古代思想中的氣論及身體觀》，臺北：巨流，415-449。
楊儒賓，1994，〈從「生氣通天」到「與天地同流」──晚周秦漢兩種轉化身體的思想〉，《中國文哲研究集刊》，第4期，頁477-520。
賴錫三，〈莊子身體技藝中的天理與物性〉，《諸子學刊》，第17輯，頁1-16。
賴錫三，2013，〈《莊子》「即物而道」的身體現象學解讀〉，《中正漢學研究》，第22期，91-135。
賴錫三，2012，〈《莊子》身體觀的三維辯證：符號解構、技藝融入、氣化交換〉，《清華學報》，第42卷第1期，1-43。
賴錫三，2018，〈大陸新子學與臺灣新莊子學的合觀與對話：學術政治、道統解放、現代性回應〉，《思想》，第35期，1-41。
賴錫三，2015，〈《莊子》的自然美學、氣化體驗、原初倫理：與本雅明、伯梅的跨文化對話〉，《文與哲》，第26期，85-146。
賴錫三，2001，〈《莊子》「真人」的身體觀──身體的「社會性」與「宇宙性」之辯證〉，《臺灣大學中文學報》，第14卷，1-34。
賴錫三，2004，〈《莊子》精、氣、神的功夫和境界──身體的精神化與形上化之實現〉，《漢學研究》，第22卷第2期，121-154。
賴錫三，2014，〈朱利安與莊子相遇於「渾沌」之地──中、西「跨文化」交流的方法反思〉，《中國文哲研究通訊》，第24卷第4期，137-172。
賴錫三，2014，〈《莊子》自然觀的批判考察與當代反思〉，《東華漢學》，第19期，

1-76。

賴錫三，2006，〈牟宗三對道家形上學詮釋的反省與轉向——通向「存有論」與「美學」的整合道路〉，《臺灣大學中文學報》，第 25 期，285-332。

賴錫三，2011，〈《莊子》的死生隱喻與自然變化〉，《漢學研究》，第 29 卷第 4 期，1-34。

賴錫三，2011，〈當下切近與無限深淵——畢來德《莊子四講》的身體思維之貢獻與限制〉，楊國榮編，《生活世界與思想世界》（《思想與文化》，第 11 輯），上海：華東師範大學出版社，227-255

賴錫三，2011，〈道家的自然體驗與冥契主義〉，《臺灣大學文史哲學報》，第 74 期，1-49。

賴錫三、何乏筆、任博克，2018，〈關於莊子的一場跨文化之旅：從任博克的 Wild card 出發〉，《商丘師範學院學報》，第 34 卷第 5 期，19-44。

任博克、何乏筆、賴錫三，2018，〈莊子與天臺的弔詭性思維：延續 Wild card 的跨文化對話〉，《商丘師範學院學報》，第 34 卷第 7 期，1-30。

吳光明著，蔡麗玲譯，1993，〈莊子的身體思維〉，楊儒賓主編，《中國古代思想中的氣論及身體觀》，臺北：巨流，393-414。

鍾振宇，2016，〈莊子的身體存有論——兼論其與歐洲身體現象學的對話〉，《道家的氣化現象學》，臺北：中央研究院中國文哲研究所，49-81。

蔣年豐，2005，〈牟宗三與海德格的康德研究〉，《與西洋哲學對話》，臺北：桂冠圖書，45-64。

蔣年豐，2005，〈懷德海與梅露龐蒂——笛卡兒主義的兩種批判〉，《與西洋哲學對話》，臺北：桂冠圖書，27-44。

蔣年豐，2005，〈體現與物化——從梅露龐蒂的形體哲學看羅近溪與莊子的存有論〉，《與西洋哲學對話》，臺北：桂冠圖書，213-232。

蔣年豐，2005，〈再論莊子與梅露龐蒂〉，《與西洋哲學對話》，臺北：桂冠圖書，233-236。

蔣年豐，2005，〈由梅露龐蒂的深度感來看中國建築的哲學意涵〉，《與西洋哲學對話》，臺北：桂冠圖書，237-243。

張展源，1997，〈蔣年豐的文章：內容與故事〉，楊儒賓、林安梧編，《地藏王手記——蔣年豐紀念集》，嘉義：南華大學哲學研究所，113-124。

張展源，2004，〈蔣年豐地藏信仰的省思〉，《東海哲學研究集刊》，第 9 輯，175-190。

李宗定，2009，〈蔣年豐「地藏學派」之「佛心道身而儒行」與道教〉，《揭諦》，第 17 期，1-24。

余德慧，2012，〈轉向臨終者主體樣態——臨終啟悟的可能〉，《哲學與文化》，第 463 期，17-40。

余德慧，2011，〈修行療癒的迷思及其進路〉，《慈濟大學人文社會科學學刊》，第 11 期，86-108。

余德慧，2006，〈巫者的意義生成〉，《臺灣巫宗教的心靈療癒》，臺北：心靈工坊，9，7-18。

余德慧，2007，〈現象學取徑的文化心 學：以「自我」為論述核心的 思應用心理研究〉，第 34 期，45-73。

余德慧，2017，〈柔適照顧典式的導言〉，余安邦主編，《人文臨床與倫理療癒》，臺北：五南圖書，頁 249-268。

余德慧，2007，〈從真實道德看見「終極關懷」〉，凱博文 ‧（Arthur Kleinman），《道德的重量：不安年代的希望與救贖》，臺北：心靈工坊，24-34。

余德慧、余安邦、李維倫，2010，〈人文臨床學的探究〉，《哲學與文化》，第 37 卷，第 1 期，1 月，63-84。

李維倫，2015，〈柔適照顧的時間與空間：余德慧教授的最後追索〉，《本土心理學研究》，第 43 期，175-220。

李維倫，2017，〈余德慧的詮釋現象學之道與本土臨床心理學的起點〉，余安邦主編，《人文臨床與倫理療癒》，臺北：五南圖書，頁 111-142。

蔡怡佳，2017，〈在非現實母體中悠晃：余德慧教授的本土宗教療遇之道〉，余安邦主編，《人文臨床與倫理療癒》，臺北：五南圖書，頁 213-231。

彭榮邦，2017，〈文化主體策略？後殖民角度的反思〉，《本土心理學研究》，第 47 期，99-118。

彭榮邦，2017，〈人文的凝視：追尋余德慧先生逝去未遠的身影〉，余安邦主編，《人文臨床與倫理療癒》，臺北：五南圖書，頁 337-360。

黃冠閔，2014，〈巴修拉詩學中的寓居與孤獨：一個詩的場所論〉，《在想像的界域上‧巴修拉詩學曼衍》，臺北：臺大出版中心，12 月，321-356。

蕭馳，2011，〈郭象玄學與山水詩之發生〉，《玄智與詩興：中國思想與抒情傳統》，第一卷，臺北：聯經出版社，225-270。

王應棠，2009，〈棲居與空間：海德格空間思維的轉折〉，《地理學報》，第 55 期，25-42。

龔卓軍，2004，〈現象學論死亡——以列維納斯為線索〉，《揭諦》，6，195-221。

龔卓軍，2003，〈生病詮釋現象學〉，《生死學研究》，創刊號，57-75。

王心運、林慧如，2017〈身體情緒與身體現象學〉，《人文臨床與倫理療癒》，臺北：五南圖書，143-164。

王心運，2006，〈身體與處境——赫曼‧許密茲（Hermann Schmitz）的新現象學簡介〉，《哲學與文化》，381，83-100。

汪文聖，2004，〈亞里斯多德與海德格論存有的「剝奪」與「復原」——「疾病」與「療癒」的現象學意義溯源〉，《揭諦》，6，1-30。

林永強，2012，〈西田幾多郎與牟宗三：跨文化倫理學說的可能性〉，《臺灣東亞文明研究學刊》，第 9 卷第 2 期，73-100。

施益堅，2009，〈當代東亞倫理學的兩種主體概念——論和辻哲郎、唐君毅和牟宗三對哲學倫理學的進路〉，收錄於《臺灣東亞文明研究學刊》，第 6 卷第 1 期，145-160。

黃俊傑，2002，〈中國思想史中「身體觀」研究的新視野〉，《中國文哲研究集刊》，第 20 期，541-563。

顧彬（Wolfgang Kubin），2012，〈萬物——關於中西自然之漫想〉，蔡瑜編《迴向自然的詩學》，臺北：臺大出版中心，299-311。

杜維明，1989，〈身體與體知〉，《當代》，第 35 期，46-51。

蕭立君，2017，〈研磨自己的鏡片看世界：與賴俊雄談理論〉，《中外文學》，第 46 卷，第 2 期，197-220。

林遠澤，2010，〈語言哲學的不同聲音：論洪保特語言觀的世界開顯性與理性對話性〉，《歐美研究》，第 40 卷第 4 期，985-1062。

林維杰，2008，〈象徵與譬喻：儒家經典詮釋的兩條進路〉，《中央大學人文學報》，第 34 期，1-32。

余舜德，2006，〈物與身體感的歷史：一個研究取向的探索〉，《思與言》，第 44 卷第 1 期，5-47。

林明照，2012，〈觀看、反思與專凝——《莊子》哲學中的觀視性〉，《漢學研究中心》，第 30 卷第 3 期，1-33。

張旭東，1988，〈書房與革命——作為「歷史學家」的「收藏家」本雅明〉，張旭東，《幻想的秩序》，上海：上海人民出版社，125-133。

張再林，2005，〈作為「身體哲學」的中國古代哲學〉，《人文雜志》，第 2 期，28-31。

湯淺泰雄著，盧瑞容譯，1993〈「氣之身體觀」在東亞哲學與科學中的探討——及其與西洋的比較考察〉，楊儒賓主編，《中國古代思想中的氣論及身體觀》，臺北：巨流出版社，63-99。

朱志學，2019，〈論方以智「大傷心人」視域下的解莊進路〉，《中國文化》，第 50 期，215-238。

四、中央研究院文哲所「跨文化莊學」研究專輯

中國文哲研究通訊，第 18 卷第 4 期，2008 年 12 月
「自我技術與生命機制：法語莊子研究專輯」
何乏筆，〈前言：邁向另一種主體的政治經濟學〉，1-9。
畢來德，〈關於西方莊學的幾點反思〉，11-19。
黃冠閔，〈試論畢來德的《莊子》詮釋：一個現象學的批判反省，〉21-39。
宋灝，〈反權威的權威主義——畢來德的《莊子研究》〉，41-57。
葛浩南，〈莊子的哲學虛構〉，59-70。
楊凱麟，〈莊子的哲學虛構，或哲學虛構莊子——評葛浩南《莊子的哲學虛構》〉，71-78。
龔卓軍，〈庖丁手藝與生命政治：評介葛浩南《莊子的哲學虛構》〉，79-99。
馬愷之，〈動物性、文化批判、苦惱的意識：樂唯的莊子詮釋〉，101-114。
何乏筆，〈養生的生命政治：由法語莊子研究談起 〉，115-138。
〈自我技術與生命機制：法語莊子研究專輯參考書目〉，139-141。

中國文哲研究通訊，第 22 卷第 3 期，2012 年 9 月
「畢來德與跨文化視野中的莊子研究」專輯（上）

何乏筆，〈前言：跨文化動態中的莊子研究〉，1-3。

畢來德著、宋剛譯，〈莊子九札〉，5-39。

夏可君，〈發現從未寫出之物：誰之莊子？〉，41-57。

賴錫三，〈身體、氣化、政治批判——畢來德《莊子四講》與〈莊子九札〉的身體觀與主體論〉，59-102。

劉紀蕙，〈莊子、畢來德與章太炎的「無」：去政治化的退隱或是政治性的解放？〉，103-135。

楊儒賓，〈莊子與儒家——回應《莊子四講》〉，137-141。

蕭振邦，〈由詮釋的角度看《莊子四講》——回應畢來德《莊子》研究〉，143-152。

劉榮賢，〈畢來德先生《莊子四講》研討會引言稿：現今學界研究道家思想值得注意的幾個問題〉，153-158。

龔卓軍，〈從經驗描述到無限親近？關於「氣」與自身身體感的畢來德詭論〉，159-167。

宋灝，〈逆轉與收回：《莊子》作為一種運動試驗場域〉，169-87。

中國文哲研究通訊，第 22 卷第 4 期，2012 年 12 月
「畢來德與跨文化視野中的莊子研究」專輯（下）

姜丹丹，〈身體、想像與催眠——畢來德與莊子的思想對話〉，1-22。

宋剛，〈莊子之怒——試論古代中國一種權力批判〉，23-39。

何乏筆，〈氣化主體與民主政治：關於《莊子》跨文化潛力的思想實驗〉，41-73。

中國文哲研究通訊，第 27 卷第 1 期，2017 年 3 月
《儒門內的莊子》評論專輯

鍾振宇，〈導言：期待波瀾壯闊之第三波莊子學〉，1-2。

賴錫三，〈《儒門內的莊子》與「跨文化臺灣《莊子》學」〉，3-30。

林遠澤，〈從《儒門內的莊子》淺議「莊子化的儒學」是否可行？〉，31-44。

林明照，〈儒門新氣象與人文之源：評楊儒賓《儒門內的莊子》〉，45-54。

鍾振宇，〈莊子的形氣主體與無用的共通體——由楊儒賓的思考出發〉，55-70。

徐聖心，〈儒內儒外？莊子何歸？——《儒門內的莊子》述評〉，71-80。

吳冠宏，〈點化儒、莊成為同源並濟的魔法師——談楊儒賓《儒門內的莊子》〉，81-90。

劉思妤，整理、何乏筆，校訂〈「何謂遊之主體？」對話紀錄〉，91-108。

楊儒賓，〈莊子：遊化於孔老思孟之間或之上的精神〉，09-122。

五、西方譯著

海德格爾（Martin Heidegger）著，孫周興譯，2015，《林中路》，臺北：商務印書館。

海德格爾著，陳嘉映、王慶節合譯，2014，《存在與時間》，中譯修訂本，北京：生活・讀書・新知三聯書店。

海德格爾著，孫周興譯，1996，《海德格爾選集・上》，上海：三聯書店。

海德格爾著，孫周興譯，1996，《海德格爾選集‧下》，上海：三聯書店。

海德格爾著，成窮、余虹、作虹譯，2009，《繫於孤獨之途：海德格爾詩意歸家集》，天津：天津人民出版社。

本雅明（Walter Benjamin）著，劉北城譯，2006，〈波德萊爾的幾個主題〉，《巴黎，十九世紀的首都》（*The Arcades Project*），上海：上海人民出版社。

班雅明著，張旭東、魏文生譯，2010，《發達資本主義時代的抒情詩人：論波特萊爾》，臺北：臉譜出版社。

本雅明著，李雙志、蘇偉譯，2013，《德意志悲苦劇的起源》，北京：北京師範大學出版社。

本雅明著，許綺玲、林志明譯，2008，《迎向靈光消逝的年代》，桂林：廣西師範大學出版社。

漢娜‧阿倫特（Hannah Arendt）著、張旭東、王斑譯，2008，《啟迪：本雅明文選》，北京：生活‧讀書‧新知三聯書店。

加斯東‧巴舍拉（Gaston Bachelard）著，龔卓軍譯，2003，《空間詩學》，臺北：張老師文化。

巴舍拉（Gaston Bachelard）著，杜小真譯，2019，《燭之火》，北京：商務印書館年。

巴舍拉著，杜小真、顧嘉琛譯，2016，《火的精神分析》，開封：河南大學出版社。

巴舍拉著，顧家琛譯，2017，《水與夢：論物質的想像》，開封：河南大學出版社。

巴舍拉著，劉自強譯，2017，《夢想的詩學》，北京：生活‧讀書‧新知三聯書店。

巴塔耶（Georges Bataille），〈我對主權的理解〉著，嚴澤勝譯，汪民安編，2003，《色情、耗費與普遍經濟：喬治‧巴塔耶文選》，長春：吉林人民出版社。

巴代伊（巴塔耶；Georges Bataille）著，賴守正譯，2012，《情色論》，臺北：聯經出版社。

巴塔耶著，程小牧譯，2017，《內在經驗》，北京：三聯書店。

波德里亞著，車槿山譯，2006，《象徵交換與死亡》，南京：譯林出版社。

梅洛龐蒂（Maurice Merleau-Ponty）著，龔卓軍譯，2007，《身體現象學大師梅洛龐蒂的最後書寫：眼與心》，臺北：典藏藝術家庭。

梅洛龐蒂著，姜志輝譯，2001，《知覺現象學》（*Phenomenologie de la Derception*），北京：商務印書館。

赫爾曼‧施密茨（Hermann Schmitz）著，龐學銓譯，1997，《新現象學》，上海：上海譯文出版社。

馬丁‧布伯（Martin Buber）著，陳維剛譯，2015，《我與你》，北京：商務印書館。

列維納斯（Emmanuel Lévinas）著，王嘉軍譯，2020，《時間與他者》，武漢：長江文藝出版社。

列維納斯著，伍曉明譯，2019，《另外於是，或是在超過是其所是之處》，北京：北京大學出版社。

列維納斯著，朱剛譯，2016，《總體與無限：論外在性》，北京：北京大學出版社。

列維納斯著，吳惠儀譯，2006，《從存在到存在者》，江蘇：江蘇教育出版社。

德勒茲（Gilles Louis René Deleuze）著，江薦新、廖芊喬譯，2019，《差異與重複》，

臺北：野人出版社。

德勒茲著，周穎、劉玉宇譯，2016，《尼采與哲學》，開封：河南大學出版社。

德勒茲、迦塔利（Félix Guattari）著，張祖建譯，2007，《什麼是哲學》，長沙：湖南文藝出版社。

德勒茲著，陳永國編譯，2003，《遊牧思想》，長春：吉林人民出版社。

羅森‧茨維格（Franz Rosenzweig）著，孫增霖、傅有德譯，2013，《救贖之星》，山東：山東大學出版社。

羅森‧茨維格著，吳樹博譯，孫增霖、傅有德譯，2012，《患病的理智和健康的理智》，臺北：道風出版社。

榮格著，劉國彬、楊德友譯，1997，《榮格自傳——回憶‧夢‧省思》，臺北：張老師文化。

瑪麗-路薏絲‧馮‧法蘭茲（Marie-Louise von Franz）著，易之新譯，2011，《榮格心理治療》，臺北：心靈工坊。

約翰‧卡普托（John D. Caputo）著，芮欣譯，2017，《上帝的苦弱：一個事件神學》（The Weakness of God : A Theology of the Event），臺北：橄欖出版社。

米蘭‧昆德拉（Milan Kundera）著，艾曉明編譯，1994，《小說的智慧》，臺北：智慧大學出版有限公司。

克萊爾‧柯勒布魯克（Claire Colebrook）著，廖鴻飛譯，2014，《導讀德勒茲》，重慶：重慶大學出版社。

史賓格勒（Oswald Arnold Gottfried）著，陳曉林譯，2000，《西方的沒落》，臺北：遠流出版公司。

亞蘭‧米龍（Alain Milon）著，蔡淑玲、林德佑，2017，《未定之圖：觀空間》，臺北：漫遊者文化。

瑪莎‧納斯鮑姆（Martha C.Nussbaum）著，徐向東、陸萌譯，2007，《善的脆弱性：古希臘悲劇和哲學中的運氣與倫理》，江蘇：譯林出版社。

韋伯（Max Weber）著，錢永祥編譯，1991，《學術與政治：韋伯選集（一）》增訂再版，臺北：遠流出版公司。

羅蒂（Richard McKay Rorty）著，黃永譯，2004《後哲學文化》，上海：上海譯文出版社。

理察‧布洛克斯（Richard Brox）著，葉怡昕譯，2019，《吾業遊民：一個德國遊民血淚拚搏三十年的街頭人生》，臺北：聯經出版社。

梭羅（Henry David Thoreau）著，徐遲譯，2006，《瓦爾登湖》，上海：上海譯文出版社。

齊澤克（Slavoj Žižek）著，蔣桂琴、胡大平譯，2004，《易碎的絕對：基督教遺產為何值得奮鬥？》，江蘇：江蘇人民出版社。

Ronna Burger 編，2016，《古典詩學之路——相遇與反思：與伯納德特聚談》，《古典詩學之路——相遇與反思：與伯納德特聚談》，北京：華夏出版社。

任博克（Brook Ziporyn）著，吳忠偉譯，周建剛校，2006，《善與惡：天臺佛教思想中的遍中整體論、交互主體性與價值吊詭》，上海：古籍出版社。

福爾克爾・魏德曼（Volker Weidermann）著，郭力譯，2017，《奧斯坦德1936》，北京：中信出版社。

奧立佛薩克斯（Oliver Sacks）著，孫秀惠譯，2008，《錯把太太當帽子的人》，臺北：天下文化。

尚－克洛德・卡里耶爾（Jean-Claude Carrière）著，郭亮廷譯，2017，《與脆弱同行》，臺北：漫遊者文化，10月5日。

卡山札基（Nikos Kazantzakis）著，白仲青、郭顯煒譯，2001，《拯救神的人》，臺北：究竟出版社。

伊塔羅・卡爾維諾著，王志弘譯，《看不見的城市》（臺北：時報出版公司，1993年）。

薩依德（Edward Wadie Said）著，彭淮棟譯，2010，《論晚期風格：反常合道的音樂與文學》，臺北：麥田。

薩依德著，彭淮棟譯，2009，《音樂的極境：薩依德音樂評論集》，臺北：太陽社。

蕭沆（Emile Michel Cioran）著，宋剛譯，2008，《解體概要》，臺北：行人出版社。

魯道夫・奧托（Rudolf Otto）著，成窮、周邦憲譯，1995，《論神聖：對神聖觀念中的非理性因素及其與理性之關係的研究》，成都：四川人民出版社。

栗山茂久著，陳信宏譯，2001，《身體的語言————從中西文化看身體之謎》，臺北：究竟出版社。

尚・路客・南希、瑪蒂德・莫尼葉（Jean-Luc Nancy, Mathilde Monnier）著，郭亮廷譯，2015，《疊韻：讓邊界消失，一場哲學家與舞蹈家的思辨之旅》，臺北：漫遊者文化。

格爾茨（Clifford Geertz），2008，《文化的解釋》，臺北：譯林出版社。

赫爾曼・施密茨（Hermann Schmitz）著，龐學銓、馮芳譯，2012，《身體與情感》，浙江：浙江大學出版社。

札巴拉（Santiago Zabala）著，劉梁劍譯，2015，《存在的遺骸：形上學之後的詮釋學存在論》，上海：華東師範大學出版社。

六、當代華語文學：

木心，2016，〈明天不散步了〉，參閱《哥倫比亞的倒影》，廣西：廣西師範大學出版社，125。

木心，2006，《瓊美卡隨想錄》，廣西：廣西師範大學出版社。

木心，2013，《雲雀叫了一整天》，廣西：廣西師範大學出版社。

木心，2010，《我紛紛的情慾》，廣西：廣西師範大學出版社。

木心，1993，《素履之往》，臺北：雄獅圖書公司。

張大春，2019，〈我讀與我寫〉，《見字如來》，四川：天地出版社。

張大春，2017，〈我讀與我寫（之二）──一個書法觀眾的場邊回憶，11月11日〉；此文於張大春，Facebook專頁，2017年11月10日起，分五篇連載。

王小波，2013，《青銅時代・萬壽寺》，臺北：自由之丘出版社。

葛亮，2018，《北鳶》，北京：人民文學出版社。

錢文忠，2010，《末那皈依》，上海：上海書店出版社。

龐培，2009，《四分之三的雨水》，臺北：唐山出版色。

蘇偉貞，2006，《時光隊伍：流浪者張德模》，臺 ：印刻出版社。

鄧美 ，2010，《遠離悲傷》，臺 ：心靈工坊。

賴錫三，2019，《莊子，漫遊》，臺北：五南圖書。

林俊臣，2015，〈學書札記〉，中國時報。

鄭朝宗，1987，〈《管錐編》作者的自白〉，《人民日報》，第 8 版（副刊）3 月 16 日。

鄭朝宗，1988，《海濱感舊集》，廈門：廈門大學出版社。

七、英文譯著

George Kunz, 1998, *The paradox of power and weakness: Levinas and an Alternative Paradigm for psychology*. New York: State University of New York Press.

Wing-cheuk Chan（陳榮灼），1986, *Heidegger and Chinese Philosophy*, 臺北：雙葉出版社。

C. G. Jung, letter to P. W. Martin, 20 August 1945, *letters*, vol.1, p.377; cf. also vol.1, p.118.

Edmund Husserl, 1970, *The Crisis of European Sciences and Transcendental Phenomenology*, Evanston: Northwestern University Press.

Friedrich Nietzsche (Author), Walter Kaufmann (Editor, Translator), *The Portable Nietzsche* (1954) , Penguin Books.

Jürgen Habermas, 1981, *The Theory of Communicative Action*, Vol. II (trans. Thomas McCarthy). Beacon Press, English version, 1987.

八、數位及網頁資料

趙衛國，〈牟宗三對海德格爾基礎存在論的誤置〉內容提要，文章來源 https://site.douban.com/285527/widget/notes/192569712/note/598352082/。（查閱日期：2018.6.18）

阿甘本，〈什麼是當代人〉，Lightwhite 譯，2010，譯文選自 Giorgio Agamben: Nudities, trans. David Kishik and Stefan Pedatella, California:Stanford University Press, p.10-19. 本文是作者在威尼斯 IUAV 大學藝術與設計學院 2006-2007 年理論哲學課程中正式講座的一個文本。文章來源 https://www.douban.com/note/153131392/。（查閱日期：2018.6.18）

列維納斯，〈弗朗茨・羅森茨維格——現代猶太思想家〉，王立秋譯，譯自 Emmanuel Levinas, "Franz Rosenzweig: A Modern Jewish Thinker", in Outside the Subject, trans. Michael B. Smith, London, The Athlone Press, 1993. pp. 49-66, 164。中譯出處：https://www.douban.com/group/topic/11188194。（查閱日期：2018.6.18）

巴塔耶，《宗教的理論》，Georges Bataille (Author), Robert Hurley (Translator), 1992, *Theory of Religion*，Zone Books, p. 57: "According to Bataille, religion is "the search for lost intimacy"，文章來源 https://www.zonebooks.org/books/106-theory-of-religion。（查閱日期：2018.6.18）

羅森・茨維格（Franz Rosenzweig），復旦大學哲學系吳樹博譯，孫向晨校，〈論世

界、人和上帝〉，文章來 https://www.douban.com/group/topic/48410264/。（查閱日期：2018.6.18）

鄔斯賓斯基，《第三工具》英譯全文，文章來源 https://electrodes.files.wordpress.com/2012/09/tertium_organum__ouspensky.pdf。（查閱日期：2018.6.18）

吳易叡，2018 年 3 月 23 日發表於「歷史學的柑仔店：從臺灣思考歷史的書寫」的〈醫學人文修練記〉，文章來源，http://kam-a-tiam.typepad.com/blog/2018/03/ 醫學人文修練記.html。（查閱日期：2018.6.18）

鄭毓瑜，《姿與言：詩國革命新論》，臺灣中文學會第十九場新書精讀會，朱志學撰文側記——〈百年回眸：從「詩國革命」到「告別革命」〉，文章來源 https://drive.google.com/file/d/0B_L99q7mQW1MMUhXRzdMRGNsOUE/view。（查閱日期：2018.6.18）

張志揚，〈羅馬史的讀法〉，文章來源 http://www.aisixiang.com/data/9310.html。（查閱日期：2018.6.18）

張展源，〈蔣年豐教授對後現代思潮的吸收與批判〉，第四節〈蔣教授對儒釋道三教的調和〉，臺灣大學人文社會高等研究院官網，文章來源 http://www.ihs.ntu.edu.tw/zh_tw/pub/IHSNews/?wiki=95573193。（查閱日期：2018.6.18）

汪暉，2010，〈聲之善惡：什麼是啟蒙？重讀魯迅的《破惡聲論》〉，收錄「人文與社會」學術網站，10 月 30 日，文章來源 http://wen.org.cn/modules/article/view.article.php/2150。（查閱日期：2018.6.18）

彭榮邦，2017，facebook 個人平臺發文，5 月 29 日，文章來源 https://www.facebook.com/rongbang/posts/10155372811054320?locale=zh_TW。（查閱日期：2018.6.18）

萬仞樓主，2016，〈本雅明的臨終〉，8 月 3 日，文章來源 https://home.gamer.com.tw/creationDetail.php?sn=3277293。（查閱日期：2018.6.18）

余德慧，2012，慈濟大學人文與宗教研究所課堂講錄，3 月 5 日。摘錄自朱志學〈余師課堂筆記：續論「裸活」與「鏡像」〉，文章來源 https://klimtpiano.wordpress.com/page/12/。（查閱日期：2018.6.18）

錢文忠，2007，《末那皈依》，上海：上海書店出版社，9 月，文章來源 https://www.books.com.tw/products/CN10082166。（查閱日期：2018.6.18）

林谷芳，〈契入傳統樂器正是對生命的一種絕佳觀照〉，2016，北京大學出版社，6 月 14 日，文章來源 https://read01.com/zh-tw/aPRake.html#.Ws2cxi_3W1s。（查閱日期：2018.6.18）

王夫之〈玉連環·述蒙莊大旨答問者二首·其一〉參閱王夫之，《薑齋詩文集·鼓棹初集》，文章來源 https://ctext.org/wiki.pl?if=gb&chapter=699777。（查閱日期：2018.6.18）

王時中，〈科學與詩之間：巴舍拉的「認識論斷裂」說〉，文章來源 http://www.qstheory.cn/freely/2014-08/11/c_1112018039.htm。（查閱日期：2018.6.18）

陳丹青，〈木心與他的音樂故事——寫在木心音樂首演之際〉，文章來源 https://www.facebook.com/SunPu19270214/posts/1282757678468565。（查閱日期：2018.6.18）

傅道彬〈文學人類學：一門學科，還是一種方法？〉，2016 年 2 月 26 日。文章來

源：愛思想原文網址：https://read01.com/RAeBK2.html。（查閱日期：2018.6.18）

齊奧朗（Emile Michel Cioran），王立秋譯，〈絕望之巔〉，文章來源 https://site.douban.
　　com/173214/widget/works/9842922/。（查閱日期：2018.6.18）

「李建緯的胡言胡語」學術網誌，2010 年 4 月 20 日發文，〈本雅明的世紀末預言：
　　機械複製時代下的藝術作品〉，文章來源 http://chianweilee.blogspot.tw/2010/04/
　　blog-post_2295.html。（查閱日期：2018.6.18）

香港「無睡意哲學」學術網站文章，2016，〈沒有事實，只有解釋〉，10 月 28 日，文
　　章來源 https://philosophy.hk01.com/channel/ 報導 /51153/ 尼采：沒有事實，只有
　　解釋 ---EP61。（查閱日期：2018.6.18）

後記
十年蹤跡十年心

曾幾何時，遙遠的過往無一倖存，人逝物非，但依然有東西留下來，靜止的，孤立的，更脆弱，卻更有生命力，更飄渺，更堅持，更忠誠——氣味和滋味長久以來守在這裡，像靈魂一般，隨時準備予我們提示，等待與期盼著屬於它們的時刻到來，在一切灰飛煙滅時……。(普魯斯特，《追憶似水年華》)

　　張力絕高的博論撰寫與論文答辯過程已告一段落。經過三個多月焚膏繼晷、無分晝夜的高峰書寫經驗，從 4 月 9 日投交初稿到 6 月 19 日呈送定稿，我果真一筆一字完成了初始擘畫的論文圖像，甚而，伴隨書寫過程而來的種種可見與不可見的緣分牽引，更讓我倏然驚覺：我寫出的，原來已不只是一本可通過複印顯影成型的論文，就某個隱微的意義，我其實是一筆一字寫出了不可思議的命運——命運裡，匯流了多位師長的見證、感會與助力，原本孤行踽踽的存在，竟似瞬間獲得了遠超乎我個人力量的澆灌與加持而益發堅定了我未來的道路。是的！撰寫這篇博士論文最寶貴的經驗之一，正是：通過這篇論文的寫作，我對因緣深遠的共在感中所成就的道路，自此有了迥然不同往昔的深致感會。原來，文字不只是文字，一旦文字在高度精煉的過程中幻化生成為一個可供馳騁遊心的世界，它就形成一方力量辯證的場域，並吸引他者目光的駐足、流眄與感懷；命運的觸角，就由此延伸；人，於焉而不再只是個孤零的「主體」，而回返到使主體成其為主體的「共在」基礎。無此「共在」作支撐，主體終不免萎頓成扁平而單薄的存在。以此觀之：世界，就寄藏在文字裡頭；命運，又伏流於世界裡頭。人，原來可以通過文字的凝練而鑄造了自身的命運。可嘆，我遲延至今，才悟得此理。若早日體得

此中莊嚴，我對學術會有全然不同的嚮往。人，終究需要一種厚度來支撐他的存在；命運的導向，則成就於古今緣會、交光互映的共在感所匯流而成的生命厚度。無此厚度，一切在世存有，也就頓失依托而成了植根浮淺的「偶在」，生命的行止、抉擇、轉向，將不再具有必然性可言。

2018 年 7 月 18 日——我會永遠記得這個日子。這一天，是我的博士學位考試。口試前夕，終宵無法成眠。不是因為緊張，無如說是被一種強大的命運感受給淹沒——半夢半醒間，腦海迴盪的卻是唐君毅先生的一句話：「在遙遠的地方，一切虔誠，終將相遇。」唐先生這話，正相應我此刻的命運感受：那原本在投向無限遠的凝視中顯示為未知或不可知的一切，終而以一種堅定的命運定向，從「不可見」現身為「可見」。因此，這場學位考試於我的意義，不再是常規意義下的考試型態，而是如實兌現——我早在博論起草之初，即已通過「論題設定」而自覺埋下的「命運」。此如口考委員賴錫三教授於我博論初審評論所洞燭幽隱者：「此一博士論文，是極具理趣，又難得一見之佳文。坦白說，寫的這麼不落俗套的學術論文，極為少見。此文內涵，處處可見作者之博雅，具古今中西博採而化，卻又連綿統貫，形成自家會而通之之學術能耐，可謂才氣縱橫之作。作者亦具學術宏圖：企圖接連臺灣六十歲一代最具人文創造力之學人——蔣年豐（身體哲學之臨終啟悟之宗教轉向）、余德慧（心理治療之人文臨床視野）、楊儒賓（漢語物學之學術系譜）三人之學思精華，最後以《莊子》文本中的『物學』之宗教維度來繫連融貫諸學。作者的眼光確實獨到，能洞察當今臺灣跨文化莊學核心主題之一，正在於『物學』的轉向，以及重新詮解『物學』的超越性向度。而作者的寫作，具有他自身高度『差異重複』之能力，能將此一向度以自身『文哲一體』的獨特書寫方式，表述的相當引人入勝，時而動人心弦之手筆。並且能縮結蔣年豐、余德慧、楊儒賓三大家之學思，是審者不曾見到過之有趣創舉。當今學術，深受到論文寫作格式之規範制約已久，大部分論文毫無個人性情與自家面目，作者這種寫作方式雖可能引發一般學究質疑。然審者從事這一研究領域時間不算短，當可客觀肯定此博論學術價值之品質，亦對此類寫作風範給予高度期許。事實上，《莊子》的思想與文風，正是一事而非兩截。作者可謂承繼了《莊子》神韻。」

這段文字讓我大受震動！不是為了錫三教授說我好話，而是因為自己寄

託深微的用心，竟完全被深刻而精準地「承接」住了，而且分毫不差地以拳拳到位的詞句，極盡簡練又不失周致地勾畫出我嘗試表達卻未必能盡致說出的。自此，我積蘊十載的命運感受瞬間高張到前所未見的強度；這一刻，我已強烈預感，兩個月後的學位考試現場，我不但將遇見錫三教授；經由他法眼深銳的背書，或將驚動儒賓教授視聽而願意偕同前來主持口考。

這兩位「第三波莊學修正風潮」的推手，分別貫串起我全篇論文的「顯—隱」兩層主脈；一在明、一在暗（即令在我的博論裡，錫三老師不是浮上「檯面」的主要論題，卻是全篇博論得以成就的隱性支撐力量），卻分別代表了「第三波莊學」肌理交疊、回環生成的差異風貌。當我深刻意識到他們輝煌的努力成果，我卻已錯過了至少十年的跨文化莊學對話現場。然而，我雖為錫三老師初審評語而倍受鼓舞，卻對儒賓老師蒞臨我學位考試的可能，毫無把握。我一方面企盼儒賓老師的蒞臨，一方面又擔心截稿期限前，快筆寫就、倉促投交的初稿，真能入得儒賓老師法眼？事實上，我最心虛的段落，正是以儒賓教授莊學思路為主軸的第四章；然而，我能因此就錯失這「可一而不可再」的大事因緣嗎？我不甘願，決定知難而進。由於自知需要再加把氣力，重新強化論文中與儒賓老師相關的線索。起筆前，又是一段高密度的閱讀與蘊思過程，待思路朗暢，更無疑竇，連著振筆疾書七晝夜，結果就是我增補為第四章第五節的長文。這是全書分量最重的一節，也是我向儒賓老師致敬的章節；我視此為全文的「詩眼」所在，無它，這一節既是寫楊儒賓先生，也是我刻意將「蔣—余—楊」三家學思精華合論比觀、互為攻錯並自彰切己向度的章節。區區微意所在，惟在通過「蔣—余—楊」三家合論以開啟一場「跨越『死生幽明』」的對話。在我而言，這又是第三波莊子學在「跨文化—跨學門—跨語境—跨國界—跨時空」而外，又朝「非現實」延展而生的另類「跨域可能」。這一意義下的「跨域對話」之所以展現了非比尋常的張力，只因有一種「知識位置」命定只能通過「死生淬煉」的「瀕臨」或「具體臨在」方有以成就。竊以為，這正是我試圖為「跨文化」莊學補足的一塊重要「版圖」——此亦無它，缺乏「悲心深沉」面向的《莊子》，雖有高致，終屬遺憾，亦減卻與「魔外無佛」的佛家圓教等位齊觀的理論格局。

當我嘗試綰結「蔣—余—楊」三家學思精華，統貫以「臺灣當代跨文

化莊子學」的歷史意識與最新思潮動向，並賦予「蔣－余」二先生「晚期學思」以前所未見之哲思高度而重構《莊子》「人文創化」視角外的又一全新人文向度──「人文療癒」的莊子。自是，莊子「有大傷心不得已者」的「悲心」形象，有了全然不同以往的觀照角度；我也順此詮釋進路，將《莊子》「物學」的人文向度給推向另一座極峰。完筆一刻，命運感受更形高張了！猛回首，十年蹤跡十年心，霎時，萬千哀樂，畢集當下，不再是「拔劍四顧心茫然」，卻自有「孤輪獨照江山靜，自笑一聲天地驚」的快意！我於焉心裡有數，這場博士學位考試的意義，在我而言，已不在於師生表面的攻防與答辯，而是一場迢遙曲折達三十年之「個人心史」的見證，這部「心史」，就寄藏在這部「悲懷有作」的論文。多少個廢寢暝寫的夜晚，隨著星月沉落，擲人而去，我果真一筆一字寫出了不可思議的命運──我意指：我成功通過此篇論文的書寫，而將生命中可見與不可見的「重要他者」陸續勾連到我經由文字所建構的「世界」。於是，我心目中的口考夢幻陣容，果真在自己博士學位考試當天，從夢想成為眼見的現實。

　　口試當天，素未謀面的儒賓老師和錫三老師果然連袂而來。錫三老師在博論初審已給我滿分肯定，我心裡自是踏實的！但面對儒賓老師，我卻是忐忑中帶著無比的期待。忐忑是因為這篇論文，對我意義格外重大的三大論述主角之一「楊儒賓」先生，同時也是我論文根本思路的「主攻」對象（依崑陽師現場形容：「楊儒賓算很厚道的，你等於是在挖他的根」）；此刻，他人已在現場，就坐在我面前；身量比我想像中來得魁武而高大。我注視著這位在學問上讓我感佩無已的對象，心情卻是複雜的；因為，我自認在儒賓老師的思路中看出一道「裂隙」，並在幾經掙扎後，決定就即此「破口」殺出我自己的詮釋道路。是我桀驁不遜、天生反骨嗎？實則不然，很難向人解釋：這正是我向儒賓老師致敬的方式──缺乏理解的迎合或深於理解的過招，我直覺，對儒賓老師而言，後者更不讓人覺得寂寞。況且，我自信我的另類詮釋進路，可以從另一個「背立反向」的角度以暢發儒賓老師「人文創化」思路之「高致」；而這「高致『相』」卻又是我試圖「解構」的。「解構」不意味儒賓老師是錯的，而是指出：只要拉到另一層「感知維度」，原有解釋系統裡的「高致」，可能就失去成其為「高致」的「基礎」。所以，我不是在同一個感知維度系統裡判別楊儒賓老師論點有誤；而是指出，只要試著移轉原

有視域框架背後的感知條件，我們將看到另一種不同意義的力量——一種建立在悖論（非同一性思路、非線性因果邏輯）之上的「脆弱之力量」（the power in weakness）。於是，原先無可質疑的真理（比如：「同一性思路」建構的主體中心），就可能只是「權說」的真理，而非「究竟圓實義」下的真理。即此而言，與其說是我聯手余德慧、蔣年豐兩先生和我個人創見以「合攻」儒賓先生的主軸思路之一（保留形上學框架的形氣主體），無如說，是儒賓老師的「摯友蔣年豐」與「畏友余德慧」通過我的筆鋒來向故友楊儒賓先生切磋討教。在我而言，這原是我寫作此篇論文的初始動機之一：我希望經由自己的論文作為一個跨越「死生幽明」兩域的平臺，讓生前未及發生的對話，可以通過我的論文進行某種「不可能」的交會。然而，在「同一性思路」眼中所視為「不可能」者，焉知在超然「同一性思路」的「悖論維度」是不可能的？總之，我敢這樣做，不是因為我自不量力；而是因為我太佩服眼前這位漢語思想界公認的頂級學者；而試圖超越儒賓老師論點（即令只勝個一招半式），就是我向他最高的致敬。而我有十足把握；除非心存成見，無容忍異見的雅量；否則，以儒賓老師著作中所展現的精深學力，定能看懂我的論點。以我對他學問格局的了解，我事先就研判，能成就此番大格局學問者，不可能是心量狹窄而只能在舊思路框架不斷自我重複的「一曲之士」，這種學問格局所展現的識見，靠的不只是才力、學力；更是一種胸襟、氣度。所以，我有自信，只要儒賓老師願紆尊降貴，虛心看「進」我這位學界晚輩的觀點，就不得不承認，我確能自成一家之言；甚而，不但不會生氣，反而會對我的「膽識」激賞有加。果然如我所料，儒賓老師一開場就說出一段讓我永誌難忘的話語：「志學這篇論文，可能是我考博碩士論文三十年來，應該是最特別的一篇。很訝異！怎麼樣子來形容？我想這種文章，老實講，要找出他的毛病，很容易找。這裡很多需要再剪裁，比如說有些文字、段落，稍微重複好幾次；錯字，當然也是有的。但是你不管怎麼講，這文章即使再怎麼樣有問題……你這種文章能夠寫成這麼強的風格，問題意識也這麼強烈，然後又處理到像《莊子》這麼難處理的問題，還能夠把它拉結到蔣年豐跟余德慧這兩個人所代表的意義；這幾位能夠把他給連結起來，我覺得這已經不只藝高，也很膽大……這篇文章，我想要先說結論：我算是給你非常高的評價；我也先說結論：我希望你這篇文章修改後，能夠想

辦法去出版。即使有很多的問題，一篇文章能夠寫出這麼強的一個風格，而且我認為有自己很獨特的學術見解——很多人的學術見解，其實是裝飾用的；你這文章不是。我想你也有一個義務——並不是說你有別的選擇，你有一個義務——把這篇文章發表出來。最主要的是：你這篇文章是我所僅見對蔣年豐與余德慧賦予了這麼高的哲學洞見；單單這一點，我就已經覺得很了不起了！這可能是你的責任。」唉！這就是大師的氣度！經此一會，我由衷拜服。送他和錫三老師到火車站的路上，儒賓老師還親口表示：他很高興我為蔣年豐和余德慧所做的！這兩人在學界寂寞太久了，早該有人好好寫他們兩位。

　　端坐正中間的學位考試召集人，正是我的大學班導師顏崑陽；崑陽師先娓娓道來一段內心深處銘記久遠的回憶敘事；敘事裡，尷尬中也帶著溫馨的笑意，原來，我與崑陽師初遇，就是被找到研究室裡訓勉的「問題學生」；但卻也是這位「問題學生」，為了感懷導師贈書之誼（此為崑陽師博士生時期寫的一本小書——《莊子的寓言世界》；書中題詞：「志學同學，希望你好好讀莊子，或許他能助你度過糾纏如絲的歲月。」我於今畢業博論以《莊子》為題，寧非崑陽師贈書之日，已預示我多年後與莊子魂夢相依、互為知己的命運？於今看來，又是一則因緣深遠、不可思議的預兆），滂沱大雨中，騎著一臺破野狼，從中壢的中央大學，一路殺到老師新店舊家登門求見，只因我視老師為高山流水的知音，非親自為他彈奏一首我新創作的鋼琴曲。老師口試現場沒提及，我卻猶歷歷在目的一幕場景是——當時猶懷著身孕的師母，還特別為我端上了一碗驅寒用的滾燙雞湯；這應是我生平曾喝過最療癒的一碗雞湯，當滾熱濃郁的湯汁，沿著唇齒舌尖流經咽喉胃腸，看似尋常之「物」，這「物」卻飽富「人文空間」的迴盪感；它不只暖了我濕淋的身子，也是我靈魂左衝右突的大學早期歲月極少數銘感迄今的溫暖回憶。這才恍然，原來這些場景，始終未隨流年以俱逝，只是安靜地封存在我心裡一方重要的角落；一如老師隨後說出的動人感懷：「（志學）畢業以後，跟我現實上的來往不是很多，但是，一直是我感覺上很通氣的一個學生；⋯⋯我坦白講，對這樣一個學生的才情，他整個生命情調，一直存在我心靈裡面一個很重要的位置；對他的欣賞也一直都是在的。後來看了他的這本論文，我也非常驚訝！⋯⋯這本論文，總體來講，我是給予高度的欣賞與肯定⋯⋯」

唉！能夠因著一篇論文換來大學啟蒙恩師這番體己話，這又是這篇論文帶我
抵達的又一重奇蹟，否則，我只怕永遠沒機會聽到這番催人熱淚的話語。這
才更驚覺這場學位考試所湧動的命運強度，本質上，它已不只是考試，無如
說，它是通過一場學位考試而促成師生間的更深相遇。是的！正是通過多年
後再次深刻相遇所確立的深情厚誼，當我迎向崑陽師隨後在我方法學章節提
出的犀利質疑，雖然，作為答辯者，我現場不免據理力爭，甚而反詞詰辯；
然而，表面的詞語機鋒而外，心眼裡卻雪亮似地洞然明白：崑陽師的嚴厲，
其實是出於一番憂心，他是以禪宗棒喝似的霹靂手段，強烈震醒我：務必找
到一套方法學來保護自己——如何在立論上舞得風雨不透，不讓任何審閱人
有從邏輯上挑出矛盾破綻的機會；否則，學術江湖，風波險惡，疏略於此，
勢將寸步難行。以此觀之，崑陽師「金剛怒目」的嚴厲背後，終不出「菩薩
低眉」的深用心。只因領略了昔日恩師的深遠期待，口考結束，幾回重聽
現場錄音，每到崑陽師發言段落，竟至有泫然欲泣之感！

　　不忍見我自放多年而長年鼓舞我投考博士班的首要推手安梧老師，學
位考試現場時評我：「一意孤行，居然可成」；這八字說出的當下，我霎時有
一種「被深刻看見」的痛快！此固知音之言，真能透入我魂命底蘊。在我而
言，不論可成與否，這是唯一可能的生存姿態；不能一意孤行，又何以成其
為「活」？氣類相感之下，我所珍重的師友，亦大抵不脫此「一意孤行」的
氣質；此亦無它，微斯人，吾誰與歸？天下學者何限？能讓我稽首感懷而衷
心畏嘆者，一無例外，都是能謝絕人世虛華而忠於自己孤獨的時代邊緣者。
人與人在存在深處的相遇，原是以長年累劫的「一意孤行」為先決條件的。
黃山谷「桃李春風一杯酒，江湖夜雨十年燈」，正給我如是意象（即令，我
明知是出於創造性的誤讀）：一杯酒的滋味，若未經「江湖夜雨十年燈」的
時間醞釀，只怕也就淡而寡味了！我以此珍重「相遇」前的各自「寂寞」：
與「他者」相遇，是「跨域」以成學的必要條件；一意孤行、各自曲折的尋
索，同是成學的必要條件。我於此別有感會，此亦無它；摯友孟東籬與先
師余德慧相繼謝世而後，人事全非的花蓮，若不至讓我有欲語無人之感，那
是因為我身邊至少還有不時可以朝夕談心，甚而對話竟夕的安梧老師。因
思2017中秋之夜，當晚，山雨未至，秋氣微涼。露臺夜讀之際，安梧師忽
攜酒來訪；師生二人傾談竟夕，不覺雨絲紛飛，方興盡賦歸。輕雲蔽月，山

雨欲來，猶得與師把酒論學，作越世之高談，不亦快哉？錢鍾書有語：「大抵學問是荒江野老屋中，二三素心人商量培養之事……」與安梧師山屋夜談，最得此趣。如今，我僻居淡水一隅，花蓮的山屋歲月轉眼成風。與安梧老師每週例行的咖啡論學時光，也隨之被迫終止而在心頭留下了難以彌合的空缺。如今，師生倆再要見上一面，已不是件容易的事。有一日，我因為東華大學第 23 期校刊收錄了我在第六屆「四賢博士論文獎」一舉掄元的獲獎報導而寫了篇關於博班生涯的追憶記事：「我由衷感念母校願意珍重這份得之不易的榮譽。無它，對這座美麗遼闊的歐風校園，我是真有母校情感的。相對大學、碩班備極焦灼苦思、茫然無從的日子，兩年半進學猛銳、心無旁騖的東華問學歲月，卻靜謐得宛若一去不返的夢境。那透著藍綠色暈眩的夢境裡，最縈繞綿遠的情景，就是帶著我兩隻狗兒一起上課的日子——教室走廊一隅，我總是擺盆水碗；然後，我放心聽課，牠們則在滿目綠茵的校園裡四處閒兜，等我下課。而後，我畢業了，牠們也結束了那段在東華校園裡撒蹄狂奔、打滾嬉鬧的日子。每回，聽著兩隻狗兒酣睡時夾帶夢囈的鼾聲，我不免疑惑了起來，有沒有可能，牠們的夢境裡，也同我一般渲染了藍綠色的暈眩？此刻，我蟄隱淡水，對漸形杳遠的花蓮生涯，卻益發懷念了起來。尤其，是辭別花蓮前的東華博班歲月，即今思之，竟是沉澱記憶裡最甜美的鄉愁。」這篇短文，在 Facebook 獲得不小的迴響，讓我意外的是，回文裡的最後一篇，竟來自安梧老師：「……看到你的成就，很是歡喜。今天來花蓮，踅去你的老房子轉了一圈，對著山巒吞雲吐霧了一番，想著十餘年與你論學的悠悠歲月，快然於心。」老師回文，令我感懷之餘，不免為之欷吁。寥寥數語，卻字字椎心地翻攪了我潛抑年餘卻不忍回首的故園情結。十餘年論學的悠悠歲月，雖快然於心；可物是人非，故宅如夢，終難掩對語無人的寂涼。直到這一刻，我才猛然驚覺：即令我與花蓮已暌違有日，老師口銜菸斗吞雲吐霧的身影，竟仍不時踟躕我舊園門外。可嘆，身為宅園故主，我卻再沒能一如往昔歡迎他的到來，也再無法為他親手煮上一杯沁透著十餘年論學記憶的咖啡。我由此而真正意識到：當初決然辭別花蓮所留下的暗傷。就某一個面向看來，我自由了；可只有我自己明白，我為此承受的代價。這代價，經由老師的回文，竟是體會得格外真切。尤其，北上後諸多不順心事，今昔反差所襯托的不合時宜之感，更牽動我不斷沉隉中的命運感受。這才更

深地領略：花蓮，已內化為我心底的永恆缺口。它不復只是一個地理方位，而是浸透了十餘年的山屋論學歲月所釀成的鄉愁。

　　算來，我的學界經驗，可說的坎坷記事遠多過溫馨可感的惦念；可東華大學的博班生涯，卻絕對是我永遠珍藏在心的美好回憶。這當中，除了我的指導教授冠宏老師居功厥偉而外，最關鍵的師長就屬秀華老師了！東華中文系博班課程，光是秀華老師的課，我就先後上了兩門；在我的修課紀錄裡，這是絕無僅有的經驗。云何至此？只因我在秀華老師的課裡，總能經驗到一種堂廡開闊的接納與細膩幽微的傾聽；這事說來容易，在我看來卻絕不尋常──太難見到一位學者，身負傲人的學術傳承（秀華老師博論指導教授正是晚年僻隱香港的國學大師饒宗頤先生），卻從未以此矜慢傲人，甚而還常反過來以學生為學習對象。難窺其奧者，輒以「平易近人」四字尋常看過；我個人卻稽首歎服；無它，「平易」最難；畢竟，我閱歷太多自矜學者身段而輕慢後學的「學者」。我以此衷心感念，東華博班生涯能有幸遇上秀華老師。以《莊子》為喻，若東華中文博班的挑戰是我待解的「牛體」，秀華老師、冠宏老師、以至系上允許外修課程而結緣的徐達老師（族群文化所博班的「詮釋人類學」）與慧絢老師（多元文化所博班的「社會學理論專題」），就是我得以「遊刃而有餘地」的間隙。只因得力於暗夜裡依稀透出微光的精神甬道，東華博班生涯，竟遠超乎我預期地成為我曲折多方的求學歷程最順暢也最飽滿的一段學習經驗。事實上，我也充分把握秀華老師與冠宏老師所賦予我的絕大自由，畢業前數月，果然激盪出個人學思生涯最決定性的一次思想大爆發。四十餘萬字的博論，連同「學位考試」後的增補內容，是在不到五個月內的時間內快筆寫就的。這都要歸因東華博班生涯有此殊勝緣份，讓我遇上幾位心量寬宏、願意信任我縱情馳騁的老師。秀華老師口考現場更言及：她眼中的我，是一位「在自身的學問格局裡已全然泯除文、史、哲界線的學生」；在我而言，這樣妥貼深致的理解，正是一位老師能給予學生最美的精神餽贈；這意義下的精神餽贈，徹底免於「好為人師」的「知識暴力」，卻因為「善於傾聽」而給予了學生最大幅度的精神開展空間。即此而言，秀華老師在極致的謙卑與柔暖中所形成的「人文空間」，實充滿了老子「無為之道」的孕生力量。我正是如此看待其「平易近人」的作風，以為此「平易」之中，大有消息，未可小覷。依我觀察，正因為秀華

老師的「平易」背後連結著一方漫溢著「柔性力量」（anima power；柔魂／陰魂的力量）的「人文空間」；所以，即令在學門劃分上被定位為「書法專業」，但她就是有一種能耐，能讓我這樣一位修課前只是雅好書跡之美，卻從無強烈臨帖興致的門外漢，也因為上了她的書法課程，而對書法技藝重新改觀。事實上，本文第七章〈莊子物學思想的當代實踐示例──碑之為物〉，就是因為與秀華老師相遇而勾動的靈感！完稿後，不由悄然深植了一個心願──此如我學期終了給秀華老師的書信結語：「我衷心感念這學期課程所引發的深刻體驗；也確信：因您而提起的毛筆，不會再輕易擱置的。」

總是悉心為我創造舞臺並默默守護我安度東華博班生涯的冠宏老師，是我東華中文博班生涯最感念的知音與貴人。目前為止，他可能是認真看過我最多作品，也通過最多書信的學界人物。對我理解之深，護持之力，皆我生平所未遇。我全然確信，投考東華中文博班，是我這輩子曾做過最正確的一次決定，很關鍵的原因，就是冠宏老師為著一分故土情懷，始終堅守這方美麗的校園；一如我同樣確信，冠宏老師若果真轉赴北部名校任教，即令考入東華，我將有完全不同的命運。在我眼中，他的適時出現，可說是余德慧老師辭世而後，助我重返學界的最關鍵助力。若說，余老師座下聽課三年，為我打下了重返學界的學問根柢；冠宏老師則是最早辨識出此學問路數連結於中文學門的重大跨界意義，而為我「貫徹此跨界學術工程」鋪就了所有可能的現實支撐條件。這得從余老師2012年辭世說起：余老師對學生的護惜是眾所周知的；他與三十年前舊日臺灣大學門生的通信中曾透露對我營生條件的憂慮，我還是余師辭世近六年才偶然得知。然而，我的深淵，是在余師辭世三年後才真正來到！這無論在精神面、現實面都讓我瀕臨潰決的失速墜落過程，我掙扎半年未果，正自無可如何之際，2015年底，一道頗具命運強度的指標再度出現：佩妍偶然從花蓮高中佈告欄轉來了東華大學博班甄試簡章，這時，距截止送件期限還剩一星期；於學界晉身之路早狷退多年、不復措心的我，為著至今都無法解釋明白的衝動，我當下毅然決定報考東華中文博士班。就緣於這一念，我的世界自此全然翻轉。這麼說，倒不是深淵就從此抹去，而是指：現實的深淵仍然持續著，我通過託命學術而在心裡創造的「人文空間」，卻讓我多了一線剝極而復、以待時變的盼望。事後，通過逐漸成型的命運圖像回看，我才驀然驚覺，在這個備極凶險的個人歷史轉折點，

余師對我懸念未竟的守護，原來是在冠宏老師手中被承接下來的；我以此視冠宏老師為我「深淵裡的守護者」。這麼說是因為：我是在難以為言的生存困境下黯然重返學界。一場政黨輪替，我在「體制外」獨立撐持逾十年的個人事業，竟不敵時局摧敗，不過半載，已於急景凋年中趨於瓦解。向來厭棄學界成規而立意以「隱者生涯」終此餘年的我，這下，竟頓陷窮陰殺節而進退維谷，窮途失路之際，倉皇投向學界，不是因為投入學界就可以解我燃眉之急，是因為我已完全走投無路了！一個無從理解的希望，驅迫著我投向茫茫不可知的學界生涯；只能走一步、算一步；能撐幾步，我心裡完全沒底，只知道，若我有機會速戰速決，及早取得學位，或有一線死中求活的奇蹟可能。果然，在驚人的意志下，我終而來到取得博士學位前的最後一關，而博士學位口試現場，正是兩年半前同一個入學口試現場。那年，選戰方熾，我無視時局躁亂，逼自己沉下心來，趕就一篇博論計畫應考，題目依稀記得是〈從臨終啟悟到儒學重構：蔣年豐晚期學思的宗教轉向──以《地藏王手記》為考察線索〉。這一刻，於今回看，亦是命運的預兆之一，蔣年豐果然成了我後來博論的關鍵線索之一，只是被我整合在更大的論述格局而由《莊子》「物學」統貫之。原來，投考東華中文博班初始，就已埋下我對蔣年豐的悲願；當時，通過余德慧老師為我打開的視野，我深為蔣年豐抱屈，覺得他沒得到學界該有的重視，遂在極倉促的時間內，以蔣年豐為題，趕報名截止前三天，熬夜爆肝、奮筆疾書，總算在最後一分鐘即時寄交。這是我通過自己的筆，以最猛烈的勢頭，嘗試對失控的墜落有所轉圜而朝向危崖之巔投射出的命運之箭。很幸運，我的口試主考委員就是冠宏老師。口考結束前，他意味深長地留下一句話：「你未來的路不會寂寞的」。斯言猶迴盪耳際，如今回看，這句話又是另一重命運的預兆。果然，我以榜首考進東華，通過他──更準確地說，通過冠宏老師所代表的一個我難以想像的寬廣世界──即使我唸的不是臺大、政大、清華等學府，卻照樣接上了我生命中最豐美的幾道緣分，其中犖犖大者，尤以儒賓老師、錫三老師、毓瑜老師、遠澤老師為要。這些緣份的匯流，都在我學問裡留下了難以細數的精神刻痕與拓影，假如我不是唸東華，我不認為這些緣分有匯流一氣的可能。因此，當我置身學位考試現場，目視冠宏老師再度端坐我對面座位，相似的場景，依稀疊影眼前；一時，內心百感交織，有難可已於言者。尤為可感的是：學位考試現場，冠

宏老師有一段話再度讓我雙眼晶亮。他說道：「我其實很高興看到：我們過去跟余老師合作的時候，我還蠻慚愧的是，那時候我做很多行政，表面上有合作，實質上沒有跟余老師做很多對話。其實他非常熱情地邀請我、明陽老師還有慈濟東語系老師，可惜，那時候沒有真正跟他在人文療癒裡面帶動更多的討論；其實，最後我們提供的是素材，而不在於怎樣把『人文』精彩的東西帶進來。其實你這一本論文，剛好把當時余老師對我們中文學界的期待，還有文、哲之間怎麼樣去聯結起來，把這整個都扣起來……」這段話，在我的專注聆聽裡，儼然又閃過一道命運的預兆。我雖然原就高度自覺：自己這篇論文，意在縮結「人文學問」與「修行—療癒」以呼應余老師「人文臨床」理念的深致用心；但經由冠宏老師提點這段我所不知的歷史，我才更清楚地意識到——我這篇論文對縮結兩門學域的重大意義。原來，我手中所完成的，正是余老師生前所期待中文人能貢獻於「人文臨床」領域者；而且，誠如冠宏老師所指出：多年前沒能成真的合作，竟在多年而後，意外在我手上完成中文學門與人文臨床的跨域對話範例。這看似偶然的結局，背後實有其合理的歷史軌跡。在我手中開啟的先序範例，顯然，余老師座下學生，除了我，應該別無機會完成；因為座中，只有我是道地來自中文系的旁聽生，其他聽課生都無此背景，對漢語古典文獻，不免生疏隔膜而鮮有跨域的興致；可漢語古典原是我當行的本業，「非中文人」所視如畏途者，在我卻有無比的親切感。相對地，有中文學門背景的中文人，又對余老師的人文臨床、宗教療癒、臨終陪伴、柔適照顧、身體技藝、人文空間，以至詮釋現象學，大抵缺乏近身親炙的知識位置。即此而言，不論對於「中文人」或「非中文人」，我都是一個「例外者」。然而，正是兩邊都被視為「外人」的例外者，能在不經意間完成了只因擁有雙重知識位置才可能完成的工作；這不又印證了一種潛在命運的召喚？

　　綜上所述，正見我為何以「命運」二字貫穿此篇後記。無它，人與人間，有些因緣聚合，是透過全然孤獨中的寫作而在無盡法界中牽成的緣分。比如，我跟儒賓老師、錫三老師的見面，不正是通過一本論文的思想會遇而帶出的奇妙緣分？我以此痛感陳寅恪晚年「失明臏足」猶能「燃脂暝寫」以撰就《柳如是別傳》的用心。原來，對一位「生污世、處僻壤而又不免於貧賤，無高明俊偉之師友相與薰陶，亦不能不與惡俗人相見」的「畸於人」

者，所以能將心事託命於茫茫不可知的未來，終而在連綿深遠的共在感中，成就了驚人的學術格局；揆其底蘊，每是通過無數個「燃脂暝寫」的孤寂夜晚而悄然鋪就的命運。陳寅恪如此、王船山如此、方以智如此、司馬遷如此，古今無數「有大傷心不得已者」，莫不以此「燃脂暝寫」的姿態，彰顯了自己「從邊緣出發以走向邊緣」的「晚期風格」。此則陳寅恪先生所謂：「世人欲殺一軒渠，弄墨燃脂作計疏」。窮途末路、無計可施，書生意氣，也只能燃脂弄墨，以悲其志，以遣餘生；其所以忍辱之餘，猶能憤力述作，司馬遷〈報任少卿書〉早痛切陳詞有云：「古者富貴而名摩滅，不可勝記，唯倜儻非常之人稱焉。蓋西伯拘而演周易；仲尼厄而作春秋，屈原放逐，乃賦離騷；左丘失明，厥有國語；孫子臏腳，兵法修列；不韋遷蜀，世傳呂覽；韓非囚秦，說難、孤憤。詩三百篇，大抵聖賢發憤之所為作也。此人皆意有鬱結，不得通其道，故述往事，思來者。及如左丘明無目，孫子斷足，終不可用，退論書策以舒其憤，思垂空文以自見。」我想，是時候了！這樣的姿態，我是通過《莊子》物學思想而全然弄明白了它。此所以，哀樂中年，重返學界，益發由此姿態感知到命運的莊嚴，也願以此姿態在深淵中闇然自守，作為自己面對餘生的神聖自誓。

行文至此，百感梜觸。惟可堪告慰者，猶在「不負初衷」四字。論文答辯結束，在我，卻只是開始。我自恃：這全新起點，正是我全方位拓展學術觸角，並自此展開「多路線寫作」的歷史起點；不論哲學、文學、藝術、宗教，我將以十字打開的氣魄，全面迎向不拘一格的拓跡工程。雖說，相當程度決定我學術命脈存續的具體職位，仍苦無著落；然而，我期勉自己：「無恆產而有恆心者，惟士為能。」雖不知將來何處託身，然而有一事是絕對確定的：無論如何，我的筆絕不能停，我的學問也絕不允許再因任何外力阻絕而荒廢。這份堅定的心意，不只出於自我期許，更出於我所承繼生命中一切「重要他者」的慧命。惟此意，可為知者言，難為時人道。此如年歲相近，學術成就卻遠非我所及的口考委員賴錫三教授所殷殷相勉於我者：「多年來，我起初透過莊子找路，後來行之既久，漸漸透過莊子蔓延生長。有幾分德勒茲塊莖蔓延之悅。這幾年，深感個人有限，能力有限。學術本公器，有待四方奇倜人才，薪盡火傳。莊子魅力，正在四方人，皆可隨性揮灑。吾兄才高，蟄伏既久，如今寫作欲望勃發，來日將有可觀之日。期待。余老師

是兄發心寫作之本體。一念及之，便不離初心。這正是余先生薪盡火傳之體現，也是哲人典範不可思議力量……」斯言可感！或許，正因浪跡多年才洗盡鉛華、重返學界，我內心反有一種未曾有過的堅定。告訴自己——此後，就是餘生。「餘生」為義大矣哉！此二字，在我才是唯一真實的存在姿態。它意味著：不再虛耗所剩無多的年月；而後，奮最後餘力，以學術作為一種志業，作「皈命」式的「獻身」。是的，我從來缺乏「一心懸命」的定性，這一刻，卻終而深體以學術「終此餘生」的莊嚴。借我博論「物學」理路說之：緣何「世事滄桑心事定」？但憑「胸中海嶽夢中飛」。這是獨屬我這踟躕學術邊緣者的「幽光狂慧」。燭影搖紅，旦夕滅之；唯此耿耿一念，卻是我在現實困頓中堅守學術道路的一線支撐。此所以偶覽曹雪芹《廢藝齋集稿》第二冊《南鷂北鳶考工志》序文，不由掩卷長嘆：「風箏於玩物中微且賤矣。比之書畫無其雅，方之器物無其用；業此者歲閑太半，人皆鄙之。今乃嘵嘵不休，勾畫不厭，以述斯篇者，實深有所觸使然也。」我隱然從這僅靠一線支撐而飄搖蒼冥的「風箏」，窺見了莊子〈大宗師〉、〈德充符〉文本高密度出現的「畸人」意象。那極致纖細又荷載高度張力的一線支撐，猶如命運的引線，一方面它是脆弱的，風勢加劇，即有斷裂之虞；一方面它在隨勢而動的曳引下，任隨風雲變態、起落不常，背後，卻總有一線謙卑而柔韌的牽引力量，作為不測命運的「主心骨」。我儼然從中看見了獨屬畸人的命運圖像，也從中觸動了自己曲折多年的身世之感。然而，出道雖晚，未敢自輕。我自恃，只要讓我連寫個十五年，過去再多的曠廢與虛耗，也儘都補回來了！這將是我的自我救贖———條在悲其流年的感憒中成就的思想道路。我此刻的心情是平靜的；平靜，緣於對此悲願之路的體證與認取。眼下，雖託身無門，然而，我並不慌亂，只因我師友因緣殊勝，有厚實的共在感作底氣。正是不可見的「共在感」，讓我可以沉住氣，在深淵中闇然自守，等候茫茫來日所有的未知與不可知。

　　龔定庵詩云：「佛言劫火遇皆銷，何物千年怒若潮？」此刻的我，很可能正處於前所未有的寫作狂熱狀態。我強烈感覺隱忍多時的命運悸動，正火速延燒為磅礴待發的寫作動力。我從來沒這麼地「想寫」過，只覺得好多論題都等著我「另闢生面」。於是，我知道，時候到了！曲折多年才激活不可遏抑的學術寫作衝動，或許，正出於命運對我的成全。於是，過去的耽擱，

未必真是耽擱；只因，很多窮極深致的領悟，命定只能在「誰份蒼涼歸棹後，萬千哀樂在今朝」的中年心境，才可能呈現得恰到火候。於是，我不再悔恨自己曠廢的年月；我反而珍惜我殊勝的師友因緣，這才是我關鍵的寫作條件。我意指：不是「我」在寫作，而是那在不可見域匯流多方的「時光隊伍」以一種不可見的「共在感」通過我在寫作。正是在這深密共在感的驅動下，與余德慧老師的殊勝因緣，就某個意義，對我形成了隱秘而浩瀚的支撐力量。說到學問上影響我最大的恩師余德慧，腦海不由又浮現起一幕親切的場景……。

　每一個星期一下午，就在慈濟大學人文社會學院的一方僻靜角落，隱蔽著一個難可名狀的空間。空間裡，飽蘊著一股強大的精神旋流，漫漶到每一位聆聽者的內心深處。我說的就是余老師的課堂。只見他引譬多方地講述胡塞爾、海德格、柏格森、巴塔耶、德勒茲、傅柯、列維納斯、布朗肖、巴舍拉……並鎔鑄成一套韻致清深的獨特語言。我仍清晰記得：這句句直叩現象學深蘊的「詩性語言」，是如何巧妙地凌越了「常規語言」的困局。每句話看似清風徐來，水波不驚；但得契入，卻宛若顆顆下在絕妙位置的棋子，出手的每一子，都清脆有勁地敲開了一座深淵。這敲擊形成的綿密迴盪。至今猶餘思杳渺，令人尋味不盡！這就是我不斷試著在課堂裡「迎向」的瞬間空隙！空隙裡晃漾的深淵波影，熠熠含光地湧動著令舊日世界遽然崩解的力量。我醉心於這力量給予的精神洗禮，也全然享受著這非凡的聽課經驗，只因在這兒，我還嗅得出宛若承響近當代法國學派的學術火焰；更為著聽課現場的高度「臨在性」，讓我得以被包覆在某種直抵私密浩蕩感的深秘經驗中。這就是我所親炙余師課堂現場的詭魅磁力。他獨樹一幟的語言，傳遞了某種已然自學界式微、甚或跡近絕響的精神烈焰。

　話說，認識余老師前，我所視為親切者，大抵是自外學界主流的邊緣人物，這多少養成了我疏遠學界的性格，於是，中文研究所畢業以來，我幾乎斷了考博士班之念，此亦無它，我自恃通不過中文博士班入學考高度的「同質化」要求，不是我不用功，也不是我不愛念書，剛好相反，我藏書破萬，部落格嚴肅創作的哲思札記亦破千篇，而且視域所及、欣趣所涉都是學術性格濃鬱到少有人能親近的文哲類經典；可是，我高度的「異質化」性格，讓我從學問中提煉出的「問題意識」就是迥異常人；以我標準看來，允

為學界主流的知識建構方式，大抵還是在既定預設下透過概念化活動的化約過程建構出的知識，可我的問題意識卻很自然會聚焦在既定預設在知識建構過程中所造成的遮蔽，而試圖回到設定之前，對此設定的「理所當然性」予以解構，好讓被壓抑的「異質性」或「差異化」得以被釋放出來。可這種思路，是顛覆重「概括」的對象化活動，可偏偏以「概括化」縮減生命現場豐富底蘊的方法操作，卻是傳統學界建構可資實證知識的主流途徑。這點讓我很鬱悶！這意味，即令我有心學術，以我稟負的頑強「異質性」，我連側重概括思維與記憶力的筆試都通不過，遑論進入複試？久之，遂放棄學界立身的打算，一路曲折地過起近乎隱逸的閒散日子。偶爾，讀及本雅明自敘有云：「我的星宿是土星，一顆演化最緩慢的星球，總是因繞路而遲到。」感慨係之矣！我隱然從中窺見自己的命運，我何嘗不是一顆演化遲緩的星球？只因意識到自己稟負的異質性格難以「同化」於常規世界遂一路自放若是；繞路迄今，惟顯逸氣，卻終無所成。雖說，人生如棋，落子無悔。可好一陣時日，我確實倍感有志難伸的抑鬱，看似過著人人稱羨的隱逸生活，可中宵夢醒之際，腦海卻不免突然頓生對自己產生的疑問：我是在自己應該在的位置上嗎？就在這時，一個「重要他者」的出現，改變了我整個想法。這人是名動四方的學界人物，更讓我大開眼界的是，他學術晚期的大轉向，就飽蘊著驚人的「獨異性」（德勒茲義下的 "singularity"），而且照舊吸引了無數忠實的追隨者；即令學界同行頗有不以為然者，卻也無人敢攖其鋒、挫其銳。這人就是在學界極少數真能獨闢蹊徑、終而豁然開朗，走出自己獨特道路的余德慧教授。他讓我看見完全不同的學界典範，更透過德勒茲的深銳洞見讓我明白：真正的 "singularity" 是極其可貴的！它是詩意的迸放，本就不該掩藏。且看看葉啟政教授在一篇悼文中如何追念這位才情驚人的臺灣大學學弟：「三十五年來，我一直保持著在旁邊認真觀察著這位可愛學弟的『成長』。眼看著的是他由『正道』慢慢地變成為『歪道』，而且，愈來愈歪，但我卻始終認為，他『歪』得有道理，也『歪』得有膽識，因為，他『歪』得愈來愈有人味，也愈來愈有感性，更是愈來愈具有挑戰性。他不但挑戰著心理學（尤其臨床心理學）的建制，而且，也一直挑戰自己的心智與情感極限，充滿展現著正負情愫交融的狀況。這樣的雙重挑戰是煎熬的，更多的應當是不停而來的焦慮感。但是，這樣情感上的煎熬與焦慮，是創造的動力，

我看到的是，德慧似乎是愈玩愈帶勁，也愈富有想像力與感應力，儘管他愈玩愈詭異，不只使用的語言拗口詭譎，意圖表達的觀念也愈來愈艱澀難懂。有人說，他寫的是天書。站在扛著主流心理學（特別是臺灣大學心理學系）的知識建制，尤其，持實證主義強調經驗實徵數據之所謂『客觀科學』的思維心態立場來說，這樣的評論或許不公允，但是，至少說出了許多人的心聲。一點都沒錯，因為使用著既艱澀詭譎、又刁鑽的語彙，更因為讓概念一再地溢出了心理學界習慣的概念系統，德慧成為臺灣心理學界裡的一個『異數』，許多人是對他不滿，但總不願意行諸於表，只因為他使用怪異的語言表達著怪異的想法彷彿帶有著魔咒的力道一般。正因為這遠遠超出他們的理解範圍，一不慎，任何的批評都可能招致詛咒，這不划算。況且，這又將顯得自己少見多怪，何必呢？還是讓他自己一個人去玩吧！不去理會原本就是最好的懲罰。尤其，他自己自願地由中心發放到邊陲，就已經是一種最好的自我懲罰了。」

　　這刻畫太生動了！每句話都熨貼了我親歷目擊的觀察。是的，是親歷目擊，這就得從另一段真實的故事說起：摯友老孟罹癌過世後，我內裡留下難以彌合的精神空缺。我心下暗忖，恐怕再無可能從一個人身上得見如此絢麗的純粹性。兩個半月後，另一椿大事因緣無聲無息地與我發生交會。我偶然走入了余德慧老師的現象學課堂，幾句話間，我已雙眼晶亮；嘆服之餘，心下已隱然有感：這堂課會是我生命中另一個石破天驚的起點！後來，我扎扎實實在余師座下當了三年旁聽生。三年期間，除了一次回中央大學中文系為學弟妹演講，一次是家母遽然病危，我從沒缺過一堂課。事後回看，這是我這一生中進學最猛的三年，也是我來不及跟老孟分享的故事。多希望還來得及親口告訴老孟，自他而後，我再度驚見另一個不可思議的人物。事後我才得知，老孟早就深惜於余老師，臨終前，也不知是何機緣，還曾經寫信跟余老師致意。以我對老孟的理解，他從不寫應酬文章，一旦寫信，都是親筆信，而非藉助電腦打字。我相信，若非對余老師這位臺灣大學學弟格外激賞，不可能有這番翰墨因緣。許是，一切虔誠，終當相遇。死生相續之間，緣份的軌跡，繼續綿延而行。這兩位師友，都當得上我一生中的大事因緣。很慶幸，在不同的時間點，我各自遇上了！雖說，兩人都屬於我熱愛的世界，可就學問路數與生活型態上，兩人是完全不同的典型。一個是打從

根底就不向「常規世界」妥協，無待「解域」過程，已終身浸沐於「純然的內在性」（pure immanence）的隱士與晃遊者；一個在學問領域極深研幾、出入無礙，終而通過漸行消亡的血肉形軀，逼出臨終啟悟最深邃的內蘊。借莊子為喻：老孟質性疏野，始終保有不受「常規世界」規訓的獨異性，他就像莊子筆下逍遙北溟的巨鯤，自始就未曾離開那作為源頭的海洋；余老師則不然，不論是格序化密如網罟的學界生涯，以至血肉之軀纏縛多年的病痛，在在都注定他得遍歷「相呴以濕、相濡以沫」的歧出生涯，才終得返返江湖。即此而論，兩人命途雖異，底氣相通。老孟無待返返，他一直就野性難馴，從不「斂才就法」；余老師則通過重重的「解域」過程，才得狂心歇息，重證天機。老孟像個自始就未曾為「常規世界」所規訓的渾樸生命；余老師則曲折地通過對「常規世界」的深邃睇視，而後，殊途同歸地回返「域外」的 "impersonal life"。

　　我永遠記得，余老師最後的講課歲月，對法國當代哲人德勒茲著墨頗多，他生前發表的最後一篇談「臨終啟悟」的論文，亦是自德勒茲自殺前最後遺作揭露的「純然的內在性」作為切入點。我必須說：余老師為我打開的全新凝視點，大幅深化了我理解老孟的視野。事實上，追隨余老師潛心聽課的三年期間，對我而言，也是個療癒的過程：療癒老孟邃逝在我心裡留下的惘惘遺缺，療癒老孟走後始終盤桓不去的陰影。可嘆好景不長，三年未滿，余師繼以謝世。三年間，生命中兩位最重要的師友相繼殞落。對此茫茫，誰能無感？之後，我再沒聽課，友朋間聚會，也顯得意興闌珊。連續三年噴薄高張的創作能量，亦漸行消歇。我心裡明白真正的理由：那真能自靈命深淵處聆聽你的對話對象，已然不在了！此情此境，龔定庵己亥雜詩終篇，每讓我窺見相近的寂寞：「吟罷江山氣不靈，萬千種話一燈青，忽然擱筆無言說，重禮天臺七卷經。」當逝者，無可為言；當生者，無足與言。人除了在失神的凝睇下望風懷想或棲居於深沈的閱讀，又如何消解頓失知音的寥落之感？有時，我不免呆想，經過余師課堂洗禮後的三年，我比過去任何時候都更懂得老孟。好多蘊藉經年才終得深刻道出的感悟，正等著找老孟傾談，可嘆是故人遠矣！縱有好花兼好月，可憐無酒更無人。我於此不能不慟感時間的殘酷性，我多渴望再次聆聽他們？可是，希洛瓦的詩句，美得教人驚怵：「光陰就在某些東西已離我遠去的時刻消逝。」是的，我比過去任何時刻都

更警覺到天地間無所不在的飄零。時間，對我不再是幽緩的長河，而是急景凋年旋踵消逝的漩流。此亦無它，兩位師友在三年間相繼殞落，已徹底改變我的時間感。當時間化身為一股惘惘的威脅，當每一刻都可能是生涯中的最後一刻，我比過往任何時候都更仰仗文字的助力，以守護我生命中那有如鑽石一般閃耀的日子！於是，我試圖以文字作為記憶的載體，讓它可以化身為通往冥視空間的祕徑。冥視空間，則是連結此岸與彼岸間的橋梁。它跨越死生幽明的界限，而令生者與逝者得以藉此場域繼續維持對話的可能。所以，我不單要借助閱讀讓已逝者繼續對我說話。我更要藉助書寫，讓逝者的音容可以通過自己的文字而繼續活在每一位聆聽者的心裡。魯迅說得深刻：「死者倘不埋在活人心中，那就真真死掉了。」我又怎能允許我鍾愛的師友，凋零得如此無聲無息？為了不辜負兩位師友帶給我的美好回憶，我嘗試通過書寫以對抗時間的遺忘。這是無待生前約定，也誓必完成的書寫。我相信，也唯有通過生者血心流注的書寫，已逝者方可能解除死亡的魔咒，而復活為某種不受血肉形軀所限的「不在之在」。不在之在，棲息於可見視線的盡頭，卻教人寂然有感、若有所遇。這意義下的新生命，依繫「凝視之眼」而成其為超然域外的「身外之身」，「祂」命定是合生者與逝者的心力而成。作為老孟生前的摯友與余師生涯晚期的弟子，我在這事上看見自己的責任。

　　存在，是一個謎！死而不亡，褪形為「不在之在」，更是奧祕中的奧祕！老孟走了，余師也飄然遠遁於我所未知的疆域，可某種不隨時間以俱去的深密連結，一直都在。當我在閱讀中冥想他們，我彷彿借文字之助，重新聆聽他們，遇見他們！現實中的形影雖已不可見，可看不見的對話仍在深沉的憶念中持續著。這才明白：不現身的真實，如何轉化為暗影般的支撐力量。即以此刻而言，至少他們留下的文字、音聲、影像，宛若風中之思，仍繼續對我形成召喚。行文至此，我只想告訴早魂飄域外的余老師：

　　親愛的老師，我想，我做到了！依冠宏老師於學位考試現場結語——當年，他們因各自事忙，對您的熱情邀約，只提供了可資「人文臨床學」參考的素材，多少辜負了您對中文學者更高的期許；沒想數年而後，歷史的軌跡，卻意外經由我手中這篇論文，高度完成了您當年所期待於中文學門者。我自恃：這篇論文，完全符合了老師當年對中文學者的期待。我奮力寫下它，不只為了更深地參與您奮鬥終身的學術志業，也為了證明中文人在您新

關的「人文臨床」領域可以做出的貢獻。

博班生涯最後的論文答辯，終於結束了！若說，這場口考仍有所憾；我唯一的遺憾，就是最敬愛的余德慧老師永遠缺席了，未及親見我為他寫就的博士畢業論文，也未及讓他列席我最後一關學位口試現場。然而，可堪告慰的是：口試現場，余老師不可見卻依然強大的「不在之在」，宛若通過我文字，於口考現場氤氳漫漶、磅礴蓄積，終而，在錫三老師的深摯感懷與冠宏老師的鮮活回憶中，我不但聽到余老師的名字不斷迴響耳際；而且，可以深刻感覺到，口考現場老師們提及余老師的語氣，如何飽蘊著回憶的勾連，與時間深處的空缺所牽動的傷懷、惦念、嘆息與感佩。所以，我在此只想告訴老師：通過這篇論文，我跟您的連結又更緊密了！您留下的文字與思考軌跡，讓我得以鮮活如昔地活在您依然洋洋如在的「人文空間」裡。雖有所憾，卻因著某種意義下的「薪盡火傳」，此缺憾終可還諸天地而卸下我六年來的沉鬱與憂傷。最後，謹以此論文，題獻給——

曾以烈燄般的學術洗禮
予我以死亡與重生的余德慧教授

我手中所完成的，正是您生前所期待中文學界能貢獻於「人文臨床」者。若非與您相遇，不會有這篇論文的寫就。再聽不見老師的課了！與您之間，即令死生契闊、音書兩絕；疊影交錯的記憶裡綿延悠遠、拓跡幽深的「人文空間」，卻依然如詩縈繞於可見與不可見域。我以此選擇——活在我自己的歲月裡。那宛若承響法國學派的學術烈焰洗禮，始終是您深植我生命裡最美的課堂記憶。

謝誌

　　此書塵封經年，終得以問世，背後助緣，除〈後記〉所鄭重致意的學界先輩，中宵夢醒，猶縈懷於心者多矣！茲略補遺闕，以抒謝忱。

　　謹此感謝全額補助此書出版的政大華人文化主體性研究中心；感謝臺灣中文學會 2018 年四賢博士論文獎的首獎頒予；感謝林遠澤教授的大力舉薦；感謝賴錫三教授法眼深銳的印心之語；感謝逝者蔣年豐穿行死生幽明的緣分牽引；感謝中心助理黃雯君為完善此書所付出的深鉅心力；感謝談明軒兄為書封設計所挹注的非凡匠心；感謝紫藤廬故主周渝先生盛情擔綱的封面題字；感謝平生畏友廖鴻興兄親為操刀的背景畫作；感謝啟蒙恩師曾昭旭教授對此典範變革之作的破格嘉許；感謝忘年知交張志揚教授（墨哲蘭先生）以其成學於圜牆幽囚的萬千磨難所予我的巨大身心震動；感謝夏可君教授讓我看見自己未來學術定位的深致可能性，石破天驚一句：「未來莊學以及中國思想一定有你的聲音，這個人文療癒的方向無疑會構成中國社會根本性的內在向度」，斯語可感，直教人血氣動蕩有難可已於言者。

　　最後，請容我向 1949 大遷徙的亂離歲月，不惜身命，跨海託孤，終至不負深恩、綿衍四代的血緣至親——祖父朱德華、家父朱同源、家母朱張春蘭——致上人子最莊嚴深摯的禮敬。願是書之作，終不令無語凝噎的家族血淚史，在滄海橫流的百年世變裡，盡歸虛無。

　　謹以此書，見證文字之力量果有超然於時間之摩滅者，此則以《百年孤寂》對抗遺忘的馬奎斯（Gabriel García Márquez）所洞窺的存在奧義：「生命不只是一個人活過的歲月而已，是他用什麼方法記住它，又如何將它訴說出來。」

朱志學　謹誌於 2022 年 7 月 20 日